한국 고대의 경험과 사유 방식

한국 고대의 경험과 사유 방식

인 쇄 2020년 2월 10일
발 행 2020년 2월 20일

저 자 이강래
발행인 정병석
발행처 전남대학교출판문화원

등 록 1981. 5. 21. 제53호
주 소 61186 광주광역시 북구 용봉로 77
전 화 (062) 530-0571~2 마케팅 530-0573
팩 스 (062) 530-0579
홈페이지 http://www.cnup.co.kr
이메일 cnup0571@hanmail.net

값 35,000원

ISBN 978-89-6849-691-2 (93910)

이 도서의 국립중앙도서관 출판예정도서목록(CIP)은
서지정보유통지원시스템 홈페이지(http://seoji.nl.go.kr)와
국가자료종합목록시스템(http://www.nl.go.kr/kolisnet)에서 이용하실 수 있습니다.
(CIP제어번호 : CIP2020005480)

經驗
思惟

한국 고대의 경험과 사유 방식

| 이강래 저 |

역사학은 인간의 경험에 바탕을 둔다. 모든 사태에는 그를 경험한 당사자가 있다. 경험 주체는 그가 개입한 사건에 대해 가장 직접적인 설명자가 될 수 있다. 이미 발생한 사태라는 점에서 그것들은 기억의 대상이기도 하다. 어떤 사건이든 문자로 기록되기 전에는 사람들의 기억 속에서 형성되고 보존되며 또 변전할 수밖에 없다. 경험은 감각 수단에 의존하며, 그에 대한 기억은 정서적 맥락에 좌우된다. 경험 주체의 기억이란 동시대 구성원들이 공유하는 가치와 의미를 내재한 것들이다. 요컨대 "기억은 하나의 사회적 사실"인 것이다.

전남대학교출판문화원

책머리에

이 책을 구성하는 글들은 애초에 서로 다른 계기에서 마련된 개별 논문들이다. 책 전체를 관류하는 주제 의식이 목차에서 두렷하게 드러나지 않는 것은 그로부터 말미암은 한계이다. 그러나 이 책에 담긴 여러 궁리들은 이전의 책과 글들에서 스스로 다짐했던 숙제들이기도 하다. 그 다짐들 가운데 한 대목을 환기해 본다.

> … '사료의 眞意'는 처음 엮은 『삼국사기 전거론』의 과녁이었고, 그 뒤 『삼국사기 형성론』은 '기록의 진의'를 겨냥한 것이었다. 그러므로 이 책 『삼국사기 인식론』에 담은 글들은 '설명자의 진의' 탐색에 집중한 단편들이어야 옳았다. 그러나 문득 그 너머 성큼 윤곽의 일단을 드러내고 만 '경험자의 진의'가, 비록 생경하나 강한 자장으로 다가서는 것을 감지한다. 필시 얼마 전부터 이른바 '감성'을 '경험 주체의 설명'을 매개하는 지침적 요소로 음미하기 시작한 대가이다. — 『삼국사기 인식론』(2011), 5쪽

저와 같은 깨달음 혹은 고백은, 직접적으로는 2008년 후반부터 이른바 '감성'을 중심에 세운 인문한국연구단의 책임자로서 부심하던 나날의 한가운데에서 비롯하였다. 그러나 이 책을 염두에 두고 글들을 고르는 동안, 이미 그 전부터 질문의 방향은 고대의 경험자를 향하고 있었던 것을 발견하였다. 일찍 간파하지 못했을 뿐, 오랫동안 지루하게 밟아 온 길은 종국에는 고대의 풍경과 일상, 그리고 고대인의 정서와 설명에 다다를 것이었다.

많은 연구자들이 동의하듯이, 우리 고대 사회에 관한 문헌 정보들이 '고대의 경험'과 '중세의 인식'으로 구성된다는 것은, 일견 범상하면서도 가장 종요로운 본질일 것이다. 나아가 그 두 구성 인자는 사태를 경험한 당사자들의 정서와 기억과 설명을 이음줄 삼아 비로소 맺어진다는 사실 또한 유념해야 한다. '고대의 경험과 중세의 인식'을 부제로 한 『『삼국사기』 읽기』(2017)와, 그로부터 한 발 더 분방한 호흡으로 정리한 『고대의 풍경과 사유』(2019)는, 각각 그러한 생각을 앞에 내세운 시도의 결과물들이었다.

그러나 기록물 가운데서 '경험 주체의 목소리'를 분별하여 포착하고 그들의 정서와 심리로 독해한다는 것은, 그럴듯해 보이는 의도와는 달리 실제로 구현할 방법이 모호하였다. 모호한 만큼 딱 부합하는 선례 연구를 만나지도 못하였다. 공부의 根器조차 부박한 터에 뜻하지 않은 일들로 인해 번번이 연구실에서 침잠하지 못하는 동안, 저 십 년 전의 다짐은 힘을 잃었다. 다만 사료에 잠복된 '진의'에 다가서려는 노정의 한 구비인 이상, 오래 견지해 온 맥락을 벗어난 것은 아니었다는 데 안도할 뿐이다.

서장 '고대의 경험과 사유 방식'은, 『삼국사기』 정덕본 간행 500주년 기념 학술대회에서 발표한 「『삼국사기』의 역사인식」을, 튀빙겐대학 한국학 강좌 「경험과 인식 : 삼국사기의 두 가지 속성에 대한 이해」로 수정 발표한 뒤, 이 책의 논의를 포괄하는 글로 다시 다듬은 것이다. 1부 '고대의 경험과 설명'은 고대의 경험이 고대인들의 일상 정서와 세계 인식으로 설명된 국면을 탐색한 글들로 채우되, 좀 더 이론적이거나 논의 폭이 큰 순서로 수록하였다. 2부 '고대의 정보와 인식'에는 사료의 계통 분석과 비판을 바탕으로 하면서도, 비교적 경험(자)과 기록(자)의 간극과 충돌을 응시한 글들로 모아 보았다.

여러 글들이 하나의 논의 틀 안에서 유기적으로 조응하도록 가다듬는 작업은 결국 미완에 그치고 말았다. 입론의 구체적 지점과 시점이 단일하지 않은 데서 초래되는 논리의 성김은 물론, 개별 논의의 완결을 위해 불가피한 논지의 중복도 책의 경쾌한 흐름을 방해하였다. 처음에는 의욕적으로 수정과 보완을 작심하였으나, 갈수록 본래의 글이 더욱 난삽해지더니, 끝내는 낡아빠진 형해만 남게 되겠다는 불안감을 이기지 못하였다. 두 계절을 그렇게 보내고 나서야, 거친 공이들도 그 나무의 결임에는 다를 바 없다는 생각에 기대, 궁색한 매듭을 짓기로 마음먹었다.

끝으로, 출판의 여러 단계에서부터 표지 이미지를 정하는 데 이르기까지 둔하고도 협착한 필자를 다그치지 않고 이끌어 준 출판문화원 여러분께 감사한다. 삼십 년 넘게 드나들며 사고의 둥지로 삼았던 터라, 전남대학교 출판문화원에서 만든 책을 지니게 되어 기쁘다. 새해의 까닭들이 은밀히 웅성대는 교정을 한 바퀴 돌고 온 탓인지, 책을 마무리하는 글에도 서두르는 기색이 완연한 것 같다.

2020년 2월, 이강래

부기

이 책에 수록한 글들은 책 전체의 유기성을 위하여 처음 발표된 글로부터 크고 작은 수정과 산삭을 거친 것들이지만, 애초의 중심 논지가 달라지지는 않았다. 각 장별로 처음의 발단이 된 글의 원제와 출전은 아래와 같다.

1장. 「경험 주체의 설명 방식에 대한 탐색 – 『삼국사기』 백제 관련 사료의 층위를 단서로」 『감성연구』 창간호, 전남대학교 호남학연구원 인문한국사업단, 2010
2장. 「경험과 역사 – 고구려 멸망에 관한 고대적 사유를 단서로」 『韓國史研究』 173, 2016
3장. 「7세기 고구려 인식과 정통성의 문제」 『歷史學研究』 60, 2015
4장. 「『삼국사기』의 '고구려 멸망' 관련 사론의 맥락」 『韓國古代史研究』 90, 2018
5장. 「한국 고대 혼인에 보이는 財貨의 성격」 『韓國史研究』 147, 2009
6장. 「『삼국지』 동이전과 한국고대사」 『全南史學』 25, 2005
7장. 「삼한의 인식 문제와 한국고대사」 『역사 속의 교류와 문화』, 전남대학교 BK21 21세기 리더형 역사학 교육사업단, 엔터, 2011
8장. 「한·중 사서에 보이는 고구려와 중국의 전쟁 기록 비교 검토」 『東北亞歷史論叢』 15, 2007
9장. 「7世紀 以後 中國 史書에 나타난 韓國古代史像」 『韓國古代史研究』 14, 1998
10장. 「국내 백제사 관련 자료의 사료적 성격과 후대 인식 – 주요 사서를 중심으로」 『충청학과 충청문화』 5-1, 2006 ; 「고려와 조선전기의 백제인식」 『百濟史 總論』, 충청남도역사문화연구원, 2007

차례

서장

고대의 경험과 사유 방식

-『삼국사기』 정보의 설명력을 토대로 -

〈목 차〉

1. 경험과 인식의 거리

역사는 본디 경험의 기록이다. 『삼국사기』는 신라, 고구려, 백제를 주요 구성 인자로 삼은 과거의 경험에 대한 기록물이다. 『삼국사기』가 담고 있는 삼국의 경험은 기원전 1세기에 시작하여 기원 후 10세기 30년대까지에 걸쳐 있다. 『삼국사기』는 1145년에 편찬이 완료되었으므로, 신라 건국의 전말은 사건 당대로부터 1200년 뒤에야 기록으로 정착된 셈이다. 그리고 오늘의 독자들은 8백 수십 년 전의 기록을 매개로 2000여 년 전의 경험을 탐색한다. 이 점에서 『삼국사기』는 고대의 경험과 그에 대한 우리의 인식을 이어 주는 통로이다.

그러나 그에 앞서 『삼국사기』는 이미 12세기 중엽 고려 지식인들의 고대 인식이다. 천년을 상거한 고대의 경험 편들은 여러 실체적 매개물에 담겨 그들 앞에 놓였을 것이다. 편찬의 책임자 김부식이 『삼국사기』 편찬 작업을 마치고 인종에게 보고하는 글[進三國史記表]에 의하면, 그들은 중국의 여러 문적들과 국내의 옛 기록들[古記]을 참조하였다. 다만 중국의 관련 문적들은 우리 고대 삼국의 사적을 외국의 일로 범주화한 것들이다. 그러므로 그것들은 비록『삼국사기』편찬에 광범하게 활용되었으나, 끝내 중국인의 시각에 충실할 뿐이다.

대상을 향한 주체의 시각이 그의 인식을 규정한다는 것은 두말할 필요가 없다. 그러므로 중국의 문적보다는 국내의 전승물들이 한결 더 심중하게 음미되어야 한다. 물론 국내 전승물들이 구체적으로 편찬 과정에서 어떻게 반영되었는지는 명료하지 않다. 연구자들은『舊三國史』에서 유래한 것으로 판단되는 기록물을 비롯하여 여러 형태의 고유 정보들을 추적하고 분석한다. 그것들은 상대적이나마 삼국인들의 경험에 한 발 더 다가서 있을 것으로 기대해도 좋다. 그 매개물들이 다양할수록, 그리고 그 형성의 시점이 경험 당대에 근접할수록, 그를 통한 인식은 탄탄해진다.

이처럼『삼국사기』는 12세기 중엽 고려 중기의 현실에서 고대를 응시한 결과물이다. 그곳에는 인식 주체의 현실, 즉 중세의 시각이 관류하고 있다. 따라서『삼국사기』는 고대의 경험과 정서에 직접 다가서려 하는 오늘의 독자에게는 회피할 수 없는, 혹은 넘어서야 할 차폐물이기도 하다. 중세의 시각과 그에 충실한 인식이란, 때때로 오늘날 독자의 인식과 충돌을 빚지 않을 수 없기 때문이다. 독자가 들어서고자 하는 고대의 세계가 '경험된 과거'인 반면,『삼국사기』가 독자에게 허용하는 세계는 끝내 '기록된 과거'에 지나지 않는다.

통로인 동시에 차폐물이라는 속성은 마치 빛이 분광기를 통과하면서 파장에 따라 나뉘는 현상으로 비유할 만하다. 고대의 경험은『삼국사기』에 담겨 오늘의 독자 앞에 모습을 드러내고 있다. 이 경우『삼국사기』가 편찬된 중세의 현실은 바로 그 고대의 원형이 통과하는 분광기와도 같다. 분광된 가시광선들은 본래의 빛을 구성하는 요소들이되 프리즘의 양변에서 그 맥락은 달라진다. 그 때문에『삼국사기』에 담긴 고대의 경험들 가운데는 고대의 현실에서 명백했던 의미가 실종된 채, 텍스트 가운데 맥락을 잃고 고립되거나 부유하는 경우가 적지 않다.

이 문제를 음미하기 위해 『삼국사기』에 보이는 고구려의 창국 직후 몇 가지 관찰 기록과 築城 정보를 거론해 보기로 한다.

> 2년(기원전 36) 여름 6월에 松讓이 나라를 들어 항복해 오므로, 그 땅을 多勿都라 하고 송양을 그 주인으로 봉하였다. 고구려 말로 옛 땅을 회복한 것을 일러 '多勿'이라고 했기 때문에 그렇게 이름한 것이다.
> 3년 봄 3월에 황룡이 鶻嶺에 나타났다.
> 3년 가을 7월에 상서로운 구름[慶雲]이 골령 남쪽에 나타났는데, 그 빛이 푸르고 붉었다[靑赤].[1)]
> 4년 여름 4월에 구름과 안개가 사방에서 일어나 사람들이 7일 동안이나 물상의 빛깔을 분별하지 못하였다.
> 4년 가을 7월에 성곽과 궁실을 지었다. (이상 『삼국사기』 13 고구려본기 1, 동명성왕)

이에 따르면, 동명성왕은 건국한 지 2년째 되는 해 6월에 그들보다 먼저 정착해 있던 송양의 나라를 아울렀다. 이듬해 3월에 황룡이 골령에 출현하더니, 7월에는 골령 남쪽에 푸르고 붉은 빛을 띤 상서로운 구름이 피어올랐다. 또다시 이듬해 여름에도 7일 동안이나 구름과 안개가 사물을 분별할 수 없을 정도로 짙고 깊었다. 그리고 그해 가을 7월에 고구려는 비로소 신생 왕조의 성곽과 궁실을 지었다 한다. 그러므로 이 기사들은 일견 고구려 건국 주체들의 경험과 관찰을 기록한 것이라고 하겠다. 다만 그 가운데 황룡의 출현과 7일간 이어진 운무의 당대적 혹은 현장적 의미는 모호하다. 골령 남쪽에서 일어난 구름이 왜 祥瑞인지도 짐작하기가 어렵다.

반면에, 인용한 기사의 처음과 마지막 부분은 명료하다. 발단은 기원전

---

1) 원문은 "其色靑赤"인데, '靑赤'을 'bright red'라고 해석한 경우도 있다. *The Koguryŏ Annals of the Samguk Sagi*, translated by Edward J. Shultz and Hugh H. W. Kang with Daniel C. Kane and Kenneth J. H. Gardiner (The Academy of Korean Studies Press, 2011), p.40.

36년 6월 송양의 나라를 병합한 사건이며, 종결부는 그 2년 뒤 7월 왕성과 왕궁을 축조했다는 것이다. 송양국의 병합은 외래 유입 집단으로서 주몽 세력이 정착 이후 거둔 최초의 대외적이자 영토적인 성과이며, 신생 정치체로서 고구려의 국가적 지향과 성장에 중대한 토대였다. 성곽의 축조와 궁실의 조영 또한 王者가 피지배집단과 '섞여 거주[雜居]'하지 않고 위계와 기능에서 손색없는 왕성과 왕궁을 건조한 것이었으므로, 건국기 고구려사의 지표적 사건이라고 할 만하다.[2)]

요컨대 전·후의 두 사건 기사는 고구려 국가사의 긴요한 사실 정보이다. 연구자들은 이들 기사를 주목하고 음미하여 고구려 초기 역사의 추이를 헤아린다. 그와는 달리 두 사건 사이에 개재해 있는 황룡과 구름과 운무는 그 자체의 의미가 모호한 동시에, 그들 사이의 연관도 쉽사리 착안되지 않는다. 그러나 이 정보들을 단순히 기록자가 창안한 것이 아니라면, 거기에는 경험자의 관찰과 정서가 담겨 있다고 보아야 한다. 다행히 위의 분절된 정보들에 함축되어 있을 게 분명한 유기적 호응의 단서는 어렵지 않게 발견할 수 있다.

맥락을 벗어난 것처럼 보이는 이 경험 정보들은 이규보의 「동명왕편」에서 부분적이나마 계기적 사건으로서의 자질을 획득하고 있다.

> [서쪽을 순행하다가 사슴 한 마리를 얻었는데 蟹原에 거꾸로 달아매고 저주하기를, "하늘이 만일 비를 내려 비류왕의 도읍을 표몰시키지 않는다면 내가 절대 놓아주지 않을 것이니, 이 곤란을 면하려거든 네가 하늘에 호소하라"라고 하였다. 그 사슴이 슬피 울어 소리가 하늘에 사무치니 장맛비가 7일 동안 퍼부어 송양의 도읍을 표몰시켰다. 송양왕이 갈대 밧줄을 물의 흐름에 가로 걸쳐 두고 오리 말[鴨馬]에 올라탔으며 백성들은 모두 그 밧줄을 잡고 있었다. 주몽이 채찍으로 물을 긋자 물이 곧 줄어들었다. 6월에 송양이 나라를 들어 와 항복하였다 한다.]

---

2) 李基白, 1985, 「高句麗의 國家形成 問題」 (歷史學會 編)『韓國古代의 國家와 社會』, 一潮閣, 82쪽.

그윽한 구름이 골령을 덮어　　玄雲冪鶻嶺
연이은 산조차 보이지 않고　　不見山邐迤
수천 명의 사람들이 있어서　　有人數千許
나무 베는 소리와 방불한데　　斲木聲髣髴
왕께서는 하늘이 나를 위해　　王日天爲我
저곳에 성을 쌓는다 하시매　　築城於其趾
홀연히 운무가 걷히고 나니　　忽然雲霧散
궁궐이 올연히 솟아 있구나　　宮闕高嵔嵬

[7월에 검은 구름이 골령에 일어나서 사람들이 그 산은 보지 못하고 오직 수천 명 사람들의 소리가 토목 공사를 하는 것처럼 들렸다. 왕께서는 "하늘이 나를 위해 성을 쌓는 것이다"라고 말하였다. 7일 만에 구름과 안개가 절로 걷히자 성곽과 궁실 누대가 저절로 이루어져 있었다. 왕이 皇天께 절하여 감사하고 나아가 살았다.][3] (이상 『東國李相國全集』 3 古律詩, 「東明王篇」)

골령, 구름, 그리고 물색을 분별할 수 없는 운무와 우뚝 솟은 성 등으로 빚어낸 서사시의 일부는 『삼국사기』 고구려본기의 파편적 정보들에 일목요연한 맥락을 부여하고 있다. 아울러 그러한 시적 형상의 근거가 된 이른바 『구삼국사』의 관련 정보가 운문 형태 본문의 앞과 뒤에 분주 형태로 소개되었다. 특히 둘째 분주에는 사태의 시점과 시간으로 '7월'과 '7일'이 제시되어 있다. 요컨대 『삼국사기』 고구려본기와 동명왕편의 위 대목은 골령, 경운-현운, 운무, 7월, 7일, 궁성, 황룡-황천 등 주요 표식들이 빠짐없이 서로 조응한다. 이로써 『삼국사기』 동명성왕의 재위 3년 3월부터 4년 7월에 걸친 네 개의 분절된 정보는 일관된 인과적 맥락을 획득하게 되었다.

앞의 분주에 보이듯이, 애초에 송양왕의 항복부터가 이미 하늘이 개입

3) 인용문의 앞과 뒤에 있는 분주 내용은 [ ]로 묶어 표시하였다. 이러한 분주 표시 방식은 이 책의 전체 서술에 적용되었다.

한 7일 간의 폭우 결과였다. 뒤이어 하늘은 골령 기슭을 운무로 감추고 7일 만에 궁궐을 완성해 주었다. 「동명왕편」의 문의는 송양의 항복과 고구려 성궐의 완성이, 일견 같은 해일 수도 있는 6월과 7월 사이에 하늘의 힘으로 이루어졌다는 것이다. 『삼국사기』에는 두 사건이 2년 전 6월과 2년 뒤 7월의 일이라 하였다. 설령 「동명왕편」의 6월과 7월이 같은 해가 아니라 해도, 적어도 골령의 구름에서 발단하여 궁성의 축조에 이르는 일련의 사태는 7월 중에 연속된 일이었다. 『삼국사기』 서술자도 골령의 구름과 궁성 축조는, 비록 해를 달리하면서도, 7월의 일이었다 한다. 결국 동명성왕 재위 4년 4월의 운무 정보는 그만 앞뒤의 정보와 연결점을 잃고 만다.

이처럼 『삼국사기』와 「동명왕편」의 서술 시차는 50여 년에 불과하지만, 두 책의 인식, 혹은 서술 방식의 차이가 가볍지 않다. 경험된 과거는 경험 당대의 현실에서 일단 고유하다. 차이는 오직 인식의 과정에서 발생한다. 기록된 과거는 인식 주체의 과거이기 때문이다. 지금 살펴본 축성 기사의 경우 과연 『삼국사기』 찬술자가 사건의 본래 구조를 무모하게 해체한 것인가? 아니면 동명왕의 신성한 창국을 온 천하에 알리고자 한 시인의 상상력이 시간의 흐름에 따라 분절된 정보 편들에 자의적으로 단일한 맥락을 부여한 것인가? 또한 『삼국사기』의 '다물'과 '황룡'이 「동명왕편」에 없는 것은 구성 자료의 차이에서 유래하는가, 서사 구조에 긴요하지 않다는 판단에서 작자가 배제한 결과인가?

여하튼 동명왕의 치세 기록 가운데 "상서로운 구름이 골령 남쪽에 나타났는데, 그 빛이 푸르고 붉었다"라고 한 정보는 이제 전후의 의미 맥락을 어느 정도 회복하였다. 특정 시공간에서 펼쳐진 푸르고 붉은 구름이란 대개 태양의 고도와 지평선에 근접한 層雲이나 積雲의 상태에 따른 형용일 것이다. 그 자체는 범상한 관찰의 영역에 있다. 그러나 그 구름은, 하늘의 의지를 매개하는 황룡이 출현한 데다가 하늘의 아들이 거처할 왕궁이 세워지는, 바로 그 골령에 서렸기 때문에 '慶雲'이 된다. 붉고 푸른,

찬연한 층상의 구름은 솟아오르는 궁궐의 수직성을 암시한다.

그와 같은 형용의 구름은 얼마간 특이하기는 하지만, 본질적으로 일상의 영역에 있는 것이라, 백제와 신라에서도 관찰되었다.

- 고이왕 26년(259) 가을 9월에 푸르고 자줏빛 도는 구름[靑紫雲]이 궁궐 동쪽에서 피어올랐는데 마치 누각과 같았다. (『삼국사기』 24 백제본기 2)
- 실성이사금 12년(413) 가을 8월에 구름이 狼山에서 일어났는데, 멀리서 보면 누각같이 생겼고 향기가 자욱하여 오래도록 없어지지 않았다. 왕이 이르기를 "이것은 필시 신선이 내려와 노니는 것이니, 응당 복 받은 땅이로다"라고 하여, 이후로는 사람들이 이곳에서 나무를 베지 못하게 하였다. (『삼국사기』 3 신라본기 3)

공교롭게도 백제의 구름 역시 '푸르고 자줏빛 도는' 형상이었다. 더구나 관찰자는 구름이 마치 누각과 같았다고 한다. 성곽과 누대의 豫兆였을 고구려 골령의 푸르고 붉은 구름과 유사했던 것이다. 게다가 신라에서는 향기마저 자욱한 누각 형용의 구름이 일었다. 백제와 신라의 사례는 고구려 골령의 구름이 궁성 축조의 예조였으리라는 이해를 효과적으로 지지한다. 특히 신라 낭산의 누각형 구름은, 그 땅이 신선이 강림하여 노니는 福地임을 알리는 징후로 해석되었다. 만약 위의 기록처럼 실성이사금이 그 징후의 타당한 해석자였다면, 그 해석은 곧 이른바 '경험 당대의 인식'인 셈이다.

그러나 방향을 달리해 보면, 낭산의 구름에 대한 신라 왕의 해석은 골령의 구름을 문득 '慶雲'이라고 했던 고구려본기 기사의 생경함과 상통한다. 게다가 왕의 이 해석은 뜻밖에도 벌목 금지령의 근거가 되어, 당시의 어떤 개인이나 집단을 당혹케 했을지도 모른다. 그렇다면 이 정보는 아연 신라의 정치 현상과 실성이사금의 통치 방식에 대한 隱微한 단서로 읽어야 할지도 모른다. 어찌됐든 낭산에 서린 구름의 정보 가치는 파악할 길이 막막하다. 마찬가지로 백제의 구름 기사에도, 관찰자나 기록자의 평가나 정서가 담겨 있지 않거나 깊이 은폐되었다.

그럼에도 불구하고 삼국의 누각형 구름 기사에는 길－흉과 성－속과 귀－천의 대응 관계에서 하나의 일관된 경향이 관류하고 있다는 사실은 마땅히 주의해야 한다. 더 나아가 이것이 만약 당대인들의 가치와 인식을 반영하는 어떤 것이라면, 이는 이른바 고대의 보편적 사유 방식이라고 이를 만한 것이겠다.

다시 말해 누각형 구름의 출현은 고대의 관찰자들에게 공통의 해석 혹은 인식을 낳았다고 할 수 있다. 이것은 경험자나 기록자의 특정 인식이 수반되지 않은 백제의 구름에 대해서도, 고구려와 신라의 구름을 둘러싼 해석과 의미부여 방식을 원용하여 헤아려 볼 수 있는 근거가 된다. 이와 같은 일종의 '유형[pattern]'은 『삼국사기』의 정보들 가운데 광범하게 산재되어 있다. 한 예로 신라의 조분이사금과 자비마립간, 그리고 백제의 아신왕은 공교롭게도 허공에 '피륙을 편 듯한[如匹練]' 흰 기운이나 붉은 빛이 나타난 얼마 후거나 그 이듬해에 훙거하였다.

- 조분이사금 17년(246) 겨울 10월에 동남방 하늘에 흰 기운이 피륙을 편 듯[如匹練] 뻗쳤다. 18년 여름 5월에 왕이 죽었다. (『삼국사기』 2 신라본기 2)
- 자비마립간 21년(478) 봄 2월 밤에 붉은 빛이 피륙을 편 듯[如匹練] 땅에서 하늘까지 뻗쳤다. 겨울 10월에 수도에 지진이 있었다. 22년 봄 2월 3일에 왕이 죽었다. (『삼국사기』 3 신라본기 3)
- 아신왕 14년(405) 봄 3월에 흰 기운이 왕궁 서쪽에서 일어났는데, 마치 피륙을 편 듯하였다[如匹練]. 가을 9월에 왕이 죽었다. (『삼국사기』 25 백제본기 3)

위의 사례에서 '如匹練'은 왕의 죽음에 대한 예조의 기능을 하고 있다. 단일한 형태와 방식은 아니지만, 王者의 죽음은 거의 대부분 일탈적 현상에 대한 관찰과 경험을 수반하였다. 신라의 경우 혁거세거서간, 유리이사금, 소지마립간, 경덕왕, 경문왕 등이 왕성의 우물에 용이 나타난 다음 머지않아 薨去하였다. 실성이사금과 진평왕과 태종무열왕의 훙거에서도 우물물의 변고가 먼저 나타났다. 탈해이사금, 파사이사금, 일성이사금, 벌휴이사금, 눌지마립간, 진덕왕의 훙거에 앞서서는, 일부 화재와 벼락이 발생한 경우도 있지만, 대부분 성궐의 문이 저절로 무너졌다[自毁].

그런데 백제 비유왕도 흑룡이 한강에 출몰한 다음 곧바로 죽었다. 고구려 문자명왕 역시 왕궁 남문이 저절로 무너진 이듬해에 죽었다. 그러므로 신라 왕들의 죽음에 앞서 우물 공간에 출현한 용과 변고, 그리고 무너지는 성문 등은 고대국가 왕들의 죽음을 포괄하는 보편적 현상이나 인자로 간주되었다고 할 수 있다. 이처럼 반복되는 동질적 경험과, 그에 짝하는 유형화된 관찰과 사건들의 사례는 『삼국사기』에서 허다하게 발견된다. 그러나 엄밀히 말해, 그 빈도가 반드시 두 사건 사이의 인과적 연관을 직접 지지하고 강화하는 것은 아니다. 오히려 대부분의 고대적 현실 즉 경험자의 진실은, 중세의 기록 주체나 그 기록을 매개로 사유하는 우리의 인식 가운데 쉽사리 포착되지 않는다.

2. 정보와 설명의 층위

인식 주체가 그 의미를 포착하는가 못하는가의 여부와, 기록된 정보가 과연 경험 당대의 진실인가 아닌가를 가늠하는 기준은 마땅히 구별되어야 한다. 크게 보아 『삼국사기』의 정보들은 이미 고대의 경험에 대한 유력한 설명의 자질을 획득한 것들이다.

진평왕 재위 36년(614)에, "永興寺의 흙으로 빚은 불상이 저절로 무너지더니, 얼마 안 되어 비구니가 된 진흥왕의 왕비가 죽었다."[4] 신라본기의 이 기사는 영흥사의 소조불상이 저절로 무너져 내린 사건과, 진흥왕의

4) 『삼국사기』 4 신라본기 4.

비가 죽은 사건으로 구성되었다. 즉 독립된 두 사건 정보가 각각 인과의 요소로 엮여 하나의 설명이 된 경우다. 그녀는 일찍이 진흥왕의 捨身을 본받아 영흥사에서 지내고 있었다.[5] 그러므로 불상의 '저절로 무너짐[自壞]'이란 왕의 죽음에 앞서 성문의 '저절로 무너짐[自毁]'과 그 의미 맥락이 다르지 않다.

물론 그 자체로는 아무것도 설명하고 있지 않은 정보들도 많다. 예컨대 삼국에 고루 보였던 누각형 구름을 다시 환기한다. 그 가운데 백제 고이왕 26년(259)에 궁궐 동쪽에서 피어오른 누각형 '靑紫雲'은 오직 관찰자의 객관적 관찰 정보 같은 외양을 띤다. 그러므로 고구려 골령에 나타난 '靑赤'의 구름을 당대 전승자가 '慶雲'이라고 평가한 경우와는 다르다. 고대 중국의 경우, '경운'은 瑞氣에 속하는 雲氣로서 태평의 감응으로 간주되었다.[6] 물론 구름의 색깔 '청적' 자체가 곧 골령의 구름을 '경운'이라고 한 기록자의 판단 근거인지는 분명치 않다. 다만 고이왕 대의 구름에는 색깔[靑紫]과 형상[樓閣]이라는 두 가지의 고려할 요소가 있다.

그런데 이 누각형 청자색 구름이 일어난 이듬해(260) 정월, 고이왕은 6좌평과 16관품을 제정하였다. 이어 2월에는 紫(6품 이상) – 緋 – 靑(12품 이하)의 3단계 위계적 服色을 分定하였다. 12품 이하 하위 관품의 복색은 청색, 6품 이상 고위 관품의 복색은 자색, 그리고 그 중간 관품의 복색은 비색으로 정하였다. 다시 해를 넘긴 이듬해 원단에 고이왕은 스스로 자색 도포와 청색 비단 바지를 입고 南堂에 거둥하였다. 따라서 이 일련의 정보를 통해 구름 색깔의 상하 배열과 복색의 수직적 위계를 조응시켜 이해하는 것은 크게 무리한 발상이 아닐 것이다.[7]

---

5) 신종원, 2016, 『신라불교의 개척자들』, 글마당, 75~76쪽.

6) 『晉書』 12 志 2 天文 中, 雲氣, "一日慶雲 若烟非烟 若雲非雲 郁郁紛紛 蕭索輪囷 是爲慶雲 亦日景雲 此喜氣也 太平之應". 이 설명은 『史記』 天官書의 雲氣 가운데 '卿雲'에 대한 설명에서 유래한 것이다.

7) Jonathan W. Best, 2006, *A History of the Early Korean Kingdom of Paekche*, Cambridge: Harvard University Asia Center, pp.243~245.

그러나 그와 같은 조응을 수긍하는 일과, 그러므로 『삼국사기』 기록자가 이 "작위적이고 수직적이며 정연한" 누각형 청자색 구름을 "조정 관료들의 새로운 계서화를 위한 실질적 단서를 미리 알리는 길조"로 삼으려 의도한 것이라는 설명[8]에 대한 동의 여부는 별개의 문제다. 만약 7세기 이후 중국의 사서들을 전거로 하여, 백제 왕조가 존재하지도 않았던 시기에 '상상의 백제 왕'과 그의 관료 조직 기사를 배치한 편사자가 그 전조로서의 누각형 청자운 관찰 기사를 '고안'한 것이라면,[9] 이 기사들은 경험과 인식 양변의 자질을 함께 상실하고 만다.

『삼국사기』의 세계는 고대의 경험과 중세의 인식으로 채워져 있되, 그것들은 각각 정보와 설명의 두 영역에 대응한다. 우선 『삼국사기』에는 고대인들이 경험한 사건과 일상에서 관찰된 현상들이 사실 정보의 형태로 기록되어 있다. 그 가운데는 경험 당대의 인식이 이미 스며들어 있거나 동반된 경우들도 있다. 그렇다면 이것은 정보이자 설명인 셈이다. 혹은 직접 드러난 인식이 아니라 하더라도 정보와 정보의 연관 속에서 고대적 사유 방식을 헤아릴 수도 있다. 반복 기재되어 하나의 패턴을 형성한 사실 기사들이 여기에 해당한다.

전형적인 하나의 사례는 "겨울 10월에 복숭아나무와 자두(오얏)나무에 꽃이 피었다[桃李華]"라고 한 경우일 것이다. 똑같은 기사가 경덕왕 대에 한 차례 '8월'의 일로 기록된 것을 포함하여 신라본기에 모두 6회, 고구려본기에 3회, 백제본기에 1회 보인다. 한편 『고려사』에는 오행지에 10월의 '桃李華'가 딱 한 차례 기록되었고, 대부분 8월에 해당하는 6회의 '梨華'가 그와 함께 기록되었다.[10] 음력 2월과 3월에 피어야 할 꽃들이 가을과 겨울에 피었기 때문에 이변이요, 그리하여 기록되었다. 비록 이

---

8) Jonathan W. Best, 1996, 「Concerning the Date of the Paekche Bureaucratic Rank System」 『百濟硏究』 26, 129～130쪽.

9) Ibid. pp.133～137.

10) 『高麗史』 53 志 7 五行 1, 火.

'도리화'의 의미 맥락을 일관하여 간명하게 명시하기는 용이하지 않다 하나, 이처럼 반복된 사실 정보들에는 고대 관찰자들의 사유가 잠복되어 있다.

그와는 달리 백제의 중앙 관제를 세련되게 정돈하고 있는 고이왕 27년의 '정보'가 7세기 이후 중국 정사의 내용을, 구체적으로 10세기 중반 後晉에서 편찬된 『구당서』의 문면을 원용한 것이라면, 『삼국사기』의 그와 같은 설명 혹은 인식은 경험 당대의 인식이라 할 수 없다. 마찬가지로, 그 1년 전 청자색 누각형 구름이 이듬해의 수직적 관제 정비를 안내하는 '길조'로서 상호 연관되어 있는 것이라면, 그것은 경험자의 설명이 아니라 두 정보를 연속의 형태로 기록한 누군가가 작위적으로 '동원한' 정보가 된다.

사실 『삼국사기』에서 조우하는 정보[경험]와 설명[인식] 사이의 경계는 맥락에 따라 유동적이다. 주몽은 창국 직후 비류수 물결을 따라 떠내려 오는 채소 잎을 보고 상류에 사람이 살고 있음을 알아차렸다. 이때 강물 위에 떠내려 오는 '채소 잎'은 상류에 있는 경작 집단의 존재를 지시하는 '기호'다. 그것은 마치 몰려오는 '검은 구름'을 보고 조만간 쏟아질 소나기를 예측하는 것과 다르지 않다. '채소 잎'과 '검은 구름'은 그 자체의 의미에서 경작자와 소나기를 가장 우선적으로 직접 지시한다. 그것들은 반복되고 학습되는 일상 가운데, 감각을 통한 의미 포착이 가능한 것들이다.[11)]

반대로 '누각형 구름'과 같은 것은 그 형용 자체에 어떤 본질적 의미가 담기지 않은 관찰 정보이다. 그것들은 그에 대한 충분한 통찰력과 권능을 갖춘 자로 간주되는 이의 해석과 설명을 경유하여 비로소 의미를 획득한다. 그러나 그의 해석과 설명은 공유될 수도, 반대로 배척될 수도 있다.

---

11) '기호(sign)'와 '상징(symbol)'의 분별에 대해서는 Leslie A. White, *The Concept of Culture* (Minneapolis: Burgess Publishing Company, 1973) ; 李文雄 譯, 1977, 『文化의 概念 – 文化決定論과 文化進化論의 立場』, 一志社, 15~17쪽 참조.

> 차대왕 4년(149) 여름 4월 그믐 정묘에 일식이 있었다. 5월에 五星이 동방에 모였다. 日者는 왕이 노할까 두려워 거짓으로 꾸며대 말하기를 "이는 임금의 은덕이요 나라의 복락입니다"라고 했더니 왕이 기뻐하였다. (『삼국사기』 15 고구려본기 3)

일식에 이어 5성이 동방에 모이는 현상이 관찰되었다. 일상적 현상이 아니므로 해석이 필요하다. 차대왕은 日者[12]에게 물었다. 일자는 왕이 "노할까 두려워 거짓으로 꾸며대" 왕을 欺妄하였다. 현상의 진실은 틀림없이 왕이 분노할 성질의 것이었다. 물론 일식에 이은 5성의 異狀이 과연 차대왕이나 그의 고구려 왕조에 어떤 명백한 암운일지에 대해서는 여전히 대답을 주저할 수밖에 없다. 적어도 오늘날의 독자들은 판단할 단서가 없다. 다만 신라에도 五星祭가 있었듯이,[13] 5성의 운행 법칙과 그 일탈에 대한 독법과 관련해서는 고대인 사이에 폭넓게 공유되어 온 지적 전통을 짐작할 수 있을 것이다.

5성은 五行에 상응하는 행성들로서 辰星[수성], 熒惑星[화성], 太白星[금성], 歲星[목성], 鎭星[토성]을 말한다. 고대 중국에서는 이들 5성이 동방에 모이면 중국이 크게 이롭고, 서방에 모이면 夷狄의 用兵者가 이롭게 된다고 해석하기도 하였다.[14] 고구려의 5성 관측은 필시 그와 같은 한 대의 오행설에 대한 이해와 수용을 전제로 한다.[15] 그러므로 차대왕 4년 기사의 문맥은, 오성의 동방 회합이 이를 관측한 고구려 측에 불리할 것이라는 해석의 전례가 일자에게 이미 확보되어 있었고, 그는 또한 그 해석을 견지하고 있었음을 반증하는 것이다.

---

12) '일자'는 본래 일시의 길흉을 가려서 점을 치는 사람을 말하는데, 『史記』 127, 日者列傳의 사례들과 같이 일반적으로는 占候·卜筮를 담당한 사람을 가리킨다.
13) 『삼국사기』 32 잡지 1, 제사.
14) 『漢書』 26 天文志 6.
15) 전호태, 2000, 『고구려 고분벽화 연구』, 사계절, 305쪽.

고대 천문 관념의 대부분이 그러하듯이, 이처럼 행성 하나하나의 운행과 여러 방식의 集散의 사례들은 고대인들에게 복잡한 —감각 외적— 의미를 매개한다. 감각으로 포착 가능한 의미가 아닌 점에서, 그것은 '상징'과도 같다. 고구려의 日者는 5성이 동방에 모인 현상에 대해 '정당한' 상징 해석을 은폐하고 왜곡하였다. 다시 말해 5성의 움직임이 상징하는 바가 감각의 포착 대상은 아니지만, 널리 공유되고 통용되는 그것은 이미 기호화한 것이다. 성궐의 문이 저절로 무너지는 현상이나 우물의 변고와 용의 출몰이 빈번하게 왕들의 죽음으로 이어졌던 이상, 이제 그것들은 더 이상 해석이 필요한 정보가 아니라 누구나 동의할 수 있는 설명의 영역으로 전이한 것과 다를 바 없다.

요컨대 하나의 단어는 그것이 사용되는 맥락에 따라 기호일 수도 상징일 수도 있는 것처럼, 『삼국사기』의 정보들은 동시에 여러 층위의 인식들이기도 한 것이다. 반복적 경험을 통해 상징은 기호가 되며, 정보들 사이의 인과적 패턴은 특정 인식을 의도적으로 매개한다. 어떤 기사든 그 자체로서 각각 단순한 고대적 경험 정보거나 어떤 주체의 인식으로 확정된 것은 없다고 보아야 한다. 오히려 긴요한 것은 고대의 현실에서 경험된 하나의 사건이 어떤 설명의 연쇄를 경유하여 『삼국사기』의 문면으로 정착했을 것인가에 대한 성찰일 것이다.

이미 말한 바와 같이 『구삼국사』는 『삼국사기』에 선행한 자료다. 『삼국사기』는 그 점에서 '신삼국사'였다. 『삼국사기』 편찬자가 고구려인들의 경험을 체계화하기 위해 동원한 자료적 토대에는 『구삼국사』가 포함되어 있다. 『구삼국사』로 불린 기록물의 편찬자가 고구려인들의 경험을 정돈하면서 확보했던 자료들의 전부나 일부는, 의연히 『삼국사기』 편찬자들에 의해 다시 점검되었을 수도 있다. 이 문제는 후진에서 편찬된 『(구)당서』가 있었음에도 불구하고 새로운 『(신)당서』를 편찬했던 송 대 지식인들의 선례와 혹사한 것이다.

- … (『구당서』는) 서술의 순서에 원칙이 없고 자세하고 간략한 것에도 적합함을 잃었으며, 문장이 명료하지 않을 뿐만 아니라 사실 자체가 많이 결락되어 … 밝은 군주와 어진 신하의 걸출한 공적과 성대한 위업, 그리고 뭇 혼미하고 포학한 통치자와 난신적자의 禍亂의 뿌리와 죄악의 발단 따위에서 모두 그 선악을 드러내 사람들의 이목을 격동케 할 수 없는바, 진실로 후세에 권계를 드리워 장구하게 보일 만한 것이 못 되는지라 매우 애석한 일이다. … (『신당서』, 「進唐書表」)
- … 『고기』는 문자가 거칠고 졸렬하며 史蹟이 빠지고 없어져서, 君后의 선악과 신하의 충사와 나라의 안위와 인민의 치란을 다 드러내어 (후세에) 권계로 드리우지 못하는바, 이제 마땅히 박식하고 뛰어난 재사를 얻어 일가의 역사를 이루어 만세에 전해 해와 별처럼 밝게 할 일이다. … (『東人之文四六』 10 ; 『東文選』 44 表箋, 「進三國史記表」)

송과 고려의 편사 논리가 방불하다. 물론 사서적 위상이 서로 유사한 것과는 달리, 『삼국사기』의 정보들에는 『당서』에 비해 훨씬 다양하고도 많은 층위가 잠복해 있다. '삼국'의 이름 아래 신라 건국 이후 고려의 통합까지 이르는 1000여 년을 한데 아우르는 방식부터가 중국의 단대사들과는 비교가 불가능한 것이다. 그 시공간을 분점하고 또 명멸했던 수많은 정치체들의 갈래도 놓치지 않아야 할 요소이다. 고구려 당시의 문헌 『留記』 100권이 당대에 이미 『新集』 5권으로 간추려졌고, 고구려와 백제의 왕통에 관한 한, 고려 사회에 유통되던 『海東古記』와 『三韓古記』는 중국의 『후한서』나 『남제서』의 관련 정보를 서슴없이 배제하는 근거가 되었다.

정보들의 경합과 수없이 반복된 기록자의 선택 과정에서, 짐작조차 할 수 없이 많은 경험들이 인멸되었다. 서로 다른 시점의 기록자들은 매번 그들이 처한 현실을 인식의 토대로 삼아 정보들의 설명력을 판단하고 취사를 거듭했을 것이다. 그들의 그와 같은 행위 역시 또 하나의 기억과 전승의 방식이다. 이처럼 『삼국사기』는 사건 경험자, 그에 대한 설명자, 기억과 설명을 공유하는 전승자, 취사하며 선택하는 기록자 등을 중층적으로 포괄한다. 그리고 마침내 12세기 중엽의 현실과 문법에 충실한 하나의 설명 체계이자 완정된 표상의 지위를 획득하였다.

전체적으로 보아 그것은 형성의 과정에서 우연적이며, 귀결된 내용에서 정치적인 산물이다. 편찬자들은 『삼국사기』가 삼국의 유구한 역사를 옳게 아울러 만세토록 해와 별처럼 밝은 표상이 되기를 희망하였다. 표상된 역사는 당대와 후세의 독자들을 향한 것이다. 그러나 그것은 처음의 사건에서 발단된 설명이, 이후 경유했던 곡절로 인해, 경험 주체의 고유한 설명과 예기치 못한 괴리를 일으키는 것들이었기 쉽다. 냉정하게 말해, 『삼국사기』의 체계적 설명은 끝내 서술 주체가 '여기고 있는 진실'만을 담고 있는 것에 불과할지 모른다.

대저 기록물에는 일반적으로 서술자의 현실이, 대상의 현실과 독자의 현실 사이에 가로 놓여 있다. 『삼국사기』에 선행하는 자료들에도 마찬가지로 형성 당시의 고유한 맥락이 담겨 있다. 나아가 정보와 설명의 층위는 본질에서 형성 시기에 따르는 것이지만, 경험을 공유하고 있는 주체들 사이에서도 발생한다. 특히 560여 개에 이르는 『삼국사기』의 분주들은 결국 어떤 맥락에서든 본문의 서술 내용과 관련한 異種 정보의 존재를 방증한다.

예컨대 『삼국사기』의 첫째 분주는 신라 시조 혁거세거서간이 즉위한 날을 '4월 병진'으로 쓰면서, "정월 15일이라고도 한다"라고 한 것이다. 본문과 분주의 이 차이란, 옳고 그름의 판정을 기대할 수 있는 문제가 아니다. 마지막 분주는 936년 一利川 전투에서 투항한 후백제의 神劍 형제들을 고려 태조가 용서해 주었다고 한 데 대해, "세 형제가 모두 죽임을 당했다고도 한다"라고 한 분주이다. 쉽게 짐작할 수 있듯이, 후백제 관련 정보의 착종 배경에는 후백제인과 고려인이 남긴 설명들 사이의 경합이 자리하고 있다.

승리와 패멸의 음영이 분명한 이상, 후백제인들은 7세기의 전백제인들과 마찬가지로 스스로를 정당하게 변호할 기회를 확보하지 못하였다. 고구려 또한 패멸당한 왕조의 한계에서 백제와 다르지 않다. 같은 이유에서 왕이나 귀족과 같은 지배 계급의 인식은 피지배 계층 일반의 설명을 밀쳐 낸다. 남성은 여성보다 자기중심적 설명 기회를 훨씬 더 많이 가진다. 그러나 패멸한 왕조와, 광범한 기층민과, 용기 있는 여성들은 때때로 희소하나마 자신들의 목소리를 전승시켰다. 그러한 단층들은 『삼국사기』를 풍부하게 만든 '역설적 균열'이기도 하다.

전혀 양립할 수 없는 정보들과 상충하는 설명들은 『삼국사기』의 사건 기년과 관찰 내용과 인물 계보 등, 모든 영역에서 발견된다. 정작 편찬자는 『삼국사기』의 정보와 설명에 함유된 그와 같은 착종과 당착에 그다지 주의하지 않은 듯하다. 맥락을 벗어난 당착이란, 인식과 기록의 주체로서 편찬자의 무책임을 의미하는지도 모른다. 그럼에도 불구하고 인식 주체의 설명으로서 『삼국사기』는 오늘의 독자 앞에 체계적 정보로 다시 놓였다. 그리고 연구자들은 『삼국사기』 정보의 설명력을 비판하거나 근거 삼아 고대의 경험을 다시 설명하려 한다.

3. 편찬자의 인식 기반

12세기 중엽 고려의 지식인들은 그들 앞에 놓인 경험 정보들을 재료 삼아 기전체의 『삼국사기』를 편찬하였다. 그 점에서 『삼국사기』는 삼국의 구성원, 즉 고대인들의 경험과 사유에 대한 중세 편찬자의 선택 결과이며 인식이다. 서술자들은 자기 현실에 입각하여 고대를 파악하고 설명한다. 즉 인식의 기반은 인식 주체의 현실이다. 편찬자들이 처한 현실은 고대를 구성하는 정보의 선택과 수용, 그리고 그것들에 대한 판단과 평가의 기준으로 작용한다. 필연적으로 서술자의 진실이 서술 대상의 진실에 우선한다.

고구려와 백제도 다를 바 없지만, —한국의 고대를 구성하는 가야와 부여와 옥저와 예와 삼한 등의 경험은 논외로 하더라도— 『삼국사기』에 담긴 신라 천 년의 역사에 관한 정보란 지극히 불친절한 '단서'에 불과하다. 『삼국사기』 편찬자는 "비록 을지문덕의 지략과 장보고의 의용이 있다 할지라도, 중국의 기록이 아니었던들 모두 없어져서 알지 못했을 것이다"라고 하였다.[16] 물론 그의 한탄만으로 『삼국사기』가 배제한 고대의 경험들에 대해 충분한 면책이 되지는 못한다. 『삼국사기』에 대한 '비판적 보완'을 자처한 『삼국유사』의 존재 자체가 이를 웅변한다. 그러나 삼국의 '遺事' 역시 크게 보아 여전히 고대에서 연원하여 부유하는 정보 편들 가운데서 비체계적으로 수습된 '遺失物'의 집적 이상은 아니다.

더구나 고대로부터 流轉된 빈약한 유실물들은 중세 지식인들의 세계인식과 현실 조건에 맞춰 재단되었다. 다시 말해 그것들은 12세기 고려의 지식 관료들의 문법에 따라 다시 선택되고 변용되었다. 앞에서 확인한 바와 같이 김부식의 「진삼국사기표」는 曾公亮의 「진당서표」를 모델로 작성되었다. 송과 고려의 두 지식인은 새로운 사서를 편찬해야 할 당위, 혹은 새로운 사서 편찬의 지향을 세 가지 측면에서 거론하였다. 첫째는 문장에서 古文의 회복이요, 둘째 관련 기록의 충실한 보입, 그리고 현실에 대한 권계로서 합당할 것 등이 그것이다.

특히 셋째 사항에 주목한다. 그것은 사서의 효용성에 관련된 문제이다. 그에 따르면, 모름지기 역사서란 '현실'에 대한 권계에 합당해야 한다. 즉 찬자가 사유하고 처신하며 파악하고 있는 현실이 곧 그의 정보 선택과 과거 설명의 기반이 된다. 그는 고대의 경험 정보들에서 자신이 처한 현실을 진단하고 그 개선을 탐색하는 단서와 논거를 발견하고자 한다. 그에게 삼국 중심의 고대를 균형 있게 재현하고 복원하는 일은 정작 第一義的 목표가 아닐지 모른다. 그렇다면 『삼국사기』의 정보는 이미 '객관적'이지 않다.

고대의 경험에 관한 무질서한 정보들 가운데, 편찬자들은 그들이 공명

16) 『삼국사기』 43 열전 3, 김유신 하.

할 수 있는 것들을 주목하고 선택적으로 인식하였다. 다시 말해 인식 주체가 공명한 것들만이 기록되었다. 당연히 그것들은 고대를 옳게 반영하지 못한다. 그것들은 오히려 현실의 권계에 합당한 사례들일 뿐이다. 이규보 역시『삼국사기』의 동명왕 관련 기록이 상대적으로 고대적 감성을 더 잘 보존한 것으로 보이는『구삼국사』에 비해 소략해진 이유를 김부식의 '國史'관으로 짐작하였다. 즉 김부식은 필경, 국사란 '(현실의) 세상을 바로잡는 책[矯世之書]'이라고 여겼으리라는 것이다. 그의 판단은 타당하다.

그러나 편찬자의 역사서에 대한 그와 같은 주관은,『삼국사기』를 매개로 고대의 현장에 다가서려는 독자들을 은연 방해한다. 이것은 명백히 중세의 인식에 지나지 않는『삼국사기』의 한계다. 반대로『삼국사기』의 수많은 자가당착과 오류에 대한 편찬자의 무관심은 독자들의 의혹을 키운다. 실제『삼국사기』의 정보들이란 근대 역사학이 기본 전제로 삼는바, 합당한 '사료 비판'을 경유하지 않은 것들이다. 허다하게 발견되는 당착과 착종된 정보들 대부분에 대해 찬자의 비판은 결여되었다. 그의 관심은 그의 현실에 집중되었고, 고대의 정보들은 오직 그의 현실을 위해 첨삭되고 취사되었다.

그러나 대안은 없다. 잃어버린『구삼국사』도,『삼국사기』를 삼국에 관한 '本史'로 전제한『삼국유사』도, 삼국에 관한 한『삼국사기』를 의미 있게 벗어나지 못한 조선 시대의 거의 모든 사서들도,『삼국사기』의 대안이 되지 못한다. 그렇다면 차라리『삼국사기』의 한계와 오류와 당착조차 하나하나 유의미한 단서로 삼아 음미할 필요가 있다. 거친 역설이겠으나, 거짓은 진실로 안내하는 단서라고 생각한다. 편찬자들이 주목하지 못한 당착과 오류란, 오히려 고대적 사유와 경험을 독자에게 직접 매개하는 통로일 가능성이 크기 때문이다.

한편, 인식 주체에 따라 인식 대상은 규정된다고 할 때,『삼국사기』의 사론은 편찬자의 역사 인식을 가장 직접적으로 드러내주는 소재로서 주목할 만하다. 물론 그의 인식은 인식 당대의 맥락에서만 유효하다. 예컨대 삼국의 모든 왕에 적용된 卽位年稱元法이나, 이사금이나 마립간과 같은 신라의 고유한 王稱은 조선의 『동국통감』에서 일괄 배척되었다. 고려 당대의 칭원 현실이나, 비중국적 고유문화 요소들에 대한 조선 사회의 포섭 역량이 고려의 그것과는 달랐던 때문이다. 김부식이 고구려의 연개소문을 '비상한 사람'이라 한 송나라 王安石의 발언에 동조했다가, 『동국통감』 찬자들에게 "남의 신하된 자로서 『춘추』를 알지 못한 죄를 면치 못할 것"이라는 격렬한 비난을 받은 것도17) 같은 연유에서이다.

또한, 삼국의 멸망에 대한 사론에서 '暴吏의 驅迫'과 '强宗의 聚斂'을 경고하고 '親仁善隣'을 강조한 것은, 『삼국사기』 편찬 당시 왕실의 외척이었던 李資謙의 전횡과 요·금 교체의 격동 같은 12세기 고려의 내외 현실과 관련이 깊다. 신라 왕실의 근친혼과 동성혼에 대한 평가에는 모후의 자매들을 비로 삼은 고려 인종의 현실이 고려되었다. 왕을 시해하고 즉위한 신라의 헌덕왕, 민애왕, 신무왕이나, 전왕의 아들들을 참화로 몰아넣은 고구려 차대왕의 사례 등은, 편찬자가 목도한 고려의 숙종, 예종, 인종, 의종의 왕위 계승과 그에 따른 王弟와 王叔들의 희생과 방불한 것이었다.

이와 같이 인식 주체의 현실이 인식 대상의 현실에 적확하게 접맥하는 것일수록, 편찬자가 의도한 사서의 효용성은 빛을 발한다. 이와 관련하여 전체 50권 가운데 홀로 3권의 분량이 할애된 김유신전과 그에 대한 사론을 예로 들어본다.

김유신전 자체는 그가 죽은 100여 년 뒤 그의 후손 金長淸이 작성한 '行錄' 10권을 바탕으로 축약한 것이다. 편찬자는 '행록'에 대해 "자못 만들어 넣은 말이 많으므로, 그런 부분은 깎아 버리고 적어둘 만한 것을 취하였다"라고 한다. 그에게 '적어둘 만한 것[可書者]'이란 곧 '현실의 권계에 합당한 것'일 것이다.

17) 『東國通鑑』 8 唐 乾封 원년 고구려, 보장왕 25년.

> 편찬자는 논평하여 말한다. 당의 李絳이 憲宗에게 대답해 아뢰기를 "간사하고 아첨하는 이를 멀리하고 충직한 이를 등용하며, 대신들과 논의할 때는 존경하고 믿어 소인배가 끼어들지 못하게 하시고, 어진 이와 교우하실 때는 친근하고 예의를 다해 불초한 자가 참예하지 못하게 하소서"라고 하였으니, 성실하다 이 말이여! 실로 임금된 이의 긴요한 도리이다. 그러므로 『서경』에 이르기를 "어진 이에게 일을 맡김에 의심하지 말며, 사특한 이를 물리치는 데 주저하지 말라"라고 하였다. 이제 신라에서 유신을 대하는 것을 보면 친근히 하여 사이가 없고, 위임하여 의심치 않으며, 도모하면 행하고 말하면 들어서 쓰이지 않음을 원망함이 없게 했으니, 가히 '육오동몽(六五童蒙)의 길함'을 얻었다고 할 만하다. 그러므로 유신은 그 뜻을 행할 수 있었고, 중국과 협력해 세 나라를 합해 한 집안을 이루어 공적과 명성을 남기고 일생을 마칠 수 있었던 것이다. (『삼국사기』 43 열전 3, 김유신 하)

이강은 당 헌종이 태종이나 현종과 같은 성대를 이루려면 어떻게 해야 하는가를 묻자 위와 같이 대답하였다 한다.[18] 충직한 이와 중신과 어진 이를 삼가 존중하고 굳게 신뢰하여, 간사한 소인배들에게 아첨하고 준동할 틈을 주지 말아야 한다는 것이다. 이는 인용자의 말처럼 '임금된 이의 긴요한 도리'이다. 다시 말해 "인군은 예를 갖춰 신하를 부려야 한다."[19] 『서경』의 인용도 "어진 이에게 일을 맡김에 의심하지 말 것"을 강조한 것이다.[20] '육오동몽의 길함'이란 무지한 이가 높은 지위에 있으면서 겸손한 태도로 유능한 이에게 모든 것을 맡기고, 그의 가르침을 받아들이는 것을 어린아이처럼 하기 때문에 길하다는 뜻이다.[21]

---

18) 『新唐書』 152 열전 77, 李絳傳.

19) 『論語』 八佾.

20) 『尙書』 大禹謨.

21) 『周易』 蒙卦, "六五童蒙吉". '六五'는 괘의 육효 가운데 제5효의 음효를 말한다. '童蒙'은 '나이가 어리고 아는 것이 없는 것'을 이르니, "어리고 몽매한 사람이니 길하다"라는 뜻이다. 이 제5효는 유순한 음으로 군왕의 높은 지위에 있으면서 제2효와 음양 상응의 관계에 있어서 모든 것을 그에게 위임하고 순응하는 형상이라 한다.

요컨대 논찬자는 김유신이 이룬 공명의 근원은 "(김유신이) 도모하면 행하고 말하면 들어서 쓰이지 않음을 원망함이 없게" 한 신라 왕의 태도에 있다고 보았다. 그에게 김유신을 김유신이게 하는 것은 신라 왕의 흔들리지 않는 신뢰였다. 그러므로 그는 고구려의 뛰어난 國相 乙巴素의 선정보다도, 그를 전폭적으로 신임하고 지원한 고국천왕의 명철함을 기린다.[22] 그처럼 왕은 능력 있는 자에게 일을 맡겨 스스로는 몽매한 어린아이와 같이 해도 좋은 것이라 한다. 이야말로 편찬자가 김유신의 생애에서 발견한 이른바 '현재적 의의'일 것이다. '행록'은 김유신의 충성과 위업에 대한 정보이자 설명이었으나, 김유신전 편찬자에게 그것은 오히려 '인군다운 인군'의 모범적 예증이 되었다.

그러므로 김유신전을 구성하는 사건들은 '행록' 가운데서도 편찬자의 현실 인식에 부응하는 정보로서 선택된 것들이다. 이와 같이 서술자의 경험이 서술 대상에 대한 인식은 물론 그 자체의 선택 과정에도 개입한다. 신라의 선덕왕 말년(647)에 발발한 上大等 毗曇의 반란 사건에서도 같은 맥락을 발견한다. 교전 중, 큰 별이 왕성에 떨어졌다. 반란군들은 이를 국왕 측의 패망으로 해석하였다. 왕 역시 그 두려운 해석을 외면하지 못하였다.

> 깊은 밤 자정 무렵에 큰 별 하나가 월성에 떨어지자, 비담 등이 사졸들에게 말하였다. "내가 듣건대 별이 떨어진 아래에는 반드시 유혈이 있다 한다. 이는 아마 여왕이 패망할 조짐일 것이다." 이에 사졸들이 환호하는 소리가 땅을 뒤흔들었다. 대왕이 그 소리를 듣고 두려워 어찌할 바를 몰랐다.
> 유신이 왕을 뵙고 아뢰었다. "길함과 흉함은 정해진 것이 아니옵고 오직 사람이 불러들이는 바에 달려 있는 것이옵니다. 그러므로 殷나라 紂王은 봉황이 나타났음에도 망하였고, 魯나라는 기린을 잡은 뒤에 쇠망했으며, 은나라 高宗은 꿩이 울었음에도 흥하였고, 鄭나라는 용들이 서로 싸웠음에도 창성했던 것입니다. 그러므로 덕이 요망함을 이기는 것을 알 수 있으니, 별자리

22) 『삼국사기』 고구려본기 4, 고국천왕 13년.

> 의 변괴 따위는 두려워할 것이 못 되옵니다. 왕께서는 근심하지 마소서." 이윽고 허수아비를 만들어 불을 안겨서 연에 실어 날려 보내니, 마치 별이 하늘로 올라가는 듯하였다. 다음날 사람을 시켜 거리에서 소문을 내기를 "지난밤 떨어졌던 별이 다시 하늘로 올라갔다"라고 하여, 적군들로 하여금 의구심을 품게 하였다. 그리고 흰 말을 잡아 별이 떨어진 곳에서 제사를 올리고 축문을 지어 축원하였다. (『삼국사기』 41 열전 1, 김유신 상)

비담이 환기한바, "별이 떨어진 아래에는 반드시 유혈이 있다"라는 해석은 사건 당대인 사이에 널리 공유되어 있는 인식이었을 것이다. 그러나 김유신의 생각은 다르다 하였다. 그에게는 길과 흉의 나뉨이란 "오직 사람이 불러들이는 바에 달려 있는 것"이라 한다. 그의 말은 일단 天意로부터 독립된 인간 중심적 사고로 읽힌다. 그러나 천의와 인간의 행위가 절연된 것은 아니다. 봉황의 출현이 은나라 주왕이 아니라 주나라 文王을 위한 것이었을 뿐, 상서와 흉조 자체야 의연히 천의를 반영한다. 다만 그에 대한 해석과 대응은 인간의 영역이다.

김유신으로부터 오백 년 가까이 지난 뒤의 일이다. 서경으로 천도할 것을 주장한 妙淸의 거사가 있기 몇 달 전, 김부식은 신비적 吉地論의 허구와 '仁民愛物'해야 하는 통치자의 당위를 들어 인종의 西京 행차를 저지하였다. 그는 "금년(1134) 여름 서경 大華宮에 30여 군데나 벼락이 쳤으니 만약 그곳이 길한 땅이라면 하늘이 필시 그러하지 않았을 터"라고 지적하였다.[23] 그 직전에 國子司業 林完도 災異에 대한 董仲舒의 天譴論을 들어, 인종으로 하여금 허황한 음양설을 끊고 묘청을 베는 것이 바로 하늘의 경계에 응답하는 길이라고 하였다. 그는 그 즈음 겹친 재변과 흉작, 벼락과 우레, 그리고 흰 무지개가 해를 꿰뚫는 현상을 하늘의 견책으로 해석하였다. 그리고 이에 대한 응답은 임금의 修德에서 비롯한다고 주장하였다.

23) 『高麗史』 98 열전 11, 김부식. 『高麗史節要』에는 같은 해 9월의 일로 나와 있다.

임금이 덕을 닦아 하늘에 응답하면 복을 기약하지 않아도 복이 스스로 이르고, 만약 덕을 닦지 않고 한갓 헛된 형식만을 일삼으면 무익할 뿐만이 아니라 이는 바로 하늘을 모독할 따름입니다. … 이른바 덕이란 것을 어찌 다른 데서 구하겠습니까. 임금의 마음가짐과 정사를 궁행하심에 있을 뿐입니다. 하늘과 사람 사이가 아득히 멀리 떨어져 말로 통할 수 없으나, 착한 자에게 복을 주고 악한 자에게 화를 주는 것이 그림자나 메아리같이 빠르옵니다. … 원하건대 묘청을 베어 하늘의 경계에 응답하시고 민심을 위로하소서. (『고려사절요』 10, 인종 12년 5월)

여기에 보이는 임완의 논리에 근거하자면, 허수아비에 불을 안겨 연에 실어 날리면서 떨어졌던 별이 다시 하늘로 올라갔다고 소문을 내는 한편 백마를 잡아 하늘에 축원한 김유신의 행위는, 각각 인간의 영역과 천의에 대응하는 옳은 방식인 것이다.

이처럼 사서에 선택된 경험적 사실이란 편찬자의 현실 인식과 공명하는 것들로 채워졌다고 보아야 옳다. 편찬자의 인식이란 중세의 현실에 기반을 둔 것이나, 그렇다고 하여 인간과 세계에 대한 고대인들의 설명 방식에서 크게 벗어난 것은 아니다. 실제로 임완이 예거한 재이는 『삼국사기』의 사실 정보 가운데 적지 않은 비중을 점하고 있는 것들이다. 흰 무지개만 하더라도 진평왕, 성덕왕, 효성왕과 백제 성왕 대에 관찰 기록이 보인다. 맥락은 서로 다르나 일관하여 그것들은 흉조였다. 억울하게 투옥된 신라 진성왕 대 王居仁의 사무치는 원망도 문득 무지개가 해를 뚫게 만들었다고 한다.[24)]

『삼국사기』가 중국 중심적 국제관과 유교적 세계관에 충실하다는 것은 다시 말할 필요가 없다. 또한 일통의 주체로서 고려 왕조의 역사적 정당성과 충군과 애민의 위계적 군신 질서는 편찬 주체가 지닌 역사 인식의 근간을 이룬다. 편찬자들은 그들이 처한 현실과 그들의 사유 방식을 기반

24) 『삼국유사』 기이, 眞聖女大王居陁知.

으로 삼아 고대의 경험을 전승하고 설명하였다. 그러나 그것은 고대의 설명을 왜곡하거나 변개하는 방식이 아니라, 편찬자들의 공명 여하에 따른 취사의 결과였다. 따라서 중세의 인식 결과물로서 『삼국사기』의 정보와 설명은 고대의 본래 맥락과 고대인의 정서적 결을 크게 손상하지는 않았다고 판단한다.

4. 경험자의 설명 방식

인식의 주체와 대상 현실 사이에 공명의 접점이 없는 정보와 설명은 선택되지 못하였다. 선택되지 못한 것들은 대부분 이미 인멸되어서, 그 취사의 기준을 명료하게 짐작할 도리가 없다. 그러나 단서는 있다. 예를 들어 「동명왕편」에 보이는 五龍車의 하강이나 河伯과 解慕漱의 난만한 변신의 경합들, 『삼국유사』의 '紀異'편에 나열된 온갖 신이와 이적이 그것들일 것이다. 그 때문에 『삼국사기』의 바탕을 '경험적 합리'에 두어 이해하는 경우가 많은 것도 사실이다. 합리적 설명이란 결국 자연 법칙에 상응하는 인과관계에 충실한 것이기도 하다.

반면에 '기이'의 '異'는 '常'의 대응 항이요, 자연 법칙을 벗어난 '일탈'은 '일상'을 전제로 한다. 왕과 귀족의 통치 행위, 국가 간 외교와 전쟁 기사 등과는 달리, 『삼국사기』에 있는 대부분의 자연 현상들은 인과적 법칙으로부터 일탈한 사례들이다. 겨울에 꽃이 피고 여름에 서리가 내리는 현상은 계절의 순리를 벗어나 있다. 그러한 정보들은 고대 사회를 헤아리고 특정 사건의 한 국면을 복원하는 근대적 논리에서 거의 주목받지 못한다. 일식과 월식도 다르지 않다. 그와 같은 것들은 대개 이미 일어난 어떤 사건을 설명하기 위한, 즉 결과로부터 소급된 연역적 예조로 간주되었을 뿐이다.

> 유리명왕 29년(10) 여름 6월에 矛川가에서 검은 개구리와 붉은 개구리들이 떼를 지어 싸우더니, 검은 개구리 쪽이 이기지 못하고 죽었다. 이를 보고 의견을 내는 이가 말하기를 “검은 것은 북방의 색이니 북부여가 파멸될 징조다”라고 하였다. (『삼국사기』 13 고구려본기 1)

5행과 5방, 그리고 5색의 관계에서 검은 개구리와 붉은 개구리는 각각 부여와 고구려를 가리킨다. 3년 뒤 고구려를 침습해 온 부여군은 궤멸되었다. 다시 10여 년 뒤 대무신왕의 고구려군은 부여를 공격하여 왕을 죽였으며, 부여에서는 주민 집단의 이탈이 이어졌다. 따라서 검은 개구리 떼가 붉은 개구리 떼와 싸워 죽은 것은 북부여가 장차 고구려에게 파멸당할 것이기 때문이었다.

당연한 말이지만, 개구리 떼의 싸움과, 부여와 고구려의 전쟁이라는 전후의 두 사건을 인과관계로 설정한 논리 자체는 합리적 설명이 아니다. 달리 말해, 『삼국사기』가 매개하는 고대의 정보들이 반드시 경험적이고 합리적인 것은 아니다. 그러나 일상의 경험이든 비현실적 상징이든, 그것은 대부분 어떤 형태의 인과관계를 구성하는 요소로 자리하고 있다. 그리고 『삼국사기』에는 이처럼 일상을 벗어난 異常의 경험 기사가 매우 풍부하다.

물론 중세의 편찬자들은 고대의 경험 주체들에 비해 훨씬 더 합리의 세계로 다가서 있다. 편찬자들은 삼국 시조들의 탄생이나 탄강 이야기를 왕조사의 중심에 서술하면서도, 그들 자신은 卵生이나 天降의 전승을 믿을 수 없다고 고백한다. 『고기』를 인용하여 신이한 피리 萬波息笛의 제작 유래를 소개하면서도, 정작 스스로는 이를 믿을 수 없다고 말한다. 이때 그들로 하여금 스스로도 수긍하기 어려운 설명을 끝내 외면하지 못하고 기록하게 만든 힘은, 다른 무엇보다도 전승의 장구함이었다. 그리고 그와 같이 장구한 전승의 동력이라 할 동시대 구성원들의 공감과 인식이 있었을 것이다.

예컨대 고려에서는 문맹의 남녀들조차 동명왕의 신성한 서사를 다 口演할 수 있었다 한다. 그들은 동명왕의 영웅적 일생에 대한 거대한 전승 집단이다. 그들에게는 동명왕의 탄생과 시련과 탈출과 창국과 심지어 승천에 이르기까지, 일련의 신이한 서사 모두가 경험된 역사에 다름 아니다. 과거에 대한 설명은, 적어도 그것을 공유하고 전승하는 집단들에게는 설득력을 지닌 셈이다. 폭넓게 공유되어 온 전승의 연쇄를 거슬러 올라가다 보면, 어느 지점에서 경험 당대인의 설명을 만나게 된다. 예컨대 주몽의 탄생을 일러 "알을 깨뜨리고 세상에 나오셨다[剖卵降世]"라고 한 것이 고구려 당대 사람들의 설명임은, 5세기 초에 건립된 광개토왕비가 증언하고 있다.

과거의 경험은 재현할 수 없다. 특정 사건은 우선 경험 주체들의 기억과 설명으로 전승의 첫발을 시작한다. 복수의 경험자들은 서로 다르게 기억하고 어긋나게 설명할 수도 있다. 경합하는 설명들은 각각의 설득력 여하에 따라 확산의 계기를 얻거나 반대로 탈락할 것이다. 탁월한 설득력을 가진 설명은 전승의 동력을 획득한다. 혹은 서로 다른 설명들은 기록 주체의 시선과 현실에 따라 취사의 갈림이 나뉘기도 한다. 예컨대 신라인 최치원과 고려인 김부식, 12세기의 『삼국사기』와 13세기의 『삼국유사』 등, 이들 간의 차이가 그 예증이다.

무엇보다도 유사한 생태 조건에서 동질적 일상을 경험한 집단들 사이에서는 폭넓은 공감대가 형성된다. 특정의 생태 조건은 일상 생업을 규정하며, 그에 따라 특정 맥락의 상징 행위가 발달한다. 예컨대 비류수와 압록수가에서 생업을 영위해 온 고구려인들에게 "갈대가 이어지고 거북이 떠오르는[連葭浮龜]" 이적이란 거의 경험적 설명에 근사한 것이다. 그들은 수중 생물들의 산란이나 부화와 같은 주기적 생리 현상과, 강안에 빽빽하게 엉키고 우거진 수초들을, 오랫동안 반복적으로 관찰하였다. 그와 같은 일상 경험은 그것들을 밟고 강을 건널 수도 있겠다는 상상력의 바탕이 된다. 그리하여 고구려의 위대한 시조 주몽은 갈대가 이어지고 거북이 떠올라 이룬 다리를 이용하여 추격하는 부여군으로부터 벗어날 수 있었던 것이다.

유리왕 대에 왕도를 옮기게 하고, 또 산상왕 대에 왕위 계승자가 출생하게 되는 계기를 제공한 郊祀의 희생용 돼지 역시, 고구려인의 생업과 문화를 반영하는 상징물이기는 마찬가지이다. 당대의 고구려인들은 사육과 수렵의 주요 대상으로서 돼지의 생리적 특징에 익숙하였을 것이다. 그리하여 돼지 사육의 경험은 그들로 하여금 최적의 陽宅을 알아보는 능력을 돼지에게 가탁하게 만들었을 것이다. 또한 그 논리적 결과로서 돼지는 여성의 출산력 자체거나 실제 후사의 출생을 실현시켜 주는 매개물로 간주되었을 것이다. 요컨대 돼지에 대한 고구려인의 '관념'은 그들의 '경험'을 반영한다.[25)]

이미 말한 바와 같이 설명들은 어떤 형태의 인과적 외양을 띠고 있지만, 반드시 일상에서 검증 가능한 관계이어야 할 필요는 없다. 특히 고대적 사유 방식에서는 거의 모든 현상들이 결과로서의 사건에 대해 그 발단으로 은유될 수 있다. 대개 은미한 예조들은 사려 깊은 해석을 요구하는 단서에 불과하다. 더구나 경험자들의 설명이란 이미 규정된 결과에 대해 합당한 원인을 찾는 방향으로 형성되기 마련이다. 그와는 달리 예조로 간주된 현상들이 어떤 결과를 초래할 것인지를 예측하는 경우는 중의적일 수밖에 없다.

예컨대 고구려 태조대왕은 표범이 호랑이의 꼬리를 물어 끊는 꿈을 꾸었다. 꿈 이야기를 들은 '어떤 이'는 왕족 가운데 혹시 태조대왕의 뒤를 끊으려고 획책하는 이가 있지 않은가 우려하였다. 그러나 왕의 측근 高福章은 "착하지 못한 일을 하면 길한 것도 변해 흉한 것이 되고, 착한 일을 하면 재앙이 도리어 복락이 되는 것"이라 하여 왕을 안도시켰다. 이것은

25) 반드시 동의하는 것은 아니지만, "돼지는 실재했던 것이 아니라 고구려인의 관념 세계 안에 있는 동물로 해석해야 할 것"이라는 견해를 잠시 환기해둔다. 정연식, 2012, 「작제건 설화의 새로운 해석」 『韓國史硏究』 158, 43쪽.

김유신이 주장한 바요, 天譴에 대한 修德論의 전형이었다. 그러나 머지않아 고복장과 태조대왕의 아들들은 태조대왕으로부터 양위를 받은 차대왕에게 살해되거나 자결하였으니, 태조대왕의 꿈에 대한 '어떤 이'의 우려가 실제로 징험되고 말았다. 실제로 고복장과 같은 수덕론은 차대왕의 폭력 앞에서는 무력하였다.

> 차대왕 3년(148) … 가을 7월에 왕이 平儒原에서 사냥하였는데, 흰 여우가 따라오면서 울었다. 왕이 활을 쏘았으나 맞지 않았다. 師巫에게 물었더니 대답하기를 "여우라는 것은 요사스러운 짐승이라 길하거나 상서로운 것이 아닌데, 더군다나 그 빛깔조차 희니 더욱 괴이합니다. 그러나 이는 하늘이 말을 거듭해 알려줄 수 없는지라 요사스럽고 괴이한 것을 보여주어 임금으로 하여금 두려워하고 반성해서 스스로 새로워지도록 하려는 것이니, 임금께서 만약 덕성을 닦는다면 곧 화가 복이 될 수 있을 것입니다"라고 하였다. 왕이 말하기를 "흉하면 흉하다고 할 것이고, 길하면 길하다고 할 것이지, 언제는 요사스러운 것이라 하더니 또 그것이 복이 되리라 하니, 어찌하여 그리 말을 꾸며대느냐?" 하고, 드디어 그를 죽여 버렸다. (『삼국사기』 15 고구려본기 3)

차대왕에게 죽임을 당한 '師巫'는 그 행위 영역으로 미루어 '샤먼(shaman)'의 音寫로 판단한다. 그는 차대왕이 만났다가 놓친 흰 여우가 차대왕에 대한 하늘의 경고라고 해석하였다. 그리고 그의 해석은 고복장의 대답과 본질에서 다르지 않다. 그러나 차대왕은 그를 죽여 버렸다. 修德과는 정반대의 폭압이었다.

다만 우리 고대의 광범한 시공간에 걸쳐서 흰빛의 동물은 대체로 상서의 조짐으로 간주되었던 데 반해, 사무는 여우와 흰빛을 각각 不詳과 怪異의 표징으로 읽었다. 따라서 고구려본기에 소개된 이 사태에서 사무의 해석 자체가 본질은 아닐 것이다. 이는 오히려 포악한 성정으로 말미암아 "백성들이 참을 수 없는 지경이라"[26] 끝내 신하에게 시해당하고 마는 차대왕의 말로를 매개하기 위해 '선택되고 동원된 설명'인 것이다.

다시 말해 고복장이나 사무의 해석은 물론, 흰 여우 자체부터가 반드시 흉조라고 단정할 근거는 없다. 한 예로 백제가 멸망하기 1년 전 백제 상좌평의 책상 위에 올라앉은 흰 여우는 명백히 요망하고도 두려운 예조였겠다. 그러나 김씨 왕계의 시조인 閼智의 탄강을 알리는 흰 닭을 비롯하여 흰색의 꿩, 매, 까치, 사슴, 말, 참새, 까마귀 따위가 국가 간 예물이거나 왕에게 올리는 진상품으로 등장하는 신라에서는 달랐던 것 같다. 즉 신라 경덕왕은 大永郎이 흰 여우를 바치자 '南邊第一'의 관위를 수여하였다.[27] 고구려와 백제에서도 종종 흰색의 사슴, 노루, 매, 말을 상서로 간주하였다.

사실 본래의 색이 발현되지 못한 흰색 동물들이란, 유전적 결함으로 인한 변이이다. 따라서 해당 개체의 생존 가치 역시 저하될 수밖에 없다. 멜라닌 색소가 합성되지 않는 백색증 개체들은 유전적 결함을 가진 돌연변이에 불과하다. 다만 고대의 삼국인들은 그 희소성에 각별한 —주로 긍정적인— 의미를 부여하였을 뿐이다. 반면에 신라의 패강진, 웅천주, 무진주, 삽량주, 하서주 등지에서 잇달아 진상한 붉은 까마귀[赤烏]는, 그 의미를 준별할 논거가 불분명하다. 아마 신라 하대의 저락한 왕조 질서에 대한 초조함의 반증이거나, 주의 문왕과 무왕 대에 나타난 적오처럼 장차 다가올 고려의 흥륭을 예조하는 것일 수도 있다.

다만 변이의 출현과 재이의 현상 가운데는, 그 의미 해석에 충분한 공감과 확고한 동의가 수반된 경우가 드물지 않다. 그 전형적 사례를 본다.

◦ 온조왕 25년(7). 봄 2월에 왕궁의 우물물이 갑자기 넘쳤다. 漢城의 인가에서 말이 소를 낳았는데, 머리 하나에 몸이 둘이었다. 日者가 말하기를 "우물물이 갑작스레 넘치는 것은 대왕께서 우쩍 융성하실 조짐이요, 소가 머리 하나에 몸이 둘인 것은 대왕께서 이웃 나라를 아우를 징조입니다"라고

---

26) 『삼국사기』 15 고구려본기 3, 차대왕 20년.
27) 『삼국사기』 9 신라본기 9, 경덕왕 15년 4월.

하였다. 왕이 이 말을 듣고 기뻐하여 드디어 진한과 마한을 아우를 마음을 가지게 되었다. (『삼국사기』 23 백제본기 1)

- 대무신왕 3년(30). 겨울 10월에 부여 왕 帶素가 사신을 시켜 붉은 까마귀를 보내왔는데, 머리 하나에 몸이 둘이었다. 처음에 부여 사람이 이 까마귀를 얻어 부여 왕에게 바쳤는데 어떤 이가 말하기를 "까마귀라는 것은 검은 것인데 지금 변해 붉은 빛이 된 데다가, 또 하나의 머리에 두 몸이 달린 것은 두 나라를 아우를 징조이니, 왕께서 아마 고구려를 차지하시게 되나 봅니다"라고 하였다. 대소가 이 말을 듣고 기뻐 까마귀를 보내오면서 그 어떤 이의 해석까지 함께 전하였다. 왕과 여러 신하들이 논의해 회답하기를 "검은 것은 북방의 색인데 이제 변해 남방의 색이 되었으며, 또 붉은 까마귀는 상서로운 것인데 그대가 이를 얻고도 가지지 못하고 나에게 보냈으니, 우리 두 나라의 흥망을 알 수 없겠구나!"라고 하였다. 대소가 이 말을 듣고 놀라워하고 후회하였다. (『삼국사기』 13 고구려본기 1)
- 태종무열왕 2년(655). 겨울 10월에 牛首州에서 흰 사슴을 바쳤다. 屈弗郡에서는 흰 돼지를 바쳤는데, 머리 하나에 몸이 둘이었고, 발은 여덟 개였다. (『삼국사기』 5 신라본기 5)

머리 하나에 몸이 둘인 동물은 명백히 돌연변이의 개체다. 백제 온조왕 대의 머리 하나에 몸이 둘인 소는 진한과 마한 같은 이웃나라를 아우를 징조로 해석되었다. 바로 이듬해 온조왕은 마한을 습격해 국읍을 병탄하였다. 대무신왕 대의 붉은 까마귀는 부여와 고구려 두 나라에서 각각 상대국을 아우를 징조로 해석하였다. 이미 10년 전에 검은 개구리가 붉은 개구리에게 죽임을 당한 데에서 부여의 파멸을 예측하였던 것처럼, 오방의 색깔 관념에 따를 경우 부여의 해석은 오류였다. 실제 얼마 뒤 두 나라의 전쟁에서 부여 왕은 죽고 말았다.

그러므로 신라 굴불군에서 진상한, 몸뚱이가 둘 달린 흰 돼지의 의미는 자명하다. 그해 백제에서는 붉은 말이 北岳의 烏含寺에 들어와 울면서 며칠 동안이나 불당을 돌다가 죽었다.[28] 그보다 1년 전 고구려 사람들은

28) 『삼국사기』 28 백제본기 6, 의자왕 15년.

"馬嶺 위에 神人이 나타나서 '너희 임금과 신하들이 사치스럽기 한이 없으니 패망할 날이 멀지 않았다'라고 하는 것을 보았다"라고들 증언하였다.[29] 게다가 몇 해 전 고구려 왕도에서는 굴불군의 돼지와는 반대로 '몸 하나에 머리가 둘인' 사내아이가 태어난 바 있다.[30] 같은 변이로되, 이것은 하나의 머리가 두 몸을 거느리는 것과는 역방향으로서 분열과 패멸의 조짐이다.

이와 같은 것들은 고대인들의 설명 방식에 보이는 하나의 보편적 경향이기도 하다. '둥근 달[滿月]'과 '초승달[新月]'에 대한 상징 해석도 고대인들 사이에서 보편성을 지녔다. 나당 연합군에게 왕도가 함락되고 의자왕이 항복하기 한 달 전, 백제의 궁궐에서는 "백제는 둥근 달과 같고 신라는 초승달과 같다"라는 글이 등에 쓰여 있는 거북이 출현하였다. 달이 차고 이지러지는 역동적이고도 인상적인 주기성에 대한 해석은 고대인들에게 널리 공유되어 있었다. 즉 나라와 지역을 막론하고, 달의 형상이란 가득 차면 이지러지는 것이요 아직 차지 않은 것은 점점 차게 되는 것이다.[31]

달이 차고 이울어 가는 순환은 계절이 갈마드는 것과도 같아서, 신월과 만월은 이미 일상의 기호가 되어 있다. 신라의 수도에도 신월성과 만월성이 있었다. 주로 이 두 성에 기거하였다 하는 신라 왕들의 선택에는 신월과 만월의 상징이 고려되었을 게 틀림없다. 그러면서도 신월성은 사방의 금성, 만월성, 명활성, 남산성의 중심에 위치한다는 점을 주목한다.[32] 고구려 역시 당에서 파견된 도사들의 술수로 본래의 신월성 지세의 평양성이 만월성으로 증축되면서 백제와 마찬가지로 망국의 운명을 피하지 못하였다 한다.[33]

---

29) 『삼국사기』 22 고구려본기 10, 보장왕 13년.
30) 『삼국사기』 22 고구려본기 10, 보장왕 7년 7월.
31) 이강래, 2011, 「고대의 경험과 중세의 인식」 『삼국사기 인식론』, 일지사, 15~17쪽.
32) 『삼국사기』 34 지리 1.

요컨대 이와 같은 몇 가지 보편적 관념과 상징들은 고대의 경험 주체들에 의해 부여된 의미요 동원된 설명 방식이라고 생각한다. 경험 주체의 설명이란 곧 사건 당대의 인식이다. 그리고 그것은 『삼국사기』에서 독해할 수 있고 독해해야 하는 가장 근저의 인식일 것이다. 그러나 경험자의 인식은 『삼국사기』 편찬자의 그것에 비해 『삼국사기』 연구자의 인식 과정에서 충분히 정당하게 응시되지 못하였다. 『삼국사기』는 비합리와 미분화의 무의식 덩어리와도 같은 고대의 경험을 매개하는, 불충분하고 불친절하지만 유효한 하나의 통로이자 視點임을 각성한다.

33) 『삼국유사』 기이, 寶藏奉老普德移庵조 인용 『高麗古記』.

1부

고대의 경험과 설명

1장

경험 주체의 설명 방식에 대한 탐색

〈목　차〉

1. 기록의 층위

『삼국사기』는 고구려, 백제, 신라의 삼국을 자기 역사의 토대로 간주한 12세기 고려 중기인들의 지적, 그리고 정치적 산물이다. 또한 향후의 삼국사 관련 사유의 자료 중심에는 언제나 『삼국사기』가 자리한다. 즉 『삼국사기』는 편찬 당대의 삼국 관련 자료의 총합인 동시에 이후의 삼국사 인식의 자료 원천이기도 했던 것이다. 그로 인해 전근대와 근대를 막론하고 삼국에 대한 어느 역사 담론도 『삼국사기』를 전적으로 비켜서지는 못한다.

그러나 그 불가결의 자료 위상이란 명백히 우연적 환경에서 비롯한 것에 불과하다. 다시 말해 『삼국사기』는 그를 대신할 '대안의 부재'로 말미암아 뜻밖에 획득한 '강요된 권위'에 갇혀 있는 셈이다. 실제로 『삼국사기』에 담긴 정보들이 서술 대상에 대해 가감 없는 '객관적 사실'이라고 판단할 근거는 없다. 편찬자들이 표출한 삼국의 역사에 대한 세부 인식 역시 '보편타당한 설명'과는 애초에 무관한 것이다. 그것은 '대상의 진실'이 아니라 오직 인식 주체의 '당대적 진실'일 뿐이기 때문이다.

이 글은 단위 왕조로서 백제에 대한 사유의 주요 토대를 이루는 『삼국사기』의 자질과 관련한 몇 가지 각성을 공유하기 위한 것이다. 너무나 당연한 말이지만, 백제 관련 사료는 기본적으로 백제 당대의 역사 경험을 대상으로 한다. 그러나 그 경험이 발단이 되어 형성된 정보 편들은 지금의 텍스트인 1512년(임신년)의 판각본에 담겨 독자 앞에 놓이기까지 명료하게 가름하기 어려운 다기한 층위를 경유하였다.

예컨대 7세기에 백제 왕조가 해소된 이후 삼국의 역사를 자기 본위로 재편한 통일기 신라인들의 손길을 환기하는 것은 일단 어려운 일이 아니다. 더구나 백제 당대인의 전승물이라 하여도 그 안에 기록 주체의 편향은 잠복되어 있었을 것이다. 다시 10세기에 백제의 복국 운동이 좌절된 후 유사한 논리로 전대사를 정돈한 고려인들의 개입도 빠뜨릴 수 없다. 간과하기 쉽지만 『삼국사기』 탈고 후 판각과 복각 과정에서 어떤 병리적 변이가 출입했을 것인지의 여부도 얼른 자신하기 어려운 일이다.

그러므로 백제사 관련 기록물의 층위, 혹은 『삼국사기』가 포괄하고 있는 정보에서 분별해 내야 할 층위의 문제는 역사 기록물 일반에 대한 성찰의 기본 문제일 것이다. 사실 하나의 사건에 대한 기록 및 인식조차 그 개별 주체의 현재적 조건에 따라 달라진다는 것은 새삼스럽게 동의를 구할 필요가 없다. 삼국의 건국기부터 등장한 靺鞨 관련 정보들은 그 사례의 전형이라고 할 만하다.

『삼국사기』에 말갈은 백제와 신라의 건국 주체 혹은 그 일부가 조우한 한반도 중북부 일대의 이질적 침구 세력으로 나타나 있다. 그러나 그들은 오직 통일기 신라인들의 현실 인식의 필요와 당위에 따라 말갈로 강요되었을 뿐이다. 뒤이어 고려인들은 의식하지 못한 채 신라인들의 인식을 답습하였거나, 신라인들과 다르지 않은 필요와 당위에서 —그것은 필시 일통삼한의 명분에 닿아 있다— 관련 정보에 대한 정면의 비판을 포기하였다.[1] 그 실체에 대한 복잡다단한 오늘날의 논의들은 이미 조선 시대 초에 선구되었던 것이지만,[2] 그리고 그 가운데 어느 하나의 논의가 정곡을 획득한 것일 수도 있겠지만, 적어도 『삼국사기』의 말갈은 통일기 신라와 고려 중기의 '제한된 진실'에 지나지 않은 것이다.

그와 같은 현상은 반드시 왕조와 시대를 단위로 음미될 것만도 아니다. 사건과 현상의 '진의'가 언제나 하나로 귀일하지는 않는다. 이와 관련하여 온조왕 대 한성의 인가에서 말이 '머리 하나에 몸이 둘인 소'를 낳은 사건을 환기한다. 경험적 자연 법칙을 일탈한 이것은 명백한 災異로 비쳐지는 것이지만, 건국기 백제 주체들에게는 돌연 진한과 마한을 아우를 징조로 해석되었다.[3] 현실의 필요와 지향이 개입한 결과이다.

멸망에 임박하여 거북의 등에 쓰인 "백제는 둥근 달과 같고 신라는 초승달과 같다"라는 참언에 대해서도 역시 정반대의 두 가지 해석이 경합하였다.[4] 만월이 가지는 원만구족의 형상과 필연적으로 이지러질 순환의 원리가 상충한 것이다. 그러한 경우 어떤 해석이 선택될 것인가는 의연히 수용 주체의 영역을 벗어나지 않는다. 예컨대 부여 왕 대소의 진영에서는 '머리 하나에 몸이 둘인 까마귀'의 출현을 그들이 고구려를 아우를 징조로 해석하였지만, 고구려 조정에서는 까마귀의 붉은 빛깔에 의미의 비중을 두어 남방의 고구려에 유리한 조짐으로 반론하였던 것이다.[5]

『삼국사기』에 입각한 백제사의 복원에 중대한 갈림이 되는 마한의 문제도 마찬가지라고 본다. 백제본기에는 온조왕 10년부터 온조왕 27년(9)에 걸쳐 마한 관련 기사가 있다. 마지막 기사 내용은 "마한이 마침내 멸망하였다"라는 것이며, 그 후 백제본기에서 마한은 언급되지 않는다. 그러나 마한에 대한 이러한 종결 구조는 『삼국지』 동이전이나 『진서』의 정보들은 물론, 고구려본기와 신라본기에 보이는 그 이후의 마한 기사와도

---

1) 李康來, 1985, 「『三國史記』의 靺鞨 認識 – 통일기 신라인의 인식을 매개로」 『白山學報』 52.
2) 『東國通鑑』 1 백제 시조 2년, 臣等按.
3) 『삼국사기』 23 백제본기 1, 온조왕 25년.
4) 『삼국사기』 28 백제본기 6, 의자왕 26년 6월.
5) 『삼국사기』 14 고구려본기 2, 대무신왕 3년.

상충한다. 편찬자들 앞에 놓인 마한 관련 전승들의 다기한 갈래와 층위가 옳게 수렴되지 못한 탓이다. 따라서 고구려 태조대왕 대의 마한에 대해 "혹시 멸망했다가 다시 일어난 것인가"[6] 당혹해하는 찬자의 태도는 별반 설득력이 없다. 그럼에도 불구하고 백제본기의 '마한 멸망' 기사는 『삼국사기』의 체계에서 하나의 지표로 기능한다. 경직된 것이긴 하나, 그것은 곧 마한에 관한 한 『삼국사기』가 견지한 내부 논리인 것이다.[7]

당연히 마한의 착종된 시종과 추이를 설명하는 것은 연구자의 몫이다. 그 과정에서 특히 이 문제가 백제본기의 紀年 문제로 비상하게 확산된 계기는 『일본서기』 신공기 49년에 보이는 일련의 정복 기사를 해석하여 백제가 마한을 병탄한 사실의 반영으로 보는 시각에서 비롯하였다.[8] 즉 신공 49년은 수정 연대로 근초고왕 24년(369)에 해당하거니와, 그것은 온조왕 27년과 정확히 360년 곧 6갑자 차이가 나는 己巳年이라는 점이 주목되었던 것이다.

한편 그와 같은 사유의 애초 발단은 『일본서기』의 초고왕과 『삼국사기』의 근초고왕 사거년 사이에서 2주갑 인상안의 단서가 마련된 데서 출발하였다. 그러나 이것은 곧 『삼국사기』 백제본기의 초고왕과 근초고왕의 즉위년 차이를 근거로 3주갑 인상설을 파생하였다. 뒤이어 다시 온조왕 대의 마한과 『삼국지』 및 『진서』의 마한의 존재 양상에서 각각 4주갑과 5주갑 인상설이 제기되는가 하면, 신공기의 '7국 평정 기사'에 대한 해석을 매개로 급기야 6주갑 혹은 7주갑의 기년 조정 방식으로 치달았다.[9]

논자들의 기준은 이질적이며, 그러므로 대안들은 분절적이다. 물론 어느 하나의 설명이 정곡을 장악하고 있을 수도 있다. 그러나 그것은 현 단

6) 『삼국사기』 15 고구려본기 3, 태조대왕 70년.
7) 이강래, 2002, 「『삼국사기』의 마한 인식」 『全南史學』 19.
8) 震檀學會 編, 1959, 『韓國史 － 古代篇』, 乙酉文化社, 358～362쪽 ; 李丙燾, 1976, 「近肖古王拓境考」 『韓國古代史硏究』, 博英社.
9) 이강래, 2009, 「『삼국사기』의 이른바 '초기기사' 수용방식의 문제 － 백제본기의 사례를 매개로」 『韓國古代史探究』 창간호, 98～100쪽.

계에서 검증 가능성이 희박할 뿐만 아니라, 안타깝게도 『삼국사기』의 내재적 논리와 절연되어 있다. 이것은 『삼국사기』의 특정 논리를 믿느냐 믿지 못하느냐의 가름과는 다른 영역의 일이다. 물론 찬자들에게는 그것이 하나의 방침을 넘어 확신일지도 모른다. 그렇다고 하여 그것이 『삼국사기』 정보에 잠복되어 있는 기록 과정의 층위들에 대한 숙고를 외면해도 좋을 이유는 아니다.

더구나 백제 관련 정보의 기년이란 기왕의 광포하고도 담대한 수정안에 앞서 미세한 검증의 필요성이 이미 충분하다. 예컨대 능산리사지의 사리감 명문에 "百濟昌王十三秊太歲在丁亥"라고 한 연대관은, 백제본기가 정해년을 위덕왕 14년으로 삼은 것과 1년의 차이가 있다.[10] 일견하여 『삼국사기』가 천명한 칭원법의 경직된 적용에서 해명의 단서를 탐색할 수도 있다. 즉 『삼국사기』 편자는 전편에 걸친 즉위년칭원법, 곧 踰月稱元法의 적용을 하나의 범례로 삼아 제시하면서, 그 타당성 혹은 예측되는 '非禮'의 비난에 대한 변명의 근거를 밝혀 놓았다.[11] 그 경우 전왕의 최종 치세년과 사왕의 즉위년은 일치하게 되며, 해가 바뀌는 시점에서 왕위가 교체될 때는 유월칭원 자체가 결과적으로 踰年稱元과 같은 형태가 된다. 그러므로 이러한 사례에 주의하지 못할 경우, 재위년 산정에 종종 1년의 오차가 발생할 수 있다.

그 좋은 예가 백제본기 무령왕의 즉위 기사이다. 전왕인 동성왕은 재위 23년(501) '12월'에 衛士佐平 苩加에게 피살되었는데, 사왕인 무령왕 원년(501)조에는 '11월' 기사가 있다. 이 때문에 백제본기의 무령왕 원년에서 3년에 걸친 고구려 관계 기사가 고구려본기의 정보와 어긋나는 착종을 보이고 말았다. 그러나 무령왕은 『일본서기』의 관련 정보를 포함하여 실제 502년에 즉위하였다.[12] 동성왕이 12월에 죽었으므로 유월칭원법에

10) 국립광주박물관, 1996, 『백제금동향로와 사리감』.

11) 『삼국사기』 1 신라본기 1, 남해차차웅 즉위년.

12) 鏡山猛, 1937, 「日本書紀に現れたる百濟王曆に就いて」 『史淵』 15, 94~99쪽.

따른다 해도 무령왕의 즉위년은 502년이 되어야 옳다. 그야말로 "사실이 원칙 적용의 희생이 된 것"이다.[13]

따라서 이를 단서로 삼아 기년법이 서로 다른 원전의 존재를 헤아려 내려는 시도가 있었다.[14] 나아가 백제본기의 원전들 가운데는 유년칭원법에 따른 백제 왕력을 담고 있는 자료가 있었을 것이라는 주장이 제출되기도 하였다.[15] 12월에 죽은 구이신왕과 위덕왕, 그리고 각각 그 해에 즉위한 것으로 기록된 비유왕과 혜왕의 교체년 역시 유사한 사례이다.

기년의 문제와 마찬가지로 설명에 잠복된 단층의 검증 역시 추적 가능한 자료 원천을 세심하게 점검하는 데서 출발해야 한다. 백제본기에 보이는 사론 한 가지를 예로 들어본다.

『삼국사기』 찬자는 백가를 처단한 무령왕의 응징을 평하기 위해 『춘추』를 인용하였다. 그 과정에서 "君親無將 將而必誅"[16]가 "人臣無將 將而必誅"로 개필되었다.[17] 원전의 문맥은 "인군의 지친으로서 군주의 자리를 '넘보는', 혹은 그러한 목적을 위하여 일을 '도모하는' 조짐이 보일 경우 반드시 미리 그를 죽여 예방해야 한다"라는 의미였다.

반면에 백가의 발호는 '군친'이 아니라 '인신'의 군주에 대한 것임에 틀림없다. 더구나 '군친'이란 현실에서 '인신'이기도 하므로, 중국의 전거들에는 '인신무장'을 경계한 사례들이 적지 않다. 그러나 찬자가 하필 『춘추』를 지목한 이상, 그 가운데 '군친'의 사례를 들어 '인신'으로 개필한 맥락을 주의한다. 그렇게 보면, 여기에는 『삼국사기』 편찬 당대의 정치적 경

---

13) 小田省吾, 1920, 「三國史記の稱元法竝に高麗以前稱元法の研究(上)」『東洋學報』 10-1, 73쪽.

14) 深津行德, 1992, 「『三國史記』編纂作業の一齣 － 武寧王紀·文咨明王紀を手がかりとして」『古代國家の歷史と傳承』(黛弘道 編), 吉川弘文館.

15) 高寬敏, 1996, 「百濟本紀の國內原典」『『三國史記』の原典的研究』, 雄山閣 ; 1993, 「『三國史記』百濟本紀の國內原典」『大阪經濟法科大學アジア研究所年報』 5.

16) 『公羊傳』 昭公 원년.

17) 『삼국사기』 26 백제본기 4, 무령왕 즉위년.

험이 고려되었을 가능성이 읽힌다.

즉 고려 숙종은 조카 헌종의 폐위를 강요하고 왕위에 오른 이였다. 이 경험은 예종 대에 道生僧統 窺를 비롯한 왕숙들이 처단되고, 다시 인종의 즉위를 전후하여 帶方公 俌 등 예종의 다른 아우들이 화를 입는 배경이 되었다.[18] 왕위 계승 후보를 둘러싼 인종 조 후반에 점증하던 긴장 국면은 의종 즉위 후 또 다시 왕제들의 살육으로 귀결되었다. 그런데 『춘추』에서 폄하의 대상이 된 '군친'은 陳侯의 아우로서 진후의 세자를 살해한 公子 招를 이른다. 그는 현왕의 아우이자 예정된 사왕의 숙부였다. 그러므로 『삼국사기』 편찬 주체들이 경험하고 예비해야 할 고려의 정치 현실은 참으로 『춘추』의 신랄한 지적에 적확하게 조응한다. 따라서 그들이 '군친'을 '인신'으로 개필한 것은, 그들의 현실에서 오히려 군친에 대한 경계를 직서하기 어려웠던 '고려적 현재성'의 은밀한 개입을 웅변하는 것이라고 여긴다.[19]

2. 표상된 역사

백제 관련 정보를 정돈한 『삼국사기』는 오직 고려 당대의 현실에 착근한 하나의 표상이다. 우선 사실의 영역에서 그것은 고려 중기까지 전존해 온 자료의 취사 혹은 절충의 결과일 뿐이다. 과거의 사실 자체보다 그에 대한 인식의 측면에서, 고려적 현상은 오히려 더욱 강고한 규정성을 발휘한다.

고려는 삼국을 통일하였다. 고려 왕조는 '일통삼한'의 완결자이다. 물론 신라인들의 '일통삼한' 논리에서 역사적 실체로서의 '삼한'과 일통의 대상

18) 『고려사』 90 열전 3 宗室 1 ; 『高麗圖經』 8 인물, 李資謙. 이에 대해서는 南仁國, 1990, 「高麗 仁宗代 政治支配勢力의 性分과 動向」 『歷史敎育論集』 15 참조.

19) 李康來, 1996, 「三國史記 史論과 金富軾」 『三國史記 典據論』, 民族社, 330~331쪽.

으로서의 '삼국'이 일치하지 않았던 것처럼, 후삼국으로 불리는 시기의 분립을 극복한 고려 왕조 역시 '일통삼한'의 명분을 옳게 비판하거나 극복하지 못한 채 신라인들의 논리를 답습하고 말았다. 따라서 7세기 전쟁에서 승리한 신라가 자부하였던 일통의 주체 의식이 고려에서도 큰 손상 없이 재연되었다. 그러나 그것은 과거 현상의 단순한 반복이 아니다. 고려의 주체들에게 신라의 행위는 불완전한 것이었다. 『삼국사기』의 논리에서 견훤의 후백제와 궁예의 후고구려는 백제와 고구려의 연장에 다름 아니었기 때문이다.

여하튼 삼국의 分立과 재연된 角立은 새로운 일통 주체에게 차별될 필요가 없다. 백제사에 대한 신라인들의 정돈과 인식이 수정될 필요는 더더욱 없다. 신라와 고려는 공히 승리한 주체로서 멸망한 백제를 향한 여유와 편향을 공유한다. 그러한 가운데 백제와 후백제의 구별은 그다지 의미를 지니지 못하게 되었다. 대체로 고려의 지식인들에게 삼국 시대의 백제와 후삼국 가운데 하나였던 백제는 모두 일통의 대상으로서 동질적이었다. 고려 전기의 崔承老나 후기의 李奎報 모두 견훤의 후백제를 '백제'로 부르고 썼다.[20] 李齊賢과 李穡 또한 견훤을 '백제 왕'이라 하여 전백제와 후백제를 구별하지 않았다.[21]

그러나 『삼국사기』가 표상하고 있는 백제의 역사는 일련의 선택 결과에 지나지 않는다. 이 문제를 염두에 두고, 견훤 정권의 시말에 대한 몇 가지 취사 경향을 거론해 본다.

우선 『삼국사기』의 견훤전에서는 淸泰 2년(935) 3월 견훤의 유폐와 6월 고려로의 투항, 그리고 이듬해(936) 일리천 전투에서 신검의 패멸을 기록하였다. 아울러 "신검이 참람하게도 왕위를 빼앗은 것은 다른 사람의

20) 『高麗史節要』 2 成宗文懿大王 원년. 『東國李相國全集』 23 「南行月日記」 및 같은 책 38 道場齋醮疏祭文 「太一醮禮文」 등.

21) 李齊賢, 『益齋亂藁』 9 上 世家 ; 李穡, 『牧隱詩藁』 3 「次韻題完山記室華同年詩卷三首…」.

협박에서이지 그의 본심에서가 아니리라 여기고, 게다가 귀순해 죄를 청한다 하여 특별히 그의 죽을죄를 용서하였다"라고 하였다. 그러나 "세 형제가 모두 죽임을 당했다고도 한다"라는 분주를 통해 이미 단일하지 않은 전승의 현황을 지시하였다. 연표가 신검의 즉위와 견훤의 투항을 청태 3년, 즉 열전보다 1년 뒤의 일로 기록한 것도 유의할 일이다. 다만 『고려사』의 기록은 대체로 사건 연대나 신검 등의 종적에 대해 『삼국사기』 열전과 방불하다.

혼선은 고려 후기에도 개선되지 않았다. 즉 이제현은 신검에 의한 견훤의 유폐를 고려 태조 19년(936) 정월의 사건으로 파악하였다.[22] 이것은 단순히 고려 당대에 준용된 즉위년칭원법과, 유년칭원법으로 작성된 『고려사』의 연대 표기 방식에 따른 차이가 아니다. 그는 뒤이은 견훤의 투신 역시 청태 3년(936)의 일로 기록하였던 것이다.[23] 신검도 태조에 의해 죽임을 당했다고 하였다.

게다가 『삼국유사』가 인용한 『고기』는 견훤 아들들의 반역과 그로 인한 견훤의 투신 연대를 934년이라고 하였다. 『고기』는 그밖에도 견훤의 출생지를 尙州 加恩縣이 아니라 光州 北村이라 한 데에서도, 『삼국사기』 견훤전의 주요 저본과는 다른 계통의 전승물로 파악된다.[24] 물론 문제가 된 『고기』의 정보는 고려 전기 이래의 전승으로 보이지만, 고려 후기에 이처럼 상충하는 인식이 정돈되지 않은 채 유통되고 있었던 것은 주의할 대목이다.

후백제 관련 정보의 착종 배경에는 후백제인들과 고려인들이 남긴 기록 편들의 경합이 자리하고 있다. 시기적으로 『삼국사기』의 선택 이후에 등장하는 전승들도 그러한 경합에서 탈락한 잔편들일 뿐이다. 「동명왕편」

22) 李齊賢, 『益齋亂藁』 9 上 世家.
23) 李齊賢, 『櫟翁稗說』 前集 1.
24) 이강래, 2001, 「『삼국유사』 '後百濟甄萱'조의 재검토」 『후백제 견훤정권과 전주』, 주류성.

인용『구삼국사』의 편린이『삼국사기』이전의 전승을 예증하는 것과 마찬가지이다. 따라서 경합하는 정보들 사이에서 설득력 있는 비판적 논거와 사건의 정합성을 동원하여 어떤 형태의 선택을 하는 것은 연구자의 마땅한 숙제이다. 다만 아무리 사소한 혼선과 당착이라 하더라도 그 해소 방식이 또 다시 단순한 호오나 자기 본위적 선택의 반복이어서는 안 될 것이다.

예컨대『삼국사기』지리지는 백제의 完山[전라북도 전주]과 신라의 火王郡[경상남도 창녕]에 같은 고호 '比斯伐'을 적용하였다. 그리고 각각 같은 해에 진흥왕이 下州를 설치했다고 하였다. 의혹의 발단은 이미 자명하다. 그러나 전근대 사서들의 절충안들은 의혹의 해소에 기여하지 못하였다.

우선『고려사』지리지는『삼국사기』의 관련 사실을 전주목과 창녕군조에 반복 서술하면서, 전주목의 경우 하주 설치 주체를 백제 위덕왕으로 개서하였다.[25] 이 불안한 당착은 다시 분화하여『동국여지승람』에서는『삼국사기』지리지처럼 전주부와 창녕군조에 각각 진흥왕의 치주 사실을 기록한 반면,[26]『세종실록지리지』에서는 전주부조에서『고려사』의 방식을 좇아 위덕왕을 치주 주체로 서술하였다.[27] 이러한 당대의 혼선 가운데서, 삼국의 역사를 편년체로 아울러야 했던『삼국사절요』는 신라 진흥왕의 치주로 하되, 하주가 아니라 완산주라 하여 또 다른 형태의 근거 박약한 절충으로 귀착하고 말았다.[28] 그러나 이와 같이 양단을 아우르려는 무망한 시도들은, 진흥왕이든 위덕왕이든 전주에의 치주 자체가 모두 의심스럽다는 金正浩의 무력한 고백을 피하지 못하였다.[29]

---

25)『고려사』57 지리 2 昌寧郡 및 全州牧.
26)『新增東國輿地勝覽』27 昌寧縣 및 33 全州府.
27)『世宗實錄地理志』慶尙道 昌寧縣 및 全羅道 全州府.
28)『三國史節要』6 신라, 진흥왕 16년.
29) 金正浩,『大東地志』11 全州.

그에 따라 어느 일방의 오류 혹은 조작이라는 설명이 뒤를 이은 것은 자연스러운 전개였다.[30] 물론 연구자들이 무오류의 기록을 기대했던 것은 아니다. 그러나 오류의 판정에 합당한 설명과 논증이 수반되지 않는다면, 그것은 무오류를 전제하는 맹목적 문헌주의와 다를 바 없다. 조작의 혐의 역시 조작 이전의 실체적 검증과 조작의 배태 동기가 수긍되면서 비로소 사실의 복원으로 나아갈 계기를 얻는다. 예컨대 비사벌의 문제를 돌연 『삼국사기』 편자가 "세 나라 시기의 발전 역사를 신라 중심으로 만들어 놓은 또 하나의 흔적"으로[31] 보는 시각은 문제 해결에 도움이 되지 않는다.

상충하는 두 가지 표상, 즉 '비사벌 전주'와 '비사벌 창녕'은 그 근저에 공유하고 있는 사실의 집적에서 비롯한 단서들을 따라 분기되었다고 보아야 한다. 어떤 오류와 조작도 —사건의 직접 경험이든 자료를 매개로 한 간접 경험이든— 경험적 근거와 유리되어 있지 않다. 각각의 표상화 과정에는 그것을 선택한 개별 주체들의 현실, 혹은 그들의 사유를 규정하는 당대의 현실이 작동하고 있다. 요컨대 역사의 표상화 과정은 반드시 심층의 토대를 반영하되, 반대로 표상된 역사는 곧잘 근원의 탐색을 방해할 수 있다.

또 하나의 유사한 예를 들어본다. 고구려 보장왕 대의 승려 普德의 망명은 '후대의 조작'으로 간주되기도 하나,[32] 적어도 멸망기 고구려의 정치 권력과 사상계의 현실을 배반하는 것은 아니다. 그러나 그가 方丈[사찰]을 날려 새로운 주지로 선택한 곳 完山은 또 다른 현실 표상의 단서가 될 수 있다. 이 단서는 그러나 적어도 두 가지의 사건 연대에 따라 전혀

30) 李康來, 1987, 「百濟 '比斯伐'考」 『崔永禧先生華甲紀念 韓國史學論叢』, 探求堂, 30～32쪽.

31) 전영률, 1985, 「『삼국사기』 자료 리용에서 제기되는 몇 가지 문제」 『력사과학』 2, 23쪽.

32) 李弘稙, 1971, 「高句麗秘記考 － 附 三國末期의 讖緯的 記事의 考察」 『韓國古代史의 硏究』, 新丘文化社, 272～273쪽.

다른 의미 맥락으로 분기한다.

우선 『삼국사기』 고구려본기에는 보덕이 보장왕 9년(650) 6월에 '完山孤大山'으로 갔다 하였다. 고구려 패망의 전조이며, 어지러운 나라를 피하여 '避地'한 것이다. 고구려본기에만 보이는 기사이므로, 그 발단은 고구려 측의 전승에서 비롯했을 것으로 생각한다. 또한 그 사건은 자못 유명하였던 듯, 뒷날 김부식도 「보덕전」을 지은 바 있다.[33] 그에 앞서 大覺國師 역시 보덕이 '백제 고대산'으로 방장을 옮겼다고 하였다.[34]

반면에 최치원은 이를 乾封 2년(667) 3월의 일이라고 한다. 백제가 패망한 이후가 된다. 이에 따라 최치원을 추종한 이규보는 보덕이 선택한 곳이 백제가 아니라 '신라 완산'이라고 한다.[35] 사건 연대의 차이는 난국을 피하여 선택한 곳이 백제이냐 신라이냐를 가름하고 만다. 필시 지방분권화 경향이 거세었던 최치원 당대 쇠란기의 신라와, 무신정권 치하에서 삼국의 부흥을 표방한 분립 경향을 목도한 이규보의 고려 후기 현실이 공명한 탓이다.[36] 그 가운데 '백제 완산'의 표상화는 문득 통일기 신라와 고려의 현실에서 위태롭게 부유한다.

이와 같은 취사의 갈림은 『삼국사기』 백제 관련 정보에 광범하게 스며 있다. 백제의 왕계 정보도 예외가 아니다. 한 예로 『삼국유사』 왕력은 혜왕을 '獻王'이라고도 한다 하였다. 이 정보는 9세기에 金立之가 쓴 「聖住寺碑」에 다시 그 흔적을 남기고 있다.[37] 한편 『남제서』에 보이는 백제

33) 『삼국유사』 興法 寶藏奉老普德移庵, "文烈公[金富軾 - 필자]著[普德 - 필자]傳行世".

34) 『大覺國師文集』 17 「孤大山景福寺飛來方丈禮普德聖師影」.

35) 『東國李相國全集』 10 「是月八日游景福寺明日訪飛來方丈始謁普德聖人眞容板上有宗聆首座李內翰仁老所題詩堂頭老宿乞詩依韻書于末云」 및 같은 책 23 「南行月日記」.

36) 이강래, 2007, 「고려와 조선전기의 백제 인식」 『百濟史 總論』, 충청남도역사문화연구원, 147～148쪽.

37) 韓國古代社會研究所 編, 1992, 『譯註 韓國古代金石文』 3, 駕洛國史蹟開發研究院, 234쪽, "百濟國獻王太子".

왕 '牟都'는 『삼한고기』를 근거로 배제되었다.[38] 고구려본기 찬자가 『해동고기』를 근거로 『후한서』의 고구려 왕계 정보를 과감하게 배제한 것과 마찬가지이다.[39] 게다가 백제와 남제 사이의 조공·책봉 관계 자료는 『삼국사기』와 『남제서』에 공통 기사로 확인되는 예가 없다.[40] 즉 백제 왕 '모도'뿐 아니라 아예 중국 사서에 기재된 남제와 백제 사이의 외교 기사 일체가 외면되고 말았던 것이다.

『삼국사기』 내에서도 삼국 사이에 공유된 사건 기사는 대부분 일방의 자료를 전거로 하여 중복 서술된 것들이었다. 그 가운데 392년 백제와 고구려의 關彌城 전투나 554년 백제와 신라의 管山城 전투 기사는 각 국의 귀중한 전승 편린을 담고 있는 희소한 사례이다. 비록 7세기 이후에는 백제와 다른 왕조의 관계 기사에 비교적 고유 정보가 많아지기는 하나, 기본적으로 백제와 고구려의 관계 기사는 백제본기의 정보가 근본의 위상을 지니고 있는 반면, 백제와 신라의 그것은 압도적으로 신라본기의 정보가 원전적 기능을 감당하였다.[41]

물론 이러한 지표가 곧 백제 고유 전승의 질량을 가감 없이 반영하는 것은 아니다. 그것은 오직 삼국 사이의 관계를 기술한 고유 전승들의 경향에 불과하다. 중국 사서들의 정보를 포괄하여 판단한다면, 백제 관련 자료의 빈약함은 신라와 고구려에 비해 매우 심중한 지경이다. 마한 관련 전승의 조기 종결과 특정 원전에 대한 배제의 원칙, 여기에 승리한 신라인들과 고려인들의 자기중심적 취사가 거듭된 때문이었다. 백제사만의 문제는 아니지만, 이처럼 『삼국사기』에 표상된 역사는 근저의 경험적 실체에 다가서기 위한 미세한 단서에 그치고 있다. 그러나 그 단서야말로

38) 『삼국사기』 26 백제본기 4, 동성왕 23년.

39) 『삼국사기』 15 고구려본기 3, 태조대왕 94년.

40) 坂元義種, 1978, 「『三國史記』百濟本紀の史料批判 － 中國王朝との交涉記事を中心に」『百濟史の研究』, 塙書房, 22쪽.

41) 李康來, 1996, 「三國史記 本紀間 共有記事의 檢討」『三國史記 典據論』, 民族社.

표상 너머의 경험을 매개하는 통로이다.

3. 경험과 기억

백제사의 저층으로 들어서기 위해, 승리자의 관점이 역사서에 표상된 정보를 장악하고 있다는 각성을 하는 것만으로는 충분치 않다. 다행히 백제사 주체의 자기 설명과 인식이 담긴 문헌 정보라 해도, 그것은 필연적으로 지배자의 관점에 충실한 경우가 대부분이다. 『삼국사기』는 특히 유교적 세계 인식 틀을 통해 삼국 시대의 궤적을 수용함으로써, 이른바 발랄한 고대적 체질을 크게 손상했다고 평가되고 있다.[42]

물론 『삼국사기』의 중국 중심적 사유의 정도는 조선의 그것에 비해서는 오히려 유연했다는 변호는 일면 타당하다.[43] 그러나 편찬 주체가 착안한 백제사의 현재적 의의란 끝내 경직된 위계적 충군의 윤리 안에 갇혀 있다. 백제인으로서 도망하여 고구려의 선봉이 되어 개로왕을 핍살한 再曾桀婁와 古爾萬年의 행위에 대한 논의를 예로 삼아본다.

『삼국사기』는 '신하의 무조건적 직분'만을 들어 재증걸루와 고이만년을 토죄한다. 그에 의하면 임금의 행위는 여하한 것이든 신하가 복수할 수 있는 것이 아니다.[44] 반면에 『동국통감』은 '인군의 인군다운 책임'을 거론한다. 즉 그들의 이탈과 고구려 망명을 초래한 개로왕 자신의 허물을 먼저 고려하여 대상 사건의 역사성을 훨씬 폭넓게 파악하고 있다.[45]

형식적으로나 표방한 명분에 있어서 『삼국사기』가 삼국의 역사를 균등하게 포섭하려 한 노력은, 그러므로 왕조 단위 혹은 지배 계급 중심의

---

42) 金哲埈, 1975, 「高麗中期의 文化意識과 史學의 性格」『韓國古代社會研究』, 知識産業社 ; 1973, 『韓國史研究』 9.

43) 高柄翊, 1976, 「三國史記에 있어서의 歷史敍述」『韓國의 歷史認識』 上, 創作과批評社 ; 1969, 『金載元博士回甲紀念論叢』.

44) 『삼국사기』 25 백제본기 3, 개로왕 21년.

45) 『동국통감』 4 백제 개로왕 21년, 臣等按.

영역에 한정되는 것이다. 그곳에서는 동시대 구성원들을 인간 보편의 맥락에서 음미하려는 여유를 찾기 어렵다. 어쩌면 삼국 당대에 이미 신분의 고하와 권력의 위계와 성별의 차별 등은 완강한 현실 기반이었을 것이다.

그러므로 이러한 제약 조건이란 『삼국사기』 정보 가운데 비록 경험 주체로서의 백제인 스스로가 남긴 자료 편을 적출해 낸다 하여 절로 극복될 수 있는 것이 아니다. 백제의 경험적 토대는 차라리 왕조의 위계와 지배 관계로부터 자유로운 타자의 시선에 얼마간 균질적으로 포착될 가능성이 크다. 상대적으로 근대의 민족지적 성격에 근접하여 있던 중국 측 사서의 정보들이 여기에 해당한다.

『주서』에 의하면, "백제 왕의 성은 부여씨인데 '於羅瑕'라고 부르며, 백성들은 '鞬吉支'라고 부르니, 이것은 다 같이 중국말로 왕을 이른다. 왕의 아내는 '於陸'이라고 하는데 중국말로 왕비를 이른다"라고 하였다.[46] 이 지적은 백제 지배 계급과 하층민 사이의 언어 체계의 격절을 암시하고 있다. 그렇다면 이것은 또한 백제의 주민 구성이 상층부를 형성한 부여계 이주민과 저변을 이루는 마한의 토착 선주민으로 분별될 수 있는 이중성과 관련이 있을지도 모른다.[47]

이와 관련하여 『제왕운기』에 보이는 '膺'이나 '鷹準', 그리고 9한의 진무를 염원하면서 세운 황룡사구층탑의 제5층에 안배된 '鷹遊'를 환기한다. 즉 연구자들은 이들 명칭을 마한 시대 이래의 새 신앙과 관련해 백제를 지시하는 또 다른 별칭으로 간주하기도 하는 것이다.[48] 이때 나주 복암리 1호분 석실에 매납된 녹유탁잔 바닥 외면의 명문[鷹·鴈 : 보고자의 판독]은 아연 심중한 의미를 지니게 된다.[49]

46) 『周書』 49 열전 41 異域 百濟.

47) 盧重國, 1991, 「武寧王代의 政治·經濟와 社會·文化」 『百濟武寧王陵』, 忠淸南道·公州大學校 百濟文化硏究所, 43쪽.

48) 趙法鍾, 1989, 「百濟 別稱 鷹準考」 『韓國史硏究』 66.

49) 林永珍 외, 1999, 『伏岩里古墳群』, 全南大學校博物館·羅州市, 26·176쪽.

유교적 인간관에 근거한 지배층 중심의 사유는, 이미 왕 중심 정보의 집합인 본기는 물론 열전에서도 그 위력을 발휘한다. 백제인들의 전기는 黑齒常之, 階伯, 都彌, 그리고 甄萱 일가 인물들로 구성되었다. 흑치상지가 포함된 '열전 4'에 입전된 인물들은 고구려의 을지문덕과 신라의 장보고처럼 그 의용과 훈적이 기릴 만한 장군들이다. 그러나 이 걸출한 인물들의 행적에서 구성원 일반의 경험과 정서의 적출을 기대할 수 없을 뿐만 아니라, 기록된 내용조차 모두 중국의 자료에 토대를 둔 것들이다.[50)]

계백에 대한 짧은 전승은 비록 일부나마 백제 고유의 전승이 포함된 것으로 판단하지만, 그 문맥 또한 극단적 위국 정절의 체현 사례에 지나지 않는다. 특히 '열전 7'에는 계백을 포함한 13명의 독립 전기와 그들의 가속 9명의 附傳이 수록되었는데, 계백을 제외한 21명은 다 신라인이다. 그들은 또한 당 태종에 종군한 薛罽頭와 고구려전에 참여한 裂起, 仇近, 匹夫, 그리고 백제가 망한 후의 활동이 기록된 素那와 逼實을 제외한 모두가 백제와의 처절한 쟁투에서 장렬하게 순국한 충절의 표상들이다. 그러므로 열전 7은 왕족에서 家奴에 이르기까지 王事, 즉 나랏일을 위해 목숨을 바친 신라인들의 구체적 자취이며, 여기에 계백은 역시 왕사를 위해 殺身한 인물로서 부수된 것이다.

더 주의할 것은 신라인들의 고결한 순국의 대응 항이 대부분 백제인들의 침노였다는 사실이다. 적어도 "660년 백제가 멸망하기까지 신라의 순국 인물은 모두 백제와의 전쟁에서 사망하였다."[51)] 다시 말해 사건의 경험은 백제와 신라가 공유하였으나, 그 기억은 오로지 신라인의 영역이었을 뿐이다. 백제인들은 경험 주체로서의 자기 설명 기회를 잃었고, 표상된 역사물 안에 자기 기억을 남기지 못하였다. 왕조의 명운이 가른 음영이다.

---

50) 이강래, 2007, 「『삼국사기』 열전의 자료 계통」 『三國史記 形成論』, 신서원.

51) 강종훈, 2004, 「7세기 통일전쟁기의 순국 인물 분석 – 『三國史記』 列傳7에 실린 新羅 인물들을 중심으로」 『『삼국사기』 「열전」을 통해 본 신라의 인물』, 신라문화제학술논문집 제25집, 138쪽.

여하튼 이 희소한 계백의 전승마저 결국은 백제인의 정서에 핍진한 결을 떠나 있다. 마찬가지로, 범속한 평민이었지만 백제의 도미 부부가 기려진 까닭은 결코 범속할 수 없는 그들의 의리와 절개 때문이었다.[52] 더구나 이들의 義烈이란 백제 왕의 비상한 호승심과 무절제한 포악을 배경으로 한다. 왕은 도미 부부를 유린하고 짓밟으려 하였다. 그것은 왕과 민간의 여성이라는 관계 및 동기에서, 가까우나 전혀 다르게 전개된 신라 眞智王과 桃花女의 사화와 명료하게 대비된다. 진지왕과 도화녀는 적어도 서로를 열망하거나 받아들였다.[53]

견훤은 백제인을 자처하였다. 실제 견훤전은 그 자체가 후백제사의 전말이 된다. 그러나 그에 담겨 나타난 견훤은 고려의 일통을 위한 필요악으로서, "태조를 위하여 백성을 몰아다준 자[歐民者]"에 지나지 않았다. '歐民者'란 殷 湯王을 위한 桀이요, 周 武王을 위한 紂를 말한다.[54] 결국 전백제의 역사는 일통의 주역인 신라에 의해 조정되었고, 후백제의 역사는 역시 일통의 주역인 고려에 의해 정돈되었던 것이다.

이처럼 『삼국사기』의 백제 관련 정보들은 왕조의 거듭된 패멸에서 귀결된 그늘과 수직적 인간관에서 유래한 편향에 의해 규정된 것들이다. 그것들은 경험 주체에 의해 기억된 것이 아니며, 구성원 일반의 구체적 정서와 유리되어 있다. 물론 이 한계는 신라와 고구려의 경우에서도 본질에서 크게 다르지 않을지 모른다. 그러나 창국의 신화적 설명을 고구려 시조 전승의 연장에 기대고, 망국의 역동적 경험마저 일통의 당위에 앗긴, 『삼국사기』의 백제 관련 자료 현황은 그 정도에서 크게 다르다.

그러한 만큼 미세한 단서 하나하나가 은유하고 있는 당대인들의 삶과 사유를 눈여겨보아야 한다. 착안된 단서들은 여러 가지 독법을 매개로 독자들을 당대 구성원 일반의 경험과 사유로 이끈다. 이를 위해 왕조의 멸

---

52) 정상박, 1988, 「都彌夫婦 說話 傳承考」 『(동아대)국어국문학』 8, 9쪽.
53) 『삼국유사』 기이, 桃花女鼻荊郎.
54) 『孟子』 離婁章 上, "爲湯武毆民者 桀與紂也".

망 즈음 30년의 백제본기 기록을 예거해 본다.

그에 의하면 630년대 후반 무왕 말기부터 왕도의 사비하를 공간의 중심에 두고 부쩍 무리한 공역과 왕실의 사치가 우심해졌다. 진시황 대에 神山의 하나로 관념되었던 方丈仙山이 조영되고, 왕의 낭자한 유오가 거듭되면서 大王浦라는 지명이 생겼다.[55] 이것은 650년대 후반 사비하 중심의 불길한 조짐들을 선구한다. 의자왕과 궁녀들의 환락이 거론되었으며, 자연 법칙을 일탈한 동물들의 혐오스럽고도 두려운 행태들이 관찰되었다. 사비하에 떠오른 거대한 수중 생물과 사람의 시체는 한결 구체적인 흉조이다.[56]

마침내 660년 봄 수도의 우물물을 이어 사비하가 핏빛이 되고 서해의 물고기들이 뭍으로 쫓겨 나와 죽으니, 사람들은 정체 모를 공포에 짓눌려 일상을 건잡을 수 없게 되고 말았다. 백제 왕들의 죽음의 예조이기도 했던 흑룡의 형용이 5월 동쪽과 서쪽의 허공에서 부딪쳐 쟁투를 벌였다. 6월에는 거대한 조류를 따라 함선의 환영이 사비하를 거슬러 왕흥사를 압박하였다. 개떼들도 서쪽으로부터 사비하로 다가서 왕궁을 향해 부르짖었다.[57]

일련의 흉조는 "백제가 망한다!"라는 귀신의 외침으로 종결되었다. 귀신이 사라진 땅 속의 거북 등에는 "백제는 둥근 달과 같고 신라는 초승달과 같다"라고 쓰여 있었다. 이즈음 신라군은 南川停에 주둔하였고 당군은 德物島를 지나고 있었으므로, 이 참언은 이제 더 이상 예조가 아니다.

그러나 이와 같은 멸망기 30년의 흉조가 백제 멸망을 설명하는 경험적 인과관계의 한 부분이나마 실제로 감당하는 것은 아니다. 그럼에도 불구하고 이 전승은 당대인들이 경험한 자기 정서의 고백인 탓에 막중한 함의를 지닌다. 비록 그것들은 상황 종료 후의 기록이지만,[58] 그러므로 전승

55) 『삼국사기』 27 백제본기 5, 무왕 37년.
56) 『삼국사기』 28 백제본기 6, 의자왕 19년.
57) 『삼국사기』 28 백제본기 6, 의자왕 20년.

국 신라의 시각을 완전히 배제할 수는 없는 것들이지만, "백제 지배층을 비판적으로 인식하려는 백제 유민 측의 시선과 부합되는 것이다."[59]

요컨대 패망을 향해 날로 예각화해 간 일련의 비경험적 관찰 기록들에는 경험 주체의 기억이 거대한 뿌리를 이루고 있다. "완전한 허구처럼 달라진 전설이라 해도 그것은 역사성을 결코 벗어난 것이 아니며, 그것은 그것대로의 독자적인 역사성을 반영하고 있다."[60]

그것은 또한 『삼국유사』의 비경험적 신이담들이 딛고 있는 '경험된 역사'의 토대와 다르지 않은 것이다. 『삼국유사』 기록에 무왕은 異物交婚의 소생으로, 견훤 역시 지렁이[蚯蚓]의 태생으로 설정되어 정대한 왕자의 탄생을 비켜서 있기는 하나,[61] 무왕의 미륵사 창건담과 견훤의 호랑이 수유담에 담긴 것은 당대 백제인들의 일상적 정서요 정치적 희구인 것이다.

표상된 역사는 완고하지만, 경험을 공유한 집단의 기억은 전변한다. 무왕과 견훤의 탄생담에 담긴 화소들이 접맥하는 연유이다. 멸망기 사비하를 둘러싼 당대인들의 사유도 전승을 거듭하면서 구체성을 더해 갔다. 『삼국유사』에 인용된 『고기』류는 백제의 政事巖, 龍嵓, 三山, 堗石, 대왕포 등 사비성 주변의 자연물들과 관련된 정보들을 제공한다. 주로 비경험적이며 초현실적인 내용들이다.

예컨대 재상 후보들의 이름을 써서 정사암 위에 두면 저절로 낙점이 되었다거나, 소정방이 용암에서 용을 낚았다는 식이다. 삼산에는 신인들이 살면서 날아다녔고, 돌석은 저절로 데워졌다.[62] 특히 소정방이 낚아 올린 용은 백제의 호국룡이었다는 釣龍臺 전승과, 그로 인해 의자왕과 궁

---

58) 朴星來, 1986, 「百濟의 災異記錄」 『百濟研究』 17, 209쪽.

59) 黃仁德, 1994, 「'백제패망' 전설들로 본 백제사, 백제사의식」 『百濟研究』 24, 235쪽.

60) 黃仁德, 위의 논문, 225쪽.

61) 『삼국유사』 기이, 武王 및 後百濟甄萱.

62) 『삼국유사』 기이, 南扶餘前百濟.

녀가 꽃잎처럼 몸을 날렸다는 墮死岩 전승이 다시 파생되었다.[63] 적국의 장수에 의해 낚여 올라온 용의 무력한 저항은 명백히 비경험적 예조이다. 그러나 그것은 경험 주체의 목소리이며 그들 자신을 향한 설명이다.

4. 정보와 설명

문헌의 정보가 승리자와 지배자 중심인 것은 전근대의 지적 환경에서는 당연한 현상일 수 있다. 그리고 그것은 해석의 자유로운 영역에서 비판되고 극복될 수 있다.

삼한과 삼국, 특히 마한과의 역사적 연계를 둘러싼 인식의 갈등과 조정은 그 한 사례일 것이다. 빈약한 백제본기의 정보만으로도 마한과 백제의 영토적 혹은 역사 경험적 독특한 연계 자체는 다시 이를 필요가 없다. 그러나 최치원으로 대변되는 통일기 신라 지식인들은 마한을 고구려에, 변한을 백제에 대응시켜 일통삼한의 논리를 완강하게 고수하였다.[64]

물론 표상된 역사를 배반하는 단서들 또한 병존하고 있었다. 정작 균열은 최치원 자신에게서부터 비롯한다. 그는 『삼국지』 동이전의 마한조에 보이는 '蘇塗'를 겨냥하여, 백제에 '蘇塗之儀'가 있었다고 서술하였다.[65] 이러한 언급은 백제가 마한의 후신으로 소도의 유풍을 전수하였기 때문일 것이며, 또한 이를 강조한 중국의 문헌에서 마한과 관련하여 이른바 "蘇塗之義 有似浮屠"라 함에 유의하여,[66] 불교가 전래하기 이전의 우리나라에도 불교와 유사한 형태의 의식이 있었음을 나타내려 했던 것으로

---

63) 『고려사』 56 志 10 지리 1 扶餘郡. 『新增東國輿地勝覽』 18 扶餘縣 古跡.

64) 이강래, 2004, 「최치원의 고대 인식과 그 함의 – '一統三韓'을 매개로」 『孤雲學報』 2, 40~50쪽.

65) 「智證大師寂照之塔碑銘」 『崔文昌侯全集』(1972, 成均館大學校 大東文化研究院), 170쪽.

66) 『三國志』 魏書 30 동이전 韓. 趙仁成, 1982, 「崔致遠의 歷史敍述」 『歷史學報』 94·95, 49쪽.

판단한다.[67] 그렇다면 최치원은 여기에서 백제와 마한의 역사적 연계를 고려했던 것이다. 결국 견훤이 언급한 '마한－백제'의 계통론은 신라 당대에 이미 광범하게 공유되던 인식의 한 갈래였다.[68] 그럼에도 불구하고 고려는 물론 조선의 권근을 넘어 안정복에 이르기까지도 실체적 진실은 용이하게 정돈되지 못하였다.[69]

최치원, 김부식, 일연, 권근, 안정복 등의 삼한 설명은 마땅히 각인이 처한 당대적 현실에 기반하고 있다. 그렇다고 하여 서로 다른 설명들 모두가 역사의 실상을 옳게 아우른 것은 아니듯이, 표상된 역사의 정보에 대해 해석자의 방만한 자유가 곧 역사적 진실을 보장하지도 못한다. 무엇보다도 표상된 역사는 '타자를 향한 설명'이다. 그것은 본래 타자와의 인식 공유를 기대한다. 따라서 설명들은 의연히 객관을 표방하나, 그것은 특정 사건이나 인물의 행적 사이 혹은 주변 왕조를 포함한 역사의 제반 환경 조건 사이의 정합성에 먼저 유의한 것들이다. 당연히 합리적 인과관계를 중시하고 보편적 논리를 겨냥한다.[70]

반면에 그를 위해 치르는 대가는 종종 경험 주체의 고유한 기억, 그리고 그들의 현상 수용 맥락과의 괴리로 나타나곤 한다. 경험 주체의 기억을 표상된 역사 기록과 대비해 말한다면, 그것은 '자신을 향한 설명'이다. 설명의 설득력은 오직 설명자 스스로에게만 유의하다. 다만 그것은 표상된 역사의 직접 배면이거나 저층의 토대일 수 있는 까닭에 역사의 사유에서 심중하게 취급될 필요가 있다. 그러나 그를 적실하게 포착하는 일은

67) 崔英成, 1987, 『註解 四山碑銘』, 亞細亞文化社, 171쪽.

68) 이강래, 2004, 「후백제의 당대 인식 － 토대와 지향의 맥락에서」 『韓國古代史研究』 35, 22～25쪽.

69) 『三國史節要』 外紀 三韓 ; 安鼎福, 『東史綱目』 附卷 下 地理考 三韓考. 이 문제에 대한 자세한 논의는 이 책의 7장 '삼한의 인식 문제와 한국 고대사' 참조.

70) 李漢龜, 2009, 「객관주의 역사학을 위한 변론 － 김현식 교수의 논평에 답한다.」 『歷史學報』 201, 339～340 참조. 그는 '설명'을 일러 "왜 그것이 필연적으로 그러한가"에 대한 대답이며, 여기에서 결정적으로 중요한 것은 법칙의 역할이라고 천명한다.

만만하지 않다. 표상된 역사의 정합성 혹은 표상 주체의 명분에 당대인의 설명이 희생되거나 억압되는 경우가 적지 않을 것이기 때문이다.

더구나 대개의 단서는 비합리적이며, 또한 그러므로 경험 주체가 아닌 이들에게는 설득력을 얻지 못하기 일쑤다. 현 단계 연구자 일반은 백제의 망국에서 현실 물리력의 열패와 통치력의 이완, 사상계의 분열과 주민 구성의 중층성, 혹은 세계 현실에 대한 판단 미숙이나 주요 개인들의 갈등 따위를 주목한다. 그것들은 대부분 드러난 정보에 충실한 것이며, 당연히 상당한 설득력을 구유한 타당한 논리이다. 반면에 당대인의 자기 설명 방식은 낯설고, 그동안 미처 시선조차 미치지 않은 채 방치되어 왔다.

경험 주체의 자기 설명은 공유를 전제로 하지 않지만, 그것은 뜻밖에도 생명력이 길고 호소력이 크다. 그들의 설명 방식이 기반하고 있는 것이 공유의 경험이었기 때문일 것이다. 즉 '초승달'과 '보름달'의 차이가 신라에 의한 백제의 패망을 암시하는 유효한 상징인 이유는, 당대인들 사이에 이미 그 상징 맥락에 대한 공통의 합의가 전제되어 있었기 때문이다. 고구려인들 역시 당나라에서 온 도사들이 '신월성'의 평양성을 '만월성'으로 만든 일을 왕조의 패멸과 연관하여 기억한다.[71]

물론 고구려는 당과 신라의 군사적 외인과 멸망기 정치 군사 사상계의 내부 현실에서 패망하였다. 그러나 경험 집단들은 쉽게 내외의 인자들을 통섭하여 사유한다. 예컨대 고구려에 치욕을 당한 수 양제의 측근이 개소문으로 환생하여 고구려를 멸망시킨 것이고, 억울하게 살해된 고구려의 占巫 楸南의 원혼이 김유신으로 환생하여 고구려를 멸망시켰다는 것이다. 공교롭게도 백제인들 역시 조룡대의 소정방에 더하여, 김유신이야말로 백제의 점무 春男의 환생이라고 기억하였다.[72]

71) 이강래, 2007, 「한·중 사서에 보이는 고구려와 중국의 전쟁 기록 비교 검토」 『동북아역사논총』 15, 266~267쪽 ; 이 책의 8장에 수록함.

72) '고구려의 추남'과 '백제의 춘남' 문제는 『三國遺事』 기이 金庾信조 인용 전거와 관련한 「古本」의 이설에서 유래한다. 이강래, 2005, 「『삼국유사』 기이편의 자료

이처럼 동시대 구성원의 경험은 동질적 정서를 통해 빠르게 확산되고 공유된다. 7세기의 망국민들에게 김유신은 춘남일 수도 추남일 수도 있다. 멸망기 백제와 고구려인들에게 김유신에 대한 경험적 정서와 수용 방식은 서로 달라야 할 까닭이 없다. 경험 주체의 자신을 향한 설명이란 스스로가 납득하면 유효하다. 경험을 공유한 동시대 개인들의 설명은 집단의 공명을 통해 과거 사건에 대한 거대한 설명의 자질을 획득한다. 그것은 관찬 사서의 기록으로 표상되지 못하였으나, 전승 주체 집단의 감성적 결에 착근하여 부단한 생명력으로 재생산된다.

그러므로 『고려사』에 소개된 백제 俗樂들의 한결 같은 애상적 서정이야말로 백제 당대인들의 자기 설명이 지닌 설득력을 예증한다. 삼국의 속악 가운데 백제의 것으로 분류된 가요들은 禪雲山, 無等山, 方等山, 智異山, 井邑 등 5개이다.[73] 『樂學軌範』에 실린 井邑詞를 제외하면 모두 오늘날의 고창, 광주, 장성, 구례를 공간으로 하는 옛 백제 지역의 산 이름들이다.[74]

선운산과 정읍은 군역과 행상으로 오랫동안 유리된 남편을 기다리는 여인의 애조를 담았다. 방등산 역시 홀로 노략된 여인의 남편에 대한 怨歌로 읽힌다. 게다가 지리산의 경우는 저명한 도미부인의 비극을 원형으로 한 가요이다. 오직 무등산만은 산성을 쌓고 백성들이 그로 인해 안락하여 노래한 것이라 하나, 정작 축성에 동원되었을 지역민들의 고역이나 산성의 방어 기능에 의지하여 비로소 안락하게 되었을 맥락을 고려하고자 한다.

수용 방식」『삼국유사 기이편의 연구』, 한국학중앙연구원, 78～82쪽.

73) 『고려사』 71 志 25 樂 2 三國俗樂 백제.

74) 方等山의 경우 『增補文獻備考』 106 樂考 17 俗部樂考에는 '半等山曲'이라 하여 신라조에 편입되어 있는데, '新羅末'로 제시된 사건 배경 시기 때문인 듯하다. 이에 대해서는 安東柱, 1998, 「百濟 詞不傳 歌謠 研究」『南畊朴峻圭博士停年紀念論叢 國語國文學研究』 참조.

이렇듯 고려 시대의 백제 속악들은 삼국의 속악들 가운데서도 특이할 정도로 민중적 상흔이 절절하였다. 그러므로 부여 지역에서 불리는 山有花歌의 '전통성'을 헤아리는 가운데 '백제의 패망과 관련된 충격의 지속성'을 발견한 견해를[75] 지지한다. 이 침전된 기억을 규정하는 기층의 감성은 그와 같이 일상에서 노래로 설화로 혹은 기록으로 향유되다가, 때로는 발화의 계기를 만나 역사의 현실에 정면으로 저항하는 동력이 되기도 하였다.[76]

무릇 역사적 정보는 설명을 통해 비로소 의미를 획득한다. 『삼국사기』는 재래의 정보들을 취사하여 하나의 설명 체계를 표상한 셈이다. 본디 과거의 문헌에 기댄 역사 연구에 대한 텍스트의 규정성은 견고하다. 기록된 정보는 창공에 넘실대는 풍선을 잡아맨 지상의 말뚝과도 같은 것이다. 이 경우 끈 떨어진 풍선은 시공간의 좌표를 잃고 만다. 표상이 풍선이라면 정보는 풍선을 규정하는 지상의 말뚝이고, 둘을 매개하는 것은 설명 주체의 설명 방식일 것이다.

그러나 설명이자 표상이기도 한 『삼국사기』는 다른 설명자 앞에 다시 정보로 놓여야 옳다. 그러므로 백제사를 향유함에 있어 『삼국사기』에 보편 불변의 권위를 강요하지 않아야 하는 동시에, 고려의 현실에 충실한 '당대적 설명'의 긍정적 자질을 폄훼해서도 안 된다. 불행히도 『삼국사기』와 그 찬자에 대한 편견이 오히려 『삼국사기』가 매개하고 있는 삼국인들의 목소리를 차단하는 경우가 없지 않으리라 본다.[77] 다시 환기하되, 백제 시대의 특정 정보는 당대에 이미 설명되었고, 그것이 다시 정보가 되어 새로운 설명을 낳는 연쇄적 도정의 중간 어느 지점에 『삼국사기』 역시 설명이자 정보로서 자리한 데 불과하다. 이러한 각성에 동의한다면, 『삼국사기』를 향한 진지하되 건조한 시선이 우선 필요하다는 점도 수긍

---

75) 趙載勳, 1996, 「山有花歌의 傳統性」 『百濟文化』 25, 140쪽.

76) 이에 대한 심화된 논의는 이 책의 10장 '백제사에 대한 후대의 인식' 참조.

77) 趙景蘭, 2008, 「善德王이 이야기하는 선덕왕의 즉위」 『新羅史學報』 14, 45쪽.

하기 어렵지 않다.

사실 이와 같은 사서의 속성이란 참으로 범상한 것이라, 거의 모든 연구자들은 어떠한 각성이나 동의를 거칠 필요도 없이 연구 일상에서 체현하고 있다. 간과되어 온 것은 오직 그 표상화의 연쇄 과정을 심층에서 규정하고 있는, 그러면서도 정작 그 자체는 하나의 온전한 표상으로 드러나 본 적이 없는, 경험 주체의 기억과 설명일 것이다. 이것을 이른바 '역사의 감성 영역'으로 이해하고 부르려 한다.

백제에 대한 여러 설명들은 서로 다른 표상들이다. 이들 다른 표상들은 백제 당대의 경험 지반을 공유하고 있다. 다시 말해 개별 담론의 외양들은 동일하지 않으나 역사의 표상이라는 개념 범주에서는 동일한 것이다. 더구나 백제에 대한 전근대 이래 역사학의 논의는 일관하여 합리적 인과 구조의 해명과 위계적 가치 판단의 수용을 반복해 왔다. 이제 방기되어 온 그 경험 지반 자체에 눈을 돌려야 할 것을 예감한다.

물론 지반도 유동한다. 최초의 경험 지반에 근거한 당대적 '설명'은 이후의 설명자에게 '정보'로 추가된다. 설명을 공유하는 집단 속에서 본래의 경험 지반 역시 어떤 변용을 겪거나 새로운 요소를 받아들인다. 동시대의 서로 다른 표상은 공유의 지반을 음미하는 방식의 차이가 배태한 것인 한편, 시간의 흐름에 따라 전변하는 표상들에는 또한 변용되는 경험 지반이 병행한다.

역사를 사유하는 개별 주체 단위에서도 토대로 삼는 경험의 변전에 따라 설명은 달라질 수 있다. '어리석은 남녀들'이 광범하게 공유하고 있던 경험 지반으로서의 동명왕의 신이한 행적은 젊은 이규보가 고구려를 사유하는 데서 한동안 배제되었다. 그 후 『통전』과 『위서』의 충격을 넘어 이른바 『구삼국사』를 접하면서 이규보의 사유 토대는 균열을 거듭하였다. 마침내 그는 '鬼幻'을 '神異'로 각성하여 새로운 설명 「동명왕편」의 찬술에 이르렀다.[78]

그러므로 일견하여, 관건은 동명왕의 행적에 대한 정보로서의 설명을 수용하는 주체의 각성 여하에 달려 있는 듯하다. 그러나 그 각성이란 '어리석은 남녀들' 사이에서 공명하고 공유되며 전승되어 온 동력을 전제로 한다. 그것은 '역사의 감성적 영역'에 내재한 생명력일 것이다. 이처럼 이규보의 각성은 오직 12세기 말 고려 당대의 현실 맥락에 조응하는 것이다.

합리에 대한 신이를 천명한 일연의 각성도 본질에서 다르지 않다. 그는 '俗說'에 기대 타사암 전승을 기록으로 표상하였다. 그러면서도 동시에 '唐史'를 근거로 의자왕의 투신은 부정하였다.[79] 이러한 논증은 완연히 역사학의 전통적 정보 비판 방식이다. 그러나 궁인들의 투신은 새로운 경험적 정보의 지위를 획득하여 낙화암 혹은 낙화대라는 표상으로 귀결되어 후대에 연면히 향유되었다. 그것은 동시대 이승휴와 이곡의 백제 인식에서,[80] 그리고 徐居正과 李宜茂를 비롯한 조선의 지식 관료들 사이에서 공유되었고,[81] 역사와 지리의 정보로 재생산되어 갔다.

이와 같은 이해를 토대로, 특정 사건 이후 후대의 설명적 정보들을 대할 때 그것이 어떤 당대적 맥락에서 본래의 경험 지반을 표상한 것인가의 작동 기제를 탐색할 필요가 있다. 요컨대 『삼국사기』의 백제 관련 사료 역시 그 안에 잠복되어 있는 정보의 층위와 경험 주체의 설명 방식에 다가서기 위한 하나의 管見 혹은 통로라고 생각한다.

78) 李奎報, 『東國李相國全集』 3 古律詩 「東明王篇并序」.

79) 『삼국유사』 기이, 太宗春秋公.

80) 李承休, 『帝王韻紀』 下 百濟紀. 李穀, 『稼亭先生文集』 5 記 「舟行記」.

81) 『新增東國輿地勝覽』 17 公州牧 題詠 (十景) 가운데 「熊津明月」. 李宜茂, 『蓮軒雜稿』 2 雜詩類 「釣龍臺」.

2장

경험과 역사

- 고구려 멸망에 관한 고대적 사유를 단서로 -

〈목 차〉

1. 경험 주체의 기억

역사학은 인간의 경험에 바탕을 둔다. 모든 사태에는 그를 경험한 당사자가 있다. 경험 주체는 그가 개입한 사건에 대해 가장 직접적인 설명자가 될 수 있다. 이미 발생한 사태라는 점에서 그것들은 기억의 대상이기도 하다. 어떤 사건이든 문자로 기록되기 전에는 사람들의 기억 속에서 형성되고 보존되며 또 변전할 수밖에 없다.

역사학 연구자들이 문자로 정착한 정보들 가운데에서도 사건 발생 시점에 근접한 정보들에 종종 더 유의하는 것은, 그것들이 경험 주체의 기억에 직접 기반하고 있을 가능성 때문이다. 물론 그것은 엄밀히 말해 기대의 영역에 있을 뿐이다. 광개토왕비에 보이는 정복 대상 지역 정보들이나 정복의 과정 및 정복한 사람들의 정보는 광개토왕의 사거 직후 고구려인들의 기억을 직접적으로 반영한다. 그러나 장수왕의 부왕에 대한 존숭과 그 자신의 고양된 위세에 대한 욕망, 그리고 자기 전통과 문화에 대한 고구려인들의 자의식과 왕조 정체성 등 여러 사건 외적 요소가 동원되어,

비로소 한 편의 장엄한 서사는 완성된다.[1] 어쩌면 광개토왕비 정보의 규정성은 직접 기억보다 후자의 관념적이며 정서적인 요소에 더 무게가 실렸을지도 모른다.

경험은 감각 수단에 의존하며, 그에 대한 기억은 정서적 맥락에 좌우된다. 감각 수단이든 특정 맥락의 정서이든, 본질에서 그것들은 이른바 엄정한 객관에 기여할 인자는 아니다. 오히려 경험 주체의 기억과 설명이란 정작 기억하고 설명하는 '사람'과 유리될 수 없다는 점을 각성할 필요가 있다. 어떤 설명도 '매체'로서의 설명하는 사람으로부터 자유로운 방식으로 사건의 재현에 옳게 기여한다고 자부할 수 없다. 경험 주체의 기억이란 이미 그가 동의하고 있거나 동시대 구성원들이 공유하는 가치와 의미를 내재한 것들이다. 요컨대 "기억은 하나의 사회적 사실인 것이다."[2]

> 보장왕 20년(661) 여름 5월에 왕이 장군 惱音信을 보내 말갈의 무리를 거느리고 가서 신라의 北漢山城을 에워싸게 해 열흘이 되도록 풀지 않았다. 신라의 군량 수송로가 끊어지자 성 안은 두려움에 휩싸이게 되었다. 이때 갑자기 큰 별 하나가 우리 진영에 떨어지더니 이어 우레가 치면서 비가 쏟아지고 벼락이 내리치자, 뇌음신 등은 두렵고도 놀라워 군사를 이끌어 물러나고 말았다. (『삼국사기』 22 고구려본기 10)

고구려 군영이거나 그 방면의 공간에 별[운석]이 떨어졌다. 천공에 있어야 마땅한 별이 지상에 추락한 것은 자연 법칙에 반하는 현상이다. 천체의 순조로운 운행과 주기적 변화를 벗어난 일탈은 두려움의 대상이며, 오랜 경험에 비추어 흉조로 간주되었다. 특히 전쟁 중 지상에 떨어지는 유성은 곧 승패가 나뉠 예조일 가능성이 크다고 여겨 왔다.

---

1) Konstantin V. Asmolov, 1992, "The System of Military Activity of Koguryo" *Korea Journal*, Vol. 32 No. 2, pp.108～109.
2) 김영범, 1999, 「알박스(Maurice Halbwachs)의 기억사회학 연구」 『(대구대)사회과학연구』 6-3, 574쪽.

한편 고구려 장군 뇌음신을 두렵게 한 이 낙성의 현상은, 고구려 군사에 포위당한 채 북한산성에 고립되어 있던 신라인들에게도 똑같이 관찰되었다.

> 태종무열왕 8년(661) 5월 9일[11일이라고도 한다.]에 고구려 장군 뇌음신과 말갈 장군 生偕가 군사를 합해 述川城에 쳐들어왔다가 이기지 못하자, 방향을 바꿔 북한산성을 공격하였다. 투석용 전차[抛車]를 벌여 놓고 돌을 쏘아 날리니, 맞는 곳마다 성가퀴와 누옥이 속속 무너졌다. 성주인 大舍 冬陁川은 사람들로 하여금 마름쇠[鐵蒺藜]를 성 밖에 던져 사람과 말이 다닐 수 없게 하고, 또 安養寺의 창고를 헐어 내 그 재목을 실어다가 성의 무너진 곳마다 즉시 망루를 얽고 밧줄로 그물 매듭을 쳐서 소와 말의 가죽과 솜옷을 걸쳐 매달게 했으며, 그 안쪽에 弩砲를 설치해 지켰다. 그 당시 성 안에는 겨우 남녀 2천 8백 명이 있었는데, 성주 동타천이 어리고 허약한 이들까지 능숙하게 격려해 강대한 적들과 맞서 버틴 것이 무릇 20여 일이었다. 그러나 식량이 바닥나고 힘은 다하였다. 이에 동타천이 지극한 정성으로 하늘에 빌었더니, 느닷없이 큰 별이 적의 진영에 떨어지고 또 우레와 비가 벽력같이 쏟아지는지라, 적들은 의아해하고 두려워하며 포위를 풀고 돌아갔다. 왕이 동타천을 가상히 여겨 표창하고 대나마의 관위에 발탁하였다. (『삼국사기』 5 신라본기 5)

고구려본기와 신라본기의 서술은 같은 사건에 대한 서로 다른 설명이다. 두 설명을 비교해 보면, 세부 내용에서 일치하지 않는 부분도 있다. 그러나 전반적으로 고구려본기의 간략한 줄거리는 신라본기의 생생한 묘사에 비해 현장감이 현저히 떨어진다. 아마 전승의 원형은 신라본기의 작성 전거에서 비롯했을 것이다.

돌연 큰 별이 떨어지고 우레와 폭우가 휘몰아친 것은 북한산성 성주 동타천의 정성에 하늘이 감응한 결과였다. 동타천이 하늘에 간구한 바는 북한산성을 함몰의 위기로부터 벗어나게 하는 것이었다. 그러므로 낙성에 이은 기상 변화는 동타천의 간구에 하늘이 응답하는 방편인 셈이다.

물론 이러한 설명은 사태 종료 이후 설명자들의 자의적 의미 부여에 불과한 것일 수도 있다. 그러나 어쨌든 고구려 공격군은 때마침 조우한 천변에서 야기된 두려움을 이겨내지 못하였다. 일련의 천변을 조우한 장군 뇌음신과 말갈의 지휘자 생해가 이끄는 고구려 군사는 목전의 승리를 포기한 채 두려움에 휩싸여 철군하고 말았다.

당연한 말이지만, 고구려 진영에 떨어진 낙성의 상징적 의미는, 그와 같은 변고를 초래한 동타천과 그의 지휘 아래 처절하게 싸우던 북한산성의 신라인들 사이에서 다를 리가 없다. 더 나아가 그 '의미'는 실제 사건이 전개된 시공간을 벗어나면서 오히려 더욱 강화되었고, 때로는 얼마간의 변용을 거치면서 재구성되기도 했다고 짐작한다. 이 사건의 경우에도 현장에서 영웅적으로 성을 지킨 동타천은 곧바로 12등 大舍에서 두 등위를 올라 10등 大奈麻의 관위에 발탁되었다. 그러나 뒷날의 신라인들은 동타천의 사무치는 정성이 빚은 '기적'을 아연 17관등 체계를 벗어나 그 위에 자리하는 大角干 '김유신의 권능'으로 기억하게 되었다.

> 龍朔 원년(661) 봄, 고구려와 말갈이 '신라의 정예군이 모두 백제에 가 있어 국내가 허술할 것이니 칠 만하겠다'라고 여기고 군대를 출동시켜 수륙 양면으로 진격해 북한산성을 포위하였다. 고구려군은 성의 서쪽에 군진을 치고 말갈군은 성의 동쪽에 주둔해 열흘 내내 공격해 오니, 성 안의 사람들이 두려워하였다. 그때 갑자기 큰 별이 적의 군영에 떨어지고 뇌성이 치면서 비가 쏟아지니, 적들이 놀라고 의아해하여 포위를 풀고 달아났다. 애초에 김유신은 고구려와 말갈이 성을 포위했다는 것을 듣고 "사람의 힘은 이미 다했으니 신령의 음조를 빌 수밖에 없겠구나" 하고, 절에 나아가 제단을 만들어 기도하였다. 그런데 마침 급작스럽게 날씨가 변하자, 모두 김유신의 지극한 정성에 하늘이 감응한 것이라고들 하였다. (『삼국사기』 42 열전 2 김유신 중)

하늘을 움직인 연원이 북한산성에서 사력을 다하던 동타천이 아니라, 전황의 보고만을 접한 김유신의 통찰력이라 한다. 이는 김유신이라는 걸출한 인물에 마땅히 부여되었음직한 여러 신비화 과정의 한 파생물일 것이다. 더구나 위 설명의 출처는 김유신의 후예 金長淸이 그의 직계 선조를 기리기 위해 작성한 '行錄'이었다. 경험된 사태에 대한 기억과 설명은 이처럼 전승 과정에서 뜻밖의 변용을 빚기도 한다.

여하튼, 김유신이 기대한 '신령의 음조'란 곧 공포에 질린 뇌음신 군대의 퇴각 그것이었다. 이것은 고구려 장군 뇌음신과 신라 장군 김유신 혹은 동타천 등이 같은 시공간에서 경험한 천변에 대해 동일한 해석과 판단을 공유했던 증거이다. 다시 말해 그들은 전장에 출현한 '낙성의 의미'에 대해 동의하고 있었다. 이 점에 착안하여, 고구려가 경험한 전쟁에서 나타난 낙성의 저명한 선례 하나를 다시 환기해 본다.

景初 2년(238) 봄, 魏의 明帝는 司馬懿를 파견하여 요동을 장악하고 있던 군웅 公孫淵을 토멸케 하였다. 위의 군사가 6월에 요동에 이른 뒤, 공손연의 형세는 날로 위태로워져 갔다. 군량은 다하여 인육을 먹기에 이르고, 사상자와 투항자가 연이어졌다. 마침내 8월 들어 빛 꼬리가 수십 장이나 되는 유성이 襄平城 동남방에 떨어졌다. 그로부터 보름 뒤 공손연 부자는 더 이상의 수성을 포기하고 수백의 기병만을 수습하여 탈주를 감행하였다. 그러나 그들은 유성이 떨어진 바로 그곳에 이르러 위군의 공격을 받아 목을 베이고 말았다.[3)]

이 전투에 당해, 고구려 동천왕은 主簿와 大加를 보내 군사 1천 명을 거느리고 가서 위군을 돕게 한 바 있다.[4)] 그렇다면 고구려군 역시 양평성 동남방에 추락한 유성과, 바로 그 지점에서 참혹하게 참수를 당한 공손연 부자의 말로를 연계하여 인식했을지 모른다. 반드시 그렇지는 않다 하더라도, 고구려와 주변국들 사이에서 유성, 즉 낙성이 지시하는 바에 대한 의미의 공유야 어렵지 않게 짐작할 만한 것이었겠다고 생각한다.

---

3) 『三國志』 8 魏書 8 公孫度傳, 景初 2년(238).

4) 『삼국사기』 17 고구려본기 5, 東川王 12년.

북한산성 전투 15년 전에 수도에서 발발한 신라의 내전 가운데서도, 낙성의 현상은 이미 심중하게 고려된 적이 있었다. 실제 그것은 종국적으로 왕 측의 병력과 반란군의 승패를 한 순간에 결정한 요인이 되었다. 사건은 선덕왕 말년(647)에 상층 귀족인 毗曇과 廉宗이 왕의 폐위를 목표로 거병한 데서 발단하였다. 반란군은 明活城에 주둔하고 김유신이 지휘하는 왕당군은 月城에 근거하여 공방을 거듭하던 즈음이었다. 깊은 밤 자정 무렵에 큰 별 하나가 월성에 떨어졌다. 비담은 반색하여 "내가 듣건대 별이 떨어진 아래에는 반드시 유혈이 있다 한다. 이는 아마 여왕이 패망할 조짐일 것이다"라고 호언하였다. 이 말에 반군은 환호하였다.

반대로 왕은 두려워하였다. 두말할 필요 없이, 비담의 호언은 당대에 널리 공유된 해석에 근거한 것임에 틀림없다. 김유신은 서둘러 "길함과 흉함은 정해진 것이 아니옵고 오직 사람이 불러들이는 바에 달려 있는 것"이라는 논리로 왕을 안심시키면서 상황을 수습하기 시작한다. 그와 함께 허수아비를 만들어 불을 안겨서 연에 실어 날려 보내 마치 별이 하늘로 올라가는 것처럼 한 다음, "지난 밤 떨어졌던 별이 다시 하늘로 올라갔다"라고 짐짓 소문을 유포하였다. 적들은 전날 밤에 낙성과 유혈의 상관 논리에 환호했던지라, 전혀 헤아리지 못했던 현상의 소문을 접하자 아연 혼란과 의구심에 깊이 사로잡힐 수밖에 없었을 것이다.[5)]

사건의 진상을 모른 채 추락한 별이 다시 승천했다는 소문을 접했을 경우라면, 전날 비담의 반란군들이 그러했던 것 못지않게, 아마 김유신 휘하 군사들도 환호했을 터였다. 낙성은 이미 반복적으로 경험한 천체의 일탈 현상이지만, 떨어진 별이 다시 승천해 올라가는 일은 누구라도 미처 상상하기 어려운 사태이다. 이제 낙성보다 더 각별한 '하늘의 뜻'이 분명해진 이상, 승리를 확신한 국왕 측 군사 앞에 반군은 무력하게 궤멸되고 말았다. 일찍이 백제의 아신왕도 한산 방면에 출병하여 고구려를 치려다

5) 『삼국사기』 41 열전 1, 김유신 상.

가 "큰 별이 군영 가운데 소리를 내면서 떨어지자 왕이 매우 언짢게 여겨 그만 중지하였다"라고 한다.[6] 요컨대 전장에서 조우하게 되는 낙성에 담긴 의미는 이처럼 이미 삼국의 주민들 사이에 충분히 보편적이었다.

한편, 고구려 뇌음신이 북한산성을 공격하던 661년 여름은 백제가 패망한 지 거의 만 1년 뒤가 된다. 태종무열왕이 동타천을 표창한 직후인 이 해 6월에, 백제 大官寺의 우물물이 피가 되고 金馬郡 일대에 피가 흘러 너비가 5보나 되었다. 그리고 이 변고에 이어 왕이 죽었다.[7] 지금의 익산 왕궁리에 해당하는 백제의 고토 금마군의 대관사에서 일어난 괴변이 무열왕의 훙거와 어떤 의미 관계에 있는 것인지, 아니면 오직 우연일 뿐 어떤 맥락의 접점도 없는 것인지, 얼른 규정하기가 어렵다. 고대의 경험들은 이처럼 분절된 정보의 파편들에 불과한 경우가 허다하다.

다만 이 사건은 그보다 1년 전인 660년 7월 9일 계백의 결사대가 황산 전투에서 궤멸되고, 마침내 7월 18일 의자왕의 항복으로 백제의 명운이 절멸되던 때, 고구려의 왕도인 평양의 강물이 3일 동안이나 핏빛으로 변한[8] 변고를 환기시킨다. 그에 앞서 봄 2월에 이미 백제 왕도의 우물물은 핏빛이 되었다. 그뿐 아니라 사비하의 강물도 핏빛처럼 붉었다. 그리고 서해에서는 폐사된 물고기들이 백제의 해안을 뒤덮었다. 왕조 패망의 전조들이다.

왕도 사비성의 흉측한 변고가 백제의 패망과 절연될 수 없듯이, 평양성의 그것도 필시 고구려 패망을 지시한다고 읽어야 한다. 물론 그해에 패망한 백제와는 달리 고구려의 패망은 668년의 일이므로 시간적 간극이 크다. 그러나 백제 패망 1년 전인 659년, 여우들이 떼를 지어 백제 왕궁에 횡행하고 흰 여우 한 마리는 상좌평의 책상 위에 올라앉았던 그해, 고구려에서도 아홉 마리 호랑이가 왕성으로 난입하여 사람들을 잡아먹었다

6) 『삼국사기』 25 백제본기 3, 阿莘王 7년(398).
7) 『삼국사기』 5 신라본기 5, 太宗武烈王 8년 6월.
8) 『삼국사기』 22 고구려본기 10, 寶臧王 下 19년 7월.

고 한다.[9)]

그러므로 백제가 멸망하는 660년을 전후한 시기 고구려본기의 정보들은 백제본기의 정보들과 동일한 의미를 담은 채 안배되었던 것이다. 그리고 그와 같은 안배의 바탕에는 백제의 멸망과 고구려의 멸망을 연속적이거나 연관된 사태로 파악하는 관념이 개입해 있다고 생각한다. 다시 말해 두 사건이 종료된 이후에 이루어진 각 사건에 대한 설명들은 독자들로 하여금 자연스럽게 두 사건을 연계하여 사유하게 한다.

2. 기록 주체의 선택

'안배'라고 하여 정보가 지시하는 경험된 사건의 '실재'마저 성급하게 회의할 필요는 없다. 우물과 같은 식수원의 오염은 과거에도 드문 일이 아니었을 것이며, 담수와 해수를 막론하고 赤潮로 인한 수중 생물의 폐사도 일상에서 흔히 발생했을 것이다. 다만 당대의 경험자들은 왕조의 멸망을 설명하기 위해 멸망 즈음에 관찰된 우물, 하천, 바다의 이상 현상을 각별한 맥락에 담아 기억하고 거듭 호명했던 것일 뿐이다. 이처럼 현상에 대한 관찰 자체는 본래 특정 의미에 구속될 까닭이 없었으나, 그것이 어떤 사건의 설명을 위해 환기되는 순간 그것을 호명해 낸 이의 고유한 의미 규정을 피할 수 없다.

현상 관찰자가 곧 그 현상에 대한 해석자인 경우라 해도, 사태의 귀결을 전제로 한 점에 있어서는 사건 종료 이후 설명의 경우와 크게 다르지 않다고 본다. 예를 들어 고구려의 왕도는 668년 9월에 함락되었는데, 그보다 앞서 4월에 혜성이 畢星과 昴星 사이에 나타났다. 필성과 묘성은 서방 백호7수에 속하는 별자리들로서, 그 사이에 나타난 혜성에 대해 당의

9) 『삼국사기』 28 백제본기 6, 義慈王 19년 2월 및 같은 책 22 고구려본기 10, 寶臧王 18년 9월.

許敬宗은 '고구려가 장차 멸망할 조짐'이라고 해석하였다.[10] 물론 고대인들 사이에 혜성의 출현을 전쟁이나 변란의 조짐으로 해석한 사례는 드물지 않다.[11] 그러나 다섯 달 후 징험된바, 고구려가 멸망할 것이라는 그의 예측은 평양성이 함락된 뒤에 비로소 주목되고 선택된 설명에 불과했을 것이다.

요컨대 현저하게 비일상적인 사태를 경험한 사람들은 그에 대한 설명의 욕구를 지닌다. 직접 경험한 이들의 설명은 일차적으로 기억의 형태로 구성될 것이나, 복수의 경험자들 사이에서 기억은 분기를 피할 수 없다. 만약 고구려의 멸망이라는 역사적 사건을 경험 대상으로 설정할 경우, 전쟁의 승리자와 패배자가 일련의 사태와 사건에 대해 동일한 기억을 견지할 가능성은 높지 않다. 하물며 그 기억을 토대로 구성되는 설명이란 의연히 설명자 자신에게 타당할 뿐, 애초에 타자를 향한 설득력을 염두에 두지 않는다.

그럼에도 불구하고 견지해야 할 사실은, 경험자들의 기억과 설명은 예외 없이 결과에 종속된다는 점이다. 이를 달리 말하면 결과가 특정의 기억과 설명을 선택한다고 해도 좋다. 기억과 설명들의 세부는 서로 다를 수 있으나, 대상이 되는 사태와 그 귀결에 변함이 있을 리는 없다. 다만 경합하는 기억과 설명들 가운데 많은 것들은 유실되고 오직 일부가 기록으로 남겨진다. 기록된 정보는 그러므로 어떤 맥락의 선택 과정을 경유한 것들이다. 다시 말해 고구려 멸망의 국면을 경험한 이들로부터 비롯된 기억과 설명이, 고구려의 멸망이라는 역사적 사태를 구성하는 정보들로 선택되어 기록물에 담긴다.

물론 현전하는 기록물은 경험 주체의 설명을 담은 처음의 기록이 아니다. 예컨대 『삼국사기』는 고구려 왕조의 멸망으로부터 400년을 훨씬 상

10) 『삼국사기』 22 고구려본기 10, 보장왕 27년 4월.

11) 李熙德, 1999, 『韓國古代 自然觀과 王道政治』, 혜안 ; 鄭雲龍, 1999, 「『三國史記』를 통해 본 三國時代의 天文觀」 『史學研究』 58·59.

회한 시간을 지난 시점에서 고구려 당대의 사건을 재구성한 사서이다. 특히 대상 사건은 전쟁에서 패멸한 고구려와 승리한 당과 신라가 상당 부분을 공유한 경험이다. 당연히 승전국은 패망국에게는 결코 허용되지 않는 기회, 즉 사건을 자기 본위로 설명할 수 있는 기회를 지속적으로 누릴 수 있다. 더구나 전쟁 기록의 경우, 당사자 사이에 세부 기억은 물론 승패의 형국조차 어긋나는 경우가 드물지 않다는 사실을 주의해야 한다. 이처럼 기록 주체의 선택 과정에는 일괄적으로 가늠하기 어려운 여러 층위의 요소들이 개입할 수 있다.

당과 고구려의 첫 조우에 관한 기록을 단서로 문제의 복합성을 짐작해 본다.

> 영류왕 11년(628) 가을 9월에 사신을 당에 들여보내 당 태종이 돌궐의 頡利可汗을 사로잡은[擒] 것을 축하하고, 겸하여 封域圖를 올렸다. (『삼국사기』 20 고구려본기 8)

인용한 내용은 고구려의 영류왕과 당의 태종과 돌궐의 힐리가한이 개입되어 있는 국면의 사건이다. 물론 정보 자체는 고구려 영류왕의 의도와 행위를 반영하는 형태로 되어 있다. 당연한 말이지만, 이와 같은 기록의 형성에는 선행 정보의 선택 과정이 전제되어 있다. 확인 가능한 관련 기록들을 아울러 헤아려 본다.

- 貞觀 2년(628) 돌궐의 힐리가한을 격파하였다[破]. 建武가 사신을 보내 축하하고 아울러 봉역도를 올렸다. (『구당서』 199上 고려전)
- (정관 2년) 9월에 고려 왕 건무가 사신을 보내 돌궐의 힐리가한을 격파한[破] 것을 축하하고 아울러 봉역도를 올렸다. (『册府元龜』 970 外臣部 朝貢 3)
- 태종이 얼마 뒤 돌궐의 힐리(가한)을 잡았다[擒]. 건무가 사신을 보내 축하하고 아울러 봉역도를 올렸다. (『신당서』 220 고려전)

가장 이른 『구당서』 고려전에 의하면, 이해 즉 정관 2년(628)에 당은 돌궐의 힐리가한을 격파했으며[破], 建武 즉 영류왕이 사신을 보내 이를 축하하고 봉역도를 올렸다고 한다. 한편 『신당서』 고려전에는 연대를 밝히지 않은 채 당 태종이 힐리가한을 사로잡은[禽] 데 대해 영류왕이 사신을 보내 축하하고 아울러 봉역도를 바쳤다고 하였다.

따라서 문제는 『구당서』의 '破'와 『신당서』의 '禽'에 얼마만한 문맥적 의미의 분별을 인정할 것인가의 여부에 있다. 예컨대 힐리가한이 사로잡히고 동돌궐은 멸망했으므로 이를 '격파'로 표현해도 무방할지 모른다. 그런데 『신당서』 태종본기와 돌궐전에는 힐리가한이 당 측에 사로잡힌 사건을 정관 4년(630) 3월 혹은 5월의 일로 기록하였다.[12] 그러고 보면 『신당서』 고려전의 정보만으로는 정관 2년(628)에 힐리가한을 사로잡은 것으로 판단할 근거가 없다. 『자치통감』에도 정관 4년 2월에 힐리가한의 격파를 기록하였다.[13] 따라서 『삼국사기』에 수록된 사건 연대와 내용만으로 보면, 『구당서』 고려전을 중심으로 삼고 여기에 『신당서』 고려전의 표현을 편의적으로 조합한 결과일 수도 있다.

이와 함께 고려할 요소는 고구려 사신이 태종의 승리를 경하하고 자국의 봉역도를 바쳤다 한 시점 '9월'에도 있다. 이 월 정보는 짐작컨대 아마 『책부원귀』에서 유래했을 것이다. 즉 외양으로만 보자면, 『책부원귀』의 기사는 『구당서』 고려전의 정보에 오직 '9월'을 보입한 것이며, 『삼국사기』 고구려본기의 문장에 가장 근접해 있다. 거의 유일한 차이는 『책부원귀』의 '破'와 『삼국사기』의 '擒'에 지나지 않는다.

요컨대 지시한 사건의 실제가 어떠했는가 하는 질문과는 별개 문제로서, 고구려본기의 기사는 『책부원귀』와 『신·구당서』 고려전의 정보를 편

12) 『신당서』 2 太宗 정관 4년(630) 3월 甲午, "李靖俘突厥頡利可汗以獻" 및 같은 책 215 突厥 上 정관 4년, "五月 … 頡利得千里馬 獨奔沙鉢羅 行軍副總管張寶相禽之 … 其國遂亡 … 頡利至京師 告俘太廟".

13) 『자치통감』 193 唐紀 9 정관 4년 2월, "甲辰 李靖破突厥頡利可汗於陰山".

의적으로 절충하는 과정에서 초래된 오류인 것이다. 이처럼 의도하지 않은 오류와 다종의 중국 자료를 취합 절충하면서 초래되는 오판은, 전승 과정에서 발생할 수 있는 병리적 일탈과 마찬가지로, 엄밀히 말해 기록 주체의 관점이나 의도와 무관하다.

반면에 기록 주체의 판단을 경유한 취사와 선택은 기록 과정에서 매우 빈번하게 개입했을 것이다. 다만 선택과 취사의 기준들에서 특정의 방향성을 간추리기는 용이하지 않다.

> 보장왕 14년(655) 봄 정월, 앞서 우리가 백제 및 말갈과 함께 신라의 북쪽 변경을 침공해 33개의 성을 빼앗자, 신라 왕 김춘추가 당에 사신을 보내 구원을 청하였다. …
> 보장왕 17년(658) 여름 6월에 당의 營州都督兼東夷都護 程名振과 右領軍中郎將 薛仁貴가 군사를 거느리고 쳐들어왔다가 이기지 못하였다[來攻不能克]. (『삼국사기』 22 고구려본기 10)

우선 655년에 신라가 북변 '33개'의 성을 상실했다 한 정보는 『자치통감』의 기록과 일치한다.[14] 신라본기에서도 같은 내용을 확인할 수 있다. 그런데 『신당서』 고려전에는 고구려와 말갈이 탈취한 신라의 성이 '36개'라고 한다.[15] 따라서 비록 신라 혹은 고구려 측의 고유 정보가 반드시 없었다고 단정할 필요는 없겠으나, 위 보장왕 14년의 사건 정보는 필시 『자치통감』을 원전으로 했을 가능성이 크다. 즉 『신당서』의 정보는 배제되었다.

반면에 658년 정명진과 설인귀가 이끄는 당군이 쳐들어왔다가 이기지 못한 사실은 『신당서』의 정보에 의거한 것이다.[16] 『자치통감』에는 이 전

---

14) 『자치통감』 199 唐紀 15 永徽 6년 정월, "高麗與百濟靺鞨 遣兵侵新羅北境 取三十三城 新羅王春秋遣使求援".

15) 『신당서』 220 열전 145 高麗, "(永徽)**六年** 新羅訴高麗·靺鞨奪三十六城 惟天子哀救".

쟁의 승패가 전혀 반대로 기록되었다. 그에 의하면, 정명진과 설인귀가 고구려의 赤烽鎭을 공함하면서 400여 명의 목을 베고 100여 명을 사로잡았다고 한다. 또 豆方婁가 이끄는 고구려군 3만 명을 요격하여 대파하고 2500명을 살육했다고 한다.[17]

적봉진 전투와 관련하여, 고구려본기 작성자는 『자치통감』의 정보를 확보하고 있었다고 생각한다. 정명진 병력에 공함당한 고구려의 적봉진은 『삼국사기』 고구려본기에는 언급된 바 없으나, '삼국의 지명만 있고 내력이 분명치 않은 지역[三國有名未詳地分]' 목록에 기재되어 있다. 이 목록은 『삼국사기』 편자가 관계된 원전을 정리하고 그 가운데 미상지명을 적출한 것으로 알려져 있다.[18] 다시 말해 '적봉진'은 『삼국사기』 편찬에 동원된 자료 가운데 있었던 반면, 관련 정보가 서술의 세부에 채택되지는 않았던 것이다. 확인 가능한 자료 환경을 미루어, 그것은 『자치통감』의 정보라고 이해할 수 있다. 역설적이게도 이 전투의 발생 시점으로 제시된 '6월'은 또한 오직 『자치통감』에만 보인다.

요컨대 적봉진 관련 정보를 채택할 것인가 배제할 것인가를 가름하는 문제는 『자치통감』과 『신당서』의 상충 정보에 대한 기록 주체의 인식 문제로 귀일한다. 그는 정보의 양에서 매우 소략하고 불친절한 『신당서』를 선택하였다. 이 취사의 과정에는 필시 『자치통감』과 『신당서』 각각에 보이는 전혀 반대의 전쟁 결과가 개입했을 것이다. 그가 해당 전쟁의 결과에 대해 승패의 어느 한 쪽을 선택할 만한 객관적 근거, 즉 고구려 측의 고유 전승과 같은 제3의 자료를 확보하고 있었는지는 헤아리기 어렵다. 그러나 이러한 취사의 맥락은 현전하는 기록물의 형성 과정을 음미하는

16) 위의 책, "顯慶三年 復遣名振 率薛仁貴 攻之 未能克".

17) 『자치통감』 200 唐紀 16 顯慶 3년 6월, "營州都督兼東夷都護程名振 右領軍中郎將薛仁貴 將兵攻高麗之赤烽鎭 拔之 斬首四百餘級 捕虜百餘人 高麗遣其大將豆方婁率衆三萬拒之 名振以契丹逆擊 大破之 斬首二千五百級".

18) 井上秀雄, 1968, 「三國史記の原典をもとめて」 『朝鮮學報』 48.

영역에서 깊이 주의해야 할 일이다.[19]

현전하는 기록의 객관성을 점검하는 것은 사료 비판의 기본일 것이다. 그러나 의도한 절충과 취사이든 각성하지 못한 오판이든, 기록 주체의 선택 결과가 과연 타당했는지의 여부를 진단하는 작업은 매우 어려운 일이다. 특히 고구려 왕조의 멸망이라는 사태 자체는 피아와 승패의 극명한 나뉨이 기록물에 개입했을지 모르는 왜곡의 발단인 동시에, 그 왜곡에 대한 준별의 단서이기도 하다. 즉 기록 주체의 소속 왕조에 따라 그리고 시대성과 당파성 따위에 따라, 정보의 선택 결과는 영향을 받을 가능성이 크다. 그러나 지극히 단순한 사실 영역에서조차 설득력 있는 논정을 기대하기 어려운 경우가 의외로 많다. 물론 어떤 경우라 해도 기록 주체의 선택에는 사태에 대한 인과적 이해가 배면에 있다고 보아야 한다.

고구려 군사들로 하여금 신라 북한산성의 공함을 목전에 둔 채 돌연 철군하게 한 낙성의 현상은, 저명한 안시성 전투에서도 관측되었다. 15년을 전후한 낙성의 의미 또한 다르지 않았다. 건안성, 개모성, 요동성, 백암성 등 요동 전선의 중심 성들을 유린하고 안시성에 짓쳐 온 당 태종의 군사와, 안시성을 돕기 위해 달려온 고연수 병력이 대치하던 645년 6월 정사일의 일이었다. 태종은 지휘관들과 토론 끝에 작전을 주밀하게 마련한 다음, 교만하게도 고구려군의 항복을 받을 장막을 미리 마련해 두게 했다 한다. 다음날[무오] 태종의 거오한 예견은 들어맞았다. 뒷날 駐蹕山 전투로 불린 이 회전에서 태종은 대승을 거두었으며, 고연수 등은 수만 명의 희생 끝에 항복하고 말았다.

고구려본기 서술자에 의하면, 놀랍게도 정사일 밤에 "유성이 고연수의 진영에 떨어졌다"라고 한다. 그러나 이 관측 정보는 661년 북한산성 밖에 떨어진 큰 별과는 달리 고구려인들의 직접 경험으로 볼 논거가 분명하지

19) 이강래, 2007, 「한·중 사서에 보이는 고구려와 중국의 전쟁 기록 비교 검토」 『동북아역사논총』 15, 241~242쪽 ; 이 책의 8장에 수록함.

않다. 게다가 고구려본기는 645년의 고구려와 당 간의 전쟁 서술에, 중국의 어떤 사서보다도 압도적인 비중으로 『자치통감』의 정보를 수용하였다.[20] 그런데 『자치통감』에는 그 유성 기사가 없다. 정돈해 말하자면 고구려본기 서술자는 유성의 추락을 전후한 사건 전개를 『자치통감』에 전적으로 의존했으므로, 바로 그 유성 기사만 별도의 전거로부터 보입한 것으로 보아야 한다. 『삼국사기』 편찬진이 국내의 전승 전거를 어떤 중국 자료보다도 우선했던 사실은 주목해야 마땅하나, 이 경우는 『신당서』의 정보를 차용한 것으로 짐작한다.

- 令諸軍曰 聞鼓聲而縱 張幄朝堂 曰 明日日中 納降虜於此 **是夜 流星墜延壽營 旦日** 虜視勣軍少 卽戰 … 虜大亂 斬首二萬級 (『신당서』 220 열전 145 동이 고려)
- 勅諸軍 聞鼓角齊出奮擊 因命有司 張受降幕於朝堂之側 **戊午** 延壽等獨見李世勣布陣 勒兵欲戰 … 高麗兵大潰 斬首三萬餘級 (『자치통감』 197 唐紀 13, 태종 정관 19년)
- 勅諸軍 聞鼓角齊出奮擊 因命有司 張受降幕於朝堂之側 **是夜 流星墜延壽營 旦日** 延壽等獨見李世勣軍少 勒兵欲戰 … 我軍大潰 死者三萬餘人 (『삼국사기』 21 고구려본기 9, 보장왕 4년)

『삼국사기』는 『자치통감』을 거의 전재하면서 오직 '戊午'의 부분만을 『신당서』의 "是夜 流星墜延壽營 旦日"로 대입하였다. 시간 전개상 '정사일' 다음의 '무오일'은 '이튿날[旦日]'이다. "이날 밤 유성이 (고)연수의 진영에 떨어졌다"라고 한 정보는 『신당서』 외에도, 표현을 달리하면서 『통전』 『책부원귀』 『당회요』 등에도 저록되었다.[21]

---

20) 田中俊明, 1982, 「『三國史記』中國史書引用記事の再檢討 - 特にその成立の研究の基礎作業として」 『朝鮮學報』 104, 78쪽.

21) 『通典』 186 邊防 2 동이 下 고구려 ; 『唐會要』 95 고구려 ; 『册府元龜』 117 帝王部 親征 2의 정관 19년에는 같은 대목을 모두 "是夜有流星墜賊營中"이라고 하였다.

보입의 출처를 가늠하기에 앞서 세심하게 주의할 것은, 고구려본기 서술자는 유성의 추락 정보를 고연수 진영의 패멸과 긴밀한 의미 관계에 있다고 여겼다는 점일 것이다. 요컨대 장황한 전황의 추이 가운데 유독 도드라진 유성의 추락 사건은 이 전쟁에 대한 기록 주체의 판단 맥락을 두렷하게 웅변한다. 이는 곧 기록 주체의 정보 선택 행위에, 서술 대상 경험에 대한 그 자신의 이해가 개입하는 방식이기도 하다.

3. 인식 주체의 설명

선택의 문제는 기록 주체의 영역에 한정하지 않는다. 서로 다른 선택의 결과에 불과한 기록물들 사이에서, 오늘날 독자들 역시 또 하나의 선택을 해야 한다. 예컨대 고구려 멸망기 권력의 중심이었던 연개소문의 출신 혹은 소속 부에 대한 정보의 상충을 거론할 수 있겠다.『삼국사기』열전에는 개소문이 '東部大人'이었던 아버지의 지위를 승계했다 한다. 이 서술은『신당서』고려전 혹은『자치통감』을 전거로 한다.[22] 그러나 서술자는 '東部'에 대해 "혹은 西部라고 한다"라고 이종 정보를 환기해 두었다. 실제로『신당서』나『자치통감』과 달리『구당서』는 개소문을 '西部大人'이라고 한 바 있다.[23] 동부와 서부는 고구려 후기 5부 가운데의 그것이겠으나, 두 가지 상충 정보를 적절하게 수습하기에 마땅한 지침의 확보는 쉽지 않다.

마찬가지로『삼국사기』내에서도 고구려본기는 열전의 본문 서술과는 달리, 영류왕이 "서부대인 개소문에게 명해 장성 쌓는 공사를 감독하게 하였다"라고 한다.[24] 이 장성 축조는 영류왕 14년(631)에 발단되어 16년

22)『신당서』220 열전 145 동이, 高麗 ;『자치통감』196 唐紀 12, 정관 16년 11월 丁巳.
23)『구당서』199 열전 149 동이, 高麗.
24)『삼국사기』20 고구려본기 8, 榮留王 25년.

이 소요된 대역사였거니와, 개소문이 축성의 공역을 감독한 사실은 중국 측 사서에서는 확인할 수 없다. 따라서 장성 축조 감독과 관련한 개소문의 소속부 '서부'는 고구려 측 고유 자료의 정보였을 가능성이 크다.

당연한 말이지만, 이러한 이해는 개소문의 소속부가 '실제' 어디냐의 논의와는 별개의 영역에 있다. 다만 고구려본기 작성자와 열전 작성자는 서로 다른 정보를 '선택'한 것이다. 그러나 '동부'와 '서부'의 어느 하나를 선택하는 순간, 그에 따라 복원된 7세기 고구려사의 여러 부면에 미치는 규정력은 실로 막중할 수밖에 없다.

이처럼 기록의 속성상 선택의 문제는 국면을 달리하는 여러 기록 주체들, 그리고 복수의 기록물 앞에 당면한 인식 주체들의 연쇄적 과제인 것이다. 어느 시점에서든 기록 주체는 그의 앞에 놓인 기존 기록물에 대한 인식 주체이기 때문이다. 고구려 국내 사건의 사례를 들어 이 문제에 대한 논의를 확장해 본다.

649년, 당 태종은 고구려에 대한 침공을 그칠 것을 유조로 남기고 죽었다. 1년 뒤 신라 진덕왕은 당 황제를 기리는 '太平頌'을 손수 비단에 수놓아 바쳐서 고종을 흡족하게 하였다. 그 즈음 고구려에서는, 한때 신라의 원효와 의상이 찾아와 수학하기도 했던 고승 普德이 종교 정책의 편향을 이유로 고구려를 이탈하였다.

> 보장왕 9년(650) 여름 6월에 盤龍寺의 普德和尙이 국가에서 도교를 받들고 불교를 믿지 않는다 하여, 남쪽의 完山 孤大山으로 옮겨 갔다. (『삼국사기』 22 고구려본기 10)

위 정보 가운데 '반룡사' '보덕(화상)' '고대산' 등 주요 요소들은 1145년에 탈고된 『삼국사기』의 다른 곳에서는 거론된 바가 없다. 그러므로 이 사건 정보는 거론된 사건 자체가 중심이었을 독립 전승물로부터 발췌되었을 가능성이 크다. 이와 관련하여 『삼국사기』 편수 책임자였던 김부식이 보덕의 전기를 작성하였다는 사실을 고려할 필요가 있다. 비록 그가 『삼국사기』의 개별 편년 기사들을 직접 서술한 것은 아니라 할지라도, 위 정보의 주요 요소들은 그가 저술한 보덕의 전기 내용과 어긋나지 않을 것이다. 또한 500여 년 전의 이 저명한 사건이 『삼국사기』에 정착한 것은 어떤 형태의 기록물에 대한 —김부식을 포함한— 서술자의 선택 결과일 것이다.

그보다 50여 년 앞서 1091년 무렵, 대각국사 의천은 보덕이 옮겨 갔다 한 고대산의 景福寺를 방문하고 보덕의 진영에 배례한 바 있다. 아울러 이를 계기로 대각국사가 보덕의 행적을 거론한 대목이 현행 『대각국사문집』 가운데 두 작품에서 확인된다. 하나는 「孤大山景福寺飛來方丈禮普德聖師影」이라는 작품이고, 다른 하나는 「到盤龍山延福寺禮普德聖師飛房舊址」라는 작품이다.[25]

전자의 경우 그 분주에 "普德聖師는 원래 고구려 반룡사 승려였는데 보장왕이 도교에 미혹되어 불법을 폐기하자 성사께서는 곧 方丈을 날려 남쪽으로 백제 고대산에 이르게 되었다"라고 하여, 위에 인용한 고구려본기의 서술과 일치한다. 반면에 후자의 경우에는 작품명에 보이듯이 보덕이 주석해 있던 사찰을 '반룡산 연복사'라고 하여, 또 다른 갈래의 전승을 반영하고 있다.

분주의 '반룡사'와 또 다른 詩題의 '반룡산 연복사'가 모두 대각국사의 직접 필치인가 아닌가의 여부에 대해서는 이견이 있을 수 있다. 그러나 적어도 이러한 현상에서 서로 다른 맥락의 전승과 기록의 존재를 감지하는 데는 어려움이 없다. 그 가운데 『삼국사기』는 '반룡사' 계통의 기록을 선택하여 서술한 것이겠다. 반대로 『삼국사기』보다 50여 년 뒤인 1200년 10월에 문제의 경복사를 방문한 이규보는 보덕의 이거 사건을 역시 두 작품에서 언급하였으되, 보덕의 고구려 내 주지를 '반룡산 연복사'라고 하

25) 『大覺國師文集』 17 및 같은 책 19.

였다. 보덕이 정착한 곳도 '고대산'이 아니라 '高達山'이라고 한다.

특히 이규보는 보덕의 이탈을 『삼국사기』의 연대관보다 17년 뒤인 乾封 2년, 곧 667년 3월 3일의 일로 서술하였다. 아울러 그는 "최치원이 (보덕의) 전기를 지어 자세히 갖춰 두었으므로 여기서는 간략히 한다"라고 맺었다.[26] 다시 그로부터 100여 년 뒤 『삼국유사』 서술자 역시 위 두 가지 서로 다른 갈래의 기록물을 대비하면서 소개하였다.[27]

보덕의 이탈은 왕조 멸망의 국면에서 기억하고 음미할 만한 경험일 것이다. 이 저명한 지식인의 행적은 사건 당대의 고구려인들은 물론 그의 새로운 주지가 된 완산 지역 백제인들과, 마침내 두 나라를 아우른 신라의 지식인들 사이에서 순차적으로 회자되고 전승되었을 것이다. 그 과정에서 최치원, 대각국사, 김부식, 이규보, 일연 등을 위시한 기록자들은 각각의 고유한 조건에 서서, 수백 년 전 고구려인의 경험에 대한 복수의 전승과 설명들 가운데 취사와 선택을 거듭해 온 것이다.

선택 행위에는 선택 대상에 대한 선택자의 판단이 개입한다. 이규보는 『삼국사기』는 물론 『삼국사기』 찬술의 주요 자료이자 비판의 대상이 되었던 이른바 『구삼국사』에 익숙하였다. 대각국사는 보덕에 대한 전승을 『해동삼국사』에서 접했다고 한다. 『해동삼국사』의 실체에 대해서는 『삼국사기』와 『구삼국사』로 의견이 나뉘어 있다. 어떤 의견이 옳은가와 관계없이, 대각국사가 이른 『해동삼국사』의 보덕 관련 서술의 세부는 『삼국사기』의 정보와 다르지 않다. 여하튼 이규보는 『해동삼국사』와 그에 입각한 대각국사의 글도 아니고, 그리고 『구삼국사』와 『삼국사기』도 아닌, 오직 최치원의 기록을 선택하였다. 그에 의하면 보덕은 "고구려가 도교만을 존숭하고 불법을 숭상하지 않으니, 이 나라는 반드시 오래가지 못

26) 李奎報, 『東國李相國全集』 10, 「是月八日游景福寺明日訪飛來方丈始謁普德聖人眞容板上有宗聆首座李內翰仁老所題詩堂頭老宿乞詩依韻書于末云」 및 같은 책 23, 「南行月日記」.

27) 『삼국유사』 흥법, 寶藏奉老普德移庵.

할 것"이라고 판단하고, 不動地를 찾아 하룻밤 사이에 전주 고달산으로 불당을 옮겼다고 한다.

'부동지'는 본래 성불을 향한 수행의 한 단계로서 집착과 번뇌로부터 초탈한 경지를 이르는바, 여기서는 패멸의 땅을 피해 가는 '避地'의 대상지를 은유한다. 이규보가 선택한 최치원의 설명으로는 이때가 667년 3월 3일이라고 한다. 최고 집권자였던 男生이 당에 투항한 직후요, 李勣의 대군이 요하를 건너 新城을 압박하던 무렵이었다. 그로부터 1년여 뒤에 고구려는 멸망했으니 보덕의 예측은 마땅했으며, 그만큼 상황은 급박했던 것이다. 그렇다면 고구려의 멸망을 통찰한 보덕은 장차의 승전국 신라를 선택해 간 셈이다. 그러나 그즈음 전주 즉 완산 일대는 신라의 점령지 정책이 관철되던 백제 고지였다. 망국의 터에 또 다른 망민이 깃든 형국이라, 오직 '정토 신라'만이 부각될 뿐이다.

대각국사도 경복사에서 보덕의 진영을 참례한 뒤, 다시 본래의 방장이 있었던 고구려 지역 옛 터를 더듬어 찾아가 각별한 마음으로 참배하였다. 대각국사는 보덕이 방장을 고대산으로 날려 옮겨 간 뒤 고구려[東明故國]가 위태로워졌다고 하였다. 보덕은 고구려를 버렸으며, 고구려에는 도가 끊긴 것이다. 또한 이 시에 부기된 분주에 의하면 보덕이 떠난 "뒤에 웬 神人이 고구려의 馬嶺에 나타나 사람들에게 이르기를 '너희 나라가 패망할 날이 멀지 않았다'라고 하였다" 한다. 이제 고구려의 멸망은 보덕의 통찰과 '피지'의 행위로 은유되는 것을 넘어서, 신인의 냉정하고 직설적인 경고로 예단되었다.

이에 비해 「보덕전」을 직접 찬술하기도 한 김부식은 정작 『삼국사기』에서 보덕의 이탈을 건조한 사실 정보로만 취급하였다. 보덕의 이거와 왕조의 멸망 사이에 여하한 연결의 맥락도 안배하지 않았다. 불당이 날아 옮겨 간 신비함에 대한 배려의 흔적도 없다. 다만 보덕이 떠난 4년 뒤에 『대각국사문집』의 분주에 활용되었던 정보가 별도의 사건으로 기록되었다.

보장왕 13년(654) 여름 4월에 사람들이 간혹 말하기를 "마령 위에 신인이 나타나서 '너희 임금과 신하들이 사치스럽기 한이 없으니 패망할 날이 멀지 않았다'라고 하는 것을 보았다"라고 하였다. (『삼국사기』 22 고구려본기 10)

환기하건대 앞서 『대각국사문집』의 분주 작성자는 보덕의 이거가 곧 고구려 위기의 단초이고, 신인은 이로 말미암아 장차의 왕조 멸망을 직접 언명했다고 서술하였다. 그러나 같은 내용을 다룬 『삼국사기』 고구려본기의 두 편년 기사 자체에는 그와 같은 의미 관계로 이어 파악할 만한 단서가 없다. 애초 최치원의 설명에 기댄 이규보의 글에도 보덕의 이거와 관련된 마령의 신인에 대한 언급은 없었다. 그러고 보면 두 사건을 연속적 맥락으로 파악한 것은 『대각국사문집』 분주 작성자의 인식에서 비롯했을 뿐이다. 그는 두 사건을 유기적으로 재구성하여 고구려 멸망이라는 사태를 설명한 것이다. 그러나 이러한 논정이 곧 이 '유기적' 의미 구성 과정에 —지금 우리가 헤아리지 못하는— 모종의 일실된 단서들이 작용했을 가능성마저 배제하는 것은 아니다.

여하튼 여러 정황에 비추어 볼 때, 아마 보덕의 이거 사건과는 별개로 神人의 불온한 경고는 고구려 왕조의 명운을 설명하는 인자로 일찍부터 활용되었을 것이다. 왕조의 명운과 신인의 존재 및 현현 양상은 여러 형태로 연동되어 있다. 예컨대 백제가 전성을 구가할 때에는 왕도의 세 산에 신인들이 상주하면서 아침저녁으로 날아다녔다 한다.[28] 그런가 하면 643년에 귀국한 신라의 자장법사는 당에서 조우한 신인이 황룡사에 구층탑을 건조하여 국가의 위난을 극복하도록 조언한 바를 좇아 선덕왕에게 건탑을 건의하였다.[29] 보덕 또한 남쪽으로 이거하기 전 고구려 大寶山에서 만난 신인의 안내와 요청으로 8면 7층 석탑을 땅에서 파내 靈塔寺를 개창하고 주석했었다.[30] 그러므로 보덕의 이거를 전후하여 등장한

---

28) 『삼국유사』 기이, 南扶餘前百濟.
29) 『삼국유사』 탑상, 皇龍寺九層塔.

대보산의 신인과 마령의 신인은 보덕을 매개로 고구려의 명운에 간여한 것이다.

다만 지극히 건조하게 '당대 현상'에 충실한 설명을 추구하고자 할 때, 『삼국사기』에 보이는 것처럼 마령의 신인이 진단한 고구려 패망의 전조는 실제로 군신들의 무절제한 사치에서 발단한 것일지도 모른다. 즉 그것은 애초에 보덕의 이거와 연관을 거쳐 완성되는 설명의 일부가 아닐 수 있다. 그렇다면 『대각국사문집』의 분주 작성자는 신인이 진단한 고구려 멸망의 요인을 본래 정보 가운데에서 탈루함으로써, 그 모호함을 보덕의 이거로 해소케 하는 전략을 취했을 가능성이 있다.

물론 반대의 가능성도 있다. 다시 말해 『대각국사문집』의 분주처럼 신인은 오직 왕조의 멸망만을 불길하게 예언했을 수 있다. 백제의 경우에서도 의자왕 말년 6월에 웬 귀신 하나가 궁궐에 들어와서 큰 소리로 "백제가 망한다! 백제가 망한다!" 외치고는 곧 땅으로 꺼져 들어가 버린 일이 있다.[31] 마령의 신인도 그와 같은 경고에 그쳤다면, 설명이 결락된 신인의 경고 정보를 접한 『삼국사기』의 인식 주체는 "고구려의 임금과 신료들의 사치가 한이 없기 때문"이라는 설명을 개입시킨 셈이다.

단정하기는 힘들지만, 적어도 『삼국사기』의 인식 주체가 보덕의 이거를 고구려 멸망의 직접 발단으로 주목하지 않았다는 점만은 분명하다. 실제 김부식은 고구려사를 총평하여 "국정을 의롭게 처리하지 못하고 백성을 어질게 다스리지 못하여" "강포한 관리의 구박과 세도가의 가혹한 수탈을 방임"한 탓에 멸망한 것이라고 설명했던 것을 환기할 필요가 있다.[32]

이처럼 각 단계의 기록들에는 기록 주체의 선택과 인식이 담겨 있다. 보덕의 이거와 신인의 경고는 당대인들의 경험 대상으로서 멸망기의 여

30) 『삼국유사』 탑상, 高麗靈塔寺.
31) 『삼국사기』 28 백제본기 6, 의자왕 20년 6월.
32) 『삼국사기』 22 고구려본기 10, 보장왕 27년.

러 사실 정보들과 함께 기억되었다. 그러다가 조만간 문자 정보로 정착되었을 것이다. 그 기록은 다음 기록자 앞에 하나의 정보로 놓인다. 매 단계마다 기록자는 기존 기록물들을 정보 삼아 사태를 인식하고 새로운 기록을 구성한다. 그 과정에 종종 대상 경험에 대한 인식 주체의 설명이 개입하는 것이다. 설명이 포함된 기록은 다음 단계의 기록 혹은 인식 주체 앞에 다시 정보의 위상으로 놓인다.[33] 이 연쇄의 과정이 거듭되면서 설명들은 대체로 설득력을 증대시켜 간다.

> 보덕화상은 반룡사에 있으면서 左道가 正道에 맞서면 국운이 위태로워질 것을 걱정해 여러 차례 간했으나 받아들여지지 않자, 이내 신통력으로 방장을 날려 남쪽 완산주 고대산으로 옮겨 가 살았으니, 바로 永徽 원년(650) 경술 6월이었다. 얼마 후 나라가 망하였다. (『삼국유사』 흥법, 보장봉로보덕이암)

위는 '高麗本記'를 전거로 제시하여 이 사건을 정돈한 『삼국유사』 찬자의 설명이다. 연대를 『삼국사기』처럼 650년 6월로 확정함으로써, 선행한 최치원의 설명을 부정하였다. 또한 신인의 경고를 탈락시킴으로써, 대각국사의 설명을 따르지도 않았다. 보덕의 이거와 고구려의 멸망을 직접 연계함으로써, 『삼국사기』 논찬자의 설명에도 맞섰다. 오히려 그렇게 함으로써 역설적이게도 최치원과 대각국사와 『삼국사기』의 정보들을 적의하게 절충하였다. 그 결과 설명 자체의 정합성과 설득력을 현저히 높이고 있다. 그러나 그와 같은 설명은, 후대의 독자 앞에 의연히 여러 기록물 가운데 하나로 놓일 뿐이다.

---

33) '정보'와 '설명'의 연쇄에 대해서는 이강래, 2010, 「경험 주체의 설명 방식에 대한 탐색 – 『삼국사기』 백제 관련 사료의 층위를 단서로」 『감성연구』 창간호, 193~197쪽 ; 이 책의 1장에 수록함.

4. 집단 전승의 동력

오늘의 연구자들 또한 일치하지 않는 기록[설명]들을 아울러 다시 정합적 설명을 만들어 내고자 한다. 예컨대 650년과 667년의 간극을 '경험에 기초한 것'이라 보고 '인과적' 설명으로 해소하려 시도한다. 그에 따라 선후의 연대를 각각 보덕이 고구려를 떠난 시기와, 경복사가 완공된 시기로 안배하기도 한다.[34] 설명 자체로는 설득력이 높다. 다만 그와 같은 연구자들의 설명과 전대의 설명 즉 정보들과의 격절을 가늠하자면, 그것은 『삼국유사』 찬자가 절충하고 연계시킨 설명의 경우보다 훨씬 더 멀고도 깊다.

더욱 주의할 것은 고승 보덕이 고구려를 떠나 고대(달)산에 정착했다는 '사실'과, 그에 대한 당대인들의 기억과 이후 전승 과정의 거듭된 '설명'을 분별하는 일일 것이다. 짐작하듯이 설명의 영역에서는 '방장의 비래'와 '신인의 출몰'이 무엇보다도 중요한 핵심 요소가 된다. 따라서 이들을 소거한 설명의 설득력이란 경험 주체 이후 장구한 전승 맥락으로부터의 절연을 그 대가로 치른 것이다.

'사실'과 '설명'의 어긋남을 당연한 것으로 여길 일은 아닐지라도, 또한 중대한 결함으로 간주할 필요도 없다고 생각한다. 대부분의 설명에는 기록을 위시한 여러 정보들에 대한 설명자의 인식이 개입해 있고, 설명의 설득력을 강화하기 위한 전략이 수반되어 있다. 그 과정에서 기왕의 어떤 요소는 탈락되고, 새로운 요소가 그에 대체되거나 추가되기도 한다. 다만 후대의 인식 주체들은 경험 주체의 사태 인식과 설명에서 발단하여 전승되어 온 요소들에 대해 수용적 태도를 유지할 필요가 있겠다고 여긴다. 그것들은 경험 주체들이 세계를 인식했던 방식의 본질이며, 동시에 이후

34) 盧鏞弼, 1989, 「普德의 思想과 活動」 『韓國上古史學報』 2, 133쪽. 김주성, 2003, 「보덕전의 검토와 보덕의 고달산 이주」 『韓國史研究』 121, 17쪽. 정선여, 2005, 「7세기대 高句麗 佛教政策의 변화와 普德」 『百濟研究』 42, 93쪽.

기록 주체들의 동의를 획득한 설명력 자체이기 때문이다.

이처럼 고구려의 멸망을 설명하는 각 단계마다 기존의 정보는 비판적 선택의 대상이 된다. 기록된 정보의 작성 주체는 사태에 대한 설명을 담았으나, 다음 기록자 앞에 그것은 다시 정보의 지위로 놓인다. 새로운 인식 주체로서 기록자의 공감과 동의를 통해 선행 설명들은 취사와 변용의 재료가 된다. 오랜 기간 거듭 지속되어 온 설명적 요소들은 그만큼 폭넓은 공감과 동의를 받았다고 할 수 있다. 경합하는 기억과 설명들 가운데서 더 많은 사람들이 동의하는 설명은 다시 전승되고 확산될 기회를 얻는다. 즉 전승의 동력은 해당 설명에 대한 동의의 다소에 비례한다.

기록에 담긴 설명이 특정 독자에게 설득력을 획득하느냐 못하느냐의 갈림에는 필연적으로 그 독자의 경험 지반 및 인식 경향도 간여한다고 생각한다. 고구려의 멸망을 예단한 마령의 신인이나 백제의 멸망을 외쳐댄 귀신이 중세의 역사서에 엄중한 정보로 정착한 배경에는 오랜 연원과 전통이 있다. 다시 말해 유서가 오랜 왕조의 멸망 사태를 간명하게 설명하고자 할 때, 초월적 신인의 권위와 예지는 전근대의 설명자들에게 매력적인 방편으로 활용되어 왔다. 고구려와 신라와 백제 모두 왕조의 명운이 갈리는 지점에서 신인의 경고가 개입되고 만 연유가 여기에 있다고 생각한다.

경험 집단이 폭넓게 공유하는 설명이란, 그 자체가 이미 설명의 탁월한 설득력을 증명한다. 또한 설득력 있는 설명을 구성하는 중심 요소는, 애초 경험한 사건과 유사한 사태를 당면할 때 다시 환기되고 새로운 설명을 구성하는 데 동원되기 쉽다. 하나의 유효한 사례로서 3세기와 7세기, 고구려가 경험한 대중국 방어 전쟁의 위기 상황과 그 극적 해소에 대한 설명을 들어 비교해 본다.

> 毌丘儉이 환도성을 쳐 함락시키고 도륙하더니, 내처 장군 王頎를 보내 왕을 뒤쫓았다. 왕은 사잇길로 이리 저리 헤매다가 남옥저에 이르렀지만 위나라

> 군사의 추격은 멈추지 않았다. 왕은 계책이 다하고 형세가 꺾여 어찌할 바를 몰랐다. 이때 동부 사람 紐由가 … 위의 군영으로 가서 거짓으로 항복하고 말하기를 "우리 임금이 대국에 죄를 짓고 바닷가까지 도망해 몸 둘 곳이 없는지라, 장차 귀국 진영에 나와 항복하고 법관에게 목숨을 맡기고자 하여, 먼저 저를 보내 변변치 않은 음식을 드려서 종군하는 이들을 대접하게 했습니다"라고 하였다. 위의 장수가 이 말을 듣고 바야흐로 그의 항복을 받아들이려 하였다. 유유는 칼을 음식 그릇에 숨겼다가 앞으로 나가면서 칼을 뽑아 위나라 장수의 가슴을 찌르고 그와 함께 죽으니 위의 군사들이 마침내 어지러워졌다. 왕이 군사를 세 갈래로 나누어 갑자기 그들을 치자, 위의 군사들은 시끌벅적 엉켜 진을 치지 못하더니, 마침내 낙랑에서 물러갔다. (『삼국사기』 17 고구려본기 5, 東川王 20년)

> 『고려고기』에는 이런 말이 있다. 수의 양제가 大業 8년 임신(612)에 30만 군사를 거느리고 바다를 건너 쳐들어왔다. 10년 갑술(614) 10월에 고(구)려왕이 표문을 올려 항복을 청하였다. 그 때 한 사람이 몰래 작은 강궁을 품속에 지니고서 표문을 지닌 사신을 따라 양제가 탄 배 안에 이르러, 양제가 표문을 들고 읽을 때 활을 쏘아 양제의 가슴을 맞혔다. 양제는 군사를 돌이키려 하면서 좌우에 이르기를 "내가 천하의 주인으로서 작은 나라를 직접 치다가 이기지 못했으니 만대의 웃음거리가 되었구나!"라고 하였다. (『삼국유사』 흥법, 보장봉로보덕이암)

위나라의 강습에 대한 고구려본기의 기록은 246년 8월과 10월의 두 차례 전황으로 구성되어 있다. 고구려 동천왕은 접전 초반에 2만 명의 보병과 기병 가운데 1만 8천여 명을 잃고 왕도를 탈취당하는 등 위기에 처하고 말았다. 이 왕조 존망의 위난을 당해, 유유는 항복을 가장하여 위의 장수에게 접근하였다가 그를 칼로 찌르고 함께 죽었다. 그로 인해 동천왕은 위나라 군사를 격퇴시킬 수 있었다 한다.

그러나 『삼국사기』의 열전에도 전하는 이 극적 반전의 과정에는 자못 작위적 설정이 엿보인다. 또한 여러 중국 측 기록에는 이 전쟁이 정시 5년(244)과 6년, 7년 등에 걸쳐 기록되어 있다.[35] 여러 이유에서 연구자들은 위에 인용한 유유의 비장한 순국 서사를 가감 없는 사실로 수긍하기를 주저한다.

다만 연대와 지명을 비롯한 사건의 실상 여하와는 별개로, 유유의 영웅적 희생과 근왕의 행적은 명백히 고구려 고유의 전승을 토대로 한 것이라는[36] 점을 주의한다. 그리고 그와 같은 감동적 서사는 고구려 당대인은 물론 후대 사람들에게도 고구려에 대한 우호적 기억의 맥락 가운데 종종 회자되었을 법하다. 즉 고구려 왕조의 구성원들에게 그것은 중국의 침입 앞에 물리력의 열패를 극적으로 변전시킨 순국 투쟁담이었다. 그리하여 230여 년 뒤 그와 같은 영웅적 순국이 절박했던 7세기 대수 전쟁에서, 이 전승은 마침내 수 양제를 좌절시킨 방략으로 다시 활용되었다. 사건의 서술자는, 항복을 가장하여 강궁으로 양제를 저격한 통쾌한 전말이 『고려고기』에 전한다고 하였다.

사건을 구성하는 구체적 요소들은 역시 대부분 실제의 경험에 부합하지 않는다. 612년에 양제의 본군은 요동성에 긴박되어 있었고, 우문술 등의 9군도 을지문덕에게 궤멸되었다. 바다를 가로질러 평양성을 겨냥한 來護兒의 수군도 참담하게 패하였다. 다만 614년의 경우, 수와 마찬가지로 잦은 전란에 지친 고구려 영양왕은 —이렇다 할 손실이 실제 발생한 것은 아니지만— 전년에 망명해 온 수의 병부시랑 斛斯政을 압송함으로써 항복의 뜻을 표하긴 하였다. 이에 사소한 명분이 절실했던 양제는 반색하여 철군했을 뿐이다. 다만 철군을 결정한 양제가 수군을 이끌던 내호아를 소환하자, 요동반도 남단의 卑奢城에서 승리한 여세를 타고 평양성을 향하던 내호아는 잠시 호기롭게 반발한 적이 있다.[37] 그러나 『고려고기』가

---

35) 『三國志』 4 魏書 4, 三少帝紀 ; 같은 책 28, 毌丘儉傳 ; 같은 책 30, 동이전 고구려 ; 『梁書』 54, 고구려전 ; 『北史』 94, 고려전 ; 『자치통감』 75 魏紀 7 邵陵厲公 등. 「毌丘儉紀功碑」 잔편에는 정시 5년에 침공을 시작해 이듬해 6월에 철군한 것으로 기록되어 있다.

36) 李弘稙, 1971, 『韓國古代史의 硏究』, 新丘文化社, 255~256쪽.

37) 이강래, 2015, 「7세기 고구려 인식과 정통성의 문제」 『歷史學硏究』 60, 10쪽 ;

이르는 바와 같은 고구려의 급박한 위기와 그 못지않게 극적인 위난 극복의 서사는 명백히 사실이 아니다.

물론 양제의 침공은 그 자체로서 7세기 초 고구려의 존망을 가르는 위기였다. 다행히도, 철군에 반발한 내호아가 "이번에 (그냥) 돌아가면 다시 오지 못할 것"이라고 투덜댔던 것처럼, 과연 양제는 더 이상 고구려에 병력을 기울이지 못하고 오히려 자멸하고 말았다.[38] 그러나 유례없는 병력의 규모와 양제의 집요함은 당대 고구려인들에게 승리와 자존의 긍지보다 오히려 깊은 공포의 정서를 낳았던 듯하다. 더구나 수를 이은 당의 거센 공습을 다시 감당해야 했고 마침내 당에게 패망하고 만 고구려인들의 뇌리에는, 수를 패퇴시킨 경험조차 승전의 자부가 아니라, 오히려 '비상하고 처절한 순국담'으로 설명되고 말았다고 헤아린다.

요컨대 3세기의 위군과 7세기의 수[당]군은 고구려의 자존을 위협하는 위험한 외압이었으며, 극단적 위기를 극복하게 된 비상한 경험의 기억은 전승자들 사이에서 하나의 유형적 설명을 낳았다. 실제 『고려고기』의 설명은 동천왕의 충신인 유유의 작위적 순국 투쟁담에 비춰서도 구체성이 크게 결여된 것이다. 오히려 고구려 패망의 단초가 된 수·당 제국의 침입에 맞서 자존에 성공한 것은, 그러므로 극히 한시적인 것이거나 종국적 패망의 역설적 원인일 뿐이다. 즉 『고려고기』에 의하면, 저격당하고 철군하면서 자탄하는 양제에게 그의 신하 羊皿이 "신이 죽어 고려의 대신이 되어서 반드시 나라를 멸망시켜 제왕의 원수를 갚겠습니다"라고 맹세했다 한다. 그리하여 양명은 과연 고구려에 연개소문으로 환생하여 고구려를 패망의 길로 이끌었다는 논리이다.[39]

이로써 양제의 피격이 돌연 고구려 패망의 根因이 되고 말았다. 그러

이 책의 3장에 수록함.

38) 『자치통감』 182 隋紀 6 煬帝 中, 大業 10년.

39) 이강래, 2014, 「고구려 멸망론의 설화적 파생」 『한국 고대사 연구의 자료와 해석』, 사계절.

나 양제의 원한이 응결되어 고구려가 멸망했다는 설명은 어떤 경험적 맥락에서도 비현실적이다. 쉽게 짐작할 수 있듯이, 연개소문의 이름 자 가운데 '蓋'의 破字로 허구의 인물 '羊皿'을 창안해 낸 것에 불과하다. 고구려 패망을 설명하는 환생담이 이미 현실을 배반한 것인 이상, 그의 전생담인 양제의 저격이야 충분히 허망하다. 그럼에도 불구하고 양명의 연개소문 환생담은 고구려 왕조의 멸망에 대한 설명의 욕구를 해소하는 데 상당히 유효했다고 보아야 한다. 마찬가지로 양제에게 근접하여 저격하는 서사는 동천왕의 신하 유유의 그것을 모델로 한 것이지만, 하나의 유형을 이루는 두 사건의 설명에서 주목할 바는 거기에 함유되어 있는 설득력일 것이다.

고구려 왕조의 멸망이라는 경험된 사태 자체는 고유하다. 그 경험에 대한 기억과 설명이 다기할 뿐이다. 여러 갈래를 이루는 설명들 가운데 어떤 것들은 널리 확산되고 공유되며 또 세대를 거듭하여 전승되어 갔다. 그들의 부단한 노정을 매개하는 동력은 우선 설명 자체의 설득력에서 비롯한다. 그러나 무엇보다 주의할 대목은 기록자의 동의 혹은 공감일 것이다. 기록은 경험 주체의 정서를 매개하는 유력한 통로인 동시에, 인식 주체가 경험자의 기억과 정서로 다가서는 것을 가로막는 차폐물이기도 하기 때문이다. 더구나 어떤 설명의 설득력이 과연 얼마만한 시공간의 범위에 걸쳐 보편성을 지니는지를 가늠하는 일은 간단치 않다.

한 예로 고구려 대무신왕과 부여 대소왕의 신료들은 '머리 하나에 몸이 둘인 붉은 까마귀'를 공히 한 나라가 다른 한 나라를 아우를 조짐으로 해석하였다.[40] 다만 두 나라는 모두 자신이 그 주체라고 여기는 데서 부딪칠 뿐이었다. 백제 한성에서 말이 소를 낳은 흉측한 사태에서도 그것이 '머리 하나에 몸이 둘'이라는 점에서 온조왕이 이웃나라를 아우를 조짐이었다.[41]

---

40) 『삼국사기』 14 고구려본기 2, 大武神王 3년(20).

그러므로 신라 무열왕이 즉위한 이듬해에 ‘머리 하나에 몸이 둘이고 발은 여덟 개’인 돼지의 출현이[42] 지시하는 바는 새삼 해석을 기다릴 필요조차 없다. 유사한 논리로 헤아릴 때, 그즈음 고구려 왕도에서 한 여인이 ‘몸 하나에 머리가 둘’인 아들을 낳은 정 반대의 변이[43] 또한 그 의미가 분명할 따름이다. 전자는 백제의 병탄을 함축하며, 후자는 고구려 패멸의 단서이다. 다시 말해 그와 같은 기형이 함유하고 겨냥하는 바는 적어도 삼국의 시공간에서는 일관된 맥락을 지닌다고 할 수 있다.

반면에 중국 晉 元帝 즉위년(317)에 출현한 ‘다리 여덟의 돼지’는 “윗사람이 편벽되이 귀 기울여 밝지 못하니 아랫사람의 성정이 격절되고 막히게 된” 데 대한 징벌로 간주되었으며, 이로 인해 몇 년 뒤 변란이 일었다고 한다.[44] 또 같은 해에 ‘몸 하나에 머리가 둘’인 송아지가 출산되자, 이는 다시 천하가 둘로 나뉠 예조로 해석되었다.[45] 서진이 종식되고 동진이 들어서는 상황이 그렇게 설명된 것이다.

孝武帝 재위 때에도 ‘머리 하나에 몸이 둘’인 돼지와 사람이 태어났으나, 모두 과거 원제 때와 같은 요사스러움으로 해석되었다. 즉 이로부터 “재상들이 절제 없이 술에 빠져 조정을 돌보지 아니하고 근신들이 일을 처리하니 점차 나라의 기강이 흐트러져 크게 무너져 내리게 되었다”라고 한다.[46] 北魏에서도 수도에서 ‘머리 하나에 몸이 둘’인 기형이 출생한 바를, 뒤이은 동위와 서위의 분열을 설명하는 단서로 주목하기는 마찬가지였다.[47]

---

41) 『삼국사기』 23 백제본기 1, 溫祚王 25년(7).

42) 『삼국사기』 5 신라본기 5, 太宗武烈王 2년(655).

43) 『삼국사기』 22 고구려본기 10, 寶臧王 7년(648).

44) 『晉書』 29 志 19 五行 下 序, “傳曰 聽之不聰 …” 및 豕禍, 元帝 建武 元年(317) “有豕生八足 此聽不聰之罰 …”.

45) 『진서』 29 志 19 五行 下 牛禍 및 元帝 建武 元年 7월.

46) 『진서』 29 志 19 五行 下 豕禍 및 孝武帝 太元 10년(385) 및 13년.

47) 『魏書』 112上 靈徵志 8上 17 人痾, 敬宗 永安 3년(530) 11월 丁卯.

신화와 상징의 공유를 "역사적 기억 공유의 한 측면"[48]이라고 할 때, 우리 삼국과 중국 사이에서 보이는 변이 해석의 미세한 분별은 충분히 주의할 필요가 있다. 그러나 그보다 훨씬 본질적이며 광범한 설명력의 보편성을 간과해서는 안 된다. 다만 설명을 전승하는 집단의 경험과 그와 같은 경험이 태생한 자연적이거나 사회적인 생태의 차이가 설명의 부분 부분을 변용시킬 뿐이다. 그에 따라 고구려 멸망에 대한 기억과 설명들은, 고구려 당대인들로부터, 동시기 삼국의 주민들을 지나, 전근대 동아시아 구성원 일반으로 공간적 외연을 확장하면서, 점차 힘을 잃거나 더 강력한 설득력을 위해 왜곡되었을 것이다. 게다가 현전하는 기록물은 그 위에 비가역적 시간의 흐름이 더해진 결과물이다. 너무나 당연한 말이지만, 과거에 대한 인식 주체의 사유 행위로서의 역사는, 겹겹이 가로놓인 시공간의 격절들을 거슬러 경험 주체의 정서와 설명 방식에 다가서고 귀 기울이는 일임을 다시 각성하고자 한다.

48) 이삼성, 2009, 『동아시아의 전쟁과 평화 1』, 한길사, 151쪽.

3장

7세기 고구려 인식과 정통성의 문제

〈목　차〉

1. 논의의 전제

고구려는 고대 한국의 이른바 삼국 가운데 한 나라이자, 동북아시아를 단위로 한 세계사적 구조 가운데 주요한 힘의 한 축을 감당한 왕조였다. 한편 고구려 당시의 영역과 역사 범위는 오늘날 한·중 학계의 첨예한 논제로 부상해 있기도 하다. 주지하듯이 이 문제와 관련하여 현 단계 우리 학계에서는 학문적 대응과 논리의 마련을 위해 다양한 제안과 방편들이 제기된 바 있다. 그러한 개개 대안들의 주효함에 대한 판단과는 별도로, 고구려 당대의 고구려 인식이 그 무엇보다도 우선되어야 한다. 이 글은 고구려 왕조의 당대 인식의 탐색을 바탕으로, 왕조의 멸망 과정 및 그 한 요인으로 간주되어 온 권력의 정통성 논의를 겨냥한다.

7세기는 동북아시아의 주요 정치 단위들이 우리 고대 삼국의 역사 공간을 중심 무대로 격렬하게 갈등한 때였다. 7세기 전쟁은 고대적 질서의 응축된 모순을 배경으로 하였으며, 유사한 맥락의 대안들 간 충돌이 빚은 일대 사건이었다. 특히 중국의 남북조 시대에 독자적 천하관을 구축하고 안정적인 자기 질서 확장에 성공했던 고구려는, 바야흐로 수·당 제국과 새로운 국제 질서의 정립을 위한 격돌을 피하지 못하게 되었다. 전례 없는 격돌의 주체로는, 중국의 경우 수와 당이 유사한 정책 기조를 유지하면서 선후를 이었다. 드러난 외양으로 본다면 수는 이에 패망했고, 당은 수의 전철을 극복하고 고구려와의 전쟁에서 승리하였다. 이 두 사건 사이에, 고구려에서는 연개소문 정권이 성립하였다.

이 글은 30여 년의 시차를 두고 전개된 수와 당의 고구려에 대한 전황에서 이처럼 현저한 격절이 드러난 맥락을 특히 유의하고자 한다. 멸망기 25년여 동안 고구려의 권력을 직접적으로 전유한 연개소문 정권이 감당해야 할 책임의 비중이 주목되는 까닭이 여기에 있다. 다시 말해 대수 전쟁과 대당 전쟁의 현상을, 그리고 그 분별과 귀추를, 고구려의 물리력이나 경제력과 같은 토대의 총체적 역량만으로 설명하는 재래의 방식에 동의할 수 없는 것이다. 더구나 고구려사의 전개 속에서 분권적 지향을 드러내는 정치 세력의 존재가 면면히 검증되어 온 점도 이와 같은 문제의식을 지지한다고 생각한다. 이 경우 연개소문의 집권과 그 여파는 고대국가의 정통성 문제와 관련하여 중심 논제로 부상하는 것이다.

7세기 고구려 왕조의 모순과 그로 말미암은 비상한 대안의 출현은 단지 고구려만의 고유한 현상에 머물지 않는다고 판단한다. 또한 고대 사회에서 집권 세력의 정치적 속성 및 집권 과정과 관련한 정통성의 문제는 흔히 대내적 억압 및 대외적 무력주의로 표출되곤 하는바, 이 양자는 긴밀한 맥락 속에서 조응한다고 보아야 옳다. 따라서 고구려의 7세기 정황은 한국 고대 삼국의 공유된 토대 위에서 음미되어야 하는 동시에, 수·당 왕조가 당면한 현안과도 무관하지 않은 사태일 것임에 틀림없다. 이 글은 이렇듯 다양한 논의들 속에서 광범한 동의를 획득하고 있는 인식, 즉 7세기 동아시아를 단위로 한 고대적 질서의 해체 위기와 그에 대한 반동적 대안으로서의 패권주의, 그리고 그들 간의 대충돌이라는 파악 방식을 수긍한다.

다만 한·중 사서들의 본 사안에 대한 기억과 설명이란, 마땅히 각 편찬 주체들의 소속 왕조 및 그 전대 왕조에 대한 역사 인식에 따라 규정되는 것임을 숙고해야 옳다. 이 점을 주의할 경우, 예컨대 『삼국사기』 찬자들이 대수 전쟁의 승리를 이끌어 낸 을지문덕을 크게 기리는 반면, 당 태종의 고구려 침공 전쟁을 궁극적인 패배로 이해하면서 그 진상을 은폐한 중국 측 주요 사서를 신랄하게 비판하였던 것을 환기하게 된다. 고려 시대 지식인들은 그와 같은 중국 측 사서의 자기중심적 곡필을 지적하는 데 그치지 않고, 이의 예증으로서 당·송 대에 유통되던 '小說'류의 평가까지 동원하였다. 즉 '演義'류의 저술들에서는 당과 고구려의 전쟁에 대해 종종 『삼국사기』 찬자들의 이해에 근접하는 사례가 없지 않았던 것이다.[1)]

물론 본 문제와 관련하여 중국 왕조의 중화주의적 곡필을 증언하는 것이 논의의 목표가 되는 것은 또 다른 편향일 것이다. 전쟁 관련 기사를 분석하는 경우일수록, 왕조 단위 문헌의 본질이란 늘 강도 높은 긴장과 각성을 요구하는 것 같다. 평양성이 함락되기 10년 전인 658년에 발생한 고구려와 당의 국지전을 언급한 기록의 사례를 들어 이 점을 음미해 본다.

『삼국사기』에 의하면, "여름 6월에 당의 營州都督兼東夷都護 程名振과 右領軍中郎將 薛仁貴가 군사를 거느리고 쳐들어왔다가 이기지 못하였다"라고 한다. 이 사건에 대한 여러 사서의 진술들은 아래와 같다.

- (顯慶 3년 : 658) 6월 임자에 程名振이 고구려군과 赤烽鎭에서 싸워 이겼다. (『신당서』 2 高宗本紀 3)
- 현경 3년에 다시 (程)名振을 보내 薛仁貴를 이끌고 (고구려를) 치게 했으나 이기지 못하였다. (『신당서』 220 동이전 高麗)
- (현경) 3년 3월에 營州都督兼東夷都護 정명진과 右領軍中郎將 설인귀가

1) 金貞培, 2007, 「『三國史記』 寶藏王紀 史論에 보이는 '柳公權 小說' 問題」 『韓國史學報』 26.

병사를 거느리고 고구려의 衆烽鎭을 공격하여 곧 함락하고 400여 명의 목을 베었으며 首領 이하 백여 인을 사로잡았다. 조금 있다가 고구려가 그들의 大將 立方婁를 보내 무리 3만 명을 이끌고 와 관군을 막아서므로, (程)名振이 契丹의 병력을 이끌고 받아쳐서 크게 깨뜨리고 달아나는 이들을 20여 리 뒤쫓아 2500명의 목을 베었다. (『冊府元龜』 986 外臣部 征討 5)

◦ 현경 3년 6월에 영주도독겸동이도호 정명진과 우령군중랑장 설인귀가 병사를 거느리고 고구려의 赤烽鎭을 공격하여 함락하고, 400여 명의 목을 베었으며 백여 인을 포로로 잡았다. 고구려가 그들의 大將 豆方婁를 보내 무리 3만 명을 이끌고 막아서니, (程)名振이 契丹(의 병력)으로 받아쳐서 크게 깨뜨리고 2500명의 목을 베었다. (『자치통감』 200 唐紀 16 高宗上之下)

◦ (寶藏王 17년 : 658) 여름 6월에 당의 영주도독겸동이도호 정명진과 우령군중랑장 설인귀가 병사를 거느리고 와 공격했으나 이기지 못하였다. (『삼국사기』 22 고구려본기 10)

우선 『책부원귀』와 『자치통감』의 내용은 거의 방불하다. 인용한 대목을 비교할 때, 두 책에 있는 정보의 상세함은 『신당서』에 비할 바가 아니다. 정명진과 설인귀는 645년 당 태종의 침공 이래 668년 평양성이 함락될 때까지 고구려 공격전에서 활약한 장수들이다. 658년에 이들은 500여 명을 죽이거나 포로로 획득하면서 고구려의 군사 거점을 공함한 데 이어, 반격에 나선 고구려 3만 병력을 맞아 대파하고 2500명을 참수했다 한다. 다만 두 책에는 사소한 표현의 차이와 함께, 고구려의 지명[衆峰鎭－赤烽鎭]과 인명[立方婁－豆方婁]에서 '衆－赤' 혹은 '立－豆'의 표기 차이가 보인다. 이에 비해 『신당서』의 정보들은 지극히 간략하면서도 본기와 열전 사이에서도 어긋나고 있다.

『삼국사기』에 선행한 중국의 세 역사서는 모두 『삼국사기』 편찬자들에 의해 중시되었다. 짐작컨대, 고구려본기는 위에 인용한 『자치통감』이나 『책부원귀』 기사의 전반부와 『신당서』 동이전 기사의 마지막을 조합하였다. 『신당서』에 의하면 정명진 등의 당군은 고구려 공격에 실패했거나, 적어도 인상적인 승리를 거두지 못하였다. 반면에 『자치통감』 등의 문면에 따르면, 고구려군 3천여 명을 살육한 당 측의 대승이었다. 두 자료의 차이는 곧 승리와 패배가 갈리는 문제이다.[2)]

그런데 이보다 3년 전인 보장왕 14년에도 정명진 등 당군이 고구려를 습격했을 때, 고구려 병력이 貴湍[端]水[3)]를 건너 교전하다가 패해 천여 명의 손실과 함께 성과 촌이 참화를 당한 일이 있었다. 『삼국사기』 찬자들은 그 사건의 전말을 『자치통감』을 원용하여 고구려본기에 서술해 두었다. 따라서 『자치통감』 등의 해당 기사를 참조했을 것임이 분명한 고구려본기 찬자는, 그러나 보장왕 17년의 전쟁 결과에 대해서는 『신당서』를 따랐다. 그의 자료 선택에 어떤 판정의 근거가 있는지는 미처 알 수 없다.

이와 관련하여 『자치통감』에 보이는 고구려의 군사 거점 '赤烽鎭'과 고구려의 장수 '豆方婁'의 존재는 유의한 단서가 될 수 있다. 그 가운데 '두방루' 혹은 '입방루'는 『삼국사기』에 보이지 않지만, '적봉진'은 '귀단수'와 마찬가지로 지리지 '有名未詳地分' 목록에 기재되어 있다. 지리지 말미의 '三國有名未詳地分'은 『삼국사기』 편자들이 편찬 작업에 동원한 여러 원전들을 정리하면서 그 가운데 편찬 당시의 미상지명을 적출한 것으로 이해되고 있다.[4)] 다시 말해 미상지분에 보이는 지명들은 『삼국사기』 편찬에 활용할 목적으로 수습한 원전 자료들 가운데 있었던 것이다. 그렇다면 고구려본기에 인용된 위의 사건 기사 일부는 『책부원귀』가 아니라

2) 이 문제에 대한 상론은 이강래, 2007, 「한·중 사서에 보이는 고구려와 중국의 전쟁 기록 비교 검토」 『동북아역사논총』 15, 241～242쪽 ; 이 책의 8장에 수록함.

3) 『삼국사기』에는 고구려본기와 지리지에서 '湍'으로 썼으나, 『자치통감』 唐紀 15 高宗 永徽 6년에서는 '端'으로 썼다. 최근 확인된 「高乙德墓誌」에도 '貴端道史'가 보인다. 葛繼勇, 2015, 「신출토 入唐 고구려인 〈高乙德墓誌〉와 고구려 말기의 내정 및 외교」 『韓國古代史硏究』 79, 309쪽.

4) 井上秀雄, 1968, 「三國史記の原典をもとめて」 『朝鮮學報』 48.

『자치통감』을 원천으로 했을 가능성이 높다. 이는 일반적으로 고구려본기에서 복수의 원전 가운데 『자치통감』이 가장 빈번하게 활용되었던 정황에도 부응하는 것이다.

그런데 정작 고구려본기에는 '적봉진'이 언급된 바 없다. '적봉진'은 오직 지리지의 미상지분 목록에만 보인다. '귀단수'가 고구려본기와 삼국유명미상지분에 한 번씩 나타난 정황과도 다르다. 결국 '적봉진' 관련 모종의 정보가 『삼국사기』 편찬에 동원된 자료 가운데 있었던 것이나, 실제 『삼국사기』 서술 과정에 그것이 채택되지는 않았던 것이라고 이해한다. 따라서 적봉진 관련 정보를 배제한 찬자의 행위에는, 필시 『자치통감』의 내용과는 달리 『신당서』에 보이는 정 반대의 전쟁 결과가 개입되었을 것이다. 그가 전쟁의 결과에 대해 승패의 어느 한 쪽을 선택할 만한 객관적 근거, 즉 고구려 측의 고유 전승과 같은 제3의 자료를 확보하고 있었는지는 알 수 없다. 그러나 이처럼 모호한 취사의 사례를 미루어, 여느 문헌을 막론하고 기록을 바탕으로 경험 당대의 상황과 기록 주체의 인식을 논의하는 영역에서는 이러한 맥락을 깊이 유념해야 한다.

이러한 전제적 조건을 염두에 두고, 다음과 같은 범주의 논의를 겨냥한다. 우선 7세기 고구려의 현상과 그에 대한 수·당의 인식을 간추리고자 한다. 필시 이 시기 고구려 정치 현상의 근간은 물론, 오랜 휴지기를 지난 후 등장한 거대 제국의 고구려 인식 또한 이전 시기의 그것에 비추어 전혀 새로운 국면을 예비하는 것이었다고 짐작한다. 다음으로 고구려 왕조의 와해와 종국적인 멸망에 이르는 과정을 정돈하고, 직접 드러내 언명되거나 잠복된 채 내연하는 전쟁 명분과 권력의 정통 문제를 유기적으로 설명하고자 한다. 쟁투하는 양 측의 시각에 토대를 둔 것이지만, 왕조의 패멸 사태에 대한 당대의 지배적 관념과 인식은 뜻밖에도 오랜 뒷날까지 강력한 설득력과 전파력을 잃지 않았기 때문이다. 요컨대 이 글은 연개소문의 집권이 곧 그와 같은 설명과 인식의 연쇄가 처음 비롯한 발단이었다는 판단을 견지하려는 것이다.

2. 7세기 고구려의 현상과 인식

1) 고구려의 당대 현상

고구려의 7세기를 왕조의 멸망기라 할 때, 그 시간 폭에 대한 합의된 계선은 없다.[5)]『삼국사기』 찬자는 고구려본기를 종료한 뒤 왕조 총평에서 고구려 멸망의 직접적 외인을 일러, 수·당이 통일을 이룬 시기였는데도 완악하고 두려워하지 않다가 問罪의 군사를 불러들인 탓이라고 하였다. 당의 동방 전략이 수의 그것과 본질에서 다르지 않다고 할 때, 7세기 고구려의 현상에는 오랜 분열의 시기를 지나 大一統을 이룬 수의 등장이 중요한 조건이 되었던 것이다.

고구려는 평원왕 23년(581)에 수와 교섭하여 高祖 文帝로부터 '遼東郡公'을 제수 받았다. 평원왕 당대에만도 北齊의 廢帝, 陳의 文帝, 北周의 武帝로부터 책봉을 받아 왔던 터라, 수의 이 조치는 고구려의 처지에서 별반 새로울 것이 없었다. 백제의 위덕왕 역시 북제의 後主가 그러했던 것처럼, 고구려와 같은 해인 581년에 수로부터 '帶方郡公'을 받았다. 이후 고구려와 백제는 몇 차례 더 수에 외교 사절을 파견하여 범상한 교섭을 유지하였다.

589년 벽두에 수는 韓擒虎의 기병대를 선두로 하여 陳을 평정하고 일통을 완수하였다. 이로써 고구려와 백제에게는 종래의 남북조시대와는 전혀 다른 대외 조건이 형성된 셈이다. 백제 위덕왕은 때마침 耽牟羅國 지경에 표류해 온 수의 전선을 호송할 기회를 만나, 이에 아울러 사신을 수에 보내 진을 평정한 데 대해 축하하였다. 반면에 고구려는 그 이듬해에야 진의 멸망 소식을 접하고 크게 두려워했으며, 오히려 군사를 훈련하

5) 李文基는 642년의 연개소문의 유혈정변을 쇠퇴기와 멸망기의 계선으로 본다. 2008, 「高句麗 滅亡期 政治運營의 變化와 滅亡의 內因」『韓國古代史硏究』 50, 61쪽.

고 군량을 비축해 장차 우려되는 수의 공세를 염두에 두고 대책을 세우느라 부심하였다.

두 나라의 상반된 대응은 일단 각자가 처한 지정학적 조건과 그에 따른 대외 관계의 속성 차이에서 발로된 것이었겠다. 그러나 그로 인한 신생 제국의 서로 다른 반응은 두 나라 사이에 상당히 큰 격절을 빚고 말았다. 그리고 이는 7세기를 목전에 둔 고구려의 제반 현상에 부정적 동인으로 작용하였다. 『삼국사기』의 문면을 빌려 수의 상이한 대응을 비교해 본다.

- 위덕왕 36년(589)에 수가 陳을 평정하였다. 전선 한 척이 표류해 耽牟羅國까지 왔는데, 그 배가 돌아가는 길에 국경을 통과하게 되었다. 왕이 매우 후하게 도와서 호송하고 아울러 사신을 보내 표문을 올려서 진을 평정한 데 대해 축하하였다. 수 高祖가 흡족하게 여기고 조서를 내려 말하기를 "백제 왕이 진나라가 평정되었다는 소식을 듣자 곧바로 먼 길을 와 표문을 바치게 하였다. 오고가는 길이 지극히 험난하니, 만약 풍랑을 만나게 되면 인명을 상하고 재물의 손실을 입기 십상일 것이다. 백제 왕의 마음씀이 순직하고 지극한 것은 내가 이미 자세히 알고 있는 터에, 서로 떨어져 있는 것이 비록 멀다 하나 사정이 대면해 말하는 것과 같으니, 어찌 반드시 자주 사신을 보내 와서 서로 직접 샅샅이 알려야만 할 것인가? 이제부터 이후로는 모름지기 해마다 들어와 조공할 것은 없고, 나 역시 사신을 보내지 않을 것이니, 왕은 의당 그 점을 염두에 둘 일이다"라고 하였다. (『삼국사기』 27 백제본기 5)
- 평원왕 32년(590)에 왕이 진나라가 멸망했다는 소식을 듣고 크게 두려워하여 군사를 훈련하고 군량을 비축해, 막아 지킬 대책을 세웠다. 수 고조가 왕에게 조서를 내려 비록 말은 속국이라고 하면서도 정성과 예절을 다하지 않는다고 책망하고, 이어 말하기를 "그곳 한 쪽 지방이 비록 땅이 협소하고 인구가 적다고 하나 지금 만약 왕을 쫓아내면 왕위를 비워둘 수는 없는지라, 종내는 모름지기 관속을 다시 가려 뽑아 그곳에 보내 백성들을 안정시키고 위무해야 할 것이다. 왕이 만일 마음을 씻어 내고 행실을 고쳐 국가의 헌장을 좇아 준수한다면 이는 곧 나의 좋은 신하인 것이니, 하필 번거롭게 다른 인재를 보내겠는가? 왕은 遼水의 넓이가 長江에

> 비해 어떠하며, 고구려 인구의 많고 적음이 陳에 비해 어떠하다고 여기는가? 내가 만약 왕을 포용해 기르려 하지 않고 왕의 이전 허물만 질책하기로 한다면, 한 사람의 장군에게 명령할 따름이리니 어찌 많은 힘을 필요로 하겠는가? 이처럼 간곡하고도 정중하게 타이르는 것은 왕이 스스로 새로워지도록 해주려는 것일 뿐이다"라고 하였다. (『삼국사기』 19 고구려 본기 7)[6]

백제 위덕왕에 대한 수 문제의 관대한 언사와, 고구려 평원왕에 대한 문면의 무례함과 각박함이 극단적 대조를 이룬다. 물론 두 왕조에 대한 이 상반된 긴장도의 분별 또한 어느 정도는 남북조시대의 경험에 기반한 것이고, 또 강요된 수의 외교적 조건에서 비롯한다고 해야 옳다. 어쨌든 '요수와 장강의 넓이'를 거론한 것은, 이어지는 인구 규모의 비교와 마찬가지로, 직전에 종국을 고한 진의 말로를 환기함으로써 고구려를 겁박하려는 의도이다. 그러나 이 "노골적인 선전포고나 다름없을 정도의 비난"[7]에도 불구하고, "만일 마음을 씻어 내고 행실을 고쳐 국가의 헌장을 좇아 준수한다면 이는 곧 나의 좋은 신하인 것"이라고 한 대목은 그것대로 주의할 필요가 있다. 수는 기왕의 관례에 따른 국가 간 관계와 본질적으로 다르지 않은 정도의 명분 충족을 겨냥하여, 양국 간 현상의 파탄을 바라지 않았던 것이다.

평원왕 측에서도 위 조서에 대해 저간의 연유를 해명하는 '陳謝表'를 보내려 했으나, 왕 자신이 훙거하는 바람에 실현되지 못했다 한다. 수는

---

6) 이 조서가 수수된 시기는 평원왕의 훙거 연대와 맞물려 있는바, 『北史』 11 隋本紀 開皇 10년, 『수서』 2 高祖 下 開皇 10년, 『册府元龜』 963 外臣部 封册 1 隋高祖, 開皇 10년 7월, 『수서』 81 고려전, 『자치통감』 178 隋紀 2 등에서 개황 10년(590)과 17년(597)으로 나뉘어져 있으나, 『삼국사기』의 기년처럼 590년이 옳다. 이에 대해서는 日野開三郎, 1991, 『日野開三郎 東洋史論集』 15, 三一書房, 212～214쪽 ; 李成制, 2000, 「嬰陽王 9年 高句麗의 遼西 攻擊」 『震檀學報』 90, 3쪽 ; 余昊奎, 2000, 「高句麗 千里長城의 經路와 築城背景」 『國史館論叢』 91, 188쪽 등을 참조.

7) 임기환, 1994, 「고구려와 수·당의 전쟁」 『한국사』 4, 한길사, 154쪽.

부음을 접하고 신속하게 사신을 보내 평원왕의 아들 영양왕에게 부왕의 작위를 계승케 하였다. 또 곧이어 영양왕을 '고구려 왕'으로 책봉함으로써, 은연 소망하던 대로 정상적 교빙 관계를 회복하였다.

두 번째 위기는 단순히 고구려의 거오한 태도가 아니라, 구체적인 선제 공격에서 비롯하였다. 거란과 말갈 집단에 대한 영향력 혹은 지배권 경합을 배경으로, 고구려는 598년에 수의 요서 지역을 공격하였다. 수는 즉각 수륙 30만 병력을 동원하여 보복전에 돌입하였다. 5세기 전반 북위 정권이 들어선 이래 그때까지 백 수십 년 동안 고구려와 중국 왕조 사이에는 큰 군사적 충돌이 없었던 터라, 수는 고구려를 상대로 하는 유효한 전술적 경험과 군사적 고려를 옳게 지니지 못하고 있었다. 수는 장마와 질병과 풍랑으로 인해 제풀에 참담한 손실만 입고 퇴각할 수밖에 없었다. 그럼에도 불구하고 7세기를 목전에 둔 시점에 발발한 이 전쟁의 여파를 주목하여, 연구자들은 이를 '동아시아 국제전쟁'의 발단으로 파악하기도 한다.[8)]

607년 煬帝가 고구려를 비롯한 거란·말갈 등을 겨냥한 시위 차원에서 북변을 순행하여 啓民可汗의 장막을 방문했을 때, 뜻밖에도 고구려 사신을 조우하였다.[9)] 계민가한은 애초에 동돌궐의 突利可汗이었다가 文帝의 돌궐 정략에 따라 수에 투신한 자였던지라, 양제의 충격은 자못 컸다. 비교적 현상의 극단적 타파를 원치 않았던 문제와는 달리, 집권 초의 양제는 이른바 '奪宗'의 황제라는 흠결에 대한 강박의식과 그에 비례하여 대외 전쟁의 성과로 스스로를 현시하고 싶은 욕망으로부터 자유롭지 못했던 것 같다. 더구나 그해 백제 무왕은 좌평 王孝鄰을 파견하여 고구려 토벌을 요청했고, 이듬해에는 신라 진평왕이 고구려를 치기 위한 군사를 요청해 왔다.

---

8) 박경철, 2007, 「麗唐戰爭의 再認識」 『동북아역사논총』 15, 138쪽.

9) 『수서』 3 帝紀 煬帝 上, 大業 3년 8월 乙酉.

그러나 양제가, 계민가한이 親朝한 전례를 들어 요구한 고구려 왕의 '來朝'는 실현될 리 만무하였다. 백제와 신라가 양제에게 고구려에 대한 군사행동을 촉구할 때마다, 양국은 어김없이 고구려의 보복적 침공을 받고 적지 않은 손실을 입곤 하였다. '日出天子'를 자처하는 왜 왕이 양제를 '日沒天子'로 지칭한 국서[10]에서도, 승려 慧慈를 매개로 한 고구려적 사유와 대수 전략을 감지한다.[11] 고구려는 이미 600년 이후 수에 사신을 파견하지 않았다.[12] 611년 고구려 정토를 선언하고 병력을 징집한 다음, 이듬해 정월에 반시한 조서에서도 양제는 "사신을 보내 이른 엄명을 한 번도 직접 받은 적이 없고, 입조해 알현하는 예의를 몸소 치르는 것을 달가워하지 않았다"라고 분개한다.[13]

612년 2월부터 벌어진 교전에서 고구려의 손실은 크지 않았다. 개전 초, 수군의 요수 도강을 저지하는 전투에서 만여 명을 잃었으나, 정작 양제의 주력은 요동성에 묶인 채 6월을 넘기고 말았다. 바다를 가로질러 평양성을 겨냥한 來護兒의 병력도 참담한 패배를 당한 채 전의를 잃었다. 宇文述을 비롯한 단위 군단의 장군들이 이끄는 9軍은 실질적 성과도 없이 을지문덕의 전술에 휘말려 평양성 지근까지 추격해 왔으나, "만약 군사를 거두어 돌린다면 마땅히 왕을 받들고 황제가 계신 곳으로 가서 조알하겠다"라는 제안을 빌미삼아 회군하다가 30만 명이 거의 다 궤멸당하고 말았다. 마침내 양제는 우문술 등을 쇠사슬로 묶어서 철군해야 하였다.

---

10) 『수서』 81 열전 46 倭國, "大業三年(607) 其王 … 遣使朝貢 … 其國書曰 日出天子致書日沒天子無恙云云 帝覽之不悅 …".

11) 李成市, 1990, 「高句麗와 日隋 外交 – 이른바 國書 문제에 관한 一試論」 『民族史의 展開와 그 文化(上) – 碧史李佑成敎授定年退職紀念論叢』, 창작과비평사, 71~75쪽.

12) 『冊府元龜』에는 大業 5년(609)에 한 차례 '高麗'의 견사 정보가 있으나, 이것이 '高昌'의 오식일 가능성을 지적한 견해에 동의한다. 여호규, 2002, 「6세기말~7세기초 동아시아 국제질서와 고구려 대외정책의 변화 – 대수관계(對隋關係)를 중심으로」 『역사와 현실』 46, 7쪽.

13) 『수서』 4 帝紀 煬帝 下, 大業 8년 정월.

613년 정월에 양제는 다시 군비를 수습하고, 2월부터 고구려 정벌을 추진하였다. 양제는 "고구려와 같이 하찮은 오랑캐가 상국을 업신여기며 거들먹거리고 있다"라고 말하지만, 이것은 지난해의 참담한 패배를 호도하는 것일 뿐이었다. 반면에 폐서인되었던 우문술을 최고지휘부에 다시 기용한 것부터 이미 보복전의 의도가 분명하였다. 그러나 연이은 패전과 국내의 이반은 양제의 초조한 의도를 외면하였다.

614년 2월, 양제는 다시 3차 정벌을 위한 조서를 내렸으나, 며칠이 지나도 누구 하나 이 문제에 대해 발언하지 않았다. 7월이 되어 황제는 전장을 향해 가는데, 정작 징발한 병력들은 대부분 기일을 어기고 오지 않았다. 만연된 패배의식은 반전의식으로 이어졌다. 지치긴 고구려도 마찬가지였다.[14] 영양왕은 전년에 망명해 온 수의 병부시랑 斛斯政을 압송함으로써 항복의 뜻을 표하였다. 사소한 명분이 절실했던 양제는 반색하여 철군하였다.

卑奢城에서 고구려군을 물리치고 평양성을 향해 가던 내호아는 양제의 소환에 반발하였다. 그는 한때 무례하게도, 독자적으로 평양을 공략할 수 있다고 성언하기까지 하였다. 여하튼 "이번에 (그냥) 돌아가면 다시 오지 못할 것"이라 한 그의 말은 옳았다. 양제는 회군한 지 두 달 만에 고구려왕이 입조하지 않는다는 이유로 또다시 고구려 정벌을 거론했으나, 끝내 실행하지 못하였다.[15]

618년 봄, 양제는 친위군에게 피살되고 당 왕조가 갈마들었다. 그해 가을 고구려에서는 영양왕이 훙거하고 영류왕이 왕위를 이었다. 이듬해부터 고구려의 대중 교섭은 종래의 평온을 되찾았다. 622년 당 고조는 수와의 오랜 전란으로 인해 이산되어 당에 살고 있는 고구려 사람들을 수습해서 돌려보냈다. 고구려도 이에 부응하여 만여 명의 중국인들을 모아 보냈

14) 『자치통감』 182 隋紀 6 煬帝 中, 大業 10년 7월 癸丑. '高麗亦困弊'라 한 것을 『삼국사기』 고구려본기 서술자가 '吾國亦困弊'라고 수용해 두었다.

15) 『자치통감』 182 隋紀 6 煬帝 中, 大業 10년.

다.[16] 전대의 위험한 갈등을 경험한 데서 비롯한 신중함이자, 남북조 시대의 전통적 관계의 회복이었다. 당의 책력이 頒賜되고 정상적인 책봉이 이루어졌으며, 당의 도사들이 파견되어 당 황실이 존숭하던 『老子』를 강론하고 천존상을 전수하였다. 당 고조는 급기야 '명분과 실제' 사이의 괴리를 지적하면서, 고구려에 구태여 '稱臣'을 강요할 필요가 있겠는가 회의하기에 이르렀다.[17]

그러나 626년, 태종이 즉위하면서 양국 사이의 화평은 오래가지 못하였다. 바로 그해 말 백제와 신라 사신들은 당에 와서 고구려를 비난했으며, 고구려는 굴욕적이게도 사죄의 표문을 써야 했다.[18] 당은 628년에 계민가한의 아들 頡利可汗 세력을 압박하고 격파한 데 이어, 630년에는 그를 사로잡고 마침내 동돌궐을 멸망시켰다.[19] 고구려는 더욱 긴장했으되, 우선 태종의 동돌궐에 대한 성과를 축하하면서 封域圖를 제출하였다.[20]

다만 이 유화적 조처도 잠시에 그치고, 631년에 고구려의 상황 인식은 당을 겨냥한 천리장성의 축조로 반전되었다. 우려했듯이 태종은 長孫師를 보내 수나라 전사들의 해골이 묻힌 곳에 와서 제사를 지내고, 그 당시 세웠던 京觀을 헐어 버렸다. 경관은 전쟁에서 자기의 무공을 과시하기 위해 적들의 시체를 쌓아 놓고 그 위에 흙을 덮어 둔 큰 무덤에서 유래한 것이므로, 고구려의 수나라에 대한 승전 기념물인 셈이다.

640년, 당은 高昌國을 토평하였다. 고창 왕 麴文泰는 애초 태종의 입

---

16) 『구당서』 199 上 열전 149 上 동이 고려, 武德 5년(622).

17) 『구당서』 199 上 열전 149 上 동이 고려, 武德 7년(624).

18) 『자치통감』 192 唐紀 8 高祖 下之下, 武德 9년(626) 12월.

19) 『신당서』 2 태종 정관 4년 3월 甲午, "李靖俘突厥頡利可汗以獻". 같은 책 215 突厥 上 (정관) 4년, "五月 … 頡利得千里馬 獨奔沙鉢羅 行軍副總管張寶相禽之 … 其國遂亡 … 頡利至京師 告俘太廟".

20) 『册府元龜』 970 外臣部 조공 3, "(정관 2년) 高麗王建武 遣使奉賀 破突厥頡利可汗 并上封域圖". 『구당서』 199 상 고려전, "貞觀二年 破突厥頡利可汗 建武遣使奉賀 并上封域圖". 『신당서』 220 고려전, "太宗已禽突厥頡利 建武遣使者賀 并上封域圖".

조 요구를 회피했으며, 자국이 당과 7천 리를 격절해 있는 데다가 불모의 사막지대가 개재해 있음을 들어 방심하다가 패멸하였다.[21] 이듬해 태종은 職方郎中 陳大德을 고구려에 사절로 파견하였다. 사절의 명분은 1년 전 영류왕의 태자 桓權이 입조한 데 대한 답방이었다. 그러나 그의 직분 '직방낭중' 자체가 천하의 地圖와 城隍·鎭戍·烽堠를 장악하는 일이듯이, 진대덕은 이 방문을 계기로 고구려의 제반 정황을 탐지했다 한다. 게다가 그가 전한 고창국의 패멸 소식은 고구려에 대한 태종의 심중한 메시지이기도 하였다.

642년 10월, 연개소문이 정변을 일으켜 그를 배척하려 한 영류왕과 정적들을 살육하고 중앙 권력을 장악하였다. 이 정변의 성격과 배경이 간단하게 언명될 바는 아니나, 여기에는 영류왕의 대당 대응 방식에 동의할 수 없는 일부 지배 계층의 정서가 개입해 있었다. 이것은 대야성의 참극을 계기로 문득 무모한 청병 외교를 자청하여 고구려에 온 신라의 김춘추에 대한 응대가 하나의 단서가 될 것이다.

고구려에서는 김춘추의 방문에 대해 "이번에 그가 온 것은 아마 우리의 형세를 살피고자 함일 것"이라고 분석하고 경계하였다. 이 예민한 반응과는 달리 1년 전 진대덕의 거칠 것 없는 탐지 활동에 대해서는, 이르는 성읍마다 수비하는 관리들이 세밀한 곳까지 다 안내하여 그가 "우리나라의 허실을 엿보았던 것이나 우리는 그것을 알아차리지 못했다"라고 하였다. 진대덕의 노골적인 의도를 고구려 측에서 포착하지 못했다는 말의 진위는 접어두더라도, 연개소문의 정변을 전후한 대외적 태세에서 드러난 현저한 격절을 주목한다.

보장왕의 즉위와 연개소문의 정변 사이에 어떤 연계가 드러나 있는 것은 아니다. 그러나 보장왕은 즉위한 이듬해(643) 정월, 친부를 大陽王으로 추봉하면서 당에 공식적으로 조공하였다. 그에 이어 3월에도 보장왕

---

21) 『冊府元龜』 985 外臣部 征討 4, 정관 14년 8월.

은 '三教竝興'을 명분으로 도교의 수용을 주청한 연개소문의 헌의에 따라 견당사를 파견한 듯하다.[22] 이에 당은 보장왕을 책봉하고 도사들을 파견하여 고구려의 요청에 부응하였다. 그러는 한편 고구려를 겨냥한 여러 전략 논의 또한 무성하였으며, 그만큼 논의는 급속하게 변전해 갔다.

그해 6월, 고구려에 사절로 다녀온 太常丞 鄧素가 돌아와서 懷遠鎭에 수비 병력을 증원하여 고구려를 압박할 것을 제안할 때만 해도, 태종은 문치적 논리와 자기 현시욕을 우선하였다. 즉 그는 "멀리 있는 사람들이 복종하지 않으면 文德을 닦아 그들을 오게 할 일이거니와, 일이 백 명의 수비 병력으로 멀리 떨어진 지역을 위압할 수 있다는 말은 듣지 못하였다"라고 응답하였다. 지당한 말씀이지만 허망한 대답이다.

그러나 얼마 뒤 윤 6월에는 오히려 태종이 먼저 개전론을 촉발하였다. 그는 말하였다. "개소문이 자기 임금을 시해하고 나라의 정권을 제멋대로 하고 있으니 이는 진실로 참을 수가 없는 일이다. 오늘날 우리 병력으로 고구려를 빼앗는 것은 어렵지 않으나, 다만 백성을 수고롭게 하고 싶지가 않은 것이니, 거란과 말갈로 하여금 그들을 치게 하고자 하는데 어떻게 생각하는가?" 물론 이 위험한 논의는 長孫無忌의 제지로 더 이상 진전되지 않았다. 그러나 태종의 지향은 이미 구체적으로 정돈되어 갔다. 마침내 9월 신라 사신의 호소를 계기로 태종은 相里玄奬을 고구려에 보내 "만약 다시 신라를 친다면 내년에 군사를 내서 너희 나라를 토벌할 것이다"라고 위협하기에 이르렀다.[23]

644년 2월, 상리현장이 별반 소득 없이 귀국한 이후 고구려 토평론이 더욱 빈번해졌다. 褚遂良 등의 신중론이 다수를 점하는 가운데서도, 7월 이후부터는 본격적으로 출정 준비가 진행되었다. 이즈음 양국 사이에는 이미 상당한 규모의 접전이 있었던 것 같다. 여러 기록들은 한때 營州都

22) 權憙永, 1997, 『古代韓中外交史』, 一潮閣, 12~13쪽.
23) 『자치통감』 197 唐紀 13 태종 中之下, 정관 17년.

督에서 면직되었던 張儉이 침공해 오는 고구려의 수 천 병력을 섬멸하였다고 전한다. 이로 인해 태종은 그의 영주도독의 직임을 회복시키고,[24] 644년 7월 그로 하여금 幽州와 營州 관하 군사 및 거란·奚·말갈을 거느리고 먼저 요동을 쳐서 형세를 살피게 하였다.[25]

마침내 태종은 11월에 洛陽으로 들어와 東征의 조칙을 반시하였다. 645년 4월, 이세적의 부대가 요수를 건너 蓋牟城을 함락시켰다. 張亮의 수군은 5월에 卑奢城을 함락시켰다. 新城과 國內城의 원군 4만 명에도 불구하고 요동성마저 함락되었으며, 곧이어 6월에는 白巖城이 항복하였다.

태종의 거침없는 공세는 안시성에서 멈추었다. 北部 耨薩 高延壽와 남부 욕살 高惠眞이 15만 명을 이끌고 안시성 구원을 위해 급파되었으나, 그들은 참담한 패배를 당한 채 당군에 투항하고 말았다. 태종이 직접 전술 지휘를 했다 하여 駐蹕山 전투로 불리게 된 이 전투는, 龍門 출신 薛仁貴가 遊擊將軍으로 입신하고 신라인 薛罽頭가 대장군으로 추증되는 계기이기도 하여, 뒷날 다양한 전승의 소재가 되었다. 그와 같은 승세의 태종을 저지한 것은 안시성 군민의 처절하고도 영웅적인 투쟁이었다. 태종과 당의 군사들은 요동의 진창과 10월의 눈 폭풍에 시달리면서 철수하였다.

이듬해에 태종은 스스로 패인을 분석하고 대규모의 재침을 준비하는 한편, 끊임없는 소규모의 기습전으로 고구려의 총체적 국력을 손상시키고자 하였다. 647년 7월에만도 고구려 경내에서 백여 차례의 교전이 벌어져 수천 명이 희생당하였다.[26] 고구려 입장에서는 조공과 사죄를 거듭

24) 『冊府元龜』 357 將帥部 10 立功 10, "貞觀 … 高麗引衆數千 來寇 (張)儉率鎮兵及諸蕃首領 邀擊之 斬獲略盡 璽書慰勞 拜營州都督及行軍總管 征遼東時 有獲高麗候者 稱莫離支將至遼東 詔儉率兵新城路 邀莫離支 竟不敢出 儉因進兵渡遼 趨建安城 賊徒大潰 斬首數千級 以功累封皖城郡公 賞賜甚厚". 『신당서』 111 열전 36 張儉.

25) 『자치통감』 197 唐紀 13 太宗 中之下, 정관 18년 7월 甲午.

하면서 군사적 대응도 병행할 수밖에 없었다. 여하튼 요동의 방어선이 거의 궤멸된 뒤, 고구려에서는 우울하고 혐오스러운 조짐들이 이어졌다. 동명왕 어머니의 소조상이 3일 동안이나 피눈물을 흘리며 슬프게 우는가 하면,[27] 왕도의 여인이 몸뚱이 하나에 머리가 둘인 아이를 낳고, 노루 떼와 그를 쫓는 이리 떼가 서쪽을 향해 3일 간이나 이어져 끊이지 않았다.[28] 649년에 태종이 죽으면서 유조를 내려 고구려에 대한 전쟁을 그만두게 함으로써, 점증하던 전운은 잠시 진정되었다.

그러나 고종 대의 정세는 '본질적으로' 태종 대의 그것과 크게 다르지 않았다. 무엇보다도 고구려 사회는 이미 안정을 잃었다. 650년 여름, 고승 普德和尙이 도교 존숭 정책을 비판하여 백제의 공간으로 이거하였다. 또 654년 여름, 馬嶺 위에 神人이 나타나 고구려가 패망할 날이 멀지 않았다고 말했다는 소문이 파다하였다. 급기야 659년 왕도에 호랑이들이 난입하여 사람들을 해치더니, 이듬해 7월, 평양의 강물이 3일 동안 핏빛으로 변하였다.[29] 바로 그 7월 한 달 동안 백제에서는 계백의 5천 결사대가 황산에서 궤멸되고, 부여융과 의자왕의 항복이 이어지고 있었다. 그리고 660년 겨울부터는 당의 물리력이 고구려에 일층 더 집중되었다.

661년에 당의 35개 군단이 고구려를 향하고, 고종은 이들을 직접 통솔하고자 의욕을 드러내 보였다. 군단의 최종 목표는 평양성이었다. 실제로 8월에는 평양성이 평양도행군총관 蘇定方의 병력에 포위당하고 말았다. 압록강에서 당군의 도강을 저지하던 男生의 병력도 요동도행군총관 契苾何力 군사에게 3만 명이 살육을 당하자 이내 항복하였다. 남생은 겨우 자신의 목숨만 건졌다. 그러나 때마침 당의 서부 방면 鐵勒의 사태 수습을 위해 계필하력의 병력이 철군하고,[30] 이듬해 정월 연개소문은 옥저도총

26)『자치통감』 198 唐紀 14 太宗 下之上, 정관 21년 7월.
27)『삼국사기』 21 고구려본기 9, 보장왕 5년.
28)『삼국사기』 22 고구려본기 10, 보장왕 7년.
29)『삼국사기』 22 고구려본기 10, 보장왕 19년.

관 龐孝泰의 전군을 蛇水 전투에서 궤멸시킬 수 있었다. 따라서 평양 일대에 고립된 소정방 병력은, 김유신과 김인문이 이끄는 신라군이 사력을 다해 공급한 군량을 확보하자 서둘러 철군하지 않을 수 없었다.

고구려 중앙에서는 20년 넘도록 국정을 장악했던 연개소문이 사거하고, 남생이 그의 권위를 승습하였다. 그러나 남생은 왕을 비롯한 최고 지배층의 지지를 확보하는 데 실패했던 것 같다.[31] 661년 압록강 수비 전투 때 추락한 지도력을 회복할 기회도 찾아오지 않았다. 남생은 오히려 당시 그의 병력을 유린한 계필하력 군사의 호위에 의지하여 당으로 가서 투항하고 말았다. 667년 9월 대당 방어의 요충인 신성이 함락되자, 관하 성들은 물론 남생의 영향력 아래 있던 일련의 세력들이 줄줄이 무너졌다. 668년 2월에 부여성이 함락되자 그 일대의 40여 성이 항복하는 등, 패망의 격랑은 이제 걷잡을 수 없게 되었다. 9월 21일 李勣의 군대와 김인문 등이 이끄는 신라의 군대가 평양성을 장악하였다. 그리고 왕실과 남산·남건 형제를 비롯한 20여 만 명이 당으로 압송되었다.

2) 수·당의 고구려 인식

수가 남조 陳을 평정한 직후 고구려를 겁박하던 태세는 백제에 대한 관대한 대응과 비교하여 크게 대조적이었다. 그러나 문제가 평원왕에게 "遼水의 넓이가 長江에 비해 어떠하다고 여기는가?"를 환기하며 '自新'할 것을 기대한다고 한 것은, 적어도 현상의 적극적 파탄을 바라지는 않는 그의 의중을 반영한다.[32]

598년 2월에 고구려가 요서를 공격하여 營州 관하 병력과 교전을 벌인

30) 노태돈, 2009, 『삼국통일전쟁사』, 서울대학교출판부, 164쪽.

31) 정원주, 2014, 「男生의 失脚 배경과 그의 行步」『韓國古代史研究』 75, 307~311쪽.

32) 황약슬, 1994, 「수나라의 高句麗에 대한 認識을 시론함」『高句麗文化國際學術會論文集』, 海外韓民族研究所, 79~80쪽.

직후, 이에 대한 수의 반응도 주의할 일이다. 수는 즉각 수륙 30만 병력을 회집하여 출정을 서둘렀다. 6월에 출정할 즈음, 문제는 그 자신이 영양왕에게 수여했던 관작을 삭탈하는 조칙을 내려 분노와 결의를 내보였다. 그런데 이 출정을 정리한 기록에 의하면 臨渝關을 출발한 육군은 장마와 전염병에 시달리다가 병참마저 끊겼고, 東萊에서 평양성을 향해 출범한 수군 또한 풍랑을 만나 표류하고 침몰했다 한다. 그리하여 9월의 철군 시점에는 이미 죽은 이가 십중팔구였다 한다.[33] 그러나 출정과 철군 사이의 3개월 동안 아무런 교전도 없이 기상 조건과 질병만으로 30만 병력의 8~9할이 목숨을 잃었다는 것은 믿기 어렵다. 어떤 형태로든 접전이 이어졌을 것이며, 그 결과 수의 군단은 참패했다고 보아야 옳다.[34]

문제의 무모한 개전과 철군이 얻은 것은 오직 고구려 왕의 사죄였다. 영양왕은 표를 올려 "遼東 糞土 臣元"이라 자칭했으며, 문제는 이로써 영양왕을 애초처럼 대우했다 한다. 공교롭게도 이때 백제 위덕왕이 사절을 보내와서, 고구려를 향해 전면적인 전쟁을 감행한 수를 위해 백제가 군사적으로 조력할 것을 자청하였다. 이에 대한 문제의 회보가 궁색하다.

> 지난날 고구려가 조공을 바치지 않고 신하로서의 예법이 없었기 때문에 장수에게 명령해 그들을 토벌하게 했으나, 高元의 조정에서 임금과 신하들이 겁에 질려 두려워하면서 죄를 청하기에 내가 이미 용서했는지라 (다시) 정벌을 일으킬 수가 없다. (『수서』 81 열전 46 동이 백제, 開皇 18년)

고구려는 즉각 백제의 이 행위에 대한 보복으로 백제를 침습하였다. 이와 같은 분위기에서 고구려에 대한 군사 행동을 반대하는 劉炫의 「撫夷論」이 등장하기도 했다. 즉 문제의 시대는 국력이 흥성하고 조야의 식자

---

33) 『자치통감』 178 隋紀 2 高祖 上之下, 開皇 18년.

34) 사회과학원 력사연구소, 1991, 「수나라침략자들을 반대한 고구려 인민들의 투쟁」 『조선전사 3 - 중세편 고구려사』, 과학백과사전종합출판사, 212~214쪽. 姜性文, 1996, 「麗隋·麗唐戰爭 原因考」 『國史館論叢』 69, 167쪽.

들이 모두 '요동'에 뜻을 두었는데, 오직 유현만이 요동 정벌의 불가함을 들어 비판했다 한다. 당시에는 이를 깨닫는 이가 없었지만 양제 시대에 세 차례 거듭 패한 이후에야 유현의 말이 징험된 셈이라고 『수서』 찬자는 정리하였다.[35] 유현의 구체적 논리는 확인할 수 없다. 다만 유현의 주장을, 王莽이 遼西大尹 田譚의 피살 책임을 물어 고구려를 치라 한 데 대해 반대한 嚴尤의 사례에[36] 견주어, 일종의 회유론이었을 것으로 추측하기도 한다.[37]

어쨌든 유현은 고구려를 외부의 세계, 즉 '夷'로 본 것이다. 그러므로 그의 인식은 中華와 夷狄을 분별하는 華夷論의 범주에 있다.[38] 그에 반해 수 조정의 다른 이들은 대부분 고구려를 '요동', 즉 '중국의 옛 땅'으로 보았다는 지적에[39] 유의한다.

다른 한편, '요동' 출정에 반대한 일부 인사들 가운데는 단순히 화이론의 맥락에서가 아니라, 요동의 지정학적 조건을 고려한 전략적 분석과 판단에 입각한 경우도 없지는 않았다. 예컨대 元帥長史로서 漢王 諒과 함께 요동 전투에 참전했던 高熲은, 애초에 이 전쟁을 강하게 반대하였다. 그로 인해 수의 군대가 회군했을 때 獨孤皇后는 고경의 반대를 환기하면서, 이 전쟁이 처음부터 성공하지 못할 줄 짐작했다고 짐짓 그를 비난하였다. 그러나 고경은 그에 앞서 晉王 廣[양제]과 함께 陳을 공멸할 때도 동일한 원수장사의 직임을 띠고 참전한 적이 있었거니와, 그는 그 당시 강북과 강남의 농업생산 조건은 물론 강남의 생태와 주거의 특질까지 고려하는 주밀한 책략가의 자질을 발휘했던 인물이다.[40] 따라서 고경의 전

35) 『수서』 75 열전 40 儒林 劉炫傳, "開皇之末 國家殷盛 朝野皆以遼東爲意 炫以爲遼東不可伐 作撫夷論以諷焉 當時莫有悟者 及大業之季 三征不克 炫言方驗".

36) 『삼국지』 30 魏書 동이전 고구려.

37) 姜性文, 앞의 논문 「麗隋·麗唐戰爭 原因考」, 169쪽.

38) 김창석, 2007, 「고구려·수 전쟁의 배경과 전개 – 경제적 요인을 중심으로」 『東北亞歷史論叢』 15, 107~108쪽.

39) 황약슬, 앞의 논문 「수나라의 高句麗에 대한 認識을 시론함」, 81쪽.

쟁 반대는 유현의 논리만으로는 포섭되지 않는 것이었다고 판단한다.

그러므로 수 문제의 저와 같은 태도는, 종래 남북조 제 왕조와 고구려의 전통적 관계에 대한 경험과, 여기에 더해 신뢰하는 고경의 전략적 인식 등에서 자연스럽게 귀결되었을 것이다. 그렇다면 영양왕의 선제공격은 결과적으로 여러 측면에서 고구려의 국익에 기여한 셈이다.[41] 그러나 양제의 즉위 후, 특히 돌궐 계민가한의 牙帳에서 고구려의 사신을 조우한 사건을 직접적인 계기로 하여, 상황은 크게 변전하였다. 양제를 수행하던 裴矩는 이렇게 말한다.

> 고구려의 땅은 본래 孤竹國으로, 周 대에 그곳을 箕子에게 봉하였다가 漢나라 때 나누어 3郡으로 했으며, 晉나라 역시 요동을 통할했는데 지금에 와서는 신하 노릇을 하지 않고 별개의 다른 지역이 되어 버렸으니, 이 때문에 선제께서 근심하여 정복하려 하신 지가 오래되었습니다. 다만 楊諒이 못나서 군사를 내었다가 공적을 이루지 못했지만, 폐하의 시절을 만나 어찌 애써 바로잡지 않아 이 예의가 두터웠던 지역[冠帶之境]을 끝내 오랑캐 소굴이 되게 할 수 있겠습니까? 이제 저들의 사자가 돌궐에 와서 계민이 온 나라를 들어 교화에 복종하는 것을 직접 보았으니, 저들은 황제의 聖明이 멀리 현창하니 뒤늦게 항복하다가 먼저 패망할까 두려워할 것인바, 저들로 하여금 입조하도록 위협한다면 마땅히 이르게 할 수 있을 것입니다. (『수서』 67 열전 32 배구, 大業 3년)[42]

배구가 이른바 '중국의 고토 회복'이라는 인식과 명분이 호전적인 양제에게 심중한 영향을 끼쳤을 것을 부정할 필요는 없다. 그러나 위의 사건이 있기 직전에 양제가 고경을 처단한 사실도 주의해야 한다.[43] 고경은 계민가한에 대한 양제의 환대에 대해, 그들이 중국의 허실과 산천의 험이

---

40) 『수서』 41 열전 6 高熲.

41) 李成制, 앞의 논문 「嬰陽王 9年 高句麗의 遼西 攻擊」, 22~24쪽.

42) 『구당서』 63 열전 13, 裴矩 및 『신당서』 100 열전 25, 裴矩 참조.

43) 『수서』 3 煬帝 上, 大業 3년 7월 丙子.

를 탐지하여 뒷날 근심거리가 될까 걱정이라거나, 또 그러한 수 조정을 겨냥하여 도무지 기강이 없다거나 하는 등, 원로다운 우려를 피력하다 변을 당하고 말았다. 일찍이 晉王 시절 양제가 陳을 공멸하면서 後主의 貴妃 張麗華를 차지하려는 것을 고경이 저지하고 장여화를 참수했을 때도, 양제는 못내 불쾌해 했거니와,[44] 요동 출정을 반대해 온 중신의 종말은 그 의미가 간단치 않다. 배구가 새삼 환기한 과거 漢王 諒의 치욕적 패배는 양제의 승벽을 예리하게 자극했겠지만, 그와 함께 은연중 고경의 패전 책임 또한 확인하는 것이었다.

배구의 의견은 伯夷의 고죽국과 기자와 한의 군현을 거쳐, 고구려로 이어지는 역사 계통론에 서 있다. '고구려는 회복해야 할 중국의 고토'라는 도발적 인식은 612년 양제의 東征詔에서 한결 단호한 목표로 재현되었다. 무엇보다도 양제는 문제와는 달리 고구려의 정치 사회적 현상을 국내 문제와 방불하게 거론하였다. 그리하여 "백성들을 위로하고 죄인들을 문책하여 두 번 걸음을 하지 않으리라!" 자부하였다.[45]

612년의 출정에서, 과연 양제가 고구려의 영토를 실제 점유하고자 했는지 단정할 근거는 충분치 않다. 그러나 양제가 지시한 좌·우군 24군단의 최종 집결지는 의연히 평양이었다. 정교한 技術로 저명한 耿詢은 양제의 동정에 대해 "요동은 토평할 수 없으니 우리 군사가 필경 공을 이루지 못할 것"이라고 상서했다가 죽임을 당할 뻔했는데, "평양에서 패하고서야 문제는 경순의 말이 들어맞았다 하여 그를 太史丞에 임명"했다 한다.[46] 경순의 사례는, 軍役을 피해 群盜가 되고 요동에 가서 헛되이 죽지 말라는 노래[無向遼東浪死歌]가 퍼지던 그 당시 민간의 고통과 공포를 대변하는 것이지만,[47] '요동'이 곧 '고구려'이자 '평양'을 이르는 문맥의 예증

---

44) 『수서』 41 열전 6, 高熲.
45) 『수서』 4 帝紀 煬帝 下, 大業 8년 정월 및 『자치통감』 181 隋紀 5.
46) 『수서』 78 열전 43 藝術, 耿詢.
47) 『자치통감』 181 隋紀 5 煬帝 上之下, 大業 7년 12월.

으로서 유의하고자 한다.

613년 정월부터 양제는 다시 군사를 징집하여 涿郡에 집결케 하고 전쟁 준비를 서둘렀다. 전년의 참패는 질투심과 자기 현시욕에 사로잡힌 그에게 오히려 객관적 현상 파악을 방해하는 요인이었다. 양제는 “지금 우리는 바다를 둘러엎고 산을 옮겨 놓는 일조차도 해낼 수 있을 것으로 기대하거늘, 하물며 이따위 오랑캐에 있어서랴!” 성언하였다.[48] 그리고 우문술의 관작을 복구시켰다. 그 자신 다시 요하를 건넜으며, 우문술과 楊義臣으로 하여금 곧바로 ‘평양’을 향해 내닫게 하였다.

이번 출정에서도 요동에 힘을 모으는 양제의 무모함을 左廣祿大夫 郭榮이 비판하였다. 곽영은 612년에도 종군했던 인물로서, 이 전쟁이 중국을 피폐하게 만들 뿐이라고 진단하였다. 그는 미개한 오랑캐가 예의를 잃은 문제는 신하가 감당할 일이라고 하면서, “제가 듣건대 천 근 무게의 쇠뇌는 생쥐를 잡기 위해 쏘지는 않는 것이온데, 어찌하여 친히 萬乘의 천자 자리를 더럽혀가면서까지 작은 도적을 상대하려 하십니까?” 충간하였다. 곽영의 비유는 위나라의 杜襲이 許攸를 치려 하는 조조를 만류하면서 한 말로서,[49] 완곡한 어법의 반전론이라고 해야 옳다. 그러나 양제는 듣지 않았다. 곽영은 전년에 이어 다시 헌신적으로 100여 일의 요동성 공격에 힘을 다하였다.

614년에도 곽영은 양제를 따라 출정할 수밖에 없었다. 그리고 마침내 懷遠鎭에서 병사하고 말았다.[50] 양제는 7월, 회원진에 머물고 있었다. 요동 출정을 반대하면서도 충절을 다한 곽영과는 달리, 징발당한 수의 장졸들은 대부분 기일을 어기고 오지 않았다. 그들의 정서는 이미 1년 전 양현감의 반란 때 적나라하게 드러난 셈이었다.

양현감과 거사를 함께 했던 李密은 양제 시대 지식인 일반이 지니고

48) 『자치통감』 182 隋紀 6 煬帝 中, 大業 9년 정월.
49) 『삼국지』 23 魏書, 杜襲.
50) 『수서』 50 열전 15, 郭榮.

있던 고구려 인식의 단면을 생생하게 반영한다. 거병을 앞둔 양현감에게 이밀은 세 가지 계책을 예거하였다. 그는 양제를 직접 공격하는 것을 상책으로 제시하면서 "앞에는 고구려가 있고 물러나자니 돌아올 길이 없어, 열흘을 못 넘겨 지닌 군량이 다할 터라 대장기를 들어 한 번 부르면 그 무리가 저절로 항복하여 싸우지 않고도 잡을 것"이라고 하였다.[51] 분석의 전제로서, 양제가 고구려를 쉬이 정복할 수 없으리라는 것이다.

이러한 인식은, 양제를 따라 종군했다가 도중에 질병을 얻어 죽음에 임박하자 곡진한 충정의 표문을 제출한 段文振에게서도 확인된다. 그 역시 요동의 기상 조건과 병참 유지의 어려움을 지적하면서, "강적이 앞에 있는 터에 말갈이 배후에서 출몰하는" 사태를 경계하였다. 따라서 오직 수륙 양면의 신속한 출격으로 평양을 고립시키는 전술만이 유효한 대안일 수 있음을 강조하였다.[52]

마찬가지로 太史令 庾質도 612년과 613년 출정 때마다 양제에게 친정을 반대하면서, "일정을 반으로 단축하여 불의에 출격할 것"을 건의하였다. 그러나 양제는 매번 불쾌해하며 "네가 가기 힘들면 여기 남아 있으면 될 일"이라고 곡해하거나, "내가 직접 가서도 이길 수 없었거늘 그저 다른 사람을 보내서야 어찌 성공할 것인가"라고 면박하였다. 양제가 유질 등에게 "고구려의 토지와 인민을 헤아려보면 겨우 나의 한 개 郡에 상당할 뿐"이라고 말하곤 했으나,[53] 그것은 정작 지식 관료들의 현실 인식과는 상당한 거리가 있었던 것이다.

여하튼 이밀은 거사에 실패한 뒤 다시 자립하여, 617년 낙양을 포위한 채 여러 군현에 수의 죄상을 나열하여 포고했는데, 그 가운데 일곱 번째로 든 수의 죄가 곧 고구려를 상대로 한 전쟁이었다. 그는 "遼水의 동쪽은 조선의 땅으로 禹貢편에는 이를 荒服으로 여겼고, 주왕도 밀쳐두어 신

51)『구당서』53 열전 3 李密, 大業 9년.

52)『수서』60 열전 25, 段文振.

53)『수서』78 열전 43 藝術, 庾季才 子質.

하로 여기지 않았다"라고 지적한다. "전쟁이란 불과 같아서 단속하지 않으면 장차 스스로를 태우는 것인데도", 수는 마치 "앞에서 우는 매미 잡으려다 뒤에서 탄환 재는 줄 모르는 격"[54]이라 하였다. 양제의 무모한 東征을 비난하는 가운데, 과거의 조선 즉 현재의 고구려를 중국의 九服 범주 밖에 설정한 그의 역사 인식을 주목한다.[55]

얼마 후 당 고조의 발언 가운데에는 그와 같은 이밀의 인식이 바탕을 이루고 있다. 고조는 전란 과정에 몰입해 온 고구려인들을 먼저 환송 조처하면서, 고구려에 제안하였다.

> 이처럼 서로 화목하고 길이 교빙의 우호를 돈독히 하며 각각 자기 강토를 보존하고 있으니[各保疆埸], 이 어찌 성대한 아름다움이 아니랴! 다만 수나라 말기에 전쟁이 잇따르고 재난이 얽혀 서로 치고 싸우던 곳에서는 각각 자기 백성들을 잃었으며[各失其民], 마침내는 부모 형제들이 뿔뿔이 흩어지고 부부들은 갈려 나뉜 채, 여러 해가 지나도록 이 원한을 방치해 풀지 못하고 있도다. 이제 우리 두 나라가 화친을 통했으니[二國通和] 명분이 막히거나 다를 게 없으리라. 여기에서 살고 있는 고구려 사람들은 이미 샅샅이 조사해 찾아내서 곧바로 돌려보내게 했으니, 그곳에 있는 우리나라 사람들도 왕이 놓아 돌려보내서 서로 백성들을 편안히 기르는 방안에 힘을 다하고, 함께 인자하고 너그러운 길을 넓힐 일이로다. (『구당서』 199 下 열전 149 上 동이 고려, 武德 5년)

고조의 현실 인식에서 당과 고구려는 영토와 인민이 분별되어 있는[各保疆埸, 各失其民] 두 나라일 뿐이다. 고조는 굳이 고구려에 稱臣을 강요함으로써 스스로를 尊大하는, 즉 허명에 불과한 명분에 긴박되는 군색함으로부터 벗어나고 싶어 하였다. 그러나 다시 배구와 溫彦博 등이 "요동의 땅은 주 대에 기자의 나라였고 한나라의 현도군이었을 뿐"이라 '不臣'

---

54) 『說苑』 正諫.

55) 『구당서』 53 열전 3 李密, 大業 13년.

을 허용할 수 없다고 반대하여, 고조의 뜻이 실현되지는 않았다.56)

배구의 역사적 인식은, 양제가 그러했던 것처럼, 곧 태종의 출정 명분이 되었다. 동돌궐에 이어 고창국을 토평한 태종의 현시욕을 채울 곳으로는 이제 고구려가 겨냥될 수밖에 없었다. 641년 고구려로부터 귀국한 진대덕의 복명을 받은 태종은, "고구려는 본래 4군의 땅"이었다고 규정하였다.57) 고구려를 향한 태종의 방침은 이미 확정되었다. 그것은 회복해야 할 고토에 불과하였다. 수륙 양면의 출격 전술도 양제의 그것과 다르지 않았다. 다만 전란으로 쇠약해진 산동 지역 주·현들의 조건이 출병을 지연하는 요인이었을 뿐이다.

이듬해인 642년 연개소문은 영류왕을 시해하였다. 일단 태종은 1년 전 백제 무왕의 훙거 때와 마찬가지로, 애도 의식을 거행하고 부의를 보내 조문하였다. 그러나 연개소문의 행위는 태종에게 고구려 정토의 강력하고도 현실적인 명분을 제공하였다. 즉 역사적으로 고구려는 회복해야 할 '故土'요, 현실의 고구려 집정자는 응징해야 할 '亂臣'이었다. 공교롭게도 보장왕은 정변 직후 청병을 목적으로 입국한 김춘추에게 "麻木峴과 竹嶺은 본디 고구려 땅"이므로 반환하라고 요구하였다. 흥미롭게도 태종의 고구려에 대한 영토 귀속 논리가 고구려의 신라에 대한 그것으로 재연되고 있는 것이다.

물론 명분은 의연히 명분일 따름이다. 실제 전쟁의 적실한 동기는 공언되지 않는 한편, 표방된 명분은 쉽사리 전변한다. 예컨대 태종이 신라 공격을 멈추도록 고구려를 겁박했을 때, 연개소문은 과거 수나라와의 전쟁 때 신라가 탈취해 간 500리 땅의 반환을 終戰의 조건으로 거론한 적이 있다. 이에 대해 태종의 사절 相里玄奬은 "이미 지나간 일을 어찌 추궁해 이야기할 것인가? 지금 요동의 여러 성들은 본래 모두 중국의 군현들이

56) 『구당서』 199 下 열전 149 上 동이 고려, 武德 7년.
57) 『자치통감』 196 唐紀 12 太宗 中之中, 정관 15년(641).

었지만 중국에서도 오히려 이를 말하지 않는데, 고구려만이 어찌하여 반드시 옛 땅을 찾으려 들 수 있겠는가?"라고 힐난하였다. 상리현장의 말에서도 드러나듯이, 요동 혹은 고구려가 본래 중국의 땅이라는 명분은 다른 현실적 필요에 의해 억지되거나 보류되고 있었다.

다만 신라의 500리 탈취나 고구려의 중국 요동 점유나, 그것이 전쟁 명분의 빌미가 되는 본질에서는 다르지 않다. 예컨대 상리현장의 보고에 대해 태종은 "개소문이 자기 임금을 시해하고 대신들을 살육했으며 제 백성을 가혹하게 다루더니, 이제 또 내 명을 어기고 이웃나라를 침략하니 그를 토벌하지 않을 수가 없겠다"[58]라고 반응하였다. 그러나 이 전변된 결의의 까닭 또한 그 자체가 적실한 개전의 동기일 수는 없는 것이다.

전면전을 염두에 두면서부터 더욱 잦아지는 태종의 전쟁 명분 피력은, 그만큼 현실의 고구려에 대한 위구심이 크고 그로 인해 수 대의 전철을 경계하지 않을 수 없는 초조함의 반증일 것이다. 조정의 중론도 다르지 않았다. 간의대부 褚遂良은 "일거에 이기지 못할 경우 반드시 군사를 다시 일으켜야 할 것인바, 다시 거병하는 것은 (한을 품고 분을 이기지 못해 일으키는) '忿兵'이 될 것이며, 군사가 분해할 경우 승부를 기약할 수 없을 것"이라고 경계하였다. 그는 비록 연개소문의 '弑君' 행위에 대한 '討逆'의 명분은 마땅한 것으로 수긍하면서도, 전장의 기상 조건과 바다 건너 멀리 '小夷'를 원정하다 있을 수 있는 만일의 차질이 초래할 손실을 들어, 태종의 친정만은 극구 반대하였다.[59] 그러나 태종은 친정을 위해 長安을 떠나면서 비등하는 우려와 반대에 대해 끈기 있게 설득하였다.

> 황제가 직접 군사를 거느려 고구려를 치고자 장안의 노인들을 불러 위로해 말하기를, "요동은 옛날 중국의 땅이었을 뿐만 아니라 막리지가 자기 임금을 죽였으니 내가 이제 직접 가서 그곳을 경략하려 하는 터라, 그대 노인

58) 『자치통감』 196 唐紀 13 太宗 中之下, 정관 18년(644).
59) 『신당서』 105 열전 30 褚遂良.

> 분들과 약속하거니와 그대들 아들과 손자로 나를 따라 떠나는 이들은 내가 잘 보살피고 위로할 것이니 근심할 것 없으리라" 하고, 포백과 곡식을 후하게 내려 주었다. 여러 신하들은 모두 황제에게 직접 가지 말 것을 권했으나, 황제는 "나도 알겠다. 근본을 떠나 말단으로 치닫고, 높은 데를 버리고 낮은 데를 취하며, 가까운 것을 놓아두고 먼 곳에 가는 이 세 가지가 모두 바람직하지 않은 것인데, 고구려를 치는 것이 바로 그러하다. 그러나 개소문이 자기 임금을 시해하고 또 대신들을 죽여 제멋대로 하는지라 온 나라 백성들이 목을 늘이고 구원을 기다리고 있는데, 의논하는 이들은 도리어 이 점을 알지 못하는 것일 뿐이다"라고 말하였다. (『신당서』 220 동이전 고려, 정관 18년)

11월에 洛陽에 도착한 태종은, 지난날 양제를 따라 고구려 원정에 참여했던 鄭天璹이 병참 유지의 어려움과 고구려의 뛰어난 수성 능력을 거론하자, "오늘날을 수나라 때와 비교할 것은 아니니 그대는 다만 따르기만 하라!"라고 응답하였다. 이윽고 편제를 마친 병력이 幽州에 집결하자, 태종은 다시 개전의 당위와 필승의 근거를 정리하여 반시하였다. 그가 분석한 고구려의 현상은 국력의 열패, 정통의 손상, 정정의 혼란, 전력의 추락, 사기의 저하로 정리되었다. 고구려로서는 필패의 형국이다.

> 지금 우리가 반드시 승리하게 될 이치 다섯 가지를 대략 말해 보자면, 첫째 큰 것으로 작은 것을 치는 것이요, 둘째 순리로 반역을 치는 것이요, 셋째 정연한 다스림으로 어지러운 틈을 타는 것이요, 넷째 편안한 군사로 피로한 군사를 대적하는 것이요, 다섯째 기뻐하는 군사로 원망하는 군사에 맞서는 것이니, 어찌 이기지 못할 것을 근심하겠는가? 백성들에게 포고하노니 의심하거나 두려워하지 말라! (『자치통감』 197 唐紀 13 태종, 정관 18년 11월)

태종 휘하의 많은 조신들은 수나라의 참혹한 패망을 경험한 이들이다. 그들 사이에 만연한 우려는 은폐된 공포와 다르지 않았다. 태종 역시 그가 양제와 비교되는 것은 가장 두렵고 불쾌한 일이었다. 태종의 이 조서가 반시된 직후에도, 충직한 李大亮은 죽음에 임하여 태종에게 遺表를 올려 고구려 원정을 그만둘 것을 호소하였다.[60] 어수선한 논란 끝에 645년 정월 태종은 낙양을 출발하여, 3월 定州에 도착하였다. 태종은 역사적 영토 인식과 현실적 군신 논리를 동원하여 다시 한 번 고구려에 대한 개전의 명분을 확인하였다.

> 요동은 본래 중국의 땅이다. 수는 네 번이나 군사를 출동시켰으나 이곳을 찾아오지 못하였다. 내가 지금 동방을 정벌하는 것은, 중국을 위해서는 전몰한 자제들의 원수를 갚고자 하는 것이고, 고구려에 대해서는 시해를 당한 임금의 치욕을 씻어 주려는 것일 뿐이다. 게다가 사방의 구석까지 크게 평정되었는데 오직 이 고구려만이 평정되지 않았기 때문에, 내가 더 늙기 전에 사대부들의 남은 힘을 가지고 이 땅을 되찾으려는 것이다. (『자치통감』 197 唐紀 13 태종, 정관 19년 3월 丁亥)

중국의 영토 수복과 난신적자의 징치에 더해, 전몰한 중국 장병을 위한 설욕이 전쟁 명분에 추가되었다. 이 점에서, 태종이 과거 고구려와 수의 전쟁을 영양왕과 양제의 전쟁이 아니라 고구려 인민과 중국 인민 간의 전쟁으로 인식하고 있다는 지적은 타당하다.[61] 그러나 온갖 역사적이거나 현실적인 전쟁 명분의 분식보다는, "오직 고구려만이 평정되지 않았기 때문"이라는 상황 인식이 본질에 더 가깝다고 본다. 중국 역사상 여느 제왕보다도 '好大喜功'[62]하는 성정의 태종에게 그러한 사태는 용인하기 힘들었을 것이다.

---

60) 『구당서』 62 열전 12, 李大亮.

61) 姜性文, 앞의 논문 「麗隋·麗唐戰爭 原因考」, 206~207쪽.

62) 『신당서』 2 太宗本紀 정관 23년, "甚矣 至治之君不世出也 … 至其牽於多愛 復立浮圖 好大喜功 勤兵於遠 此中材庸主之所常爲".

3. 왕조의 멸망과 정통성의 문제

1) 패멸의 주요 국면들

눈물을 흘리며 슬피 우는 태자를 뒤로 하고, 태종은 定州를 출발하였다. 4월에 요수를 건넌 李世勣과 道宗의 병력은 현도성과 신성을 위협하였다. 크고 작은 전투에서 고구려의 패배와 손실은 거듭되었다. 불과 한 달 남짓한 사이에 개모성, 비사성, 요동성, 백암성 순으로 요하를 따라 포진한 방어성들이 무너져 갔다. 태종이 요수를 건넌 다음 다리를 치워 아예 물러설 여지를 없앤 것이 5월 정축이었는데, 달을 넘기지 않고 요동성과 백암성을 함락시켰다.

이처럼 30년 만에 재개된 요동의 전황은 양제 때와는 판이하게 달랐다. 요동성은 지난날 충일한 기세로 요하를 건넌 양제의 대군을 맞아 5월부터 석 달 동안을 굽힘없이 싸워 자존했던 성이다. 즉 요동성에 발이 묶여 있던 양제는 우중문 등의 9개 군단이 薩水에서 궤멸당한 보고를 받고, 7월 25일 요동성으로부터 퇴각을 결정했었다. 따라서 30여 년을 전후로 한 양제와 태종의 요동 공략에서 나타난 이 현저한 국면의 차이를 마땅히 주목하지 않을 수 없다.

정관 연간에 『수서』의 제기와 열전을 편찬한 長孫無忌와 魏徵 등의 의중이 담겼겠지만, 『수서』에는 일단 동정에 임하는 양제의 태도가 당 태종의 그것과는 크게 대조적으로 기술되었다. 예컨대 태종은 요동성 공격을 위해 장졸들과 더불어 직접 흙을 져 날라 성 밖의 참호를 메꾸었다. 백암성 전투에서는 右衛大將軍 李思摩가 화살에 맞자 상처의 피를 태종이 입으로 빨아내어 장졸들을 감동시켰다. 계필하력의 상처에도 약을 펴 바르는 태종의 손길이 미쳤다. 안시성 공격 중에 발을 다친 도종에게는 직접 침을 놓아주기도 하였다. 반면에 30년 전 양제는 요동성의 성곽과 해자를 살펴본 다음 지휘관들을 겁박하였다.

> 그대들은 스스로 관직이 높다고 여기고, 또 가문의 세도를 믿어 나를 어리석고 만만한 이로 대하려 하느냐? 도성에 있었을 때 그대들이 모두 내가 이곳에 오는 것을 바라지 않더니, 그대들의 병통과 폐단을 볼까 두려워했던 것이로구나. 내가 이제 여기 온 것은 바로 그대들의 소행을 보아서 그대들의 목을 베려는 것인데, 그대들은 지금 죽음을 두려워해 기꺼이 힘을 다하지 않으니, 내가 그대들을 죽이지 못할 것이라고 여기는 것이냐?

양제의 광포함에 장수들은 얼굴빛을 잃었다. 그러나 우문술 등의 9군 병력은 '곡식을 버리는 자는 죽일 것'이라는 엄명에도 불구하고, 지급 받은 1백 일 분의 식량을 몰래 땅에 파묻어 버렸다. 그리하여 정작 접전이 벌어지기도 전에 군량이 바닥을 드러냈다.

심지어 최고지휘부의 우중문은 전술의 이견을 지닌 우문술 등을 비난하여 "내가 이번 걸음에 공이 없을 줄을 이미 알고 있었다"라는 자포적이고도 위험한 말조차 서슴지 않았다. 물론 그의 말 자체는 지휘부 내에서 전술의 일치를 이끌어 내지 못한 데 대한 자탄이었다. 즉 "옛날에 훌륭한 장수들이 성공할 수 있었던 것은 전쟁터에서의 일이 한 사람에 의해 결정되었기 때문인데, 지금 우리는 사람마다 제 생각을 가지고 있으니 어떻게 적을 이기겠는가?"라는 것이다.

그러나 이것은 실상 양제에 대한 불만이자 비판이었다. 양제는 첫 출정에서 장군들에게 "일신의 공명을 세워 훈작과 포상을 바라는 따위"를 하지 말라고 하였다. 아울러 군사의 진퇴는 모든 경우 그에게 상주하여 아뢴 다음 회보를 기다리게 하였다.[63] 이 냉혹하고도 비효율적인 지침은 정작 그 자신이 공명을 독점하고 싶은 승벽과 욕망에서 비롯된 것이라, 휘하 지휘부는 참괴하였고, 전투 병력은 그에 연동하여 삼감이 없이 태만하였던 것이다.

그런데 그로부터 30년 뒤, 고구려의 강력한 거점 성들이 속속 무너져

63) 『자치통감』 181 隋紀 5 煬帝 上之下, 大業 8년 5월~6월.

내리고 있으니, 일견 양제와 태종의 차이를 간과할 수 없다. 다만 이러한 현상을 태종의 작위적인 '聖君다움'만으로 설명할 수도 없다고 본다. 자신이 양제와 비견되는 것을 민감하게 싫어했듯이, 온갖 작위를 동원해서라도 덕치의 제왕으로 비쳐질 것을 갈구하는 태종의 현시욕은 오히려 그를 남루하게 만든다.

예컨대 태종은 632년 겨울, 寬仁으로써 천하를 통치한다는 명분으로 사형수 390인 전원을 집으로 돌려보냈다가 다음해 가을 기일에 맞춰 형장으로 돌아오게 했는데, 그들은 과연 이듬해에 한 사람도 뒤처짐 없이 돌아왔다고 한다. 이에 태종은 그들을 전원 사면하였다.[64] 영합하는 이들은 태종의 덕화가 극악한 소인배들을 감화시킨 결과라고 놀라워하였다. 그러나 400여 년 뒤 송의 歐陽修는 이 변칙적 사건을 일러, 바로 그와 같은 칭예를 갈망했던 태종과 사형수들이 서로의 마음을 헤아려 도적질한 것에 불과하다고 혹평한 바 있다.

분명한 사실은, 확실히 고구려군의 대응이 무력해져 있었다는 것이다. 사서에 보이는 여러 망국의 예조야, 본질적으로는 왕조의 패멸을 경험한 이들이 그 파국적 사태를 설명하기 위해 뒷날 환기해 낸 것들에 불과하다.[65] 그러나 요동성의 허망한 함락은 실로 충격적 현실이었다. 태종과 이세적의 공세에 사태가 급박해질 즈음, 요동성에서는 주몽의 사당에 아름다운 여인을 분장하여 '婦神'으로 삼고는, "주몽께서 기뻐하시니 성은 반드시 온전할 것이다"라고 했다 한다.[66] 주몽은 고구려의 시조이다. 고구려인들은 여러 문자 정보와 조형들에서 시조의 거룩함과 신성성을 예증하였다. 시조는 天帝의 유예요 河伯의 외손이며, 하늘과 직접 소통하고

64) 『신당서』 56 志 46 刑法, "(太宗) 六年親錄囚徒 閔死罪者三百九十人 縱之還家 期以明年秋卽刑 及期 囚皆詣朝堂 無後者 太宗嘉其誠信 悉原之"; 『唐語林』 1 政事 上; 『자치통감』 194 唐紀 10 정관 7년 9월.

65) 이강래, 2011, 『삼국사기 인식론』, 一志社, 15~17쪽.

66) 『신당서』 220 동이전 고려, 정관 19년.

황룡을 부려 승천하는 존재였다. 이처럼 고구려인의 시조에 대한 기억과 설명들은, 어여쁜 여인을 '부신'으로 맞이하여 기뻐하는 주몽의 낯선 형용과는 사뭇 다르다.

당시 고구려에서는 주몽과 그의 모후가 각각 登高神과 夫餘神으로 숭앙되고 있었다.[67] 두 신격은 "전통적인 동북아 주민들 사이에서 신앙되던 日神과 地母神"인 셈이다.[68] 따라서 주몽이 분장한 여인을 맞이하여 기뻐한다는 설정은, 승리한 당의 기록자들이 패멸한 고구려에 대한 비하의 맥락에서, 두 신위를 속된 처지로 전락시켜 왜곡하고 조롱한 것일 뿐이다.

특히 이렇듯 비속한 설정은, 동정에 실패하고 패퇴한 이듬해 5월에 고구려에서 사죄사를 보내면서 미녀 두 사람을 바쳤을 때 이를 물리친 태종의 거오한 태도와 대비되는 효과를 겨냥한 것이기도 하였다. 태종은 "미녀는 사람마다 소중하게 여기는 것이지만, 그들이 친척들을 떠나와 애태우는 것이 딱해 내가 받지 않는 것이다"라고 하였다.[69] 이처럼 적국에 의한 치욕이 거듭되는 가운데, "동명왕 어머니의 소조상이 3일 동안이나 피눈물을 흘리며 슬프게 울었다."

요동성이 1만 명의 전몰자와 4만 명의 포로와 함께 함락되자, 백암성의 성주 孫代音은 서둘러 항복하고 말았다. 을미일에 당군이 백암성으로 진격했는데 정유일에 항복했으니, 이틀 만이다. 백암성 주민 만여 명은 항복의 대가로 음식과 비단을 받았다. 백암성을 지원하기 위해 다른 성에서 파견되어 와 있던 군사들에게도, 한결같이 위로하고 타이르되 양식과 군장을 주어 그들 마음대로 가게 하였다. 태종은 자칫 승리의 노획물에

---

67) 『周書』 49 열전 41 異域 上 고려, "有神廟二所 一日夫餘神 刻木作婦人之象 一日登高神 云是其始祖夫餘神之子 竝置官司 遣人守護 蓋河伯女與朱蒙云".

68) 노태돈, 1999, 『고구려사 연구』, 사계절, 365쪽.

69) 『삼국사기』 21 고구려본기 9, 보장왕 5년 5월의 이 서술은 『신당서』 220 동이전 고려, 정관 20년 기사와 『자치통감』 198 唐紀 14 태종 下之上, 정관 20년 5월 甲寅조를 활용한 것이다.

광포할 수 있는 군사들로부터 그들을 보호한 것이다. 태종의 배려를 입은 고구려 군민들은 각자의 본거지와 평양성으로 갔을 것이라, 그들의 생환이 향후 고구려의 대당 전쟁에 미칠 파장은 간단치 않았다.

아직 개전 초이지만, 불과 열흘 동안이나마 당군에 저항한 요동성의 군민과 곧바로 항복한 백암성의 군민 사이에서 나뉜, 상반된 생사의 귀결은 고구려 구성원들에게 위험할 정도로 인상적인 것이었다. 안시성을 위해 달려온 욕살 고연수와 고혜진 또한 이미 최초 교전에서 수 만 명을 잃었다고는 하나, 그로부터 단 하루 만에 무려 3만 6천 8백 명을 거느린 채 항복하고 목숨을 구걸하였다. 태종은 그들 가운데 욕살 이하 지휘관 3천 5백 명을 가려내 당나라 경내로 옮기고, 나머지는 다 풀어 주어 평양으로 돌아가게 한 반면, 고구려의 전력으로 동원된 말갈 군사 3천 3백 명은 모두 파묻어 죽여 버렸다. 풀려난 이들이 당에 대항하는 전투력으로 회귀하지 않을 것임을 확신한 처사이자, 고구려에 군사적으로 통제되고 있던 일부 말갈 집단에 대한 엄중한 경고였다.

비록 안시성의 영웅적 투쟁에 기세가 꺾였다고는 하나, 태종은 현도·橫山·개모·磨米·요동·백암·비사·夾谷·銀山·後黃 등 10성을 함락시켰다. 그리고 요주·개주·암주 등 3주의 주민들을 옮겨 중국으로 들여온 것이 7만 명이었다. 고구려는 그보다 훨씬 많은 병력과 인명의 손실을 입었다. 양제의 참패와는 크게 다른 전황이었다.

반면 『삼국사기』 찬자는 중국의 주요 사서들이 안시성 일대에서 태종이 공포에 사로잡히고 당군이 곤경에 처한 사실을 은폐했다고 비판하였다.[70] 그는 9세기 전반에 활동한 柳公權의 '小說'을 인용했으나, 송 휘종 崇寧·大觀 연간(1102~1110)에 王讜이 찬성한 『唐語林』에도 그가 지적한 대목이 확인되고 있다.[71] 따라서 태종의 고구려 공격이 실패했다는 것

70) 『삼국사기』 22 고구려본기 10, 보장왕 8년 사론.

71) 『唐語林』 5 補遺, "高麗與靺鞨合軍四十里 太宗有懼色".

은 중국에서도 전혀 외면할 수 있는 문제가 아니었다. 宋의 范祖禹는 "당 태종의 고구려 정벌은 수 양제의 그것과 다를 바 없으며, 다만 나라가 망하는 데까지 이르지는 않았을 따름이다"라고 평하였다.[72] 『宋史』 찬자도 "수 양제는 두 번이나 출병했고, 당 태종은 친히 정벌했으나 모두 이기지 못했다"라고 언급하였다.[73]

누구보다도 태종 스스로가 안시성에서 철군하여 요동의 눈 폭풍을 헤치며 귀경하면서 후회하고 자탄하였다. 태종은 "만약 위징이 살아 있었더라면 나로 하여금 이번 걸음을 하지 못하게 했을 것이다" 한탄하였고, 위징을 추념하는 제례를 베풀고 그 자신이 직접 작성한 위징의 비를 세우게 하였다.[74] 태종에게 위징은 자신의 잘잘못을 알 수 있게 비춰 주는 거울로 비견되었다. 또 이듬해 3월에도 태종은 李靖에게 "내가 천하 사람을 가지고서 작은 오랑캐에게 곤욕을 당한 것은 무엇 때문인가?"라고 물었다.[75] 비록 이정과의 대화는 전략 전술에 관한 것이었지만, 태종 자신부터 동정의 실패를 부인하지 않았던 것이다. 공교롭게도 두 사람은 649년 5월 일주일 사이로 생을 마감하였다.[76]

그러나 태종의 '실패'란 고구려를 '패멸'시키지 못했다는 말일 뿐, 요동에 한정하여 볼 때 고구려는 참패하였다. 반면에 태종은 완전한 성공을 위해 다시 30만 병력을 몰아 일거에 고구려를 패멸시키고자 구체적인 준비를 서둘렀다. 죽음을 예감한 방현령은 조정의 신하들이 다 침묵하는 가운데 홀로 곡진하게 만류하였다. 수성이 더 어렵다고 한 위징에 비해, 태

72) 『唐鑑』 3 太宗 下, 정관 19년.

73) 『宋史』 487 열전 246 외국 3 고려, "漢·魏以來 常通職貢 亦屢爲邊寇 隋煬帝再擧兵 唐太宗親駕伐之 皆不克".

74) 『자치통감』 198 唐紀 14 태종, 정관 19년 10월.

75) 같은 책, 정관 20년 3월.

76) 이정은 태종의 출정에 임박해서도 여러 전략을 논의하고 자문했으며, 이 대화가 이른바 『李衛公問對』로 알려져 있다. 姜性文, 앞의 논문 「麗隋·麗唐戰爭 原因考」, 210~213쪽. 『자치통감』 199 唐紀 15 태종, 정관 23년 5월.

종과 함께 천하를 평정하느라 온갖 죽을 지경을 무릅썼던 터라 창업이 더 어렵다고 응답했던 방현령조차도, 이 전쟁은 무모하며 명분이 없다고 생각하였다.

> 고구려는 역대로 誅伐을 피해 달아나 토벌하지 못했던 것인데, 폐하께서는 그들이 반역과 난동을 부려 주군을 죽이고 백성을 학대하는 것을 꾸짖어 친히 6군을 아울러 요동과 碣石에서 문죄하셨습니다. 이에 한 달도 안 되어 곧 요동을 뒤엎으니, 그 전후로 사로잡은 포로가 수 십 만을 헤아려 여러 州에 나누어 배치하매 어디를 가나 그들로 그득 차게 되었습니다. 지난 수나라 시대의 묵은 치욕을 씻고 산과 언덕에 뒹구는 백골을 덮어 주시어 그 공과 덕을 비교하자면 전대 제왕의 만 배나 되오니, 이야 성명하신 폐하께서 몸소 아시는 바이라 저 같은 이가 어찌 감히 갖추어 말하겠나이까. … 가령 고구려가 신하의 법도를 어겼다면 폐하께서 처단하심이 옳고, 우리 백성을 침노해 괴롭힌다면 폐하께서 패멸시킴이 옳으며, 오래도록 중국의 두통거리가 될 것 같으면 폐하께서 없애버려도 좋을 것입니다. … 그런데 지금 이와 같은 세 가지 조건이 없는데도 공연히 중국을 번거롭게 하는 것이니, 안으로 전대의 치욕을 씻고 밖으로 신라의 원수를 갚는다 하나, 이 어찌 얻는 것은 작고 잃는 것은 큰 것이 아니겠습니까? 원컨대 폐하께서는 … 고구려가 스스로 새로워지도록 내버려 두시어 파도를 헤쳐 나갈 배를 불사르고 응모한 무리를 흩어 버리신다면, 자연히 중화에는 경사요 오랑캐는 의지해 올 것이며, 원방은 삼가 공경하고 근방은 편안하리이다. (『구당서』 66 열전 16 房玄齡, 정관 22년)

방현령은 우선 태종의 친정이 충분히 성과를 거두었다고 평가한다. 물론 그는 태종의 2차 정벌을 만류하기 위해 1차 정벌의 성과를 과장하여, 전쟁의 목표가 이미 달성되었다는 논지를 편 것이다. 다만 더 이상의 확전을 저지하는 데 본의가 있다 해도, 태종의 戰果 자체가 전혀 근거 없는 것은 아니라는 점을 음미할 필요가 있다. 방현령의 遺表가 태종을 당장 저지하지는 못했지만, 그로부터 열 달 뒤 태종은 고구려를 향한 전쟁을 그만두도록 遺詔를 남겼다. 당의 동방 3국에 대한 외교적 겁박과 간섭은 의연했으나, 태종의 유조는 한동안 주효하였다.

그러는 중에도 고구려는 차츰 위기감과 공포심에 짓눌려 갔다. 예컨대 '몸이 하나에 머리가 둘'인 아이의 출현은 '머리가 하나에 몸이 둘'인 사례의 반대로서, 어떤 형태의 비극적 분열과 파탄을 예고하는 것이었다. 神人이 나타나 '패망할 날이 멀지 않았다'는 경고를 했다는 소문이 휩쓸었으며, 왕도에 쇳조각이 비처럼 떨어졌다.[77] 마침내 660년 7월, 백제가 당의 군사에게 유린되는 동안 평양의 강물이 3일 동안 핏빛으로 물들었다. 고종은 해를 넘기지 않고 백제에서 승전한 소정방과 劉伯英, 그리고 고구려와의 전쟁에 익숙한 계필하력과 정명진을 파견하여 고구려를 향하게 하고, 이듬해 정월 蕭嗣業의 군단을 추가하였다.

고종은 661년 3월, 洛城門 연회에서 고구려 친정의 의지를 표상한 '一戎大定樂'을 베풀며 전의를 북돋우었다. 4월에는 任雅相, 계필하력, 소정방, 소사업을 각각 패강도, 요동도, 평양도, 부여도 방면의 행군총관으로 삼아 출정시켰다. 이때 고종의 친정을 반대하는 蔚州刺史 李君球의 논리는 전대와 같았다.

> 고구려는 작은 나라인데 어찌 중국을 기울여서까지 일삼을 것이 있겠습니까? 만약 고구려를 멸망시키고 나면 반드시 군사를 내서 지켜야 할 것인바, 군사를 적게 내면 위엄이 떨치지 않을 것이요 많이 내면 사람들이 불안할 것이니, 이것은 천하를 전쟁으로 내몰아 피로케 하는 것입니다. 제 생각으로는 고구려를 정벌하는 것이 정벌하지 않는 것만 못하고, 멸망시키는 것이 멸망시키지 않는 것만 못한 듯합니다. (『자치통감』 200 唐紀 16 高宗 上之下, 龍朔 원년 3·4월)[78]

이군구는 고구려에 대한 전쟁 자체를 반대하였다. 무엇보다도 승리를 장담할 수 없고, 자칫하면 중국이 위태로워진다. 그는 승리를 확신할 수

77) 『삼국사기』 22 고구려본기 10, 보장왕 13년 및 15년.
78) 『신당서』 220 동이전 고려, 龍朔 원년 참조.

없는 '정벌'은 물론, 고구려의 '멸망'이 중국에 줄 실익조차 없다고 주장하였다. 방현령의 논지와 방불한 것이다. 때마침 武后도 말리니, 고종은 다만 '친정'의 계획만을 포기하였다.

평양도총관 소정방의 병력은 7월 이래 고구려의 저항을 물리치고 패강을 거슬러 올라와, 8월에는 평양성을 포위하는 데까지 나아갔다. 요동도총관 계필하력 역시 9월에 결빙된 압록수를 건너 고구려 병력 3만 명을 살해하며 대승을 거두었다. 적들의 압록수 도강 저지에 실패한 男生은 이 전투의 참패로 인해 군사 지휘 역량에 심대한 흠결을 남기고 말았다. 연개소문의 장자로서 그는 바야흐로 莫離支에 취임하여 三軍大將軍을 겸하고 있었다.[79] 남생의 정치적 부상을, 백제의 멸망이라는 충격적 사태가 요청하는바 '새로운 정세에 대응하는 대내적 조처'로 이해한다면,[80] 그의 패전은 연개소문의 후계자로서의 전도에 비상하게 암울한 조짐일 수밖에 없다. 뒷날 그의 지도력 상실과 그로 말미암은 자포적 투항은, 이때 이미 그 단서가 비롯되었을지도 모른다.

고구려가 잠시 파국을 피할 수 있었던 데에는 당과 신라의 내부 사정이 크게 작용하였다. 우선 6월에 신라의 무열왕이 서거하였다. 당에서 숙위하고 있던 김인문이, 고구려 총공격을 겨냥하여 신라군을 동원하게 한 고종의 칙명을 가지고 도착하기 직전이었다. 문무왕은 7월에야 출정군의 편제를 마치고, 8월에도 중부 내륙의 瓮山城 일대에서 백제 부흥군의 저항에 막혀 머뭇거리다가, 9월 말에야 부흥군의 거점인 옹산성을 함락시켰다. 그러나 무열왕의 부음을 접한 고종의 조문사절이 10월 말에 이르자, 문무왕은 곧 경주로 회군하였다. 이에 대장군 김유신도 행군을 멈추었다.

남생에게 치명적 패배를 안겼던 계필하력도 더 이상 평양으로 진군하지 못하였다. 마침 서몽골 지역의 鐵勒이 반란하자 철륵 출신이었던 계필

79) 「泉男生墓誌銘」(679), 1992, 『譯註 韓國古代金石文 Ⅰ』, 駕洛國史蹟開發硏究院.
80) 노태돈, 2002, 「연개소문(淵蓋蘇文) - 무모한 대외강경론자, 포악한 권력자」 『한국사시민강좌』 31, 9쪽 ; 앞의 책 『삼국통일전쟁사』, 210쪽.

하력은 부여도행군총관 소사업과 함께 소환되어 철륵도안무대사로 투입되었기 때문이다.[81] 이로써 평양성을 포위하고 있던 소정방 등의 당의 군사는 오히려 병참이 끊긴 채 고립되었다. 게다가 위태로운 겨울을 겨우 넘기자마자, 662년 2월 패강도대총관 임아상이 진중에서 죽었다. 곧이어 옥저도총관 방효태 역시 蛇水 전투에서 연개소문에게 참패하고 열세 명의 아들과 함께 전사하였다. 완전히 고립무원에 빠진 소정방 병력은 가까스로 김유신의 병참 지원을 받고서야 철군할 수 있었다.

백제 공멸의 여세로 평양성을 압박해 온 이 전쟁에 대해, 『삼국사기』 편찬자는 당의 병력이 "이처럼 무릇 앞뒤의 싸움에서 모두 큰 성과 없이 물러갔다"라고 평가하였다. 그러나 고구려야말로, 병참이 끊긴 채 혹한의 기상 조건 가운데 고립된 당의 군사를 상대로 승리한 사수 전투 이외에는, 이렇다 할 주동적 성과를 거두지 못하였다. 반면에 막대한 물자와 병력의 심중한 손실을 입고 한때 거의 패멸의 지경까지 내몰렸던 셈이다. 다만 당의 서변 상황과 백제 부흥 세력의 투쟁 등 외적 요인들이 왕조의 파국을 늦추었을 뿐이다. 과거 태종의 친정 때에 비해 당군의 침습은 고구려의 심장부를 근접 위협하였고, 그만큼 왕조의 위기는 깊었다.

당의 대총관 李勣은 마침내 668년 9월 12일, 보장왕의 지시를 받은 男產 등 지도부 100여 인의 항복을 받았다. 그리고 며칠 후, 평양성은 화염 속에서 무너졌다. 연개소문은 이미 사거했으며, 그의 권력을 승습한 남생은 일찍이 당에 투항하여 玄菟郡公의 예우를 누리고 있었다. 평양성이 함락되던 때로부터 정확히 일 년 전, 이적은 요하를 건너 고구려 서변 방어의 요충인 신성을 공격하였다. 결과적으로 이 전투는 고구려 왕조가 패망하게 된 전쟁의 서막이었거니와, 신성 사람 師夫仇 등이 성주를 결박해서 성문을 열고 나와 당에 항복하고 말았다. 허망한 패배였다. 이적의 군사

81) 그는 666년부터 다시 고구려 정벌군 최고 지휘관으로 복귀하여, 마침내 이적과 함께 평양성 공함과 고구려의 패멸을 매듭지었다. 『구당서』 109 열전 59, 契苾何力.

는 이어 인근의 16개 성을 일거에 함락시켰다. 신성을 회복하려는 고구려 군사 5만여 명도 설인귀의 병력에게 목숨을 잃었다.

이듬해 이적과 설인귀는 승세를 몰아 부여성마저 함락시켰다. 이에 부여주 일대 40여 성이 모두 자청해 항복하였다. 신성이 함락되었을 때와 마찬가지로 부여성의 회복을 위해 급파된 5만의 고구려 병력 또한 3만 명의 전몰자만 낳고 말았다. 당의 병력은 압록강을 건너, 무너져 내리는 고구려 군사를 쫓아 200여 리를 남하하여 辱夷城을 함락시켰다. 여러 성들에서는 달아나거나 항복하는 이가 줄을 이었다.[82] '辱夷城'이라는 이름 자체부터 당 측의 교만하고 경멸적인 시선이 담긴 명칭이듯이, 고구려의 치욕적 전황은 걷잡을 수 없었다. 투항의 물결과 패색의 만연은, 男建으로부터 군사 업무를 위임받은 승려 信誠과 휘하 장수 烏沙와 饒苗 등이 이적에게 사람을 보내 내응을 자청하여 평양성의 성문을 열어젖히는 사태로까지 이어졌던 것이다. 이렇게 고구려는 패망하였다.

2) 정통론적 사태 인식

고종의 병사들과 장수들이 태종이 직접 지휘한 장졸에 비해 더 뛰어나거나 전투 의욕이 높았다고 생각할 단서는 없다. 오히려 태종의 친정 후 20여 년이 지난 즈음 당의 동정군은 매우 지쳐 있었다. 웅진에 진수하고 있던 劉仁軌는 664년, 병사들이 체력과 사기가 저락하여 모두 돌아갈 마음만 지니고 있다고 보고하였다. 그에 의하면, 과거에는 사람들이 다투어 응모하고 종군하고자 스스로 의복과 양곡을 준비하겠다고 청하기조차 하여 '義征'이라고 일렀으나, 지금은 중국에서 출발하는 날부터 이미 도망하고 제 몸을 해치는 이가 있으니, 그러한 현상이 꼭 해외에 도착하여 발생하는 것만도 아니라고 지적하였다.[83]

---

82) 『자치통감』 201 唐紀 17 고종, 總章 원년.
83) 『자치통감』 201 唐紀 17 고종, 仁德 원년 10월.

그가 거론한 과거의 사례란, 20년 전 태종이 자신의 요동 출격을 일러 "중국을 위해서는 전몰한 자제들의 원수를 갚고자 하는 것이고, 고구려에 대해서는 시해를 당한 임금의 치욕을 씻어 주려는 것"이라고 성언했을 때의 일을 말한다. 당시 정벌군 명부에 이름이 올라 있지 않은 자들이 사사로이 군장을 마련해서 종군할 것을 자원하여 움직이는 규모가 천 명으로 헤아렸다 한다. 게다가 그들은 공훈과 포상을 바라서가 아니라 오직 태종의 요동 정벌에 목숨을 바쳐 보답하려는 것이라고들 하였다.

또한 유인궤는 태종 당시 遼海를 건너 동정 중에 전사하는 이들에게는 광영된 장례뿐 아니라 관작과 공훈이 풍성했다고 환기한다. 그러나 20년 후 백제와 고구려 공격에 동원된 이들의 경우는 그와 같은 처우를 전혀 기대할 수 없게 되었다 한다. 요컨대 "오늘날의 관부가 그때와 같지 않으니 사람의 마음 또한 달라졌다"라는 것이다.

그렇다면 고구려는 "종군하려 하지 않는 백성"들에게 패망한 격이다. 667년에도 東臺侍郎 張文瓘은 고종의 잦은 토목공사와 外征을 우려한 나머지 진시황과 한 무제의 실정을 거론하면서, 백성들이 고단하여 원망하는 마음이 생기지 않도록 할 것을 주청하였다. 장문관은 감히 "수나라의 거울이 멀지 않으니 살피지 않을 수 없습니다"라는 말로 경고하였다. 그러나 일 년 뒤, 이적은 고구려 보장왕을 태종의 昭陵 앞에 포로로 바쳤다. 수가 네 번이나 군사를 출동시키고도 되찾아오지 못한 요동이요, 이를 반드시 회복할 것이라고 성언했던 태종도 하지 못한 일을, 그 태종의 편안하고 기뻐하는 군사들과는 전혀 달리 오히려 수의 전철을 환기해야 할 지경에 있던 고종의 군사들이 이루어낸 것이다.

고구려가 그 동안 양제와 태종의 친정, 그리고 백제 멸망 직후 승리한 당군의 예봉을, 반드시 군사적 물리력만으로 막아낸 것은 물론 아니다. 반대로 멸망 직전 일 년 동안 신성부터 평양성에 이르기까지 줄을 이은 성들의 함락과 군사의 투항도, 당의 전투력 하나만으로는 설명되지 않는다. 천리장성의 기점이자 거란과 말갈을 겨냥한 거점이었으며,[84] 부여주 일대 40여 성의 항복의 발단이 된 부여성의 함락은, 실로 설인귀가 거느린 3천 병력이 선구한 것이었다. 고구려의 역사는 통제력을 잃은 투항의 군사들과 '王事'의 당위가 실종된 백성에 의해 먼저 종결된 셈이다.

크게 보아 7세기 고구려의 전황은 양제와 태종의 친정 사이에서 큰 격절이 나타났고, 다시 고종 대에 와서도 661~662년의 전쟁과 667~668년의 전쟁 사이에서 유사한 단층이 확인된다. 이에 대한 설명을 위해서는 당의 내부 사정을 비롯한 고구려의 외적 조건, 그리고 침공군의 규모와 기세 등 무상한 여러 변수가 고려되어야 한다. 그러나 고구려의 패퇴와 위축은 위에 예거한 네 국면의 순서에 따라 일관되게 심화되는 경향을 보인다. 특히 두 차례의 큰 단층에는 연개소문의 집권과 그의 죽음이 각각 개재되어 있다는 점을 주목하고자 한다.

연개소문의 집권은 당이 건국된 지 25년째 되는 시점에 이루어졌다. 그 동안 고구려와 당 사이에 군사 충돌은 없었다. 조공을 통한 평화 유지는 수 대와 당 대를 막론하고 고구려가 추구하는 바였다. 특히 당이 건국된 직후부터 거의 매년 고구려는 사절을 당에 파견하고 책력의 반급을 요청했으며, 왕의 자제들을 포함하여 유학생을 파견하고 그들의 국학 입학을 희망하였다. 양제가 강요한 바와 같은 왕의 친조는 아니지만 세자를 입조시켰고, 당이 外征에서 거둔 성과를 축하하는가 하면, 왕조의 봉역도를 제공하고 당의 사절들을 극진히 예우하였다. 당의 고조는 고구려 "(영류)왕은 요동 지역을 통치하면서 대대로 藩臣의 자격으로 사뢰어 正朔을 받들고 멀리서 조공의 직분을 거르지 않으며, 일부러 사자를 보내 산을 넘고 물을 건너 정성을 거듭 펴 보이니, 내가 매우 가상히 여기는 바"라고 상찬하였다.[85]

영주도독 장검은 연개소문이 영류왕을 시해한 사건을 한 달 만에 태종

84) 余昊奎, 앞의 논문 「高句麗 千里長城의 經路와 築城背景」, 190쪽.
85) 『구당서』 199 下 열전 149 高麗, 武德 5년.

에게 보고하였다. 태종이 長孫師를 파견하여 경관을 헐어 버리고 수나라 전몰장병들의 유골을 수습해 제사를 지낸 도발적 사태로부터 이미 10년이 지난 시점이었다. 또한 태종의 군사적 구상에 따라 파견된 진대덕이 고구려 국내를 정탐하는 과정에서, 거의 30여 년 전에 몰입되었을 수나라 사람들을 두루 접하고 나서 그들의 애끊는 실정을 보고한 직후였다. 도처에서 진대덕을 만난 중국인들은 눈물을 흩뿌렸으며, 소식을 듣고 몰려들어 그를 바라보고 통곡하는 수 대의 사람들이 교외의 들에 가득했다 한다. 태종은 보고를 받고서, 고구려는 '본래 4군의 땅'이었음을 다시 환기하며 고구려 공략의 욕망을 드러냈다. 이처럼 오래 은인하던 욕망을 바야흐로 표출하고 추구하려 할 즈음에, 태종은 연개소문의 '弑君' 사태를 만난 것이다.

이로부터 태종의 고구려 인식의 중심에는, 전대의 그것과는 달리, '討罪'의 명분이 새로이 더해졌다. 연개소문도 이 점을 의식했을 것이다. 그가 집권 직후 당으로부터 도교의 수용을 적극적으로 주도하고 儒士와 승려의 반발을 살 정도로 당에서 파견된 도사들을 예우한 것은, 필시 태종을 겨냥한 그의 외교 전략으로 음미해야 할 당위가 충분하다.[86] 태종은 일단 고구려의 요청에 부응하여 叔達 등 도사들을 파견하였다. 그러나 고구려에 입국한 후 그들의 행보는 고구려의 패멸을 재촉하는 것이었다. 고구려가 멸망한 후 사람들은, 당의 도사들이 힘차게 차오르는 신월성 형태의 평양성을 이지러지기 직전의 만월성으로 개축하게 하고, 朝天石을 파괴하여 고구려 왕과 그의 본원인 하늘과의 소통을 파탄시켰다고 증언하였다.[87]

태종은 고구려의 변란을 접한 642년 11월, 亳州刺史 裴行莊의 고구려 토벌 주청을 물리쳤다. 반 년 뒤인 643년 6월에 고구려에 사절로 다녀온

86) 김수진, 2010, 「7세기 高句麗의 道教 受容 배경」『韓國古代史研究』 59, 181쪽.
87) 『삼국유사』 흥법, 寶藏奉老普德移庵. 이강래, 2014, 「고구려 멸망론의 설화적 파생」『한국 고대사 연구의 자료와 해석』, 사계절, 48~51쪽.

鄧素도 懷遠鎭에 병력을 증원하여 고구려를 압박하자 했으나, 태종은 그 비현실성을 들어 일축하였다. 그러나 한 달 뒤 태종은 연개소문의 시군과 국정의 전횡을 응징하기 위해 거란과 말갈을 동원하고자 하였다. 이에 대해 장손무기는 "개소문은 스스로 자기 죄가 큰 줄을 알고, 또 그 때문에 우리나라가 토벌해 올까 두려워 엄중하게 수비할 태세를 갖추고 있을 것"이라 진단하고, 군사행동은 시기상조라며 반대하였다. 그러는 사이에 전운은 짙어 갔으며 긴장도 깊어 갔다. 이 갈등 맥락의 중심에 연개소문의 정치 현상이 자리하고 있었다.

644년 초, 전년에 고구려에 사절로 갔던 상리현장이 귀국하여 상황을 보고하였다. 태종은 연개소문의 시군과 살육과 폭정 따위를 거론하며 토벌이 불가피하다고 주장하였다. 저수량을 위시로 한 중론은 고구려와의 전쟁을 반대하였다. 그들 생각에 우선 승전을 장담하기 어렵고, 거병의 명분 또한 국내의 중심 사안이 아니며, 태자를 李治로 교체한 지 얼마 되지 않아 신중해야 할 터였다. 그러나 태종은 전쟁의 필연성에 대해, 파종은 봄에 해야만 하는 이치로 비유하였다. "연개소문이 윗사람을 능멸하고 아랫사람을 학대하니 백성들이 목을 늘여 구원을 기다리는 지금"이 곧 고구려가 망할 시기라는 것이다. 당의 국내 현상을 논거로 삼고 있는 반전론자들과, 고구려의 상황 전개와 조건에 먼저 착안하는 태종의 시선이 서로 어긋나 있다.

태종의 정벌론이 연개소문 개인의 행위에 그 논거를 집중해 가는 것에 대해서는, 당의 신료들보다 오히려 고구려 측에서 예민하게 포착했던 것 같다. 7월 이후 전선의 건조와 군량의 수송과 異族 병력의 동원이 본격화할 즈음, 고구려 사절이 당에 도착했을 때의 정황을 본다. 연개소문은 이들을 시켜 태종에게 백금을 공물로 바치게 했으며, 고구려 관리 50명을 숙위로 입당시키겠다고 제안하였다. 이 조공 행위는 곧 "대외적인 안보 이익과 함께 내적 통치의 정통성의 기반을 확립하는 내부적인 이데올로기 효과"[88]를 겨냥한 것임에 틀림없다. 그러나 태종은 연개소문의 기대를 배반하였다. 고구려 사절들이 애초에 영류왕의 관료로서 연개소문의 시군과 반역 행위를 응징하지 못하더니 오히려 그를 위해 유세하고 다닌다고 질책한 다음, 그들을 刑官에게 넘겨 버렸던 것이다.

태종의 결단을 촉발한 저수량의 논변을 본다.

> 막리지가 자기 임금을 시해했으니 九夷도 용납하지 않을 바이거늘, 이제 장차 그를 치려하면서 그의 백금을 받으신다면 이는 송나라의 郜鼎과 같은 부류일 것이니, 저는 받을 수 없다고 생각합니다.

춘추시대 郜國에서 만든 큰 솥을 郜鼎, 또는 郜의 大鼎이라고 한다. 저수량이 연개소문의 백금을 들어 비유한 '송나라의 고정'은 불의하고 무도한 이가 보낸 뇌물을 이른다. 일찍이 송나라에서 군주와 충신이 시해되었다. 이에 노나라를 중심으로 장차 이를 응징하려는 태세가 고조되던 즈음, 송의 莊公이 고의 대정을 노나라에 보냈다. 노의 桓公은 이를 받아 大廟에 들여 놓았다.[89] 저수량이 이 사건을 언급한 중심 의도는, 그와 같은 뇌물을 받은 환공의 非禮를 지적하기 위함이었다. 태종은 노 환공과는 달리 저수량의 의견을 따랐다.

이처럼 고구려에 대한 전면 개전이 다가올수록, 태종은 연개소문의 정변과 그에 대한 자신의 징치를 전쟁의 명분이자 승리의 필연으로 더욱 강조했으며, 스스로도 확신을 더해 갔다. 그럴수록 태종은 자신의 출정이

---

88) 이삼성, 2009, 『동아시아의 전쟁과 평화 1 – 전통시대 동아시아 2천년과 한반도』, 한길사, 172쪽.

89) 송의 宣公은 자신의 태자 與夷를 제쳐두고 아우 和를 세웠으니, 이가 穆公이다. 화 역시 임종에 당해 자신의 아들 馮을 鄭나라로 내치고 여이를 세워 殤公이 되게 했으니, 이로써 선공의 은의에 보답하였다. 이후 여이의 풍에 대한 의구심을 조장하는 제후 간의 전란이 끊이지 않았다. 결국 송에서는 華督의 내란이 일어나 충신 大司馬 孔父를 살해한 데 이어 여이를 시해하고 풍을 맞아들이게 되었으니, 이가 莊公이다. 이에 魯의 桓公이 齊·陳·鄭 등과 더불어 그를 치려했더니, 송에서 노나라에 곡정을 뇌물로 바치고 나머지 나라에도 뇌물을 주어 무마하였다. 『左傳』 桓公 2년.

수 양제의 그것과 동렬에서 거론되는 것을 특히 견디지 못하였다. 그들을 향한 태종의 설명은 중국도 과거의 중국이 아니며, 무엇보다도 고구려 또한 과거의 고구려가 아니라는 것이다. 적어도 고구려에 관한 한, 30여 년 전과 태종의 치세 사이에는 연개소문의 비상한 집권이 중요한 역사적 결절로 자리하여 있다.

이해 11월 말, 태종은 다시 고구려에 대한 필승의 당위를 친필 조서를 통해 널리 유시하였다. 태종은 "고구려의 개소문은 임금을 시해하고 백성을 학대하니 그 정상을 어찌 참을 수 있으랴? 이제 幽·薊 등지를 돌아서 요동과 갈석에서 문죄하려 하니, 내가 지나가는 군영과 숙소에서는 사람과 재물을 수고롭게 하거나 허비하지 말 일이다"라고 하였다. 이처럼 연개소문의 시군과 학정에 대한 문죄의 불가피함이 거론되었다. 동시에 정토에 임하는 태종 자신의 처신과 다짐은 연개소문의 탐학과는 정확히 대척을 이룬다.

또 이어 태종은 "옛날 수 양제는 아래 사람에게 잔인하고 포학했으나, 고구려 왕은 자기 백성에게 어질었으며 그들을 사랑하였다. 이처럼 반란을 생각하고 있는 군사들을 가지고서 평안하고 화목한 이들을 쳤기 때문에 성공할 수 없었던 것이다"라고 진단하였다.[90] 양제와 자신을 분별하기 위해 심지어 양제 시절 고구려의 왕 즉 영양왕은 백성을 '仁愛'하였으며, 반대로 양제는 아랫사람에게 '殘暴'했다고 한 것이다.

그러나 태종의 생각은 양제가 영류왕의 고구려를 힐난했던 바와 극단적으로 충돌한다. 양제는 612년의 고구려가 "법령이 가혹하고 거둬들이는 賦稅는 번잡하고 과중하며, 권세 있는 신하들과 호족들이 모두 나라의 권력을 틀어쥐고 붕당을 만들어 편벽되이 결탁하고 무리 짓는 것이 습속을 이루었"다고 하였다. 또 그에 따라 "뇌물 오고가는 것이 마치 저자와 같으며, 억울하고 원통함을 펼 데가 없어, 해마다 재난과 흉년이 거듭되

90) 『자치통감』 197 唐紀 13 태종, 정관 18년 11월 庚子.

니 집집마다 기근이요, 전란은 그치지 않고 徭役은 끝을 기약하지 못하니, 힘을 다해 물자를 나르다 쓰러진 몸이 구렁텅이를 메우고 있”다고 하였다. 이는 물론 東征의 명분을 위한 상투적 언설에 지나지 않는다. 그러나 양제가 비난한 폭압과 참상의 형용이 태종의 논리 가운데서 정작 양제 자신을 향해 겨누어지는 역전은 주의할 만하다.

여하튼 태종 자신과 영양왕은 ‘인애’하는 군주요, 양제와 연개소문은 ‘잔폭’하다. 양제가 그로 인해 패멸한 것처럼, 태종의 승리는 이미 자명한 것이다. 그에게 수 왕조 멸망의 가장 큰 원인은 군주 일 개인에 있을 뿐이었다.[91] 더구나 그를 고무시킨 가장 주요한 요인은 고구려 측 상황 변화에 있었다. 연개소문의 시역과 집권이야말로 당의 가장 근원적인 침공 명분이자[92] 필연적 승리를 보장한다. 양제의 패배를 환기하는 이들에게 태종은 “오늘날 고구려 정벌에서는 모두 가고자 하는 이들만을 취하되 열을 모으면 백을 얻고 백을 징모하면 천 명이 응하며 종군하지 못하는 이들은 모두 분개하고 한탄하며 답답해하거늘, 어찌 수나라가 원망하는 백성들을 내몬 것에 비할 것인가?” 반문하며 그들을 안도시켰다. 물론 이것은 어쩌면 그 자신에게 다짐하고 싶은 말이었을지도 모른다.

태종은 실제 전장의 곳곳에서 연개소문 집정의 부당성을 환기하고, 그로 인한 고구려 장병의 열패적 정서를 증폭시켰다. 요동성의 함락과 백암성주 손대음의 투항부터가 양제의 침공 때와 비교하여 충격적 사태였지만, 태종의 고구려 군민 처리 방식은 고구려 전선에 훨씬 더 심중한 타격을 주었다. 한 예로 태종은 백암성의 포로 만여 명을 이세적 등의 노획 욕망으로부터 보호하고 그들에게 식량을 분급했을 뿐 아니라, 고령자들에게는 비단까지 하사하였다. 다른 성에서 백암성을 지원하기 위해 파견

---

91) 姜性文, 앞의 논문「麗隋·麗唐戰爭 原因考」, 188～189쪽.

92) 金善昱, 1985,「高句麗의 隋唐關係研究 － 鞍鞨을 中心으로」『百濟研究』 16, 15쪽. 金基興, 1992,「고구려 淵蓋蘇文政權의 한계성」『西巖趙恒來教授華甲紀念韓國史學論叢』, 亞細亞文化社.

되어 온 병력들에게도 양식과 군장을 나누어 주며 방면하였다. 이렇게 전장에서 놓여난 그들이 다시 고구려의 전투력으로 재편될 가능성은 이미 기대할 수 없게 된 셈이다.

태종은 개전 초부터 그와 같은 전략으로 일관하였다. 요동성에 앞서 함락된 개모성에서도 태종은, 연개소문에 의해 지원군으로 파견되어 와 있다가 포로가 된 加尸城 병력 7백 명 전원에게 양곡까지 주어 방면하였다. 아울러 "너희의 집은 모두 가시성에 있는데 너희가 나를 위해 싸운다면 막리지가 반드시 너희 처자식을 죽일 것이니, 한 사람의 힘을 얻고자 한 집안을 멸망케 하는 일은 내가 차마 할 수 없도다"라고 선무하였다.

효과는 곧이어 벌어진 요동성 전투에서부터 나타났다. 당군에게 수 백 겹으로 포위된 상황에서 요동성의 長史가 휘하에게 피살되고, 省事가 장사의 식솔을 보호하여 백암성으로 탈출하였다. 장사는 요동성주의 고위 보좌역이었을 것이며,93) 성사는 장사의 속료였을 것이다. 장사의 구체적인 피살 맥락을 헤아리기는 어려우나, 당군의 개모성 처리 방식이 요동성 지휘부의 분열에 얼마간 영향을 미쳤을 것으로 본다. 즉 태종이 장사의 식솔을 빼내 온 성사에게 비단을 하사하고, 또 피살된 장사를 위해 영구를 만들어 평양으로 호송하게 한 조처는, 장사의 피살이 당의 총공세에 노출된 요동성 지휘부 내의 심중한 이견의 충돌에서 빚어진 사건이었음을 반증하는 것이다.

이처럼 개모성, 요동성, 백암성 등 주요 거점 성들의 몰락 과정에서 태종의 명분은 고구려의 상하 장졸들에게 생사를 가르는 근거로서 위력을 발휘하였다. 반면 고구려의 입장에서는 바로 그러한 당 측의 선무가 장병들의 전투 의욕을 저락시키고 투항을 재촉했던 것이라, 사기의 저하와 성들의 함락과 투항이라는 악순환을 피하지 못하였다.

안시성 지원 병력을 거느린 고연수와 고혜진이 허망하게 패멸당한 사

93) 노태돈, 앞의 책 『고구려사 연구』, 246쪽.

정도 별반 다르지 않았다. 애초에 고연수 등의 15만 병력이 40리에 걸쳐 군진을 펴자 태종은 두려운 기색을 감추지 못했고, 이에 도종은 차라리 고연수의 군대와 안시성을 우회하여 평양을 직격하겠다고 자청하였다. 이듬해에 이정은 태종이 이때 도종의 제안에 주의하지 않은 점을 주요 패인으로 지적하기도 했지만, 여하튼 태종은 고연수 측에 이렇게 말하였다.

> 나는 너희 나라의 강포한 신하가 자기 임금을 시해했기 때문에 그를 문죄하려고 온 것이요, 서로 전쟁까지 하게 된 것은 나의 본래 마음이 아니었거늘, 너희 경내에 들어오자 말먹이와 양식을 주지 않으므로 너희의 성 몇 개를 뺏은 것이니, 너희 나라가 신하의 예[臣禮]를 닦기만 한다면 잃었던 것들은 반드시 되찾게 될 것이다. (『자치통감』 198 唐紀 14 태종, 정관 19년 6월 丁巳)

태종은 고연수를 속이기 위한 의도였으나, 고연수는 태종의 말을 믿고 더 이상의 방비책을 마련하지 않았다. 침공해 온 군사를 막기 위한 지휘관이 적의 말을 '믿었다'는 것이다. 이 기이한 사태가 가능한 데에는, 현상에 대한 고연수의 판단이 태종의 말과 어떤 부분에서든 공명했기 때문일 것이다. 전쟁의 발단이 신하가 주군을 시해한 데에 있고, 그처럼 상실된 '臣禮'는 마땅히 회복되어야 할 것이라면, 문제의 본질은 '亂臣'에 대한 문죄인 것이다. 그리고 고연수는 이에 동의했던 것이다.

그러므로 교전이 실제 벌어지기도 전에 "항복받을 장막을 朝堂 옆에 차려놓게" 한 태종의 교만한 행태는, 오히려 그 근거가 튼실한 것일 수 있다. 최초 접전에서 3만 명이 전사하자, 고연수와 고혜진은 수만 명의 병력을 이끌어 투항하고 말았다. 태종은 의연히 최상층 지휘관들만 압송하고 10만 마리의 우마 등 병참과 군장을 거둔 후, 수만 명의 고구려 병사들을 방면하였다. 풀려난 그들은 고구려의 장병과 인민들에게 이 전쟁의 까닭과 귀결에 대한 태종의 논변을 예증하는 생생한 전파자들이 된 셈이다. 연개소문이 보낸 첩자 高竹離조차 태종으로부터 의식을 갖춰 받고서 무사히 평양으로 귀환될 지경이었다.

『翰苑』에 인용된 『高麗記』에는 大城의 褥薩과 그 다음 규모에 해당하는 諸城의 處閭(近支)를 당의 都督과 刺史에 비견하였다. 『고려기』의 정보는 바로 정관 연간 고구려의 현상을 반영하는 것으로 알려져 있다.[94] 따라서 요동성이 욕살 주둔의 성이라면, 안시성은 그 다음 규모의 처려근지에 해당하는 성이었을 것이다. 또한 욕살과 처려근지는 성의 대소에 따른 차이는 있을지라도, 지방관으로서 상호 영속 관계는 아니었다고 추정한다.[95] 그런데 연개소문은 군정과 행정을 아울러 장악한 이들 지방 세력들을 제대로 제어하지 못했던 것이며,[96] 그들은 연개소문 권력의 정당성에 대해 회의했던 것이다.

다시 말해 비록 그들 자신의 '살길'을 위한 행태라고는 하나, 태종에게 고구려의 패멸을 재촉하는 항장들의 정서에는, 왕조의 정통성에 대한 심각한 회의가 바탕을 이루고 있었다고 판단한다. 예컨대 고연수와 고혜진은 태종에게 "烏骨城의 욕살은 늙어빠져 굳게 지킬 수 없으니, 그곳으로 군사를 옮겨 가기만 한다면 아침에 가서 저녁에 이길 것이요, 그 외에 길에서 맞닥뜨리게 될 작은 성들은 반드시 풍문만 듣고도 달아나고 무너질 것인바, 그런 다음에 그들의 물자와 군량을 거둬 북을 울리고 행군해 앞으로 나아가면, 평양은 반드시 지키지 못하게 될 것"이라고 조언하였다.[97]

물론 태종의 친정은 그가 성언한 바와는 달리 결국 '패배'하였다. 그러나 연개소문의 집정이 고구려의 정치 현상과 군사 현황에 어떤 혼란과 분열을 배태할 것인가를 태종은 적확하게 가늠하였고, 적절하게 활용하였

94) 武田幸男, 1994, 「『高麗記』と高句麗情勢」 『于江權台遠教授停年紀念論叢』, 世宗文化社.

95) 노태돈, 앞의 책 『고구려사 연구』, 248쪽. 김영심, 2014, 「遺民墓誌로 본 고구려, 백제의 官制」 『韓國古代史研究』 75, 191쪽.

96) 전경옥, 1996, 「淵蓋蘇文 執權期의 莫離支體制 研究」 『白山學報』 46, 77쪽.

97) 『삼국사기』 21 고구려본기 9, 보장왕 4년.

다. 태종은 안시성에서 좌절했거니와, 애초 그는 안시성을 '성 가운데는 치지 말아야 할 것이 있다[城有所不攻者]'는 논리에 해당하는 성으로 파악하고 있었다. 즉 병법에 따르면, 성이 작고 견고하며 군량이 풍족한 경우거나, 혹은 쳐서 함락시킨들 이익 될 바가 별로 없고 만약 함락시키지 못하게 되면 오히려 군사의 기세만 꺾이는 경우는 치지 말아야 한다.[98] 따라서 태종은 "안시성이 험고하고 군사가 정예로우며, 성주의 재주와 용맹은 막리지의 반란 때도 성을 지켜 굴복하지 않을 정도라, 막리지가 그를 치고도 항복시킬 수 없어 그대로 성을 그에게 주고 말았"던 사실을 유념했던 것이다.

태종이 오직 안시성을 꺼리는 이유가 역설적이게도 연개소문 집정에 대한 안시성 성주의 결연한 저항에 있었다는 점을 응시할 필요가 있다. 여느 군신 간의 하극상은 아니지만, 태종 자신이 형제를 죽이고 부왕을 겁박한 '玄武門의 變'으로 황위를 쟁취했던 장본인이었다. 그로 인해 태종은 자신의 행위가 역사에 어떻게 기록될 것인지에 대해 비상한 관심을 지녔으며, 그와 관련한 그의 집요함은 측근들과의 갈등도 불사할 지경이었다.[99] 『진서』를 중찬하고 직접 宣帝와 武帝의 본기 등을 자술한 데에도 자신의 '奪宗' 행위에 대한 변호의 심리가 개입해 있었다.[100] 그가 연개소문의 '시군'을 거듭 역설하는 것 또한, 자신의 즉위 과정의 "하자를 연개소문을 징벌하기 위한 전쟁을 수행함을 통하여 治癒하고자 하는 정치적 補償 행위"라는[101] 지적이 설득력을 지닌다. 이 점에서 안시성 성주의 위상은 태종에게도 각별했다고 생각한다.

---

98) 『孫子』 九變篇.

99) 朴漢濟, 1993, 「七世紀 隋唐 兩朝의 韓半島進出 經緯에 대한 一考 – 隋唐初皇帝의 正統性確保問題와 關聯하여」 『東洋史學硏究』 43, 19～25쪽.

100) 윤용구, 2005, 「隋唐의 對外政策과 高句麗 遠征 – 裴矩의 '郡縣回復論'을 중심으로」 『北方史論叢』 5, 62～63쪽.

101) 박경철, 앞의 논문 「麗唐戰爭의 再認識」, 154쪽.

4. 명분과 실제

정권의 정통성을 결여한 '난신' 연개소문에 대한 '문죄'를 명분으로 공전의 전과를 올리던 태종은, 정작 바로 그 연개소문 권력에 정면으로 맞선 안시성이 두려웠으며, 결국 패퇴하였다. 안시성에서 철군하는 그에게, 안시성의 성주가 성 마루에 올라와 절을 하며 작별했다 한다. 태종은 안시성 성주가 자신의 성을 굳게 지켜 낸 것을 가상히 여겨 겹실로 짠 비단 백 필을 내려 주어서, 그의 '임금 섬긴 행위[事君]'를 장려하였다. 비록 패퇴하고 후회하면서도, 태종은 난신 징치라는 애초의 명분을 드러내고자 했던 것이다. 그러나 그러한 행위 또한 자신의 비상한 집권에 대한 의식을 떨쳐내지 못한, 어색하고도 경직된 작위적 현시에 지나지 않는다.

그럼에도 불구하고 태종의 의도와 성언은 결과적으로 상당한 위력을 발휘하였다. 이미 정돈한 바와 같이 그것은 고구려의 지휘부와 하부 전투병력을 구별하지 않고 파괴적 설득력을 지닌 채 파고들었다. 주필산 패전 후 연개소문이 말갈을 매개로 설연타의 조력을 구했다가 실패한 것도, 혹시 태종의 일관된 명분론이 얼마간 주효했기 때문일지 모르겠다는 생각마저 해 본다. 그렇다면 이것은 전쟁에 참여한 당과 고구려의 구성원을 넘어서, 이 양웅의 숙명적 쟁투를 지켜보는 주변 세력들에게도 중대한 판단 근거가 되었던 셈이다.

특히 고구려의 상·하와 군·민 전반에는 이미 태종의 '난신 징치'라는 명분에 치명적으로 공명할 토대가 성숙해 있었다. 요동성에 비해 한 단계 낮은 위상의 안시성이 연개소문의 집권에 그처럼 결연하게 맞설 수 있었던 것은, 고구려 전반에 혹은 가장 강력한 군사력이 포진해 있는 요동 일대에 만연된 연개소문 권력의 정당성에 대한 광범한 회의를 전제로 한다. 그러한 바탕 위에서, 오직 연개소문의 非法과 폭압을 가장 유력한 전쟁 명분으로 내세우고, 또 실제 일관되게 그를 증거하고 실천하는 태종의 전략은, 고구려 장병들의 전투 의욕을 걷잡을 수 없이 소거해 갔다. 30년

전 요동성 하나에 양제의 주력군을 석 달 동안 긴박시켰던 투쟁력은 두 번 다시 재현되지 않았다.

태종은 안시성에서 패퇴했으나, 고구려 군민은 이때 이미 패멸의 나락으로 들어섰다고 해도 좋다. 이 전쟁에서 포로가 된 고구려의 백성들은 당의 군사들에게 포상으로 분급될 운명이었다가, 태종이 그들을 가엽게 여겨 錢과 布로 대속해 자유민으로 삼아주자, 기쁨의 환호성을 3일 동안이나 그치지 않았다 한다. 또한 철군하는 태종의 일행이 幽州에 이르자, 고구려의 백성들이 성의 동쪽으로 영접을 나와 절을 하고 춤을 추고 환호하며 땅에서 완연하게 뒹굴어 대느라, 자욱한 먼지가 멀리에서도 바라보였다 한다.[102] 두 『당서』와 『자치통감』이 태종의 패배를 옳게 기록하지 않았다고 비판한 『삼국사기』 찬자는, 이러한 정보들을 인용하지 않았다. 있을 수 있는 중국의 왜곡된 필법을 주의해야 할 이유가 충분하지만, 어쨌든 고구려의 시각에서 치욕스러운 광경이다.

태종이 고구려를 겨냥하여 설정한 전쟁 명분은 당 측에서도 주효했다고 본다. 물론 양제든 태종이든, 심지어 신라의 태종 무열왕 역시 자신의 집정과 즉위 과정에 얼룩진 흠결을 깊이 의식하였으며, 또한 전시 상황을 조성하여 이러한 국면을 탈피하거나 돌파하려 한 점은, 7세기 동아시아의 고유한 경향으로서 그 맥락이 다르지 않다. 그러나 숙적 고구려를 굴복시키는 데 성공한 고종은 특히 태종의 명분을 잊지 않았다.

고종은 668년 12월에 含元殿에서 고구려의 포로들을 받고, 보장왕을 司平太常伯員外同正으로 삼았다. 토평당한 적국의 왕이었지만, "정치가 그 자신에게서 나온 것이 아니기 때문"이었다.[103] 멸망기 고구려 '王政'의 치욕이자 한계였다. 고종의 고구려 인식도 이처럼 고구려 왕정의 왜곡을 전제로 한다. 태종 사거 후 20년이 지난 시점에서도, 의연히 고구려의

102) 『자치통감』 198 唐紀 14 태종, 정관 19년 10월 丙辰 및 11월 辛未.
103) 『자치통감』 201 唐紀 17 고종, 總章 元年 12월 丁巳.

정치 현상을 연개소문과 그를 승습한 집정자들의 왕정 왜곡으로 파악하고 있었다는 것은 깊이 주목할 일이다.

다만 668년 바로 그해에 고종의 우려에 대해 승리를 호언한 賈言忠의 논거는 일면 태종의 그것과 방불한가 하면, 일면 변화된 고구려의 현상을 적확하게 반영하고 있다. 가언충은 일단 양제가 실패한 것은 사람들의 마음이 이반하고 원망에 찼기 때문이라고 한다. 그러나 고종의 장수들은 충성스럽고 사졸들은 힘을 다하고 있으므로 반드시 이길 것이라고 한다. 그는 또 태종이 실패한 것은 고구려에 틈이 없었기 때문이라 한다. 그런데 지금은 반대로 "연개소문이 죽자 남건 형제들이 안에서 서로 싸우고 빼앗으며, 남생은 마음을 기울여 귀순해 와 우리를 위해 길을 안내하니, 저들의 실정과 속임수까지 모르는 게 없"게 되었다는 것이다.

가언충의 분석에서 특히 주의할 대목은 태종이 실패한 까닭을 일러 '고구려에 틈이 없었기[未有釁]' 때문이라고 한 말이다. 오랜 뒷날 송의 王安石은 태종이 고구려를 이기지 못한 까닭을 묻는 神宗에게, "연개소문이 비상한 사람[非常人]이었기 때문"이라고 대답했다 한다.[104] 중국의 사서들이 태종의 패배를 직서하지 않은 점을 여러 방식으로 비판했던 『삼국사기』 찬자의 증언이긴 하나, 범상히 넘겨서는 안 된다고 여긴다.

그렇다고 하여 중국 자료의 정보들이 오직 사실의 왜곡들로 채워져 있다고 보지는 않는다. 수 문제의 30만 병력의 출정 기록에는 필시 교전과 패전의 실상이 배제되었을 것이라고 짐작하는 것처럼, 태종의 친정을 전하는 기록에도 승리의 국면만을 부각시켰을 것이긴 하다. 그러나 태종의 '명분'이 겨냥하는 고구려 왕조 권력의 '정통'의 착종은, 전쟁의 승패에 대한 분식과 왜곡과는 별개의 문제로서, 엄연한 실체로 받아들여야 옳다고 본다.

요컨대 이 글이 근거한 문헌 정보들은 의연히 당대 중국의 國諱 의식

104) 『삼국사기』 49 열전 9, 蓋蘇文.

에 가로막혀 있다. 『삼국사기』에 반영된 거의 대부분의 관련 정보도 중국의 전거에 힘입고 있는바, 그와 같은 편향으로부터 자유롭지 못하다. 좀 더 직접적으로 말하자면, 태종의 패배가, 그리고 그 뒤 20년 동안 고구려가 '실제' 자존할 수 있었던 것이, 과연 연개소문의 집권과 어떤 상관관계에서 음미될 수 있는 것인지는 여전히 숙제인 것이다. 연개소문에 맞서는 정치 세력의 선두에 있으면서도, 동시에 연개소문 응징을 예리한 전쟁 목표로 내세운 태종으로부터 고구려를 보위해 낸 안시성 성주의 '양면적 위상'은, 어쩌면 연개소문 그에게서도 필연적 본질이었을지 모른다.

4장

『삼국사기』의 '고구려 멸망' 관련 사론의 맥락

〈목 차〉

1. 논의의 대상과 전제

『삼국사기』 편찬자는 7세기 고구려사의 전개와 관련하여 다섯 건의 논평을 작성하였다. 그 가운데 네 건의 논평에는 세 사람의 고구려 측 인물과 그에 대응하는 세 차례의 전쟁이 주요 소재로 거론되었다. 거론된 고구려의 인물은 을지문덕, 연개소문, 그리고 안시성의 성주이다. 세 차례의 전쟁이란 612년 수와의 전쟁과 645년, 649년에 있었던 당 태종의 침공을 물리친 사건을 말한다. 그리고 668년 평양성이 함락되고 왕조가 패멸되고 만 사태를 당하여 고구려사에 대한 총평과 패망의 요인에 대한 진단이 독립된 하나의 논평으로 작성되었다.

짐작하듯이 7세기 고구려인들의 경험이 여러 노정을 거쳐 전승되고 공유되어 온 갈래들 가운데 일부가 『삼국사기』에 선별, 집적되었다. 특히 12세기의 『삼국사기』 편찬자들이 작성한 다섯 건의 논평은 7세기 고구려사에 대한 고려 지식계의 인식을 직접 매개한다. 그것은 『삼국사기』에 집적된 정보에 대한 논평이기 이전에 그와 같은 정보들의 선별 과정에 개입된 그들의 가치 기준이기도 한 것이었다.

이른바 '사론' 혹은 '사평'이라고 통칭되는 이들 논의는 물론 원칙적으로 특정 '사실'과 연동되어 있다. 말하자면 저와 같은 논의를 촉발하는 단서와 계기는 마땅히 어떤 구체적 사건이나 사태일 것이다. 다만 그것이 단서나 계기인 이상, 논평에 담긴 작성자의 사유는 훨씬 광대한 시공간에 대한 수용과 인식을 포괄한다. 이 점에서 사론을 촉발한 사실과, 그 사실에서 발단한 사론 사이에는, 외적인 내용의 연동 못지않게 내적인 의미의 교섭도 개입해 있었을 것이라는 데 주의해야 한다.

이 글에서는 위에 적시한 다섯 건의 사론을 음미하여 『삼국사기』 편찬 주체의 7세기 고구려사에 대한 이해의 맥락을 헤아리고자 한다. 관찬 사서에 사론을 작성하는 이는 자신의 정치 사회적 현실에 대해 매우 예민하게 반응하면서 신중하게 소회를 피력했을 것이다. 자칫 과거의 사실과 현재의 정치 상황은 뜻밖의 맥락에서 얽혀 버릴 수 있기 때문이다. 이 글 역시 그 난맥의 가능성을 경계해야 한다.

아울러 이들 다섯 개의 평의들에는 7세기 중후반, 고구려 왕조의 몰락을 향한 일련의 흐름이 저부에 자리하고 있다는 점에 주의하려 한다. 이러한 이해와 겨냥을 전제하여, 편찬자 혹은 사론 작성자의 시선이 미치는 바를 가능한 한 멀고 깊이 따라가 보려 한다. 그렇다고 하여 이러한 다짐이 그의 시선과 시각을 수긍하거나 동의한다는 문제와는 구분되는 영역에 있다는 것은 다시 이를 나위가 없을 것이다.

2. 나라다운 나라의 조건

수의 文帝는 581년에 北周로부터 선양의 형식으로 정권을 넘겨받는 데 성공하였다. 고구려와 백제는 곧바로 수에 외교 사절을 파견하였다. 문제는 고구려 평원왕과 백제 위덕왕에게 각각 '遼東郡公'과 '帶方郡公'

을 포함한 책봉으로 답하였다. 이후 고구려와 백제는 수와 순조로운 교섭을 이어 갔다. 특히 고구려는 거의 매해 수에 사절을 파견하였다. 그러다가 585년 이후 문득 고구려와 백제는 남조 陳과 접촉하는 한편, 수에 대해서는 외교 사절 파견을 중단한 것 같다. 기록에서 확인되는 이러한 단층이 실제 어떤 현상을 반영하고 있는 것인지에 대해서는 드러난 문면만으로 짐작하기가 쉽지 않다.

수 문제는 589년에 마침내 진을 평정하였다. 백제는 곧바로 축하의 사절을 파견했으며, 문제 역시 흡족함을 드러냈다. 반대로 고구려 평원왕에게는 수로부터 모욕적인 겁박이 가해졌다. 이를 염두에 둘 경우, 고구려가 이미 586년에 도읍을 長安城으로 옮기고, 진의 패멸을 접하고서 군사를 조련하고 군량을 비축하는 등, 군사적 대책을 서두른 동태를 주의할 일이긴 하다. 여하튼 신생 제국의 위압적인 힘의 방향은 분명하였다.

> 수 고조가 왕에게 조서를 내려 비록 말은 속국이라고 하면서도 정성과 예절을 다하지 않는다고 책망하고, 이어 말하기를 "그곳 한 쪽 지방이 비록 땅이 협소하고 인구가 적다고 하나 지금 만약 왕을 쫓아내면 왕위를 비워둘 수는 없는지라, 종내는 모름지기 관속을 다시 가려 뽑아 그곳에 보내 백성들을 안정시키고 위무해야 할 것이다. 왕이 만일 마음을 씻어 내고 행실을 고쳐 국가의 헌장을 좇아 준수한다면 이는 곧 나의 좋은 신하인 것이니, 하필 번거롭게 다른 인재를 보내겠는가? 왕은 遼水의 넓음이 長江에 비해 어떠하며, 고구려 인구의 많고 적음이 陳나라에 비해 어떠하다고 여기는가? 내가 만약 왕을 포용해 기르려 하지 않고 왕의 이전 허물만 질책하기로 한다면, 한 사람의 장군에게 명령할 따름이리니 어찌 많은 힘을 필요로 하겠는가? 이처럼 간곡하고 정중하게 타이르는 것은 왕이 스스로 새로워지도록 해주려는 것일 뿐이다"라고 하였다. (『삼국사기』 19 고구려본기 7, 평원왕 32년)

이 위험하고도 모욕적인 힐난을 받은 평원왕은 공교롭게도 그해(590년)에 사거하였다.[1)] 물론 수 고조의 발언의 문맥은 의연히 명분의 충족을 겨냥하여 현상의 파탄을 원치 않는 것으로 읽히긴 한다. 아닌 게 아니라 수는 평원왕의 부음을 접하고 지체 없이 사신을 보내 영양왕에게 부왕의 작위를 계승케 하고 책봉을 서둘렀다. 영양왕 역시 수와의 관계 개선에 힘을 기울였으며, 수 문제도 이에 호응하여 적어도 외양으로는 범상한 관계가 회복되었다.

그러므로 바로 직전 해까지도 수에 사신을 파견했던 영양왕이 598년에 수의 요서 일대를 공격한 것은 얼마간 돌발적이었다. 동시에 이와는 반대 방향에서, 수와 당 초기 일련의 대외전쟁을 과연 황제들이 결여한 정통성의 문제로 포섭하여 이해할 수 있을 것인가, 더 나아가 고구려에 대한 전쟁에도 그와 같은 시각이 유효할 것인가에 대한 판단 역시 간단하지는 않다.[2]

여하튼 영양왕으로부터 선제공격을 당한 수 문제는 즉시 30만의 병력을 움직여 고구려를 향했으며 영양왕의 관작을 삭탈하였다. 그러나 기상 조건과 병참의 난맥으로 인해 아무런 군사적 성과를 거두지 못한 데 더해, 막대한 인적·물적 피해만 입은 문제는 정작 영양왕의 허명에 불과한 사과를 받자 곧바로 철군하고 예전의 관계를 회복하였다. 이러한 추이는 고구려의 선제공격 못지않게 극적이고 돌연해 보이지만, 결과적으로 영양왕의 선제공격은 고구려의 국익에 기여했다고 본다.[3]

문제를 이어 즉위한 煬帝의 황제로서의 자질과 품격을 당 이후에 편찬된 사서의 평의에 의존할 수밖에 없다는 것이야 불만스러운 일이다. 그러나 고구려에 대한 양제의 시선은 확실히 문제의 그것과는 달랐다. 문제가 현상의 극단적인 파탄을 원치 않았던 데 반해, 태자의 지위와 제위를 탈취한 양제는 대외전쟁의 성과를 통해 '奪宗'의 흠결을 씻고 자신을 顯示

---

1) 수 文帝의 이 璽書는 『隋書』 81 열전 46 高麗 가운데 開皇 17년에 보낸 것으로 전문이 기재되어 있으나, 『삼국사기』 찬자의 판단처럼 개황 10년의 일이었다.

2) 朴漢濟, 1993, 「七世紀 隋唐 兩朝의 韓半島進出 經緯에 대한 一考 − 隋唐初 皇帝의 正統性 確保 問題와 關聯하여」 『東洋史學硏究』 43, 52~55쪽 ; 姜性文, 1996, 「麗隋·麗唐戰爭 原因考」 『國史館論叢』 69, 국사편찬위원회, 162~163쪽.

3) 李成制, 2000, 「嬰陽王 9年 高句麗의 遼西 攻擊」 『震檀學報』 90, 22~24쪽.

하려는 강렬한 욕망이 앞섰다. 특히 607년에 양제로서는 동돌궐에서 투신해 온 啓民可汗의 牙帳에서 뜻밖에도 고구려의 사신을 직접 조우한 충격이 자못 컸다. 그에 더해 양제를 수행하던 裴矩는 문제의 원정 실패를 거론하면서 양제의 승벽을 예리하게 자극하였다.[4]

게다가 고구려는 600년을 끝으로 더 이상 수에 사신을 파견하지 않았다.[5] 같은 시기 신라와 백제의 잦은 사신 파견과는 현저하게 대비되는 국면이다. 마침내 612년에 양제는 고구려 침공을 결단하였다. 양제는 정월에 조서를 반시하고 출정하였다. 좌·우군 24개 군단과 양제의 친위 6군이 요수에 다다른 것은 2월이었다.[6] 그러나 7월이 되도록 수의 육군과 수군은 막대한 군량과 전투 장비와 병력을 잃고 있을 뿐이었다. 특히 평양을 직접 겨냥했던 于仲文의 9군이 薩水에서 을지문덕에게 궤멸되자 양제는 철군을 재촉하였다. 패장 宇文述과 우중문은 쇠사슬에 묶여 장안으로 압송되었다. 양제의 침공은 이처럼 참혹한 패배로 끝났다.

『삼국사기』 고구려본기는 이 전쟁을 주로 『자치통감』 정보에 의존하여 서술한 반면,[7] 을지문덕전은 을지문덕이 우중문에게 보낸 시를 비롯하여 고구려본기에서 포섭되지 않은 『수서』의 우중문전과 우문술전을 적절하게 활용하여 배치하였다.[8] 그 결과 비록 전쟁의 전말이야 고구려본

---

4) 『수서』 67 열전 32 裴矩 ; 『구당서』 63 열전 13 裴矩 ; 『신당서』 100 열전 25 裴矩 참조.

5) 다만 『冊府元龜』에는 大業 5년(609)에 한 차례 '高麗'가 '遣使'한 정보가 있으나, 이에 대해 '高昌'의 오식일 가능성을 지적한 견해를 지지한다. 여호규, 2002, 「6세기말~7세기초 동아시아 국제질서와 고구려 대외정책의 변화 – 대수관계(對隋關係)를 중심으로」 『역사와 현실』 46, 7쪽.

6) 『자치통감』 등에 공식적으로 표방된 서술과는 달리 이 전쟁의 전개와 관련하여 추적 가능한 구체적 '軍名'들을 아울러 수의 육군 규모를 40개 군단으로 추정한 연구로는 정동민, 2016, 「612년 고구려 원정 隋軍의 군단 편성과 兵種 구성」 『韓國古代史研究』 82, 236~246쪽 ; 2017, 『高句麗와 隋 전쟁 연구』, 한국외국어대학교 박사학위논문, 48~58쪽.

7) 『자치통감』 181 隋紀 煬帝, 大業 8년.

8) 『수서』 60 열전 25 于仲文 및 같은 책 61 열전 26 宇文述.

기가 월등 상세하지만, 을지문덕전에는 고구려 중심의 그리고 을지문덕 중심의 세심한 개서와 배려가 곳곳에 보인다.[9] 그 말미에 논찬자는 을지문덕의 공업에 대해 이렇게 말하였다.

> 양제의 요동 전쟁은 군사를 출동시킨 규모의 성대함에 있어서 전례가 없었거니와, 고구려가 한 편방의 작은 나라로서 능히 이를 막아내 스스로를 보존했을 뿐 아니라 적군을 거의 다 섬멸한 것은 을지문덕 한 사람의 공이었다. 『좌전』에 이르기를 "저와 같은 군자가 없으면 어찌 나라 노릇을 할 수 있으랴[不有君子 其能國乎]!"라고 했으니, 옳은 말이다. (『삼국사기』 44 열전 4, 乙支文德)

그는 고구려가 이 전쟁에서 승리한 것은 '을지문덕 한 사람의 공'이라고 단언하였다. 그와 같은 진단의 타당성 여하에 대해서는 논의의 여지가 있을 수 있다. 어쨌든 그에게 을지문덕은 삼국의 역사에서 마땅히 최고의 위상과 비중을 지닌 인물 가운데 하나였다. 물론, 이미 말한 바와 같이 을지문덕에 대한 그의 인식과 평가는 중국인들이 남긴 기록에 근거한 것이다. 그러므로 그는 이 점을 아쉬워하여 "비록 을지문덕의 智略과 장보고의 義勇이 있다 할지라도, 중국의 기록이 아니었던들 모두 없어져서 알지 못했을 것이다"[10]라고 말하기도 했다. 그의 이 말은 현 단계 확인할 수 있는 당시의 자료 환경에서는 결코 과장이 아니었다.

한편 논찬자가 원용한 『좌전』의 대목은 文公 12년 가을의 장면이었다. 秦에서는 西乞術을 魯나라에 보내 문공을 예방하고 장차 晉을 칠 계획을 설파토록 하였다. 이때 노의 襄仲은 서걸술이 예물로 가져온 옥을 받지 않고 완곡하게 사양하였다. 그러나 서걸술은 양중이 세 번이나 사양하는데도 포기하지 않고 조리 있게 설득하였다. 마침내 옥을 받지 않을 수 없

9) 이강래, 2007, 『삼국사기 형성론』, 신서원, 295~296쪽.
10) 『삼국사기』 43 열전 3 김유신 下.

게 된 양중은, "저와 같은 군자가 없으면 어찌 나라 노릇을 할 수 있으랴!"[11]라고 찬탄하였다 한다.

요컨대 논찬자는 을지문덕을 서걸술에 비긴 것이다. 그러나 얼른 보면 서걸술과 을지문덕의 역할이 동일한 국면에서 비교 가능한 것으로 보이지는 않는다. 사실 노의 양중이 옥을 사양한 행위[辭玉]의 맥락에 대해서도 확정하기가 쉽지 않다. 다만 열전에 자리한 편찬자의 평의에는 이미 사건 자체보다는 그에 관련된 인물의 행위 맥락이 우선한다는 데 주의할 필요가 있다. 다시 말해 그는 아마 이 전대미문의 대규모 전쟁 자체보다는, 앞에 언급한 '을지문덕의 지략' 즉 고구려를 의젓한 한 나라로서 보위해 낸 그의 공업에 착안한 것이었겠다. 다시 말해 양제를 막아낸 을지문덕 또한 秦伯의 사자 서걸술과 같이 한 나라를 나라이게 하는 인재로 평가하였던 것이다.

그렇다면, 이른바 '장보고의 의용' 역시 '을지문덕의 지략'과 다르지 않은 방식으로 음미하는 게 옳을 것이다. 『삼국사기』의 장보고정년전은 당의 문인 杜牧의 작품을[12] 거의 전면적으로 활용하는 한편, 같은 방식으로 같은 자료를 활용한 『신당서』의 편찬자 宋祁의 발언까지[13] 덧붙여 구성되었다. 말하자면 다음과 같은 구조다.

> 두목은 말하기를 "… 옛말에 이르기를 '나라에 한 사람만 있어도 그 나라는 망하지 않는다[國有一人 其國不亡]'라고 했거니와, 대저 나라가 망하는 것은 사람이 없어서가 아니라 정녕 그 나라가 망할 즈음에 어진 이[賢人]를 쓰지 않았기 때문이니, 만일 그런 이를 쓸 수만 있다면 한 사람만으로도 넉넉한 것이다"라고 하였다. 송기도 말하기를 "아! 원한을 가지고서 서로 해치지 아니하고 먼저 나라를 근심하였던 이로는 晉에 祁奚가 있었고, 당에 郭

11) 『左傳』 9 文公 12년, "秦伯使西乞術來聘 且言將伐晉 … (魯)襄仲日 不有君子[西乞術] 其能國乎 國無陋矣 厚賄之".

12) 杜牧, 『樊川文集』 6 「張保皐鄭年傳」.

13) 『신당서』 220 열전 145 동이 신라.

汾陽과 장보고가 있었으니, 그 누가 東夷에 사람이 없다 하겠는가?"라고 하였다. (『삼국사기』 44 열전 4, 張保皐·鄭年)

먼저 두목의 말은, 安祿山의 반란을 평정한 명장 곽분양이 자신의 정적 李臨淮를 포용한 사례를 들어, 마찬가지로 경쟁자 鄭年에 대한 장보고의 관대한 태도를 높이 포양한 것이었다. 즉 그는 단 한 사람만 있어도 나라가 망하지 않는다는 극단적 비유의 전형으로 당의 곽분양과 신라의 장보고를 들었다. 송기가 이른 진의 기해 역시 사람을 추천함에 좋은 사람이라면 원수라도 배제하지 않았으며, 마찬가지로 육친이라도 좋은 사람이면 꺼리지 않고 추천하여, 공평무사한 판단으로 칭송되었던 이로서,[14] 그의 존재만으로도 나라가 보위될 수 있는 '한 사람'이었다는 것이다.

요컨대 고구려의 보위가 을지문덕 '한 사람'의 공업이었다고 한 논찬자의 어법과 문의는 두목이나 송기가 이른 '한 사람'의 논의와도 같은 문맥이었다. 다시 말해 서걸술에 비견되어 '한 나라를 나라이게 한' 을지문덕은, 진의 기해와 당의 곽분양과 신라의 장보고와 마찬가지로 '나라를 나라이게 하는 한 사람'이었다. 그 '한 사람'의 존재가 곧 한 나라를 나라다운 나라이게 만드는 조건이었던 것이다.

3. '大臣'과 '事君'의 문제

을지문덕에 대한 『삼국사기』 논찬자의 평의는 조선의 지식인들 사이에서도 일관된 지지를 받았다. 예컨대 1488년 제주를 출발한 후 표류하여 중국에 상륙한 崔溥는 明의 紹興府 관원들을 상대로 조선의 전대 연혁을 간추려 말하는 과정에서 역대의 걸출한 인물들을 예거하되, 고구려

14) 『左傳』 14·16 襄公 3년·21년.

의 경우 유일하게 을지문덕을 꼽았다.[15] 『동국통감』에 수록되어 있는 그의 평의 역시 을지문덕을 前秦의 100만 대군을 물리친 동진의 謝玄보다 뛰어난 장수라고 하였다. 나아가 뒷날 안시성 전투의 승리는 물론 고려시대의 요·금·원 및 크고 작은 침구들을 물리친 성과들이 모두 을지문덕이 남긴 공렬이라고 하였다.[16]

저와 같은 을지문덕이 수 양제를 구축하여 고구려를 '나라다운 나라'이게 한 30여 년 뒤, 당 태종은 다시 안시성에서 패퇴하였다. 양제의 고구려에 대한 무모한 집착은 내부의 광범한 패배의식과 반전의식을 이겨내지 못한 채 왕조를 자멸의 나락으로 이끌었다. 수를 대신한 당 고조의 고구려 인식과 태세는 일견 수 문제의 그것을 환기시키는 것이었다. 그러나 '玄武門의 變'으로 황위를 쟁취한 태종의 '奪宗' 행위와 그로 말미암은 고구려 정벌 욕구의 팽대는 또한 수 양제의 그것과도 방불하였다. 그리고 양제가 그러했듯이, 결과적으로는 태종도 고구려로부터 패퇴하였다.

그러나 두 호전적 황제의 침공을 마주하는 고구려의 구체적 상황은 전혀 달랐다. 30여 년 전 양제의 주력군이 遼東城 하나에 긴박되어 있다가 무력하게 패퇴한 것과는 달리, 당군은 645년 4월에 요수를 건넌 이후 6월까지 蓋牟城, 卑奢城, 요동성, 白巖城 등 고구려의 주요 거점 성들을 빠르게 함락시켜 갔다.

태종의 거침없는 공세는 마침내 안시성에서 멈추었다. 태종을 저지한 것은 안시성 군민의 처절하고도 영웅적인 투쟁이었다. 15만 명의 구원병을 이끌고 달려왔던 高延壽와 高惠眞은 오히려 당군에 항복하여 목숨을 구걸하였다. 따라서 태종은 오직 고립된 안시성 성주의 영웅적 지휘와 안시성 군민들의 굴하지 않는 저항 앞에 좌절했던 것이다. 태종과 당의 군사들은 요동의 진창과 10월의 눈 폭풍에 시달리면서 고구려로부터 철수

---

15) 『漂海錄』 1, 2월 初4일.
16) 『東國通鑑』 6 고구려 嬰陽王 23년, '臣等按'.

해야만 하였다. 이처럼 태종은 이미 양제의 전철을 밟고 있었다.

물론 태종 자신은 그가 종종 양제와 비교되는 것을 몹시 꺼려하였고 직접 반론하기도 했다. 그러나 역설적이게도 그의 태도는 당대인들이 태종을 곧잘 양제에 비견했던 논리가 지니고 있는 설득력을 반증하는 것이다. 그처럼 당대는 물론 여러 후속 평의들은 그의 바람을 외면하였다. 일례로 송의 范祖禹는 "당 태종의 고구려 정벌은 수 양제의 그것과 다를 바 없으며, 다만 나라가 망하는 데까지 이르지는 않았을 따름이다"라고 혹평하였다.[17) 『송사』 찬자도 "수 양제는 두 번이나 출병했고, 당 태종도 친히 정벌했으나 모두 이기지 못하였다"라고 말했다.[18) 후대의 사가들 사이에서 태종은, 적어도 고구려 원정의 패배에 한하는 한, 양제와 다를 바 없게 되었다.

무엇보다도 태종 스스로가 이 전쟁을 후회하고 자탄하였다. 태종은 패퇴한 뒤 "만약 위징이 살아 있었더라면 나로 하여금 이번 걸음을 하지 못하게 했을 것이다"라고 한탄하였다.[19) 또한 위징을 추념하는 제례를 베풀고 그 자신이 직접 작성한 위징의 비를 세우게 하였다. 그러나 죽은 위징이 아니라 수많은 신료들의 반대를 물리친 것은 정작 태종 그 자신이었다. 이듬해 3월에도 태종은 李靖에게 "내가 천하 사람을 가지고서 작은 오랑캐에게 곤욕을 당한 것은 무엇 때문인가?"라고 묻고 있다.[20)

그러므로 확실히 그는 실패한 것이다. 그리고 그를 좌절시킨 것은 안시성 성주였다. 이 사건에 관한 논찬자의 평의는 이러하였다.

> 당 태종은 덕이 고매하고 명철하여 세상에 드문 임금으로, 환란을 평정하는 데는 殷의 湯王과 周의 武王에 비기고, 정사를 이루는 데는 周의 成王이나

17) 『唐鑑』 3, 태종 下 정관 19년.

18) 『宋史』 487 열전 246 외국 3 高麗, "漢·魏以來 常通職貢 亦屢爲邊寇 隋煬帝再擧兵 唐太宗親駕伐之 皆不克".

19) 『자치통감』 198 唐紀 14, 태종 정관 19년 10월.

20) 같은 책, 정관 20년 3월.

康王에 가까우며, 군사를 다루는 데 이르러서는 기묘한 책략이 무궁해 향하는 곳마다 대적할 이가 없었는데, 동방 정벌의 일만은 안시성에서 패했으니, 그 성주야말로 비상한 호걸이라 하겠다. 그러나 역사 기록에 그 성명이 없어 揚子가 이른바 "제나라와 노나라의 大臣들은 역사에 그 이름이 전하지 않는다[齊魯大臣 史失其名]"라고 한 것과 다름없으니, 매우 애석한 일이다. (『삼국사기』 21 고구려본기 9, 보장왕 4년)

그의 말처럼, 당 태종을 탕·무와 성·강에 비기는 평가는 중국의 역대 사서나 문집에서 빈번하게 보인다. 다만 문맥으로 미루어, 위의 대목은 『신당서』 태종본기 말미의 찬문을 고려한 인용으로 판단한다. 그에 의하면, "(태종이) 수의 환란을 평정한 것은 탕왕과 무왕의 공적에 버금가고, 훌륭한 정사를 이룬 점에서는 성왕과 강왕에 가까우니, 예로부터 공과 덕이 모두 융성하기로 漢나라 이래 이와 같은 경우가 없었다"라는 것이다.[21] 그런데 그와 같은 영걸의 제왕이 오직 고구려의 안시성 전투에서 패배하였다. 따라서 당 태종에 대한 『신당서』의 극찬을 인용한 것은 결국 그를 패퇴시킨 안시성주의 비상한 영용함을 부각시키기 위한 역설적 수사였다.

사실 태종은 이미 스스로 안시성을 '치지 말아야 할 성'으로 경계한 바 있었다. 병법에 따르면, 성이 작고 견고하며 군량이 풍족한 경우거나, 쳐서 함락시킨들 이로울 바가 별로 없고 만약 함락시키지 못하게 되면 오히려 군사의 기세만 꺾이는 경우는 치지 말아야 한다.[22] 이를 염두에 두고 태종은 "안시성은 험고하고 군사가 정예로우며, 성주의 재주와 용맹은 莫離支의 반란 때도 성을 지켜 굴복하지 않을 정도라, 막리지가 그를 치고도 항복시킬 수 없어 그대로 성을 그에게 주고 말았"던 사실을 환기했던 것이다.[23]

---

21) 『신당서』 2 태종본기 정관 23년, "贊曰 甚矣 至治之君不世出也 … 其除隋之亂 比迹湯武 致治之美 庶幾成康 自古功德兼隆 由漢以來未之有也".

22) 『孫子』 九變篇.

한편 揚子의 언급을 인용한 직접적 대목은 그의 저술『法言』에 있다. 叔孫通이 漢 高祖를 위해 군신의 예의를 제정하고자 학자들을 초집할 때 부름에 응하지 않은 사람들이 있었는데, 역사에는 그들의 이름이 전하지 않는다는 것이다.[24] 물론 양자가 언급한 사실의 원전이라 할『사기』의 숙손통전에는 과연 그들의 이름이 전하지 않는다. 다만 당시 숙손통의 눈에 비친 그들은 "시대의 변화를 헤아리지 못하는 고루한 儒者"[25]에 지나지 않았다. 그렇다면 고구려의 안시성 성주를 제·노의 이른바 '대신'에 비긴 논찬자는 오직 그 '失名'의 국면을 주목한 것일 뿐이었을지 모른다. 이 경우 안시성 성주의 역사성 또한 '실종'되고 만다.

그러나 양자는 이름이 실전된 그들이 '祿'이 아니라 '道'를 추구하는 이들이라고 여겼기 때문에 '대신'이라고 말한다. 그들이야말로 정작 군신의 본래적 예의를 체현하고 있는 존재들이라는 것이다. 그러므로『삼국사기』논찬자가 비교적 익숙했을『사기』의 문맥이 아니라 양자의 시각을 선택한 데에는 연유가 있었다고 보아야 한다. 그가 착안한 논찬의 발단은 군신의 예제이되, 더구나 안시성의 그들은 양립하여 치열하게 쟁투했던 장본인들이었다. 즉 안시성 전투를 증언하는 뒷날의 기록들에 의하면, 퇴각하는 태종을 향해 안시성 성주가 성 마루에 올라 절을 해 작별했다 하며, 태종 또한 그가 굳게 지킨 것을 가상히 여기고 겹실로 짠 비단 백 필을 내려 주어 그의 '임금 섬기는[事君]' 행위를 장려했다 한다.[26]

비록 두 전쟁 지휘자의 절제된 행위의 실재 여부를 검증할 도리는 없으나, 설정된 의미 자체는 적지 않은 설득력을 지닌다. 즉 태종은 안시성 성주의 임금 섬기는 일을 장려하였다. 안시성 성주는 642년에 연개소문

23)『자치통감』198 唐紀 14, 태종 정관 19년 9월.

24)『法言』五百篇, "昔者 齊魯有大臣 史失其名 曰 何如其大也 曰 叔孫通欲制君臣之儀 徵先生於齊魯 所不能致者二人".

25)『史記』99 叔孫通傳, "叔孫通笑曰 若真鄙儒也 不知時變".

26)『삼국사기』21 고구려본기 9, 보장왕 4년.

이 정변을 일으켰을 때 그에 동의하지 않고 맞선 일로 이미 저명한 상태였다. 집권 세력의 명분에 반대를 분명히 한 안시성 성주가 고려한 요소들이 무엇이었는지를 적실하게 헤아리지는 못한다. 그러나 태종이 이를 '사군'의 행위로 지목하는 것 자체는 무리가 아니다. 태종이 안시성을 성원하기 위해 달려온 북부의 耨薩 고연수에게 "나는 너희 나라의 강포한 신하가 자기 임금을 시해했기 때문에 그를 문죄하려고 온 것"이라고 한 말을 염두에 둘 일이다.

다시 말해 『삼국사기』 논찬자가 헤아리고 있는 안시성 성주의 존재는 일견 숙손통에게 "시대의 변화를 헤아리지 못하는 고루한 儒者"로 야유되던 이들과 다르지 않았다. 또한 그러므로 한 발 더 나아가 본다면, 논찬 작성자에게 안시성 성주의 본질이란 봉록보다는 도의를 중히 여겨 스스로의 이름을 남기지 않았던 고구려 당대의 '대신'이었다.

당연히, 안시성 성주의 이름이 기록에 전하지 않는 점을 애석해 한 논찬자의 진정성을 의심할 필요는 없다. 특히 안시성 성주의 비상함은 의연히 그의 상대 또한 범상할 수 없는, 즉 탕·무와도 같은 태종을 좌절시킨 데서 징험되고 있는 것이다. 이와 같은 요소는 안시성 성주와 또 다른 대척점에 있는 인물인 연개소문에 대한 평의에도 마찬가지로 개입해 있다. 특히 안시성 성주에 대한 『삼국사기』 논찬자의 포양은 조선의 지식인들에 의해서도 지지를 받았다. 무엇보다 연개소문에 굴하지 않은 절의가 가상타 했고, 당 태종을 격퇴시켜 요동을 지켜냈다고 하였다.[27]

다만 이와는 얼마간 다른 맥락에서, 이름이 전하지 않아 애석해 한 안시성 성주가 梁萬春이라는 견해가 조선에서는 새롭게 제기되기도 하였다. 즉 현종이 안시성 성주의 이름을 묻자 宋浚吉이 양만춘이라 했으며, 다시 왕이 그 근거를 묻자 尹根壽가 중국에서 듣고 기록한 것이라고 대답하였다.[28] 윤근수는 선조 때 명나라와의 외교 일선에서 활약했으며 특

27) 『동국통감』 6 고구려 보장왕 4년, '臣等按'.

히 임진왜란 발발 이후 여러 차례 대명 교섭을 주도하면서 국난 극복에 기여한 인물이라, 그 과정에서 명 대의 당 태종 관련 전승과 정보들을 접하고 또 주목했을 법하다. 송준길 역시 송시열과 함께 효종 정부의 북벌론에 편향했던 인물인지라, 고구려의 대중국 투쟁사 관련 전승에 각별한 관심을 지녔을 것으로 추측한다.[29)]

4. '才士'와 '大逆'의 분별

사실 안시성 성주의 이름이 정작 본질은 아닐 것이다. 그보다는 고려와 조선의 지식인들이 실명의 그를 기리는 정서 자체를 주의해야 옳다. 그러나 그와 함께 필시 중국의 후대 演義類에서 비롯했을 것으로 보이는 이들 전승보다는 "史失其名"이라 한 『삼국사기』의 판단을 존중해야 옳다는 것도 두말할 나위가 없다.[30)]

논찬자가 안시성 성주의 실명과 관련하여 거론한 양자의 발언은, 성인은 도를 중히 여기고 봉록을 가벼이 여기며 범상한 이들은 그와 반대라는 취지를 전제로 한다. 즉 양자가 거론한 '대신'이란 도가 행해지지 않는 까닭으로 인군의 부름에 응하지 않아 역사에 이름이 남지 않은 경우를 이르는 것이었다.[31)] "무도한 나라에서는 부귀가 (오히려) 수치"[32)]라고 한 공자의 통찰을 환기할 만하다. 그러므로 안시성 성주가 '제·노의 대신'에

---

28) 『同春堂先生別集』 6 經筵日記 己酉 4월 26일, "上曰安市城主 其名爲誰 浚吉曰 梁萬春也 能拒太宗之師 可謂善守城者也 上曰 此見於何處 浚吉曰 故府院君尹根壽聞於中朝而記云矣".

29) 이강래, 2007, 「한·중 사서에 보이는 고구려와 중국의 전쟁 기록 비교 검토」 『동북아역사논총』 15, 261~262쪽 ; 이 책의 8장에 수록함.

30) 朴在淵, 1984, 「〈薛仁貴征遼事略〉 小考」 『中國學研究』 창간호, 205~206쪽.

31) 『法言』 五百篇, "聖人重其道而輕其祿 衆人重其祿而輕其道 聖人曰於道行歟 衆人曰於祿殖歟 聖人以行道為務 凡人以祿殖為先 昔者齊魯有大臣 史失其名[以道事君不可 則止爲大臣也 史失其名者 不書其名也]".

32) 『論語』 泰伯, "邦有道 貧且賤焉 恥也 邦無道 富且貴焉 恥也".

비의할 만하다면, 그의 시대는 과연 도가 실행되지 않는 때였던 셈이다.

실로 그는 연개소문의 집정에 대한 반대를 분명히 표방하였다. 그럼에도 불구하고 연개소문 정권은 실력으로 그를 굴복시키지 못한 채 그의 안시성 성주로서의 지위를 인정한 바 있었다. 여기에 안시성 성주의 독특한 위상이 있으며, 『삼국사기』 논찬자는 그러한 맥락을 유의하고 있었던 것이다. 즉 그에게 안시성 성주를 '제·노의 대신'으로 인식케 한 것은 역설적이게도 권신 연개소문의 존재였다.

> 송나라 神宗이 王介甫와 정사를 의논하면서 말하기를 "태종이 고구려를 치다가 어찌하여 이기지 못하였는가?"라고 묻자, 개보가 대답하여 "개소문이 비상한 사람이었기 때문입니다"라고 하였으니, 소문은 역시 재주 있는 인물[才士]이었다. 그러나 곧은 도리로써 나라를 받들지 못하고 잔인함과 포학함을 멋대로 하다가 큰 역적[大逆]이 되기에 이른 것이다. 『춘추』에 "군주가 시해를 당했는데도 역적을 토벌하지 않는다면 그 나라에 (사람다운) 사람이 없다[國無人] 할 것이다"라고 했거늘, 소문은 일신을 보전하여 집에서 죽으니 요행으로 모면한 것이라고 해야 할 것이다. 또한 男生과 獻誠은 비록 당에서 이름을 날렸으나, 본국의 처지에서 말한다면 반역자[叛人]가 되지 않을 수 없을 것이다. (『삼국사기』 49 열전 9, 蓋蘇文)

이 평의의 대상은, 연개소문은 물론 그에 부수하여 입전된 아들 남생과 손자 헌성까지를 포괄한 것이다. 『당서』에 입전이 되고 화려한 묘지가 작성되기도 했던 남생과 헌성은,[33] 그러나 간단하게 '반역자'로 규정되었다. 반면에 연개소문은 당 태종의 침공을 막아낸 측면에서 '才士'이자, 임금을 시해한 장본인으로서 '大逆'이라 한다. 이것이 과연 논찬자의 당착이 아니라면, 이 예리한 충돌의 국면을 분별하는 일이 간단치 않을 것 같다.

---

33) 泉男生墓誌는 儀鳳 4년(679) 王德眞이, 泉獻誠墓誌는 大定 2년(701) 梁惟忠이 찬함. 『신당서』 110 열전 35 泉男生과 그에 附한 獻誠 참조.

태종은 안시성에서 패퇴한 이후에도 649년에 홍거할 때까지 고구려 공략의 의지를 포기하지 않았다. 그로 인해 고구려의 손실도 적지 않았겠다. 그러나 태종은 결국 죽음에 임박해서야 유조를 내려 대고구려 전쟁을 그만두게 하였다. 그의 열패감이 직접 토로된 바는 없지만, 그는 스스로 고구려 혹은 고구려의 권신 연개소문에게 패했다고 가늠한 것이다.

특히 송 신종과 왕안석의 대화는 당 태종 사후 400여 년 뒤에도 중국의 황제들이 의연히 태종의 패퇴라는 이례적 사태에 대해 합당한 설명을 찾고 있었던 사정을 보여준다. 그러므로 중국의 역대 제왕 가운데서도 가장 호전적이고 공명의식으로 충일한 태종을 회한에 빠뜨린 연개소문의 위상은, 수 양제에 대한 을지문덕이나 당 태종에 대한 안시성 성주의 경우에 비춰 전혀 손색이 없다. 그러나 논찬자는 다시 말한다. 연개소문은 대역인으로서, 끝내 죽음으로 토죄당하지 않은 것조차 그에게는 요행이라는 것이다.

이미 음미한 바와 같이, 논찬자는 이미 을지문덕을 일러 고구려를 나라다운 나라이게 한 군자라 하고, 안시성 성주는 탕·무와도 같은 당 태종의 책략을 물리친 '호걸'이자 한 고조의 봉록에도 소신을 굽히지 않았던 '대신'에 비길 만하다고 말하였다. 그렇다면 두 사람과 연개소문의 갈림은 '事君'과 '弑君'의 차이에서 비롯한 것이다.

『춘추』를 들어, "군주가 시해를 당했는데도 역적을 토벌하지 않는다면 그 나라에 (사람다운) 사람이 없다 할 것"이라는 말은 노나라 은공의 일을 말한다. 노 惠公에게는 송나라 聲子에게서 낳은 아들 息과 仲子에게서 낳은 아들 允이 있었다. 혜공이 죽었을 때 윤은 나이가 어려 식이 군주의 지위에 올라 隱公이 되었다. 은공은 평소에 혜공의 총애를 받은 중자의 아들 윤, 즉 서제 桓公에게 지위를 물려주고자 생각하였다. 그러나 은공 11년에 대부 羽父가 은공에게 환공을 죽일 것을 요청했다가 거절당하자 오히려 환공에게 은공을 모략하였으며, 사람을 시켜 은공을 살해하고 환공을 군주로 세웠다.[34]

그런데 『춘추』의 경에는 은공의 죽음에 대해 간단히 '公薨'이라는 말로 종결했을 뿐이다. 『좌전』은 이를 가리켜 "不書葬 不成喪也", 즉 『춘추』의 경에 은공의 장례식에 대해 쓰지 않은 것은 장례식을 정식으로 행하지 않아서였다고 설명하였다. 또한 『공양전』에서는 여기에 더해 "以爲無臣子"라 한 다음, "임금이 시해를 당했는데도 신하가 그 역적을 토벌하지 않으면 신하가 아니요, 복수하지 않으면 자식이 아니다"라고 부연하였다.[35)]

이렇듯 유교적 윤리에 입각한 포폄을 주 내용으로 하는 공유대를 매개로, 중국 측 사서의 경전 인용과 그 기능은 『삼국사기』 논찬자에 의해서도 설득력 있게 활용되고 반영되었다. 물론 근소한 표현의 변개는 문제가 되지 않는다. 즉 위에 언급한 『공양전』의 "以爲無臣子"가 개소문전에서는 "謂之國無人"으로 변용되었다. 충분히 허용할 만한 범위의 변개라고 생각한다. 그러나 이와는 달리 『공양전』의 같은 대목이 백제의 三斤王에 대한 논찬에서는 원문에 충실하게 반복되기도 하였다.

> 『춘추』의 논법에, 임금이 시해를 당했는데도 그 역적을 토벌하지 않는다면 깊이 나무래 신자다운 신자가 없다[以爲無臣子]라고 하였다. 解仇가 文周王을 시해하였는데 문주의 아들 삼근이 왕위를 이어 그를 처단하지 못했을 뿐만 아니라 또다시 그에게 국정을 맡겼거니와 … (『삼국사기』 26 백제본기 4, 三斤王 2년)

여하튼 이러한 정도의 차이 자체는 큰 의미를 지니지 않는다. 그보다는 오히려 동원된 전거의 당대 사태와 맥락이 그것을 거론한 이에게 어떤 유의점을 지니고 있었을 것인지에 주의할 필요가 있다. 이 경우, 우보는 은공을 시해했으며 개소문은 영류왕을 시해하였다. 다시 말해 논찬자는 고

---

34) 『左傳』 隱公 11년.

35) 『公羊傳』 隱公 11년, "春秋 君弑 賊不討 不書葬 以爲無臣子也 子沈子曰 君弑 臣不討賊 非臣也 不復讐 非子也".

구려 연개소문의 행위를 하필 우보에 비견하는 것인지, 두 인물 사이에 어떤 유의할 만한 비교 맥락이 있는지의 여부를 주의해야 한다.

이와 관련하여, 고려 말의 李齊賢 역시 惠宗에게 왕의 두 아우, 즉 뒷날 定宗과 光宗으로 즉위하게 되는 아우들을 참소한 王規에게서 노나라 우보의 모습을 발견한 바 있었음을 환기하지 않을 수 없다.

> 이제현이 말하였다 : 우보가 은공에게 환공을 죽이자고 요청한 것은 장차 太宰의 지위를 구하려는 것이었는데, 은공이 (그의 말을) 듣지 않았지만 또한 (그를) 죽이지도 않아 끝내 蔿氏의 (집에 머무는 사이에) 화를 불러들이고 말았다. 왕규가 두 왕제를 참소한 것도 우보의 뜻과 같았거늘 혜종은 그 죄를 다스리지 않고 도리어 좌우에 있게 두었으며 … 그를 유배하거나 죽이지 않았으니 어찌된 일인가. 아, 소인을 멀리하기 어려움이 이와 같으니 경계하지 않을 수 있겠는가. (『고려사』 2 세가 2, 혜종 2년 9월)

혜종과 그의 뒤를 이은 정종과 광종처럼, 은공과 그를 이은 환공은 형제였다. 그렇다면 설사 연개소문이 우보와 같은 존재라고 하더라도, 과연 영류왕과 보장왕의 관계 또한 노나라의 은공이나 고려의 혜종이 아우들을 대했던 바와 비견될 수 있을 것인가? 이 질문에 대해 얼른 단정하기는 어렵지만, 『삼국사기』의 논찬자는 시해된 영류왕을 이어 즉위하는 보장왕이 곧 영류왕의 아우인 大陽王의 아들이라는 점을 주의했을 지도 모르겠다.[36]

그렇다면 그는 노의 우보와 고구려 연개소문의 유사한 역할뿐 아니라, 은공과 환공의 관계와 영류왕과 보장왕의 관계 또한 흡사한 사례로 여겼던 것이겠다. 이렇게 헤아리다 보면, 을지문덕과 안시성 성주가 고구려를 '나라다운 나라'이게 한 이였던 반면, 동시에 바로 그와 같은 '사람다운 사람'이 고구려에 없었음을 증명하는 존재가 연개소문이었던 셈이다.

---

36) 『삼국사기』 21 고구려본기 9 寶臧王 즉위기, "王諱藏 以失國 故無謚 建武王弟大陽王之子也".

그럼에도 불구하고 논찬자는 연개소문을 '비상한 사람'이라고 말한다. 그것은 그가 당 태종의 대척점에 서서 투쟁하고 승리했다고 여겼기 때문이다. 물론 태종의 패퇴에 연개소문이 군사적으로 어떤 역량을 발휘하고 어떤 방식으로 기여했는지 명료하게 드러난 것은 없다. 오히려 연개소문은 집권 과정에서 바로 그 안시성주의 분명한 반대에 부딪쳤다. 더구나 안시성 성주는 성 마루에 올라와 철군하는 태종에게 절을 하며 작별했으며, 태종 역시 안시성 성주의 '사군' 행위를 포양하고 장려하였다. 패퇴하는 이의 궁색한 허세이긴 하나, 태종은 난신 징치라는 애초의 명분을 그렇게라도 드러내고 싶었고 또 강변하고자 했던 것이다.

그러므로 논찬자의 평의에서 주의할 국면은 고구려 국내의 군신 질서와 고구려의 대외 전쟁 사이에 서로 충돌하는 인식의 층위가 중첩된 데서 비롯한 딜레마 그것일 것이다. 그로 인해 뒷날 조선의 지식인들은 바로 이러한 태도를 격렬하게 비난하여, "남의 신하된 자로서 『춘추』를 알지 못한 죄를 면치 못할 것"이라고 성토하였다.

> 어찌하여 王安石은 神宗의 물음에 답하여 태종이 고구려를 이기지 못한 것은 소문이 비상한 사람이었기 때문이라고 하였는가. 이러한 난적의 괴수를 비상한 자라 한다면 천하고금의 난신적자 가운데 누군들 비상하지 않겠는가. … 김부식은 우리 동방의 명사로 소문의 대역부도한 죄를 소상히 알면서도 안석의 그릇된 설명에 뇌동하여 (소문을) '재사'라 한 것은 어찌된 일인가. 그 역시 남의 신하된 자로서 『춘추』를 알지 못한 죄를 면치 못할 것이다. (『동국통감』 8 당 乾封 원년 고구려, 보장왕 25년)

그러나 『삼국사기』 논찬자는 신라의 희강왕·민애왕·신무왕 등 반복되는 왕위 쟁탈에 대해 『춘추』를 들어 엄중하게 경고하였고, 부왕을 해친 신하를 징치하지 못한 백제 삼근왕에 대해서도 바로 그 『춘추』를 들어 나무랐다. 따라서 그가 『춘추』의 도덕률보다 태종의 패배를 먼저 언급한 의도를 오히려 주목해야 할 것이다. 요컨대 그는 '대역'으로 인해

'재사'가 함몰되는 것을 원치 않았던 것이다.

5. 문헌 정보의 속성과 한계

그러므로 연개소문의 전기에 대한 평의가 태종의 패배로부터 발단하는 구조는 이미 충분히 의도적이다. 태종의 패배란, 우선 연개소문전에서 직접 형상화되지 않은 사건이다. 연개소문 정권의 역사적 함의에서 태종은 부수적이었을 뿐 아니라, 645년 고구려의 대당 전쟁에서도 사태의 중심은 연개소문이 아니었다. 그럼에도 불구하고 논찬자가 연개소문의 생애를 진단하기 위해 태종의 패배를 환기한 것은, '태종의 패배' 자체에 무게를 두기 위한 수사이자 논리 전략이었다고 판단한다. 다시 말해 태종이 패배했다는 사실은 겉으로 보기에 연개소문에 대한 논찬의 전제로 거론되었지만, 설명(득)과 동의가 필요한 '주장'이었다.

『삼국사기』 편찬자들이 태종의 당과 고구려의 전쟁을 재구성하기 위해 수용할 수 있었던 자료는 거의 전부 중국의 지식인들에 의해 생산된 것들이었다. 그에 따를 경우, 안시성에서 철군하는 당 측의 전과는 그리 간단치 않았다. 태종은 玄菟·橫山·蓋牟·磨米·요동·백암·비사·夾谷·銀山·後黃 등 10개의 성을 굴복시켰다. 또한 遼州·蓋州·巖州 등 새로 개편한 세 주의 주민들을 옮겨 중국으로 들여온 것이 7만 명이었다. 그리고 그보다 훨씬 많은 병력과 인명의 손실을 고구려는 입었다.[37)]

반면에 태종이 패배했다는 증언들은 다분히 정서적이며 거오한 중국 중심적 경향을 띠고 있다. 철군 이후 태종의 재침 의욕은 오히려 예리해 갔으며 고구려에 대한 겁박의 정도가 더해 갈 뿐이었다. 그에 비례하여 고구려의 피로감도 가중되어 갔다. 점증하는 위기는 태종이 죽으면서 "유

---

37) 이강래, 2015, 「7세기 고구려 인식과 정통성의 문제」 『歷史學研究』 60, 27~28쪽 ; 이 책의 3장에 수록함.

조를 내려 요동의 전쟁을 그만두게" 함으로써 문득 일단락되었다. 태종의 죽음과 유조를 계기로, 『삼국사기』 논찬자는 태종의 패배를 다시 한 번 확인하고 확정하려 들었다.

> 처음에 태종이 요동을 원정할 때 말리는 이가 하나가 아니었다. 또 안시성에서 철군한 후 스스로 성공하지 못한 점을 깊이 후회해 탄식하기를 "만약 魏徵이 있었더라면 내가 이 원정을 하지 못하게 했을 것이다"라고 하였다. 다시 고구려를 치고자 할 때 司空 房玄齡이 병중에서 표문을 올려 간하기를 "노자는 '만족할 줄을 알면 욕되지 않고 그칠 줄을 알면 위태롭지 않다'고 했습니다. 폐하께서는 그 위명과 공덕이 이미 족하다 하겠고, 강역을 개척해 넓히는 것도 이제 역시 그칠 만하옵니다. 게다가 폐하께서 매번 중죄인 한 사람을 처결하실 때도 반드시 세 번 다시 살피고 다섯 번을 거듭 아뢰도록 하며, 보잘것없는 음식을 올리게 하고 풍류를 그치게 함은, 사람의 목숨을 소중하게 여기시는 바이거늘, 이제 무고한 사졸들을 몰아다가 칼날 아래 내맡겨 비참하게 죽게 하는 것만은 어찌하여 불쌍하게 여기지 않으십니까? 지난날 가령 고구려가 신하의 법도를 어겼다면 처단함이 옳고, 우리 백성을 침노해 괴롭힌다면 패멸시킴이 옳으며, 뒷날 중국의 두통거리가 될 것 같으면 없애 버려도 좋을 것입니다. 그런데 지금은 이와 같은 세 가지 조건이 없는데도 공연히 중국을 번거롭게 하는 것이니, 안으로 전대의 치욕을 씻고 밖으로 신라의 원수를 갚는다 하나, 이 어찌 얻는 것은 작고 잃는 것은 큰 것이 아니겠습니까? 원컨대 폐하께서는 고구려가 스스로 새로워지도록 내버려 두시어 파도를 헤쳐 나갈 배를 불사르고 응모한 무리를 흩어 버리신다면, 자연히 중화에는 경사요 오랑캐는 의지해 올 것이며, 원방은 삼가 공경하고 근방은 편안할 것입니다"라고 하였다. 梁國公이 장차 죽으려 할 때의 말이 이같이 간곡했는데도, 황제는 듣지 않고 동방을 폐허로 만들어야만 속이 시원할 것으로 생각하더니 죽게 되어서야 그만두었다. '사론'에 이르기를 "큰 것을 즐기고 공명을 좋아해 멀리까지 군사를 내몰았다"라고 한 것은 이것을 이른 말이 아니겠는가?
>
> 柳公權의 『小說』에 이르기를 "駐蹕山 전쟁에서 고구려와 말갈의 연합군이 40리에 뻗치자 태종이 바라보고 두려워하는 기색이 있었다"라고 했으며, 또 "6군이 고구려에 제압되어 거의 움츠려 떨치지 못할 때 척후가 英公의 휘하

黑旗가 포위되었다고 아뢰니 황제가 크게 두려워하였다"라고 하였다. 비록 끝내는 스스로 탈출해 나왔으나 두려워함이 저와 같았거늘 『신·구당서』와 司馬光의 『자치통감』에는 이를 말하지 않았으니, 이는 어찌 자기 나라를 위해 꺼려 회피한 경우[國諱]가 아니겠는가? (『삼국사기』 22 고구려본기 10, 보장왕 8년 4월)

이 대목의 논찬은 크게 두 가지 논점으로 구성되었다. 하나는 태종의 무모한 정복욕과 현시욕에 대한 비판이다. 다른 하나는 태종의 패배를 直書하지 않은 중국 측의 필법에 대한 비판이다. 두 가지 사안은 결국 태종의 후회와 패퇴와 그 사실의 은폐로 귀결한다. 더구나 그와 같은 논찬자의 작의는 다름 아닌 중국의 문헌 정보를 증거로 실현되고 있으니, 오히려 설득력을 갖추었다고 말할 수 있다. 그러므로 태종의 패배는 엄연한 사실이 되는 것이다.

태종이 안시성의 패배 이후 위징을 추념하면서 후회한 대목은 고구려본기 보장왕 4년의 안시성 전투 직후에도 인용되어 있거니와, 기실 그것은 『신당서』의 위징전에서 연유하였다.[38] 다만 태종의 독선과 무모함에 대한 예증으로서 장황하게 인용한 방현령의 상표문은 논찬자의 의도에 따라 그 일부가 발췌된 형태이다.

물론 그의 의도는 비교적 성공적이었다. 즉 태종은 과욕을 멈추었어야 옳았다. 고구려에 대한 무모한 정복욕에 사로잡혀 "무고한 사졸들을 몰아다가 칼날 아래 내맡겨 비참하게 죽게 하는 것"은 옳지 않은 일이다. 특히 고구려는 과거에도 현재에도 심지어 미래에도, 중국이 위험을 무릅쓰고 무력을 행사해야 할 명분이 없는 대상이었다. 이처럼, 문면만으로 보면 태종은 협착한 자기현시욕과 공명에 대한 과욕으로 자멸하고 만 듯이 보인다.

---

38) 『신당서』 97 열전 22 魏徵, "徵亡 帝思不已 … 遼東之役 高麗·靺鞨犯陣 李勣等力戰破之 軍還 悵然曰 魏徵若在 吾有此行邪".

그러나 방현령은 태종을 제지하기 위해 먼저 645년 전쟁에서 태종이 거둔 승리와 전과를 부풀려 강조하였다. 이 점을 확인하기 위해『삼국사기』논찬자가 옮기지 않은 부분 가운데 한 대목을 예증으로 들어본다.

> 고구려는 역대로 誅伐을 피해 달아나 토벌해 치지 못했던 것인데, 폐하께서는 그들이 반역과 난동을 부려 주군을 죽이고 백성을 학대하는 것을 꾸짖어 친히 6군을 아울러 요동과 碣石에서 문죄하셨습니다. 이에 한 달도 안 되어 곧 요동을 뒤엎으니, 그 전후로 사로잡은 포로가 수 십 만을 헤아려 여러 州에 나누어 배치하매 어디를 가나 그들로 그득 차게 되었습니다. 지난 수나라 시대의 묵은 치욕을 씻고 산과 언덕에 뒹구는 백골을 덮어 주시어 그 공과 덕을 비교하자면 전대 제왕의 만 배나 되오니, 이야 성명하신 폐하께서 몸소 아시는 바이라 저 같은 이가 어찌 감히 갖추어 말하겠나이까.(『구당서』66 열전 16, 방현령 ;『신당서』96 열전 21 방현령, 정관 22년)

방현령의 주장에 따르면, 태종은 이미 親征의 목적을 충분히 충족했다고 해야 할 것이다. 물론 방현령은 태종이 다시 기병하려는 것을 저지하기 위해 저와 같이 논변했던 것이지만, 요동의 공간에 한정하는 한 고구려는 실제로 심중한 타격을 입었던 것도 부정할 수 없는 사실이다. 다만 태종의 친정은 중국의 영토 수복과 난신적자의 징치와 전대에 전몰한 중국 장병을 위한 설욕이라는 당 본위의 명분을 온전하게 충족시키지는 못했을 뿐이다. 여하튼 방현령의 이 발언은 논찬자의 논리를 위해 절삭되었다.

그에 이어 인용한 '사론' 역시『신당서』에 있는 사론의 일부이다.『신당서』찬자는 태종을 평하여 "큰 것을 즐기고 공명을 좋아했다"라고 한다.[39] 송 대 지식인의 정서가 반영된 이 평의에는 완곡하나마 태종의 남루한 현시욕과 공명심에 대한 비판이 담겨 있다.

---

39)『신당서』2 태종본기 정관 23년, "贊曰 … 至其牽於多愛 復立浮圖 好大喜功 勤兵於遠 此中材庸主之所常爲".

이러한 논평과 관련하여, 당 태종이 사형을 앞둔 죄수들을 방면하면서 기일에 맞춰 돌아올 것을 명하자 한 사람도 빠짐없이 형기에 맞춰 돌아와 사면을 입었다는 작위적 사건을 환기한다.[40] 그러나 『신당서』 편찬자였던 歐陽修는 이 비상한 사건을 두고 태종과 사형수들이 서로의 마음을 헤아려 도적질한 것에 불과하다고 혹평한 바 있다.[41]

한편 논찬자는 『당서』와 『자치통감』 등이 사태의 진실을 은폐한 증거로 유공권의 '소설'을 거론하였다. 유공권의 '소설'로서 확인 가능한 자료로는 『說郛』에 그 일부가 실려 있는 『小說舊聞記』가 있다.[42] 그러나 문제가 된 당 태종과 고구려의 전쟁에 관련한 내용은 그 가운데서 확인되지 않는다. 다만 명 대의 『唐書志傳通俗演義』에서도 당 태종의 안시성 공격 실패는 묘사되어 있다.[43] 당 태종의 역사적 비중에서 비롯한 것이겠지만, 당·송 대 이래 그의 대외전쟁의 패배는 자주 언급된 주제였다.

사실 『삼국사기』 찬자도, 안시성을 돕기 위해 고연수와 고혜진이 말갈의 병력을 포함하여 15만의 규모로 가세해 왔을 때, "우리 군사와 말갈의 합군이 진을 치자 40리에 뻗쳤으며 태종이 이를 보고 두려워하는 기색이 있었다"라고 증언하였다. 이처럼 당 태종의 고구려 공격이 심각한 실패로 끝났다는 것은 중국의 사가들에게서도 얼른 외면할 수 있는 문제가 아니었다.

그런데 중국의 양 『당서』와 『자치통감』은 태종의 패색을 기록하지 않았다는 것이다. 실제 저 3종의 중국 사서들에 의할 경우, 태종은 안시성 공격을 하다가 '不克'하여 '班師'했을 뿐이었다. 반면에 태종이 자신의 공세를 잘 막아낸 안시성 성주를 포상했다거나 여느 병사보다도 앞서 곤고

40) 『신당서』 56 志 46 刑法 ; 『唐語林』 1 政事 上 ; 『자치통감』 194 唐紀 10 정관 7년 9월.
41) 『唐宋八大家文鈔』 42 「縱囚論」.
42) 『說郛三種』(明 陶宗儀 等編, 上海古籍出版社), 787~789쪽 및 2060~2061쪽.
43) 일명 『秦王演義』나 『隋唐演義』라고도 한다. 江蘇省社會科學院 編, 吳淳邦 外 譯, 1993, 『中國古典小說總目提要』 1, 蔚山大學校出版部, 170~171쪽 참조.

한 노정을 솔선했다거나 돌에다가 공적을 새겨 기록했다는 따위의 설명에서처럼, 철군의 과정 어디에도 '敗退'의 단서는 없다. 이 때문에 논찬자는 저와 같은 중국 사서들의 필법을 "자기 나라를 위해 말하기를 꺼려 회피한 경우[爲國諱之]"라고 지적하였다.

그의 지적처럼 왕조 간 전쟁과 같은 경우의 문헌 정보에는, 전장의 사소한 실상에서부터 성패의 갈림에 이르기까지 다양한 왜곡과 변개가 저질러지곤 한다. 중국의 왕조들과 투쟁하는 가운데 부침했던 고구려사의 경우는 특히 문헌 정보의 상충 사례가 많다. 지금 문제가 된 대목 역시, 그에 대한 논찬자의 비판과 항의는 지극히 정당한 것이었다.

- 高麗與靺鞨合軍方四十里 **太宗望之有懼色** 江夏王進日 … 候者告黑旗被圍 **帝大恐** …(『說郛』 36 上 인용 『隋唐嘉話』)
- 高麗與靺鞨合軍四十里 **太宗有懼色** 江夏王進日 …(『大唐傳載』)
- 高麗靺鞨合兵爲陣 長四十里 江夏王道宗日 …(『자치통감』 198 唐紀 14, 태종 정관 19년 6월)
- 高麗與靺鞨合軍四十里 **太宗有懼色** 江夏王進日 …(『唐語林』 5 補遺)
- 我軍與靺鞨合兵爲陣 長四十里 **帝望之有懼色** 江夏王道宗日 … 候者告英公之麾黑旗被圍 **帝大恐** …(『삼국사기』 21 고구려본기 9, 보장왕 4년)

『삼국사기』에 선행하는 몇 가지 자료들을 볼 때 『자치통감』을 전후한 이른바 '소설'들에는 모두 태종에게 두려운 기색이 있었다는 서술이 들어 있다. 그 가운데서도 가장 이른 시기의 『수당가화』는 저명한 劉知幾의 아들 劉餗이 지은 것인바, 인용한 바와 같이 『삼국사기』 논찬의 문맥에 가장 근접해 있다.[44]

---

44) 이에 대한 논증은 金貞培, 2007, 「『三國史記』 寶臧王紀 史論에 보이는 '柳公權小說' 問題」 『韓國史學報』 26, 20～25쪽.

6. 고구려사 평의의 현재성

논찬자는 중국 측 사서의 필법을 비판하여 '國諱'의 사례로 짐작하였다. 물론 당이 멸망한 이후에 편찬된 저들 사서들에는, 단순히 자기 왕조 중심의 편향에 그치지 않고, 연원이 오래된 중화의식이 그 저부에 자리하고 있을 것이었다. 마찬가지로 『삼국사기』 논찬자의 비판 논리 또한 고구려를 비롯한 삼국의 역사를 자기 왕조의 역사적 바탕으로 삼고 있다는 데서는 저들과 다를 바 없다. 그것은 이미 어떤 정보의 진위 문제와는 구분되는 것이다.

그 점에서 당 태종의 패퇴라는 사실은 고구려를 자기 역사의 토대로 간주하는 후대인들에게 강한 자긍심으로 작용했을 것이다. 18세기의 실학자 朴趾源은 세상에서 전해 오는 말이라 하여 "안시성주 양만춘이 당 태종의 눈을 쏘아 맞추었다"라고 했으며,[45] 이 사건을 언급한 金昌翕의 시와 李穡의 「貞觀吟」을 소개하였다. 김창흡은 양만춘의 화살에 눈동자[眸子]가 떨어졌다 하였고, 이색 역시 "흰 날개에 검은 꽃이 떨어졌다[玄花落白羽]"라고 하였다.[46] 특히 이색은 삼한 즉 우리나라는 箕子 이래 중국이 신하로 여기지 못한 땅이므로 중국 밖의 세계로 간주하여 개입하지 않았어야 할 터라 하였다. 또한 태종이 고구려를 '주머니 속의 물건일 뿐'이라 한 성언을 야유하여 고구려에 대한 뚜렷한 자부심을 드러냈다.[47]

안시성 성주로 거론된 양만춘의 실재나 태종의 피격 사실 여부와는 별개로, 고려와 조선의 지식인들이 동의하고 또 공유하고 있던 자국사에 대한 강한 자부의 정서가 읽힌다.[48] 다만 안시성주의 실체도 그러하지만,

---

45) 朴趾源, 『熱河日記』 渡江錄 6월 28일 乙亥, "又世傳 安市城主楊萬春射帝中目 帝耀兵城下 賜絹百匹 以賞其爲主堅守".

46) 李穡, 「貞觀吟 楡林關作」 『東文選』 8 七言古詩.

47) 呂運弼, 1999, 「李穡의 歷史素材 漢詩 硏究」 『고려시대 역사시 연구』, 한국정신문화연구원.

48) 이에 대한 심층적 연구는 허태용, 2009, 『조선후기 중화론과 역사인식』, 아카넷.

태종이 피격되었다는 전승 역시 그 진위를 판별할 사건 당대의 출전이 명료하지는 않다. 어쩌면 이 또한 왜곡된 중국 측 문헌 정보의 한계 탓일 수도 있다. 예컨대 徐居正은 중국 문헌에 당 태종의 피격이 실리지 않은 것은 중국 사관이 나라의 기휘[國諱]로 여겨 은폐했을 것이라고 하여, 『삼국사기』 논찬자의 짐작에 동의하였다.[49]

그러나 박지원은 서거정의 온건한 동의와는 달리, 이색과 김창흡의 시는 필시 우리나라에서 예로부터 전해 오는 이야기에 근거한 것일 터인데, 『삼국사기』 찬자 김부식이 유공권의 소설을 인용하여 당 태종이 주필산에서 곤욕을 당한 일을 입증하고서도 정작 우리나라의 옛 전승, 즉 태종의 피격 사실을 싣지 않았다고 비판하였다. 마땅히 검증하기가 어려운 사안이다. 그리고 수긍하기도 쉽지 않은 주장이다. 『삼국사기』의 세부 내용을 문득 김부식의 판단과 행위의 소산으로 헤아리는 데는 동의하지 않지만, 필경 그의 작문으로 여겨지는 사평의 문맥에도 고구려사에 대한 자긍과 애정이 면면했던 때문이다.

고구려 역사에 대한 총평이라 할 논찬에서 이 문제를 다시 음미해 본다.

> 현도와 낙랑은 본래 조선의 땅으로서 기자를 봉했던 곳이니, 기자는 그 백성들에게 예의와 농사와 누에 치고 베 짜는 법을 가르치고 금법 여덟 조목을 만들었다. 이리하여 그 백성들이 서로 도둑질하지 않고 문을 닫아 걸지 않으며, 부인들은 곧고 신실해 음탕하지 않고, 음식을 먹는 데는 제정된 그릇을 사용했으니, 이야말로 어진 현자의 교화인 것이다. 게다가 그들의 천성이 유순해 다른 세 방면의 오랑캐와는 달랐던 까닭에, 공자가 중국에서 도가 시행되지 않음을 슬퍼하여 바다를 건너와 살고자 했던 것도 그럴 만한 이유가 있었을진저!

---

49) 徐居正, 『筆苑雜記』 2, "世傳 唐太宗伐高麗 至安市城 箭中其目而還 考唐書通鑑 皆不載此事 雖有之 當時史官爲中國諱 無怪乎其不書也 但金富軾三國史 亦不載 未知牧老何從得此".

그러나 『주역』에 "6爻의 두 번째는 영예가 많으나 네 번째는 두려움이 많은 바, 임금의 자리에 가깝기 때문이다"라고 하였다. 고구려는 진·한 시대 이후로 중국의 동북방에 끼어 있어 그 북쪽 인접 지대는 모두 천자의 관할이었거니와, 난세에는 영웅들이 우뚝 일어나 참람히 명호와 지위를 도적질하는지라 두려움이 많은 땅에 자리했다고 하겠다. 그럼에도 불구하고 겸손한 생각이 없이 그 봉토의 지경을 넘어 침구해 원수를 삼고 중국의 군현에 들어 와 사니, 이 때문에 전쟁이 이어지고 화근이 생겨나 거의 평안한 해가 없었다. 그들이 동쪽으로 도읍을 옮겼을 때는 수와 당이 통일을 이룬 시기였는데도 여전히 조서와 칙명을 거역해 순종하지 않고 천자의 사신을 토실 속에 가두었으니, 그 완악하고 두려워하지 않음이 이와 같았다. 그러므로 여러 차례 문죄의 군사를 불러들였던 것이니, 비록 간혹은 기발한 계책으로 대군을 함몰시킨 때도 있었지만 끝내는 왕이 항복하고 나라가 멸망되고야 말았던 것이다.

그러나 고구려사의 시말을 보면 위아래가 화합하고 백성들이 화목할 때는 비록 큰 나라라 해도 이를 빼앗지 못했지만, 국정을 의롭게 처리하지 못하고 백성을 어질게 다스리지 못해 사람들의 원성을 불러일으키게 되어서는 허물어져 내려 건잡을 수가 없었다. 그러므로 맹자는 "天時와 地利가 人和만 못하다"[50]라고 하였고, 左氏는 "나라는 복으로써 흥하고 화로써 망하는 바, 나라가 흥하려면 백성 대하기를 상처를 위하듯이 하나니 이것이 복이요, 나라가 망하는 데 있어서는 백성을 흙 검불과 같이 여기나니 이것이 화인 것이다"[51]라고 했으니, 의미 있는 말일진저! 그러한즉 무릇 국가를 가진 이가 강포한 관리[暴吏]의 구박과 세도가[强宗]의 가혹한 수탈을 방임해 인심을 잃는다면, 비록 정치를 잘해 어지럽히지 않고자 하고 보존해 멸망하지 않으려 한들, 이 또한 억지로 술을 마시고서 술 취하는 것을 싫어하는 것과 무엇이 다르겠는가? (『삼국사기』 22 고구려본기 10, 보장왕 27년)

인용한 글은 고구려본기의 말미에 붙인 논찬으로서 고구려 왕조의 역사에 대한 총평의 위상을 지닌다. 논의는 크게 세 단락으로 구분해 볼 수

50) 『孟子』 公孫丑章 下.
51) 『左傳』 定公 4년 및 哀公 원년.

있다. 첫째 단락은 고구려를 비롯한 동방 세계의 역사적 연원에 대한 자긍의 정서가 주조를 이루고 있다. 둘째 단락은 고구려 패망 원인에 대한 진단이다. 그리고 셋째 단락은 고구려사로부터 체득해야 마땅할 현실적 권계라고 할 수 있겠다.

우선 그는 "현도와 낙랑은 본래 조선의 땅"이라고 하였다. 이것은 필시 "요동의 땅은 … 한대의 현도군"이라 하여 수 양제와 당 태종의 고구려에 대한 군사 행동을 중국의 고토 회복이라는 명분으로 고무했던 裴矩의 발언을 겨냥한 것이다.[52] 또한 이로부터 "고구려는 본래 4군의 땅이었을 뿐"[53]이라 한 태종의 발언과, 태종이 파견한 相里玄奘이 "요동의 여러 성들은 본래 모두 중국의 군·현들"[54]이라 한 바를 정면으로 반박한 것이다. 나아가 그는 고구려야말로 '본래 조선의 땅'을 회복한 것이었으며, 그와 같은 동방 세계는 공자조차도 중국의 대안으로 여겼던 곳이었다는 점을 환기하였다.[55]

다음으로, 둘째 단락 즉 고구려가 패망하게 된 직접 원인을 대중국 관계 설정의 실패와 그로부터 초래된 전쟁으로 헤아린 것은, 여하튼 '사실'의 영역에 속한 문제이다. 그에 따르면 고구려는 "두려움이 많은 땅"에 자리했으며, "수와 당이 통일을 이룬 시기"에 패망한 것이다. 당연히, 그의 논지에서 발견하는 중국 중심적 세계 인식과 태도를 이 논의의 중심인 양 간주하는 것은 정당하지 않으며 적어도 성급한 태도일 것이다. 논찬자는 정작 전쟁에서 패배하고 항복하여 한 나라가 멸망한 데에는 저와 같은 시·공간의 조건보다 더 중요한 바가 있다는 것을 말하고자 하였다.

즉 그는 셋째 단락에서, 때마침 중화세계에서 위압적인 통일 제국이 출

52) 『수서』 67 열전 32 裴矩 ; 『구당서』 63 열전 13 배구 ; 『신당서』 100 열전 25 배구.

53) 『자치통감』 196 唐紀 12, 태종 中之中 정관 15년.

54) 『자치통감』 196 唐紀 13, 태종 中之下 정관 18년.

55) 『論語』 公冶長 및 子罕편 ; 『후한서』 85 동이열전 序 및 濊조.

현한 '천시'와 그에 인접하여 잦은 戰禍로 말미암아 늘 고단할 수밖에 없는 '지리'보다, '인화'의 상실이 패망의 가장 큰 요인이었다고 마무리하였다. 그리고 인화의 본질은 지배 계층이 아니라 광범한 백성 일반에 대한 애민과 위민의 태도에 깃들어 있는 것이었다. 그러므로 "강포한 관리의 구박과 세도가의 가혹한 수탈"부터 척결해야 할 일이었다. 비록 결코 방임해서는 안 될 '폭리'와 '강종'이 반드시 이자겸과 같은 논찬 작성 당대의 구체적 대상을 염두에 둔 것이 아니라고 할 수야 없겠지만, 오히려 주의할 바는 한 왕조의 멸망 요인을 외침에 앞서 그 '내부의 문제'에 무게를 두어 진단하는 건강성일 것이다.

요컨대 논찬자는 조선에서 비롯하여 기자와 한의 현도 및 낙랑군을 거쳐 고구려로 이어지는 공간적 계통 인식을 분명히 하였다. 물론 기자는 고대 중국적 가치와 질서의 표상이다. 그러나 기자가 조선으로 옮겨 갔다는 기억과 전승은, 조선을 도가 실종된 중국의 문명적 대안으로 전제하는 것이며, 고구려는 그와 같은 조선의 공간을 회복하거나 잇는 존재인 셈이다. 그리고 현실의 고려는 바로 그 고구려를 역사적 토대로 삼은 왕조이다.

따라서 고구려, 즉 '요동'은 중국 땅이라는 수와 당의 '역사적 명분'을 정확하게 일축하는 것은 고려 지식인들의 자기 인식과도 연동되는 문제이다. 뒷날 李承休도 '요동'을 일러 중국 왕조들과 뚜렷이 구분되는 별도의 천지로서 '조선'의 공간이라고 하였다.[56] 그와 함께, 고구려를 비롯한 후대 정치 단위체들의 世系가 모두 조선의 단군으로부터 이어졌다고 한 바를 주의할 일이다. 이처럼 당대 일반에게 '조선'은 중국에 대한 '우리 역사 공간 총체'를 가리키는 것이었으며, 고구려와 고려는 바로 그 조선의 태내에서 선후로 발흥한 왕조였던 것이다.

---

56) 『帝王韻紀』 下 東國君王開國年代, "遼東別有一乾坤 斗與中朝區以分 洪濤萬頃圍三面 於北有陸連如線 中方千里是朝鮮 … 於中何者是大國 先以扶餘沸流稱 次有尸羅與高禮 南北沃沮穢貊膺 此諸君長問誰後 世系亦自檀君承".

그러한 한편, 나라의 통치와 흥망의 요체를 맹자의 '인화'와 좌씨의 '애민'으로 간추린 이상, 수·당의 고구려를 향한 위험한 욕망은 물론, 이들로부터 왕조를 보위해 낸 을지문덕과 안시성주의 비상한 자질 또한 그 가운데 포섭될 뿐이다. 다만 논찬자가 태종을 극찬한 『신당서』 찬자의 말을 인용한 것은 결국 그를 패퇴시킨 안시성주의 비상함을 극적으로 증언하기 위한 역설이었듯이, 태종에게 침공의 명분을 제공하고 안시성 성주와 부합하지 못했던 연개소문조차 자기 왕조를 보위해 낸 '재사'로 수긍하는 논리 역시 논찬자의 자국사 인식에서 비롯한다. 고구려는 고려가 이룬 '일통'의 주요 분자인 동시에, 고려의 역사적 연원이기도 하였던 때문이다.

그러므로 이와 같은 고려 지식인의 현재적 고구려 인식은 얼마간 당착적일 수밖에 없다. 그들은 연개소문을 오직 대역무도한 난신적자로 단죄하는 데 그칠 수 있었던 조선의 지식인들과는 왕조의 역사적 토대와 현재적 조건에서 같을 수 없었기 때문이다. 다만 조선의 경우에도 고구려 영토의 역사적 계통 인식에서는 "고구려는 본래 단군조선의 땅"[57]이라 하여, 수와 당의 고토 회복이라는 전쟁 명분을 논박한 『삼국사기』의 인식을 더욱 강화하였다. 그처럼 고구려는 고려를 매개로 하여 의연히 조선의 역사적 현재이기도 했던 것이다.

57) 『삼국사절요』 10 고구려 보장왕 27년, '權近曰'.

5장

한국 고대 혼인에 보이는 財貨의 성격

〈목 차〉

1. 문제의 소재 : 신붓값과 지참금

> 東夷의 舊語에는 (고구려를) 夫餘의 별종이라고 하였다. 언어와 여러 일들이 대부분 부여와 같으나 그 기질과 의복에는 다른 점이 있다. … 그들의 풍속에 혼인을 할 때, 언약이 정해지면 여자 쪽 집에서는 큰 집 뒤에 작은 집을 지어 壻屋이라고 이른다. 사위가 저물녘에 여자 집 문 밖에 와서 스스로 이름을 말하고 무릎을 굽혀 절하면서 여자에게 나아가 잘 수 있기를 청하는데, 이 같은 것을 두 번 세 번 거듭하면 여자의 부모가 비로소 작은 집에서 머물 것을 허락한다. 곁에는 전백을 정돈해 둔다[傍頓錢帛]. 아들을 낳아 이윽고 장대해지기에 이르러서야 아내를 데리고 본가로 돌아간다.

위에 인용한 대목은『삼국지』동이전에 보이는 고구려의 혼인 관련 정보이다.『삼국지』는 3세기 중국인의 기록물이다. 따라서 위 정보는 3세기 이전 고구려 사회의 일반적 혼속 내용인 동시에, 중국적 가치 기준에 비추어 특이한 문화 요소였다고 판단한다. 그리고 이 저명한 혼속은 대개 고구려의 '서옥제'로 이해되어 왔다.

한편 인용한 글 가운데 '傍頓錢帛'의 부분은 '錢帛', 즉 일반적 의미의

財貨를 혼인 생활의 개시 즈음에 아마 혼인 생활이 이루어지는 서옥을 중심으로 하는 특정 공간에 비치했다는 것을 말한다. 그렇다면 문맥에 비추어 '전백'은 서옥에서 최초의 실질적 혼인 생활이 성립하기 위한 전제적 조건으로 보인다. 그러나 이처럼 혼인 성립을 위한 절차의 하나로 간주되는 '전백', 곧 재화의 수수 주체 및 수수의 의미에 대한 심층적 논의는 미처 완결되지 않았다. 쉽게 동의할 수 있듯이, 이 범상해 보이는 재화의 수수는 고구려 사회의 본질을 규정하는 여러 형태의 요소들과 복잡하게 얽혀 표층에 드러난 하나의 문화적 단서일 것이다. 따라서 가장 직접적으로는 남녀의 성비라거나 기본적 경제 전략이, 더 나가서는 해당 시기 고구려의 생태 조건과 그에 연동된 국가적 속성 혹은 주변 정치체들과의 관계 등이 이 혼속의 토대가 되는 것이라고 예감한다.

요컨대 이 글의 목적은 우리 고대 사회의 혼인에 수반된 재화의 성격을 규명하는 데 있다. 문제의 단서는 이미 예시한 바와 같이 고구려의 보편 혼속으로 이해되고 있는 서옥제에 개입된 재화에서 비롯한다. 거론된 '전백'에 대한 연구자들의 견해는 크게 보아 둘로 나뉘어 있다. 하나는 그것이 신붓값(Bride-wealth)이라는 것이요, 다른 하나는 지참금(Dowry)이라는 것이다. 두 견해는 서옥제 혼인 과정에서 재화를 제공하고 수여하는 행위 주체들을 정확하게 반대로 설정하고 있다. 양립 불가능한 두 견해는 필연적으로 전체 고구려 사회에 대한 이해에서도 정면으로 충돌할 수밖에 없을 것이다.

비교적 선명한 문제의 소재에 비해, 그 해결을 위한 논의 범주는 매우 넓은 범위에 걸쳐 있다. 즉 고구려의 혼속은 부여, 옥저, 예 등 범부여족 혹은 범예맥족의 혼속 일반을 토대로 음미되어야 한다. 무엇보다도 이 혼속을 전하는 『삼국지』 동이전의 작성 조건과 동이전 전체의 문맥 특성을 고려할 필요가 있다. 이것은 자료의 비판, 즉 사료 형성 논의 영역에 해당한다. 또한 고대 사회 일반의 혼인율에 대한 폭넓은 사례 검토와 동이 사회의 문명화 수준 및 생태 조건에 대한 정교한 논증이 전제되어야 한다.

여기에 중국인들의 견문에 담긴 동북아 제 종족 사이의 혼속 경향에 대한 점검이 수반될 필요도 있다. 이것은 사회인류학적 논의 영역에 해당한다. 따라서 한국 고대의 혼인은 궁극적으로 저급한 수준의 인류 사회 일반에 대한 현지 조사 사례와 그들을 설명하기 위한 이론적 논의를 아울러 분석해야 할 대상이라고 생각한다.

초기 연구에서는 고구려의 서옥제를 주로 모계제나 모권제적 유속의 증좌로 주목하였다.[1] 그 경우 자연스럽게 서옥제는 일종의 봉사혼으로 이해하게 되며, '전백'은 그와 같은 봉사에 대한 급부로 파악될 여지가 커진다. 특히 혼인 생활이 여성의 주거에서 이루어지는 모처제(Matrilocal)의 외양도 여기에 기여하는 요소로 간주되었다.

예컨대 백남운은 "서옥이란 건물을 짓고 신랑이 신부와 같이 잘 것을 두세 번 요청했다는 것은 모계 씨족시대에 통혼하던 유습이고 모처제의 남은 흔적이다"라고 하였다.[2] 이처럼 혼인 의례와 혼인 생활의 장소에 주의할 때 후대까지 지속되어 온 신부집에서의 혼례 의식과 혼인 초기 신랑의 처가 체류 및 왕복의 유래를 고구려의 혼속에서 찾는 것은 자연스러운 귀결로서 '장기 奉仕婚' 혹은 '率婿婚'의 규정에 이르게 된다.[3] 그리고 그러한 습속은 모계제 혹은 모권시대의 유풍으로 이해되었다.[4]

이러한 초기 이해에 대한 반론은 주로 인류학적 지견을 바탕으로 제기되었다. 사실 인류 초기 사회에서 모권제 혹은 모계제적 성격을 추정하는 논의들은 초기 인류학의 거장 Lewis H. Morgan이 제시한 원시 亂婚을

---

1) 金貞培, 1973, 「魏志東夷傳에 나타난 古代人의 生活習俗 — 葬禮·婚禮를 중심으로」『大東文化研究』 13, 154쪽. 관련 연구의 궤적은 특히 金善珠, 2002, 「高句麗 婿屋制의 婚姻形態」『高句麗研究』 13, 62~63쪽에 잘 정리되었다.

2) 白南雲, 1933, 『朝鮮社會經濟史』, 改造社, 167쪽.

3) 孫晉泰, 1947, 「朝鮮 婚姻의 主要 形態인 率婿婚俗考」『韓國民族文化의 研究』, 乙酉文化社, 89~90쪽.

4) 전장석, 1960, 「우리 나라 혼인 풍습과 모계제의 유습에 대하여」『문화유산』 1, 23~24쪽 ; 裵慶淑, 1981, 「韓國婚俗의 變遷에 관한 研究 — 三國時代와 高麗時代의 婚姻習俗을 중심으로」『法史學研究』 6, 86쪽.

전제로 출발하였다.5) 또한 Friedrich Engels는 Morgan의 개념을 가감 없이 수용하여, 인류는 여성의 혈통에 따라 혈통이 결정되고 여성이 정치적으로 남성을 지배했던 모가장제(Matriarchy) 단계를 거쳐 왔다고 믿었다.6) 물론 이것은 Morgan이 주목한 Iroquoian 사회에 대한 장기간의 현지조사 결과를 토대로 한 것이며, 실제 그들의 類別的 친족 용어와 호칭의 문제는 초기 인류학에 복무한 많은 사람들에게 친족 관계의 분류 시스템이 주는 매혹의 단서였다. 따라서 Morgan의 Iroquois 친족에 대한 작업은 '인류학의 공식적 기원'으로 언급되었고, 인류학의 첫 세기는 실로 원시 친족 관계 분류와 친족 관계 용어들이 무엇을 의미하는지에 대한 담론과 논쟁들로 점철되었다.7)

그러나 이후 영장류의 행위 양식이나 검증 가능한 인류의 초기 역사에서 모권제를 지지할 만한 긍정적 사례를 확보하지 못한 이상, 일종의 '사고 실험'으로서 난혼을 전제로 하는 모권제설은 설득력을 크게 잃은 바 있다. John Beattie는 "원시모권제는 역사적으로나 민족지적으로나 어떤 근거도 없다"라고 단언한다.8) 이러한 경향은 한국 고대 사회에 대한 논의에서도 마찬가지였다.9) 특히 문명의 동력원이 오직 태양에너지에 의존하고 있으며 그에 따라 인습적 무기 체계를 벗어나지 못하던 시기 모권제 사회의 모델은 현실에서 성립하기 힘들다는 것이10) 일반적으로 받아들여

5) Lewis H. Morgan/최달중·정동호 공역, 1978, 『古代社會』(1877, *Ancient Society*), 玄岩社.

6) Friedrich Engels/김대웅 옮김, 1985, 『가족의 기원』(1892, *Der Ursprung der Familie, des Privateigentums und des Staats*), 아침, 55~62쪽.

7) Leslie A. White, 1957, "How Morgan came to write System of Consanguinity and Affinity" *Papers of the Michigan Academy of Science, Arts, and Letters* 42 ; Elman R. Service, 1985, *A Century of Controversy: Ethnological Issues from 1860 to 1960*, New York: Academic Press.

8) John Beattie/崔在錫 譯, 1978, 『社會人類學』(1968, *Other Cultures : Aims Methods and Achievements in Social Anthropology*), 一志社, 159·163쪽.

9) 金毅圭, 1979, 「新羅 母系制 社會說에 대한 檢討 – 新羅親族硏究(其一)」 『韓國史硏究』 23, 41~45쪽.

지고 있는 실정이다. 따라서 초기 혼인 생활이 여성 쪽에서 이루어진다는 점이 모계 가족의 존재를 위한 충분조건이 될 수는 없다는 것이다.[11)]

서옥제의 봉사혼적 성격에 대해서도 이견들이 이어졌다. 애초에 서옥제에 대한 논의들에서는 근세까지도 우리 사회에 남아 있던 이른바 '男歸女家'의 혼속, 즉 신랑이 신부의 집을 방문하는 일련의 의례화된 과정이 고려되었던바,[12)] '壻留婦家'의 구체적 실상에 대한 이해는 용이하지 않았다. 예컨대 혼인한 여성이 비록 자신의 친족 집단 거주지 내에 장기간 체류한다 해도 신랑 역시 자신의 생가에서 생활하는, 일종의 방문부부형이라고 보는 견해가 있다. 그러므로 "서옥에서는 여자의 집을 남자가 방문하는 것이지 사위가 된 남자가 여자 집에 거주한 것이 아니"며, "신랑이 밤에만 와서 동숙하는 것이지 신부 집에서 노동을 한 것은 아니다"라고 한다.[13)] 이러한 이해는 비교사의 관점에서 '일시적 訪婚' 혹은 '처가방문혼'으로 지명되면서 일본의 혼속과 대비를 가능하게 하였다.[14)]

사실 사위가 처가에서 장기간 동거했다고 판단하기에 충분한 사료적 증거는 명료하지 않다. 대체로는 경제적 사정으로 인한 노역 봉사의 측면을 전제하여 그에 정합하는 장기 체류를 추론했다고 보아야 할 것이다. 혹은 역으로 장기 체류가 전제조건이 되고 그에 수반하는 노역의 제공을

---

10) Marvin Harris/박종열 譯, 1982, 『문화의 수수께끼』(*Cows, Pigs, Wars and Witches: The Riddle of Culture*), 한길사, 96쪽.

11) 崔在錫, 1969, 「韓國古代家族에 있어서의 母系 父系의 問題」 『韓國社會學』 4, 72～73쪽 ; 李基東, 1984, 『新羅骨品制社會와 花郎徒』, 一潮閣, 109～114쪽. 명백한 모계제 원리가 작동하는 트로브리안드 사회에서도 여성이 우두머리가 되는 혈족 집단은 없다. Bronislow Malinowski/金英穆 譯, 1979, 『未開人의 性生活』, 徽慶出版公社, 53쪽.

12) 孫晉泰, 1947, 앞의 책, 89쪽 ; 전장석, 1962, 「14～17세기《처가살이 혼》풍습에 대하여」 『문화유산』 1.

13) 李光奎, 1977, 『韓國家族의 史的硏究』, 一志社, 147～148쪽.

14) 江守五夫, 1981, 「日本의 婚姻成立儀禮의 史的變遷과 民俗」 『日本學』 1, 35쪽 ; 野村伸一, 2004, 「東シナ海周邊の女神信仰と女性生活史の視点 － 基層文化の基軸を求めて」 『東アジアの女神信仰と女性生活』, 慶應義塾大學出版會, 31쪽.

추론할 수도 있다.[15] 그러나 '아이를 낳아 장대해지기에 이르러서' 본가로 옮겨 갈 때까지 신랑의 역할과 거처에 대한 명시적 자료는 발견하기 어려운 한편, 解慕漱와 柳花의 관계 및 朱蒙과 禮氏夫人의 관계에서 보이는 아버지와 아이의 장기간 격리 기간은 일단 충분히 주목할 필요가 있다.[16]

이렇듯 아버지가 배제된 母子의 결합 형태에 주의하면, '부계의 소외'는 비류와 온조의 상황에까지 확장되게 마련일 것이다.[17] 특히 아이의 출생 여부나 최초 혼인 관계 성립 단계에 일견 분명한 역할이 개입되어 있지 않은 신랑 측 부모의 위상을 고려할 때, 서옥에서의 부부생활은 일시적이며 잠정적인 것이라고 진단한 성과는 관련 논의의 구체성에 크게 기여했다고 평가한다.[18]

그러나 이 문제를 위해서는 노태돈이 환기한 바와 같이[19] 고구려 당시 인접한 烏丸 등 동북아 제족의 혼속을 함께 고려할 필요가 있겠다. 『삼국지』 인용 『위략』에 있는 오환의 혼속을 본다.

> 그들의 혼인은 모두 먼저 사통을 하는데, 여성을 약탈해 가서 반년이나 백일을 지낸 후 중매인을 통해 말·소·양 등 가축을 보내 혼빙의 예물로 삼는다. 사위는 처를 따라 돌아와 처가에 알현하는데, 尊卑의 구별 없이 아침에 일어나 모두 배례하되 그 부모에게는 스스로 절하지 않는다. 처가의 노복이 되어 2년을 일하면 처가에서는 이내 후하게 증여하여 딸을 보낸다. 거처와

---

15) 박정혜, 1996, 「高句麗 婚俗에 관한 小考」 『(성신여대) 人文科學硏究』 16, 10쪽.
16) 辛東鎭, 1984, 「高句麗 初期의 婚姻體系 分析」, 建國大學校 석사학위논문, 33~35쪽.
17) 韓鈴和, 1999, 「高句麗 地母神信仰과 母處制」 『史學硏究』 58·59, 215~220쪽.
18) 김선주, 2001, 「호동설화를 통해 본 고구려의 혼인」 『민속학연구』 8 ; 金善珠, 2002, 앞의 논문, 74~76쪽 ; 2005, 「『삼국유사』 기이편을 통해 본 한국 고대 혼인」 『삼국유사 기이편의 연구』, 한국학중앙연구원, 192쪽.
19) 盧泰敦, 1983, 「高句麗 초기의 娶嫂婚에 관한 一考察」 『金哲埈博士華甲紀念史學論叢』, 知識産業社.

재물을 일괄 처가에서 준비하기 때문에 그들의 풍속에서는 부인의 計謀를 따랐으며 전투를 할 때에만 (남자가) 스스로 결정하였다. … 아버지나 형이 죽으면 그 後母를 처로 하고 형수를 차지한다. (『삼국지』 30 위서 烏丸鮮卑東夷傳)

혼인의 절차와 성립의 맥락이 고구려와 방불하되, 혼인의 최초 발단이 되는 여성의 약취 부분과 부형의 처를 취하는 풍속 정보가 고구려와는 다르다. 그 가운데 부형의 사후 그 처를 승계하는 혼속은 고구려에서도 행해졌다는 것이 후대의 『太平御覽』 인용 『위략』 기사를 비롯하여 자주 언급된 내용이므로 인용한 오환의 사례와 다를 바 없다.[20] 물론 후모를 처로 하는 혼속은 고구려와 관련하여 직접 거론된 바 없다. 그러나 『삼국지』에는 부여의 혼속을 언급하면서 "형이 죽으면 형수를 아내로 삼는데 흉노와 같은 습속이다"라고 하였거니와, 흉노는 오환처럼 형수는 물론 후모까지 처로 승계하였다.[21] 돌궐도 다르지 않았다.[22]

이로부터 부여에서도 후모를 아내로 삼는 습속이 있었을 것이라는 추정이 일찍이 비롯하였다.[23] 나아가 이미 서두에 인용한 바와 같이 "(고구려는) 언어와 여러 일들이 대부분 부여와 같다"라고 한 서술을 판단의 매개로 하면서, 好童과 그의 부왕인 대무신왕의 元妃의 갈등은 "가능성과 금기가 동시에 공존하는 사회"의 실제 일면일 것이라는 섬세한 추론이 제출되기도 하였다.[24]

---

20) 『太平御覽』 783 四夷部 4 동이 4 高句驪 인용 『魏略』, "兄死亦報嫂". 『梁書』 54 동이열전 고구려와 『南史』 79 夷貊列傳 고구려전에도 공히 "兄死妻嫂"라고 하였다.

21) 『史記』 110 匈奴列傳 50, "父死 妻其後母 兄弟死 皆取其妻妻之".

22) 『北史』 99 열전 89 突厥, "賤老貴壯 寡廉恥 無禮義 猶古之匈奴 … 父兄伯叔死 子弟及姪等妻其後母伯叔母嫂 唯尊者不得下淫".

23) 張承斗, 1938, 「朝鮮原始諸種族の婚姻」 『朝鮮』 281·282, 132쪽.

24) 정용숙, 1994, 「『三國史記』에 나타난 女性像 − 高句麗 好童記事를 중심으로」 『釜大史學』 18, 18쪽.

오환과 고구려의 혼속 사이에 또 한 가지 두드러진 차이점은 여성의 약탈 부분이다. 이것은 일상의 생계 경영이 여성에 의해 주관되는 한편 오직 전투의 경우에서만 남성의 주도적 역할이 특기되었던 것과 함께 유기적 맥락에서 고찰되어야 할 것으로 여겨 상세한 논의를 미루어 둔다. 그보다는 우선 오환의 혼속에 보이는 두 종류의 재화에 주의한다. 하나는 신랑 측에서 신부 측에 제공한 혼빙의 예물로서의 가축들이고, 다른 하나는 혼인 과정의 순조로운 절차가 마무리되는 단계에서 처가에서 딸에게 증여한 재물이다. 공교롭게도 고구려의 서옥제 혼인 정보에는 수수의 방향이 명료하지 않은 재화 곧 '錢帛'이 사위의 처가 방문과 부부의 처가 이탈 사이에 한 차례 개재해 있을 뿐이다. 결혼의 성립 과정에 보이는 혼인 재화(marriage payments)는 신붓값과 지참금으로 대별된다고 할 때, 서옥제 관련 정보의 구조는 이미 '전백'의 성격에 대한 상반된 이해를 불가피하게 한다.

도식적으로 말하면, 서옥에 등장하는 '전백'을 오환의 혼속에 보이는 두 방향의 재화 증여 가운데 어느 하나로 대응시켜 이해할 수 있겠다. 만약 신랑 측의 가축 공여가 그것이라면 '전백'은 신붓값이 될 것이고, 신부 측에서 마련해 준 재물로 본다면 그것은 지참금일 것이다. 그 때문에 바로 이 오환의 혼속을 근거로 고구려의 '전백'을 여성 측에서 제공한 婚資 즉 지참금의 영역에서 이해한 견해가 있었던 한편,[25] 오히려 신랑 측에서 혼인 의례의 개시 단계에 제공한 가축, 즉 婚納金 혹은 新婦代의 영역에서 파악해야 한다는 반론이 가능하기도 하였다.[26]

25) 張承斗, 1938, 앞의 논문 ; 金完燮, 1975, 『韓國婚姻考』, 高大出版部, 51~52쪽.
26) 盧泰敦, 1983, 앞의 논문, 87~88쪽 ; 辛東鎭, 1984, 앞의 논문, 41~43쪽 ; 高貞子, 1986, 「三國時代의 婚姻制度에 관한 史的 考察」『基礎科學硏究論文集』 3, 東亞大學校 基礎科學硏究所, 71쪽 ; 박정혜, 1996, 앞의 논문, 13쪽 ; 박용옥, 2003, 「고구려의 혼인 풍속과 평강공주의 자매(自媒)혼인과 그 역사적 성격」『梨大史苑』 36, 49~51쪽.

요컨대 오환의 경우 양 방향의 재화 수수가 다 확인되는데, 이것은 세계 여러 민족지적 정보에서 드러나는 현상인 동시에 특히 동아시아의 혼속에서는 하나의 정형화된 경향이기도 하다. 예컨대 인도와 동남아시아 지역의 혼속 연구에서는 인도와 중국의 "2세대 이상의 합동 가족(Joint family)과 혼인 관습 측면에서의 구조적 유사성" 가운데 하나로 신붓값과 지참금이 함께 발생한다는 점을 지적한다.[27)]

한편 비교적 최근에 와서 서옥제와 관련된 재화의 성격에 대한 새로운 견해가 피력된 바 있다. 즉 정밀한 논증이 없이 서옥제 혼인에 보이는 '전백'을 혼납금 혹은 신붓값이라고 독해한 일견 타성적 이해를 수긍하지 않고, 사위는 처가에 거주하면서 장기간에 걸쳐 노동력을 제공할 터인데 또 신붓값을 바칠 필요가 있었을까 하는 의문을 제기하는 것이다. 그에 따르면 처가에서 사위에게 혼인을 허락함과 동시에 장차 제공받을 노동력에 대한 대가의 표시로 일종의 상징적인 의미의 '전백'을 허여한 것이라고 보는 것이 합리적 해석이라는 것이다.[28)]

혹은 서옥제 형태의 혼인이란 초기 단계에서 신랑 측 부모나 친족 집단의 개입이 보이지 않는 '사적인 결합의 성격'이 강한 것이고, 그러므로 '전백'은 "잠정적이고 가변적인 관계를 불안해 할 수 있는 여자 측에서 남자에게 준 선물"로 보아야겠다는 설명이 제출되었다.[29)] 이들 견해가 '전백'을 혼납금의 영역에서 이해하는 것을 반대하는 것은 동일하나, 그 논거는 서로 얼른 부합되지 않는다. 그러나 '전백'의 성격을 사회경제적 토

---

27) S. J. Tambiah, 1973, "Dowery and Bridewealth, and the Property Rights of Women in South Asia" in *Bridewealth and dowery*, ed. J. Goody & S. J. Tambiah, Cambridge University Press, London, p.71. 모계제가 부계제의 대칭형이 아니듯이, 이 경우 지참금은 신붓값의 원리와 대칭하는 것이 아니다. 특히 그것은 여성에 대한 사적 희사물이 아니라 여성 측 가족의 지위와 재산의 공적 과시이다.

28) 김영심, 2002, 「혼인습속과 가족구성원리를 통해 본 한국 고대사회의 女性」 『강좌 한국고대사』 10, 駕洛國史蹟開發硏究院, 333~334쪽.

29) 김선주, 2001, 앞의 논문, 73~74쪽 ; 김선주, 2005, 앞의 논문, 196쪽.

대를 바탕으로 논의한 것이나 혼인의 완결을 위한 과정과 단계의 속성에 유의했다는 점에서, 이들 연구가 관련 논의의 폭을 옳게 확장시킨 것은 틀림없다.

이 글은 위와 같은 연구의 궤적을 바탕으로 출발한다. 이를 위해 자료의 검토를 선행하고자 한다. 논의의 발단이 되는 정보는 3세기 편찬물인 『삼국지』의 기록이다. 따라서 우선 『삼국지』의 문헌 비판 문제에 유의해야 옳다. 여기에는 선행 자료인 『위략』의 수용 방식에 대한 논의가 포함되어야 한다. 그와 함께 『삼국지』 서술 대상 정치체들의 혼속 관련 자료, 특히 동이전의 서술 구조에 유의할 필요가 있다. 또한 『삼국지』의 혼속 정보가 『삼국사기』 등 후대의 정보들과 어떤 대응 관계에 있는지도 유념할 사안이다. 이러한 과정은 본 논의의 직접 대상과 관련된 역사적 배경, 사회 발전의 수준, 각 정치 단위체들의 생태적 조건과 경제 활동 전략 등을 구체화하기 위한 기초 작업의 성격을 지닌다.

다음으로는 고대의 혼인과 관련한 문제 가운데서도 기왕의 '출계' 논의나 혼인 생활의 '거주' 문제를 넘어서 혼인의 '기능' 문제를 포함한 이론적 천착을 하고자 한다. 이를 위해 문화인류학과 사회인류학의 이론과 저개발사회에 대한 현지조사 성과들을 폭넓게 수렴할 필요가 있다. 본 논제에 대한 탐구는 역사문화학적 관점의 충실한 견지를 통해 추구해야 옳다고 생각하기 때문이다. 특히 지역과 국가 단위의 근현대 역사에 비해 역사 문화적 보편성을 토대 삼아 복원하기가 상대적으로 용이한 고대 사회의 경우는, 그와 같은 선행 논의에서 유효한 지침을 획득할 가능성이 다대하다고 생각한다.

2. 자료의 검토 : 동이전의 유기성

『삼국지』 동이전은 비슷한 시기에 작성된 『魏略』의 내용을 토대로 서술되었다. 축자적으로 정치하게 추구한 연구에 따르면, 『삼국지』 동이전에는『위략』기사에서 유래한 글자 수가 약 40%에 이른다.[30)]『위략』은 당 顯慶 5년(660) 경 張楚金이 지은『翰苑』에 雍公叡가 부주하는 가운데 여러 번 인용되었고, 송 대에 편찬된『태평어람』에도 많이 인용되어 있는 것으로 보아, 후대에도 중요한 저작으로 평가되어 왔음을 알 수 있으나, 원본은 전하지 않는다. 따라서『삼국지』동이전의 사료적 논의는『위략』의 편찬 방침 및 진수의『위략』수용 방식과 절연될 수 없다.

한편『위략』역시 부여전에 보이는 '舊志'를 비롯하여 서술 토대가 된 자료 혹은 이본들의 존재가 감지되는 한편,[31)]『위략』과『삼국지』의 동이 관련 기사가 3세기 당시 동이 세계의 현상을 직접 채방해 기록한 것으로 보기 힘들다는 지적은 널리 수긍되어 왔다. 물론 본 논의에서 주목하는 고구려 등 북쪽의 단위체들에 대해서는 동이전 서문의 언급과 같이 244년에서 246년에 걸친 위나라 毌丘儉의 침공을 계기로 현실적 지식이 크게 증대되었으리라고 생각한다.[32)]

이러한 이해 위에서, 동이전을 구성하는 각 단위체들의 풍속 기사 서술 방식의 한 특징을 확인해 두고자 한다. 서두에 인용한 바 있듯이, 고구려의 현상을 소개하는 단초에 "(고구려는) 언어와 여러 일들이 대부분 부여와 같다"라고 한 기술이 그것이다.『삼국지』부여조에 보이는 '兄死妻嫂'가『魏略輯本』고구려조에 '兄死亦殺嫂'라고 별기된 것은 그 직접 사례일 것이다.[33)] 군사 관련 일이나 제천 의례 때 소를 죽여 그 발굽의 형상으로 길흉을 판단한다는『삼국지』부여전의 내용 역시『태평어람』고구려조에는『위략』을 인용하여 동일하게 실려 있다.[34)] 따라서 본래의『위

30) 全海宗, 1979,「三國志·後漢書 東夷傳 記事 對照」『歷史學報』83.

31) 金廷鶴, 1975,「魏志 韓傳 小考」『(釜山大學校) 文理大學 論文集』14.

32) 徐永大, 1991,「韓國宗敎史 資料로서의『三國志』東夷傳」『한국학연구』3.

33)『輯本』의 '殺嫂'는『삼국지』부여조와 같이 '妻嫂'거나『太平御覽』인용『위략』고구려조와 같이 '報嫂'의 오기로 보는 것이 옳다. 全海宗, 1982,『東夷傳의 文獻的 硏究 – 魏略·三國志·後漢書 東夷關係 記事의 檢討』, 一潮閣, 73~74쪽 ; 盧泰敦, 1983, 앞의 논문, 87쪽.

략』에서는 이들 풍속 기사들이 고구려의 풍속으로도 기록되어 있었음을 추지할 수 있다.[35]

이처럼 『삼국지』 동이전 서술자가 부여와 고구려의 동일한 풍속에 대해 고구려조에 별도의 기재를 생략한 것은 "『삼국지』 동이전의 원서술이 '分傳'이 아니고, 종합된 서술이기 때문"이었다.[36] 이를 염두에 두고 고구려의 혼속을 전후하여 기재된 동이전의 혼속 관련 기사를 적출해 본다.

> (부여) 남녀가 음행을 하거나 부인이 투기를 하면 모두 죽이는데, 투기를 더욱 미워하여 죽인 다음에도 그 시체를 나라 남쪽 산 위에 버려 썩어 문드러지기에 이르게 한다. 여자 쪽 집에서 (시체를) 거두어 가려면 소와 말[牛馬]을 보내어서야 (남자 쪽에서 시신을) 내어 준다. 형이 죽으면 형수를 아내로 삼으니[兄死妻嫂] 흉노와 같은 풍속이다.

> (옥저) 음식과 거처와 의복과 예절은 고구려와 비슷하다.[『위략』에 이른다. 그들의 혼인하는 법은 여자 나이 열 살이 되면 이미 서로 혼인하기로 정하고 사위 쪽 집에서 그녀를 맞이하여 길러서 며느리로 삼는다. (그녀가) 성인이 되면 다시 여자 쪽 집으로 돌아가는데, 여자 쪽 집에서는 재화를 요구하고[責錢] 이 재화 (수수 절차가) 끝나면[錢畢] 곧 다시 사위 쪽 집으로 돌아온다.]

> (예) 그 늙은이들은 예로부터 스스로를 고구려와 같은 종족이라고 이르는데 … 언어와 법속이 대체로 고구려와 같으며 의복에는 다른 점이 있다 … 그들의 풍속은 산천을 중히 여기는데 산천마다 나뉜 부분이 있어서 서로 함부로 드나들지 못한다. 동성끼리는 혼인하지 않는다[同姓不婚].

---

34) 『太平御覽』 783 四夷部 4 東夷 4 高句驪, "有軍事亦祭天 殺牛觀蹄 以占吉凶". 『삼국지』에는 오직 부여조에서만 "有軍事亦祭天 殺牛觀蹄以占吉凶 蹄解者爲凶 合者爲吉"라고 하였다.

35) 全海宗, 1982, 앞의 책, 142쪽.

36) 全海宗, 위의 책, 149쪽.

부여에서는 간음과 투기에 대해 가혹하게 제재했다는 기록에서 부가장제 가족 윤리와 일부다처제 가족 형태를 어렵지 않게 읽어낼 수 있다. 특히 투기죄에 대해서는, 『삼국사기』에 보이는 중천왕의 貫那夫人이 처단되는 사례를 통해 고구려에서도 그 실증적 성과를 거둔 바 있다.[37] 형사처수의 혼속 역시 산상왕과 于氏夫人의 혼인을 통해 고구려의 보편적 혼속의 하나로서 적실한 논증이 거두어졌다.[38]

다만 간음의 경우 극단적인 남성 중심주의의 결과 여성에 대한 일방적 처단에 그쳤을 것인지, 아니면 관계된 남녀 모두가 가혹한 처벌을 받았을 것인지에 대한 이견이 있다. 즉 남녀 모두가 처벌 대상이 되었을 것이라는 판단의 전제는 '간음'이라는 표현이 겨냥하는 바가 "같은 씨족 내의 근친성교를 말했을 가능성"이 있다는 것이다.[39] 그러나 오히려 해당 사건의 '사회화'가 극단적 처단을 강요하는 데 더 주요한 조건이었을지 모른다. 한 예로 물길과 말갈의 풍속에서는 아내의 간통을 알게 되면 남편은 즉시 아내를 죽이지만, 곧 후회하여 그 사실을 알려준 사람도 반드시 죽였으며, 이로 말미암아 간음 사건은 끝내 발설되지 않았다고 한다.[40]

요컨대 부여의 사례는, 처벌의 극단성을 고려할 때, 오직 사회적 금혼 규정 위반에 대한 제재 방식으로 보기에는 지나치게 가혹하다. 특히 투기한 여성에 대한 처벌과 마찬가지로 간음의 경우도 그 속성상 배타적 성관계를 독점하고 있는 혼인 관계 당사자들에 의한 직접 대응이었을 것이다. 그렇다면 간음과 투기를 당한 당사자의 격분이란 단순한 질투의 표출을

37) 李基白, 1996, 「夫餘의 妬忌罪」『韓國古代政治社會史硏究』, 一潮閣 ; 1970, 『史學志』 4.

38) 盧泰敦, 1983, 앞의 논문 ; 엄광용, 2006, 「고구려 산상왕(山上王)의 '취수혼 사건'」『史學志』 38.

39) 李基白, 2002, 「한국 고대의 '동성불혼(同姓不婚)'」『韓國傳統文化論』, 一潮閣, 119~120쪽 ; 1996, 『比較文化』 1.

40) 『北史』 94 열전 82 勿吉, "其妻外淫 人有告其夫 夫輒殺妻而後悔 必殺告者 由是姦淫事終不發" ; 『隋書』 81 열전 46 동이 靺鞨, "其俗淫而妬 其妻外淫 人有告其夫者 夫輒殺妻 殺而後悔 必殺告者 由是姦淫之事終不發揚".

넘어서서 사회적으로 공인된 독점적 혼인 맥락의 구체적 손실에 기인했을 가능성이 크다. 그것이 외양으로는 질투에서 비롯된 것이라 해도, 질투 자체의 근거에는 합법적 혼인 관계에서 획득한 제반 권리가 부당하게 침탈된 데 대한 분노가 있다고 보아야 할 것이다.

한 예로 극단적 남성 우월주의로 저명한 Yanomamö족의 경우 단위 집단의 인구 규모가 커질수록 간통과 관련된 유혈의 격투가 잦아진다.[41] 남녀의 밀회가 발각될 경우 남편은 성적 질투 때문이 아니라 선물이나 봉사로 그에 대한 보상 행위가 이루어지지 않은 데 분노한다.[42] 혼외정사의 경제적 측면은 여성의 입장에서도 다르지 않다. 카리브 지역 Trinidad 공동체의 남녀에게 결혼이란 오직 '지금 여기의 일'로서 어떠한 결합도 임시적인 것으로 간주하며, 성적 관계에서 남녀는 평등하므로 비밀만 유지된다면 혼외정사가 얼마든지 허용된다고 생각한다. 그러나 부부간 협동—결혼 관계의 지속 조건이기도 하다— 에서 획득된 수입이 다른 여성에게 쓰인다는 사실은 부부 갈등의 주요 요인이 된다.[43]

부여의 혼속 정보 가운데 남은 문제는 투기로 말미암아 살해되고 유기된 여성의 신체를 처가에서 회수하는 내용이다. 특히 주목할 것은 처가에서 딸의 시신을 수습하기 위해 보내는 '우마'의 성격일 것이다. 이에 대한 노태돈의 설명은 설득력을 가진다.

> 이는 곧 혼납금에 해당하는 것을 반환하는 것이다. 처음 혼인 때 남가에서 혼납금으로 우마를 여가에 보내며, 혼례에 따른 일련의 과정을 거친 후 여자가 남가로 오게 된 이후에는 여자는 남편 집의 구성원이 된다. 그에 따라

41) Napoleon A. Chagnon, 1977, *Yanomamö, the fierce people*, Holt, Rinehart and Winston, pp.40～41.

42) Marvin Harris, 1982, 앞의 책, 89쪽.

43) Morris Freilich & Lewis A. Coser, 1972, "Structured imbalances of gratification: the case of the Caribbean mating system" in *The British Journal of Sociology*, Vol.23 No.1, pp.8～10.

> 간통이나 투기와 같은 당시 부여의 풍속 윤리에 어긋나는 행위를 저질렀을 경우, 婦에 대한 처벌권과 보상 요구권은 夫家에서 지니게 된다. 질투한 여인을 처벌함은 곧 그녀를 부가의 구성원에서 제외하는 것이 되니, 그녀는 자신의 생가 외에는 귀속할 데가 없다. … 그러나 처벌을 한 후에도 여체에 대한 관할권은 여전히 남가에 있으므로, 여가에서 우마를 보내어 그 관할권을 되돌려 받아야 비로소 시체를 거두어 장사지낼 수 있게 된다. 그것은 곧 혼납금의 지불을 통해 남가로 옮겨 간 여자에 대한 권리를 되찾는 형태가 되겠다.[44]

그는 옥저의 혼속에 보이는 재화[責錢] 역시 혼납금으로 파악했으며, 몽고족·Tungus족·만주족·시베리아 종족들 사이에 보이는 혼납금 및 그에 해당하는 노역을 예증하였다. 실로 부여와 고구려의 관계와 마찬가지로 "(옥저의) 음식과 거처와 의복과 예절은 고구려와 비슷하다"라고 한 동이전의 서술 구조를 유념할 필요가 있다. 이처럼 "죽은 여자의 시체를 女家에서 찾아가는 데 牛馬를 주어야 한다는 것으로 보아, 혼인 시에 夫家에서 妻家에 대하여 이미 婚納金을 지불하였을 것이라는 추측을 가능케 한다"[45]라고 할 때, 부여와 대강의 풍속을 공유했다 하는 고구려의 혼속에서도 혼납금 즉 신붓값의[46] 개입을 상정해 보는 것은 일단 무리가 아니다.

---

44) 盧泰敦, 1999, 『고구려사 연구』, 사계절, 185～186쪽.

45) 辛東鎭, 1984, 앞의 논문, 17～18쪽.

46) 용어 '신붓값'의 어감에서 매매혼 혹은 구매혼의 개념을 연상하는 것은 피할 수 없다. 그러나 부여의 사례에서 동의할 수 있듯이 "그것은 아내에게는 잘못된 처우에 대한 보호로서, 남편에게는 아내 측의 잘못된 품행에 대한 보호로서 공헌하는" 것이다. 그러므로 아내가 정당한 이유로 남편에 의해 이혼을 당하면 신붓값은 반환되어야 하지만, 그 결혼이 아내에 대한 잘못된 처우로 인해 해소되는 것이라면 남편은 그가 그녀를 위해 지불했던 것을 상실할 수 있다. Edward Westermarck, 1921, *The History of Human Marriage* Vol. Ⅱ, Fifth Edition Rewritten, Macmillan and Co., Limited, London, pp.393～394. 따라서 이 글에서는 '어감'보다는 '개념'에 주의하되, 혼납금과 신붓값을 동일 개념으로 사용하고자 한다.

부여의 관명이 馬加·牛加·猪加 등 六畜의 이름에서 비롯한 것은 경제적 토대에서 가축이 차지하는 비중을 암시한다. 따라서 혼인 재화에 쓰인 우마는 부여의 주요 교환재였을 것이다. Evans-Prichard가 초기 연구자들이 쓰던 'bride-price'라는 용어 대신 'bride-wealth'를 제안한 것은 '구매'의 암시를 피하기 위한 것이었으나, 어떠한 경우에서든 그것이 경제적 가치를 지니는 것임이 부정되는 것은 아니다.47)

다만 경제적 가치에 상응하는 그것, 즉 신랑 측에서 제공한 혼납금의 대응 항이 곧 신부 자체가 아니라 여성의 출산력 혹은 출생한 자녀의 출계 귀속에 있다는 점을 간과해서는 안 될 것이다. 남부 아프리카의 Bantu족 사회에서 이른바 "Cattle beget children"이라는 말에서 보듯이, 소로 지불된 신붓값은 남편에게 그의 아내가 낳는 아이들에 대한 법적 권리들을 제공한다. 다시 말해 신붓값 소의 이동은 하나의 합법적 개인의 출생에 필요한 것이다.48)

물론 고구려의 혼인 재화는 '전백'이다. 부여의 관명이 주요 가축 명에서 유래한 것 역시 고구려에 직접 대응할 부분은 없다. 그러나 전쟁을 앞두고 거행하는 제천 의례에서 희생 소의 발굽 형상으로 예단을 시도한 것은 부여와 고구려의 동일한 관념 토대를 지시한다. 이와 함께 고구려 초기 半農半獵의 경제적 조건에서 왕의 전렵 행위를 군사 훈련의 일환으로 파악하여, "정상적인 경제생활과 지속적인 군사 훈련이 일치하는 현상"으로 지적한 성과를 고려한다.49) 『삼국지』에는 동천왕의 자질을 '便鞍馬 善獵射'로 평가하였고, 『삼국사기』의 고구려 관련 기사에서는 사슴과 돼지에 대한 사냥 기사들이 각별하게 저록되었다.

47) E. E. Evans-Prichard, 1934, "Social character of bridewealth with special reference to the Azande" *Man* 34, p.172. 'marriage payment'와 'marriage prestations'의 용어 선택 역시 유사한 문제의식을 토대로 한 것들이다.

48) Adam Kuper, 1982, *Wives for cattle: Bridewealth and marriage in Southern Africa*, Routledge & Kegan Paul Ltd., London, p.22.

49) 金瑛河, 2002, 『韓國古代社會의 軍事와 政治』, 高麗大學校 民族文化硏究院, 31쪽.

특히 준마를 가려내는 능력이 주몽의 어머니 유화부인과 온달의 아내 평강공주에게서 예증되는 맥락을 주목한다. 이것은 목마의 영역이 여성들의 일상에 포섭되어 있었음을 의미한다. 산상왕 대에 郊祀에 쓸 돼지가 달아났을 때 酒桶村의 여성이 이를 장악하였다는 전승도 다르지 않다.[50] 또한 유리명왕 대에 國內 尉那巖城으로 천도를 결행하게 된 배경에도 돼지가 달아난 사건이 있는데,[51] 여기에는 해당 사회에 축적된 돼지 사육의 경험에서 비롯한 최적의 생태 조건 선정의 관념이 투사되어 있다. 고려 왕실의 선대 인물로 나타나는 作帝建의 돼지가 '一統之主'(왕건)가 탄생하게 될 松嶽의 남록으로 안내했다 한 사건은 그 후대의 변용이기도 하다.[52]

읍루와 물길을 비롯한 만주 일대 고대 사회의 돼지 사육 비중도 고려할 일이거니와,[53] 『위략』에 보이는 동명의 출생 과정에도 돼지우리와 마구간이 등장하고 있는 것이다. 대무신왕 대에 발생한 沸流部 세력가들의 민생 침탈 사건에서 보이는 우마의 약취[54] 역시 고구려의 생업에서 차지하는 목축의 비중을 반영한다.

요컨대 '전백'의 자의야 일단 화폐와 포목류를 이른다. 실제 진한에서는 "나라에서 철을 생산하는데 한·예·왜에서 모두 그로부터 가져갔으며, 사고 파는 데 모두 철을 사용하였으니, 마치 중국에서 금속 화폐[錢]를 쓰는 것과 같았다"라고 하였다.[55] 또한 廉斯鑡 전승에서 이미 죽은 漢人 집단의 代贖으로 '弁韓布'가 징수된 사례를 통해서도 당대의 교환재 일반의

---

50) 『삼국사기』 16 고구려본기 4, 山上王 12년(210).

51) 『삼국사기』 13 고구려본기 1, 琉璃明王 21년(2).

52) 『高麗史』 高麗世系.

53) 『삼국지』 30 동이전 挹婁, "其俗好養豬 食其肉 衣其皮 冬以豬膏塗身 厚數分 以禦風寒" ; 『魏書』 100 열전 88 勿吉, "其國無牛 … 多豬無羊".

54) 『삼국사기』 14 고구려본기 2, 大武神王 15년(32).

55) 『삼국지』 30 동이전 辰韓, "國出鐵 韓·濊·倭皆從取之 諸市買皆用鐵 如中國用錢".

범주를 짐작할 수 있다. 그러나 고구려의 목마와 돼지 사육의 토대를 유념하여, 부여의 우마 공여와 유사한 형태의 가축류 수수를 '전백'의 범주에 포함시켜도 좋을 것으로 생각한다.

이와는 달리 고구려 사회에 혼납금의 수수 관행이 있었다는 것을 회의하는 견해들 가운데에는 종종, 『주서』·『북사』·『수서』 등에 보이는 고구려의 혼속 기록을 주목한다. 이들 사서에 따르면, 신랑 측에서 돼지 혹은 돼지고기와 술만을 보내고 별도의 聘幣는 없었으며, "만일 재물을 받는 사람이 있으면 (딸을) '계집종으로 팔아먹었다' 하여 매우 부끄럽게 여긴다"라고 하였다.[56] 따라서 고구려에는 혼납금이 없었거나 적어도 후기에는 혼납금의 수수 관행이 사라졌다고 이해하는 것이다.[57]

그러나 빙폐를 받을 경우 사회적 멸시를 받았다는 말은 역설적으로 혼인 관련 재폐의 존재를 의미한다는 점을 놓칠 수 없다. 더구나 '딸을 팔았다'는 비난은 통상적인 혼인 의례를 넘어서는 예물이 개입했을 때 받을 조소인바, 그 非禮의 경우를 혼납금의 관행 자체를 부정하는 일반 전거로 삼기에는 충분치 않다. 특히 신랑 측에서 보낸 돼지(고기)와 술을 혼인 재화와 무관한 것으로 속단하는 것은 화폐 경제에 익숙한 물질관에서 기인하는 것처럼 보인다. 만주족에서 광범하게 보이는 신붓값으로서의 돼지를 고구려 혼속에 보이는 돼지와 반드시 구별해야 할 논리는 없다.

그렇다면 여성이 구매 대상으로 전락될 수도 있었다고 하는 고구려 후기의 일부 혼인 관행은, 돼지를 포함한 '전백'이 단순한 구매혼의 증좌로서가 아니라 하나의 의례 요소로 음미되어야 할 당위를 웅변한다. 더구나

56) 『周書』 49 열전 41 異域 上 高麗, "婚娶之禮 略無財幣 若受財者 謂之賣婢 俗甚恥之" ; 『北史』 94 열전 82 高麗, "有婚嫁 取男女相悅卽爲之 男家送猪酒而已 無財聘之禮 或有受財者 人共恥之 以爲賣婢" ; 『隋書』 81 열전 46 동이 高麗, "有婚嫁者 取男女相悅 然卽爲之 男家送猪酒而已 無財聘之禮 或有受財者 人共恥之".

57) 김기흥, 1993, 『새롭게 쓴 한국고대사』, 역사비평사, 80쪽 ; 박정혜, 1996, 앞의 논문, 13~14쪽 ; 한국여성연구소 여성사연구실, 1999, 『우리 여성의 역사』, 청년사, 68쪽 ; 박용옥, 2003, 앞의 논문, 52~53쪽 ; 김선주, 2005, 앞의 논문, 196쪽.

인류 사회에서 재산권에 인격이 종속되어 가는 정도는 오히려 생산성이 증대되어 가는 추이와 비례하였다. 실로 수렵 경제 체제를 지나 농업 경제에 의존하는 정도가 심화되고 여성의 경작 능력이 인상적인 비중을 점해갈수록, 신붓값의 지불은 실질적 구매 행위가 될 수 있다. 다시 말해 "그 기원에 있어서 Bridewealth는 하나의 구매 행위가 아니라 신부를 데려감으로써 생기는 피해에 대한 보상이었으나 … 후에 부가장제 사회들이 확고하게 수립되었을 때, Bridewealth는 실제의 구매 행위가 되었다"라는 지적을 환기하는 것이다.[58)]

혼납금에서 단순한 교환 행위 이상의 의미를 수긍한다면, 재화의 다과 자체는 절대적 요소가 될 수 없다. 그보다는 혼납금으로 지불되는 품목이 해당 사회에서 차지하는 상징성에 주의해야 옳다.

앞에서 고구려에서는 돼지가 종종 郊祀의 희생물로 관리되고 있었던 것을 확인하였다. 위나암성 천도 계기가 된 사건이 일어나기 직전에도 교사용 돼지가 달아난 적이 있다. 관리들은 달아난 돼지를 잡아서 그 다리 힘줄을 잘라 버렸다.[59)] 왕은 제천에 쓸 희생물을 손상한 데 분노하여 관리들을 처형하였다. 돼지 사육의 전통과 돼지의 의례용 비중을 짐작하기에 부족함이 없는 전승이다. 6세기 고구려에서도 매년 봄, 사슴과 돼지를 사냥하여 제천 의례를 거행하였다.[60)] 고구려인들은 우마를 죽인 자도 노비로 삼아 처벌하였다.[61)] 이것은 부여와 고구려인들이 국가의 중요 의례에서 소를 희생하였다는 기록을 지지한다.

---

58) R. H. Barnes, 1980, "Marriage, Exchange and the Meaning of Corporations in Eastern Indonesia" in *The meaning of marriage payments*, ed. J. L. Comaroff, London: Academic Press, p.96. Barnes가 인용한 G. A. Wilken은 정작 모가장제 사회에서 부가장제 사회로 이행한다는 전제에서 이와 같은 주장을 한 것이긴 하나, 신붓값의 속성 변질에 대한 그의 이해는 생산력과 생산성의 증대에 따른 혼인 재화의 속성 변화에도 조응한다고 여긴다.

59) 『삼국사기』 13 고구려본기 1, 琉璃明王 19년.

60) 『삼국사기』 雜志 1 祭祀, 고구려조 및 열전 5, 溫達.

61) 『구당서』 199 上 동이전 高麗, "殺牛馬者 沒身爲奴婢".

부여와 고구려의 동질적 풍속 토대를 매개로 혼납금의 문제를 음미했듯이, "음식과 거처와 의복과 예절이 고구려와 비슷하다"라고 한 옥저, 그리고 스스로를 고구려와 같은 종족이라고 자부하였으며 그들의 언어와 법속이 대체로 고구려와 같은 데다가 "혼인과 장례의 법속이 고구려와 비슷하다"[62]라고 한 예의 경우를 생각해 본다. 우선 동이전의 서술 구조를 미루어 옥저와 예에서도 고구려의 취수혼이 행해지고 있었을 것이라는 지적에 동의한다.[63] 중국의 서술자들이 이들의 종족 갈래를 언급한 예와 맥의 적용 방식 자체가 이미 그러한 판단을 지지한다.[64] 또한 예의 '동성불혼' 관행은 일종의 족외혼 규정일 뿐이다.[65] 즉 '동성'이란 "족내혼이 금지된 씨족"이며,[66] 이 경우 씨족이란 성씨 족단이 아니라 산천으로 배타적 생활공간의 경계를 삼고 있는 지역 집단을 이른다.[67]

문제는 옥저의 혼속이다. 만약 2차혼으로서의 취수혼이 옥저에서도 보편 혼속이었다고 한다면, 1차혼이라 할 서옥제 혼속의 원리 역시 옥저 사회에서 적출 가능한지 유의할 필요가 있다. 대체로 옥저의 혼속은 여성이 성숙하기 전에 이미 혼인 관계를 약정한다는 점에서 預婦制 혹은 민며느리제로 불려왔다. 서옥제의 경우 아이가 장성해서야 남성 측 혈족 집단에로 주거가 옮겨지면서 혼인 관계가 완결된다는 점에서 預婿制라고 부르기도 하였으므로, 일견 옥저의 혼속은 고구려와 대치되는 외양을 지닌 셈이다.

---

62) 『太平御覽』 780 四夷部 1 東夷 1 濊貊조 인용 『魏志』, "嫁娶喪葬之法 有似句麗".

63) 盧泰敦, 1983, 앞의 논문, 110쪽.

64) 이성규, 2003, 「고대 중국인이 본 한민족의 원류」 『한국사 시민강좌』 32, 113~115쪽.

65) 李淸源, 1936, 『朝鮮社會史讀本』, 白揚社, 19~20쪽 ; 전장석, 1961, 「동성불혼(同姓不婚)에 관한 연구」 『문화유산』 1, 19쪽.

66) 金哲埈, 1975, 『韓國古代國家發達史』, 한국일보사, 47쪽.

67) 金哲埈, 1973, 「魏志東夷傳에 나타난 韓國古代社會의 性格」 『大東文化研究』 13 ; 李光奎, 1976, 「同性同本不婚의 史的 考察」 『韓國文化人類學』 8, 2쪽 ; 김영심, 2002, 앞의 논문, 324~325쪽.

그러나 고구려나 오환 등 초기 혼인 생활이 여성 측 친족 집단 주거 영역에서 이루어지는 경우에 남성의 지위는 옥저의 어린 여성과는 다르다. 만약 옥저의 혼속을 예부제라 부를 수 있다면, 그에 대응하는 예서제에서는 신랑 후보 역시 어린 나이에 처가에서 장성한 다음 정식 혼인 관계에 들어가야 할 것이다. 예컨대 고려에서는 유년의 남자를 받아들여 성년이 되기를 기다려 결혼시키는 것을 預婿(婚)라고 하였다.[68)]

옥저에서도 혼인 절차의 완결을 위해서는 여자 쪽에서 요구하는 재화의 수수가 수반되어야 한다. 즉 '責錢'과 '錢畢'은 여성이 남성 친족 집단으로 영구 귀속하는 데 대한 신붓값의 지불 절차를 의미한다. 신붓값의 경우 혼인에 개입된 재화의 흐름과 그 재화를 제공 받은 집단의 여성들의 이동은 서로 반대 방향을 취한다. 지참금의 경우 당연히 혼인 재화와 여성이 같은 방향으로 이동한다.[69)]

옥저의 어린 여성은 노동력의 측면에서는 이미 충분히 혼인 대상이 되는 동시에, 출산력의 측면에서는 미숙하다. 그녀의 출생 집단에서 요구하는 재화는 그러므로 그녀의 출산력 및 장차 태어날 아이들에 대한 권리의 합법적 귀속에 필요한 요소이다. 옥저와 같은 유년 단계의 혼인 약정은 몽고의 혼속에서도 고찰된 바 있지만, 그 경우에도 혼인 재화의 수수는 필수적이다.[70)] 이처럼 옥저 사회의 혼인 정보에 보이는 재화의 성격은, 일상의 생활 풍속과 예속이 고구려와 같다는 동이전의 서술 방식을 고려할 때, 서옥제 혼인에 보이는 '전백'의 문제를 음미하는 데 직접 기여한다.

---

68) 『高麗史』 27 世家 元宗3 12년 2월, "是月 … 國俗納年幼者 養于家待年 謂之預壻". 고운기, 2001, 「13세기 여성의 삶과 그 인식」 『일연과 삼국유사의 시대』, 月印, 76쪽.

69) S. J. Tambiah, 1973, op. cit., pp.61～62.

70) 李光奎, 1967, 「蒙古族의 婚姻考」 『歷史教育』 10, 395쪽.

3. 혼인의 본질 : 사회경제적 토대

혼인은 모든 사회에서 보편적으로 나타나는 필연적 의례이다. 따라서 혼인에는 어떤 형태의 적응적 이점이 있다고 해야 옳다. 우선 부부가 된 두 사람은 대부분의 경우 서로 배타적이고도 독점적인 성적 접촉의 권리를 사회적으로 인정받는다. 이것은 혼인 당사자 간 개인적 차원의 이점이다. 나아가 혼인은 당사자의 결합뿐만 아니라 그들이 소속한 두 가족의 결합을 가져온다. 당사자들이 소속된 친족 집단 일반은 혼인을 매개로 확대된 인척 집단으로 결속하며, 또는 동맹 관계를 성립한다. 이것은 혼인 당사자가 소속된 친족 집단 차원의 이점이다. 만약 특정 혼인 규범이 개입하여 보다 넓은 범위의 족외혼을 강요하게 된다면, 혼인은 특정 친족 집단들을 넘어 지역을 기준으로 하는 사회 간 통합의 기능을 발휘하게 될 것이다. 또한 이미 논의해 온 것처럼 흔히 혼인에는 재화와 노력 봉사 등의 물질적인 보상이 뒤따르고, 이것이 새로운 결연 관계를 더욱 공고히 하는 뒷받침이 된다.[71] 혼인의 누층적 이점과 마찬가지로 재화의 성격 역시 그와 같은 누층적 맥락에 조응한다고 보아야 옳다.

옥저의 혼속에 보이는 재화를 신붓값의 영역에서 이해한다고 하여, 그것이 곧 고구려의 '전백'과 동질의 요소로 단정하는 데 장애가 없는 것은 아니다. 이 글이 주목하자 한 동이전의 서술 방식의 측면에서 보더라도, 옥저의 혼속 기사가 특기된 이유는 서술자의 관점에서 그것이 고구려의 혼속 정보에 포괄되지 않는 관행이라고 판단한 때문이었을 것이다. 물론 예의 경우 혼속 자체를 직접 겨냥하여 고구려와 유사하다 하였다. 또한 옥저는 예와 연접한 사회로서 두 단위체는 사회의 발전 정도와 생태 조건 등에서 큰 차이가 없었다고 생각할 수 있다. 마찬가지로 옥저는 유리한 농경 조건에 있었다 하고, 예 역시 천문 현상에서 한 해의 풍흉을 판단했

71) 韓相福·李文雄·金光億, 1982, 『文化人類學』, 서울大學校出版部, 124쪽.

다 하므로 그들의 주요 생업 전략을 짐작하기 어렵지 않다.

특히 예인들 사이에서 배타적 자원 취득의 공간이 침탈되었을 때 발생하는 '責禍'의 배상이 우마로 이루어졌다는 사실은, 부여인들이 우마로 혼납금을 지불했던 관행과 공명한다. 그러나 이들 사회가 모두 '便步戰' 혹은 '能步戰'했다 한 반면, 고구려 사회의 대응 항은 '便鞍馬'였듯이, 고구려와 옥저·예 사이에는 얼마간 정치 조직 역량상의 계서가 외면될 수 없을 것이다.[72] 무엇보다도 『삼국지』에 보이는 고구려의 생업 조건은 부여와 옥저와 예에 비해 현저히 열악하였다.

> (고구려에는) 큰 산과 깊은 계곡이 많고 벌판과 소택이 없어, 산골짜기를 따라 살면서 계곡 물을 마신다. 좋은 밭이 없어 비록 힘써 농사를 지어도 입과 배를 채우기에도 부족하였다. … 그 사람들은 성품이 흉급하였으며 노략질을 잘 하였다. … 그 나라의 大家들은 농사를 짓지 않으며, 앉아서 먹는 인구[坐食者]가 만여 명이나 되는데, 下戶들이 먼 곳에서 양식·물고기·소금을 져 날라 그들에게 공급한다.

고구려의 생업 조건에 주의하여 '전백'을 지참금의 영역에서 보아야 옳다고 보는 견해에는 몇 가지 세부적 판단이 있다. 우선 "일반적으로 新婦代는 여성이 상대적으로 활동적인 역할을 하는 곳에서 여성의 경제적 가치를 반영하는 반면, 持參金은 여성의 경제적 활동이 제한적인 곳에서 행해진다"라는 것이 그 제1전제다. "사위는 처가에 거주하면서 장기간에 걸쳐 노동력을 제공할 터인데 또 신부대를 바칠 필요가 있었을까 하는 의문"은 장기간의 서류부가혼을 염두에 둔 제2전제의 위상에 있다.

이러한 전제에 충실할 때, "험준한 지형적 조건으로 인해 농경의 비중 자체가 작고 그 농경에도 여성의 노동력이 적극적으로 활용되지 않았기

---

72) 金哲埈, 1981, 「「能步戰」과 「便鞍馬」」 『韓沽劤博士停年紀念史學論叢』, 知識產業社.

때문에 남성노동력의 확보를 위해 처가에서 사위에게 일종의 지참금을 제공하는 형식의 혼인 형태가 이루어진 것으로" 판단하게 된다. 같은 논리의 연장에서 "옥저에서 민며느리제가 행해진 것은 고구려와 비교해 볼 때 해안 지역에 위치하면서 해산물의 채취 등에 여성의 노동력이 상대적으로 많이 투여될 수 있고 그만큼 여성 노동력의 가치가 컸었기 때문"이라 한다. 아울러 "남자가 적은 곳에서는 지참금이 필요한 예가 많기 때문에 고구려의 인구에서 남성의 비율이 적었을 가능성"을 헤아린 것은 위의 판단을 근거로 한 추정이다.[73)]

엄밀히 말해 서옥제 혼인의 절차에 보이는 '전백'의 성격을 문맥만으로 판정하려는 것은 끝내 충분한 설득력을 확보하는 데에 이르지 못할 것이다. 이것을 여성 측에서 제공하는 婚資로 보는 연구자들도 그 공여 시점을 혼인 관계 설정을 받아들이는 발단 단계로 보는 경우와, 새로운 부부가 서옥을 떠나 남성 측 주거 공간으로 이입해 가는 완결 단계로 보는 경우로 나뉜다. 전자의 경우라면 지참금이라기보다는 신랑의 잠재 노동력에 대한 지불의 성격이 강조되는 것이므로, 신랑의 독점적 소유로 향유될 '신랑값(Bridegroom price)'이라고 해야 옳을 것이다.[74)] 만약 후자의 이해대로라면 서옥제 혼인 관계의 성립 단계에 있었을 신붓값 이행 정보가 기록에 생략되었을 가능성도 배제하지 못한다. 요컨대 신부 측에서 제공하는 혼자의 존재 가능성을 인정한다 하여 반드시 신랑 측의 신붓값이 배제될 까닭은 없으며, 역으로 신붓값이 주요 관행으로 수립되어 있는 사회에서도 신부 측의 재화 공여는 병존할 수 있는 것이다.

일단 고구려의 '전백'과는 달리, 옥저의 여성 측에서 제기한 '責錢'의 이행이 신붓값 증여의 영역에 있다는 데 대해서는 정면의 이견이 없다. 그러나 이것이 곧 고구려의 신붓값 존재를 적극적으로 방해한다고 보지

73) 김영심, 2002, 앞의 논문, 332~335쪽.
74) S. J. Tambiah, 1973, op. cit., p.63.

않는다. 몽고족의 혼속을 고찰한 이광규는 그 특징을 예거하여 우선 초혼의 연령이 낮고, 중매자가 양가를 중개하며, 신랑 측에서 신부 측 집에 다량의 예물을 제공하는 등 부계사회의 혼인 특색을 구유하고 있다고 지적하는 한편, 비록 적은 양이라고 할지라도 신부 측에서 제공하는 외관상 간파하기 어려운 지참금도 있으므로, '購買婚' 대신 '禮物婚'의 용어를 사용할 것을 제안한 바 있다. 또한 그들의 혼례 과정을 보면, 신랑 일행이 신부 집에 이르러 무릎을 꿇고 절한 다음 집안을 향해 자신들이 온 사유를 말하면 신부 측 대표가 한동안 대화를 진행한 연후에 문을 열고 신랑 일행을 맞아들이며, 이때 마당에서는 신랑 측에서 보내 온 혼빙 예물이 만인에게 공개된다.[75] 고구려의 서옥제 혼인 절차와 방불하다. 게다가 형사처수의 관행은 물론 간음한 여성에 대한 가혹한 살해의 규범도 부여와 다르지 않았다.

현저한 목축적 경제 전략에 의존하고 있는 몽고족의 혼속이나, 옥저 등에 비해 목축적 기반이 월등했던 것으로 보이는 부여의 사례는, 고구려와 옥저의 혼인에 개입되어 있는 혼인재의 속성을 반대 방향으로 규정해야 할 당위를 지지하지 않는다. 남성의 노동력 가치에 방점을 둔다 해도, 그의 노동력은 '전백'으로 보상되는 것이 아니라 혼인 상대로 약정된 여성의 출산력과 그에 부수되는 제반 권리의 획득을 겨냥한 것이다. 옥저의 어린 여성이 남성 측 거주 공간에서 양육되었음에도 불구하고 그녀의 가임 능력에 대한 합법적 귀속을 위해서는 별도의 '錢畢' 절차를 이행해야만 했던 것과 같다. '責錢'의 조건은 딸의 출산력이었을 것이므로, 혹시 그녀는 이미 첫 아이를 출산했을 지도 모른다.

물론 사위가 처가의 경제 활동 영역에 복무했을 시기로 보이는 서류부가의 기간과 방식에 따라 혼빙물의 질량에 대한 판단은 다기하게 나타날 수 있다. 만약 방문혼의 유형을 염두에 둔다면 남성 노동력의 확보란 큰

---

75) 李光奎, 1967, 앞의 논문, 400～407쪽.

의미를 지니지 못할 수도 있다. 설사 특정 경우 사위가 장기간의 노역을 처가에 제공했다 해도, 그로 인해 결속된 부부와 자녀는 조만간 부계 리니지에 귀속된다. 너무나 당연한 말이지만, "한 남성이 그의 아내의 가족에게 영구적으로 옮겨 가는 방식의 결혼 유형은 남성이 뒷날 그 자신의 집으로 데리고 갈 아내를 위해 제한된 시간 동안 그의 장인에게 봉사하는 방식의 결혼 유형과는 구별되는 것이다."[76] 또한 신랑 측 집단에는 그를 대신하게 되는 새로운 사위가 있는 한편 신부 측 집단에서도 아들을 다른 집단의 사위로 제공하는 셈이므로, 오직 노동력의 확보가 혼인의 주요 본질일 수는 없다. 더구나 여성 측 집단은 이미 사위에게 주거를 제공하였고, 그가 서옥에 기거하는 동안 의식 일반을 공급했을 것이다. 요컨대 노동력의 제공과 물질적 증여가 신부를 데려가기 위한 신랑 측의 선행 조건으로 함께 고려되는 사례는 빈번하게 발견된다.

마찬가지로 여성의 노동력이 결혼 성립의 가장 중요한 요인일 수는 없다. 경제적 가치의 측면에서만 본다면 여성의 노동력은 나이와 함께 감쇠되지 않는다. 더구나, 전형적인 수렵 혹은 목축의 경제 활동 특징을 보이는 사회라 해도 식량 자원 확보와 일상의 영위에서 여성의 역할은 결코 남성의 그것에 뒤지지 않는다. 그러므로 여성의 노동 가치 여하가 언제나 신붓값과 지참금이라는 서로 다른 혼인 재화를 규정하는 것은 아니다.[77]

그러나 여성들의 생식 가치는 이십대 이후에 확실히 감퇴한다. 과거든 현재든 남성의 재혼율이 여성에 비해 높은 이유는 성별에 따른 생식력의 차이에 기인한다. 더구나 부여와 고구려는 여러 자료와 징표에서 복수의 여성과 혼인 관계를 맺는 것이 용인된 사회였으며, 옥저와 예도 다르지 않았을 것이다. 그러한 경우 남성의 경제력은 혼인을 위한 절대적 조건이 되기 마련이다. 이것은 자원을 장악한 부유한 남성들과 생식력 사이의 뚜

76) Edward Westermarck, 1921, op. cit., p.364.

77) 한국문화인류학회 편, 1998, 『낯선 곳에서 나를 만나다』, 일조각, 111~113쪽.

렷한 상관관계로 나타난다.[78] 반면에 여성의 혼인율을 결정하는 것은 그녀의 경제력이 아니라 출산력인 것이다.

다음으로 "남자가 적은 곳에서는 지참금이 필요한 예가 많다"는 의견에 대해 생각해 본다. 고구려에서 과연 남성 인구 비율이 여성에 비해 낮았을 것인지의 여부는 얼른 판단하기 어렵다. 다만 남성 인구 비율이 의미 있는 정도로 낮은 사회의 경우, 혼인 연령에 있는 남녀 사이에 혼인 상대를 차지할 기회의 측면에서 남성의 희소성은 그 사회의 혼인 규범에 영향을 줄 수 있을지 모른다. 그러나 전체로서의 사회 단위는 다른 조건이 개입하지 않을 경우 대체로 균등한 성비를 유지한다고 보아야 하며, 반면에 특정 지역 단위 내에 있는 남녀의 성비는 전쟁의 결과 혹은 산업화의 진행과 같은 새로운 조건에 따라 쉽게 변할 수 있다. 다만 일시적 성비의 불균형이 한 사회의 축적된 혼인 규범을 바꾸는 일은 쉽사리 기대하기 어렵다. 물론 성비의 불균형 현상이 혼인 재화의 성격을 변질시키는 요인이 되는 경우가 없지는 않다.

20세기에 독일과 영국의 식민 통치를 겪은 바 있는 카메룬의 'Whe' 사회에 대한 연구는, 젊은 남성들이 일자리를 찾아 대거 대도시와 인접국으로 유출된 결과 여성들의 농업 노동 강도가 현저히 증대된 사례를 관찰하고 있다. 남성이 극히 부족한 여기에서도 몽고와 마찬가지로 아주 어린 여성들이, 심지어 출생하기 전에 이미 결혼의 약정이 맺어졌으며, 남편될 사람은 여성 측 집단에 여러 형태의 봉사를 제공하기 시작한다. 소녀가 초경을 경험할 즈음 일련의 신붓값 공여와 의례를 거쳐 신랑은 그녀와 장차의 아이들에 대한 권리를 보유하게 된다. 물론 근대 국민국가가 형성된 이후 강력한 법적 구속력으로 신붓값 관행을 저지하려 하는 행정부나 입법부의 노력으로 신붓값을 형성하는 몇 가지 요소들에 변화가 생기기

78) Bobbi S. Low, 2000, "Sex, Wealth, and Fertility: Old Rules, New Environments" *Adaptation and Human Behavior: An Anthropological Perspective*, ed. Lee Cronk, Napoleon Chagnon, William Irons: Aldine De Gruyter, pp.325～328.

도 하였다. 그러나 근대적 교육을 통해 신붓값 관행에 비판적인 젊은 여성들조차 여전히 그들에게 제공되는 신붓값은 명백하게 그들 자신의 긍지에 기여하였다.79)

무엇보다도 고구려에서 남성의 인구 비율이 여성에 비해 낮았을 가능성을 진단하기가 어렵다. 양질의 경작지가 없어 힘써 경작해도 입과 배를 채우기에 부족했다는 관찰은 3세기 이전 고구려의 저열한 농업 생산력을 지시한다. 그와 같은 생업 조건은 고구려인들에게 흉급한 성질과 간단없는 노략 행위를 강요하였다. 그에 따라 전 사회적으로 남성 우월주의와 상무적 기풍이 팽배했으며, 고구려의 공격 지향 전쟁은 “부족한 생산물을 전쟁을 통해 보완하려는 경제적 부의 획득 수단인 동시에 생산행위로서의 의미”를 지니게 된다.80) 일상의 생산성과 군사적 역동성 사이의 함수관계에서 고구려는 강력한 전투 역량이 긴요했을 것이며, ‘坐食者가 만여 명’이라 한 이들이 곧 상비적 전사 집단이었을 것이다.

하나의 직능 —생산 활동과 무관한— 계층으로서의 전사 집단을 유지하는 데는 많은 사회적 비용이 요구된다. 전사 집단은 저열한 경제 토대에서 비롯한 대안인 동시에, 그것은 다시 해당 사회의 자원을 더욱 고갈시키는 대가를 강요한다. 이들은 무장력을 지닌 젊은 남성들이었고, 전쟁에서 승리하기 위해 훈련된 그 자체 효과적 병기였다. 고구려인들은 무릎 꿇고 절하되 한쪽 다리는 긴장감을 유지한 채 곧추 폄으로써 신속하게 공격 태세로 전환하고자 했으며, 길을 이동할 때는 늘 달렸다. 또한 남녀가 혼인을 맺으면 곧바로 장송 의례에 쓸 壽衣를 지었다. 이 수의는 필시 항상적 전쟁 상황에 처한 신랑의 돌발적 임종에 대비하는 것으로서, 명예로운 남편을 위한 젊은 신부의 중요한 임무였을 것이다.

이와 같은 사회 분위기는 필연적으로 남성의 여성에 대한 차별을 낳는

79) Christraud M. Geary, 1986, *On Legal Change in Cameroon: Woman, marriage, and bridewealth*, African Studies Center, Boston University, MA., pp.12～17.

80) 金瑛河, 1997, 「高句麗의 發展과 戰爭」 『大東文化硏究』 32, 16쪽.

다. 앞에 언급한 바 있는 Yanomamö인들은 극단적인 남성 우월주의로 저명하거니와, Chagnon에 따르면 그 가운데 한 마을의 경우 15개월 동안 다양한 집단들로부터 25회의 습격을 받았다. 전쟁에서 많은 남성들이 죽어감에도 불구하고 이 마을의 성비는 100:135를 상회할 정도로 남성 인구가 많았다. 더구나 약 25%에 달하는 정치적으로 중요한 남성들은 둘 이상의 아내를 거느렸다. 잦은 전쟁으로 남성들이 목숨을 잃을 위험은 배가되므로, 청소년의 성비는 남성이 거의 1.5배 이상으로 여성보다 많은 불균형을 보일 수도 있다. 극단적인 남아 선호가 의식적으로 무의식적으로 출생 및 유아 단계에서 많은 여자아이를 희생시킨 결과이다. 여성의 결핍은 이 호전적 종족의 젊은 남성들에게 크나큰 좌절을 안기며, 그러므로 전사들은 적들로부터 여성을 획득할 것을 기대하고 또 실제 획득하였다.[81] 전쟁의 승리를 위해 훈련된 전사를 필요로 했지만, 그 결과는 그로 인해 더욱 결핍된 여성을 획득하기 위한 전쟁을 강요받아야 하는 악순환 구조를 초래했던 것이다.[82]

Chagnon은 또한 Yanomamö인들이 부족한 결혼 상대를 확보하기 위한 방법으로 금혼율의 범주에 의도적인 왜곡을 저지른다고 지적한다. 즉 남성들은 의도적으로 여성 친척들을 그들의 혼인 대상 범주 안으로 그릇되게 분류하여 더 많은 '아내들'을 창출해 낸다는 것이다.[83] 물론 이러한 대안은 Yanomamö 사회처럼 전체를 구성하는 여러 마을 단위 집단들 가운데 어느 일부가 물리력에서 압도적 우위를 지속적으로 점유하기 어려운 경우에는 유효한 방식일 수 있다.[84] 그러나 고구려는 전투 조직 역량에서

---

81) Napoleon A. Chagnon, 1977, op. cit., p.40 · pp.74～75 · p.123.

82) Marvin Harris, 1982, 앞의 책, 72～80쪽.

83) Napoleon A. Chagnon, 2000, "Manipulating Kinship Rules: A Form of Male Yanomamö Reproductive Competition" in *Adaptation and Human Behavior: An Anthropological Perspective* ed. Lee Cronk, Napoleon Chagnon, William Irons: Aldine De Gruyter, p.118.

84) 왕건의 딸들 가운데 대다수가 이복남매와 혼인한 것은 건국기 왕실과 유력 호족

주변의 동이 제족들에 비해 확실한 우위를 점하고 있었다.

> (옥저는) 나라가 작은 데다 큰 나라 사이에 끼어 핍박을 받다가 마침내 고구려에 신속되었다. … (고구려는) 大加로 하여금 그들의 租稅를 통할 징수케 하여, 貊布·魚·鹽·海中食物 따위를 천리 밖에서 져 나르게 했으며, 또 그곳의 미녀를 보내게 하여 婢妾으로 삼았으니, 그들을 대우하는 것이 마치 노복 다루듯 하였다.

고구려가 옥저에서 약취하는 공납물목은 포백류와 해산 자원에 더해 여성 자체를 포함한다. 옥저는 언어·음식·거처·의복·예절이 고구려와 같거나 유사한 반면, 척박한 고구려와는 달리 비옥한 토지에서 오곡과 밭작물 경작이 풍성했고 해산 식물의 생산 또한 왕성하였다. 전투 역량과 정치 조직 수준에서 탁월한 사회가 자원과 생산력의 원천적 한계를 극복하는 방법으로 인접한 저급 사회의 풍요를 향해 물리력을 동원하는 것은 당연하고도 유력한 선택일 것이다.

물론 미개사회에서 발견되는 전형적인 출생률과 사망 유형들을 고려할 때, 특히 해당 사회의 인구는 전체로서 젊되 젊은 세대 범주 안에서는 여성들보다 남성들이 더 많다는 점을 염두에 둔다면, 여성은 옥저의 풍요와 무관한 영역일지 모른다. 그러나 노동력에서든 출산력에서든 월등한 경제 가치를 지니는 여성을 옥저는 약탈자들로부터 보위하지 못하였다. 고구려는 그 내부에서부터 이미 권력자들이 다른 사람들의 처첩과 자녀를 강탈하고 있었던 것이다.[85]

따라서 고구려의 잦은 전쟁은 제한된 자원 조건에서 주변 지역에 대한

세력 간 정치적 역관계에서 비롯한 것이겠지만(河炫綱, 1968, 「高麗前期의 王室結婚에 對하여」 『梨大史苑』 7, 7~10쪽), 그들 공주 출신 后妃들이 母后의 성을 취한 것은 결과적으로 역시 금혼 범주의 왜곡 사례에 해당한다.

85) 『삼국사기』 14 고구려본기 2, 大武神王 15년(32) 3월 ; 같은 책 16 고구려본기 4, 故國川王 12년(190) 9월.

경제재의 약탈을 목적으로 선택된 대안이었으나, 그 근저에는 여성 인구의 결핍과 그로 말미암은바 전쟁의 승리가 곧 여성의 획득을 의미하는 맥락 역시 잠복되어 있었다고 보고자 한다. 고구려에 대한 복속 집단의 처지와 공납의 내용에서는 예의 경우도 옥저와 다르지 않았을 것이다. 북옥저와 동옥저의 정벌 기사는 이미 태조대왕 이전에 자리하고 있는데, 3세기 이전 시기에 유독 동해 지역에서 고래의 눈이나 붉은 표범 등 특산물을 바친 기록들이 많이 보이는 것은 이와 관련하여 주의할 만하다. 무엇보다도 『삼국지』 동이전의 서술 시기에 해당하는 동천왕 대의 여성 헌상 기사야말로 주목에 값한다.

> 동천왕 19년(245) 봄 3월에 동해의 사람이 미녀를 바치니, 왕이 후궁으로 받아들였다. (『삼국사기』 17 고구려본기 5)

이 사례는 비록 왕실의 혼인 기사이나, 고구려의 옥저 출신 여성의 약취 맥락에 직접적인 예증으로 삼아도 좋다고 본다. 고대 사회에서 여성 자체가 정치 집단 간 역관계에 따라 주요한 빙물로 간주되었던 예는 드물지 않기 때문이다. 한 예로 동천왕이 동해 출신 미녀를 후궁으로 헌상 받은 6년 뒤, 그의 아들인 중천왕의 왕후 椽氏는 아름다운 貫那夫人을 위나라에 진상하려는 발상을 표출하였다. 후속 논의를 위하여 사건의 전말을 인용해 본다.

> 중천왕 4년 여름 4월에 왕이 관나부인을 가죽 주머니에 넣어 서쪽 바다에 던졌다. 관나부인은 얼굴이 아름답고 고왔으며 머리채 길이가 9척이나 되었다. 왕이 사랑하여 장차 그녀를 小后로 삼으려 하였다. 왕후 연씨는 그녀가 왕의 총애를 독차지할까 염려한 나머지 왕에게 말하기를 "제가 듣건대 서쪽 위나라에서 긴 머리채를 구하여 천금으로 산다 합니다. 옛날 우리 선왕께서는 중국에 예물을 보내지 않았다가 병화를 입어 궁궐을 나와 달아났으며, 하마터면 나라를 잃을 뻔 했습니다. 이제 왕께서는 그들의 바라는 바를 좇

아 사신 한 명을 보내서 긴 머리채의 미인을 진상하시면, 저들은 반드시 반겨 받아들이고 다시는 침공하는 일이 없을 것입니다"라고 하였다. 왕이 그 속내를 알고 잠자코 대답하지 않았다. 관나부인이 이 말을 듣고 해가 미쳐 올까 두려워 도리어 왕후를 왕에게 참소해 말하기를, "왕후가 늘 저를 욕하여 '시골 년이 어찌 여기에 있겠느냐? 제 발로 돌아가지 않는다면 반드시 후회할 날이 있을 것이다'라고 합니다. 아마 왕후가 대왕께서 나가 계시는 틈을 타 저를 해치려는 것 같사오니 어찌 하오리까?"라고 하였다. 그 후 왕이 箕丘에서 사냥하고 돌아오니 관나부인이 가죽 주머니를 들고 마중을 나와 울면서 말하기를 "왕후가 저를 여기에 담아 바다에 던지려고 하옵니다. 바라옵건대 대왕께서는 저의 미천한 목숨을 살려 주시어 집으로 돌아가게 해 주소서. 어찌 감히 다시 옆에서 모실 것을 바라리까?"라고 하였다. 왕이 문초해 그것이 거짓임을 알고 노하여 관나부인에게 이르기를 "네가 정녕 바다에 들어가고자 하느냐?" 하고, 사람을 시켜 바다에 던지게 했던 것이다. (『삼국사기』 17 고구려본기 5)

이것은 장차 중천왕의 小后가 될 가능성이 유력했던 관나부인에 대한 왕후의 투기에서 발로된 사건이었지만, 옥저와 고구려의 여성 공납 관행이 그와 같은 처리 방식을 안출한 배경이 되었음에 틀림없다. 이때는 위나라 관구검의 침습에서 전례 없는 타격을 입은 경험의 충격이 미처 가시지 않은 때였던 것이다.

이러한 이해에 설 때, 어린 여성이 이미 혼인의 약정과 함께 남성의 주거로 옮겨 출산력을 갖추기까지 장기간 預婦의 위상을 유지했다고 하는 옥저의 혼속은, 고구려와 옥저의 정치 경제적 관계에서 파생된 하나의 변용일지도 모른다. 즉 예속 집단의 여성으로서 원거리의 이질적 부계로의 편입을 의미하는 송출 대상이 되는 것은 두렵고 혐오스러운 일이다. 그녀는 가까운 남성 친족들로부터 보호를 기대할 수 없다. 그녀의 출생 집단에서도 필시 해당 사회의 규범적 혼인 재화의 공여가 결여되었을 그것은 공동체의 결속력이나 생존 가치에 전혀 기여하지 못하는 것이었다.

요컨대 혼인재의 이동 방향과 그에 대한 여성의 이동 및 귀속의 역방향에 있어서 고구려와 옥저의 혼속은 다르지 않았다고 생각한다. 단지 생업 조건의 차이와 그로 말미암은 경제 전략이 충돌하는 것이었으며, 여성의 노동 가치와 출산력의 의미는 동이 사회를 관류하는 보편 항이었다고 보아야 한다. 다시 말해 동이전의 서술 구조, 부여와 고구려와 옥저의 혼속에 보이는 재화의 이동 방향, 각 사회의 생태 조건과 당대 사회 간 정치 경제적 역관계, 그리고 이들 고려 요소를 포함하는 보편적 혼인 규범 등을 아울러, 서옥의 '전백'을 옥저와 마찬가지로 남성 측이 공여하는 신붓값의 영역에서 파악하는 것이 옳다고 여긴다.

4. 재화의 성격 : 고구려사의 맥락

고구려와 옥저의 혼속에 보이는 재화를 동질의 것으로 이해한다는 것은 결국 혼인 초기 부부의 생활공간이 혼인 재화의 성격을 규정한다고 보는 데 반대한다는 것을 의미한다. 서옥에서 지내는 기간은 아이의 출생을 위한 예비 단계에 불과하다. 여러 연구자들이 간과하지 않았던 것처럼, 출생한 아이와 그의 어머니가 아버지 쪽 주거 공간으로 합류할 때 혼인은 완결되며 확고해진다. 그러므로 신붓값 지불의 제1기능은 결혼의 합법화이지만, 신붓값의 더욱 중요한 법적 결과는 아이들의 편입이다. 신붓값이 본질적으로 여성의 출산력에 소용되는 하나의 보답이라는 관점에서 "Bride-price is child price."인 것이다.[86] 그러므로 아이를 출산하기 전에 그녀가 죽거나 남편을 떠난다면 신붓값은 반환되어야 했고, 신붓값에 의한 아이들의 권리 이동은 영구적이었다.[87]

여성의 출산 능력에 포함된 제반 권리의 합법적 이행 조건으로서 신붓값의 속성은 Kenya의 Taita인들 사이의 흥미롭고도 구체적인 거래 유형

86) Thomas Hakansson, 1987, *Bridewealth, Woman and Land: Social Change among the Gusii of Kenya*, Uppsala University, Sweden, p.14.

87) Adam Kuper, 1982, op. cit., p.27.

에 독특한 관행으로 상징되어 있다. 이들의 출계는 부계이며, 혼인을 위해서는 가축을 비롯한 다양한 신붓값이 증여되고, 또 그와는 별도로 처가 경작지에서 신랑의 노동 봉사가 요구된다. 신붓값 마련과 노동 봉사의 이행, 그리고 그에 대한 향유는 양 친족 집단의 성원들이 공유하는 의무이며 권리이다.

특히 가축의 공여에서 가장 중요한 단일 동물은 'kifu'로 불리는 '아직 새끼를 낳지 않은 어린 암소'이다. 일련의 혼인 재화 거래가 완결되기 위해서는, 그 어린 암소는 합당한 발육 상태에 이르러 암컷이든 수컷이든 송아지를 낳아야만 한다. 만약 그 이전에 암소가 죽게 되면 다른 어린 암소가 제공되어야 하며, 이러한 과정이 마무리되지 않으면 신붓값 지불은 완결되지 않는다.[88] 이 경우 암소의 출산 능력은 곧 신부의 그것을 반영하는 것이라고 생각되며, 새로 대체 제공되는 암소에서는 취수혼 즉 형제역연혼(levirate)이나 그 반대 형태인 자매역연혼(sororate)의 원리를 연상하게 된다.

고구려의 취수혼이 1차혼인 서옥제와 유기적 관계를 지니며 강인한 공동체적 유대의 원리에서 집단 구성원 전체의 통합력 유지에 기여했다는 것은 이미 충분한 동의를 얻고 있다. 그런데 고구려에서는 자매역연혼의 관행도 있었을 것임을 논증한 성과 또한 주의하고자 한다. 즉 유리명왕의 비 松氏가 불과 1년 만에 사거했던 한편, 유리명왕의 아들인 解明과 無恤 등의 어머니가 松讓王의 딸이라 한 데 근거하여 계루부 왕실과 소노부 집단 사이의 자매역연혼을 추정하는 것이다.[89]

남편과 아내의 일방이 사거한 경우 그들의 형제와 자매가 기왕의 혼인

---

88) Grace Harris, 1962, "Taita Bridewealth Affinal Relationships" *Cambridge Papers in Social Anthropology*, ed. Meyer Fortes, Cambridge University Press(Reprinted 1972), pp.61～62.

89) 辛東鎭, 1984, 앞의 논문, 36～38쪽 ; 정용숙, 1994, 앞의 논문, 13～14쪽 ; 韓鈴和, 1999, 앞의 논문, 218～219쪽.

생활을 지속케 하는 혼속은, 해당 사회의 혼인이 기본적으로 집단들 간의 동맹이며 결합임을 웅변한다. 2차혼의 당사자들인 동생과 처제가 누구인가는 본질에 있어서 중요하지 않다. 최초의 배우자를 제공한 집단이 그 동맹 관계를 지속시키기 위해 자동적으로 대체 배우자를 제공해 준다는 점만이 중요하다.[90] 그리고 이들 2차혼의 사회적 의의는 역시 사회적 아버지의 계통을 지속시킬 아들을 얻게 하는 데 있다.[91] 이 점에서 고구려 취수혼의 사례에서 '외형적 형제상속'보다는 '실제적 부자상속'의 원리에 방점을 두고자 한 발상은 일단 타당하다.[92]

이러한 토대적 이해에 동의하여, 신화적 전승과 역사적 기록 모두에서 고대 혼속에 개입된 재화의 관련 의미들을 읽을 수 있다고 생각한다. 우선 『삼국사기』에 의하면, 아버지를 계승할 아들에 대한 희구는 부여 왕 해부루가 '하늘이 주신 아들' 金蛙를 얻는 전승에서부터 보이거니와, 주몽을 통해 왕위를 계승케 한 졸본부여 왕 역시 아들이 없었던 조건으로 설정되었다. 한편 '천제의 아들'을 자처한 해모수는 일시 혼인 관계를 맺은 유화를 두고 홀로 '昇天'하였다. 이에 금와왕이 유화를 받아들이고 유화의 아들 주몽까지 거두어 기른 것은, 크게 보아 그 관계 구조에 형사처수 혹은 부사처후모의 원리가 잠재되어 있다. 유화가 죽었을 때 금와왕이 太后의 예로 장사하고 그녀를 위해 神廟를 세운 행위야말로,[93] 부여 왕

---

90) Ernest L. Schusky & T. Patrick Culbert/李文雄 譯, 1981, 『人類學槪論』(1978, *Introducing Culture*, 3rd Edition, Prentice-Hall, Inc.), 一志社, 245쪽.

91) John Beattie, 1978, 앞의 책, 155~156쪽. Oregon주의 Takelma 인디언과 같이 설사 아내를 위한 신붓값이 지불되지 않은 경우라 해도 자녀들을 위해서는 별도의 지불을 해야 하는 경우도 있다. 그러므로 "신붓값의 지불은 남편에게 그의 아내와 마찬가지로 아이들에 대한 권리를 줄 뿐 아니라, 그녀가 아이를 낳기 전에 죽을 경우, 그는 신붓값의 반환을 요구하거나 다른 여성, 일반적으로 그녀의 누이를 대체물로 요구할 수 있다." Edward Westermarck, 1921, op. cit., pp.370~371·391~392.

92) 김수태, 2005, 「2세기말 3세기대 고구려의 왕실혼인 – 취수혼에 대한 재검토를 중심으로」 『韓國古代史研究』 38, 101쪽.

93) 『삼국사기』 13 고구려본기 1, 東明聖王 14년.

실 내에서 혹은 금와왕과의 관계에서, 유화가 차지하고 있는 지위를 반영한다. 그와 같은 맥락에서 해모수와 해부루를 부자 관계로 설정한 전승은 각별히 눈여겨볼 만하다.[94]

주몽의 혼인을 전하는 이종 전승에서도 유사한 구조를 확인할 수 있다. 즉 백제의 시조를 비류로 설정한 전승에서는 비류의 아버지 優台를 해부루의 서손이라 하였다. 우태가 비류와 온조를 낳고 죽자 홀로 된 召西奴는 뒤에 주몽과 혼인하였다. 주몽 역시 해부루의 아들 금와에게 거두어져 그의 아들들과 함께 양육되었으므로, 우태와 주몽의 혼인은 소서노를 매개로 형제역연혼의 외양을 지닌다. 또한 주몽이 비류와 온조를 '자기 아들인 양 하였다'라는 문면은,[95] 취수혼에서 보이는 사회적 아버지의 위상과 관련하여 주목할 대목이다. 유화의 양변에 있는 해모수와 금와의 구도는 소서노에 대한 우태와 주몽의 그것과 동질적인 것이었다.

주몽의 아들 유리가 장성한 후 어머니 예씨와 함께 아버지의 공간으로 옮겨 오는 것은 일찍부터 모처제 혼인의 문제나 방문혼의 논의에서 주목되었던 요소였으되, 서옥제 혼속의 본질과 상치하지 않는다. 유리의 혼인에서는 두 가지 점을 주목한다. 하나는 앞에서 소개했듯이 그와 송양왕의 딸들 간에 자매역연혼이 있었을 것이라는 추정이고, 다른 하나는 왕비 송씨의 사후 토착 세력인 鶻川 출신 여성 禾姬와 漢人 출신 雉姬를 繼室로 두었다는 것이다. 여기서는 두 계실의 경우를 주목한다. 그녀들은 송씨 왕비가 기거하는 본궁이 아닌 각각의 별궁에서 별거하였다. 기왕의 왕비가 있었던 금와왕 휘하에서 유화 역시 별궁에서 생활하였다. 이것은 일반적으로 일부다처제 하 여성들의 갈등과 경쟁을 줄이기 위한 장치이다.[96]

그럼에도 불구하고 두 여성의 갈등은 파국을 낳고 말았다. 즉 왕이 사

94) 『삼국유사』 紀異 北扶餘, "古記云 … 解慕漱 生子名扶婁 以解爲氏焉".
95) 『삼국사기』 23 백제본기 1, 溫祚王 즉위기 분주.
96) 韓相福·李文雄·金光億, 1982, 앞의 책, 131~132쪽.

냥을 나가 있던 동안 화희의 모욕에 분노한 치희는 그녀 본족의 거주 공간으로 돌아가 버렸고, 유리명왕은 끝내 치희를 되돌려오는 데 실패하였다.[97] 이러한 정황은 일단 5족으로 상징되는 고구려 건국 초기, 혼인을 매개로 다수의 동맹 관계를 결성하려 한 유리명왕의 지향과 미처 강고하지 못한 왕권의 한계를 함께 예증한다.

그러나 부여 및 고구려의 혼인 관행을 염두에 둔다면 유리명왕의 무력함은 적이 생경한 것이다. 우선 화희와 치희의 갈등은 투기의 범주에서 음미할 수 있다고 보는데, 부여와 고구려의 엄혹한 투기 처벌의 사례에 비겨 어느 여성도 왕의 단죄를 받은 정보가 없다. 정황에 비추어 초기 왕권의 미숙함을 언급했듯이, 두 여성을 배출한 친족 집단의 강성함이 부여로부터 이주한 지 3년밖에 안 되는 유리명왕의 취약한 족적 기반에 비해 우월했을 수 있겠다.

족적 기반을 말하자면, 화희가 치희를 일러 '한인 집안의 종년[漢家婢妾]'이라고 모욕한 데서도 짐작할 단서가 있을 듯하다. 치희의 친족은 상대적으로 원거리에 위치했을 가능성이 높다. 또한 치희의 한인 집단은 고구려의 혼속으로서 신붓값에 해당하는 재화의 수수 관행에 구속되지 않았을지도 모른다. 다시 말해 건국 초기 고구려 왕권이 혼인 관계를 통해 중국 세력에게 기대한 것은 재화가 아니라 필시 위세였을 것이다.

반면에 고구려 왕들의 혼인 기록에서는 종종 혼인 재화의 이동에 해당하는 맥락을 발견한다. 해부루와 마찬가지로 아들을 구해 산천에 기구했던 산상왕이, 뒷날 동천왕을 낳게 되는 灌奴部의 주통촌에 사는 여성을 만나는 계기는 돼지의 이동이었다. 그녀는 왕궁에서 관리하던 돼지를 포획하였다. 그 후 산상왕은 그녀의 집에 와서 동침하고자 하였다. 왕의 의사가 전달되고 그녀의 집에서 이를 수락하였다. 그녀는 왕에게 "아들이 있게 되면 버림받지 않기를" 다짐받았다. 이듬해 그녀가 실제 아이를 수

97) 『삼국사기』 13 고구려본기 1, 琉璃明王 3년.

태한 것을 확인한 산상왕은 그녀에게 매우 두터이 선물을 주었다. 그녀가 마침내 정식 小后로 받아들여진 것은 아들을 낳은 이후였다. 실로 서옥제 혼속에서 가늠되는 일련의 절차와 의미가 정연하다.

특히 아들의 이름을 郊彘라고 한 연유는, 애초에 郊祀에 쓸 돼지 사건으로 인해 그 어머니를 만날 수 있었던 때문이라고 한다. 요컨대 돼지는 동천왕의 출생을, 그에 앞서 소후와의 혼인을 예비한 근원적 발단이었다. 서옥제 혼인에서 추정했던 혼납금의 맥락이 돼지의 탈출, 실제로는 돼지의 이동 혹은 수수로 표상되었다고 본다.

동천왕의 아들 중천왕 역시 관나부 출신 여성을 小后로 삼고자 하였다. 중천왕의 비는 연나부 출신이었다고 판단한다. 고국천왕과 산상왕이 이미 연나부 우씨부인을 취수혼의 원리에 따라 왕비로 삼은 데다가 중천왕도 연나부와 혼인을 한 것은, 이즈음 계루부 왕실이 연나부 즉 『삼국지』의 絕奴部와 世婚의 관계를 통해 권력을 분점하고 있었던 것을 이른다.[98] 더구나 호동의 생모인 대무신왕의 차비는 부여계 曷思王의 손녀였고, 태조대왕의 모후도 부여계였거니와, 연나부는 부여에서 이탈해 온 1만여 명이 안치되어 자치적 정치력을 인정받은 곳이었다.[99] 이처럼 왕실혼을 매개로 누대에 걸친 연나부의 정치력은 부여계 구성원의 위상을 반영한다. 즉 태조대왕을 전후하여 송양의 비류부 곧 소노부에서 부여계 연나부로의 권력 이동을 읽을 수 있다.

왕성한 연나부 득세의 시기에 연이어 소후를 배출한 집단이 관노(나)부였다. 물론 이것이 계루부와 연나부의 세혼과 동렬에서 음미될 만한 것인지에 대한 판단 자료로서는 부족한 것이지만, 적어도 통혼권에 근사한 특정 외혼율의 운영 원리를 감지한다.[100] 그러면서도 중천왕이 투기의 희

98) 李基白, 1959, 「高句麗王妃族考」『震檀學報』 20.

99) 『삼국사기』 14 고구려본기 2, 大武神王 5년(22) 7월.

100) 일찍이 단군 전승을 비롯하여 신라의 3성 족단이나 고구려의 5부족 간 혼인의 사례를 족외혼 단위로서의 半族(moieties)으로 설명한 관점이 있다. 전장석,

생자인 동시에 그에 대응하기 위한 음모자이기도 한 관나부인을 처단한 것은 유리명왕 대 치희의 경우와 의미 있는 비교가 되는 듯하다. 관나부인은 왕비로부터 '시골년[田舍之女]'이라는 모욕과 협박을 받고, 중천왕에게 본족으로의 귀환을 요청하였다. 이는 물론 관나부인의 전략에서 비롯한 수사이지만, 그와 같은 발상 자체는 당대 현실에 기반하고 있다고 보아야 한다. 따라서 유리명왕과 중천왕의 간극에는 왕권의 위상 차이에 더해, '漢家婢妾'과 '田舍之女'의 출생 족단별 혼속의 차이, 직접적으로는 혼인과 이혼의 의례와 절차의 차이가 개입되어 있었을 수 있다.

또한 고구려 사회의 전개 과정에 따라 혼속에 개입되어 있는 재화의 속성에 변질이 있었던 것과 다를 바 없이, 가족 구성원들에게 혼인 재화로서 가축이 지니는 의미 맥락 역시 달라졌을 것이다. 보다 용이하게 포착되는 비교 사례는 유화부인과 평강공주가 아닐까 한다. 두 여성 모두 말에 대해 비상한 준별력을 지니고 있었다. 유화부인은 주몽의 장도를 예비하여 준마를 가려내 일부러 야위게 만드는 계략을 솔선하였다. 평강공주 역시 이른바 '國馬'의 관리 방식과 처리 과정을 숙지하여 온달의 입신에 결정적으로 기여하게 되는 말을 구입하고 길렀다.

이러한 서사들은 상투적 설화 모티브일 수도,[101] 혹은 여성보다는 주인공 남성의 기마 능력과 관련 직분을 암시하는 것일 수도 있다.[102] 그러나 그것은 명백히 고구려의 일상에서 차지하는 목마의 비중을 반영한다. 그런데 유화부인의 판단은 아들 주몽을 위해 기여한 반면, 평강공주의 통찰력은 남편 온달을 위해 동원되었다. 이 차이의 맥락은 기왕의 논증들에서 취수혼의 소멸 배경으로 예거되어 온 생산 경제 토대의 변화, 친족 집단 단위의 분화, 직계 가부장 중심의 윤리 등과 어긋나지 않는다.

1961, 앞의 논문, 9～11쪽.

101) 임기환, 1993, 「온달·서동 설화와 6세기 사회」 『역사비평』 22, 120쪽.

102) 김창룡, 2002, 「바보 온달과 평강 공주」 『고구려 문학을 찾아서』, 도서출판 박이정, 243쪽.

이제 상대적으로 고대적 체질이 덜 손상되었다고 평가되는 이른바 『구삼국사』 정보들을 통해 다시 한 번 고구려 혼속의 양상을 점검해 보고자 한다. 「동명왕편」에 인용된 『구삼국사』 전승에는 주몽의 탄생을 예비하게 된 혼인 관계가 몇 가지 적실한 상징들을 포괄하여 서술되어 있다.

첫째, 작자는 해모수가 하백의 딸들을 보고 —유화가 아니다— 마음이 격동한 것은 "그녀들의 아름다움에 취한 것이 아니라 실로 후사를 얻고자 했던 것"이라 하였고, 그와 같은 판단을 "(이들) 여성을 얻어 아내로 삼으면 후사를 가질 수 있겠다"라고 한 해모수의 발언으로 입증하였다. 거기에는 강한 부계 리니지 계승의 욕망만이 두드러진다.[103)]

둘째, 해모수가 화려한 궁전과 주연상을 베풀었을 때도 어느 여성이 특정되지 않았다. 그녀들은 동등하게 잠재적 배우자이다. 그녀들이 대취하기를 기다려 급습했을 때 비로소 유화는 이 약탈의 우연한 희생자가 되었다. 혼인 당사자들의 사적 결합이요, 그러므로 당대 사회의 혼속에 따른 혼례의 절차가 미비된 셈이다. 이로써 관행을 중시하는 혼인의 장애 요인이 배태되었다.[104)]

셋째, 해모수의 소행에 대한 하백의 분노는 혼인 중매자의 결여에서 비롯하였다. 그 결과 딸을 상실하게 될 아버지의 권리가 배제된 것이다. 하백의 힐난에 대해 해모수는 자신의 '失禮'를 부끄럽게 여겼으나, 유화는 해모수를 떠나지 않으려 한다. 사태를 수습하기 위해 하백은 오히려 '備禮'로 해모수 일행을 맞이하였다. 그리고 그들의 대화에서 '贄' 곧 혼인에 수반되어야 할 폐백의 결여가 하백의 친족 집단[門宗]에 치욕을 안긴 본질이었음이 드러난다.[105)]

---

103) 李奎報, 『東國李相國集』 3 古律詩 「東明王篇」, "王因出獵見 目送頗留意 玆非悅紛華 誠急生繼嗣[王謂左右日 得而爲妃 可有後胤]".

104) 위의 책 「동명왕편」, "[王俟三女大醉 急出 庶女等驚走 長女柳花爲王所止]".

105) 위의 책 「동명왕편」, "[河伯大怒 遣使告日 汝是何人 留我女乎 王報云 我是天帝之子 今欲與河伯結婚 河伯又使告日 汝若天帝之子 於我有求婚者 當使媒云云 今輒留我女 何其失禮 王慙之 將往見河伯 不能入室 欲放其女 女間與王定情 不肯

넷째, 하백과 해모수 사이의 신통력 경합이 난만하게 이어지는 것은 여성 측 주거 공간에 들어선 사위의 자질을 시험하는 과정을 함축하고 있다. 하백이 잉어가 되자 해모수는 수달이 되고, 꿩이 되자 매가 되며, 사슴으로 변하자 늑대로 대응한다. 양인의 변신 대상들은 한결같이 어로와 수렵 중심의 경제 기반을 반영하고 있다.

다섯째, 혼인 관계의 성립을 위해 부심하는 하백은 해모수가 딸을 데려가지 않을지도 모른다고 걱정하는 처지로 전락한다. 과연 해모수는 혼자 본족으로 가 버렸다[昇天]. 하백의 격분은 이제 딸을 향하게 되었다. 그의 친족 집단은 끝내 치욕을 씻을 수 없게 된 것이다. 그 대가로 유화는 친족 구성원의 보호망에서 방출되고 말았다.[106]

이처럼 혼인 관계의 불안정, 여성 측 친족 집단의 모욕감, 잠정적 혼인 관계의 파탄, 여성에 대한 破門, 출생한 아이의 사회적 공인 실패 등의 중심에는 혼인 재화의 결실이 자리하고 있다. 부여의 투기 여성에 대한 처벌에서 드러난 바와 같이, 해당 사회에서 공유하고 있는 바람직한 신부와 신랑의 품성을 전제로 하는 재화의 수수는 혼인 당사자 간 어느 일방의 불성실한 행위를 제어하는 데 기여한다.[107] 이 점에서 합당한 재화의 증여가 결여된 해모수와 유화의 혼인 관계는 처음부터 혼인의 합법성은 물론 관계의 안정성도 기대할 수 없는 것이었다. 이 결손의 귀결은 그로부터 출생한 아이의 귀속처를 실종하게 하며, 따라서 그 아이에게는 혼인으로 결속한 두 집단의 동맹적 삶과 관계의 영속을 보장하는 매개 역할을 기대할 수 없게 된다.[108]

離去 乃勸王日 如有龍車 可到河伯之國 王指天而告 俄而五龍車從空而下 王與女乘車 風雲忽起 至其宮] … 河伯乃謂王 婚姻是大事 媒贄有通法 胡奈得自恣[河伯備禮迎之 坐定 謂日 婚姻之道 天下之通規 何爲失禮 辱我門宗云云]".

106) 위의 책 「동명왕편」, "[河伯大怒 其女日 汝不從我訓 終欲(辱의 誤 － 필자)我門 令左右絞挽女口 其唇吻長三尺 唯與奴婢二人 貶於優渤水中 優渤澤名 今在太伯山南]".

107) John Beattie, 1978, 앞의 책, 161～162쪽.

Kenya 남부에 있는 Gusii족의 혼인율은 이와 관련하여 유효한 비교 사례를 제공한다. 관찰 당시 이들의 사회는 반농반목의 chiefdom 단계로서, 가축의 수수는 한 남성과 한 여성의 결합을 합법화한다. 혼인재를 준비하고 향유하는 주체는 양가의 아버지들이지만, 각 친족 구성원들은 그에 대한 의무와 권리의 공유에서 배제되지 않는다. 중매인을 매개로 한 협상이 이루어지면, 가축의 선별 과정 및 몇 단계의 이행과 향연의 관행이 뒤따른다. 신붓값으로서의 가축의 수수와 그에 수반되는 여성의 지위 변동은 비교적 분명한 세 단계로 나뉜다.

1단계 : 신랑 측(A)에서는 가축 떼에 대한 소유권들을 양도하나 물리적 점유는 유지한다. 신부 측(B)에서는 처녀와 그녀의 소생들에 대한 특정 권리들을 양도하도록 스스로를 구속하기로 하지만 그녀에 대한 물리적 점유는 보유한다.

2단계 : A는 가축 떼의 주요 부분의 물리적 점유를 양도하지만 한두 마리를 보유한다. B는 처녀의 물리적 점유를 양도하지만 불화의 경우 그녀를 되돌려올 수 있는 권리를 보유한다.

3단계 : A는 남은 동물들의 물리적 점유를 양여하여 이제 전체 가축 떼가 최종적으로 B에게 이전되었다. B는 처녀에 대한 친권의 회복 권리를 양여하여 그녀는 이제 최종적으로 A의 리니지에 부착되었다.[109)]

혼인 약정 자체는 실질적 의미를 가지지만, 혼인 관계의 완성에 이르기까지 섬세하고도 균형 있는 양여의 맥락이 작동한다. 그리고 이 절차의 효과는 각 단계마다 양편에서 볼모·저당물을 보유하는 것이다. 당연히 신붓값을 지불하지 않은 남성(해모수)과 살기로 동의한 여성(유화)은 경멸받는다. 아무런 보증물이 없는 그들의 관계는 매우 취약하다. 만약 딸

108) 신붓값의 크기와 성격에 따른 아이들의 귀속 정도 및 결속의 매개 역할에 대해서는 R. H. Barnes, 1980, op. cit., 118.

109) Philip Mayer, 1950, *Gusii Bridewealth Law and Custom*, Oxford University Press, London, pp.6～14.

이 본래 상태로의 회복을 회피할 경우 아버지(하백)는 다른 선택권이 없이 그 결합의 합법화를 위한 협상을 시도한다. 이마저도 실패할 때 아버지는 딜레마의 희생자가 되고 만다. 모욕을 당한 아버지가 결혼의 파기를 선언한다 해도 사실상 그 결혼은 이미 깨뜨릴 수 없다.

특히 신붓값의 맥락에서 볼 때 결혼하지 않은 젊은 여성의 성이 손상되었다는 것은, 강탈에 의한 것이든 합의에 의한 것이든, 남성 측에서 한 여성의 출산 능력을 그녀의 친족으로부터 훔친 것이다. 여성의 성은 그녀의 가족에 속하므로 동의의 소재 역시 그들에게 귀속되어 있다. 즉 "불법적 성행위의 경우들에서 주된 관심은 한 여성이 동의했느냐의 여부가 아니라 그녀의 가족이 동의하지 않았다는 것이다."[110]

유화의 비극은 본래의 소속 리니지에서 추방된 데 더하여 새로운 귀속 리니지도 상실한 데 있다. 물론 고구려 건국 시조의 출생에 天帝의 영역(해모수)을 끌어들이기 위해서는 지상의 논리(하백)가 희생되지 않으면 안 되었을 것이다. 그로 인해 해모수와 하백과 유화, 필연적으로 주몽까지 모두 어떤 형태의 결실과 손상을 입었다. 그러나 역사적 현실을 위해 주몽 전승에서 주목해야 할 영역은 해모수의 행위가 아니라 끝내 하백의 논리이다. 그러므로 고구려의 혼속에 개입된 '전백'은 당대 관행으로서의 신붓값으로 본다.

지금까지 부여와 고구려와 옥저와 동예를 종관하여 신붓값의 영역에 있는 혼인 재화의 논리적 실재와 그 의미를 추구하였다. 이를 위한 논지는 한국 고대 사회의 일부 보편적 혼속 원리를 예감케 하였다. 이미 취수혼 원리의 범주에서도 『일본서기』에 보이는 벡제 개로왕과 그의 동생 昆支의 '兄弟共妻' 사례가 거론된 바 있었거니와,[111] 그렇다면 신라 신덕왕

---

110) Holly Wardlow, 2006, *Wayward Woman: Sexuality and Agency in a New Guinea Society*, University of California Press, p.113.

111) 『日本書紀』 雄略記 5년 ; 武烈紀 4년의 『百濟新撰』 인용 분주. 盧泰敦, 1983,

의 義父 銳謙이 貞花夫人의 繼夫로서 신덕왕의 生父였을 文元과 함께 대왕으로 추봉된 사례도 주목할 만하다.[112] 논란이 심한 필사본 『화랑세기』에는 김용수와 김용춘이 전형적인 형사처수혼에 해당하는 인물로 나타나 있기도 하다. 그리고 진흥왕이 백제 왕녀를 '小妃'로 삼았다는 기록은[113] 고구려의 '소후'를 연상케 한다.[114]

물론 이러한 파편들은 자료의 신빙성 여하와 함께 매우 독특한 정치적 논리와 분식이 개입되어 있을 가능성에서 자유롭지 못하다. 저명한 곤지의 사례만 하더라도 백제 왕실의 정통성을 위한 의도나 후손을 자처하는 집단의 조작 혐의를 배제하지 못한다.[115] 마찬가지로 신라가 백제의 한수 동북 방면을 약취한 직후 백제 성왕의 딸이 신라 진흥왕의 '소비'가 되는 논리는 명백히 신라 우월 의식을 겨냥하고 있다. 그러나 그렇다고 하여 차례로 경문왕의 비가 되는 헌안왕의 두 딸에서[116] 유리명왕과 혼인한 송양의 딸들을 환기하는 것마저 혐의의 시선 속에 방기해도 좋을지는 자신하지 못한다.

비록 제한된 왕실혼의 사례에 기초한 것이지만, 삼국 공히 부계 계승 원리에 입각한 세대 내 권력 공유의 경향을 보이고 있다는 지적은 그러므로 유의미한 것이다.[117] 이와 함께 일본 정창원 소장 신라촌락문서의 인구 이동 형태로부터 혼인 생활이 여성 측에서 비롯했을 것이라는 혼처의

앞의 논문, 81쪽 ; 국사편찬위원회 편, 2005, 『혼인과 연애의 풍속도』, 두산동아, 34쪽.

112) 『삼국유사』 王曆, 神德王.

113) 『삼국사기』 4 신라본기 4, 眞興王 14년(553) 10월.

114) 崔在錫, 1987, 「古代社會의 婚姻形態」 『韓國古代社會史硏究』, 一志社, 190쪽.

115) 梁起錫, 1991, 「百濟 熊津時代와 武寧王」 『百濟武寧王陵』, 忠淸南道·公州大學校 百濟文化硏究所, 34~35쪽 ; 延敏洙, 2002, 「古代 韓日 外交史」 『韓國古代史硏究』 27, 213~214쪽.

116) 『삼국사기』 11 신라본기 11, 景文王 3년(863).

117) James H. Grayson, 1976, "Some Structural Patterns of the Royal Families of Ancient Korea" *Korea Journal* Vol. 16 No. 6, pp.28~31.

문제를 제기한 관점은 마땅히 주의할 필요가 있다.[118] 즉 신라에서도 고구려와 마찬가지로 서류부가 혹은 妻處夫處의 혼인 거주 규범을 인정할 수 있다면,[119] 여타의 혼인 규범들도 그에 상응하여 공유되었을 가능성이 적지 않은 것이다.

118) 전장석, 1962, 「혼인 풍습을 통하여 본 신라의 가족에 대하여」『문화유산』 4, 23~25쪽.

119) 崔在錫, 1991, 「韓國古代의 家族制度研究」『國史館論叢』 24, 28~33쪽.

2부

고대의 정보와 인식

6장

『삼국지』 동이전과 한국 고대사

〈목 차〉

1. 『삼국지』 동이전의 세계

『삼국지』는 위·촉·오 삼국의 역사를 다룬 단대사로서, 晉의 陳壽가 著作郎으로 있던 太康 연간(280~289)에 편찬되었을 것으로 추정되고 있다. 『사기』 이래 중국의 정사류는 당대 중국인의 사유가 미치는 범위 내에서 세계사의 위상을 지닌다. 이것은 고대 중국의 유교적 제국주의의 한 발현이거니와, 그 때문에 중국의 사서들에는 우리 고대의 역사 공간에 대한 일정한 정보가 배려되어 있기도 하다. 그 가운데서도 『삼국지』 東夷傳에는 부여, 고구려, 예, 옥저, 한 등 우리 고대사의 주요 단위체들이 개별 입록 대상으로 설정되어 있어, 이전 기록에 비해 한 단계 질적 진전이 이루어졌다고 평가한다. 따라서 『삼국지』는 현전하는 중국의 사서들 가운데 한국 고대사를 복원하는 데 가장 크게 기여하고 있는 것이다.

한편 『삼국지』는 고대 중국인의 사유에 충실한 자료임을 직시할 필요가 있다. 이를 위해 동이에 대한 중국인의 인식의 확대 및 심화 과정을 압축적으로 보여주고 있는 동이전 서문을 주목한다. 진수는 西域傳을 배려하지는 않았으나, 동이전 서문은 우선 서역에 대한 교섭의 전망에서 시작한다.

그에 의하면 고대 중국의 이민족 교섭은 세 단계로 파악되었다. 첫째 단계는 이민족으로부터 사절이 간헐적으로 왕래할 뿐이므로, 그 구체적 실정을 알 수는 없었다고 하였다. 둘째 단계는 張騫이 서역에 대한 견문을 쌓고 교섭을 진행하던 시기인데, 이와 같은 단계에서도 이 지방을 이해하고 역사를 기술하기에 충분한 자료를 제공할 수는 없었다고 하였다. 서역의 역사를 기술하기 위해서는 서역도호부가 설치되고 한의 세력이 서역에 침투해서야 비로소 충분한 자료가 입수되었다 한다. 이것은 셋째 단계가 될 것이다.

이런 맥락에서 보면, 동이 제국의 경우 朝鮮侯 箕子는 물론 朝鮮王 衛滿에 대해서도 일절 언급이 없이 公孫氏의 요동 지배부터 고찰을 시작하고 있다는 것은, 아마 그 이전을 이민족 교섭의 첫째 단계로 본 때문인 듯하다. 따라서 둘째 단계는 위나라 明帝에 의해 공손씨가 멸망한 때가 될 것이고, 이어 毌丘儉의 고구려 침습을 셋째 단계로 설정한 셈이다.[1)]

이처럼 위나라의 군사 활동이 동이에 대한 주요 정보원으로 파악되었다는 점에서, 『삼국지』 동이전에 보이는 내용을 곧 우리 고대 사회의 실상으로 간주하기에는 적지 않은 난점이 있다. 한국 고대 사회에 대해 최초로 정리한 문헌 기록인 『사기』 조선전 역시 조선의 멸망 직후에 편찬되었기 때문에 자못 감정적이며 부정적인 견해가 강하게 드러나 있다. 게다가 그곳에는 중국인 망명자가 동이의 제국을 평정했다는 관점이 주조를 이루고 있으며, 위만은 중국 왕조를 추종하는 外臣에 지나지 않았다. 즉 『사기』는 미처 이민족의 자립성을 인정하지 않았던 것이다. 마찬가지로 『한서』의 지리지 분야 기사에 보이는 기자 전승은 유교의 현자를 이상적인 王者로 설정한 위에, 이 가공의 통치자를 매개로 동이를 유교의 성지로 보는 관점에 충실하였다. 그렇다면 『삼국지』는 그 서문에 드러난

1) 井上秀雄, 1981, 「『三國志』の東夷王者觀」 『(東北大學)文學部研究年報』 31.

중국 중심적 인식의 편향에도 불구하고, 전대 사서에 비해 비교적 정돈된 동이 관련 이해의 단초를 열었다고 평가할 수 있을 것이다.

물론 『삼국지』 동이전은 널리 알려진 바와 같이 비슷한 시기에 작성된 『魏略』의 내용을 토대로 작성되었다. 그 과정에서 많은 내용이 누락·변개되었으며, 무엇보다도 그 폐해는 대개 삼한에 집중되어 있다는 것이 밝혀졌다. 魚豢의 저작으로 알려진 『위략』은 당 顯慶 5년(660) 경 張楚金이 지은 『翰苑』에 雍公叡가 부주한 가운데 여러 번 인용되었고, 송 대에 편찬된 『太平御覽』에도 많이 인용되어 있는 것으로 보아, 중요한 저작으로 평가되어 왔음을 알 수 있으나, 원본은 전하지 않는다.

따라서 『삼국지』 동이전의 사료적 논의는 『위략』의 편찬 방침 및 진수의 『위략』 수용 방식과 절연될 수 없다. 특히 진수는 이민족의 설화와 종교·풍속 같은 불확실한 내용에 대해서는 가능한 한 서술하지 않은 듯하다. 그런데 삼한전에 유독 그와 같은 내용이 집중되어 있다는 것은, 삼한에 대한 당시 중국인의 지식 정도가 매우 낮았기 때문이라고 볼 수밖에 없다.[2)] 반면에 고구려를 비롯한 북쪽의 단위체들에 대해서는 동이전 서문의 언급과 같이 244년에서 246년에 걸친 위나라 관구검 군의 침공을 계기로 현실적 지식이 크게 증대되었으리라고 생각한다.[3)]

결국 『삼국지』는 3세기 중국인의 우리 고대 사회에 대한 정보와 인식을 제공하고 있다는 점에서 한국 고대사 연구를 위한 1차 자료의 위상을 지니고 있다고 해야 한다. 다만 고대 중국인의 이민족에 대한 편견과 중국 중심적 편향, 그리고 부족한 정보 및 불철저한 견문의 한계 등이 허다한 정황을 고려하지 않으면 안 된다. 이를 염두에 둘 때, 한국 고대사 연구의 자료로서 『삼국지』 동이전에 개재된 논점들은 몇 가지 범주로 나뉜다.

첫째, 『삼국지』 동이전과 『후한서』 동이전의 상충 기사 문제이다. 즉

---

2) 윤용구, 1998, 「『三國志』 韓傳 對外關係記事에 대한 一檢討」 『馬韓史 研究』, 忠南大學校出版部.

3) 徐永大, 1991, 「韓國宗教史 資料로서의 『三國志』 東夷傳」 『한국학연구』 3.

서술 대상 시기를 기준으로 보면 『후한서』가 『삼국지』에 선행하는 것이지만, 현존하는 范曄(398～445)의 『후한서』는 진수의 『삼국지』보다 150여 년 뒤늦게 편찬되었기 때문에, 동이전 혹은 삼한에 관한 정보가 상충할 경우 그 선택과 고증이 용이하지 않은 것이다.

둘째는 『삼국지』 정보와 『삼국사기』 초기 기사의 상충 문제이다. 역시 편찬 시기에 유의할 때, 1145년에 찬진된 『삼국사기』는 서술 대상으로부터 1000여 년을 상거해 있기 때문에, 『삼국지』에 입각한 한국 고대의 복원상과는 종종 큰 차이를 드러내게 되는 것이다.

셋째는 『삼국지』 자체의 사료적 충실성 문제가 될 것이다. 즉 편찬 단계의 고려 사항들과 중국 왕조와 동이 제국을 매개하는 동방 군현들의 실제, 그리고 동이에 대한 중국의 주요 관심 맥락 따위가 면밀하게 점검되어야 한다.

2. 『삼국지』 동이전의 수용 방식

한국 고대사를 위한 『삼국지』의 수용은 일찍부터 확인된다. 『삼국사기』에는 비록 『삼국지』의 서명을 드러내 인용한 대목을 확인할 수 없으나 『위서』의 이름으로 『삼국지』의 정보가 고려된 바 있다. 특히 김부식은 『삼국사기』 사론과 다른 문건에서 『삼국지』의 세밀한 정보들을 활용하고 있었다.[4] 『삼국유사』에도 역시 '魏志'의 형태로 『삼국지』를 지칭한 사례가 있다. 고려 시대의 『삼국지』 활용 정황은 조선 시대의 각종 사서류에서도 다르지 않았다.

그러나 『삼국지』 동이전 정보가 한국 고대사의 복원을 위해 본격적으로 수용되기 시작한 것은 근대 역사학의 문헌 비판에서 비롯되었다고 생각한다. 특히 이른 시기 일본인 연구자들은 『일본서기』의 사료 비판 관

4) 『高麗史』 98 열전 11, 金富軾 ; 『東文選』 106 議, 「對外祖議」.

점을 『삼국사기』에 적용하면서, 상대적으로 『삼국지』에 높은 사료 가치의 비중을 배려하였다. 이에 따라 삼국의 초기 역사는 거의 전적으로 『삼국지』를 비롯하여 『진서』·『송서』·『일본서기』 등 인접국의 사료에 주요 입론 근거를 두고 전개되었다.[5)]

이러한 추이는 한국 연구자들에게도 깊은 영향을 끼쳤고, 아직까지 그 잔영은 짙게 드리워 있다고 판단한다. 이렇게 된 가장 주요한 이유는 아마 『삼국지』의 편찬 시기가 서술 대상 사건 당시에 근접해 있다는 점 때문일 것이다. 실로 『삼국지』는 편찬 시기로만 본다면 동이에 대한 종합적 서술의 효시인 것이다.

다만 중국의 단대사는 해당 왕조의 존속 기간을 서술 대상 시기로 한정한다는 데 유의할 필요가 있다. 즉 『삼국지』 동이전 내용의 연대는 기본적으로 중국의 삼국이 존속했던 221년에서 280년까지가 되어야 할 것이다. 그러나 실제 동이전에는 명백히 이를 크게 상회하는 시기의 사정을 전하는 경우도 적지 않다고 생각되기 때문에, 그 내용상 상한 연대를 확정하기는 매우 어렵다는 게 일반적 이해이다.

또한 여기에서 부수되는 논의가 곧 동일한 동이전 체재를 지니면서도 『삼국지』보다 뒤에 편찬된 『후한서』 동이전의 편찬 과정에 대한 문제이다. 물론 이에 대해서도 이른 시기 연구자들은 일견 사서 편찬 연대의 선후를 기준 삼아 『후한서』 기사의 사료 가치를 저급하게 평가하였다. 그러나 중국의 정사들은 편찬 연대와는 관계없이 사료의 수용 과정에 서술 대상이 되는 단대를 하한으로 삼는다는 점을 강조하는 입장에서는 견해를 달리한다.

가장 현저한 예로서, 『후한서』와 『삼국지』는 辰國과 삼한의 관계 인식에서 큰 격절을 보이는바, 전자가 삼한 전체를 옛날의 진국이라 한 반면, 후자는 진한만을 진국의 후신으로 설정하였다. 이에 대해 두 기록이 포착

5) 예컨대 今西龍, 1934, 「百濟史講話」 『百濟史研究』, 近澤書店.

한 사회의 서로 다른 '역사적 시기'와 서로 다른 '자료 원천'에 주목할 것을 제안하는 연구자들은 『후한서』의 정보가 『삼국지』의 그것보다 선행한 시기의 사실 혹은 사료를 반영한 결과로 보아야 한다고 주장한다.[6] 나아가 『東觀漢記』를 위시하여 司馬彪 등의 이른바 '7가 후한서'가 범엽 당시까지 전존해 있었을 것이며, 동이전 체재의 외국 열전 역시 선행 『후한서』들이 먼저 개척한 것이라고 본다.

『삼국지』와 『후한서』를 둘러싼 문제의식은 한국 고대를 복원하는 데 오랫동안 연구자들의 난관으로 작용하였다. 특히 두 사서의 격절은 삼한과 관련하여 빈번하게 노출되었고, 전근대 지식인들에게 널리 공유되어 온 삼한정통론 역시 바로 『후한서』에 사료적 근거를 두고 있었던 것이다.[7] 이에 반해 『후한서』 한전은 찬술 연대와 분량, 그리고 문장 등을 통해 볼 때 전적으로 『삼국지』 한전을 저본으로 압축·윤문된 것에 불과하므로, 두 사서의 다른 정보를 혼용하여 연구 자료로 활용하는 것은 옳지 않다는 주장이 있다.[8]

이와 관련한 문제를 축자적으로 정치하게 추구한 연구에 따르면, 『삼국지』 동이전에는 『위략』 기사의 자수가 약 40%에 이르며, 『후한서』 동이전에는 『삼국지』 동이전의 기사가 약 4분의 3을 차지하고 있는 것으로 나타난다. 특히 『후한서』의 한전은 심한 두찬의 결과 사료로 취할 바가 거의 없을 뿐만 아니라 후대의 사가들을 오도하고 있어서 오히려 폐해가 크다고 한다.[9]

이러한 논의 가운데에는 미세한 표기의 차이에 관한 이해도 한 영역을

6) 리상호, 1966, 「진국사연구에서 제기되는 몇 가지 문제」 『력사과학』 6.
7) 金貞培, 1976, 「準王 및 辰國과 「三韓正統論」의 諸問題」 『韓國史研究』 13 ; 1986, 『韓國古代의 國家起原과 形成』, 高大出版部.
8) 千寬宇, 1976, 「三國志 韓傳의 再檢討 — 三韓攷2」 『震檀學報』 41 ; 1989, 『古朝鮮史·三韓史研究』, 一潮閣.
9) 全海宗, 1979, 「三國志·後漢書 東夷傳 記事 對照」 『歷史學報』 83 ; 1982, 『東夷傳의 文獻的 研究 — 魏略·三國志·後漢書 東夷關係 記事의 檢討』, 一潮閣.

차지한다. 辰王의 치소로 언급된 『삼국지』의 月支國과 『후한서』의 目支國을 그 예로 들 수 있겠다. 즉 '月'과 '目'의 차이가 단지 일방의 오기 혹은 오각에서 비롯된 것으로 파악하는 입장이 있는가 하면, 이를 각각의 고유한 편찬 시대에 한정된 정보로 인정하는 시각이 있는 것이다. 후자의 방식에 충실할 경우 진왕은 동한시대에는 목지국에 도읍하여 한의 전 지역을 통치했다가, 삼국 시대에 해당하는 기간에는 월지국에 도읍하여 한 지역 가운데 일부만을 통치했다고 이해하게 된다.[10] 연구자들은 대부분 『한원』의 표기를 미루어 목지국이 옳은 것으로 보지만, 이처럼 어느 정보에 입각하느냐에 따라 단순한 시비의 차원을 넘어 1～3세기 한국 고대의 큰 틀이 다른 모습으로 드러나게 된다는 점은 유의해야 할 일이다.

사실 범엽의 『후한서』가 후한에 관한 초유의 사서가 아니라는 것은 두 말할 나위가 없다. 그러나 과연 『후한서』 동이전의 정보가 『동관한기』를 비롯한 전대 후한 관련 자료를 충실히 전승한 것인지에 대해서는 속단하기 이르다. 한 예로 『후한서』는 한의 78국을 이르는 가운데 伯濟를 특기하고 있거니와, 이는 범엽의 『후한서』 찬수 당시 백제의 국제적 위치를 전제로 한 것이므로 오히려 시대착오적인 서술이라는 지적에[11] 동의한다.

물론 동이전의 백제를 곧 『삼국사기』의 백제와 동일시할 것인가에 대해서는 일찍부터 이견이 있어 왔다. 또 이 의문은 한강 유역 적석총의 편년과 관련하여 비상한 국면으로 발전하기도 했다.[12] 그러나 백제국을 주목한 『후한서』의 필법 자체는 『삼국지』에 선행하는 자료원에서 비롯한 것일 수 없다고 생각한다. 『삼국지』 동이전 서에 "이전 사서에 갖추지 못한 바를 이어 보완한다"라고 한 것이나, 『삼국지』 동이전에 광범한 주기

10) 尹乃鉉, 1991, 「目支國과 月支國」 『龍巖車文燮博士華甲紀念論叢』, 신서원.
11) 全海宗, 1982, 앞의 책 『東夷傳의 文獻的 硏究』.
12) 李道學, 1990, 「百濟의 起源과 國家形成에 관한 재검토」 『한국 고대국가의 형성』, 民音社.

를 가한 裴松之가 『동관한기』를 이용한 흔적이 없는 점을 미루어볼 때, 후한 관련 선행 사서에는 미처 동이전 체재의 편목이 설정되지 않았던 듯하다.13)

그렇다고 하여 『삼국지』 동이전의 정보가 한국 고대사의 복원을 위한 1차 자료로서 균질적이고도 객관적인 위상을 지닌다고 평가하기에 충분한 것은 아니다. 우선 『삼국지』 찬자는 주요 저본이었던 『위략』의 내용을 상당 부분 삭제하거나 압축·요약하였다. 또한 『위략』에서도 부여전에 보이는 '舊志'를 비롯하여 서술 토대가 된 이전의 자료 혹은 異本들의 존재가 감지되고 있다.14) 즉 『위략』 역시 그 자체가 동이 사회에 대한 직접적인 채방 기사에 의한 것이라고 보기는 어렵다는 게 중론인 것이다.

게다가 『삼국지』는 오랫동안 사본의 형태로 유통되었고, 배송지의 주가 추기되면서 본문과 주문이 혼선을 빚는 경우가 발생하였다. 아울러 본래의 동이전이나 『위략』 단계에서는 입전 단위별로 분전된 형태가 아니었던 것이 후대에 분단이 나뉘고 표제가 달리면서 혼란은 증폭되었다. 특히 분단의 혼란이 현저한 한전은 하나의 종합적인 혹은 유기적인 구성 체계로 보아야 한다는 점이 세밀히 논증되기도 하였다.15) 또한 동이전 내용 가운데 종종 보이는 '今'의 시점은 편찬 당시라기보다는 삼국 시대를 지시하는 것인데, 심지어 후한 대에 속하는 사례마저 포함하고 있으므로, 논자에 따라서는 『삼국지』 동이전의 시대는 거의가 서기전 1세기 이전의 사료에 해당한다는 극단적 견해마저 표명하게 되었던 것이다.16)

더욱 심중한 문제는 『삼국지』와 『삼국사기』가 공유하고 있는 우리 고대 사회의 사정이 큰 간극을 노정하고 있다는 점일 것이다. 물론 우리 고

---

13) 尹龍九, 1998, 「3세기 이전 中國史書에 나타난 韓國古代史像」 『韓國古代史研究』 14.

14) 金廷鶴, 1975, 「魏志 韓傳 小考」 『(釜山大學校) 文理大學 論文集』 14.

15) 申鉉雄, 1993, 「『三國志』 韓傳에 대한 一考察(上) – 記錄의 實際에 관한 管見」 『慶州史學』 12 ; 2003, 「『三國志』 韓傳 記錄의 實際」 『韓國古代史研究』 32.

16) 강경구, 1991, 「魏志 東夷傳에 관한 新考察」 『古代의 三朝鮮과 樂浪』, 기린원

대사가 고구려·백제·신라의 삼국에 의해 분유된 것은 6세기 중반 이후 1백여 년에 불과하므로, 삼국 중심의 『삼국사기』는 기원 전후의 실상을 균형 있게 전하지 못한다고 해야 옳다. 이에 비해 『삼국지』 동이전은 중국인의 관점에서 이역의 단위들을 인식한 결과이므로, 적어도 삼국 중심의 편향에서는 자유로울 수 있었겠다. 그러나 삼국을 주요 인자로 설정했다는 이유만으로 『삼국사기』 내부의 논리적 정합성을 경시해서는 안 되는 한편, 『삼국지』에 함유된 편견과 오류에 대해서도 세심하게 주의해야 할 것이다.

3. 『삼국지』와 『삼국사기』

1) 辰國과 辰王

중국의 사서에 의하면, 진국은 삼한 혹은 진한의 전신이면서 위만조선과 병존했던 저명한 정치체로 지목된 실체이다. 그리고 진왕은 삼한 혹은 마한의 지배자로 파악되는 존재이다. 우선 진국을 '진왕의 나라'로 파악하는 견해에서는 목지국을 맹주국으로 하는 연맹체가 진국 시대와 삼한 시대를 종관하여 존재했다고 본다.[17] 이것은 진국과 진왕을 동시대의 실체로 보는 한편, 진국을 진한의 전신에 국한한 『삼국지』의 서술을 오류로 단정하는 데서 출발한다. 또한 진한 역시 '진왕에 소속된 한'의 의미로 보아 진한의 위치를 지금의 경기도 광주 일원에서 찾는다. 그러나 이것은 삼한과 삼국의 연계를 강요한 최치원의 견해 이래 다기한 설명이 빈출한 끝에 진한을 경상도 일원으로 정리한 한백겸의 논증과 크게 상치되는 것이었다.

유사한 맥락에서 진국은 기원전 3세기 말 이전부터 기원 전후 시기까

17) 李丙燾, 1934～7, 「三韓問題의 新考察」『震檀學報』 1～8 ; 1976, 「三韓問題의 研究」『韓國古代史研究』, 博英社.

지 존재한 고대국가이며, 진왕은 일종의 직명으로서의 삼한을 구성 분자로 거느리고 있었다고 보기도 한다.[18] 따라서 자연히 변진 24국 가운데 12국이 진왕에 속한다는 서술에서의 '진왕'은 『진서』 사이전이나 『양서』 신라전 등 후대 사서에 근거하여 '진한'이나 '진한왕'의 誤刊일 것으로 이해한다. 그 후 이 생각은 진왕과 진한왕의 착종이 『위략』을 수용하는 단계에서 이미 발생했다는 논증으로 진전되었다.[19]

진한을 비롯한 삼한의 위치 관련 논란은 크게 파문을 던지지 못한 채 정돈되었다.[20] 그에 비해 진국과 진왕의 관계에 대해서는 합의의 도출이 용이하지 않았다. 무엇보다도 진국 단계의 진왕이 삼한 전체를 총괄하는 지위에 있었다고 할 경우, 그 이후 단계에서 오히려 집중력이 소멸하는 정치 현상은 자연스럽지 못하다는 지적은 상당한 설득력을 지닌다. 그럼에도 불구하고 진국의 집권자 역시 진왕이었을 것이라는 주장은 일부의 개연성을 상실하지 않고 있다.[21] 다만 진국은 『삼국지』 단계에서는 이미 과거의 실체일 뿐이며, 진왕은 당시 현실의 목지국을 통치하던 존재라는 지적은[22] 일단 타당한 것이다.

물론 위만조선 말 歷谿卿의 진국 망명설은 명신의 말로를 장식하려는 심리에 의하여 만들어진 것으로 기자동래설의 재판에 불과하다고 할 때,[23] 중국 진나라의 유민을 진한의 주체로 설정한 『삼국지』의 문면은 진국과 진한의 역사적 연계성을 이해하는 데 뜻밖의 함정일 수도 있겠다. 이러한 우려는 이른바 '기마민족 정복왕조설'의 논의가 백제 扶餘隆 묘지명의 '辰朝'에 주목하면서, 기마민족이 남하하여 진국을 세우고 그 진국

18) 강인숙, 1974, 「기원전후시기 진국의 북변」 『력사과학론문집』 4.
19) 박대재, 2002, 「『三國志』 韓傳의 辰王에 대한 재인식」 『韓國古代史硏究』 26.
20) 金貞培, 1968, 「三韓位置에 대한 從來說과 文化性格의 檢討」 『史學硏究』 20.
21) 이도학, 1998, 「새로운 摸索을 위한 點檢, 目支國 硏究의 現段階」 『馬韓史 硏究』, 忠南大學校出版部.
22) 金貞培, 1968, 「「辰國」과 「韓」에 關한 考察」 『史叢』 12·13합.
23) 曹佐鎬, 1973, 「魏志東夷傳의 史料的 價値」 『大東文化硏究』 13.

의 진왕 세력이 북구주로 진출하여 왜·한 연합왕국을 건설했다는 구상으로 전개되는 데에서[24] 익히 수긍할 수 있을 것이다. 최근에도 부여융의 묘지명을 토대로 금강 유역에서 진국의 잔영을 발견하는 논지가 제출된 바 있다.

그러나 진국, 진왕, 진한, 진조 따위의 '辰'을 매개로 특정 역사적 실체의 계통성을 단정하는 것은 지나치게 자의적인 방식이라고 하지 않을 수 없다. 그보다는 고고학적 실상에 근거하여 진국과 진한의 문제를 이해함이 온당한 태도라고 생각한다.[25] 예컨대 중국의 桃氏劍을 비롯하여 다량의 청동기 유물이 확인되는 익산 일대를 진국의 공간 범위로 주목하는 견해를 들 수 있다.[26] 이에 의하면 진국은 위만의 공세를 피해 남쪽으로 옮겨 온 준왕의 정치체이며, 마한의 진왕에게 밀려 진한 방면으로 이동했다고 한다. 그렇다면 진한이 옛 진국이라는 것은 공간의 차원이 아니라 주도 세력의 계통 문제가 되는 것이다. 아울러 이러한 제안은 진국을 진번의 위치에 긴박하여 이해하려는 기존의 타성을 비판하면서 낙동강 유역의 고고학적 유물상을 숙고해야 한다는[27] 지적과도 잘 부합한다.

사실 진국과 진왕을 둘러싼 난맥은 준왕과 마한, 그리고 마한의 진왕과 백제 사이에 계기적 혹은 연속적 연관을 전제한 데서 파생한 일면이 있다. 특히 진왕이 『삼국지』 편찬 당대의 실체라 할 때 건국기 백제 및 신라의 정치 운동을 염두에 두지 않을 수 없고, 그 경우 필연적으로 『삼국사기』 초기 기사와의 정합 여부가 논의의 방향을 제약하게 된다. 예컨대 마한의 진왕은 옛 진국 '지역'의 왕이며, 진한의 진왕은 옛 진국 구성 '주체'의 왕이라는 설명으로 백제와 신라의 초기 역사에 접맥을 시도한 것은

24) 江上波夫, 1965, 「日本における民族の形成と國家の起源」 『東洋文化研究所紀要』 32.

25) 盧泰敦, 1976, 「〈騎馬民族日本列島征服說〉에 대하여」 『韓國學報』 5.

26) 金貞培, 1976, 「準王 및 辰國과 「三韓正統論」의 諸問題」 『韓國史研究』 13.

27) 박순발, 1998, 「前期 馬韓의 時·空間的 位置에 대하여」 『馬韓史 研究』, 忠南大學校出版部.

그 필연적 귀결이었던 것이다.[28]

이와는 달리 마한과 진한조에 보이는 진왕을 동일체로 보면서도, 진국의 쇠퇴를 역계경 집단과 같이 위만조선에서 발생한 유이민의 충격으로 설명하는 경우[29] 역시, 진국과 마한과 백제를 단일 시계열상에 두고 계기적인 실체로 파악하려는 관성과 무관하지 않다. 그러나 『삼국사기』의 문맥에 맞추어 『삼국지』의 정보를 파악하기보다는, 『사기』 이래 진국과 진왕 관련 윤색이 거듭되어 온 정황을 직시하는 편이 정당하다고 본다.

2) 목지국과 마한

문제의 진왕은 확실히 목지국의 주권자였다. 또한 목지국은 마한을 구성하는 일국이었다. 동이전의 문면은 진왕이 목지국을 다스린다는 서술에 이어 '臣智'의 이른바 '優號'를 소개하였다. 따라서 진왕과 신지를 동일시할 수 있는가, 그렇다면 마한 내 목지국의 위상은 어떠한 것인가, 나아가 목지국은 『삼국사기』의 발흥기 백제와 어떤 관계에서 병존 혹은 교체되었던 것인가 등이 기본 논점으로 제시될 수 있다.

우선 목지국의 위치 논의를 점검한다. 목지국의 진왕을 진국과 관련하여 이해하는 입장에서는, 진왕의 목지국을 진국시대부터의 맹주국으로 보고 그 소재지로 직산을 주목한다. 다만 『삼국지』의 진왕은 배타적 권력을 독점하지 못하게 되면서 소속 국들이 점차 이탈하여 독립해 가는 추세에 있었다고 이해하였다.[30] 또한 진왕을 진국과 연계하는 데에는 동의하지 않으면서도 목지국을 백제의 공세를 받는 위치에 설정하는 데 중점을 둘 경우, 직산설은 용이하게 동의를 받기도 한다.

한편 진왕과 신지는 동일한 존재임을 명확히 하되, 준왕의 남래 지점으

28) 千寬宇, 1989, 앞의 책 『古朝鮮史·三韓史研究』.
29) 盧重國, 1990, 「目支國에 대한 一考察」 『百濟論叢』 2.
30) 李丙燾, 1934, 앞의 논문 「三韓問題의 新考察」.

로서의 익산을 목지국의 위상과 혼동하는 것을 경계하면서 풍부한 청동기 유물의 분포상을 주목하여 목지국을 충남 예산 일대로 비정하는 견해가 있다.[31] 그러나 마한의 진왕을 백제의 비류계 고이왕에 대응시켜 이해하는 연구자는 음가의 유사함을 들어 미추홀, 즉 지금의 인천을 목지국으로 생각한다.[32] 또한 마한의 맹주적 지위를 주목하여, 풍부한 위세품이 부장되어 있는 대형 옹관 밀집 지역인 나주 반남면 일대를 목지국 마지막 단계의 근거지로 보는 견해도 있다.[33]

주의할 것은 대부분 연구자들이 진왕의 목지국을 백제의 흥기와 영역적 팽창에서 비롯되는 영향권 내에서 파악하고 있다는 사실이다. 이러한 견해에서는 자연스럽게 『삼국사기』 백제본기에 등장하는 마한과 마한 왕의 존재를 염두에 두게 된다. 나아가 온조 대에 공멸당한 마한을 목지국 중심 마한 연맹체와 등치시키는 경향을 보여 왔다. 따라서 논의는 목지국 관련 고고 지표를 청동기 유물에서 찾는 것에 반대하고 철기시대와 관련시키는 한편, 직산 소재 목지국의 마한 연맹장의 지위가 3세기 중반까지 지속되다가 백제와 新彌國 등에 의해 대체되었을 것이라는 설명으로 발전한다.[34]

결국 목지국의 소재가 어디이든, 그것은 대체로 백제의 문화 양상이 침투한 시점 이전의 상태로 설명되고 마는 것이다. 또한 『삼국사기』 백제본기의 초기 기사는 적어도 목지국이 맹주적 위상을 상실하지 않은 이상 수용하기 어렵게 된다. 같은 이유에서 신라본기 혁거세 치세 기간의 마한 관련 기사 역시 3세기 후반의 마한 왕, 즉 진왕의 사정으로 수정되어야 할 것이다.

그러나 『삼국사기』의 마한 왕은 『삼국지』의 진왕에 비해 훨씬 강고한

31) 金貞培, 1985, 「目支國小攷」『千寬宇先生還曆紀念韓國史學論叢』, 正音文化社.
32) 千寬宇, 1989, 앞의 책 『古朝鮮史·三韓史硏究』.
33) 崔夢龍, 1990, 「馬韓·目支國 硏究의 諸問題」『百濟論叢』 2.
34) 盧重國, 1990, 앞의 논문 「目支國에 대한 一考察」.

왕권을 행사하고 있었다는 지적은 깊이 고려되어야 한다.[35] 이러한 맥락에서 『삼국사기』 백제본기에 등장하는 마한은 과연 목지국인가 하는 질문은 타당한 문제 제기일 것이다.[36] 이에 착안할 때, 진왕과 신지를 동일한 존재로 볼 수 없다는 비판은 새로운 논의를 예비하는 것이다. 특히 그러한 비판론에서는 『삼국사기』의 마한 왕과 그의 국읍을 각각 진왕과 목지국으로 대응시키는 일반론에 대해서도 동의하지 않는다. 요컨대 출처 사료를 달리하는 마한 왕과 진왕은 시·공간적으로 분리된 별개의 존재였다는 파악 방식이다.[37] 여기서는 『삼국사기』와 『삼국지』의 이질적 정보를 편의적으로 절충해 온 연구의 타성을 경계한 것으로 주목해 둔다.

또 다른 맥락에서 대방군 崎離營을 공격한 주체에 대한 논의의 전개를 검토할 필요가 있다. 동이전에 의하면 246년 吳林의 진한 8국 분할 시도에 반발하여 한의 세력 집단이 기리영을 공격한 사건이 발생하였다. 분할 대상으로 언급된 실체가 과연 진한인가 아니면 마한의 오기인가에 대해서는 논란이 없지 않으나, 본기와 동이전의 정합 관계가 미미한 『삼국지』의 경우 특이하게도 이 사건에 대응할 만한 본기 기사가 지목되기도 한다. 이들 기사에 의하면 이 전쟁으로 공격 주도 집단은 패배하였고, 그 결과 일부 세력의 이탈까지 초래한 듯하다. 그런데 목지국의 진왕을 신지와 등치시켜 이해하는 논자들은 거의 대부분 이 공격의 주체가 곧 목지국의 진왕이라고 생각한다. 따라서 이 전쟁으로 목지국 진왕은 재래의 영도력을 상실한 것으로 읽힌다.

그런데 『삼국사기』에는 역시 246년에 위나라의 군현이 고구려 공격에 주력하는 틈을 타 백제가 낙랑군을 공격했다는 기록이 있다. 이 공교로운 대응은 기리영의 공격 주체로 간주된 신지 혹은 진왕이 백제 고이왕일 가

35) 金杜珍, 1990, 「馬韓社會의 構造와 性格」 『馬韓·百濟文化』 12.

36) 이도학, 1998, 「새로운 摸索을 위한 點檢, 目支國 硏究의 現段階」 『馬韓史 硏究』, 忠南大學校出版部.

37) 박대재, 2002, 앞의 논문 「『三國志』 韓傳의 辰王에 대한 재인식」.

능성을 일부 지지한다.[38] 사실 대방군 공격을 주도한 신지를 목지국 진왕으로 단정할 만한 충분한 논거는 없다. 그러면서도 과연 신지가 고이왕과 동일한 존재일 것인가에 대해서도 적극적인 논증을 기대하기 어렵기는 마찬가지이다.[39] 다만 『삼국지』의 목지국을 온조 대에 보이는 마한에 대응시키는 것은 백제본기에 보이는 온조의 실상을 목지국의 시대, 즉 백제 고이왕에서 찾는 것보다 명백히 설득력이 부족하다.

따라서 공격 주체를 백제로 보되,[40] 목지국 역시 부수하여 공동의 대응을 했을 것으로 파악하는 절충적 방식이 제출되는 한편,[41] 문제의 '臣智激韓' 부분을 행위 주체인 '臣濆沽國'으로 수정하여 독해하는 대안이[42] 진지하게 검토되기도 한다.[43] 그러면서도 백제를 신분고국에 대한 완충 세력으로 활용했다는 진왕이란 의연히 『삼국사기』에 보이는 마한 왕을 염두에 둔 것이며, 그에 따라 신분고국과 『삼국사기』의 말갈을 중첩시키는 논리는[44] 여전히 『삼국지』의 문제가 『삼국사기』와 절연될 수 없음을 웅변하는 것이기도 하다.

3) 정치발전 단계

3세기 중반에 중국의 군현 세력과 갈등한 주체가 합의되지 않는 현황 자체가 이미 고구려, 백제, 신라만으로 구성된 『삼국사기』 초기 기사를

38) 千寬宇, 1976, 앞의 논문 「三國志 韓傳의 再檢討 – 三韓攷2」.

39) 姜鳳龍, 1997, 「百濟의 馬韓 倂呑에 대한 新考察」 『韓國上古史學報』 26.

40) 李基白, 1996, 「3세기 東아시아諸國의 政治的 發展 – 魏의 東侵과 관련하여」 『韓國古代 政治社會史研究』, 一潮閣.

41) 김수태, 1998, 「3세기 중·후반 백제의 발전과 馬韓」 『馬韓史 研究』, 忠南大學校出版部.

42) 末松保和, 1954, 「新羅建國考」 『新羅史の諸問題』, 東洋文庫 ; 千寬宇, 1979, 「馬韓諸國의 位置試論」 『東洋學』 9.

43) 윤용구, 1998, 앞의 논문 「『三國志』 韓傳 對外關係記事에 대한 一檢討」.

44) 尹善泰, 2001, 「馬韓의 辰王과 臣濆沽國 – 領西濊 지역의 歷史的 推移와 관련하여」 『百濟研究』 34.

그대로 수긍하는 것을 주저하게 만드는 요인이다. 여기에는 『삼국사기』 초기 기사의 사료적 가치에 대한 극단적인 회의가 근저에 자리하고 있다. 따라서 이른 시기의 연구에서는 『삼국지』와 『후한서』의 동이 관련 기록과 상충하는 『삼국사기』의 사회상을 불신하기 마련이었다. 회의의 본질은 양 사서의 편년에 대한 이해에서 비롯한다. 그러므로 『삼국지』 동이전 내용의 포괄 시기와 『삼국사기』 초기 기사의 편년관에 대한 합의가 마련되지 못하는 한, 이 괴리는 극복을 기대하기 어려운 것이다.

가장 현저한 격절은 『삼국사기』에 보이는 백제 및 신라의 발전 단계와 『삼국지』 한전의 그것에 있다. 우선 삼한이 이미 제정 분리의 단계에 접어들었다는 데에는 대부분 이견이 없는 것 같다. 그러나 저명한 진왕의 권력조차도 산재한 부락 단위의 강고한 공동체적 조직 원리 앞에 취약했다고 파악하여, 그 정치적 집중도는 미미한 것으로 이해되었다.[45] 또한 도구적 측면에서 철기문화 단계에 해당한다 하여 그것이 곧 고대국가의 성립을 보장하지는 못할 뿐 아니라, 중국 군현 세력은 동이의 정치체들을 정책적으로 이용 혹은 통제하여 경제적 침탈과 정치적 분열을 효과적으로 관철시켰다고 본다. 다시 말해 동이사회의 저급한 수준은 해당 사회의 공동체 관계의 제약과 중국 군현의 통제와 분열책에 기인한다는 것이다.[46]

이러한 논의들은 3세기 말 4세기 초까지도 군현의 군사·정치적 외압의 강도가 백제에 심대한 영향을 미치고 있었음을 『삼국사기』에서 읽을 수 있다고 주장한다. 그러나 그와 같은 압박은 역설적인 의미에서 백제와 토착 세력의 성장을 반증하는 것이라는 반론도 없지 않다. 사실 『삼국지』에 보이는 개별 소국들의 활발한 군현 교섭 양상이야말로 선진 문물과 선진 정치 기술을 접한 데서 야기된 발전적 역동상일지도 모른다.

---

45) 李丙燾, 1934, 앞의 논문 「三韓問題의 新考察」.

46) 金哲埈, 1973, 「魏志東夷傳에 나타난 韓國古代社會의 性格」 『大東文化研究』 13.

따라서 동이사회 정치 단위체들의 계서적 首長 명칭과 인구 규모 등을 비교하여, 삼한사회를 최소한 군장사회(Chiefdom) 혹은 準國家 단계로 파악한 논증을 주목한다.47) 진국을 준왕의 남래와 관련하여 이해하는 논리에서 본다면, 그리고 이미 국가 단계를 경험한 집단의 파상적 유입과 정착의 추이를 고려한다면, 3세기의 삼한사회를 국가사회에 근접한 단계로 이해하는 것은 지나칠 게 없다고 생각한다.48)

물론 이에 대해 국가 단계를 경험한 유이민의 사회를 군장사회로 파악하는 것은 논리적 모순일 수 있다는 비판적 지적은 숙고할 사안일 것이다.49) 그러나 각 정치체들이 처한 대외적 조건과 생태적 특질, 그리고 선진사회와의 거리와 교섭의 성격 등에서, 지역에 따라 다양한 정치 발전의 단층과 문화적 낙차가 개재했을 가능성을 고려해야 옳다. 이와 관련하여 부여와 고구려에 군왕 혹은 왕이 있는데 반해, 동옥저와 읍루와 예에 대군왕 혹은 대군장이 없으며, 한의 경우 長帥·主帥·渠帥가 있다고 한 구분 방식을 주의한다. 비록 중국적 가치 기준에 따른 것이긴 하지만, 이것은 곧 동이사회의 각 단위체별 정치 성숙도를 반영하고 있다.

전투 기술의 측면에서도 동이의 단위체들은 '便鞍馬'와 '能步戰'으로 구분하여 각각의 정치 조직 역량을 가늠할 수 있다.50) 범부여족의 일원으로서 문화 토대를 공유한 고구려와 백제가 문화적 지향에서 차이를 보이는 것 역시 유사한 예증일 수 있다.51) 또한 기록 주체의 이해와 호오에 따라 편향된 인식이 두드러지게 된 부여와 고구려, 그리고 진한과 마한의

47) 金貞培, 1979, 「君長社會의 發展過程 試論」『百濟文化』 12.

48) 金貞培, 1983, 「辰國의 政治發展段階」『領土問題硏究』 1.

49) 朱甫暾, 1990, 「韓國 古代國家 形成에 대한 연구사적 검토」『한국 고대국가의 형성』, 民音社.

50) 金哲埈, 1981, 「「能步戰」과 「便鞍馬」」『韓㳓劤博士停年紀念史學論叢』, 知識産業社.

51) 金哲埈, 1973, 「百濟社會와 그 文化」『武寧王陵發掘調査報告書』; 1975, 『韓國古代社會硏究』, 知識産業社.

사례도 주의해야 한다. 마찬가지로 서로 다른 정치 단계의 사회들을 서술자는 동일하게 '國'으로 지칭하였음도 유의해야 한다.[52] 요컨대 '국'들과 그 내부 읍락들 사이의 누층적 발전 단계는 문헌 기록과 고고학적 지표에서 함께 읽히는 것이다.[53]

한편 서로 다른 맥락에서 한국 고대 사회를 반영하고 있는 『삼국지』와 『삼국사기』의 정보를 일방에 편향하지 않고 아울러 귀일시켜야 옳다는 당위를 인정하는 연구자들 사이에서도, 구체적인 방식에서는 차이를 보이고 있다. 예컨대 일부에서는 각 지역의 문화 수준이나 국가 발달의 정도가 동일하지 않다는 각성 위에서, 동이전을 통해 각 정치체들의 발전 단계를 정돈하고 그 구체적 내용은 『삼국사기』 기록을 분해하여 대입시킬 것을 제안한다.[54] 이것은 『삼국지』의 뼈대에 『삼국사기』의 살을 입히는 것이라 이를 만하지만, 시간 축이야말로 사료의 핵심이라는 점에서 보자면, 엄밀히 말해 『삼국사기』 자체 논리의 부정을 요구한다.

다른 한편에서는 동이전의 각 소국들은 상당 부분 이미 백제와 신라에 병합되어 있었으나, 그 통치 강도가 미숙했을 뿐이라 한다. 그 결과 소국들은 중국 군현의 관심과 필요에 따라 개별 독립체의 모습으로 기술되었다 한다.[55] 그렇다면 이 또한 『삼국지』 편찬 단계의 왜곡 가능성에 편파적 비중을 둔 것이다. 다만 후대의 상황이 소급되어 압축·기록되었을 가능성에 주목하여 『삼국사기』 초기 기사가 분해 대상이 되어야 한다면, 마찬가지로 이전 시기의 상황이 『삼국지』 편찬 시기를 중심으로 압축되었을 가능성 또한 외면하지 않아야 합당하다고 생각한다.[56]

---

52) 千寬宇, 1976, 「三韓의 國家形成(下)」 『韓國學報』 3.

53) 李賢惠, 1984, 『三韓社會形成過程研究』, 一潮閣.

54) 盧重國, 1990, 「總論 ; 韓國 古代의 國家形成의 諸問題와 관련하여」 『한국 고대국가의 형성』, 民音社.

55) 李鍾旭, 1986, 「百濟 初期史 研究史料의 性格」 『百濟研究』 17.

56) 李文基, 1990, 「新羅 上古期 統治組織과 國家形成 問題」 『한국 고대국가의 형성』, 民音社 ; 이강래, 2009, 「『삼국사기』의 이른바 '초기기사' 수용방식의 문제 – 백제

사실 1～3세기의 한국 고대사에는 중국 군현 세력의 개입이라는 변수 외에도 기존 질서의 와해와 새로운 질서의 모색이 중첩되고 있었다. 아마 『삼국지』와 『삼국사기』 초기 기사 역시 그러한 국가 형성기의 급속한 도정을 적실하게 반영하지 못하는 한계를 공유한 것으로 본다. 즉 삼한사회가 비록 기본적으로 제정 분리의 단계라 하나, 그것은 군장의 정치력과 천군의 권위가 여전히 긴장관계에 있는 과도기였다.[57] 다시 말해 천군이 주관하는 종교의례는 농경의례였으며, 농업 생산력의 증대는 세속 지배자의 권위와 직결되는 것이기도 하였다.[58] 나아가 지역연맹 단위로서의 마한 내부에 소연맹국인 목지국과 백제국이 병존했을 것으로 이해하는 관점 역시,[59] 동일사회에 대한 양 사서의 주안점을 포섭하려는 시각으로 수긍할 만한 일면이 있는 것이다.

4) 왕계와 기년

『삼국지』에서 직접적으로 『삼국사기』의 왕계와 기년을 비교 대상으로 삼을 만한 정보는 우선 고구려에 한정되어 있다. 『삼국지』는 고구려 왕실이 涓奴部에서 桂婁部로 교체되었다고 하였다. 이 대목은 일찍부터 국내 사서에 보이는 고구려의 왕성 解氏와 高氏의 문제에 비견되어 살펴졌다. 다만 이른 시기 연구자들은 연대에 관해 중국 측 사서의 기록을 일방적으로 신뢰하였고,[60] 같은 맥락에서 『삼국지』에 보이는 고구려 왕실의 교체 및 왕계 역시 『삼국사기』와 용이하게 정합시키기 힘든 적소로 간주하였다.

본기의 사례를 매개로」『韓國古代史探究』 창간호.

57) 金泰植, 1990, 「加耶의 社會發展段階」『한국 고대국가의 형성』, 民音社.

58) 宋華燮, 1995, 「三韓社會의 宗敎儀禮」『韓國古代史研究』 10.

59) 金杜珍, 1990, 앞의 논문 「馬韓社會의 構造와 性格」.

60) 三品彰英, 1951, 「高句麗王都考 － 三國史記高句麗本紀の批判を中心として」『朝鮮學報』 1.

이와 관련하여 『후한서』에는 연노부가 消奴部로 표기되어 있는 것을 주목할 경우, 일단 『삼국사기』의 松讓國을 계루부 이전의 중심 세력으로 간주할 수 있다. 그들의 세력 교체 시점에 대해서는, 비상하게 긴 재위 기간에서 의문점이 많은 태조대왕 대로 지목하는 견해가 있다.[61] 반면에 태조대왕은 계루부 내의 방계일 것이라는 추정에 동의하여, 오히려 유리명왕 대에 있었던 고구려 연맹체 내 맹주의 변화 가능성을 주목하기도 한다.[62]

사실 『삼국지』에는 태조대왕에 해당하는 宮부터야 비로소 『삼국사기』의 고구려 왕들과 대응하는 존재를 확인할 수 있다. 더구나 동천왕에 해당하는 位宮에 이르기까지의 왕계 또한 큰 혼선을 빚고 있다. 『후한서』에는 『삼국지』에 몰각된 차대왕 遂成이 기록되는 등 일부 왕계의 개선이 보이긴 하나, 역시 충분한 신뢰를 주기 어렵다.[63]

반면에 후대 사서인 『위서』의 정보를 근거로 『삼국사기』에조차도 고구려의 초기 왕계에 누락된 왕들의 존재가 더 있지 않은가 하는 의혹이 제기되기도 하였다. 그에 따라 고구려 초기 왕계는 『삼국지』 기록이 『삼국사기』보다 신빙성이 더 있다고 보아, 광개토왕비의 세대 수를 기준으로 누락된 4세대의 왕계 복원이 시도된 바 있다.[64] 그러나 다분히 비약이 심한 이 논지에 대해 『삼국사기』의 왕계를 긍정적으로 수용하고자 하는 반론이 이어졌다.[65]

한편 『삼국사기』 찬자가 고구려 왕계에 관한 『삼국지』의 문면을 활용하면서 저지른 오해도 혼란을 증폭시킨 요인이 되고 있다. 즉 고구려본기 고국천왕 즉위기와 산상왕 즉위기는 『삼국지』 정보를 인용한 것이지만,

---

61) 金龍善, 1980, 「高句麗 琉璃王考」 『歷史學報』 87.
62) 金基興, 1990, 「高句麗의 國家形成」 『한국 고대국가의 형성』, 民音社.
63) 全海宗, 1982, 앞의 책 『東夷傳의 文獻的 硏究』.
64) 李道學, 1992, 「高句麗 初期 王系의 復元을 위한 檢討」 『韓國學論集』 20.
65) 盧泰敦, 1994, 「高句麗의 初期王系에 대한 一考察」 『李基白先生古稀紀念 韓國史學論叢』 上, 一潮閣 ; 1999, 「초기 왕계의 구성」 『고구려사 연구』, 사계절.

산상왕에 해당하는 伊夷模를 고국천왕에, 그리고 동천왕에 해당하는 位宮을 산상왕에 대응시키는 오류를 범한 것이다. 이 같은 예를 미루어 대체로 태조대왕 이후 고구려의 왕계는 『삼국사기』가 토대로 한 국내 자료의 정보가 실상에 가깝다고 여기면서도,[66] 왕실의 교체와 관련하여 초기 왕계 일부가 일실되었을 가능성을 완전히 배제하기는 힘들다고 보아야겠다.

예컨대 王莽과 흉노의 갈등 국면에 개재된 고구려와 嚴尤의 군사 충돌 기사를 환기한다. 『삼국지』를 비롯한 중국의 사서들에는 이 전쟁에서 '句麗侯 騶'가 희생되었다고 한다. 그런데 『삼국사기』에는 고구려의 장수 '延丕'가 그에 대응하는 주체로 기록되었다. 이러한 차이가 중국과 고구려의 전승 차이에서 말미암은 것인지, 아니면 고구려인들의 자국사 정리 과정에서 변질된 것인지 얼른 가늠하기는 어려운 일이다. 다만 고구려 자체 전승의 비중을 간과해서는 안 된다고 여긴다. 예컨대 유리명왕 11년 扶芬奴의 鮮卑 공략, 동왕 33년(14)의 한나라 고구려현 공탈, 대무신왕 11년(28) 한나라 요동태수의 침공에 대한 방어 등은 상세하고도 생생한 고구려 당대 정보와 인식에 입각해 있다. 고국천왕 6년(184)에 坐原에서 요동태수의 군사를 섬멸한 기록 역시 고구려 측의 고유 전승에서 유래했을 것이다.

기년의 미세한 차이점들도 편찬 과정을 포함하여 세심한 검토가 필요한 부분이다. 관구검의 침습 연대를 예로 들면, 고구려본기에는 동천왕 20년 즉 246년으로 기록되었고, 『삼국지』 위서 본기에도 正始 7년(246)조에서 확인이 된다. 반면 『삼국지』의 고구려전과 관구검전에는 정시 5년 및 6년의 사건으로 나타나 있다. 이것은 현도태수 耿臨의 침입을 고구려본기는 신대왕 4년(168)조에 기록하였으나, 『삼국지』를 비롯한 중국

66) 盧泰敦, 1983, 「高句麗 초기의 娶嫂婚에 관한 一考察」 『金哲埈博士華甲紀念史學論叢』, 知識産業社.

측 사서들에는 모두 169년의 일로 기록된 정황과 유사하다. 일부의 경우는 아마 고구려본기 찬자가 중국 측 편년을 오인한 것으로 생각한다.

그러나 246년 기리영 전투의 결과와 관련하여 『삼국지』 위서 본기에 보이는 수십 국의 이탈이 백제본기에 고이왕 13년(246) 낙랑의 변민을 되돌려 보낸 것과 대응하는 것은 각별히 흥미롭다. 혹시 『삼국사기』 찬자는 구체적 사건 기사 인용에서 동이전보다는 본기 정보를 중시했거나 고구려와 백제의 독자적 전승을 확보하고 있었던 것인지도 모른다.

한전에서는 특별히 『삼국사기』의 왕계 및 기년과 직접적으로 대비될 만한 정보가 없다. 그러나 진왕을 백제와 신라의 특정 왕에 대응시키는 견해가 일부 있는데다가, 『삼국사기』 자체 편년을 동이전 내용을 기준으로 큰 폭에서 수정하려는 시각이 광범하게 공유되어 있다. 물론 『삼국지』 동이전과 『삼국사기』 초기 기사가 시·공간을 공유하고 있는 이상, 그 정합 관계에 주의하는 것은 일단 온당한 태도일 것이다. 신라본기의 초기 기사를 진국계 이동 집단의 경험과 경주 중심 집단의 그것으로 분해하여 파악하려는 시각도 결국은 두 사서의 합리적 정합을 위한 시도인 것이다.[67]

그러나 적어도 기년에 관한 한 사료적 가치가 높은 『삼국지』 동이전의 기록과 상충을 일으켜서는 안 된다는 것을 절대 조건으로 설정하여 『삼국사기』 초기 기사의 기년을 큰 폭으로 인하해 내린다거나,[68] 신라사 자체의 복원 작업에 대해 기본적으로 중국 정사 동이전의 기록과도 서로 잘 부합되는 역사적 사실이어야 할 것을 전제하는[69] 방식은 지나치게 일방적이라고 하지 않을 수 없다. 기년과 유리된 사실이란 맥락을 상실하고 표류하는 기술들인 것처럼, 역으로 사실을 포함하지 않는 기년이란 엄밀히 말해 무의미하기 때문이다. 그러므로 『삼국지』의 기년을 존중한다는

67) 千寬宇, 1989, 앞의 책 『古朝鮮史·三韓史研究』.

68) 姜鍾薰, 1991, 「新羅 上古紀年의 再檢討」 『韓國史論』 26.

69) 宣石悅, 1995, 「斯盧國의 小國征服과 그 紀年」 『新羅文化』 12.

것은 곧 그에 수반된 사실을 수긍한다는 말과 다르지 않은 것이다.

현 단계 학계의 논의가 한국 고대사의 세부 사항들에 대한 완벽한 규명에는 이르지 못했다는 데 동의한다면, 일방의 정보를 절대시하는 것은 바람직하지 않다. 구체적 사례를 든다면, 신라본기 아달라이사금 20년(173)조에 보이는 卑彌乎를 『삼국지』의 정시 연간에 대방군과 교섭한 왜의 여왕 卑彌呼와 일치시켜, 신라본기 기년을 그에 맞춰 수십 년 인하하는 방식이 제안된 바 있다.70) 그러나 오히려 『삼국사기』의 기사를 기준으로 삼아 그 직전 무렵에 비미호가 邪馬臺國王에 추대되어 즉위 인사를 한 것이 아닐까 추정하는 견해도 있다.71)

이러한 예에서 보듯이, 『삼국사기』의 특정 기사에 대해 문득 『삼국지』 정보의 기년을 변경하여 수용한 것으로 단정할 것이 아니라, 고유의 원전 자료 현황에 눈을 돌리는 신중함이 절실하다고 생각한다. 백제본기에 보이는 마한의 이른바 '멸망' 기사라는 것도, 역사적 대세론에 비추어 후대 사실의 인상 혹은 날조의 증거로 강요하기보다는, 건국 초기 백제의 대외 환경 조건 속에서 음미해 볼 필요가 있다.72) 따라서 반드시 『삼국지』의 목지국과 『삼국사기』의 백제를 계기적 선후 관계로만 판단할 일도 아니라고 생각한다.

5) 풍속 기사의 조응

동이전의 풍속 관련 기사는 편찬 당대만의 실상이 아니라 상당히 이전 시기에 해당하는 내용이 허다하다고 판단되므로, 그 상한을 확정하기 어려운 실정이다. 그 때문에 동이전의 풍속 관련 정보들에서는 시기별 변화

---

70) 金光洙, 1973, 「新羅上古世系의 再構成 試圖」 『東洋學』 3.

71) 丸龜金作, 1974, 「倭の女王卑彌乎の問題」 『新潟史學』 7 ; 1982, 『日本上古史の研究 – 年代を探る』, 紀伊國屋書店新潟店.

72) 이강래, 2002, 「『삼국사기』의 마한 인식」 『全南史學』 19.

상을 추적해내기 힘든 것이다. 그러나 정치·외교·군사 등 지배자 중심의 국가사가 주조를 이루는 『삼국사기』에 비해, 동이전의 풍속 기사는 고대인의 사유와 삶의 부면을 추적하는 데 적지 않은 기여를 한다.

다만 동이전의 서술 방식이 애초에 분전 형태가 아니었기 때문에 동일한 풍속에 대해서는 단위체별로 반복 서술하지 않았던 점을 유의해야 한다. 한 예로 『태평어람』 인용 『위략』에는 고구려에서도 이른바 '兄死娶嫂婚'이 행해졌다고 기록되었으나, 『삼국지』는 고구려의 언어와 풍속 등이 부여와 같은 점이 많았다는 기술로 이 사실을 적시하지 않았던 것이다. 실제 고구려의 이 혼속은 『삼국사기』에서 구체적 실례가 확인되고 있다.[73] 군사 관련 일이나 제천 의례 때 소를 죽여 그 발굽의 형상으로 길흉을 판단한다는 부여전의 내용 역시, 『태평어람』 고구려조에는 『위략』을 인용하여 동일하게 실려 있다.

또한 동이의 풍속과 문화에 대한 기록에는 당대 중국인의 가치관과 경험을 토대로 한 중국 중심적 판단이 적용되어 있다. 즉 유교의 현자가 동이를 선택하고 동경했다는 고래의 인식은 읍루를 제외한 동이 제족의 '俎豆'로 예증되었다. 부여의 상장례는 중국과 비슷하다고 평가되었고, 고구려 大加가 거느리는 使者 이하 속인들은 중국 卿·大夫의 가신에 비견되었다. 고구려의 幘과 변진의 瑟은 각각 중국의 책 및 筑과 비교되었다. 마한인들이 5월 파종 후 축제에서 추었던 군무에서 중국의 鐸舞를 연상하였고, 그 동식물상 역시 중국을 기준으로 관찰되었다. 부여의 혼속이 흉노와 같다거나 마한 지역 州胡의 '髡頭'가 선비와 같다는 언급에도 중국인의 확대된 경험이 준거로 적용되어 있다.

반대로 중국의 문화적 특질과 유사한 요소들은 그다지 주목되지 못했을 것이며, 특기되는 이질적 요소들에도 이민족에 대한 부정확한 관찰 혹은 기록 주체의 편견이 개입되었을 것이다. 예컨대 등가죽을 꿰뚫은 굵은

73) 盧泰敦, 1983, 앞의 논문 「高句麗 초기의 娶嫂婚에 관한 一考察」.

끈에 긴 나무를 가로지른 젊은이들의 형용을 묘사한 한전의 기록은, 일찍이 인류학적 견지에서 미개사회의 청년 조직과 그에 부여된 성년식 혹은 시련의 습속으로 독해된 바 있다.[74] 그러나 이 기사가 축성과 관련하여 서술된 점을 주목한다면, 집단 지게 노동에 대한 불철저한 관찰의 결과일 가능성을 배제하지 못할 것이다.[75]

아울러 지역적 문화 수준의 낙차를 고려한다 해도, 유독 마한에만 성곽이 없다거나 우마의 축력을 교통과 운송에 활용할 줄 몰랐다는 기록은 쉽게 수긍하기 힘들다. 물론 『삼국사기』의 편년관을 존중하고자 하는 맥락에서, 고조선과 중국계 유이민의 존재가 특히 강조되고 있는 진한 지역의 문화 수준이 반드시 고구려나 백제의 토대가 된 지역보다 낙후될 이유는 없다는 주장도 있다.[76] 그러나 시종 중국 세력과 투쟁했던 고구려에 비해 부여에 대한 서술이 우호적인 것처럼, 낙랑군 등과 갈등하던 마한 지역에 대한 서술 주체의 폄하 의식 또한 부정할 수 없을 것 같다.

부여와 고구려의 취수혼도 그러하지만, 고구려의 서옥제와 동옥저의 이른바 預婦制가 특기된 것도 당시 중국의 혼인 풍속에 비추어 그것이 현저하게 이질적이기 때문이었을 것이다. 다만 고구려와 동옥저의 혼속 차이는 혼처의 문제일 뿐, 부여·고구려·동옥저를 일관하는 신붓값(bride-wealth)의 의미는 동일하다고 보는 견해가 일반적인 한편, 고구려의 경우는 오히려 지참금(dowry)의 개념일 것이라는 생각도 있다.[77]

그러나 이 문제는 당대 동북아 제족의 혼속을 고려하고 범부여족 일반의 혼인 관념을 유기적으로 음미하여 판단할 일이므로, 고구려와 옥저의 혼속에 개입된 재화의 의미를 상반된 것으로 보는 데는 동의하기 어

74) 三品彰英, 1943, 『新羅花郎の研究』, 三省堂.

75) 李丙燾, 1934, 앞의 논문 「三韓問題의 新考察」.

76) 金元龍, 1967, 「三國時代의 開始에 關한 一考察 — 三國史記와 樂浪郡에 대한 再檢討」 『東亞文化』 7.

77) 김영심, 2002, 「혼인습속과 가족구성원리를 통해 본 한국 고대사회의 女性」 『강좌 한국고대사』 10, 駕洛國史蹟開發研究院.

렵다. 광범한 저개발 단계 사회들의 민족지 정보를 포섭하여 서옥제에 보이는 錢帛 역시 신붓값일 가능성이 크다고 생각한다.[78] 예전에 보이는 同姓不婚의 풍속 기사도 자원에 대한 접근 권역을 나누고 있는 족단 공동체별 族外婚의 일면을 지시한 대목으로 보는 것이 합당하듯이,[79] 한국 고대 사회의 구성 분자들은 문화적으로 폭넓은 공유대를 지니고 있었던 것이다.

장례 관련 기사도 이러한 이해에 기여한다. 부여와 동옥저의 장법은 사실상 세골장의 공통점을 지니고 있으며, 이것은 후대의 기록이나 묘제와 관련한 고고학적 정황과도 조응하고 있다.[80] 또한 부여의 순장 풍습은 『삼국사기』의 고구려와 신라사에서도 발견되는바, 사후세계에 대한 고대인의 보편적 관념을 반영하는 것이다.[81] 다만 부여와 고구려의 관·곽 유무 및 삼한의 장법에 관한 『삼국지』 정보는 그 이후 기록들과 상충할 뿐 아니라 묘제의 특성과도 부합하지 않는 측면이 있으므로, 고고학적 성과를 염두에 두고 비판적 검증이 이루어져야 할 것이다.[82] 김해 예안리 출토 인골에서 동이전의 褊頭 기록이 실증된 것은 그 좋은 사례이다.[83]

각 사회의 제천 의례와 축제도 동이전의 주요 서술 대상이었다. 이들 기록은 고대인의 종교 관념을 함축하고 있는 근본 자료일 뿐 아니라, 개중에는 오늘날 민간신앙에서 그 모습을 찾아볼 수 있는 요소들도 있기 때문에 사료 가치가 매우 크다. 虎神의 숭배, 蘇塗의 유습, 농경의례 등은

---

78) 이강래, 2009, 「한국 고대 혼인에 보이는 財貨의 성격」 『韓國史硏究』 147 ; 이 책의 5장에 수록함.

79) 金哲埈, 1973, 앞의 논문 「魏志東夷傳에 나타난 韓國古代社會의 性格」.

80) 金貞培, 1973, 「韓國의 甕棺解釋에 對한 一小考」 『韓國民族文化의 起源』, 高麗大學校出版部.

81) 金貞培, 1969, 「中·日에 比해 본 韓國의 殉葬」 『白山學報』 6.

82) 金貞培, 1973, 「魏志東夷傳에 나타난 古代人의 生活習俗 – 葬禮·婚禮를 중심으로」 『大東文化硏究』 13.

83) 金廷鶴, 1981, 「金海 禮安里 85號墳出土 扁頭骨에 대하여 – 魏志 韓傳의 扁頭記事와 관련하여」 『韓沽劤博士停年記念 史學論叢』, 知識産業社.

그러한 관념의 화석이겠다. 그러나 개별 의례의 명칭을 비롯한 관련 세부 절차의 의미에 대한 판단은 쉽지 않다.[84] 비록 관구검의 침입과 군현의 교섭 과정에서 채록된 동시대의 정보이긴 하나, 그것들이 동이사회에 대한 입체적 이해를 겨냥한 것이 아니었기 때문에 지극히 분절적이고 현상적인 기술에 그치고 말았던 한계가 엄연한 것이다.

따라서 해당 사회의 내적 의미는 『삼국사기』를 비롯한 우리 기록과 관련하여 추구되어야 한다.[85] 말하자면 고구려의 靈星에 대한 제사나 별자리로 풍흉을 헤아린 濊人들의 풍습은, 동명왕 전승에 보이는 신모의 존재를 통해 구체성을 획득한다.[86] 마찬가지로 3세기 중엽 고구려에서 투기로 인해 처단되어 시신이 유기된 부인의 실례는, 『삼국지』에 보이는 부여의 투기죄에 대한 기록을 실증한다.[87] 『삼국지』와 『삼국사기』의 제의 기사를 종합하여 고대국가의 형성 및 발전 과정을 단계 지은 성과[88] 역시 그 모범적 사례라고 할 수 있다.

동이전의 문화 요소와 관련한 논의 가운데 지적해야 할 또 하나의 영역은 문화 특질의 계통 문제이다. 이 문제는 문화 전파주의의 맥락에서 한국 고대문화의 원류와 계통에 대해 북방 혹은 남방적 요소에 주의하는 데서 비롯하였다. 동이전의 시대는 아니지만 벼농사의 전래를 고고학적 지표 유물과 관련하여 추정한 몇 가지 가능한 경로는, 유독 동옥저와 삼한에 쌀 관련 기록이 있는 정황과 함께 음미될 수 있다.[89]

한편 이른바 남방문화로 거론되어 온 동이전의 특징적 문화 요소들과 묘제 등을 검토하는 가운데 그 지역 개념 속에 잠복되어 있는 대동아공영

84) 梁在淵, 1973, 「魏志東夷傳에 나타난 祭天儀式과 歌舞」 『大東文化研究』 13.
85) 徐永大, 1991, 앞의 논문 「韓國宗教史 資料로서의 『三國志』 東夷傳」.
86) 金哲埈, 1971, 「東明王篇에 보이는 神母의 性格」 『柳洪烈博士華甲記念論叢』, 探求堂.
87) 李基白, 1970, 「扶餘의 妒忌罪」 『史學志』 4.
88) 최광식, 1994, 『고대한국의 국가와 제사』, 한길사.
89) 金元龍, 1965, 「韓國栽稻起源에 대한 一考察」 『震檀學報』 25·26·27합.

권의 사유 맥락을 경계한 논의도 주의할 사항이다.[90] 다만 해양을 매개로 한 고대 물자와 인구의 유동에 대한 관심과 관련 자료가 증대되면서 남방으로부터의 문물 유입 논의도 새로운 국면으로 전개되고 있다.[91]

4. 통합적 시각의 공유를 위하여

삼국 초기 역사 연구에서 차지하는 『삼국지』 동이전 정보의 비중은 나름의 당위성을 부정할 수 없을 것이다. 그러나 그 토대가 『삼국지』 자체의 사료적 정밀성에 대한 합당한 검증에서가 아니라, 단순하게 편찬 시기의 조기성이라거나 『삼국사기』의 사료적 가치에 대한 타성적 회의의 반작용에 기인한다면, 그것은 매우 바람직하지 않다. 실제로 『삼국사기』에 대한 다양한 척도의 검증이 축적되면서, 『삼국지』 정보에 대한 일방적 맹신의 경향은 이미 상당히 극복되어 가고 있기도 하다.

많은 연구자들이 『삼국사기』 기록을 대할 때 편찬 주체의 목적성이나 의도를 지나칠 정도로 세밀하게 고려하면서도, 정작 『삼국지』의 논리적 모순이나 모호함에 대해서는 의외로 관대한 것을 발견한다. 그러나 『삼국지』 역시 『삼국사기』가 자유로울 수 없는 제약 요인들을 그대로 공유하고 있는 동시에, 거기에는 외국인으로서의 기록 주체의 한계와 편견까지 더해져 있다. "북방의 중국 군현에 가까운 지역의 여러 나라들은 그나마 예속을 알지만 멀리 떨어져 있는 지역은 마치 죄수나 노비가 무리 지어 있는 것과 같다"라고 한 평에는, 동이전을 관통하는 사유가 담겨 있는 것이다.

물론 『삼국지』 동이전을 전후한 시기 중국인들의 동이관은 전대에 비해 상당히 현실적인 것이 되었다고 평가할 만하다. 그러나 그것은 여전히

90) 金貞培, 1970, 「韓國에 있어서의 南方文化論」 『白山學報』 9.

91) 李淸圭, 2002, 「韓國의 原始·古代 南方文化論에 대하여」 『강좌 한국고대사』 9, 가락국사적개발연구원.

중화주의 관념이 주조를 이루고 있었으며, 동이사회의 내부 맥락에 충실한 파악에는 이르지 못하였다. 오히려 동이전이야말로 동이의 제 정치체와 관계를 유지하기 위한 중국의 현실적 목적에 충실할 뿐이었다.[92] 그럼에도 불구하고 소도의 명분과 실제를 중국의 浮屠와 비교하거나, 교환재로서의 철을 중국의 금속화폐에 대응시켜 파악하는 등, 삼한의 문화 특질을 보편적 언어로 적실하게 환치한 경우들이 매개하는바, 『삼국지』 정보의 유효함을 간과해서는 안 된다.

다만 애초에 『위략』도 중국 중심적 편향과 피상적 관찰에서 야기된 오류를 범하고 있었던 터에, 그에 기초한 『삼국지』는 『위략』을 압축·변개하면서 새로운 오류를 증대시켰고, 특히 부정적 요인은 삼한에 집중되었던 사정을 다시 직시할 필요가 있다. 그러므로 백제와 신라의 초기 역사 복원에 『삼국사기』를 배제하는 논거로서 『삼국지』를 활용하는 것은 적절치 않다. 적어도 우리 삼국에 관한 한 『삼국지』 동이전 정보는 『삼국사기』가 제시하고 있는 정합적 인식 틀을 보완하는 방식으로 용해되는 것이 순리이다.

이를 위해서는 『삼국지』 동이전의 내용은 물론 그 체재에 대한 심층 검토가 절실하다. 한 예로, 일부 연구자들은 동이전에 편록된 각 단위들의 위치를 규정하는 데 등장하는 조선과 낙랑이 여타 정치체들과 동일한 위상을 지닌 단위라고 한다. 이 뜻밖의 생각은 중국 군현 지배에 대한 이해의 차이에서 발로된 것이므로, 그에 따라 자칫 한국 고대사의 큰 틀이 기저에서부터 균열될 수도 있다. 『삼국지』 동이전에 조선 혹은 낙랑에 관한 독립 항목이 없는 것은 사실의 은폐도, 서술의 혼선도 아니며, 단지 그러할 필요가 없었기 때문일 뿐이다.[93] 동이사회에 대한 낙랑군의 역할

92) 李鍾旭, 1996, 「『三國志』 韓傳 정치관계 기록의 사료적 가치와 그 한계」 『吉玄益敎授停年紀念 史學論叢』, 刊行委員會.

93) 木村誠, 1988, 「朝鮮古代における國家と民族の形成」 『朝鮮史研究會論文集』 25.

과 위상은 오직 중국적 外夷觀에 충실한 것으로서,[94]『삼국사기』와『삼국지』의 기록은 그 구체적 추이를 공유하고 있는 것이다.

당연한 말이지만, 넓게 보면 두 사서는 시·공간 모두에서 서술 대상을 공유한다.『삼국사기』를 비롯한 국내 자료에 한정하여 인식된 동부여의 전말이『삼국지』부여전을 통해 훨씬 설득력 있게 재구성되는 사실은 그 실증적 사례일 것이다.[95] 따라서『삼국사기』와『삼국지』의 내용을 시종 대립적으로 설정해 온 관성을 극복하여, 차이점보다는 공유점을 토대로 한 통합적 이해 방식을 겨냥해야 옳다. 동시에『삼국사기』의 사료 비판이『삼국사기』내부의 논리에서 출발해야 하는 것처럼,『삼국지』동이전의 사료 검증 문제 역시 우선적으로『삼국지』내부의 논리를 더욱 명료히 추구하는 데서 비롯해야 한다고 믿는다.

94) 권오중, 2004,「중국사에서의 낙랑군」『韓國古代史研究』34.
95) 盧泰敦, 1989,「扶餘國의 境域과 그 變遷」『國史館論叢』4.

7장

삼한의 인식 문제와 한국 고대사

〈목 차〉

1. 삼한 인식의 연원

삼한은 마한, 진한, 변한을 이른다.

> 韓은 帶方(郡)의 남쪽에 있는데 동쪽과 서쪽은 바다로 경계를 이룬다. 사방 4천 리이다. 세 종족이 있으니 첫째는 마한이요 둘째는 진한이며 셋째는 변한이다. 진한은 옛날의 辰國이다. (『삼국지』 위서 30 동이전, 한)

『삼국지』 동이전은 260년대를 서술 대상 하한 시기로 한다. 그러므로 한은 대방군이 있었던 3세기 당시 지역 명칭인 동시에 종족 명칭이기도 하다. 그에 따르면 마한과 진한과 변한은 서로 구별되는 존재이나, 모두 한이라는 종족을 구성하는 분자들이다. 역으로 그들은 모두 한이되, 각각 어느 정도의 지역화가 진행된 집단들로서 뒷날 삼한으로 총칭되었다. 『삼국지』 찬자는 이어서 말한다.

> 조선의 侯 準이 호칭을 참람히 하여 왕을 일컫다가 燕의 亡人인 衛滿에게 공격당해 (나라를) 빼앗기게 되자 좌우의 궁인들을 거느리고 달아나 바다로

들어가서 한의 지역[韓地]에 살면서 스스로 韓王이라고 불렀다. 그 후 절멸되었으나 지금도 한의 사람들[韓人] 가운데에는 여전히 그 제사를 받드는 이가 있다.

그러므로 기원전 2세기 초 위만 집단이 준왕의 권력을 찬탈한 즈음에 이미 조선의 남쪽은 '韓地'였고, 그 주민은 '韓人'이었다. 동이전 찬자가 의존한 선행 자료 『魏略』에 의하면 조선은 준왕의 선대부터 왕을 일컬었다. 또한 전국시대의 연나라 秦開에게 서방 2천 리의 영토를 상실했다고 하며, 그에 앞서 조선의 왕은 연나라를 선제공격하려는 태도를 취하기도 했다 한다. 여러 문헌의 정황을 미루어 조선은 대체로 기원전 4세기 후반에 이미 연나라의 '칭왕' 행위를 견제하고 중원의 국제 정치에 실질적으로 참여한 국가였다고 판단한다.[1] 그렇다면 준왕 집단의 경험은 한 지역 일대에 선진 질서의 충격과 이식을 초래했을 것이다.

물론 '韓王'을 자처한 그들은 어느 시점에 단일 정치체로서의 정체성을 상실했던 것 같다. 3세기 중·후반 당시 한 왕의 계통은 이미 '절멸'되어 오직 제사의 대상이었다고 하기 때문이다. 여하튼 한의 군소 정치체들은 조선의 역사 경험과 문물을 토대로 삼았다고 할 수 있겠다. 『삼국지』 편찬 단계에 마한은 54국, 진한과 변한은 각 12국씩이라 하거니와, 각 국들 사이에 규모의 단층이 적지 않은 것을 주목할 필요도 있다. 마한과 진한의 태내에서 뒷날 걸출한 고대 왕조 백제와 신라가 성장하였듯이, 세 부분으로 나뉜 한의 지역 공동체 구성원들 사이에 크고 작은 통합과 연맹 관계가 분주했을 것으로 짐작한다.

조선과 한 사이에 이와 같은 정치 발전상 연계의 논리는 우리 중세 사학에서 중요한 계통론의 발단을 제공하였다. 특히 고려 시대 이래로 준왕의 南來 지점을 오늘의 익산 일대로 짐작하는 견해가 주류를 형성하면서

1) 이성규, 2003, 「고대 중국인이 본 한민족의 원류」 『한국사 시민강좌』 32, 일조각, 142쪽.

자연스럽게 조선에서 마한으로 이어지는 계통론이 설득력을 높여가게 되었다.

이 문제를 살펴보기 위해 『삼국유사』 기이편의 체재를 환기해 본다. 『삼국유사』가 한국 고대의 역사 연구를 위한 자료의 자질을 구유하게 된 데에는 무엇보다도 기이편의 설정에 있다고 보아야 한다. 즉 기이편은 단군의 조선에서 시작하여 고려 왕건의 일통 이전까지, 그러므로 신라 경순왕의 귀부와 후백제의 패멸까지를 다루었다. 특히 기이편 찬자는 단군과 기자와 위만의 조선을 순서대로 기록한 다음, 곧이어 마한의 항목을 설정하였다. 그 뒤를 이어 중국의 군현에서 파생된 몇 항목과 동·북부여 등이 언급되지만, 변한과 진한을 설명한 이후로는 신라의 시조로부터 경순왕까지 일련의 신라사 영역으로 일관한다. 마지막에 남부여전백제, 무왕, 후백제견훤 등 세 항목에 걸쳐 백제사가 개관되고, 『가락국기』를 축약하여 게재하는 것으로 기이편의 구조는 완결된다.

흥법편 이하도 마찬가지지만, 이처럼 『삼국유사』는 일견 '신라유사'라고 할 만큼 내용적으로 신라 중심의 편찬물이다.[2] 그러나 크게 보아 편찬자는 조선 → (마한을 위시로 한) 삼한 → 삼국 → 고려로 이어지는 역사 계통을 중심 줄기로 설정하고 있다. 요컨대 이러한 사유에서 주목할 것은 민족사의 시원이라 할 조선과 일통의 대상이자 동시에 그 구성원이라 할 삼국을 매개하는 실체로서 마한·진한·변한의 이른바 삼한을 설정하고 있다는 사실이다.

다만 『삼국유사』의 계통 인식에는 지역성과 혈연성이라는 두 측면이 혼재되어 있다.[3] 예컨대 조선과 마한의 계통성은 준왕, 즉 혈연을 근거로 한다. 그러나 뒤에 살펴볼 것처럼, 마한과 고구려의 계통성은 대상 공간

2) 濱田耕策, 2007, 「『삼국유사』의 북방사 – 고조선의 행방과 出典과의 관련을 중심으로」 (일연학연구원 편)『일연과 삼국유사』, 신서원, 292쪽.

3) 崔相天, 1985, 「『三國遺事』에 나타난 國家繼承意識의 검토」『韓國傳統文化研究』 創刊號, 249~250쪽.

지역을 근거로 한다. 그러면서도 다시 조선의 단군과 고구려의 주몽을 혈연으로 이어 놓는다.

그런데 삼한에 대한 공간 인식이 중국 측 기록에서 발단한 것처럼, 그 종족 갈래 역시 중국의 기록에서 비롯하였다. 즉 『삼국지』는 "마한은 서쪽에", 그리고 "진한은 마한의 동쪽에" 있다 한다. 또한 마한이 고대 중국의 유교적 王者였던 箕子의 후손인 準王의 남래지였던 것과 마찬가지로, 진한은 秦 제국 당시 중국인들이 그 모체가 되었다고 한다. 그리고 그것은 진한의 언어적 특질로 예증되고 있다는 것이다.

> 진한의 늙은이들이 대대로 이어 스스로 말하기를 옛날 유망인들이 秦의 고역을 피하여 韓國에 오자 마한이 그 동쪽 경계의 땅을 베어 주었다 한다. … 그들의 말은 마한과 달라서 '나라[國]'를 '邦'이라 하고, '활[弓]'을 '弧'라 하여 … 秦나라 사람들과 비슷함이 있으며, 단지 燕나라·齊나라에서 물건을 이름하는 것만이 아니었다. 낙랑 사람을 '阿殘'이라 하였는데, 東方 사람들은 '나[我]'라는 말을 '阿'라 하였으니, 낙랑인들이 본디 그들 가운데 남은 사람들[殘餘人]이라는 뜻이다. 지금도 그들을 일러 秦韓이라고 부르는 사람들이 있다. (『삼국지』 위서 30 동이전, 한)

나라를 뜻하는 '國'과 '邦'의 차이는 중국의 역사적 경험을 바탕으로 한다. 두 글자는 자의로만 본다면 서로 통용될 수 있다.[4] 그러나 秦 대에 한 지역으로 유이해 온 주민들은 그 이후 漢 高祖 劉邦에 대한 避諱의 맥락을 알 수 없다. 한 고조의 이름자[邦]에 대해 후한의 荀悅은 "邦之字曰國"이라 하였으며, 이에 대해 顔師古는 "臣下所避以相代也"라고 주석하였다.[5] 즉 고조의 이름자를 자의가 서로 통하는 글자로 代字避諱한 것이다. 예컨대 고려 시대의 출판물들 가운데 태조의 이름자 '建'을 뜻이 서

4) 『說文解字』에는 '邦'과 '國'을 동의어로 설명했으며, "周禮注日 大日邦 小日國 邦之所居 亦日國"이라 하였다.

5) 『漢書』 1 上 高帝紀 1 上.

로 통하는 '立'으로 대자피휘한 것과 같은 맥락이다. 그러므로 '國'은 '邦'에 대한 代字인 것인데, 한 제국이 성립하기 전에 중국을 떠난 秦 대의 유이민들로서는 구례에 따라 여전히 나라를 일컫는 말로 '邦'을 쓰고 있었던 셈이다.

특히 '阿殘'을 주목한다. 서술자는 '阿殘'은 '我殘'을 이른다고 하였다. 즉 '우리들의 나머지', '우리 가운데 남은 이들'을 말한다. 요컨대 진한 사람들은 낙랑의 주민을 일러 그들의 잔여인이라고 한 것이다. 그렇다면 서술 당시의 시점, 즉 3세기 중엽 진한인들은 동시대 낙랑의 일부 주민들을 자신들과 동일한 정체성을 지닌 집단으로 생각한 것이다. 이러한 편린은 진한 사람들이 진 대의 중국에서 유이를 시작하여 한의 낙랑군 소재지를 경유하여 마한의 동쪽에 정착한 사정의 일단을 암시한다.

물론 일찍이 신채호는 『삼국지』의 이 서술을 "중국인의 自尊의 僻見"이라고 비판하였다.[6] 사실의 판단은 잠시 보류한다. 다만 신채호의 '前後三韓說'이란 마한, 진한, 변한이 한때 요령지방 또는 한반도의 서북지역에 존재하고 있었다는 생각을 포함하는 것이므로, 저 진한 주민들의 유이민적 성격을 부정하는 것은 아니다.

여하튼 이렇게 진한의 종족적 유래를 중국과 관련지어 파악하는 인식은 뜻밖에도 『삼국유사』 찬자에 의해 각별하게 중시되었다. 『삼국유사』 기이 진한조의 서술을 예로 들어본다. 진한조 서술자는 위에 인용한 『삼국지』의 내용과 방불한 정보를 『후한서』를 활용하여 제시한 다음, 이어 최치원의 견해를 소개하였다.

> 최치원은 "진한은 본래 燕나라 사람들이 피난해 왔던 것이므로 涿水의 이름을 따서 그들이 사는 邑里를 沙涿·漸涿 등으로 불렀다"라고 말하였다.[신라 사람의 방언에 涿의 음을 道라고 읽었으므로 지금도 혹은 沙梁이라고 쓰고 梁을 또한 道로 읽는다.]

6) 申采浩, 1974, 「三國志 東夷列傳 校正」『朝鮮史研究草』(乙酉文庫 151), 乙酉文化社.

진한인들이 애초 연나라의 涿水라는 지명에 의거하여 새로운 정착지에 涿을 지명 어미로 활용하였다는 말이다. 涿水는 河北省 涿鹿縣의 涿鹿山에서 발원하여 지금의 하북성 涿縣을 흐르는 北拒馬河로 비정한다.[7] 인용문의 연나라는 『후한서』 인용의 맥락을 미루어 진 제국의 연 지역으로 보아도 좋을 것이다. 준왕에게 투신한 위만은 한 제국의 제후국인 연나라 출신이었고, 진·한 대의 연이란, 준왕의 선대가 연나라 秦開에게 영토를 상실했던 것처럼, 우리 역사 공간에 접해 있던 중국의 공간이었다.

요컨대 신라 6부 명칭의 유래가 중국의 지명에서 비롯하였다는 데 최치원의 강조점이 있다. 그리고 그것은 '涿'과 '梁'과 '道'가 당대 음으로 근사한 음가를 지녔다는 것을 논거로 한다.

최치원을 '聖賢'으로 추앙한 『삼국유사』 서술자의 처지를 감안할 때, 『삼국유사』의 혈연적 계통관은 자명하다. 진한은 중국의 연장인 것이다. 그러므로 기이편 찬자는 제명 '辰韓'에 분주하여 "역시 秦韓으로도 쓴다"라고 했던 것이다. 사실 최치원은 아예 '辰韓'은 '秦韓'을 잘못 쓴 것이라고 주장하였다.

> 신이 우리나라를 생각하건대, 옛날 周·秦이 세대를 교체하고 燕·趙에 근심이 많을 당시, 佳人들이 合浦의 구슬이 옮겨 오듯, 壯士들이 延平津의 劍이 용으로 화하듯 와서 본국의 읍락을 일으키고 藩邦의 구석을 도와 지키게 되었나이다. 이런 까닭에 辰韓은 秦韓의 이름을 잘못 쓴 것이요, 樂浪은 澮浪의 글자가 아닌가 합니다. (「謝賜詔書兩函表」[8])

최치원은 진 대의 연 지역, 조 지역의 주민들이 옮겨 와 신라의 근원을 이루었다고 하였다. 그는 같은 맥락에서 진한인이 자신들의 잔여인들이 머무는 곳으로 언급한 낙랑을 중국 조 지역의 澮水에 연계하기까지 하였

---

7) 姜仁求 외, 2002, 『譯註 三國遺事 1』, 以會文化社, 218쪽.
8) 崔英成, 1999, 『譯註 崔致遠全集 2』, 아세아문화사, 143쪽.

다.[9] 또한 그는 朗慧和尙의 비문에서 '阿孩'에 대해 "방언으로서 兒를 이르는 것이니 중국과 다름이 없다"라고 설명하였다.[10] 이 분주는 최치원 자신이 작성한 것으로 파악되거니와, 이를 통해 "신라인이 본래 중국인이었다는 사실을 중국인들에게 드러내려는 목적"을[11] 헤아려보기도 하는 것이다.

물론 최치원의 진한 인식은 총체적 국력과 국격에서 발해에 비해 저락해 있던 신라 하대 지식인의 관념적 변명이라는 점을 간과해서는 안 된다. 그러나 그 문헌 정보의 발단은 오직 중국의 사서에 있다는 점도 직시할 일이다. 가장 이른 시기 중국인의 진한관과 그것을 더욱 유효하게 강화한 신라 지식인의 진한관은 고려 후기의 『삼국유사』에 혈연적 계통론의 중심으로 착안되었던 것이다. 이와 같은 삼한 인식의 일부 연원은 정작 최치원 당시부터 크고 작은 인식의 균열과 역사 설명의 착종을 파생하였다. 그리고 그에 따라 한국 고대사는 큰 폭으로 그 줄기의 양상이 종종 달라졌다. 이 글이 겨냥하는 것은 그와 같은 삼한 인식 및 그로부터 파생되는 이질적 갈래의 역사 줄거리이다.

2. 삼한 인식의 전제

1) 삼국의 역사와 마한

마한에 대한 인식 현황 역시 진한과 다를 바 없다. 준왕을 매개로 하여 조선에서 마한으로 이어지는 계통론적 인식은 뒷날 마한 중심의 삼한 인식을 예비한다. 그러나 공간적 측면에서 마한은 고구려와 백제 사이의 양

9) 滄浪은 滄水(河)를 염두에 둔 비정으로 여긴다. 滄水는 전국시대 조나라 지역이었던 오늘의 山西省 滄山에서 발원하여 汾河로 합류하는 강이다.

10) 趙東元, 1981, 『韓國金石文大系』 2, 圓光大學校出版局, 310쪽, "方言謂兒 與華无異".

11) 趙仁成, 1994, 「崔致遠 撰述 碑銘의 註釋에 대한 一考」 『가라문화』 11, 10쪽.

단에서 용이한 합의를 이루지 못하였다. 특히 두 번째 문제, 즉 공간을 매개로 한 계통적 인식은 고구려와 백제의 초기 역사와 연동되어 있다. 그러므로 우선 『삼국사기』에 담긴 삼한 인식을 살피되, 마한을 중심으로 삼는다. 마한 관련 기사의 비중을 기준으로 볼 때, 먼저 백제본기에 주목하는 것이 온당하다.

- 10년(기원전 9) 가을 9월에 왕이 사냥을 나갔다가 神鹿을 잡아 마한에 보냈다.
- 13년(기원전 6) 8월에 사신을 마한에 보내 도읍을 옮긴다고 알리고 마침내 강역을 획정하니, 북으로는 浿河에 이르고, 남으로는 熊川까지였으며, 서로는 큰 바다에 닿고, 동으로는 走壤에 이르렀다.
- 18년(기원전 1) 겨울 10월에 말갈이 갑자기 들이닥치매, 왕이 군사를 거느리고 七重河에서 맞아 싸워 그들의 추장 素牟를 사로잡아 마한에 압송했으며, 그 나머지 적도들은 모두 파묻어 버렸다.
- 24년(6) 가을 7월에 왕이 熊川柵을 세우자 마한 왕이 사신을 보내 질책하기를 "왕이 처음 강을 건너 왔을 때 발 디딜 곳조차 없어 내가 동북쪽 1백리의 땅을 베어 안주케 했으니, 왕을 대우함이 후하지 않았다 할 수 없을 것이다. 그러므로 그에 보답할 것을 생각해야 할 것인데 이제 나라가 완정되고 백성이 모여들자 '나와 대적할 자가 없다'라고 생각해 대거 성과 못을 설치해서 우리 강역을 침범하니, 이 어찌 의리라 하겠는가?"라고 하였다. 왕이 부끄럽게 여기고 그 목책을 헐었다.
- 25년(7) 봄 2월에 왕궁의 우물물이 갑자기 넘쳤다. 漢城의 인가에서 말이 소를 낳았는데, 머리 하나에 몸이 둘이었다. 日者가 말하기를 "우물물이 갑작스레 넘치는 것은 대왕께서 우쩍 융성하실 조짐이요, 소가 머리 하나에 몸이 둘인 것은 대왕께서 이웃 나라를 아우를 징조입니다"라고 하였다. 왕이 이 말을 듣고 기뻐하여 드디어 진한과 마한을 아우를 마음을 가지게 되었다.
- 26년(8) 가을 7월에 왕이 말하기를 "마한이 점차 약해지고 위아래가 딴 마음을 가지고 있으니, 그 형세가 오래 갈 수 없으리라. 만약 마한이 다른 나라에 병합된다면 '입술이 없어지면 이가 시리다'는 격이 되리니, 그때는 후회해도 소용이 없을 것이다. 차라리 다른 사람보다 먼저 이를 빼앗아

뒷날의 어려움을 면하는 것이 낫겠다"라고 하였다. 겨울 10월에 왕이 군사를 출동시켜 거짓으로 사냥을 간다 하고, 은밀히 마한을 습격해 마침내 그 國邑을 병탄하였다. 오직 圓山과 錦峴의 두 성만이 굳게 지켜 항복하지 않았다.

- 27년(9) 여름 4월에 원산과 금현의 두 성이 항복해 그 주민들을 한산의 북쪽으로 옮기니, 마한은 마침내 멸망하였다.
- 34년(16) 겨울 10월에 마한의 옛 장수 周勤이 牛谷城에 웅거해 반역하였다. 왕이 몸소 군사 5천 명을 거느리고 이를 치니, 주근은 스스로 목을 매었는지라, 그 시체의 허리를 베고 그의 처자식들까지 죽였다. (이상 『삼국사기』 23 백제본기 1, 온조왕)

『삼국사기』에 의하는 한, 마한은 이처럼 직접적으로 건국기 백제의 공간적 토대였다. 백제 건국 주체 세력 집단은 위만과 준왕이 그러했던 것처럼 선행 국가 사회의 경험을 토대로 도구적 측면과 사회 제도적 측면에서 저급한 선주 사회에 진입한 유이민들이었다. 그들이 세운 초기 정치체와 선주 사회인 마한의 상호 위상은 빠르게 역전되어 갔다. 대부분의 연구자들은 위에 보이는 사건 전개 기사에서 백제본기의 마한 관련 기사들에 대체로 세 단계의 분절적인 관계 추이가 드러난다는 점에 동의한다. 즉 첫째 백제가 마한 왕의 통제를 받던 시기, 둘째 백제가 영역을 확대하면서 마한과 대립하는 시기, 셋째 백제가 웅천 이남의 마한 세력을 정복하는 시기의 세 단계가 그것이다.[12)]

물론 기년에 대한 연구자들의 각이한 추정과 수정안들이 완결성을 획득하지 못하는 것들이라 하여, 그것이 곧 『삼국사기』의 기년을 맹종할 이유가 되지는 못한다. 그러나 백제와 마한의 단계별 관계 추이는 고대 정치 세력의 토대와 성장 과정을 모범적으로 예시한 것이기도 하다. 따라서 백제의, 그리고 삼국의 형성사적 흐름 위에서 마한의 위상을 음미해

---

12) 李賢惠, 1997, 「3세기 馬韓과 伯濟國」『百濟의 中央과 地方』, 忠南大學校 百濟研究所, 7쪽.

볼 필요를 수긍하고자 한다. 말하자면 위만조선의 성립 과정에 나타난 위만과 준왕과의 관계 추이를 모델로 백제 건국 주체 세력과 마한 왕 사이의 관계 변화를 이해하는 방식은, 충분히 유효한 시각이라고 보는 것이다.[13)]

온조왕이 神鹿을 사냥하여 마한에 보내는 행위는, 마한의 배려로 정착지를 마련한 유이민 세력들의 정치적 위상을 가감 없이 반영하고 있다. 김영하는 사냥물로서의 사슴에서 수렵적 전통을 놓치지 않는 동시에, 沸流國을 아우르기 위한 염원을 흰 사슴[白鹿]을 매개로 하늘에 기구했던 주몽의 사례를 들어, 사슴을 '인간과 하늘을 이어 주는 신령스러운 매개자 또는 하늘의 사자'로 생각한다.[14)] 온조왕이 마한 왕에게 보낸 신록의 함의는 뒷날 "서부 사람 茴會가 흰 사슴[白鹿]을 잡아서 바치므로, (초고) 왕이 상서로운 동물이라 하여 곡식 1백 석을 내려 주었다"[15)]라고 한 사례와도 다르지 않을 것이다.

온조왕은 이미 이보다 5년 전에도 신록을 사냥한 바 있거니와, 대체로 흰빛 동물은 상서로운 것으로 여겨졌음을 염두에 둔다면,[16)] 신록이나 백록 따위의 特記는 편사자들에 의해 신흥 왕조를 축복하는 상징적 장치로서 배려되었을 가능성도 없지는 않다. 그러나 고구려와 백제 왕들의 田獵과 그 祭儀는 서로 인과관계에 있다는 김영하의 시각과 함께, "고구려의 경우 국가적 차원의 제의를 거행함에 있어 왕이 직접 사슴을 사냥하는 것이 중요한 절차의 하나임을 보여주고 있다" 한 서영대의 이해는 백제사에서도 그대로 유효하다고 본다.[17)] 아울러 백제 왕의 이 행위를 "일종의 복속 의례적 성격을 띠는 것"이라 한 지적도 환기해둔다.[18)]

---

13) 朴燦圭, 1991, 「百濟의 漢江流域 定着과 發展」『學術論叢』 15, 465쪽.

14) 金瑛河, 2002, 『韓國古代社會의 軍事와 政治』, 高麗大學校 民族文化研究院, 21～24쪽.

15) 『삼국사기』 23 백제본기 1, 肖古王 48년.

16) 朴星來, 1986, 「百濟의 災異記錄」『百濟研究』 17, 209쪽.

17) 徐永大, 1985, 「『三國史記』와 原始宗教」『歷史學報』 105, 27쪽.

18) 최광식, 1994, 『고대한국의 국가와 제사』, 한길사, 190쪽.

한편 초기 백제가 도읍을 하남위례성으로 옮긴 것은 낙랑과 말갈의 외압에 대한 장기 전략의 일환이었다. 온조왕은 이를 위해 사전에 마한의 양해를 구하였다. 또한 移都를 강요한 침구 세력이었던 말갈의 추장을 마한에 압송하였다. 두 사건 모두 초기 백제와 마한의 주종적 관계를 지시하는 사건으로 파악한다. 백제에 대한 말갈의 침구는 특히 현저하여, 낙랑과 함께 가장 주요한 비우호적 대외 조건이었다. 그러므로 선주 집단인 마한이 온조 등 유이 집단의 기동성과 전투 조직 역량을 주목하여 동북방의 일지를 할양한 데에는, 그들을 이용하여 낙랑 및 말갈 집단으로부터 미쳐오는 파동을 차단하려는 의도가 개입된 것임에 틀림없다.[19] 말하자면 마한의 동북방 대외 조건으로 기능하던 낙랑과 말갈의 침구는 이제 건국기 백제의 그것으로 환치된 셈이다.

마한 왕의 힐난은 백제의 주공 방향이 남쪽으로 진행되고 있다는 데 기인한다. 물론 그것을 강요한 외적 요인은 동북방 낙랑과 말갈의 침해였지만, 내적인 그것은 인구의 증가였음도 또한 마한 왕의 질책 가운데 드러나 있다. 건국기의 주몽과 송양도 "땅이 좁아 두 임금을 용납하기에는 부족"한 현실에서 갈등하였다. 그러므로 백제와 마한의 전변하는 관계 추이를 통해, 기술적 우월함을 갖춘 유이민 집단이 비대해진 인구 규모의 생존을 위한 자원 공간을 확충할 필요에서 선주민 사회를 물리적으로 극복해 가는, 고대 국가 형성 과정의 유형성을 발견하는 데 어려움이 없는 것이다.[20]

마한 왕의 힐책을 받고 백제는 남방의 목책을 스스로 훼철하였다. 그러나 영역적 지향의 운동성은 멈추지 않았다. 그것은 국가적 의지였다고 해야 옳다. 우물물이 넘친다거나 가축의 기형 따위는 대개 흉조로 간주되어야 할 것이나,[21] 뜻밖일 수밖에 없는 日官의 해석은 당시 백제의 국가적

19) 李鍾旭, 1976, 「百濟의 國家形成」『大丘史學』 11 ; 李賢惠, 1984, 「馬韓地域 諸小國의 形成」『三韓社會形成過程硏究』, 一潮閣, 45쪽.

20) 이강래, 2002, 「『삼국사기』의 마한 인식」『全南史學』 19, 36~37쪽.

의지와 과제에 충실한 것이었다. 여기에 고무된 왕은 진한과 마한을 아우를 마음을 가지게 되었다.

이듬해에 백제의 행동은 개시되었다. 온조왕은 마한이 점차 세력이 약해져서 내부 통합력에 균열이 생겼다고 판단하였다. 그런데 백제와 마한의 관계는 서로 脣齒와 같다. 이러한 관계 설정은 백제가 마한의 동북방에서 밀려오는 낙랑·말갈의 외파를 차단해주었기 때문이듯이, 온조왕이 우려했던 '다른 나라[他]'는 그가 겨냥하고 있는 마한을 사이에 둔 경쟁세력이었다고 보아야 한다. 마한과 병기된 '진한'이 곧 그들이었을 것이다. 『삼국사기』의 진한은 신라 시조 혁거세 즉위기의 용례를 비롯하여 신라의 대명사이거나 신라의 영역적 토대로 일관한다. 신라본기에서 진한은 신라의 확대된 자아이며, 건국기 신라에서부터 낙랑·왜·말갈은 물론 변한·마한 등의 이질적 외부와는 명백히 다른 존재이다. 이 건국기 신라의 주요 세력이야말로 온조가 우려한 경쟁자였을 것이다.[22]

◦ 혁거세 38년(기원전 20) 봄 2월에 瓠公을 보내 마한을 방문하였다. 마한 왕이 호공을 꾸짖어 말하기를 "진한과 변한은 우리의 속국이거늘 근년에 와서 공물을 보내지 않으니, 큰 나라를 섬기는 예의가 어찌 이와 같단 말인가?"라고 하였다. 호공은 대답하기를 "우리나라는 두 분 성인께서 일어나시면서 백성의 일이 정비되고 하늘의 時運이 화목하니, 창고는 가득 차고 백성들은 서로 존경하고 겸양하게 되었습니다. 그리하여 진한의 유민들로부터 변한, 낙랑, 왜인에 이르기까지 외경심을 품지 않음이 없는데도, 우리 왕께서는 겸허하게도 저를 보내 방문의 예를 닦게 하시니 오히려 예의에 넘침이 있는 것입니다. 그런데도 대왕께서는 크게 화를 내시어 군사로 위협하시니 이것이 무슨 까닭입니까?"라고 하였다. 마한 왕은 분노하여 그를 죽이려 했으나, 좌우의 신하들이 간하여 말리자 그만 돌아가도록 놓아주었다.

---

21) 李熙德, 1999, 『韓國古代 自然觀과 王道政治』, 혜안, 224쪽.
22) 이강래, 2002, 앞의 논문, 38～39쪽.

◦ 혁거세 39년(기원전 19)에 마한 왕이 죽었다. 어떤 이가 왕에게 아뢰기를 "西韓의 왕이 지난번에 우리 사신을 욕보였으니, 이제 그의 장례를 기회로 정벌하면 그 나라 정도는 쉽게 평정할 수 있겠습니다"라고 하였다. 그러나 왕은 "다른 사람의 불행을 요행으로 여기는 것은 어질지 못한 일이다" 하여 따르지 않고, 곧 사신을 보내 조문하였다.

◦ 탈해이사금 5년(61) 가을 8월에 마한의 장수 孟召가 覆巖城을 들어 항복하였다. (이상 『삼국사기』 1 신라본기 1)

인용문에 드러난 바와 같이, 마한은 백제뿐 아니라 형성기 신라의 대외 조건 가운데서도 주요한 비중을 지니고 있다. 마한은 초기 신라를 포함한 진한과 변한을 속국으로 파악하였다. 신라는 생각건대 한동안 공물을 보내면서 마한의 인식에 상응하는 관계를 유지하였다. 그러나 초기 신라의 국가적 발전에 짝하여 기존의 양국 관계는 변화를 강요받았다.

신라본기 서술자는 이러한 관계의 설정 및 변화의 배경에 대해, "이보다 앞서 중국 사람들이 秦의 난리를 견디지 못해 동쪽으로 오는 경우가 많았는데, 대부분 마한의 동쪽에 자리를 잡고 진한과 더불어 섞여 살다가 이때 와서 점차 번성해졌기 때문"이라고 설명하였다. 이러한 이해는 앞에 인용한 『삼국지』에 보이는 진한 노인들의 말, 즉 "우리는 옛날 망명해 온 사람들로 秦의 고역을 피해 韓國으로 왔는데, 마한이 그들의 동쪽 땅을 베어 우리에게 주었다"라고 한 말과 상응한다. 이렇게 보면 신라의 성장에 따라 기존의 마한과의 수직적 질서가 위협을 받고 마침내 무력적 타멸의 대상으로 간주되는 전후 맥락이 백제의 경우와 다르지 않은 것이다.[23)]

이처럼 마한은 영토적 점유욕이 성숙해 가던 두 유이민 정치 집단들로부터 위협받고 있다. 그리고 마한은 마침내 건국기 백제의 희생물이 되었다. 물론 백제본기와 신라본기에 보이는 '마한 왕'을 동일한 실체로 확정할 수 있을지에 대해서는 논증하기가 용이하지 않다. 같은 말이지만, 마

23) 이강래, 위의 논문, 13쪽.

한의 장수 맹소를 그보다 50여 년 전에 백제에게 공취당한 마한과 직접 연결시킬 수 있을 것인지도 판단을 주저하게 된다. 다만 여하튼 온조 대의 백제는 마한을 향하여 영역적 지향을 첨예화해 갔으며, 아마 그 초기의 성과가 건국기 백제와 접경하고 있던 북부 마한의 한 세력을 공탈한 사건이었을 것 같다. 그리고 그러한 지향은 백제가 영역 국가로 발전해 가는 도정에서 견지한 일관된 요소로 평가할 만한 것이었다.

한편 고구려본기에도 마한이 보인다. 그러나 그 역시 백제본기에 보이는 마한과 어떤 연계를 지니는 것인지를 파악하기 어려운 형태로 기록되었다.

- 태조대왕 69년(121) … 12월에 왕이 마한과 예맥의 1만여 기병을 거느리고 진격해 현도성을 에워쌌다. 부여 왕이 아들 尉仇台를 보내 군사 2만 명을 이끌고 한의 군사와 함께 힘을 합해 막아 싸우게 하니, 우리 군사가 크게 패하였다.
- 태조대왕 70년에 왕이 마한·예맥과 함께 요동을 침공하자, 부여 왕이 군사를 보내 구원하고 우리를 격파하였다.[마한은 백제 온조왕 27년(9)에 멸망했는데, 지금 고구려 왕과 함께 군사 행동을 하고 있으니 아마 멸망했다가 다시 일어난 것인가?] (이상 『삼국사기』 15 고구려본기 3)

인용문에 의하면, 마한은 2세기 초 태조대왕 대의 고구려와 함께 漢과의 전투에 참여하고 있다. 오늘날 널리 공유되고 있는 마한의 지리적 위치를 염두에 둘 때, 현도성 공격과 요동 전투에 등장한 마한은 자못 복잡한 논의를 예비하고 있다. 그러나 무엇보다도 먼저 고구려본기 서술자의 분주에 유의한다. 분주를 가한 이는 백제 온조왕 27년(9)에 마한이 멸망했다는 점을 근거로 이 정보에 대해 의아해하였다. 백제본기에는 실제 온조왕 27년에 마한이 멸망했다고 하였다. 『삼국사절요』에서도 서술자의 이 의견이 반복 인용되어 있다.[24] 한편 대체로 위 기사는 『후한서』를 전

24) 『三國史節要』 2, 漢延光元年조.

재한 것으로 파악되고 있다.[25)]

그렇다면, 백제본기의 마한 관련 정보의 원전은 중국 측 자료에 대비되는 이른바 '고유 자료'라고 할 수 있다. 일견 당연하게 보이는 이 점은, 그러나 『삼국사기』의 마한 인식을 헤아리는 데 하나의 단서를 제공한다. 다시 말해 『삼국사기』의 각 편장을 분담 서술하는 과정에서 서로 다른 부분이 고려되었다는 것은 공지의 사실이거니와, 백제본기의 마한 '멸망' 관련 기사에서는 고구려본기의 위 사실이 고려되지 않았다는 점을 주의할 필요가 있다.

예컨대 백제본기 온조왕 37년(19)조에는 "여름 4월에 가물더니 6월이 되어서야 비가 내렸다. 한수의 동북쪽 부락들에 흉년이 들어 고구려로 도망해 들어간 이들이 1천여 호나 되니, 浿水와 帶水 사이가 텅 비어 사는 사람이 없었다"라고 하였다. 그리고 이에 상응하여 고구려본기 대무신왕 2년(19)조에는 "백제 사람 1천여 호가 와서 투항하였다"라고 하였다. 이 경우 고구려본기는 백제본기의 해당 정보에 입각하여 기계적인 보입을 행한 것이다. 그러나 이러한 심증에 비해, 두 왕조의 역사에 개입되어 있는 마한의 경우는 서로 매개할 수 있는 구체적 부분이 명료하지 않다.

여하튼 고구려본기에 분주를 남긴 이는 고구려와 백제사에 개입된 마한을 뚜렷한 검증 없이 동질적 대상으로 보았다고 할 수 있다. 그러나 그것은 설득력이 현저히 떨어지는 판단이다. 차라리 위에 언급한 백제의 기민 1천여 호를 백제의 통치 질서에서 이탈해 간 마한 집단으로 보는 편이 더 나을지 모른다. 다시 말해 ① 온조왕 27년 마한의 마지막 저항 세력이었던 원산성과 금현성의 주민을 한산의 북쪽으로 옮겼고, ② 그로부터

25) 『後漢書』 5 孝安帝紀, 建光 원년(121) "冬十二月 高句驪·馬韓·穢貊圍玄菟城 夫餘王遣子與州郡并力討破之" 및 延光 원년(122) "春二月 夫餘王遣子將兵救玄菟[夫餘王子 尉仇台也] 擊高句驪·馬韓·穢貊 破之 遂遣使貢獻". 『後漢書』 85 동이열전 句麗조와 『자치통감』 50 漢紀(42)에는 같은 사실이 보다 상세하게 기재되어 있다.

7년 뒤인 온조왕 34년(16)에 마한의 장수였던 周勤이 주도한 최후의 부흥 운동마저 처참하게 좌절된 후, ③ 백제의 북계에 집단 사민되었던 이들은 3년 뒤 흉년을 계기로 고구려로 이탈해 들어갔으며, ④ 고구려는 이들을 집단 지배하에 통제하고 있다가 대중국 전쟁에 동원하기도 했다고 보는 이해 방식이 그것이다.[26]

이상에서 점검한 『삼국사기』의 마한 관련 서술은 연구자들에게 간단치 않은 숙제를 남겼다. 적어도 『삼국사기』의 본기 기사에 국한해 말한다면, 서술자들은 마한을 백제 초기 역사의 중심 변수 혹은 토대로 설정하였다. 물론 신라본기와 고구려본기의 마한이 백제본기의 그것과 어떤 실체적 연관성을 지니는지는 확언하기 힘들다. 무엇보다도 『삼국사기』가 종결시켜 버린 마한의 추이는 3세기에 편찬된 『삼국지』 동이전 및 『진서』 張華傳의 정보과 부합할 수 없다. 이 문제는 전근대의 여러 연구자들도 회피할 수 없었던 난제였다. 몇 가지 관련 궤적을 들어 사정을 짐작해 본다.

- 『삼국사기』가 신라를 으뜸으로 삼은 것은 신라가 가장 먼저 일어나 뒤에 고구려와 백제를 통합했고 고려 또한 신라를 계승하여 (역사를) 찬술함에 있어서 모두 신라에서 넘어온 전적에 근거했기 때문이다. 이로 말미암아 신라에 대한 역사는 약간 다듬어졌지만 백제와 같은 경우에 이르러서는 겨우 세대만을 기록하고 탈루된 바가 많았던 것이니, 온조가 마한을 습격한 일 같은 경우 그 형세가 응당 일시에 (마한의) 여러 소국들을 다 아우른 것이 아님에도 불구하고 마치 한 번 거병하여 전혀 (다른) 일이 없었던 것처럼 하였다. (『東史綱目』 附卷 上下 雜說 三國始起)
- 내가 삼가 백제의 역사를 살펴보니 마한이 망한 것이 이미 온조왕 때라 하나 西晉 때 마한의 20여 나라가 오히려 각각 (진나라에) 조헌해 왔으니 온조왕이 멸망시킨 것은 마한에서 總王 노릇하던 나라에 지나지 않고 그에 소속된 여러 나라들은 미처 통일에 이르지 못했던 것을 알 수 있겠다.

26) 이상 고구려본기의 마한 기사에 대한 논의는 이강래, 2002, 앞의 논문, 4~8쪽을 간추린 것이다.

한나라와 위나라 역사에 모두 "마한은 54국인데 백제는 바로 그 가운데 한 나라이다"라고 했으니, 범엽과 진수가 역사를 편찬할 때 백제는 여전히 아직 통일을 달성하지 못하였던 것이다. (『海東繹史』 續卷 3 輿地考 馬韓)

◦ 삼가 신라본기 탈해왕 5년을 보면 마한의 맹소가 부암성을 들어 (와서) 항복했는데 이때는 마한이 망한 지 이미 50여 년이요, 고구려본기 태조왕 66년에는 마한과 예맥이 한나라의 현도군을 포위했는데 이때는 마한이 망한 지 이미 백여 년이었다. 그러한즉 마한이 비록 망했으나 그 예전 나라의 유민들이 오히려 백제에 다 항복하지 아니하고 왕왕 저항하며 지키면서 망한 나라의 옛 이름을 여전히 일컫고 있었던 것인가? 그렇지 않다면 마한이 중간에 부흥하였으나 쇠미하여 나라를 이루지 못하여 그 흥망이 역사에 실리지 못하고 사안에 따라 드러나 보이는 것인가? 지금으로서는 모두 상고할 수 없다. … 삼가 살펴보니 온조왕 27년에 멸망한 것은 대개 기준의 마한이요, 탈해왕 5년에 항복해 온 것은 아마 '後馬韓'일 것이다. (『增補文獻備考』 13 輿地考 1 後馬韓國)

2) 금석문의 삼한 인식

삼한의 연원을 일단 중국 사서에서 출발하여 점검하였다. 그리고 가장 오래된 국내 문헌에 담긴 기억과 전승에서 그 종족 및 지역적 갈래를 일별하였다. 그러나 금석문에 나타난 삼한 관련 정보는 시기적으로 문헌에 앞서 기록 당대의 인식을 반영하고 있다. 삼한에 대한 자취는 7세기의 동아시아 단위 세계에 전운이 깊은 즈음부터 나타난다. 몇 가지 흔적들을 아울러 보기로 한다.

◦ [唐平濟碑, 무열왕 7년(660)] … 邢國公은 … 한 번 군대를 일으켜 九種을 평정하고 두 번 승전해서 삼한을 평정하여[定三韓] …
◦ [李他仁墓誌銘, 儀鳳 2년(677)] … 대당이 삼한을 弔伐하니 …
◦ [泉男生墓誌銘, 儀鳳 4년(679)] … 5부와 삼한이 모두 신첩이 되었다 … 卞國公 천남생은 5부의 우두머리이자 삼한의 영걸이니 …
◦ [扶餘隆墓誌銘, 682년 사망] … 그 기개가 삼한을 뒤덮었고, 그 이름이

兩貊에 드날렸다 … 마한의 남은 무리가 이리 같은 마음을 고치지 않고 …

- [淸州雲泉洞寺蹟碑, 신문왕 6년(686)] … 삼한을 통합하여[合三韓] 땅을 넓혔으며, 滄海에 살면서 위세를 떨치시니 …
- [高玄墓誌銘, 天授 2년(691)] … 요동 삼한인이었으며 … 증조 高寶 … 조 高方 … 부 高廉 … 모두 삼한의 귀족으로서 대대로 벼슬하였다 …
- [高慈墓誌銘, 聖曆 3년(700)] … 땅은 삼한을 아우르고 사람은 (기자의) 8교를 받들었으며 위기를 보면 목숨을 버렸으니 … 나라는 칠백 년의 수명을 누리고, 집안은 30세대 동안 그 업을 이었도다 …
- [泉獻誠墓誌銘, 大足 원년(701)] … 증조부 太祚는 본국에서 莫離之에 임용되었으며, 병권을 장악하여 기개가 삼한을 제압하고 성망은 5부의 우두머리였도다 …
- [高震墓誌銘, 大曆 13년(778)] … 공은 곧 扶餘의 遺種이요 진한의 令族으로 (천자의) 교화를 품고 귀화하여 봉토를 받고 대를 이어 왕을 일컬었으며 …

당평제비는 당의 형국공 소정방이 신라와 함께 백제 사비성을 함락한 후 그 공업을 기린 紀功碑이다. 아직 백제의 전역을 장악한 것도 아니며, 더구나 삼한으로 표상되는 현실 공간을 아우르는 일은 미처 전망조차 불투명한 때였다. 한편 소정방은 백제를 공격하기 위해 당을 출발할 때, 神丘·嵎夷·마한·웅진 등 14道 대총관의 직을 부여받은 것으로 나온다. 또한 뒤에 당은 백제의 영토에 웅진도독부와 마한도독부를 비롯한 5도독부를 분치하였다. 일련의 정황은 당 측에서 백제를 삼한 가운데 오직 마한과 연계하여 파악하고 있었던 사실을 증언한다. 그럼에도 불구하고 그의 군사적 승리는 '定三韓'으로 천명되었던 점을 주목해 둔다.

천남생은 고구려 연개소문의 장남이다. 그는 연개소문 사후 大莫離支를 승습하여 국정을 오로지하였으나, 아우들과 권력 투쟁에서 패해 국내성 일대의 지방 세력들과 함께 당에 투신한 이였다. 그의 행위는 고구려 왕조의 몰락을 직접 재촉한 발단이었다. 그는 고구려가 패망한 10여 년 뒤인 의봉 4년에 당에서 죽었다. 그의 비문에서는 고구려의 멸망을 일러

5부와 삼한이 모두 중국에 신속되었다고 표현하였다. 그에 따라 천남생 역시 그 5부와 삼한의 영걸로 포양되었다. 그러나 5부는 고구려의 영토 편제 단위일 뿐, 삼한 전체를 포괄하지 않는다. 소정방의 기공비에서 백제를 삼한이라 한 것처럼, 다시 고구려를 삼한으로 지칭한 사례인 것이다.

의자왕의 넷째 아들인 부여융 역시 백제 멸망 후 당 측에 서서 백제 부흥운동 세력을 진압하는 데에 공을 세웠다. 당의 점령지 정책에 일익을 담당한 점에서, 부여융은 고구려의 천남생과 유사한 위상에 있다. 그가 당에서 죽은 해에 세워진 것으로 보이는 비문에는, 그의 기개가 삼한을 뒤덮었고, 그의 이름이 兩貊, 즉 백제와 고구려에 드날렸다고 한다. 그러나 백제 광복군을 일러 마한의 남은 무리라고 하였고, 그들을 진무할 임무를 부여받은 부여융은 熊津道摠管 겸 馬韓道安撫大使였다. 물론 '양맥'이라 한 표현은 부여융을 '河伯'의 후예로 설정한 데 토대를 둔 수사였을 것이지만, 여하튼 웅진 혹은 마한과 연계되어 있을 뿐인 백제의 왕손을 삼한과 양맥에 걸쳐 칭송한 것은 충분히 유의해야 할 사항이다.

마지막으로 청주운천동사적비는 7세기의 전운이 가신 직후, 전쟁의 승리를 쟁취한 신라인들의 삼한관을 보여주고 있다. 비 자체는 신라의 승려 普慧와 海心法師 등을 비롯한 불사 관련 내용으로 판단되지만, 거기에는 승리의 주역으로서 신라인의 자긍심이 반영되어 있기도 하다. 즉 신라인들은 삼한을 합한[合三韓] 주역이라 한다. 비가 세워진 신문왕 6년은 이미 백제와 고구려가 멸망하였고 당과의 전쟁도 수습되어 가는 즈음이었다. 뒷날 일통의 위업을 근저에서 손상시키는 발해도 아직 등장하지 않았다. 실로 삼한은 하나가 되었다. 게다가 신문왕은 기나긴 전란이 종식된 뒤 최초의 평화 시기 군주로서, 전쟁 수행 기간 동안 비대해진 귀족들의 물리력을 거세하는 데도 성공하였다. 이로써 승리의 광영과 그 주역으로서의 자부심이 일층 고양되어 갔다. 이를 바탕으로 신라는 '合三韓'의 영예를 누렸으니, 그것은 당의 '定三韓'에 대응하는 주체적 가치 수립이라

할 만한 것이었다.

반면에 망국민의 유예들은 승리한 신라와 당의 치하에서 좌절하거나 은인했을 것이다. 그들의 삶에 대한 음미는 끝내 조국의 망국이라는 현실과 유리될 수 없다. 아버지 남생을 따라 투항한 천헌성은 그 한 사례이다. 삼한과 5부를 들어 그를 기린 맥락은 그의 아버지 천남생이나 백제의 왕자 부여융과 같다.

주몽을 족조로 삼은 이타인의 묘지명에는 당의 고구려 침공을 일러 삼한을 조벌했다고 하였다. 이타인은 멸망기에 당에 투신한 자로서 그의 종족적 갈래를 확정하기는 쉽지 않지만, 누대로 고구려의 지배 계급이었던 것은 분명하다.[27)]

고현은 고구려가 망한 뒤 당에서 활동하다 죽었다. 묘지에는 그를 '요동 삼한인'이라 하였고, 증조 이래 그의 부조들을 삼한의 귀족이라고 표현하였다.

고자의 경우는 고구려 건국기부터 명망을 유지한 명문가의 후예라 한다. 그의 가문은 고구려 멸망기에 중국에 망명하였다. 비록 멸망 이전에 당에 투신했으나, 그 역시 망국 고구려의 후예로서 가늠되기는 마찬가지였다. 인용한 비문은 고구려의 강토와 인성을 우호적으로 언급한 대목이다. 이 경우 고구려의 영토는 역시 삼한으로 지칭되었다.

무엇보다도 고진의 묘지명에 주의할 필요가 있다. 그는 보장왕의 손자다. 그들 일문은 고구려가 패망한 후 조선군왕에 봉해진 바 있다.[28)] 그런데 고구려가 멸망한 10년 뒤의 비문에서 이 명백한 고구려 왕실 인물을 일러 진한의 영족이라 한다.

---

27) 尹龍九, 2003, 「중국출토의 韓國古代 遺民資料 몇 가지」『韓國古代史研究』32, 309~310쪽.

28) 최진열, 2009, 「唐人들이 인정한 高句麗人의 正體性 – 唐代 墓誌銘에 보이는 高句麗의 別稱(朝鮮·三韓·扶餘) 分析을 중심으로」『東北亞歷史論叢』24, 238~239쪽.

이와 같은 중국인들의 강고한 타성은 현실을 옳게 반영하지 못한다. 그들에게 고구려나 백제는 오직 삼한의 분자일 뿐이다. 그와 같은 이해 방식이, 백제와 마한의 영토적 혹은 역사적 연계를 인지하지 못한 탓은 물론 아니다. 고구려 왕실을 진한과 연계하여 언급한 사례도 마찬가지이다. 그들은 동방 삼국에 대한 분별적 언급까지 배려할 필요를 지니지 않았을 뿐이다. 삼국은 그저 삼한이기도 하였을 뿐, 삼국 각각과 삼한의 대응 인식은 물론 도대체 삼국과 삼한의 공간적 부합 여부도 관심 영역에 포착되지 않았다.

반면에 신라인들에게 삼한은 중대한 이념적 인자였다. 그것은 추상이 아니라 역사적 현실을 바탕으로 한다. 운천동사적비에서 드러난 삼한관은 통일기 신라를 종관하여 유효하였다. 다만 그 유효함이란 신라의 자기중심적 질서와 관념이 더 이상 지탱하기 어려운 질곡을 만나기 전까지로 제한되는 것이었다. 먼저 통일기의 삼한 관련 신라 금석문들을 점검한다.

- [栢栗寺石幢記, 헌덕왕 10년(818)] … 천하에 불교를 유행시킨다면 … 나라는 풍요롭고 백성은 평안하여 가히 삼한에 통할 수 있고 또한 사해를 넓힐 수 있으리라 …
- [大安寺寂忍禪師塔碑, 경문왕 12년(872)] … 곡성군 동남쪽에 산이 있어 桐裏라 하는데 … 바로 이곳이 삼한의 승지였다 …
- [皇龍寺刹柱本記, 경문왕 12년] … 이 탑을 만드니 … 과연 삼한을 통합하여[合三韓] 한 집안으로 만들고 임금과 신하가 안락한 것이 지금에 이르도록 그에 힘입은 것이다 …
- [寶林寺普照禪師塔碑, 헌강왕 10년(884)] … (선사께서는) 실로 또한 삼한에서 성조의 교화[聖化]를 도왔다. …
- [月光寺圓朗禪師塔碑, 진성왕 4년(890)] … 우리 태종대왕께서 … 삼한에 전쟁을 그치게 하고 일통을 이루신 때에 …

백률사석당기는 법흥왕 대에 순교한 이차돈을 추모하기 위해 세운 비이다. 인용한 대목은 법흥왕이 이차돈과 대화하면서 언급한 말로 설정되어 있다. 그렇다면 이 경우 삼한은 신라를 이르나, 9세기의 회고 당시 삼한은 이미 일통을 이룬 신라적 천하이다. 桐裏山門을 개창한 적인선사 慧徹의 비문에서 곡성군의 동리산을 삼한의 승지라 한 경우도 동일하다. 황룡사찰주본기에는 삼한의 통합을 위한 건립 목적이 구체적으로 표상되어 있다. 迦智山門을 개창한 보조선사 體澄의 비문과 883년에 입적한 원랑선사 大通의 비문은 모두 金穎이 지었는데, 거기에 보이는 삼한 역시 일통을 이룬 신라의 공간을 지시하고 있다.

그러나 9세기 말의 신라에는 일통의 광영에 아연 적지 않은 도전과 균열이 번지고 있었다. 사실 7세기 신라가 거둔 일통의 본질이란 해체와 붕괴의 위기에 직면한 고대적 질서를 미봉한 것에 지나지 않았다. 신라의 전쟁 지휘부는 승리의 영광을 전유할 수 있었으나, 고대적 모순의 본질은 해소되지 않았다. 왕을 정점으로 한 소수 지배 귀족들의 사적 길항 관계가 여전히 왕조사의 중심 변수인 한, 어떤 시도도 이미 진정한 대안이 되지 못한다. 따라서 통일기 신라 왕조는 고대의 불안한 연장에 불과하였으며, 새로운 질서를 향한 진통의 과도기였던 셈이다.

내연하는 모순을 효과적으로 억누른 것은 바로 '일통삼한'의 명분이었다. 그러나 그 또한 역사적 실제를 왜곡한 것으로서, 적실한 각성 앞에서는 언제든 와해될 수 있는 취약한 명분일 뿐이었다. 일통의 주역이 사라진 하대에 잠복된 위기는 곧 표면화되었다. '명분'에 갇혀 있던 '실제'의 회복은 우선 기존 명분의 부정을 요구하였으며, 새로운 명분은 실제에 충실한 형태로 추구되었다. 이에 따라 삼한은 분립 혹은 角立되었고, 새로운 일통은 삼한의 역사 공간을 벗어나 본래의 삼국을 겨냥하게 되었다.[29]

그리하여 10세기 전반의 금석문에 보이는 삼한은 다시 위태롭게 부유한다.

---

29) 이강래, 2004, 「후백제의 당대 인식 – 토대와 지향의 맥락에서」『韓國古代史研究』 35, 5～6쪽.

- [太子寺郎空大師白月栖雲塔碑, 경명왕 원년(917)] … 시절은 厄運에 당하여 세상은 몽매한 때였으므로 災星이 길이 삼한에 비추고 毒露는 항상 4郡에 퍼져 있었으니 …
- [廣照寺眞澈大師寶月乘空塔碑, 태조 20년(937)] … 스님께서는 만리 먼 길을 사양하지 마시고 오셔서 삼한을 교화하고, 온 나라 강산의 곳곳마다 전쟁에 휩싸여 불타고 있음을 구제하시길 바라오니 …
- [毗盧庵眞空大師普法塔碑, 淸泰 4년(937)] … 이러한 때 두 적도[二敵]가 평정되고, 삼한은 태평성세가 되었으니 …
- [地藏禪院朗圓大師悟眞塔碑, 태조 23년(940)] … 지금 임금께서는 … 능히 삼한을 평정하여[定三韓] 일거에 가지런히 일통을 이룩하셨다 …
- [興法寺眞空大師塔碑, 태조 23년] … 우리나라에서도 삼한이 角立하여 아직 누가 승리할 것인지 진위를 구별할 수 없었으나, 이제 고려 일국이 웅비하여 문득 전쟁의 우열을 가렸고 …
- [無爲寺先覺大師遍光塔碑, 정종 원년(946)] … 四海가 물 끓듯 하였으며 삼한이 소요하였다 …
- [玉龍寺洞眞大師寶雲塔碑, 광종 9년(958)] … 淸泰 3년 가을에 이르러 우리 태조 神聖大王께서 … 삼한을 協和하였으므로[協和三韓] 이에 4郡이 다시 태평한 군자국이 되었을 뿐만 아니라 …

낭공대사 行寂의 비는 崔仁滾이 작성한 것이지만, 건비 자체는 고려 광종 5년(954)에 이루어졌다. 이른바 후삼국의 분립과 반목을 목도한 최인연은 당대 신라 사회를 평하여 재이의 별이 삼한을 비추고 독 이슬이 4군에 만연했다 한다. 신라인의 세계가 삼한 혹은 4군으로 지칭되었다. 후삼국을 비롯한 지방 분권의 세태를 이른 것이다. 그리고 그 결과는 고려의 재통합으로 귀결되었다. 주의할 것은 고려 역시 자신들의 강토를 삼한으로 표상했다는 점이다. 신라든 고려든, 일통의 공간 대상은 삼한이었던 것이다.

진철대사는 須彌山門의 문호를 연 利嚴이다. 인용한 부분은 崔彦撝가 작문한 비문 가운데 태조 왕건이 진철대사를 초치하는 말의 일부이다. 고려는 이처럼 삼한이었다. 비로암의 진공대사탑비 역시 최언위가 작문하였다. 인용문은 태조와 대사의 조우를 평한 대목이다. '二敵'은 궁예와 견훤을 이른다. 낭원대사 開淸의 비도 최언위가 지었으며, 입적한 10여 년 뒤에 세웠다. 흥법사 진공대사 忠湛의 비에서 인용한 대목은 陰記 가운데 있는 태조의 글 일부이다. 무위사 선각대사비는 고려 초에 최언위가 지었으나, 대사가 입적한 지 거의 30여 년 뒤에야 건립되었다. 특히 그는 궁예에게 죽임을 당했는데, 위에 인용한 대목은 그 때를 평한 것이다. 동진대사 慶甫의 비는 金廷彦이 작문했으며, 삼한과 4군으로 고려의 통치 공간을 겨냥하여 일컬었다.

이처럼 신라 해체기와 고려의 일통기에도 의연히, 삼한은 당대 주체의 자기 공간에 대한 보편적 대칭이었다. 삼한은 실로 중국에 대한 해동의 대명사이다. 요컨대 7세기 중반부터 10세기 중반까지 300여 년에 걸친 금석문의 편린을 통해 삼한은 마한, 진한, 변한을 구성 분자로 거느리는 대명사였음을 확인하였다. 특히 중국 측에서는 고구려, 백제, 그리고 통일기의 신라 각각을 지시하는 경우에도 문득 삼한을 사용하였다. 즉 삼국은 삼한이었다.

이러한 삼한 인식의 미분화 현상은 문헌 기록에서도 종종 보이고 있다. 예컨대 『신당서』와 『구당서』 열전 찬자는 신라를 변한의 苗裔라고 한다.[30] 이것은 명백하게 역사적 실상을 옳게 반영하지 못한다. 우리 측 기록도 다르지 않다. 한 예로 『제왕운기』 찬자는 고구려가 '마한의 王儉城'에 도읍했다고 하였다.

따라서 오히려 주의할 것은 삼국이나 삼한이 역사적 실제를 넘어서서 외부 세계에 대한 '우리의 역사 공간'으로 추상화된 맥락에 있다. 여기에는 우선 대가야가 종국을 고한 6세기 중엽 이후 실제 해동의 공간은 삼국만으로 전개되었다는 현실이 겨냥되어야 한다. 때맞춰 기나긴 분열을 종식하고 등장한 수·당 제국의 공세적 동방 정책이 삼국에 대중국 집합체

30) 『구당서』 199 上 열전 149 신라 ; 『신당서』 220 열전 145 동이 신라.

의 속성을 강요하였다. 아마 7세기 大化改新 이후 신속히 동북아 단위의 세계 질서 속에서 유의미한 실체로 부상한 왜 왕권 또한, 고구려와 백제와 신라를 삼국 혹은 삼한의 통합 단위체로 만드는 데 기여했을 것이다. 즉 『일본서기』에는 일찍이 神功紀부터 삼국의 개체나 공간을 이르는 삼한의 용례가 보이는데, 7세기 중엽에 들어 삼한은 곧 삼국이라는 구체적 인식이 비롯한 것으로 여긴다.[31]

3. 삼한 삼국 연계 인식

1) '一統三韓'론과 진한

삼한의 인자들을 분별하여 인식하는 안목은 오히려 삼국의 해체를 계기로 나타났다. 7세기 전쟁에서 고구려와 백제는 패망하였다. 신라는 일부 영토적 한계에도 불구하고 명백히 삼국 중심의 각축에서 승리를 쟁취한 주체였다. 물론 고구려의 상당한 영토를 아우르지 못한 한계는 당대 신라인들의 일통관에 적지 않은 변수로 작용한다. 그러나 동시에 그와 같은 한계에 대한 자각이야말로 일통의 이념을 구체화해야 할 당위를 제공하기도 하였다. 고구려와 백제는 신라와 함께 일통의 완전한 분자로 간주될 필요가 있었던 것이다.

앞에서 7세기 들어 중국과 일본 등 타자의 삼국 인식이 삼한이라는 역사적 공간 개념을 빌려 집합 단위로 합칭되었던 것을 확인하였다. 주변의 삼국 인식은 삼국 내부 구성원들의 자기 인식에도 영향을 미쳤다. 장구한 동안 배타적 독립 국가의 경험이 심화되었으나, 중국이나 일본과 같은 더욱 이질적 단위에 비해 삼국 사이에 내재된 상대적 동질성은 일종의 유대 의식으로 발전할 단서로 작용한 것이다. 특히 신라의 승리는 당의 동방 정책에 대한 정면의 대결을 경유하여 완결될 일이었다. 그와 같은 현실의

31) 『日本書紀』 25 孝德天皇 大化 4년(648) 2월 임자, "三韓謂高麗百濟新羅".

요구는 신라 전쟁 지휘부에게 고구려와 백제 유민들의 역량을 결집할 것을 강요하였다. 그리고 그 과정에서 삼국의 주민과 그들 밖의 외부자와의 분별은 인상적으로 강화되어 갔다.

사실 7세기 동북아의 거대 전쟁을 촉발한 신라의 무열계 왕권은 광범하고도 뿌리 깊은 재래 정치 세력의 지지를 확보하는 데 한계를 감내하면서 출발하였다. 그러한 만큼 신라 중대 왕조를 연 무열계 왕통에게는 새로운 지배 이념이 갈급하였다. 대개의 고대 왕권이 그러하듯이, 통치의 정당성에 대한 회의와 도전에 직면한 신 정권은 대외 전쟁의 유혹을 외면하기 어려웠으며, 여기에 7세기 전쟁이 가지고 있는 의미의 일면이 있다. 전시체제는 권력의 정당성 논의를 용이하게 억지시킬 뿐만 아니라, 전쟁의 성과물은 전쟁 지휘부의 권력 강화에 기여하게 되기 때문이다.

그러나 실제 이 전쟁은 전쟁을 감행한 신라 지휘부의 의도와 전망에 충실하게 전개되지는 않았다. 전장의 범위는 뜻밖에 확대되었고, 마침내 동북아시아의 주요한 정치 세력이 모두 참여하는 국제전으로 변질되었다. 특히 전쟁의 지나친 장기화와 한때 우익이었던 당과의 갈등 심화는, 신라 지배 계급에게는 전혀 새로운 위기를 의미하는 것이었다. '일통삼한' 의식은 이를 배경으로 등장하였다.[32]

재래에 배태되어 온 느슨한 유대로서의 '삼한의식'[33]은 마침내 중대 왕실 초기에 하나의 시대정신으로 고양되었다. 이는 장기간의 확전이 전쟁 주도 세력에게 강요한 새로운 명분의 창출이라고도 할 수 있다. 그리고 이 명분은 실제 주효하였다. 결국 '전쟁'은 무열계 왕권에 승리의 영광을 제공하였고, 전쟁의 '명분'은 그들의 통치 이념으로 채택되었다. 삼국 시대사 정리 작업에 투영되었을 승리자의 관점이란 바로 이 '일통삼한'의 필연성, 혹은 당위성에 봉사하는 것이었겠다.

---

32) 邊太燮, 1989, 「三國의 鼎立과 新羅統一의 민족사적 의의」 『韓國史市民講座』 5, 一潮閣.

33) 盧泰敦, 1982, 「三韓에 대한 認識의 變遷」 『韓國史研究』 38.

요컨대 7세기 들어 외부자들이 이른 삼한은 이제 하나가 되었다. 그것은 역사 이념의 영역이라 할 것이다. 그에 대응하는 현실 역사의 항은 삼국의 해체요 신라의 승리였다. '일통삼한'은 이 양자를 아우르는 최고 차원의 시대정신이자, 7세기 이후 한국사의 주요 명분으로 자리하게 되었다.

이처럼 삼국이 삼한으로 표상될 때, 삼한의 각각과 삼국의 구성 인자들을 일대일 대응하여 파악하는 방식의 표출은 이미 피할 수 없는 상수가 된다. 특히 고구려의 부활을 선언하면서 등장한 발해의 존재는 그와 같은 논리를 더욱 경직화했다고 판단한다. 발해의 건국은 중대 왕실의 고양된 명분을 기저에서부터 위협하는 사건이 된다. 발해는 대외적으로 고구려의 부활을 공언하였다. 그것이 새 왕조의 대외적 표방에 불과한 것인지, 실제 그들의 적실한 의식, 혹은 의지였는지의 여부는 별개로 논의할 사안이라고 본다.[34] 중요한 것은 고구려의 재현인 것이며, 그것이 훼절할 '일통삼한'의 명분인 것이다.

더구나 그 타격은 잠복해 있는 반무열계 정치 세력에게 매우 위험한 빌미를 제공할 수 있다. 신라 지배 계급에게는 아마 두 가지의 대처가 고려되었음 직하다. 하나는 고구려의 잔영을 짙게 드러내고 있는 발해를 현실적으로 극복하여 '일통삼한'의 강화 내지는 완결을 시도하는 것이겠다. 물론 다른 하나는 발해가 표방한 고구려의 부활을 부정하는 것이다.

> 성덕왕 32년(733) 가을 7월에 당 현종이, 발해말갈이 바다를 건너 들어와서 登州를 침구한다 하여, 태복원외경 金思蘭을 귀국시키면서 우리 왕에게 작위를 올려주어 開府儀同三司寧海軍使로 삼고, 군사를 출동시켜 말갈 남쪽 지방을 치게 하였다. 그러나 때마침 큰 눈이 1장 남짓이나 내려 산길이 막히고 죽은 사졸들이 절반을 넘어서자, 아무런 전공도 없이 돌아왔다. (『삼국사기』 8 신라본기 8)

---

34) 이와 관련한 논의는 石井正敏의 「日渤交涉에서의 渤海高句麗繼承國意識에 대하여」(林相先 편역, 1990, 『渤海史의 理解』, 신서원 ; 1974, 『大學院硏究年報』 4, 中央大學)를 참조.

발해 왕조의 등장 시기는 신라 효소왕 연간이거니와,[35] 발해 왕실이 고구려를 환기시키는 구체적 사례는 신라의 성덕왕 치세에 해당하는 武王 때부터 확인된다. 발해 무왕 大武藝가 黑水靺鞨 지배권을 둘러싸고 당과 대립하던 중, 의견을 달리한 왕제 大門藝가 당으로 망명하자 양국간 외교 분쟁으로 확산되었다. 그리고 마침내 당 현종 開元 20년(732)에 발해의 張文休가 登州를 선제공격한 바 있었다.[36] 위 기사의 내용은 이 사건을 매개로 발생한 것이다.

그렇다면 발해를 겨냥한 성덕왕의 군사 행동은, 비록 당 측의 요구에 의한 것이었다고는 하나, 신라 왕실의 잠재적 의욕을 고무시키는 계기가 되었을 수도 있겠다.[37] 그러나 일견하여 신라에게는 고구려와 발해의 동질성을 부인하는 것이 우선 용이했을 것이고, 실제 그것은 그다지 무리한 강변도 아니었을 것이라고 생각한다. 그 배경을 환기해 본다.

일찍이 문무왕은 당과의 군사 갈등이 격화하던 시기에 安勝을 옹위한 고구려의 투항 집단을 받아들여 金馬渚에 안착시키고, 안승을 '고구려 왕'으로 책봉하였다. 물론 이 행위는 "멸망한 나라를 일으키고 끊어진 왕통을 잇게 하는 것[興滅國繼絶世]은 천하의 옳은 의리"라는 명분을 표방하고 있다. 그러나 당의 薛仁貴가 항의한 것처럼, 기실 이것은 고구려 유민의 대당 투쟁 역량을 고려한 조처이기도 하였다.

---

35) 최치원의 「謝不許北國居上表」에는 신라 왕실이 발해 건국주 대조영에게 5품 대아찬의 관위를 내려 주었다고 하였고, 안정복은 이를 신라 효소왕 9년(700)조에서 언급하였으나, 그 정확한 근거와 진위에 대해서는 확신하기 어렵다.

36) 『구당서』 199 하 北狄, 발해말갈 ; 『신당서』 219 북적, 발해.

37) 연구자 가운데에는 『續日本紀』 8 元正天皇 4년 정월 丙子조와 일본의 「多賀城碑」(韓國古代社會硏究所 편, 1992, 『譯註 韓國古代金石文 3』)에 보이는 '靺鞨國'의 존재를 환기하면서, 말갈이 고구려 멸망 이후 시기 신라 북변에 독자적 형태로 존재했다고 판단하고, 나아가 그러한 상태는 성덕왕 대를 포함한 8세기 중엽까지지였다고 이해하기도 한다. 趙二玉, 1992, 「統一新羅時代의 靺鞨 硏究 - 北方經營과 관련하여」 『梨大史苑』 26 ; 1994, 「8世紀 前半 新羅와 渤海의 對外關係와 그 要因」 『新羅의 對外關係史 硏究 - 新羅文化祭學術發表會論文集』 15. 그러나 『삼국사기』의 정보에 한정하여, 이에 동의하지 않는다.

나아가 신라 왕의 책봉을 받는 고구려 왕의 위상과 의미를 다시 음미할 필요가 있다. 다시 말해 현실적으로 고구려의 영토를 방기할 수밖에 없었던 당시의 신라로서는, 고구려 왕을 신라 왕권 하에 용해함으로써 '일통삼한'의 완전한 실현을 겨냥했을 혐의가 짙은 것이다.

더구나 '고구려 왕' 안승은 불과 4년 뒤인 674년에 다시 '報德王'으로 봉해졌다. 『삼국사기』 찬자 역시 4년 만에 거듭되는 조처에 대해 의문을 제기한 바 있거니와, 이는 안승의 칭호 자체에서부터 고구려적 요소를 제거하려는 의도에서 비롯한 것이었다.[38] 또한 그렇다면 10년 뒤 신문왕 4년(684)에 금마저 일대의 고구려 집단을 해체·분산시킨 조처는 이미 예견된 귀결이었다고 해야겠다. 따라서 신문왕 3년에 편성한 黃衿誓幢과 黑衿誓幢의 구성 분자로 제시된 고구려인과 말갈인들도, 문무왕 대의 대고구려 전투 및 대당 전투에서 확보한 투항 집단과 포로 집단으로만 보기보다는,[39] 익년에 발발한 금마저 지역민의 저항과 관련해 파악해 볼 필요가 있다.

특히 금마저 집단을 해체한 후 신문왕 5년, 신라는 "비로소 9주를 갖추게 되었다"라고 천명한 사실을 주목한다. 9주는 중국 고대에 천하를 아홉으로 나누어 관념하던 것을 모방한 것으로, 이제 신라는 '일통삼한'의 완성을 전제로 하는 새로운 천하관을 수립한 셈이다.[40] 다시 말해 발해의 등장과 고구려의 부활이 국제사회에 성언되던 시기, 즉 성덕왕 대의 신라는 이미 금마저 고구려 왕조의 해체와 완전한 용해를 추구하였다. 그리고 그를 토대로 한 '일통삼한'의 완결을 훼손시키지 않고자 했음은 물론, 신라 나름대로는 용이하게 훼손되지 않을 만한 실제적 근거 또한 틈실했을

38) 梁炳龍, 1997, 「羅唐戰爭 進行過程에 보이는 高句麗遺民의 對唐戰爭」 『史叢』 46, 54쪽.

39) 末松保和, 1954, 「新羅幢停考」 『新羅史の諸問題』, 東洋文庫, 354~355쪽.

40) 李昊榮, 1996, 「新羅中心思想의 成立 背景」 『重山鄭德基博士華甲紀念韓國史學論叢 - 韓國史의 理解』, 景仁文化社.

것이라고 판단한다.[41)]

무엇보다도 과거의 삼국에 현실의 3주씩을 안배한 것은 지극히 작위적인 것이었다. 사실 한강 유역을 비롯한 신라의 북방 영토는 고구려가 멸망하기 오래 전에 이미 확보된 터였다. 동북면의 상황도 마찬가지였다. 그러므로 삼국의 영토를 3주씩 등치시켜 배분한 것은 일통의 명분을 위해 현실의 조건을 왜곡한 것이다. 이와 함께 삼한 역시 삼국의 각각에 배분되었다.

다만 그와 같은 배분의 논리를 위해 마한, 진한, 변한을 각각 삼국의 어느 항에 연결할 것인가 하는 문제는 정작 그다지 정밀하게 논의될 필요가 없다. 오늘날 누구나 동의하듯이, 이른 시기 중국 사서에 보이는 변한의 공간 범위는 삼국 가운데 어느 하나에 전일적으로 연결시킬 수 없다. 변한은 오히려 이미 6세기에 종국을 고한 가야제국의 범주에 넣어야 옳다. 그러나 가야는 7세기 전쟁의 일통 대상이 아니다. 이처럼 삼한과 삼국을 일대일 대응시키려는 방식은 처음부터 불안한 것이었다. 당대의 신라인들은 그러므로 오직 삼한과 삼국의 집단 대응의 관념을 지켜냈을 뿐이다.

그러는 가운데에서도 신라와 진한의 역사적 연계론만은 확고한 지위를 점해 갔다. 마한과 변한이 고구려와 백제에 과연 어떻게 상응하는가는 별반 문제시하지 않아도 좋았다. 중요한 것은 지금 일통의 주역이자 중국에 대한 동방의 주역인 신라적 천하의 연원일 뿐이다. 이러한 사유는 곧 신라 중심주의라고 할 수 있는바, 그것은 과거를 대상으로 한 진한 중심주의와 동의어이기도 하였다. 이러한 이해를 확인하기 위해, 신라인들의 삼한 삼국 연계론의 파편들을 점검하기로 한다.

먼저 최치원의 말을 들어본다.

---

41) 이상 발해 관련 논의는 이강래, 1999, 「『三國史記』의 靺鞨 認識 – 통일기 신라인의 인식을 매개로」 『白山學報』 52, 704~705쪽.

(최치원)의 문집에 있는 「上太師侍中狀」에는 이르기를 "삼가 듣건대 동해 밖에 세 나라가 있었으니 그 이름이 마한, 변한, 진한입니다. 마한은 고려요, 변한은 백제이며, 진한은 신라입니다. 고려와 백제의 전성기에는 강한 군사가 백만이어서 남쪽으로 吳·越을 침범하고 북쪽으로는 幽·燕·齊·魯 지역을 뒤흔들어 중국의 커다란 두통거리가 되었으며, 수 황제가 허물어진 것도 요동을 친 데 말미암았습니다. …"라고 하였다. (『삼국사기』 46 열전 6, 崔致遠)

위의 글은 당의 고위 관료에게 보낸 최치원의 글이다. 그에 따르면 마한은 고(구)려요 변한은 백제다. 이것은 『삼국지』 한전의 삼한 관련 강역관과 어긋난다. 그 경우 마한은 한반도 중부이남 서변에 해당하므로, 고구려를 마한의 후속 실체로 볼 수는 없다. 마땅히 이견이 있을 수밖에 없다.

내가 삼국의 시초를 상고해 보건대 마한이 먼저 일어나고 그 뒤에 혁거세가 발흥했으므로, 진한과 변한은 그를 따라 일어났던 것이다. 이렇듯 백제는 金馬山에 나라를 연 지 6백여 년이 되었는데, 摠章 연간에 당 高宗이 신라의 요청으로 장군 소정방을 보내 수군 13만 명을 거느리고 바다를 건너오게 하고, 신라의 김유신이 다시 세력을 회복하고 전력을 기울여 黃山을 지나 泗沘에 이르러 당나라 군사와 합세해 백제를 쳐 없앴다. 이제 내가 어찌 감히 완산에 도읍을 세워 의자왕의 오랜 憤怨을 씻지 않으랴! (『삼국사기』 50 열전 10, 甄萱)

전주에 입성한 견훤의 말이다. 마한은 진한과 변한을 선구했으며, 그 마한은 백제와 거의 동의어로 쓰였다. 이는 명백히 마한 중심의, 그리고 그에 토대를 둔 백제 중심의 역사 인식 천명이다. 그러나 『삼국사기』 찬자들은 스스로 입전한 견훤전의 위 내용을 수록하면서도, 삼한과 삼국의 대응 관계에 대한 최치원의 주장을 고수하였다.

신라 강역의 경계는 예로부터 전해 오는 기록이 같지 않다. 杜佑의 『통전』에는 "그 나라 선조는 본래 진한의 종족이다. 그 나라는 백제와 고구려 두 나라의 동·남쪽에 있고, 동쪽으로 큰 바다에 닿아 있다"라고 하였다. 劉煦의 『당서』에는 "동남쪽이 모두 큰 바다로 막혔다"라고 하였다. 宋祁의 『新書』에는 "동남쪽은 일본, 서쪽은 백제, 북쪽은 고구려, 남쪽은 바다에 닿아 있다"라고 하였다. 賈耽의 『四夷述』에는 말하기를 "진한은 마한의 동쪽에 있는데 동쪽으로는 바다에 이르고 북쪽은 濊와 접해 있다"라고 하였다. 신라의 최치원은 말하기를 "마한은 곧 고구려이고 변한은 백제이며 진한은 신라이다"라고 하였다. 이러한 여러 설명들은 사실에 가까운 것들이라고 하겠다.

그러나 『신·구당서』에 모두 "변한의 苗裔로 낙랑 땅에 있다"라고 한 것이라거나, 『新書』에 또 "동쪽으로는 長人國에 이르는데 장인이란 것은 사람들 키가 3장이나 되고 톱 같은 이빨과 갈고리 같은 손톱을 하고 있으며 사람을 잡아먹었으므로, 신라는 늘 쇠뇌로 무장한 병사 수천 명을 주둔시켜 지켰다"라고 한 것과 같은 것은, 모두 떠도는 이야기를 전해 들은 것이지 사실을 기록한 것이 아니다. 『한서』 및 『후한서』 지리지를 살펴보면 "낙랑군은 洛陽에서 동북쪽으로 5천 리 떨어져 있다" 하고, 이에 주를 달아 이르기를 "幽州에 속하니 옛 朝鮮國이다"라고 했으므로, 낙랑은 아마 雞林과는 서로 땅이 나뉘어 격절해 있었던 것 같다. 또 서로 전해 오기를 "동해의 멀리 떨어진 섬에 大人國이 있다" 하나, 아무도 본 사람은 없으니 어찌 쇠뇌수가 지키는 일이 있었겠는가? (『삼국사기』 34 잡지 3 지리 1, 新羅疆域 총론부)

처음 인용한 杜佑의 『통전』은 당 大曆 원년(766)에 편찬을 개시하여 貞元 17년(801)에 완성한 책이다.[42] 지리지 찬자는 『통전』 변방조의 기재를 충실히 인용하였다.[43] '劉昫의 唐書'는 五代 後晉에서 편찬된 『구당서』를 가리킨다.[44] 이어 인용한 '宋祁의 新書'는 『신당서』를 가리킨다.[45]

42) 陳光崇, 1985, 「通典의 歷史思想」 『中國의 歷史認識』 上, 創作과批評社, 371쪽 ; 1980, 『中國史學史論集』.

43) 『通典』 185 邊防 1 동이 上 신라, "其先本辰韓種也 其國在百濟東南五百餘里[亦在高句麗東南 兼有漢時樂浪郡之北]".

'賈耽(730～805)의 四夷述'은 현전하지 않는다.[46] 문제가 된 최치원의 말은 이미 인용한 최치원전의 「上太師侍中狀」에서 확인되는 것이다. 변한 관련 정보를 이른 『신·구당서』와[47] 낙랑군의 위치를 언급한 양 『한서』도 인용 원문을 확인하는 데 어려움이 없다.[48]

인용한 대목은 신라의 강역을 상론하기 위한 총론부로서, 앞부분에서는 각종의 다양한 국내외 전승을 소개하면서 신라의 전신이라 할 진한의 지리적 위치 정보를 열거하였다. 이어 뒷부분에서는 『신·구당서』에 공통되는 정보 가운데 신라의 공간과 주민을 변한과 낙랑에 연결한 대목을 비판하였다. 비판의 직접적인 근거는 이른바 '兩漢志'의 기록이었다. 그러나 유의할 점은 첫 단락 말미에 언급한 최치원의 견해에서 언명된 것처럼, 신라는 진한의 후신이었다는 전제가 이미 여기에는 고려되어 있다는 것이다. 이를 다른 각도에서 음미하자면, 최치원의 견해를 인용한 중심 동기는 역시 신라와 진한과의 역사적 연계성 확인이었던 것이며, 고구려와 마한 그리고 백제와 변한의 연계에 대해서는 깊은 주의를 배려하지 않았다는 것이다.

2) '箕子正統'론과 마한

반면, 『삼국유사』 찬자는 『삼국사기』 찬자가 검증을 보류한 마한 – 고

44) 『구당서』 199 上 열전 149 신라, "東及南方 俱限大海".

45) 『신당서』 220 동이열전 145 신라, "東南日本 西百濟 南瀕海 北高麗".

46) 賈耽(730～805)은 당의 정치가요 지리학자이다. 801년에 『海內華夷圖』와 『古今郡國縣道四夷述』 40권을 제작하였다. 이것은 중국 본토는 물론 그 밖의 지역을 포함해 당시의 세계지도 및 세계지지였으나, 지금은 전하지 않는다.

47) 『구당서』 199 上 열전 149 신라, "新羅國本弁韓之苗裔也 其國在漢時樂浪之地". 『新唐書』 220 동이열전 145 신라, "新羅弁韓苗裔也 居漢樂浪地" 및 "東距長人 … 長人者 人類長三丈 鋸牙鉤爪 黑毛覆身 不火食 噬禽獸 或搏人以食 … 新羅常屯弩士數千守之".

48) 『한서』 28 지리지 8 下, "樂浪郡[武帝元封三年開 莽日樂鮮 屬幽州 應劭日 故朝鮮國也…]". 『후한서』 23 군국지 5 幽州, "樂浪郡[武帝置 洛陽東北五千里]".

구려, 그리고 변한－백제의 대응 관계에 대한 논증을 시도하였다. 물론 그에게도 진한－신라의 연계론 자체는 부동의 확고한 사실이었다. 그는 우선 마한에 관한 최치원의 이해에 동의한다. 또한 『삼국사기』의 본기 기사에 따라 신라가 고구려보다 먼저 건국되었음을 지적하였다. 그러므로 견훤의 말 가운데 마한이 먼저 일어났다고 한 것은 위만조선 성립기 準王의 남천을 염두에 둔 것이겠고, 이렇게 성립한 마한과 고구려의 연계는 東明이 일어난 다음 마한을 아울렀기 때문일 것이라고 추론하였다.[49]

마찬가지로 그는 "변한은 백제다"라고 한 최치원의 견해에 반대하지 않는다. 그러므로 백제의 온조가 혁거세와 동명보다 뒤늦었음을 환기한 다음, 『신·구당서』의 견해 즉 변한의 묘예가 낙랑의 땅에 있다 한 데 대해서는 "온조의 계열이 동명으로부터 나왔기 때문에 그렇게 말한 것일 뿐"이라고 하였다. 결국 "마땅히 옛 현인의 말을 옳게 여겨야 하겠다"라고 결론하되, 백제 땅에 있는 卞山의 존재로 인해 변한이라 했다고 판단하였다.[50]

그러므로 『삼국유사』 찬자 역시 『삼국사기』의 삼한 삼국의 대응 인식을 옳게 분별하거나 비판하지 못하고 말았다고 해야겠다. 더욱이 『삼국사기』에서와 유사한 착종이 발견되기도 한다. 즉 진한에 대해서는 『삼국지』와 『후한서』의 한조에 보이는 바의 유래를 인정하였고,[51] 반면에 『續高僧傳』을 인용하여 圓光의 행적을 구성하는 대목에서는 "원광은 진한인이다 … 원광은 진한과 마한 사이에 正法을 널리 펴고 …"라고 하였다.[52] 그런데 여기에는 진평왕 때 주로 활동한 원광의 활동 범위에 실제 마한, 즉 찬자의 논리에 따를 경우 고구려 지역이 포함될 수 없었음을 고려한 흔적은 보이지 않는 것이다.

---

49) 『삼국유사』 기이, 馬韓.
50) 『삼국유사』 기이, 卞韓百濟.
51) 『삼국유사』 기이, 辰韓.
52) 『삼국유사』 의해, 圓光西學.

물론 '진한과 마한'이라 할 때 여기에 반드시 고구려가 배제되었다고 단정할 만한 적극적인 증거는 없다고 할 수도 있겠다. 말하자면 『삼국사기』 궁예전과 『고려사』 태조세가에 모두 언급된 王昌瑾의 鏡文 가운데 "上帝降子於辰馬 … 先操鷄後搏鴨"이라 한 부분의 '辰·馬'와 '鷄·鴨'을 당대 문사들은 각각 '진한과 마한', 그리고 '계림과 압록' 즉 신라와 고구려의 지칭으로 해석하였다 한다.[53] 그렇다면 혹시 '마한'과 '압록', 즉 고구려가 대응하는 형국으로 볼 여지를 완전히 배제할 수는 없는 것이다.[54]

그러나 태조의 위업은 '삼한일통'을 재현한 것이었으며, 비록 변한이 직접 지시되지는 않았지만, '辰馬'에 내려온 상제의 아들은 같은 경문 가운데 靑木에 은신한 龍의 아들 즉 松嶽의 왕건을 의미한다고 해석되므로, 역시 태조의 후삼국 통합을 지시한다고 보아야 한다. 다시 말해 숙종 대 남경 천도론을 주청한 金謂磾가 인용한 道詵의 「踏山歌」에 "松嶽山이 辰馬의 주인이 되었다"라고 한 대목 또한 태조의 '삼한일통'을 의미하는 것이다.[55] 그렇다면 적어도 마한과 진한만을 특기하여 각각 고구려와 신라로 한정하지는 않았다고 보아야 하며, 오히려 삼한 전체를 이른 것이 아닐까 생각하는 것이다.

여하튼 『삼국유사』에서 준왕의 남천과 마한을 연결시켜 설명한 부분은 향후 적지 않은 설득력을 가지고 재론되었다.[56] 비슷한 시기 李承休 역시 신라에 대해서는 "漢宣五鳳元甲子 開國辰韓定疆界"라 하고, 고구려에 대해서는 "漢元立昭二甲申 開國馬韓王儉城[今西京也]"라 하고, 백제에 대해서는 "漢成鴻嘉三癸卯 開國弁韓原膴膴"라고 하였다.[57] 이는 최치

---

53) 『삼국사기』 50 열전 10, 弓裔. 『고려사』 세가 1, 太祖 貞明 4년(918) 3월.

54) 趙法鍾, 2001, 「後百濟 甄萱의 歷史繼承認識 - 高句麗 및 百濟의 馬韓繼承認識을 중심으로」 『후백제 견훤정권과 전주』, 주류성, 374쪽.

55) 『고려사』 122 열전 35 方技, 金謂磾.

56) 이는 『후한서』 한조의 마한 인식에서 비롯한 것인데 후일 조선후기 三韓正統論의 전개에 있어서 중요한 논거가 되기도 하였다. 朴性鳳, 1997, 「馬韓認識의 歷代變化」 『삼한의 역사와 문화』, 자유지성사, 113쪽 ; 1990, 『馬韓·百濟文化』 12.

원의 견해를 답습한 것이다.

그러나 韓地로 들어와 韓王을 자칭한 준왕의 존재를 주목할수록, 그 경우의 마한은 공간적으로 고구려보다는 백제와 중첩되게 마련이다. 예컨대 後朝鮮 준왕의 남천에서 마한이 성립했다고 보는 『고려사』 찬자는, "金馬郡은 원래 마한국인데, 백제 시조 온조왕이 이를 합쳤다"라고 했던 것이다.[58] 게다가 금마군에는 후조선의 武康王陵이 있다고 하였는데, 고려 후기에도 금마군의 무강왕릉은 '馬韓祖'의 릉으로 인식되어 있었다.[59] 따라서 적어도 고려 후기 이후에는 마한을 백제와 연계하여 이해하는 시각이 널리 공유되었다고 해야겠다. 權近의 발언은 이를 입증하고 있다.

> 삼한에 관한 설들이 서로 다르다. 그러나 조선 왕 준이 위만의 난리를 피하여 바다에 떠 남쪽으로 와 나라를 열고 마한이라 하였는데, 백제 온조가 서서 마침내 이를 병합하였다. 지금 益州에 옛 성이 있고 지금도 사람들이 箕準城이라 하니, 마한이 백제가 된 것은 의심의 여지가 없다. 진한은 신라 시조 혁거세가 일어난 곳이다. 『신당서』에 "변한은 낙랑의 땅에 있다" 하였고, 또 "평양은 옛 낙랑군"이라 하였으니, 진한이 신라가 되고 변한이 고구려가 된 것 역시 의심의 여지가 없다. 『후한서』에는 변한이 남쪽에, 진한이 동쪽에, 마한이 서쪽에 있다고 했는데, 그 가운데 변한이 남쪽에 있다 한 것은 대개 한의 영토인 요동 지역으로부터 '그러하다'는 것을 이른 것일 뿐, 변한이 진한과 마한의 두 한 남쪽에 있다고 이르는 것은 아니다. 최치원이 이를 연유로 마한이 고구려요 변한이 백제라 한 것은 잘못이다. (『삼국사절요』 外紀, 삼한)

권근은 『신당서』를 근거로 최치원의 견해를 비판하였다. 김부식과 일연이 최치원의 파악을 받아들여 『신·구당서』를 수용하지 않은 것과 반대다. 여하튼 이제 일단 마한은 백제가, 그리고 진한은 신라가 되었다는

57) 『帝王韻紀』 하 東國君王開國年代.

58) 『고려사』 57 지리 2 金馬郡.

59) 『고려사』 124 열전 37 嬖幸, 鄭方吉.

데는 대강의 합의가 이루어진 셈이다. 조선 초기의 지리지들에서도 이러한 합의가 확인된다.[60)]

그러나 권근에 의해 새롭게 고구려를 변한에 연결시킨 문제가 논란의 대상이 되었다. 애초에 『신당서』 등의 문의는 신라의 族源을 변한에 연결시키고, 그 변한은 곧 낙랑의 땅에 있다는 것이었다. 권근은 이 가운데 신라가 진한의 후신임을 부동의 사실로 전제하고, 따라서 낙랑에 위치한 변한은 고구려일 수밖에 없다는 결론에 이른 것이다. 사실 중국의 사서에 보이는 삼국의 원류 기사 가운데 가장 심한 착종을 보이고 있는 것이 신라의 경우일 것이다. 반면에 우리 측 인식에서는 역대로 진한과 신라의 연계에 대해서만은 여하한 이견이 제출되지 않았다.

그러나 권근이 최치원의 오류를 옳게 극복하지 못했다는 것은 韓百謙의 지적 그대로이다. 그는 준왕의 남천에서 비롯된 마한의 등장과 『삼국사기』 백제본기 온조 대의 마한 멸망을 주의한 다음, "최치원이 처음 마한이 고구려이고 변한이 백제라 한 것이 첫째 오류였고, 권근이 비록 마한이 백제가 되었음을 알았으나 역시 고구려가 변한이 아니었던 것은 몰라 혼란스럽게 설명하였으니 이것이 둘째 오류였다"라고 하였다.[61)] 그와

---

60) 『世宗實錄地理志』 全羅道 益山郡, "本馬韓國[後朝鮮王箕準 避衛滿之亂 浮海西南至韓地 開國號馬韓] 至百濟始祖溫祚并之 自後號金馬渚". 『新增東國輿地勝覽』 33 益山郡 建置沿革, "本馬韓國[後朝鮮王箕準 箕子四十一代孫也 避衛滿之亂 浮海而南至韓地 開國仍號馬韓] 至百濟始祖溫祚王并之 自後號金馬渚". 다만 『新增東國輿地勝覽』의 경우도 선행한 사서와 마찬가지의 자체 착종을 탈피하지 못하고 있거니와, 권6 京畿조에서는 『삼국유사』의 설명을 동원하여 권근의 견해를 겨냥·비판하면서 경기·충청·황해 등지를 마한의 옛 강역으로, 그리고 전라도를 변한의 그것으로 주장하였다. 또한 권41에서도 "黃海道 本朝鮮馬韓舊地 後爲高句麗所有"라고 하였다.

61) 韓百謙, 『東國地理誌』 後漢書 三韓傳, "愚按 … 漢初箕準爲衛滿所逐 浮海而南至韓地金馬郡 都焉 稱爲韓王 是爲馬韓 … 新莽元年溫祚滅馬韓 而百濟興焉 … 崔致遠始謂馬韓麗也弁韓濟也 此一誤也 權近雖知馬韓之爲百濟 而亦不知高句麗之非弁韓 混而說之 此再誤也". 『久菴遺稿』 「東史纂要後敍」에도 같은 견해를 피력해 두었다.

같이 『삼국사기』 백제본기 혹은 신라본기의 문면을 무리 없이 따라 가다 보면, 권근의 변한－고구려 설은 매우 설득력이 없다고 해야겠다. 이 점에 대해서는 다음의 지적을 환기하는 것이 유효하겠다.

> 백제가 마한을 대신하여 왕 노릇을 하였고, 신라는 변·진을 아울러 차지했으며, 구려는 본래 삼한에서 말미암은 것이 아닌데도, 최치원이 억지로 삼국을 삼한에 나누어 귀속시켰던 바, 진한을 신라로 함은 옳거니와 변한을 백제로 삼고 마한을 고구려로 삼은 것은 그 그릇됨을 길게 말할 필요가 없거늘, 권근은 백제사를 살펴 백제가 마한이 되는 것을 밝게 알았지만, 고구려는 어떤 한에 비의할 만한 게 없는데다가 변한의 사적이 자세하지 않은 까닭에 함부로 변한을 고구려로 삼은 것이다. 그러나 만약 변한이 구려라면 箕準이 衛滿을 피하여 남쪽으로 온 다음 마한이 무엇을 가지고 "진·변 두 한이 본래 우리의 속국이었다"라고 했을 것이며, 혁거세 19년에 또 어떻게 변한을 아울렀겠는가? (『東京雜記』 刊誤)

사실 마한을 백제와 등치시킨 견훤의 선언은, 역사적 실제와의 부합 여부를 떠나, 당대의 유력한 지적 흐름 가운데 일단을 대변한다. 게다가 마한이 곧 고구려라고 한 최치원조차도 스스로 마한－백제 연계 논리를 드러내고 있었다.

> 옛날 우리나라가 셋으로 나뉘어 솥의 발과 같이 서로 대치했을 때를 당하여 백제에 蘇塗의 의식이 있었는데, 이는 甘泉宮에서 金人에게 제사지내는 것과 같았다.[62]

백제에 '蘇塗之儀'가 있었다고 한 것은, 백제가 마한의 후신으로 소도의 유풍을 전수하였기 때문일 것이다. 또한 이를 강조한 중국의 문헌에서 마한과 관련하여 이른바 "蘇塗之義 有似浮屠"라 함에 유의하

62) 「智證大師寂照之塔碑銘」 『崔文昌侯全集』(1972, 成均館大學校 大東文化硏究院), 170쪽.

여,[63] 불교가 전래하기 이전의 우리나라에도 불교와 유사한 형태의 의식이 있었음을 나타내려 한 것으로 보인다.[64] 그렇다면 최치원은 여기에서 백제와 마한의 역사적 연계를 고려했던 것이다. 그러므로 마한에서 백제로 이어졌다고 한 견훤의 인식이 당대의 지식인들에게 전혀 돌발적인 것이 아니었음을 짐작할 수 있는 것이다.

이처럼 진한에 대한 인식이 일통삼한론과 긴밀한 관련 하에 편향을 극복하지 못했다면, 마한에 대한 인식은 아마 기자정통론과 무관하지 않았다고 생각한다. 이미 『삼국유사』와 『삼국사절요』 등에서 피력한 기자의 마한 남래설을 언급하였다. 이들 사서를 선구한 『삼국사기』의 기자 인식, 그리고 그 문헌적 근거가 된 중국 측 사서의 관련 정보들을 들춰보기로 한다.

> 영양왕 18년(607), 애초 수 양제가 啓民의 장막에 갔을 때 우리 사신이 계민이 있는 곳에 있었다. 계민이 감히 우리 사신을 숨기지 못해 함께 양제를 뵈었다. 黃門侍郎 裴矩가 양제에게 말하기를 "고구려는 본래 箕子를 봉했던 땅으로 漢과 晉이 모두 군·현으로 만들었는데, 지금에 와서는 신하 노릇을 하지 않고 별개의 다른 지역이 되어 버렸으니, 선제께서 정복하려 하신 지가 오래 되었습니다. 다만 楊諒이 못나서 군사를 내었다가 공적을 이루지 못했지만, 폐하의 시절을 만나 어찌 그대로 놓아두어 예의가 두터웠던 지역을 끝내 오랑캐 소굴이 되게 할 수 있겠습니까? 이제 계민이 나라를 들어 교화에 복종하는 것을 저들의 사신이 와서 직접 보았으니, 저들이 두려워하는 기회에 저들로 하여금 입조하도록 위협하는 것이 좋겠습니다"라고 하였다. (『삼국사기』 20 고구려본기 8)[65]

63) 『삼국지』 魏書 30 동이전 韓. 趙仁成, 1982, 「崔致遠의 歷史敍述」 『歷史學報』 94·95, 49쪽.

64) 崔英成, 1987, 『註解 四山碑銘』, 亞細亞文化社, 171쪽.

65) 이 인용문은 『자치통감』 181 隋紀 煬帝 上之下 大業 6년 12월조와 『隋書』 67 裴矩傳 및 같은 책 3 煬帝紀 上 大業 3년 8월 乙酉조를 바탕으로 한다.

이 극적인 조우는 수와 고구려 모두에게 당혹스러운 경험이었겠으나, 특히 배구의 의견은 전대와 크게 달라진 고구려 인식을 표방하고 있다. 그는 기자를 연원으로, 그리고 한과 진대의 군현을 매개로 고구려 영토에 대한 역사적 귀속 의지를 드러냈다. 배구의 본래 인식은 孤竹國 → 箕子 → 漢三郡 → 고구려의 역사 계통론에 입각해 있다.[66] 따라서 '고구려는 회복해야 할 중국의 내지'라는 도발적 인식을 낳게 되었고,[67] 이에 고무된 양제는 영양왕의 친조를 요구하기에 이른다.

배구는 다시 당의 고구려 인식을 경색시키는 데에도 크게 기여하였다. 그는 "요동의 땅은 周 대의 기자국이요 漢 대의 현도군"임을 단언하면서, 당 고조의 유화적 태도를 저지하였다. 이러한 강경론을 토대로 당 태종은 "고구려는 본래 4郡의 땅이었을 뿐"이라고 규정했고,[68] 신라를 비호하기 위해 파견된 당의 相里玄獎은 당 태종의 인식을 대변하여 연개소문을 향해 "요동의 여러 성들은 본래 모두 중국의 군·현들"이라고 항의하였다.[69] 그러나 『삼국사기』 찬자는 여기에 동의하지 않았다.

> 현도와 낙랑은 본래 조선의 땅으로서 기자를 봉했던 곳이니, 기자는 그 백성들에게 예의와 농사와 누에치고 베 짜는 법을 가르치고 금법 여덟 조목을 만들었다. 이리하여 그 백성들이 서로 도둑질하지 않고 문을 닫아 걸지 않으며, 부인들은 곧고 신실해 음탕하지 않고, 음식을 먹는 데는 제정된 그릇을 사용했으니, 이야말로 어진 현자의 교화인 것이다. 게다가 그들의 천성이 유순해 다른 세 방면의 오랑캐와는 달랐던 까닭에, 공자가 중국에서 도가

66) 『隋書』 67 열전 32 裴矩, "(大業 3년) 矩因奏狀曰 高麗之地 本孤竹國也 周代以之封于箕子 漢世分爲三郡" ; 『舊唐書』 63 열전 13 裴矩, "(大業 3년) 矩因奏曰 高麗之地 本孤竹國也 周代以之封箕子 漢時分爲三郡" ; 『新唐書』 100 열전 25 裴矩, "(大業 3년) 矩因奏言 高麗本孤竹國 周以封箕子 漢分三郡".

67) 황약슬, 1994, 「수나라의 高句麗에 대한 認識을 시론함」 『高句麗文化國際學術會論文集』, 81～89쪽.

68) 『자치통감』 196 唐紀 12 太宗 中之中 貞觀 15년(641).

69) 『자치통감』 196 唐紀 13 太宗 中之下 貞觀 18년(644).

시행되지 않음을 슬퍼하여 바다를 건너와 살고자 했던 것도 그럴만한 이유가 있었던 것인저! … (『삼국사기』 22 고구려본기 10, 보장왕 27년 종결부의 사론)

현도와 낙랑 등 한의 군현들은 '본래 조선의 땅'이라 하였다. 요동은 본래 중국의 땅이라거나 고구려는 본래 현도 등 4군의 땅이라 한 수·당의 논리와 정면으로 대립한다. 특히 중요한 것은 기자를 매개로 한 자긍심일 것이다. 이 문제에 대한 근대 역사학의 수용 여부와는 별개로 유교의 관념적 왕자인 기자는 동방 문명의 근원으로 간주되었다. 그리고 그 기자의 정통이 준왕을 통해 마한으로 계승되었다고 보았던 것이다.

이와 관련하여, 성호 李瀷과 그의 영향을 크게 입은 순암 안정복의 정통론은 전근대 마한 관련 인식의 핵심을 잘 묘파한 것이라고 생각한다.

- 東國의 역대 흥망은 대체로 中華와 그 시종을 더불어 왔다. 檀君과 堯가 함께 일어났고, 武王이 천명을 받으매 箕子가 봉해졌으니, 생각건대 단군의 후예가 쇠미해져 더 이상 임금과 나라가 없어졌으므로 기자가 이를 얻어 왕업을 연 것이리라. … 대저 仁賢의 교화는 실로 기자로부터 비롯되었는데 후손이 왕업을 이어 바꾸지 아니하였다. 위만이 속임수로 그를 쫓아내니 준은 오히려 자기 무리를 거느리고 남쪽으로 달아나 강토를 개척하여 50여 속국을 거느렸다. 이는 곧 동방의 정통이 끊어지지 않은 것이며 … 동방에서 국가의 전통은 오직 마한뿐이었다. … 마한이 망한 것은 백제에 땅을 빌려 주었던 것을 오히려 백제가 이를 도모한 것이었으니, 백제의 교활함은 곧 위씨의 옛 奸智인 바 … 나는 그러므로 이르기를 "마한이 곧 동국의 정통이다"라고 말한다. (『星湖集』 47下·雜著, 「三韓正統論」)
- 正統이란 檀君, 箕子, 마한, 신라 문무왕[9년 이후], 고려 태조[19년 이후. 신라의 고구려에 대한 것은 并國之禮로써 한 것이므로 통일 다음해에 정통을 이었고, 고려의 견훤에 대한 것은 平賊之禮로써 한 것이므로 통합한 해에 정통을 이었다.]를 말한다. … 無統이란 삼국이 병립해 있을 때를 말한다. (『東史綱目』 「東史綱目序」 및 凡例)

4. 삼한 인식과 발해사

1) 최치원의 발해 인식

앞에서 언급하였듯이, 발해의 등장은 신라의 '일통삼한' 이념을 정확하게 겨누는 형국이 된다. 발해는 고구려를 자처한다. 8세기 들어 발해 무왕은 "고구려의 옛 땅을 회복하고 부여의 유속을 계승하였다"라고 성언하기에 이르렀다.[70] 고구려의 복국은 삼한 일통의 이념을 근저에서 훼절한다. 앞에서 살펴본 것과 같이, 비록 당 현종의 제안에 부응한 것이긴 하나, 당과 함께 발해를 협공하려 행동한 성덕왕 대의 신라는 일통의 의의에 대한 위협을 물리력으로 해소하기 위한 의지를 표출한다.

그러나 국력의 총체에서 신라와 발해의 위상은 이내 전도되었다. 9세기 후반 발해는 '해동성국'의 칭예를 누렸으나,[71] 신라는 중국의 권위에 기댄 종족론과 소중화 문화론의 배후에서 은인할 뿐이다. 이를 배경으로 하대 신라인들은 삼국과 삼한의 각개 대응 항을 설정하여 발해를 삼한의 시공간에서 배제하고 말았다.

최치원의 발해 관련 발언들을 적출해 본다.

◦ …摠章 원년(668)에는 英公 李勣을 시켜 고구려를 격파하고 安東都督府를 설치했으며, 儀鳳 3년(678)에 와서 그 백성들을 河南과 隴右에 옮겼습니다. 고구려의 남은 자손들이 끼리끼리 모여서 북쪽 太白山 아래에 발을 붙이고 나라 이름을 '발해'라 하더니, 開元 20년(732)에 당에 원한을 품어 군사를 이끌고 갑자기 登州를 습격해 자사 韋俊을 죽였습니다. 이에 明皇帝께서 크게 노하여 內史 高品·何行成과 太僕卿 金思蘭 등을 시켜 군사를 내 바다를 건너 토벌했습니다. 이와 함께 우리 왕 김모에게도 작위를 더해 正大尉持節充寧海軍事雞林州大都督으로 삼았는데, 깊은 겨울에 눈

70) 『續日本紀』 10, 聖武天皇 神龜 5년 정월 甲寅 "高齊德等上其王書并方物 其詞曰 … 復高麗之舊居 有夫餘之遺俗".

71) 宋基豪, 1995, 『渤海政治史硏究』, 一潮閣, 153쪽.

이 많이 쌓여 우리와 중국 군사들이 추위를 이기지 못하므로 조칙을 내려 회군할 것을 명령했습니다. … (「上太師侍中狀」)

◦ 옛날 貞觀 연간에 太宗文皇帝께서 손수 지은 조서를 천하에 보이시기를 "이제 幽·薊를 순행하여 遼碣에서 죄를 묻고자 한다" 하셨으니, 대개 句麗의 사나운 습속이 기강을 범하고 常道를 어지럽히기 때문이었습니다. … 생각건대 저 구려는 오늘날 발해로 되었는데, 비로소 근래 와서 계속 과거에서 분에 넘치는 성과를 거두었으니, 이는 곧 외방이 착함을 사모하는 정성을 기록하시고 대국의 공평한 덕화를 드러내심이나 … 崔侍郎이 賓貢科에서 두 명을 선발할 때 발해의 烏昭度를 으뜸으로 삼아 … 이미 한 나라[신라]에 치욕을 끼쳤던 것인데, 다행히 大夫께서… 계림의 선비를 돌아보시고 특별히 朴仁範과 金渥 두 사람으로 하여금 쌍으로 鳳里를 날고 짝하여 龍門에서 뛰게 하시어 … 추한 오랑캐가 仙科를 흠집 내는 것을 용납하지 않으셨습니다. … 신의 나라는 본디 선왕의 도를 익혀 과분하게도 君子之鄕이라 일컬어졌으니 … (「新羅王與唐江西高大夫湘狀」)[72)]

◦ … 句麗가 이윽고 미친 회오리바람이 잦아지자 간신히 불탄 나머지를 거두어 따로 고을들을 취합할 것을 도모하더니 문득 나라 이름을 도적질하였으니, 곧 예전의 구려임을 알 것이요 이가 오늘의 발해인 것입니다. … 발해의 烏昭度를 으뜸으로 삼은 것은 魯나라를 여위게 하고 杞나라를 살찌게 하는 것과 같음이 있으니 … 관과 신발이 실로 도치됨에 부끄러운 것입니다. … 최치원이 요행히도 천박한 재주를 가지고 … 실로 지극한 공정함을 만나 이전의 치욕을 씻었으니 변화됨은 한 번 돌보아주심에 깊이 힘입었고 그 광영은 멀리 삼한에 퍼졌습니다. … (「與禮部裵尙書瓚狀」)[73)]

◦ … 신이 삼가 발해의 원류를 살피건대, 句驪가 아직 멸망되기 전에는 본래 사마귀만한 부락이었던 것이 靺羯의 부류가 번창해지자 그 가운데 粟末이라는 작은 번속이 있어 일찍이 句驪를 따라 내지로 옮겨 왔는데 그 首領 乞四比羽와 大祚榮 등이 … 만일 황제폐하께서 빼어난 사려로 홀로 결단하시어 神筆로 물리쳐 批答하지 않으셨던들, 필시 槿花鄕의 겸양은 절로 침몰되고 楛矢國의 毒痛은 더욱 성해졌을 것입니다. … (「謝不許北國居上表」)

72) 崔英成, 앞의 책 『譯註 崔致遠全集 2』, 171～173쪽.
73) 崔英成, 위의 책, 178～180쪽.

최치원으로 대변되는 통일기 신라인의 발해 인식을 논의할 때, 730년대 성덕왕의 군사 행동은 심중한 의미를 지닌다. 그것은 현실의 물리력에 의지하여 '일통삼한'의 완결을 저해하는 발해의 극복을 염두에 두었을 수도 있다. 그러나 동시에 또 하나의 가능성, 즉 고구려와 발해의 동질성을 부인하는 것도 유효한 대응 방안 가운데 하나였다. 안승을 매개로 고구려왕과 고구려 왕조는 이미 통합 신라 왕조에 귀속되었기 때문이다. 성덕왕에게 보낸 당 현종의 조서에서도 "그대 부부의 경사스러운 복으로 삼한이 화목하게 지내니, 세상에서 어질고 의로운 나라라고 일컬었"다 한다.[74] 이처럼 삼한은 이미 신라에 귀속된 세계이며, 여기에 발해가 개입될 여지는 없었던 것이다.

바로 이와 같은 맥락에서 발해는 중대 신라인들의 명분에 충실하게 말갈로 규정되었다. 그리고 이는 백제 고지마저 신라와 말갈 혹은 발해말갈에 의해 분점되었다고 기록한 중국 측 관점에도 부합하고 있다.[75] 물론 이러한 논지가 곧 신라인들의 발해 인식을 가감 없이 설명한다고 생각할 수는 없다. 오히려 신라는 발해의 등장에서 발해 왕조 자신의 외교적 성언이 겨냥한 바보다 더욱 민감하게 잠재된 고구려적 위상을 경계했을 듯하다.

다시 말해 중대 신라의 인식이란 '일통삼한'의 경직된 명분에 충실하여 더 이상 '삼한'의 잔영을 환기시킬 수 있는 일체의 실체를 부정하려는 것이었다. 그러나 역설적이게도 그들은 고구려와 발해가 가지는 제 부면의 실제적 연속성에 관한 한 누구보다도 구체적인 정보와 분석을 보유하고 있었다. 요컨대 발해에 대한 신라인의 이른바 '양면적 인식'이란, 양국 관계의 추이에서 비롯된 것으로[76] 파악하기보다는, 오히려 '명분'과 '실제'

74) 『삼국사기』 8 신라본기 8, 성덕왕 30년.
75) 『通典』 185 변방 동이 上, "土地盡沒於新羅靺鞨 夫餘氏君長遂絕". 『구당서』 199 상 열전 149 동이 백제, "其地自此爲新羅及渤海靺鞨所分 百濟之種遂絕". 『신당서』 220 동이열전 145 백제, "其地已爲新羅渤海靺鞨所分 百濟遂絕".

의 예리한 상충을 그 주요 배경으로 유념할 필요가 있다고 보는 것이다. 상충으로 빚어진 균열은 정작 최치원 스스로에게서 나타나고 만다.

인용문들에 따르면 발해는 '예전의 고구려'이고, 발해인은 '고구려의 남은 자손'이며, 고구려의 멸망과 발해 건국은 서로 긴밀한 맥락의 연속된 사건들이었다.[77] 일견 중대 신라의 명분은 이미 현저하게 그 위력을 상실한 셈이다. 특히 최치원의 「謝不許北國居上表」는 897년 발해 왕자 大封裔가 제기한 이른바 '爭長事件'에서 비롯된 문건이었다. 이보다 5년 전에 이미 견훤은 백제의 복국을 표방하였고, 뒤이어 궁예 역시 신라 북변의 주민들에게 패망한 고구려를 환기시켰다. 신라 하대는 이제 새로운 삼국鼎峙 상태를 향해 진행하고 있었으며, '일통삼한'의 의의는 적어도 현실에서는 여하한 설득력도 지니지 못하게 되었다. 이런 배경에서 발해와 고구려의 일체성이라는 기왕의 은폐된 '실제'는 지식인들 사이에 거부감 없이 수용되었고 거리낌 없이 표출되었다.

그러나 이제 고구려와 발해의 역사적 연계성 자체는 문제의 핵심이 될 수 없다. 물리력으로 '일통삼한'을 보위할 수 있는 중대의 희소한 가능성마저 기대하기 힘든 데다가, 이미 새로운 '分立三韓'이 현실로 드러나고 말았다. 대봉예의 항의에 대해, 다행히도 昭宗은 "국명의 선후는 관례상 강약을 가지고 일컫지 않으니, 조정에서 제정한 等威를 지금 어찌 국력의 성쇠를 가지고 고친단 말인가? 구례대로 해야 할 것이니, 이 선시에 따르도록 하라!" 답하였다.[78] 신라와 발해의 국력의 성쇠는 실로 최치원의 표현처럼 '관과 신발이 도치된 부끄러움'과 다르지 않았다. 따라서 신라와 발해를 槿花鄉과 楛矢國으로, 혹은 君子之鄉과 추한 오랑

76) 宋基豪, 1988, 「발해에 대한 신라의 양면적 인식과 그 배경」『한국사론』 19.

77) 崔敬淑, 1997, 「崔致遠의 渤海 認識」『古文硏究』 10, 213～219쪽. 趙仁成, 앞의 논문 「崔致遠의 歷史敍述」, 51쪽. 李賢惠, 1983, 「崔致遠의 歷史認識」『明知史論』 창간호, 5쪽.

78) 崔英成, 앞의 책 『譯註 崔致遠全集 2』, 128쪽.

캐, 그리고 魯나라와 杞나라로 극단적 대비를 거듭한 최치원의 태도는, 당시 신라 지식인들의 좌절감과 무력감의 역설적 표출일 것이다.

최치원이 귀국할 당시 작성한 「與禮部裵尙書瓚狀」에서는 자신의 등과를 일러 "그 광영이 멀리 삼한에 퍼졌다"라고 한 반면, 그로부터 십 수년 뒤에 작성한 「大華嚴宗佛國寺毘盧遮那文殊普賢像讚」에서는[79] "太傅先王童眞和尙 暫化辰卞 早歸崑閬"[80]이라고 한 차이점도 놓치지 않아야겠다. 이 대목은 헌강왕이 진한과 변한에 교화를 폈다는 말이므로, 그 자신의 삼한 삼국의 연계 인식을 미루어 볼 때, 최치원은 신라 왕의 통치 범위에서 마한-고구려를 제외한 것으로 읽힌다. 물론 이 미약한 단서만으로 그가 관념적 '일통삼한'을 탈각하여 명백한 현실 인식에 도달한 증좌로 삼기에는 충분치 않다. 그러나 최치원의 발해 인식은 적어도 '일통삼한'의 관념과 긴밀한 의미 관계를 유지한 채 헝클어지고 있었다고 여긴다.

요컨대 중대 초에 고양된 '일통삼한'은 전쟁에서 승리한 신라 지배 계급의 자존과 긍지를 표상하였다. 고구려의 후계를 공언한 발해는 오랫동안 신라의 이 자존적 관념을 효과적으로 위협하지 못하였다. 정작 '일통삼한'의 균열은 그 주체인 신라 내부에서 발단되었다. 하대의 실질적 시작이라 할 수 있는 원성왕은 비상한 즉위 과정 탓에 감당해야 했던 지배계급 내 저항에 봉착하여, 발해에 대해 돌연 외교 사절을 파견한 바 있다.[81] 발해 건국 100여 년 만에 발생한 이 사건은 국내의 정치적 현안을

---

79) 이 찬문은 적어도 최치원이 賀正使로 입당했던 경험 이후에 지어진 것으로 보이는데, 그의 2차 입당 시기를 진성왕 7년(893), 혹은 894년 이전으로 추정하는 것은 崔英成, 1998, 「崔致遠 思想形成의 歷程에 대한 考察」『東洋古典硏究』 10 ; 李在云, 1999, 「고운의 생애와 정치활동」『崔致遠 硏究』, 백산자료원, 53쪽. 金重烈도 두 번째의 입당과 귀국을 인정한다. 1996, 「羅·唐 文人의 交流詩 硏究」『東洋古典硏究』 6, 49쪽.

80) 崔英成, 앞의 책 『譯註 崔致遠全集 2』, 197쪽.

81) 『삼국사기』 10 신라본기 10, 원성왕 6년 3월.

의식한, 즉 광범한 반왕 세력을 겨냥한 돌발적 외교였다. 성덕왕 대에 표출하였던 물리적 대응 가능성은 이미 이때 포기된 것이나 다를 바 없다고 생각한다.[82)]

더욱 심절한 위협은 후삼국의 등장일 것이다. 후백제와 후고(구)려는 각각 백제와 고구려의 부활을 자처하였다. 이로써 200여 년 만에 삼한은 다시 분립하였다. 이즈음 신라에서는 황룡사구층탑의 건조로 말미암아 삼한이 한 집안이 되었음과, 태종대왕이 삼한을 평정했음을 각별하게 추고하였다.[83)] 역설적으로 현실은 "때가 액운을 당하고 세상은 혼란하여 재앙을 나타내는 별이 삼한에 길게 비치고" 있었다.[84)] 분립의 한 축을 감당하고 있던 견훤조차 "삼한이 액운을 당하고 九土[九州]가 흉년으로 황폐"해졌다고 진단하였다.[85)] 신라 왕조의 지식인은 물론 후백제와 후고(구)려의 주역들 또한 새로운 일통을 숙제로 공유하였던 것이다.

> 어느 날 태조가 崔凝에게 말하기를 "옛날 신라가 구층탑을 만들어 마침내 一統의 위업을 이루었거니와, 이제 개경에 칠층탑을 세우고 서경에 구층탑을 세워서, 그 현묘한 공업을 빌어 뭇 나쁜 무리를 없애고 삼한을 합해 一家를 이루려 하니, 그대가 나를 위해 발원의 글을 지으라"라고 하였다. (『고려사』 열전 5, 崔凝)

새로운 일통은 고려 왕건에 의해 실현되었다. 태조 왕건은 거의 모든 면에서 신라의 일통 관념을 답습하였다. 일찍이 그는 황룡사구층탑이 가

---

82) 이상 최치원의 발해 인식 관련 논의는 이강래, 2010, 「최치원의 고대 인식과 그 함의 – '일통삼한'을 매개로」 『고운 최치원의 역사관』, 문사철, 122～124쪽.

83) 朴居勿, 「皇龍寺刹柱本記」(경문왕 12 : 872), 『譯註 韓國古代金石文 3』, 駕洛國事蹟開發硏究院(1992), 367～368쪽 "造斯塔 … 果合三韓 以爲一家 君臣安樂 至今賴之" ; 金穎, 「月光寺圓朗禪師塔碑」(진성여왕 4 : 890), 같은 책, 147～148쪽 "我太宗大王 … 止戈三韓之年".

84) 崔仁滾, 「太子寺郎空大師白月栖雲塔碑」(917년 이후), 『譯註 羅末麗初金石文(上)』, 혜안(1996), 209쪽 "頃歲 時當厄運 世屬此蒙 災星長照於三韓 毒露常鋪於四郡".

85) 『삼국사기』 50 열전 10, 견훤.

지는 신라사의 성쇠 혹은 '일통삼한'과의 인과관계에 주목한 바 있다. 즉위 전의 태조가 바다 가운데 있는 '九層金塔'에 오르는 꿈을 꾸었다[86] 한 것도 이러한 인과적 논리를 겨냥한 복선에 불과하다. 그 연장에서 태조는 새로운 '삼한일가'의 염원을 구층탑과 칠층탑의 조영에 담아내려고 하였던 것이다.

신라 문무왕이 고구려 안승의 망명정부를 안돈시키고 왕실 혼인을 주선한 것처럼, 고려 태조는 경순왕 김부와 후백제 왕 견훤을 尙父로 삼고 신라 왕실과의 혼인을 솔선하였다.[87] 어쩌면 발해의 大光顯 일행을 우대하여 왕씨를 사성하고 우대한 것도[88] 유사한 맥락의 정치적 고려였을지 모른다. 이로써 고려 태조의 '克定三韓'과 '齊成一統'은 이제 누구도 의심할 여지가 없게 되었다.[89] 실로 태조는 '協和三韓'을 이루었다.[90]

그러나 신라인들의 '일통삼한' 논리에서 역사적 실체로서의 '삼한'과 일통의 대상으로서의 '삼국'이 각개 대응하지 않았던 것처럼, 후삼국으로 불리는 시기의 분립을 극복한 고려 왕조 역시 '일통삼한'의 명분을 옳게 비판하거나 극복하지 못한 채 신라인들의 논리를 답습하고 말았다. 다시 말해 마한과 진한과 변한을 합칭하는 삼한의 공간에 삼국의 하나인 고구려가 포섭될 수 없었음은 물론, 그 결과 최치원의 '삼한 삼국 연계론' 속에서 고구려를 마한으로 백제를 변한으로 간주하는 왜곡이 빚어진 전례가 고려에서도 반복되었던 것이다. 삼한의 공간 개념에 집착한 나머지 발해는 삼한의 외연 밖으로 배치되었고, 당연히 일통의 대상에서도 제외되었다.

86) 『고려사』 世家 1, "初太祖年三十 夢見九層金塔立海中 自登其上".

87) 『삼국사기』 12 신라본기 12, 경순왕 말년 ; 같은 책 50 열전 10, 견훤.

88) 『고려사절요』 1, 태조 8년 12월.

89) 崔彦撝, 「地藏禪院朗圓大師悟眞塔碑」(940), 앞의 책 『譯註 羅末麗初金石文(上)』, 75쪽 "今上聖文世出 神武天資 三駈而克定三韓 一擧而齊成一統".

90) 金廷彦, 「玉龍寺洞眞大師寶雲塔碑」(958), 위의 책, 232쪽 "淸泰三年丙申秋 我太祖神聖大王 … 協和三韓 奄有四郡 加復輯寧君子國 瞻仰梵王家".

2) 발해사의 귀속 문제

결국 한국사의 중심 줄기에 발해사가 안착하지 못한 이유는 통일기 신라인들의 현실 인식에서 비롯하였고, 그것을 고려 왕조가 역시 자기중심적 명분과 현실의 필요에서 답습한 결과였다. 고려에서도 삼한은 오직 삼국일 뿐이다. 『삼국사기』는 그 충실한 표상의 하나였다. 그리고 『삼국사기』의 사유와 방식은 향후 부동의 지침으로 수용되었다.

더구나 고려 후기에 일통의 이념적 유효함이란, 오히려 그 위력이 강화되기도 하였다. 그러한 경향은 12세기 후반과 13세기 초반에 걸친 분립적 정치 운동에 대한 대응의 형태로 나타났다. 즉 명종 20년(1190) 신라 부흥의 기치를 필두로, 고종 4년(1217)과 24년에 각각 고구려 부흥 운동과 백제 부흥의 표방이 과거 해당 왕조의 중심 지역에서 연이어 일어났던 것이다. 이와 같은 삼국의 부흥을 기치로 내건 정치 운동을 순차적으로 경험하면서, 잠복된 삼국 분립의 경향에 대한 경계심은 더욱 고조되었다.[91)]

『삼국유사』와 『제왕운기』가 아득한 상고의 단군을 정점으로 하는 일원적 계통 인식에 각별한 관심을 숨기지 않은 것은 당대에 풍미하던 위협적, 그리고 분열적인 사유를 극복하기 위한 대안이었다. 이규보의 「동명왕편」 역시 동명왕을 매개로 하여 정작 당대 왕조인 고려의 신성함을 예증하는 데 본의가 있었다. 그러한 일련의 위기의식은 결과적으로 현재적 당위로서 일통의 논리를 강화하는 데로 수렴되었던 것이다.

한편 『삼국사기』에 담긴 신라와 고려인들의 강한 현재적 필요에도 불구하고, 발해는 늘 성찰의 대상이기도 하였다. 예컨대 『제왕운기』는 고려의 전대 역사 단위 가운데 발해를 따로 언급하였다. 더구나 이승휴는 발해 건국자 대조영이 '前(고)麗'의 옛 장수라고 한다. '242년'의 발해 왕조

---

91) 閔賢九, 1989, 「高麗中期 三國復興運動의 역사적 의미」 『韓國史市民講座』 5, 一潮閣.

존속 기간을 정리한 방식도 다른 왕조사의 문맥과 같다.

그러나 발해는 고구려나 후고(구)려의 연장에서가 아니라 후백제의 뒤, 다시 말해 동국군왕개국연대의 마지막이요 본조군왕세계연대의 앞에 자리한다. 고려 왕조의 전대사 가운데 하나이되, 삼한 삼국의 집합 단위를 벗어나 있다. 발해에 대한 역사 계통론적 파악은 미처 미숙했던 것이다. 게다가 발해 건국자의 종족 계통에 대해 '고(구)려의 잔얼'로 이른 『삼국사기』와 '고(구)려의 옛 장수'라고 한 『신라고기』 견해를 소개하면서도 '말갈의 별종'으로 결론한 『삼국유사』와[92] 유사하게, 『제왕운기』 역시 『오대사』의 '속말말갈'설을 분주로 병기하여 결과적으로 발해의 종족 갈래를 흐리고 말았다.

사실 이승휴는 고려의 일통을 누구보다 각별하게 강조하였다. 우선 그는 신라 경순왕의 귀부에 대해 "단군 원년 무진으로부터 이때에 이르기까지 무릇 3288년"이라고 말하였다. 뒤이어 고려 역대 군왕의 세계를 진술하는 가운데, 다시 태조 18년에 "三韓同一軌"라고 표현하였다. 그러므로 단군 이래의 모든 나라들이 단군을 근원으로 한다고 한 것처럼, 태조는 단군 이후의 그들을 다시 하나로 귀일케 한 것이다. 그리고 그들은 '삼한'으로 불렸다. 이로써 고려 이전 역대 왕조와 군왕의 세계 서술에 발해를 포함시킨 것과는 달리, 고려가 하나로 아우른 역사 공간은 '삼한' 즉 '삼국'만으로 규정되고 말았다.[93]

물론 발해를 현실 왕조의 전대 역사 가운데 하나의 토대로 받아들인 것은 당대의 일반적 인식 경향이었다. 인상적인 예로 인종 대 윤언이의 발언을 주목한다. 그는 한때 고려의 독자적 건원론에 동의했던 자로서, 역사적 선례를 예거하면서 신라와 함께 발해를 들고 있다.[94]

---

92) 『삼국유사』 기이, 말갈발해.

93) 이강래, 2010, 「『삼국사기』의 삼국 인식」 『韓國史學報』 41, 53쪽.

94) 『고려사』 96, 尹瓘傳 附 尹彦頤傳 ; 『東文選』 35, 表箋 「廣州謝上表」.

… (신이) 建元하자고 청함은 우리 임금을 높이는 정성에 근본을 둔 것이니 我朝에서는 태조와 광종의 옛 일이 있고, 그 지난 문건들을 헤아려보건대 비록 신라와 발해가 그러하였으나 대국이 일찍이 그 군사를 내지 않았으며 소국이 감히 그 과실이라고 의론하지 않았거늘, 어찌하여 성세에는 도리어 참람한 행동이라고 하겠습니까. (『고려사』 96, 尹瓘傳 附 尹彦頤傳 ; 『東文選』 35 表箋 「廣州謝上表」)

같은 시기 송의 사신 일행으로 고려를 방문한 徐兢 역시 고려의 전대 왕조로 고구려와 발해를 언급하였다.[95] 그럼에도 불구하고 『삼국사기』, 『삼국유사』, 『제왕운기』 등 고려 지식인의 사유물들은 한결같이 발해를 제외한 삼국 중심 전대사 인식으로 일관한 것이다.

고려의 역사 공간, 즉 직접적인 영토 계승의 측면에서도 발해 관련 당착은 노출되고 있다. 993년 고려를 침입한 거란의 蕭遜寧은 고려를 일러 '신라의 땅'에서 일어났다고 하는 한편 '고구려의 땅'은 그들의 소유라고 주장하였다. 이에 대해 徐熙는 국호 고려와 국도 평양의 소재를 들어 고려야말로 고구려의 옛 땅이라고 반론하였다.[96] 그러나 고려가 거란의 來遠·抱州 2성을 장악하여 압록강을 경계로 關防을 설치하게 된 1117년에, 고려 조정의 백관은 아연 '雞林故壤', 즉 '신라의 옛 땅'을 회복한 데 대한 賀表를 올렸다.[97] 그에 앞서 1108년 동북 방면 여진 정벌에 혁혁한 공을 세운 尹瓘 역시 林彦에게 자신의 공적을 기리는 글을 쓰게 하여 고구려의 옛 땅을 회복했음을 성언하면서도, 스스로를 신라의 김유신에 비교한 바 있다.[98]

윤관이 자부한 고구려 실지의 회복과 신라 김유신의 위업이란, 고구려와 신라를 모두 아우른 고려의 처지에서 볼 때 그다지 심각하게 격절된

95) 徐兢, 『宣和奉使高麗圖經』 建國조.
96) 『고려사』 94 열전 7, 徐熙.
97) 『고려사』 14, 예종 12년 3월 甲午.
98) 『고려사』 96 열전 9, 尹瓘.

인식은 아닐 수도 있다. 다만 서북 방면 拓境의 성과를 신라의 옛 땅을 회복한 것으로 규정한 것은 신라와 고려가 동질화해 간 고려 중기의 흐름을 반영하는 한편, 신라의 태내에서 성장한 고려의 역사적 현실이 고구려의 복국을 지향한 창국기의 명분을 차츰 상실해 가는 징표이기도 하다. 여하튼 어디에서도 발해는 주목되지 못하였다. 아직 고구려 복국의 명분이 득세했던 시기의 서희 또한 고구려와 고려의 영토적 연계를 미루어 거란의 東京조차 고려의 땅이라고 공세를 펴면서도, 발해는 고려하지 않았다.

당연히 이러한 표방 자체는 실제를 옳게 반영하지 못한다. 거란의 동경, 즉 遼陽은 발해의 영토였다. 거란 측에서도 이곳이 고구려 이후 발해의 영토였음을 숙지하고 있다.[99] 고려의 지식인들도 다르지 않다. 예컨대 『삼국사기』 찬자는 賈耽의 『고금군국지』를 인용하여 "발해국의 南海·鴨淥·扶餘·柵城의 4府는 모두 고구려의 옛 땅이었으며, 신라의 泉井郡에서 柵城府까지는 무릇 39驛이다"라고 하였다. 그럼에도 불구하고 소손녕이든 서희든, 자국의 영토 귀속 내력을 분별할 때 발해를 고려하지는 않았다.

그러나 압록강 너머 요동 지역에 대한 영토권 갈등에서 고구려와 발해는 현실적으로 달라야 할 이유가 없다. 과거 고구려의 영토는 고려와 거란에 분점되어 있으며, 그렇다면 고구려를 매개로 발해의 영토 역시 고려와 거란이 분점하고 있는 셈이다. 특히 발해를 직접 공멸하고 제국의 건설에 성공한 거란은 고려에 대하여 오히려 발해의 영토 승계를 거론하는 편이 더 설득력을 지닐 수도 있다. 반면에 명분의 측면에서 고구려와 발해는 다르다. 우선 고려의 영토 현실은 신라의 그것을 인상적으로 벗어나 있지 않다. 발해는 고구려를 매개로 할 때 비로소 고려 전대 역사의 일부로 포섭될 수 있을 뿐이다. 이렇듯 공간적으로도 고려의 전대사는 '삼국'

99) 『遼史』 38 지리지 2 東京道 東京遼陽府.

만으로 충분했으며, 역설적으로 '삼국'이야말로 영토적 논리에 기여하는 중심 인자였던 것이다.[100)]

이 공고한 타성에 대한 직접적 비판은 상당한 시일을 경과한 뒤에야 가능하였다. 柳得恭이 피력한 단호한 평가를 본다.

> 고려가 발해사를 편찬하지 못한 것을 보면 고려가 떨치지 못했음을 알 수 있다. 옛날에 고씨가 북쪽 지방에 거하면서 고구려라 했고, 부여씨가 서남 지방에 거하면서 백제라 했으며, 박씨·석씨·김씨가 동남 지방에 거하면서 신라라 한바, 이것이 삼국이다. 이 삼국에는 마땅히 삼국에 대한 사서가 있어야 할 터인데, 고려가 이것을 편찬했으니 옳은 일이다. 부여씨가 망하고 고씨가 망한 다음 김씨가 남방을 차지하고 대씨가 북방을 차지하고는 발해라 했으니, 이것을 남북국이라 하는바, 마땅히 남북국사가 있어야 하거늘 고려가 이를 편찬하지 않은 것은 잘못이다. (『渤海考』「渤海考序」)

유득공이 제안한 '남북국'의 개념은 역설적이게도 발해를 부정한 신라인들의 인식에서 발단한 것이다.

- ◦ 元聖王 6년(790), 一吉湌 伯魚를 北國에 사신으로 보냈다.
- ◦ 憲德王 4년(812), 級湌 崇正을 北國에 사신으로 보냈다. (이상『삼국사기』10 신라본기 10)

두 차례 발해에 사신을 파견한 것은 하대 초 왕위 계승을 비롯한 신라의 정치적 난맥이 강요한 것이었다. 그러나 이 특이한 경험 정보는 이른바 남북국사 혹은 남북국시대의 중요한 단서로 기여하였다. 이를 발판 삼아 李瀷, 安鼎福, 丁若鏞, 韓致奫, 許穆, 徐相雨, 洪奭周 등 실학자들의 본격적인 각성이 이어졌다. 金正浩가 지적한바, "고구려와 백제가 멸망한

---

100) 이상 발해 관련 논의는 이강래, 2010, 앞의 논문「『삼국사기』의 삼국 인식」, 53~55쪽.

후 30년 만에 발해가 다시 고구려의 옛 땅을 승습하여, 신라와 남북국을 이룬 지 200년 만에 고려 태조가 이를 통일하였다"[101]라고 한 것도 그 적극적 표출이었다. 그리고 마침내 근대 사학의 벽두에서 단재 신채호는 이를 '양국시대'라고 규정하기에 이른 것이다.

따지고 보면 아득한 삼한을 어떻게 인식할 것인가에 대한 문제가 삼국의 역사와 통일기 신라 및 발해의 역사를 규정했다고 말할 수 있겠다. 그리고 그 규정성은 신라는 물론 고려와 조선 시대를 거치면서 부단히 수정되면서도 위력을 크게 잃지 않았다. 놀랍게도 조선의 건국 주체들마저 자신들의 역사적 위상을 삼국의 통합체로 언급했던 것이다. 梁誠之의 인식은 그 적실한 예가 된다. 그는 조선의 창국을 '統三之業'의 결실로 간주하였다.[102] 비록 그 '統三'의 논리는 다분히 타성적 관념에 불과한 것이긴 하나, 신생 왕조의 『삼국사절요』나 『동국통감』과 같은 대표적 사서들이 고려 이전의 역사를 삼국 중심으로 설정하는 것은 너무나 당연한 귀결이었던 것이다.[103]

요컨대 '진한－신라 중심 일통론'과 '기자－마한 중심 정통론'이야말로 한국사 인식의 큰 줄기를 규정한 根因이라고 판단한다. 우리 근대 역사학의 경우 일제의 식민사관을 청산하고 어느 정도 자국사 연구를 위한 지평이 마련된 60년대에 와서야, 발해사는 비로소 미약한 학문적 조명을 받게 되었다. 그러면서도 남북한 학계가 발해사를 수용하는 관점과 태도에는 여전히 경박한 현재적 상황의 평면적 소급 방식이 주조를 형성하고 있다. 더 나아가 여기에 남북의 이질적 체제가 강요하는 자기중심적 정통론의 관점이 은폐되어 있지 않다고 자신하지 못한다.

만약 고구려가 신라를 '東夷'라 하고, 백제는 남부의 마한 세력을 '南蠻'이라 하며, 신라 또한 발해를 '北狄'이라 한 자기중심주의(Egocentrism)의

---

101) 金正浩, 『大東地志』 31 方輿總志3 渤海國.

102) 梁誠之, 『訥齋集』 1, 備邊十策 및 같은 책 2 奏議, 便宜二十四事.

103) 이강래, 2007, 「왜 '삼국시대'인가?」 『내일을 여는 역사』 27, 158～159쪽.

전례가 오늘의 남북 간 상호 인식에 일말이라도 개입된다면, 그것은 역사적 문맹자의 폭거와 다를 바 없다고 생각한다. 그 위험한 잠복 현상은 근대국가의 체제 모순이 초래한 편협하고도 맹목적인 애국주의의 변종에 지나지 않은바, 철저히 배격해야 옳다. 이를 위해서라면 발해사에 대한 정당한 인식과 함께, 의연히 잠복되어 있는 경직된 자기중심적 패권의식과 정통론적 역사 인식의 극복은 그야말로 최소한의 전제적 토대일 뿐이다.

8장

한·중 사서에 보이는 고구려와 중국의 전쟁 기록

〈목 차〉

1. 검토의 시각

고대 국가에서 전쟁이 함유하는 의의는 심중하였다. 국가 형성기 건국 주체 세력들은 우선 우호적이지 않은 대외 조건들을 극복하기 위하여 크고 작은 전쟁 행위를 피할 수 없었으며, 그 과정에서 정치적 조직 역량의 증대를 거두기도 하였다. 이후 비대해진 정치 조직을 유지하기 위한 물적 필요와 부단히 권력 강화의 지향을 견지했던 왕권의 의지는 또한 전쟁을 유효한 수단으로 간주하도록 강요하였다. 인습적인 무기 체계 하에서 전쟁은 실로 파괴적 행위가 아니라 생산적 속성을 지니는 것이었기 때문이다. 적어도 고대 사회에서 그것은 당면한 현실의 모순을 해결하거나 혹은 회피하기 위해 가장 용이하게 선택할 수 있는 대안이었다.

고구려사에서 차지하는 전쟁의 비중과 기능 또한 다르지 않다. 자료의 한계와 후대인의 편견으로 상당한 굴절을 피하지 못한 『삼국사기』의 기록이지만, 고구려본기의 내용 가운데 18%를 상회하는 전쟁 기사가 헤아려지는 현상은 이 문제와 관련하여 하나의 지표로 삼을 만하다.[1] 특히 고구려는 농업 생산 조건이 열악하여 힘써 경작해도 배를 채우기 어려웠다는 평가야말로,[2] 이른 시기 고구려의 군사력과 정복력을 음미하기 위한 본질일지 모른다.

따라서 일상의 생산성과 군사적 역동성은 깊은 함수관계에 있다 하겠다.[3] 예컨대 고구려의 최초 도읍지인 졸본성의 선정 논리가 토양의 비옥함과 산수의 험준함을 들고 있었던 것을 주목한다.[4] 이것은 경제적 조건과 군사적 방어 조건을 수도 선정의 주요 요소로 파악하고 있는 사례인데, 유리왕 22년(3)의 國內城 천도나 장수왕 15년(427)의 平壤城 천도에도 동일한 고려가 있었던 것이다.

반면에 전쟁이 경제적 측면의 생산적 의의를 상실할 때 그것은 위험한 파탄을 예비하게 된다. 전쟁을 유발하는 경제 외적 동인으로는 개별 주체 사회의 내적 모순과 국가 간의 명분론이 주로 개입하는 경향이 있다. 즉 고대 왕조의 멸망은 모두 어떤 형태의 전쟁에서 말미암았다. 대개 왕조 멸망으로 귀결되는 전쟁들은 전쟁 결과에 대한 전쟁 담당자들의 각성이 결여되기 십상이었다. 우리 고대 삼국의 전쟁 지휘부들도 아마 고대 전쟁의 일상적 타성에 함몰된 채 7세기 전쟁을 수행했다고 생각한다. 그러므로 7세기 전쟁 및 고구려 등의 왕조 멸망에 대한 균형 있는 사유란 7세기의 시공간을 어느 정도 객관화시킬 수 있을 만한 여유를 필요로 한다.

그럼에도 불구하고 대부분의 국가 간 전쟁이란, 전쟁의 결과로서 전쟁 당시에 이미 승패가 갈리게 되는 현실의 행위이다. 동시에 전쟁의 승패는 반드시 복수의 당사국들에 의해 공유되는 가치 판단이기도 하다. 그러나 이 범상한 실제를 전쟁 관련 기록을 통해 확인하는 것은 단순한 작업이

---

1) 申瀅植, 1981, 『三國史記 硏究』, 一潮閣, 113쪽.
2) 『삼국지』 魏書 30 동이전, 高句麗.
3) 金瑛河, 1997, 「高句麗의 發展과 戰爭」 『大東文化硏究』 32.
4) 『삼국사기』 13 고구려본기 1, 始祖 東明聖王 즉위기.

아니다. 너무도 당연한 말이지만 특정 전쟁의 참여 당사국들은 그 전쟁에 대해 서로 다른 의미와 수용 방식을 지닐 수 있으며, 서로 다른 전승과 기억을 유지할 수 있다. 고구려와 중국의 제 왕조가 경험한 전쟁에 대한 기록물들의 상충은 그 예증이다. 부합할 수 없는 상충은 전쟁 과정의 세부 정보를 포함하여 전쟁의 승패에까지 폭넓게 걸쳐 확인된다. 여기에 이 글이 겨냥하는 검토의 일차적 당위가 있다.

한편 고구려가 수행한 중국 왕조들과의 전쟁 기록의 한국 측 원천이라고 해야 할 『삼국사기』는 고구려가 멸망한 후, 그리고 고구려의 역사를 자기중심적으로 재편했던 신라마저 해소된 후, 다양한 계통의 전승 자료들을 아우른 고려 중기의 편찬물이다. 따라서 『삼국사기』에는 고구려인들의 당대 정보와 통일기 신라인들이 수용하거나 변형한 정보, 여기에 고려 중기 지식인들의 고구려 인식 및 관련 자료의 조건 따위가 복잡하게 얽혀 간섭하고 있는 셈이다. 특히 수백 년 전에 멸망한 고구려 왕조의 경험을 직접 전하는 자료가 희소해진 상황에서 중국 측 자료를 크게 활용할 수밖에 없었던 것은, 『삼국사기』에 보이는 고구려의 대중국 전쟁 기록이 지니는 최대의 결함이 된다. 실제 『삼국사기』 고구려본기의 경우, 서명을 밝히거나 밝히지 않은 채 수많은 중국 측 사서가 인용되었음이 실증적으로 추적된 바 있다.[5)]

이러한 각성에 동의할 때, 『삼국사기』와 중국 측 기록 사이의 미세한 차이조차도 범상한 오기로 단정하지 않고 자료의 문제, 나아가 그와 같은 자료를 작성한 주체의 인식의 문제로 확대하여 음미할 필요가 있다고 생각한다. 이것은 이 글의 검토 과정에서 유념해야 할 또 하나의 영역이 된다. 하나의 사례를 들어 이 점을 확인해 본다.

---

5) 田中俊明, 1982, 「『三國史記』中國史書引用記事の再檢討 － 特にその成立の研究の基礎作業として」『朝鮮學報』 104.

蓋蘇文[혹은 蓋金이라고 한다.]은 성이 泉氏인데, 스스로 물속에서 태어났다고 하여 사람들을 현혹하였다. 그는 풍채가 걸출했고 뜻과 기세가 호방하였다. 그의 아버지 東部[혹은 西部라고 한다.] 大人 大對盧가 죽자 개소문이 의당 아버지의 지위를 이어받아야 했으나 … (『삼국사기』 49 열전 9)

인용한 개소문전의 서부는 거의 틀림없이 『신당서』 고려전에 의거한 것이다. 인용문 가운데 보이는 두 군데의 분주는 본문의 정보에 대한 보완이거나 이종 전승의 소개를 염두에 둔 것이다. 그 가운데 "혹은 개금이라고 한다"라고 한 지적은 개소문의 이름에 대한 범상한 보완 정보이되, 『신당서』에서도 비록 본문 형태로 서술되었지만 같은 위치에서 확인이 된다. 그런데 다른 분주, 즉 "혹은 서부라고 한다"라고 한 지적은 본문과 정면으로 상충하는 정보로서 『신당서』의 인식일 수 없다. 다시 말해 개소문이 '동부대인'이었던 아버지의 지위를 승계했다 한 이 서술은 『신당서』 혹은 『자치통감』을 전거로 한다.[6] 반면에 『구당서』 고려전의 기록에는 개소문을 '서부대인'이라고 하였다.[7] 일견 『신당서』에 직접 의거하여 본문을 작성하면서 『구당서』의 이종 정보를 분주를 통해 소개한 것으로 파악해도 무방할 듯하다.

그러나 또한 고구려본기에는 영류왕이 "서부대인 개소문에게 명해 장성 쌓는 공사를 감독하게 했다"라고 하였다.[8] 이 장성 축조는 영류왕 14년에 발단되어 16년이 소요된 대역사였거니와, 개소문이 이 공역을 감독했다는 사실은 중국 측 사서에서는 확인할 수 없다. 따라서 장성 축조 감독과 관련한 개소문의 소속 부 '서부'는 고구려 측 고유 자료의 정보였을 가능성이 크다.

같은 논리에서 개소문전의 분주 "혹은 서부라고 한다" 역시 『구당서』

6) 『신당서』 220 열전 145 동이, 高麗 ; 『자치통감』 196 唐紀 12, 貞觀 16년 11월 丁巳.

7) 『구당서』 199 열전 149 동이, 高麗.

8) 『삼국사기』 21 고구려본기 9, 榮留王 21년.

가 아니라 고구려본기가 의존한 고유 자료를 직접 근거로 삼았을지 모른다. 나아가 "혹은 개금이라 한다"라고 한 분주가 설사 『신당서』의 본문 내용을 분주로 활용하여 기입한 것이라 해도, 그것은 곧 그 내용이 분주로 작성할 만한 사항, 다시 말해 본문 서술의 주요 전거가 아닌 전승물의 존재를 지시한다는 데에는 동의하기 어렵지 않다. 관련 기록물에 대한 단서는 『삼국유사』에 인용된 『高麗古記』에 있다.

『삼국유사』 보장봉로보덕이암조에는 『국사』와 『고려고기』의 동일 내용을 병기하면서 비교했는데, 『고려고기』는 『국사』 즉 『삼국사기』 고구려본기의 '蓋蘇文'을 일러 '盖金'이라고 하였다.[9] 따라서 개소문전 찬자가 『고려고기』로 지칭된 자료를 확보하고 있었다고 할 때, '개금'의 분주 정보는 그로부터 유래했을 가능성이 높다고 본다. 『고려고기』는 또한 고구려 '榮留王'을 '武陽王'이라고 표기하였다. 그렇다면 '蓋蘇文－盖金', '榮留王－武陽王', '東部－西部'의 대비 쌍은 각각 다른 자료 계통의 필치를 반영하는 것이며, 그 가운데에는 『고려고기』 내용이 한 갈래를 차지하고 있었다고 본다. 이 경우의 『고려고기』는 '고구려에 관한 『고기』'인 바, 고구려 관련 고유 전승을 이른다.[10]

아울러 중국 측 자료를 주요 전거로 활용한 『삼국사기』 열전의 서술에서는 관련 전승을 담은 국내 고유 자료 정보가 분주의 형태로 대비 제시되는 것이 일반적 형태였음을 고려하고자 한다. 요컨대 일견 중국 사서에 근거하여 작성된 기사로 판단되는 경우들에서도 고구려 측의 고유 전승 정보가 개입되어 있을 가능성을 배제해서는 안 된다.

이러한 문제의식은 단순히 활용 자료의 실상을 추구하는 데 그치지 않

9) 『삼국유사』 興法 寶藏奉老普德移庵, "高麗本記云 … 蓋蘇文說王 以儒釋竝熾 而黃冠未盛 特使於唐求道敎 … [已上國史] … 高麗古記云 … (盖)金奏日 鼎有三足 國有三敎 臣見國中 唯有儒釋 無道敎 故國危矣 王然之 奏唐請之 …".

10) 李弘稙, 1956, 「淵蓋蘇文에 대한 若干의 存疑」 『李丙燾博士華甲紀念論叢』; 1971, 『韓國古代史의 研究』, 新丘文化社, 296쪽.

는다. 자료의 취사에는 취사 주체의 의도나 판단이 개입하기 마련이다. 이를 확인하기 위해 고구려가 멸망한 후 유민의 동태와 관련한 다음 기사들을 본다.

- 總章 2년 기사(669) 2월에 왕의 서자 安勝이 4천여 호를 거느리고 신라에 투항하였다. 여름 4월에 고종이 3만 8천 3백 호를 江·淮의 남쪽 및 山南·京西 등지에 있는 여러 주들의 빈 땅으로 옮겼다.
- 咸亨 원년 경오(670) 여름 4월에 劍牟岑이 국가를 회복하고자 하여 당을 배반하고 고구려 왕의 외손자 安舜[羅紀에는 '勝'으로 썼다.]을 옹립해 임금으로 삼았다. 당 고종이 대장군 高侃을 東州道行軍摠管으로 삼아 군사를 발동해 토벌케 했더니, 안순은 검모잠을 죽이고 신라로 달아났다. (이상 『삼국사기』 22 고구려본기 10)

우선 함형 원년조에 보이는 '安舜'에 대해 "羅紀에는 '勝'으로 썼다"라고 한 분주에 주목한다. 분주에서 지시한 '羅紀'는 '(新)羅(本)紀'를 이르며, 따라서 문무왕 10년(670)조의 기사일 것이다. 그에 따르면 검모잠과 안승은 함께 신라에 투신하여 금마저에 안치되었고, 안승은 곧이어 고구려 왕으로 책봉되었다.[11] 고구려본기의 내용과는 크게 다른 것이다. 게다가 신라본기 기사는 안승을 '淵淨土의 아들'이라고 하였다. 신라본기에 의하면 연정토는 이미 문무왕 6년(666)에 투항해 왔다. 고구려본기의 함형 원년조 자체는 『자치통감』 기사를 발췌한 것이다.[12] 그런데 고구려본기 찬자는 『자치통감』의 '안순'을 신라본기의 '안승'과 동일 인물로 판단하였다.

이러한 판단에는 두 가지 문제가 개입된다. 하나는 신라본기에 보이는

---

11) 『삼국사기』 6 신라본기 6 문무왕 10년, "六月高句麗水臨城人年(牟의 誤 – 필자)岑大兄 收合殘民 … 見高句麗大臣淵淨土之子安勝 迎致漢城中 奉以爲君 … (7월) 奉安勝爲高句麗王 …".

12) 『자치통감』 201 唐紀 고종 咸亨 원년, "四月高麗酋長劍牟岑叛 入高藏外孫安舜爲主 以左監門大將軍高侃爲東州道行軍總管 … 發兵討之 安舜殺劍牟岑 奔新羅".

'연정토의 아들 안승'과 『자치통감』에 보이는 '보장왕의 외손자 안순'의 출계 문제이다. 다른 하나는 총장 2년에 신라에 투항한 안승을 '보장왕의 서자'라 한 점이다. 특히 총장 2년에 안승이 신라에 투항했다는 정보는 중국 사서에서 확인되지 않는 것이므로, 신라 혹은 고구려 측의 고유 정보일 것이다. 우선 『자치통감』과 신라본기의 두 가지 출자 정보, 즉 보장왕의 외손이면서 연정토의 아들이라는 위상은 상충하지 않을 수 있다. 그러나 어느 경우든 그가 보장왕의 서자일 수는 없다. 게다가 당시 정황으로 보아서도 669년에 보장왕의 서자가 신라에 투항했다는 기록을 수용하는 것은 용이하지 않다.[13] 그럼에도 불구하고 고구려본기 찬자는 이 출계의 모순에 주의하지 않은 채 '안승'과 '안순'을 동일 인물로 판단한 것이다.

한편 신라본기의 문맥에서 안승은 의심 없는 고구려 왕실 인물의 위상을 지니고 있다. 즉 안승을 연정토의 아들로 이해한 신라에서도 그가 투항해 온 얼마 뒤 8월 1일에 작성한 책문에서는 그와 '태조 中牟王'의 혈연을 강조하였다. 또한 안승의 행적과 그에게 거는 기대 등을 晉 文公과 衛 宣公의 고사에 비기고 있다. 진 문공은 獻公의 아들인데 계모 驪姬가 자기 소생인 奚齊를 태자로 삼고자 하여 헌공의 태자 申生을 죽음으로 몰아넣고 그의 형제들마저 해치려 하자, 국외로 망명해 19년 동안이나 외국에서 유랑생활을 하다가 가까스로 秦 穆公의 도움으로 본국에 돌아와 즉위하였다.[14] 위 선공은 莊公의 아들이며 桓公의 아우인데, 장공의 또 다른 아들 州吁가 환공 完을 죽이고 스스로 군주의 지위에 올랐다가 陳에서 죽임을 당한 뒤, 邢으로부터 돌아와 백성들의 추대로 즉위하였다.[15] 요컨대 신라에서는 안승을 고구려 왕실의 '嗣子'로 인정했던 것이다.

13) 임기환, 2003, 「報德國考」 『강좌 한국고대사』 10, 가락국사적개발연구원, 296~297쪽.
14) 『左傳』 僖公 4년.
15) 『左傳』 隱公 4년.

그러므로 문제는 여전히 안승 혹은 안순의 출계 문제에 있다. 고구려본기에 분주를 작성한 사람은 중국 측 사서와 신라 측의 고유 자료 간 상충을 지적하면서도 이에 대한 논증이나 선택을 포기하였다. 필시 그것은 두 자료의 '안순'과 '안승'을 동일 인물로 짐작하면서도, 669년에 신라에 투항했다고 한 고구려본기 측의 다른 전승, 즉 '서자 안승'이 그의 적극적인 판단에 장애로 작용했기 때문일 것이다. 『자치통감』의 함형 원년 '안순' 관련 정보를 위해서는 669년 '안승'의 고유 전승을 희생해야 옳았다. 더구나 『신당서』에는 검모잠 등이 보장왕의 외손 안순을 옹립한 시기를 총장 2년으로 기록한 바 있다.[16] 따라서 『신당서』를 배제하고 『자치통감』에 의존한 찬자가, 출계의 모순을 감내하면서 '안승' 관련 고유 전승을 채택한 것은 자료를 대하는 태도의 영역에서 주목해야 할 대목일 것이다.

주지하듯이 '안순'의 존재를 전하고 있는 『자치통감』은 『책부원귀』와 함께 『삼국사기』 찬진 당시의 최신 자료였다.[17] 그렇다면 '서자 안승' 계통 본문 기록은 국내 고유 자료에 대한 『삼국사기』 찬자의 무비판적 수용의 일면을 반영하는 것이다. 고구려본기의 대중국 관련 기사의 취사에서 『자치통감』을 여타 중국 사서들보다 각별히 존중하면서도, 그것이 국내 고유 자료에 우선하는 것은 아니었던 것이다.[18]

이처럼 기록에 개재된 미세한 단서들에는 관련 자료에 대한 기록자의 판단과 신뢰 여하가 잠복해 있다. 특히 『삼국사기』 찬자들이 고려 왕조의 역사적 토대로 간주한 전대 왕조 가운데 하나였던 고구려와 중국의 전쟁 기록을 서술하면서 적용한 자료 취사의 맥락은 신중하게 음미되어야 한다. 다시 말해 동일한 전쟁을 기술한 기록물 사이에서 발견되는 차이점들은 일단 기록 주체의 판단을 경유한 것이라고 보고자 한다.

---

16) 『신당서』 220 열전 145 동이 고려 總章 2년, "大長鉗牟岑率衆反 立藏外孫安舜爲王".

17) 權重達, 1979, 「資治通鑑의 東傳에 대하여」 『(中央大)文理大學報』 38, 47쪽.

18) 田中俊明, 1982, 앞의 글 「『三國史記』中國史書引用記事の再檢討」, 76～78쪽.

물론 한·중의 관련 기록물들이 전승되는 가운데 내용상 병리적 흠결이 발생했을 가능성을 배제해서는 안 된다. 예컨대 고구려본기 모본왕 2년(49) “봄에 왕이 장수를 보내 한의 北平·漁陽·上谷·太原을 습격하게 했으나, 요동태수 蔡彤이 은혜와 신의로 대하므로 그만 다시 화친하였다”라고 한 기사는 『후한서』의 정보를 활용한 것이 명백해 보인다. 그러나 양측의 기술에는 ‘北平 ↔ 右北平’, ‘蔡彤 ↔ 祭肜’ 등의 고유명사에서 차이가 있다. ‘彤’과 ‘肜’은 중국 사서들 사이에서도 사서와 판본에 따라 출입이 발생한 경우이다.[19] 다만 ‘右’의 탈락과 ‘祭’를 ‘蔡’라 한 고구려본기의 서술은 인용 과정이나 판각 과정의 단순한 오기로 보아야 할 것이다.

또 한편으로는 찬자의 오해에서 비롯한 오류가 발생할 수도 있다. 예컨대 『삼국사기』 찬자들은 수 양제의 침공을 격멸시킨 을지문덕의 위용을 전하는 국내 고유 자료가 부재한 상황에서, 고구려본기에서는 거의 완벽하게 『자치통감』의 정보를 전재하였다.[20] 열전의 을지문덕전 역시 『자치통감』을 위주로 하면서 본기에서 고려하지 않은 『수서』의 우중문전과 우문술전을 적절하게 활용·배치하였다.[21] 그러나 이처럼 중국 측 사서에 의존한 서술임에도 불구하고 을지문덕전 서부는 “수 開皇 연간에 煬帝가 조서를 내려 고구려를 쳤다”라고 하여 심각한 오류를 저지르고 있다. 이 대목은 딱히 중국 자료에 의지하지 않은 채 찬자가 작문한 도입부에 해당하는데, 주지하듯이 ‘개황’은 양제의 부 文帝의 연호이니 명백히 찬자의 착오이다.

유사한 예로서, 고구려본기 찬자는 특정 사건 관련 중국 측 자료들을

---

19) 『후한서』 1 下 光武帝紀 建武 25년(49), “春正月 遼東徼外貊人 寇右北平·漁陽·上谷·太原 遼東太守祭肜招降之” ; 『후한서』 20 祭肜傳 ; 『후한서』 85 동이열전 句麗 建武 25년, “春 句驪寇右北平·漁陽·上谷·太原 而遼東太守祭肜以恩信招之 皆復款塞” ; 『자치통감』 44 漢紀 36 世祖 下 建武 25년, “春正月 遼東徼外貊人 寇邊 太守祭肜招降之”.

20) 『자치통감』 181 隋紀, 煬帝 大業 8년

21) 『隋書』 60 열전 25 于仲文 및 같은 책 61 열전 26 宇文述.

취합하여 기술하다 부적절한 절충을 빚기도 하였다.

> 영류왕 11년(628) 가을 9월에 사신을 당에 들여보내 당 태종이 돌궐의 頡利可汗을 사로잡은 것을 축하하고, 겸하여 封域圖를 올렸다. (『삼국사기』 20 고구려본기 8)

위 기사의 연·월은 아마 『자치통감』에서 비롯했을 것이다. 그러나 『책부원귀』나 그 원전이었을 『구당서』 고려전에 따르면 이 해에 당은 돌궐의 힐리가한을 압박, 격파했을 뿐 그를 사로잡은 것은 아니었다.[22] 한편 『신당서』 고려전에는 연대를 밝히지 않은 채, 당 태종이 힐리가한을 사로잡은 데 대해 영류왕이 사신을 보내 축하하고 아울러 봉역도를 바쳤다고 하였다.[23] 그러나 『신당서』의 정보만으로는 정관 2년(628)에 힐리가한을 사로잡은 것으로 판단할 근거가 없다. 힐리가한이 사로잡힌 것은 『신당서』 태종본기와 돌궐전에서 정관 4년(630)의 일로 기록되었다.[24] 따라서 고구려본기의 기사는 『책부원귀』와 『신·구당서』 고려전의 정보를 편의적으로 절충하는 과정에서 초래된 오류인 것이다. 이처럼 의도하지 않은 오류와 다종의 중국 자료를 취합 절충하면서 초래되는 오판은 전승 과정에서 발생할 수 있는 병리적 일탈과 마찬가지로 기록 주체의 관점이나 의도와 무관하다.

이러한 고려 조건들을 염두에 두면서, 한·중의 기록에 나타난 고구려와 중국 왕조들과의 전쟁 기록 가운데 발생한 주요 차이점들을 검토하고

---

22) 『冊府元龜』 970 外臣部 朝貢 3, "(貞觀 2년) 高麗王建武 遣使奉賀 破突厥頡利可汗 并上封域圖". 『구당서』 199 上 高麗傳, "貞觀二年 破突厥頡利可汗 建武遣使奉賀 并上封域圖".

23) 『신당서』 220 高麗傳, "太宗已禽突厥頡利 建武遣使者賀 并上封域圖".

24) 『신당서』 2 太宗 貞觀 4년 3월 甲午, "李靖俘突厥頡利可汗以獻". 같은 책 215 突厥 上 (貞觀) 4년, "五月 … 頡利得千里馬 獨奔沙鉢羅 行軍副總管張寶相禽之 … 其國遂亡 … 頡利至京師 告俘太廟".

자 한다. 검토의 시각은 크게 두 측면으로 설정한다. 하나는 사실 관계 기록의 비교이다. 여기서는 주로 관련 인물, 관련 연대, 관련된 세부 사건 등의 차이점을 비롯하여 일부 관련 자료의 취사 문제 등이 거론되어야 한다. 다른 하나는 전쟁에 대한 서술자의 인식 비교이다. 기록자의 인식이란 원칙적으로 사실의 기록 행위 자체에 이미 내재하는 경우가 적지 않겠지만, 특히 수·당과의 전쟁에서는 전쟁 담당자의 인식을 포함하여 이 문제가 정면으로 거론되어야겠다. 나아가 『삼국사기』 및 『삼국사기』 편찬에 고려되었던 중국 측 자료 이후에 이루어진 한·중의 전승에서 논의된 전쟁 인식의 문제를 위 두 가지 측면의 비교 검토를 토대로 살펴보고자 한다.

2. 사실의 비교

1) 인물

앞에서 논의한 '안순'과 '안승'의 차이는 비록 중국의 사서와 우리 고유 자료 사이의 상충 정보로 분류될 여지가 있지만, 엄밀히 말해 고구려와 중국 왕조가 공유하는 사건 기사라고 할 수는 없다. 고구려의 대중국 전쟁 기사 가운데 관련 인물의 정보가 크게 상충하는 사례는 건국 초 고구려와 王莽 정권과의 갈등에서 확인된다. 흉노를 겨냥한 왕망의 군사 행동과 관련하여 고구려 병사들의 동원이 차질을 빚으면서, 왕망과 고구려 사이의 군사 충돌이 야기되었다.

> 유리명왕 31년(12)에 한의 왕망이 우리 군사를 징발해 흉노를 치게 하였다. 우리 군사들이 가지 않으려 하는데도 억지로 협박해 보내니, 모두 변경으로 도망해 법을 어기고 도둑 떼가 되었다. 遼西大尹 田譚이 추격하다 그들에게 죽게 되자, 주·군들이 허물을 우리에게 돌렸다. 嚴尤가 왕망에게 아뢰기를 "貊人들이 법을 어긴 데 대해서는 마땅히 주·군들로 하여금 그들을 무마하

고 안도케 해야 합니다. 지금 함부로 큰 죄를 들씌우면 그들이 마침내 반란을 일으킬까 두렵습니다. 그럴 경우 부여의 무리 가운데 반드시 반란에 동조할 이가 있을 것이니, 흉노를 물리치지 못한 터에 부여와 獩貊이 다시 일어난다면 이는 큰 걱정거리가 될 것입니다"라고 하였다. 왕망은 듣지 않고 엄우에게 조칙을 내려 그들을 치게 하였다. 엄우가 우리 장수 延丕를 유인해 목을 베어 수도로 보냈다.[『兩漢書』 및 『南北史』에는 모두 "句麗侯 騶[25]를 유인해 목을 베었다"라고 하였다.] 왕망이 기뻐하고 우리 왕의 명칭을 고쳐 '下句麗侯'라 하고, 천하에 포고해 모두가 알게 하였다. 이에 한의 변경 지역을 침구하는 것이 더욱 심해졌다. (『삼국사기』 13 고구려본기 1)

인용문 가운데 분주의 내용은 왕망과의 갈등에서 야기된 엄우의 공격에 희생된 고구려 측 주체를 둘러싼 문제이다. 본문 서술에서는 그를 고구려의 장수 '延丕'라고 한다. 그에 반해, 분주에서는 "『양한서』 및 『남북사』에는 모두 '句麗侯 騶를 유인해 목을 베었다'라고 하였다"라는 것이다. 우선 『한서』 왕망전과 그에 충실한 『자치통감』에는 '高句驪侯 騶', 『후한서』 句驪조에는 '句驪侯 騶'라고 하였다. 『남사』 고구려조에는 그러한 사실이 없으며, 『북사』 고구려조에는 '句麗侯 騶'라 하였다. 한편 『삼국지』 고구려조에 '句麗侯 騊'가 있고, 『양서』 고구려조에 '句驪侯 騶'가 보이므로, 분주자는 『삼국지』 혹은 그를 계승한 『양서』를 『남사』에 넣어 『남북사』로 통칭했을지 모르겠다.

여하튼 분주의 본의는, 중국 측 사서에는 고구려의 장수가 아니라 '句麗侯'가 희생된 것으로 되어 있다는 점을 지적하는 데 있다. 따라서 논란의 핵심은 고구려본기의 본문 내용이 거의 전적으로 중국 측 전승에 의존하면서도[26] 오직 희생된 인물 '延丕'만이 그와 다르게 서술된 연유일 것이다.

---

25) 정덕본 『삼국사기』에는 '騆'로 표기되었으나, 이는 '騶'의 오기 혹은 오각으로 보는 게 합리적이다.

26) 본문의 문장만으로 볼 때 일부 표현의 절삭이 있긴 하지만 『漢書』 99 王莽傳 始建國 4년(12) 및 『자치통감』 37 漢紀 29 王莽 中에 始建國 4년에 가장 가깝다.

먼저 주의할 사항은, 엄우의 조치는 '고구려 왕'을 '하구려 후'로 폄하한 것이었다는 점이다. 그 때문에 엄우에게 유인당해 살해된 '구려 후'와 이후 '하구려 후'로 폄칭된 '고구려 왕'이 동일 인물인지의 여부가 문제시 될 수밖에 없다. 게다가 『후한서』 고구려전이 '고구려'와 '구려'로 분단된 듯한 외형을 보이는 데서 그와 같은 논의 방식이 힘을 얻기도 했던 것이다.[27] 특히 살해된 인물 '騶'를 고구려 시조 '鄒牟'로 간주하는 견해에서는 고구려의 왕위가 추모에서 유리명왕으로 계위된 사실을 파악하지 못한 중국 측의 오전 혹은 과장이리라고 설명하게 된다.[28] 적지 않은 비약이긴 하나, '구려 후'와 '고구려 왕'의 일체 여하의 문제와는 무관하게나마, 애초에 왕망의 강경책에 반대했던 엄우가 전과를 허위 보고했을 가능성도 배제하기 어렵긴 하다.

분명한 것은, 고구려본기의 찬자는 해당 인물을 고구려의 장수 '연비'로 설정한 고유 전승을 확보하고 있었다는 사실일 것이다. 물론 그가 『후한서』의 '구려 후'와 '고구려 왕'을 동일 인물로 독해했는지 아닌지에 대해서는 확언하기 어렵다. 다만 분주의 문제 제기에 한정할 때, 중국 자료의 '구려 후'와 고유 자료의 '연비'는 다른 인물로 파악되고 있었다고 해야 옳겠다. 이 점은 그가 중국 측 사서의 표현과 서술에 의존하여 해당 사건을 기입하면서 유독 '구려 후'만을 '연비'로 대체한 것에서 짐작하기 어렵지 않은 것이다.

그러나 고구려본기의 방식은 이종 자료를 취급하는 데 있어 지극히 소극적이다. 분주의 문맥이 '연비' 계통의 고유 자료에 대한 단순 비교인지 아니면 그를 비판하는 것인지 명료치 않으며, 상충하는 두 전승에 대한 판단과 숙고가 수반되지 않았다. 이 문제를 위해 유사한 사례를 들어 본다.

---

27) 이에 대해서는 奇修延, 1998, 「『後漢書』 「東夷列傳」 〈高句麗傳〉에 대한 분석 연구」 『史學志』 31을 참조할 것.

28) 李丙燾, 1977, 『國譯 三國史記』, 乙酉文化社, 227쪽.

◦ 민중왕 4년(47) 겨울 10월에 蠶友落部의 大家 戴升 등 1만여 家가 낙랑으로 가서 한에 투항하였다.[『후한서』에는 '大加 대승 등 1만여 口'라고 하였다.] (『삼국사기』 14 고구려본기 2)
◦ (建武 23년) 겨울에 句驪의 蠶支落 大加 戴升 등 萬餘口가 낙랑에 와서 內屬하였다. (『후한서』 85 동이열전 75 句驪)
◦ (建武 23년 겨울 10월) 高句驪가 종족을 거느리고 낙랑에 와서 내속하였다. (『후한서』 1 하 光武帝紀)

분주의 논거가 된 『후한서』 정보는 동이전과 광무제기에서 추적 가능하다. 분주자의 문제 제기에 따르면, 분주의 대상이 된 본문과 분주가 의거한 『후한서』의 차이는 '大家'와 '大加', '萬餘家'와 '萬餘口'에 있다. 坂元義種은 일찍이 이 분주가 후주일 가능성에 주목한 바 있다. 그는 『후한서』 문장을 약간 변형하여 본문을 작성하고 또 그 본문과 『후한서』와의 상위를 주기한 부자연스러움에 착목하였다. 그리하여 분주는 본문과 『후한서』와의 상위를 깨달은 사람이 주기한 것으로서, 본문과 분주의 집필자는 별개의 사람이었다고 파악한 것이다.[29]

그러나 田中俊明은 이에 반대하여 『구삼국사』에는 이미 『후한서』가 인용되어 있었으므로 이에 더한 분주는 『삼국사기』 편찬 단계의 작문이 된다고 보았다. 그는 동명성왕·유리명왕·대무신왕을 중심으로 3세기까지에 중점을 둔 고유 원전의 존재를 추정한 井上秀雄의 견해[30]를 수용하여 이를 『구삼국사』, 곧 직관지에 언급된 『本國古記』로 보고, 여기에 이미 『후한서』의 해당 기사가 인용되어 있던 것을 『삼국사기』 찬자는 이를 충실히 인용한 탓에 원래 『후한서』 기재와는 다른 표현이 답습되었을 것이라고 보았던 것이다.[31]

---

29) 坂元義種, 1978, 「『三國史記』分注の検討 — 『三國遺事』と中國史書を中心として」 『古代東アジア史論集』 上, 吉川弘文館, 279~280쪽.
30) 井上秀雄, 1968, 「三國史記の原典をもとめて」 『朝鮮學報』 48, 88~90쪽.
31) 田中俊明, 1977, 「『三國史記』撰進と『舊三國史』」 『朝鮮學報』 83, 11~12쪽.

문제된 분주가 과연 후주인가 아닌가의 판단 여부와는 상관없이, 관련 논자들은 민중왕 4년 기사의 본문 작성자와 분주 작성자의 차이 혹은 각각의 작성 시점의 차이를 수긍하고 있다. 아울러 기존의 견해들에서는 해당 본문이 『후한서』에 의거했으리라는 데에서도 일치를 보이고 있다. 요컨대 본문 작성자가 『후한서』를 오인한 다음, 그 스스로 『후한서』와의 차이점을 분주를 통해 지적한다는 것은 납득하기 어려운 정황이다. 결국 본문과 분주는 작성 주체가 달랐다고 보아야 옳되, 본문이 오직 『후한서』에 의한 것인가에 대해서는 단정할 수 없다. 본문의 서술 형태가 『삼국사기』 이전의 국내 전승물에 이미 있었던 것이든, 『삼국사기』 편찬 단계에서 비롯한 것이든, 그것이 반드시 『후한서』의 정보만으로 구성되었다고는 보기 어려운 것이다.

물론 '家'와 '加', '家'와 '口'의 경우들은 용이하게 빚어질 수 있는 오기일 수 있다. 게다가 본문의 '蠶友落'과 분주의 '蠶支落' 역시 '友'를 '支'의 오각으로 판단해야 옳을 것이다. 왜냐하면 지리지의 三國有名未詳地分 가운데 보이는 '蚕支落'은 그 배열 위치상 필시 민중왕 대에 해당하는 것으로 보이기 때문이다. 요컨대 '蚕支落'은 '蠶支落'의 오기일 것이다. 그러나 '蠶友落部'에 보이는 '部'의 표기를 주의하고, 또 동일한 사례 범주로 파악할 수 있는 유리명왕조의 '연비'라는 인물 정보를 함께 고려할 때, 본문의 서술은 『후한서』 범주 밖의 정보를 전제해야 할 듯하다.

『후한서』와 직접 관련된 정보들이면서도 기왕의 국내 전승을 본문에 채택하고 『후한서』와의 차이점을 분주에 지시하는 서술 방식은, 완곡하나마 고유 전승에 대한 존중의 태도로 읽혀진다. 이러한 이해는 2세기 초 한과 공방을 벌인 고구려 왕의 실체에 대한 상충 문제에서 비로소 적극적인 지지를 획득한다.

> 태조대왕 94년 … 왕위를 내주고 별궁으로 물러나 앉으니, 태조대왕이라고 일컬었다.[『후한서』에는 "安帝 建光 원년(121)에 고구려 왕 宮이 죽고 그의

아들 遂成이 왕위에 올랐다. 현도태수 姚光이 건의하여 고구려의 國喪을 틈타 군사를 발동해 치고 싶다 하자 의논하는 이들이 모두 수긍했으나, 尙書 陳忠이 말하기를 '궁이 전날 교활하여 요광이 치지 못했거니와 이제 그가 죽자 치자고 하는 것은 의롭지 않으니, 마땅히 사람을 보내 조문하고 그 계제에 지난 죄과를 나무라되 용서해 처벌하지는 마시어 그들이 허물을 고치고 착해지도록 하소서'라고 하매, 안제가 이 말을 따랐다. 이듬해에 수성이 한나라의 포로들을 돌려보냈다"라고 하였다. 그러나 『海東古記』를 살펴보면 "고구려 國祖王 高宮은 후한 建武 29년 계사[32]에 왕위에 오르니 이때 나이가 7세라 國母가 섭정을 했고, 孝桓帝 本初 원년 병술(146)에 왕위를 친동생 수성에게 양위하니 이때 궁의 나이는 1백세로 왕위에 있은 지 94년째였다"라고 한다. 그렇다면 건광 원년은 궁이 왕위에 있은 지 69년째가 되므로, 『한서』에 기록된 바와 『고기』가 어긋나 서로 부합하지 않으니, 아마 『한서』의 기록이 잘못인 듯하다.] (『삼국사기』 15 고구려본기 3)

인용문은 태조대왕 94년, 곧 서력 146년에 태조대왕이 아우 수성에게 선위한 사건에 대한 분주이다. 그에 의하면 『후한서』에는 121년에 이미 태조대왕 궁이 죽고 아들인 차대왕 수성이 계위했다고[33] 한 데 반해, 『해동고기』에는 146년에 아우 수성에게 양위했다 하여 심대한 차이가 발생하였다. 즉 121년과 146년 사이 고구려 왕의 실체에 대한 이견의 사례이며, 나아가 태조대왕의 재위 기간 및 수명에 대한 논의이다. 『해동고기』는 제사지에도 인용된 예가 있으며, 『三韓古記』와 함께 '중국에 대한 우리나라'를 의미하는 '해동'이나 '삼한'을 관칭한 『고기』류의 하나이다.

따라서 태조대왕의 졸년과 관련한 『후한서』의 정보는 『삼국사기』 이전 단계의 국내 자료에서도 외면되었던 셈이다. 그리고 『삼국사기』 편찬자들 역시 『후한서』의 기록이 잘못이겠다고 판단하였다. 그것은 『集解』의 沈宇가 지적한 것처럼, 인용된 『후한서』 고구려전의 문맥상 宮의 죽

32) 후한 건무 29년은 계축년이므로, '계사'는 '계축'의 오기이다.

33) 『후한서』 85 동이열전 75 高句驪傳의 정보이다. 그에 의하면 遂成은 宮의 '嗣子'라 하였고, 수성의 즉위년 역시 建光 원년이라 하여 고구려본기와 다르다.

음은 秋冬間이었어야 하는데, 이를 계기로 발단된 건의 주체인 姚光은 정작 안제본기에는 같은 해 4월에 이미 피살되었던 것으로 기록된 바를[34] 염두에 두었던 때문인지도 모른다.

문제의 121년부터 146년 사이에 발생한 고구려와 한의 군사 접촉은 다섯 차례였다.

- 태조대왕 69년(121) 봄에 한의 幽州刺史 馮煥, 현도태수 姚光, 요동태수 蔡諷 등이 군사를 거느리고 침입해 와서 예맥의 우두머리를 쳐 죽이고 무기와 말과 재물을 모조리 약탈하였다. 왕이 곧 아우 수성을 보내 군사 2천여 명을 거느리고 풍환·요광 등을 막게 하였다. 수성이 사람을 보내 거짓으로 항복하자, 풍환 등이 이를 믿었다. 수성은 이 틈에 험한 곳에 웅거해 적의 대군을 막고, 은밀하게 3천 명을 보내 현도와 요동 두 군을 쳐서 그 성곽들을 불사르고 2천여 명을 죽이고 사로잡았다.
- 여름 4월에 왕이 선비 8천 명과 함께 가서 遼隊縣을 공격하였다. 요동태수 채풍은 군사를 거느리고 新昌으로 나와 싸우다가 죽었다. 功曹掾 龍端과 兵馬掾 公孫酺가 몸으로 채풍을 호위하다 함께 진중에서 죽었다. 죽은 이가 1백여 명이었다. …
- 12월에 왕이 마한과 예맥의 1만여 기병을 거느리고 진격하여 현도성을 에워쌌다. 부여 왕이 아들 尉仇台를 보내 군사 2만 명을 이끌고 한의 군사와 함께 힘을 합해 막아 싸우게 하니, 우리 군사가 크게 패하였다.
- 태조대왕 70년(122)에 왕이 마한·예맥과 함께 요동을 침공하자, 부여 왕이 군사를 보내 구원하고 우리를 격파하였다.[마한은 백제 온조왕 27년(9)에 멸망했는데, 지금 고구려 왕과 함께 군사 행동을 하고 있으니 아마 멸망했다가 다시 일어난 것인가?]
- 태조대왕 94년(146) 가을 8월에 왕이 장수를 보내 한의 요동군 西安平縣을 쳐서 帶方令을 죽이고 낙랑태수의 처자를 잡아 왔다. (이상 『삼국사기』 15 고구려본기 3)

34) 『후한서』 5 孝安帝紀, 建光 元年 夏四月 甲戌. 이와 관련하여 『通鑑考異』에는 요광이 피살된 해는 '건광' 원년이 아니라 다음해인 '延光' 원년이라고 지적하였다.

먼저 태조대왕 69년 봄의 전쟁 내용은, 수성을 궁의 아우라 한 점을 제외하면, 『후한서』와 일치한다.[35] 그러나 같은 해 4월의 전쟁 기록은 '4월'의 월차, 그리고 무엇보다도 요동태수 채풍과 함께 전사한 인물 '功曹掾 龍端·兵馬掾 公孫酺'가 『자치통감』과 일치하는 한편,[36] 『후한서』의 '功曹耿耗·兵曹掾龍端·兵馬掾公孫酺'와는 다르다. 결국 고구려본기는 두 중국 사서를 절충한 형태가 되었다. 이어 12월의 현도성 공격 기록에서는 고구려 군사의 규모 '1만'이 여타 중국 사서들의 '수천'과 차이를 보인다. 이 차이를 차치한다면 이듬해 태조대왕 70년의 요동 전투와 함께 『후한서』에 입각한 서술로 보아도 좋겠다.[37]

물론 중국 사서들은 두 차례 마한이 동원된 고구려의 군사 주체를 수성이라고 기록하였다. 끝으로 태조대왕 94년의 요동 공격 기록은 『후한서』와 『삼국지』의 고구려전에 각각 '質·桓' 연간과 '順·桓' 연간의 일로 기록했을 뿐이다.[38] 더구나 『후한서』와 『삼국지』 등의 문맥으로는 당시 고구려 왕은 伯固로서 수성조차 이미 사거한 뒤였다. 다만 태조대왕 94년 기사의 경우는, 질제와 환제가 교체된 때가 146년에 해당하므로, 고구려본기 찬자나 그가 의존한 기존 고구려사 전승 작성자가 『후한서』 등의 기록에 특정 연대를 설정하고자 한 결과일 수 있다.

---

35) 『후한서』 85 동이열전 75 고구려, "建光 元年(121) 春 幽州刺史馮煥·玄菟太守姚光·遼東太守蔡諷等 將兵出塞擊之 捕斬濊貊渠帥 獲兵馬財物 宮乃遣嗣子遂成將二千餘人逆光等 遣使詐降 光等信之 遂成因據險阨以遮大軍 而潛遣三千人攻玄菟·遼東 焚城郭 殺傷二千餘人 於是發廣陽·漁陽·右北平·涿郡屬國三千餘騎 同救之 而貊人已去".

36) 『자치통감』 50 漢紀 孝安帝 建光 원년 夏4월, "高句麗復與鮮卑入寇遼東 蔡諷追擊於新昌 戰歿 功曹掾龍端·兵馬掾公孫酺以身扞諷 俱歿於陳".

37) 『후한서』 5 孝安帝紀 建光 원년(121), "冬十二月 高句驪·馬韓·穢貊圍玄菟城 夫餘王遣子與州郡并力討破之" 및 延光 원년(122), "春二月 夫餘王遣子將兵救玄菟[夫餘王子 尉仇台也] 擊高句驪·馬韓·穢貊 破之 遂遣使貢獻".

38) 『후한서』 85 동이열전 75 고구려, "質·桓之間 復犯遼東西安平 殺帶方令 掠得樂浪太守妻子" ; 『삼국지』 30 魏書 동이전 고구려, "順·桓之間 … 又攻西安平 于道上殺帶方令 略得樂浪太守妻子".

주목할 사항은 중국 사서에 빈번하게 등장한 고구려 왕 수성의 존재에도 불구하고 『삼국사기』 찬자는 단호하게 이를 부정했다는 점이다. 『후한서』와 『해동고기』의 상충을 비교한 분주로 판단한다면, 그는 중국의 사서보다는 『해동고기』에 신뢰를 보낸 셈이다. 또한 고구려본기에 보이는 태조대왕과 그의 아우 수성 사이의 내연하는 갈등 내용은 실로 현실감 있는 정황을 드러내고 있다. 그와 같은 맥락을 오직 『후한서』 등의 기록을 근거로 부정하기는 어려운 일이다. 따라서 고구려본기의 태조대왕이 수행한 대중국 전쟁 기록에서 종종 드러난 중국 사서와의 괴리는 단순한 오각과 오기의 결과로 속단하기에는 이르다.

덧붙여 태조대왕 70년 고구려 군사력의 일부로 나타난 마한에 대한 의문의 분주 역시 『삼국사기』 찬자에게 고유 자료가 지니는 비중을 암시한다.[39] 분주는 백제본기의 기사 혹은 그 자료 토대가 되었을 전대 기록을 염두에 둔 것인바, 『후한서』 등의 정보를 수용하면서도 고유 전승과의 상충을 유념한 대목이다.

요컨대 『해동고기』로 대변된 고구려 관련 고유 전승은 고구려본기 작성에 의미 있는 역할을 한 것으로 판단한다. 미세하나마 『해동고기』에 태조대왕을 '국조왕'이라 한 점은 그에 대한 단서가 될 수 있다. 고구려본기의 공식 왕칭은 '태조대왕'이었으나, 『삼국사기』 연표에는 '국조왕'이라고 표기하였다. 연표의 삼국 왕칭 가운데 본기의 공식 왕칭과 다른 유일한 예이다. 『삼국유사』 왕력의 표제 역시 오직 태조대왕의 경우만을 『삼국사기』 본기 표기와 달리 '국조왕'이라고 하였다.

이러한 사례들은 『삼국사기』 고구려본기와 『삼국유사』 왕력의 작성에서 '국조왕'의 표기를 담은 『해동고기』의 자료적 위상을 반영한다. 이로써 고구려와 중국 왕조 간의 전쟁 관련 인명 혹은 군사 주체의 정보가 상충하는 경우 『삼국사기』 찬자는 국내 고유 전승을 우선 본문으로 채택했으

39) 이강래, 2002, 「『삼국사기』의 마한 인식」 『全南史學』 19, 3～8쪽.

며, 대체로 그러한 판단은 역사적 실제에도 부합하는 것이었다고 본다.

2) 연대

태조대왕의 졸년을 『해동고기』에 따른 이상, 적어도 고구려본기의 왕대력은 중국 사서들보다는 국내 전승을 존중했음을 알 수 있다. 이제 몇 가지 유사 사례를 거론하고자 한다.

- 안장왕 13년(531) 여름 5월에 왕이 죽었다. 왕호를 안장왕이라 하였다.[이 해는 梁 中大通 3년이요, 魏 普泰 원년(531)이다. 『양서』에 "안장왕이 왕위에 있은 지 8년째 되는 普通 7년(526)에 죽었다"라고 한 것은 잘못이다.]
- 안원왕 15년(545) 봄 3월에 왕이 죽었다. 왕호를 안원왕이라 하였다.[이 해는 梁 大同 11년이요, 東魏 武定 3년(545)이다. 『양서』에 "안원왕이 太淸 2년(548)에 죽으니, 그의 아들을 寧東將軍高句麗王樂浪公으로 삼았다"라고 한 것은 잘못이다.]
- 평원왕 32년 (590) … 왕이 왕위에 있은 지 32년 겨울 10월에 죽었다. 왕호를 평원왕이라 하였다.[이 해는 開皇 10년(590)이다. 『수서』와 『통감』에 "고조가 조서를 개황 17년에 내려 주었다"라고 한 것은 잘못이다.] (이상 『삼국사기』 19 고구려본기 7)

인용문은 안장왕, 안원왕, 평원왕의 훙거를 서술하면서 『양서』와 『수서』 및 『통감』의 오류를 비판한 대목이다. 우선 분주자의 판단은 모두 옳다. 고구려본기에 의하면 안장왕 8년(526)과 9년에 양에 사신을 보낸 기록이 있고, 이것은 『양서』(3) 무제본기 普通 7년(526)과 大通 원년(527)의 상응하는 기사와 무관하지 않을 것이다. 따라서 분주의 지적처럼 『양서』에 "(普通) 七年 安卒 子延立"이라 한 것은 확실히 오류이다.[40] 이어

40) 『梁書』 54 諸夷傳 고구려. 『冊府元龜』 963 外臣部 封冊 1에도 普通 7년조에서 같은 오류를 반복하였다. 반면 『日本書紀』 17 繼體紀 25년의 細註에는 『百濟本

안원왕의 경우는 『양서』 고구려전과 무제본기 양처에서 분주에 지적된 오류가 반복되었다.[41]

한편 수의 高祖가 평원왕을 힐난한 조서를 보낸 시기를 『수서』(81) 고려전과 『자치통감』(178) 隋紀(2)에서 개황 17년으로 기록한 것은 분주자의 지적과 같다. 이들 사서에는 바로 이해에 평원왕이 죽었다고 하였다. 그런데 『수서』 고조본기와 『북사』 수본기에서는 개황 10년 7월에 왕의 죽음을 기록하여 『삼국사기』와 일치하고 있다.[42] 주의할 것은 개황 17년으로 기록한 전자의 기록들에는 고구려 왕의 이름이 '湯'으로 표기된 반면, 개황 10년으로 기록한 후자의 기록들은 평원왕의 이름으로 『삼국유사』 왕력에서 소개한 '高陽'을 적용하였다는 것이다. 사실 『북사』도 고려전에서는 개황 17년에 해당 사항을 기록하면서 '湯'의 죽음을 말했으니, 『수서』의 경우와 마찬가지로 본기와 열전이 모순을 일으키고 있는 셈이다. 이 문제에는 『책부원귀』가 하나의 지침이 될 수 있다. 그에 따르면 평원왕을 '高湯'이라고 하되, "一作高陽"이라는 분주를 가하는 한편, 그의 죽음 역시 개황 10년 7월로 하여 『북사』·『수서』의 본기 연대관을 취했던 것이다.[43]

이처럼 평원왕의 이름과 졸년에 대해 각각 '高湯'과 '高陽', 그리고 '개황 17년'과 '개황 10년'으로 설정한 두 계통의 이해가 있었던 것을 확인한다. 그런데 고구려본기의 본문은 『자치통감』의 문장과 지극히 방불하다. 그러므로 『자치통감』의 오류를 지적한 분주자가 수 고조가 조서를 보낸 사건이 개황 17년의 일이 아니라고 단정한 판단의 근거란 평원왕의 졸년 정보를 담고 있었을 고유 전승일 수밖에 없다.

記』를 인용하여 『삼국사기』와 마찬가지로 辛亥年(531)에 안장왕의 죽음을 기록하였다.

41) 『南史』 및 『冊府元龜』 963 外臣部 封冊 1의 정보도 이와 같다.

42) 『北史』 11 隋本紀 開皇 元年·10년 ; 『隋書』 1 高祖 上 開皇 元年 및 같은 책 2 高祖 下 開皇 10년.

43) 『冊府元龜』 963 外臣部 封冊 1, 後周武帝 建德 6년 및 隋高祖 開皇 10년 7월.

사실 이러한 추정은 평원왕의 죽음을 지시한 본문의 서술 형태에서 이미 짐작할 수 있다. 즉 삼국의 본기에 보이는 왕들의 사거 기사는 왕의 해당 재위년조에 일반적인 정보로 처리되어 있다. 다시 말해 특정 왕의 죽음은 해당 왕의 말년에 "왕이 죽었다"는 형태로 기록된다. 그런데 유독 평원왕의 경우만이 재위 32년째에 『자치통감』 기사에 따라 수 고조의 조서 및 그에 대한 평원왕의 수용 방식을 서술한 뒤에, 다시 "王在位三十二年 冬十月 薨"이라고 하였다. 삼국의 여타 왕들에서는 '王在位三十二年' 부분이 반복 제시된 사례가 없다.

따라서 분주자의 연대 고증 기준은 평원왕의 졸년이었던 것이고,[44] 그 전거 자료는 고구려의 고유 정보였다. 즉 분주자가 중국 측 사서의 오류를 단정한 판단 근거는 국내 고유 자료였던 것이다. 결국 졸년을 필두로 한 연대관에 대해서는 철저히 본국 자료를 지지한 경향의 일례로 보아도 좋을 듯하다.

전쟁 관련 연대의 차이를 보이는 현저한 사례는 신대왕 대의 현도태수 耿臨의 침공 기사이다. 이 문제를 검토하기 위해 신대왕 대의 대중 전쟁 기사를 아울러 제시한다.

- 신대왕 4년(168)에 한의 현도군 태수 耿臨이 침입해 와서 우리 군사 수백 명을 죽였다. 왕이 스스로 항복하고 현도에 속할 것을 청하였다.
- 신대왕 5년(169)에 왕이 대가 優居와 주부 然人 등을 보내 군사를 거느리고 현도태수 公孫度를 도와 富山의 적도들을 쳤다.
- 신대왕 8년(172) 겨울 11월에 한나라가 대군으로 우리나라를 향해 오니, 왕이 여러 신하들에게 나가 싸우는 것과 지키는 것 가운데 어느 것이 편

44) 따라서 본 분주는 수 문제가 국서를 보낸 연대에 대한 것이 아니며, 실제 국서의 전달 연대 자체는 별도의 논증 사항이다. 이에 대한 견해들로는 日野開三郎, 1991,『日野開三郎 東洋史論集』15, 三一書房, 212~214쪽 ; 姜性文, 1996,「麗隋·麗唐戰爭 原因考」『國史館論叢』69, 163~164쪽 ; 李成制, 2000,「嬰陽王 9年 高句麗의 遼西 攻擊」『震檀學報』90, 3쪽 ; 余昊奎, 2000,「高句麗 千里長城의 經路와 築城背景」『國史館論叢』91, 188쪽 참조.

> 리할 것인지를 물었다. 여러 사람들이 의논해 말하기를 "한의 군사들은 수가 많은 것을 믿고 우리를 가벼이 여기는데, 만약 우리가 나가 싸우지 않는다면 저들은 우리가 겁내고 있다고 생각하여 자주 침략해 올 것입니다. 게다가 우리나라는 산세가 험하고 길이 좁아서 이야말로 한 사람이 문을 지키면 만 명이 당할 수 없다는 형국입니다. 한의 군사가 비록 많다 하나 우리를 어찌할 수 없을 것이니, 청컨대 군사를 내보내 그들을 막으십시오"라고 하였다. 明臨荅夫는 말하기를 "그렇지 않습니다. 한은 나라가 크고 백성이 많아 이제 강병으로 멀리서 쳐들어왔으니 그 서슬을 당할 수가 없습니다. 더군다나 군사가 많은 경우에는 나가 싸워야 하고, 군사가 적은 경우에는 지켜야 하는 것이 兵法家의 원칙입니다. 지금 한나라 사람들은 천리 길에 군량을 날라 오니 오래 지탱할 수 없을 것입니다. 만약 우리가 도랑을 깊이 파고 보루를 높이 쌓으며 들의 곡식을 모두 비워 놓고 기다린다면, 저들은 반드시 한 달을 넘기지 못해 굶주리고 피곤해서 돌아갈 것입니다. 이때 우리가 굳센 군사로 육박하면 뜻을 이룰 수 있을 것입니다"라고 하였다. 왕이 그의 말을 수긍하여 성문을 닫고 굳게 지켰다. 한나라 사람들은 공격해 보아도 이길 수 없고 사졸들이 굶주리자 군대를 이끌고 돌아갔다. 이때 답부가 수천 명의 기병을 거느리고 그들을 쫓아 坐原에서 싸우니 한의 군사들은 크게 패해 한 필의 말도 돌아가지 못하였다. 왕은 크게 기뻐하여 답부에게 좌원과 質山을 내려 주어 식읍을 삼게 하였다. (이상 『삼국사기』 16 고구려본기 4)

경림의 침공 기사는 『후한서』, 『삼국지』, 『책부원귀』, 『자치통감』 등에 모두 建寧 2년(169)의 일로 기록되었다. 이를 168년의 사건으로 기록한 『삼국사기』의 내용 자체는 『후한서』에 가장 근접해 있다.[45] 따라서 『삼국사기』 측의 오인으로 생각할 여지가 적지 않다. 그런데 이듬해에 현도태수 공손도와 함께 富山에서 벌인 군사 행동은 『삼국지』에서 대응

45) 『삼국지』 30 위서 동이전 고구려 靈帝 建寧 2년, "玄菟太守耿臨討之 斬首虜數百級 伯固降 屬遼東" ; 『후한서』 85 동이전 75 고구려 建寧 2년, "玄菟太守耿臨討之 斬首數百級 伯固降服 乞屬玄菟" ; 『자치통감』 56 漢紀 48 孝靈皇帝 建寧 2년, "高句驪王 伯固寇遼東 玄菟太守耿臨討降之" ; 『册府元龜』 983 外臣部 征討 2 建寧 2년.

기사를 발견한다. 그러나 『삼국지』에는 사건의 발생 시점을 '熹平 연간(172～177)'이라고 했으며, 공손도 역시 여하한 직함도 없는 채로 기록되었다.[46)]

일단 고구려본기에서 공손도를 현도태수라고 한 것은 해당 사건 이전 시점에 신대왕 伯固가 현도군에 속할 것을 원하였다고 한 『후한서』 등 중국의 기록에 영향을 받은 탓일 것으로 보이지만, 희평 연간의 기록을 169년의 연대관에 맞춘 조치는 심각한 오류이거나 전승 자료의 문제가 아닐 수 없다. 게다가 정작 희평 원년에 해당하는 신대왕 8년의 전쟁 기사는 어떤 중국 사서에서도 확인할 수 없는 한편, 그 상세함을 미루어 틀림없이 고구려 고유 전승에 입각한 것이라고 생각해야 옳다.

이러한 논의를 위해 공손도전과 명림답부전을 음미할 필요가 있다. 그에 따르면, 공손도는 公孫域이 태수로 있던 시절 현도군에서 郡吏가 되었다가 董卓에게 천거되어 요동태수가 되었다. 그 후 初平 원년(190) 경 신장된 세력을 바탕으로 자립하여 遼東侯·平州牧을 자처하였다.[47)] 그러므로 그가 고구려 군사와 군사 활동을 함께한 때는 현도군의 군리 혹은 요동군의 태수였을 것이다. 특히 永康 원년(167)에 부여를 격파한 현도태수 공손역의 존재와,[48)] 이미 말한 바와 같이 建寧 2년(169)에 고구려를 친 현도태수 경림 등을 염두에 둘 때, 이즈음 공손도가 현도태수였을 리는 없다.

한편 신대왕 8년(172)의 전쟁 기사는 중국 측 군사 주체가 드러나 있지 않다. 반면에 그것은 명림답부라는 걸출한 재상이자 전략가의 위상에 비중을 둔 전승의 형태를 지니고 있다. 고구려본기에 의하면 명림답부는

46) 『삼국지』 30 위서 동이전 고구려, "熹平中 伯固乞屬玄菟 公孫度之雄海東也 伯固遣大加優居·主簿然人等 助度擊富山賊 破之".

47) 『삼국지』 8 二公孫陶四張傳 公孫度. 다만 『자치통감』 59 漢紀 51 孝獻 甲에서는 初平 원년에 요동태수가 되었다고 했으나 『삼국지』가 옳은 듯하다.

48) 『자치통감』 56 漢紀 48 孝桓 下.

차대왕 20년(165) 10월에 왕을 시해하고 신대왕을 옹립한 장본인이었다. 이에 신대왕은 이듬해에 명림답부를 國相으로 임명하였다. 그 후 명림답부는 위에 인용한 바와 같이 한나라의 대군이 침습해 왔을 때 출격하여 접전할 것을 주장하는 중론과는 달리 수성전을 건의하여 결과적으로 군공을 세웠다. 그 후 그는 신대왕 15년(179) 9월에 113세의 나이로 죽었다.

그러나 『삼국사기』 열전의 명림답부전에는 고구려본기의 내용이 거의 그대로 전재되면서도, 오직 신대왕 8년의 전쟁을 현도태수 耿臨이 침입했을 때의 일로 기록하였다. 이미 언급했듯이 경림의 침입은 고구려본기에 신대왕 4년(168), 그리고 『삼국지』를 비롯한 중국의 사서들에는 모두 靈帝 建寧 2년(169)의 일로 기록되었다. 더구나 경림의 침입 때 고구려는 패했으므로, 명림답부의 군공을 경림의 침입 때 사실로 설정한 열전의 서술은 매우 돌발적인 것이다.

만약 열전 찬자가 본기 기사 자체를 입전 재료로 삼았다고 한다면, 이러한 내용 차이는 그가 고구려본기의 명림답부 관련 기록을 취합하여 인물사를 서술하면서 저지른 오독의 결과라고 해야겠다. 그러나 고구려본기 찬자와 열전 찬자가 명림답부 관련 전승을 공유하되 독자적으로 이를 활용한 것이라면, 반드시 열전의 서술 재료를 본기의 기술 내용에 한정시킬 필요는 없을지도 모른다. 다시 말해 명림답부의 전승 기록은 오직 『삼국사기』에서만 확인되는 것이므로, 그 원전은 고구려 측의 고유 전승이었다고 보아야 한다.

그렇다면 신대왕 8년의 고구려 침입 주체를 경림이라 한 열전의 정보 또한 고구려본기의 오독이 아니라 고구려 관련 고유 전승 자료의 인식을 토대로 한 것일지도 모르는 것이다.[49] 물론 열전에 보이는 고구려 인물들

49) 신채호의 경우 신대왕 8년의 기록을 이른바 '古記'에서 초록한 것이라고 하면서도, 이를 신대왕 4년의 사건과 함께 한 가지 사건을 분재한 것이라고 판단하였다. 申采浩, 1987, 「高句麗 全盛時代 – 朝鮮上古史」 『丹齋申采浩全集』 上, 丹齋申采浩先生紀念事業會, 175~176쪽.

인 을파소, 밀우와 유유, 창조리 등의 약전이 대체로 고구려본기의 관련 기사를 적절하게 윤문하면서 재구성한 것으로 보는 일반적 이해에[50] 반대하지 않는다. 그러나 11월의 월차까지 밝혀 기록한 명림답부의 이 인상적 전승담을 가공의 기록이라고 볼 수는 없을 것이다.

가능한 추정은 두 가지이다. 우선 명림답부전이 고구려본기와 무관하게 고유 전승을 활용한 서술이라면, 명림답부가 거둔 전승의 상대는 신대왕 4년의 전쟁과 마찬가지로 현도태수 경림이었다고 보아야겠다. 반면에 명림답부전이 고구려본기 기사의 잘못된 취합의 결과라면, 신대왕 8년 전쟁의 적군 주체는 경림이 아닐 수 있다. 이와 관련하여 공손도가 요동태수로 있으면서 주변에 군사적 위력을 떨쳤던 사실을 환기하고자 한다. 『삼국지』 찬자는 이를 일러 "東伐高句驪 西擊烏丸 威行海外"라고 평하였다. 그렇다면 시기적으로 보아 명림답부가 거둔 승전의 대상은 요동태수 공손도였을 가능성을 배제할 수 없다.

어느 경우이든 명림답부의 승리는 오직 고구려 측의 전승에 충실한 것이며, 중국의 사서들은 이를 언급하지 않았던 것이다. 요컨대 신대왕 대에 漢을 상대로 벌인 전쟁의 연대 문제는, 크게 보아 그를 전후한 고구려 측의 독자적 전쟁 전승의 수용 과정에서 비롯된 것으로 헤아려둔다.

물론 경림과의 전쟁 연대가 『삼국사기』와 중국 사서들 사이에 1년의 차이를 보이게 된 점은 여전히 설명되지 않았다. 대부분의 연구자들이 동의하듯이 『삼국사기』 측의 오인일 가능성이 적지 않다. 그러나 설사 오인이라 하더라도 거기에는 전승 자료와 관련된 배경이 있을지 모른다. 예컨대 『삼국사기』 제사지에는 고구려의 역대 왕들이 졸본에 행차하여 시조묘에 제사한 기록들이 있는데, 신대왕과 그의 사왕인 고국천왕의 경우 고구려본기의 대응 기사와 1년의 차이를 보인다. 제사지의 서술은 이른

50) 李弘稙, 1971, 「三國史記 高句麗人傳의 檢討」 『韓國古代史의 硏究』, 新丘文化社 ; 1959, 『史叢』 4.

바 『고기』의 정보에 입각한 것이었다.

그 가운데 고국천왕의 경우는 전왕인 신대왕이 12월에 훙거했음에도 불구하고 고구려본기에서는 경직된 유월칭원 즉 즉위년칭원에 따라 신대왕 훙거년을 고국천왕 즉위년으로 산정했기 때문에 실제에 충실한 『고기』의 재위 연수보다 1년 이르게 된 경우였다. 그렇다면 오직 신대왕의 경우만 남거니와, 제사지에는 신대왕 4년 9월에 "王如卒本 祀始祖廟"이라 한 반면, 고구려본기에는 같은 내용을 동왕 3년 9월에 기록하였다. 이처럼 오직 신대왕 대의 편년 기사만이 『고기』보다 1년 이르게 된 정황은, 경림의 침입 기사를 중국 사서에 비해 1년 이르게 설정한 고구려본기 신대왕조의 현상을 전승 자료의 기년 방식과 연관하여 음미할 당위를 지지한다.[51]

일부 전쟁 기사에는 月次의 상충도 보인다. 예컨대 광개토왕 11년(402)의 宿軍城 공격, 동왕 13년(404) 11월의 연나라 공격, 동왕 15년(406) 12월 慕容熙의 木底城 침공 기사 등은 모두 『자치통감』을 주요 원전으로 삼은 것으로 판단된다.[52] 그런데 그들 기사에서 유독 월차의 설정만은 『자치통감』의 5월, 12월, 정월을 취하지 않거나 그와 다르게 하였다. 660년 백제 침공을 마무리한 당이 契苾何力 등의 군단을 새롭게 편성하여 고구려 공략에 나선 사건 정보도 이와 유사한 문제를 지닌다. 즉 고구려본기의 사건 서술은 전적으로 『자치통감』에 의존하였으면서도, 그 월차는 『자치통감』의 12월이 아니라 11월로 설정하였다.[53]

고구려본기의 중국 관계 기사 작성 과정에서 『자치통감』을 가장 주요

51) 이강래, 2005, 「『삼국사기』와 『삼국유사』의 왕대력 비교 연구」 『韓國史學報』 21, 86~87쪽.

52) 『자치통감』 112 晉紀, 安帝 元興 元年(402) 5월 ; 『자치통감』 113 晉紀, 安帝 元興 3년(404) 12월 ; 『자치통감』 114 晉紀, 安帝 義熙 2년(406) 정월 ; 『晉書』 124 慕容熙傳.

53) 『삼국사기』 22 고구려본기 10, 寶臧王 19년 11월 ; 『자치통감』 200 唐紀 16 高宗 上之下, 顯慶 5년 12월.

한 모델로 삼았음은 주지의 사실이다. 그러므로 『자치통감』의 내용과 일치하는 서술에서 유독 월차만이 다르게 나타나는 데에는 일단 인용자의 誤引과 誤記 혹은 판각 과정의 誤刻 따위를 염두에 둘 필요가 있다. '一'과 '二', 같은 이유로 '二'와 '三' 사이에서는 종종 판각 과정에서 오류가 발생할 수 있기 때문이다.[54)]

특히 중국 사서들 가운데 『자치통감』과 여타 사서가 서로 다른 연대관을 전할 때, 고구려본기 찬자의 선택은 거의 예외 없이 『자치통감』을 선택하는 것으로 귀결하였다. 예컨대 고구려본기 고국원왕 9년(339) 慕容皝의 新城 침공 기사는 같은 내용을 전하는 『진서』의 咸康 3년(337)이 아니라 『자치통감』의 함강 5년 기사를 취한 것이다.[55)] 고국원왕 12년(342) 겨울 모용황의 대규모 침공전 기사 역시 『자치통감』을 따라 『진서』와 『위서』의 341년이나 『양서』의 343년 정보를 배제하였다.[56)]

그러나 『자치통감』의 연대관은 또한 『삼국사기』 찬자에 의해 가장 많이 비판되기도 하였다. 신라 왕들의 졸년에 대한 중국 측 사서의 허다한 오류는 특히 『자치통감』의 사례를 들어 지적되었고, 그 모든 경우 판정

54) 645년 4월 蓋牟城 전투에서 발생한 고구려 포로 규모의 차이점이 유사한 사례로 거론될 수 있다. 즉 고구려본기는 명백히 『자치통감』의 관련 기사를 적의하게 전재하면서도 오직 李世勣의 개모성 공함으로 발생한 고구려군의 포로 규모를 '1만' 명이라 하여 『자치통감』의 '2만' 명과 다르게 되었다. 『자치통감』 197 唐紀 13 太宗 中之下, 정관 19년 4월 ; 『삼국사기』 21 고구려본기 9, 보장왕 4년 4월. 647년 7월 積利城 인근 전투에서 唐將 李海岸 군대에 참살당한 고구려 군사의 규모는 『자치통감』의 '2천'과 고구려본기의 '3천'이 다르게 되었다. 『자치통감』 198 唐紀 14 太宗 下之上, 정관 21년 7월 ; 『삼국사기』 22 고구려본기 10, 보장왕 6년 7월. 이들의 경우 고구려본기 찬자가 『자치통감』의 서술을 이용한 것이 확실한 이상, 피해 규모를 의도적으로 부풀리거나 축소시켰다기보다는 단순한 오각의 결과라고 함이 온당하다.

55) 『자치통감』 96 晉紀 顯宗成帝 中之下, 咸康 5년(339) ; 『晉書』 109 載記 慕容皝, 咸康 3년.

56) 『자치통감』 97 晉紀 顯宗成帝, 咸康 8년 겨울 10월 ; 『晉書』 109 慕容皝, 함강 7년 ; 『魏書』 95 慕容元眞 및 같은 책 100 열전 고구려, 建國 4년(341) ; 『梁書』 54 동이전 고구려, 建元 원년(343).

의 근거는 『고기』로 불린 국내 고유 전승물이었다. 고구려본기에서도 마찬가지로, 찬자는 평원왕의 졸기에서 수 고조의 조서가 전해진 연대를 개황 17년이라 한 『자치통감』의 기록을 비판한 바 있다. 또한 앞에서, 현도태수 경림의 침공 연대를 『자치통감』을 위시한 중국 사서들과 달리 1년 이르게 설정한 데에는 명림답부 중심의 고유 전승이 개입한 때문일 것으로 짐작한 바 있었다.

그렇다면 월차의 상충 대목도 단순히 편찬과 판각 과정의 오류로만 단정할 일은 아니라고 본다. 모용희의 침공 시점과 같은 경우, 『자치통감』의 정월과 『삼국사기』의 12월은 그와 같은 오류의 범주에서 이해하기 어렵다는 점도 고려할 일이다. 따라서 전쟁 주체의 문제에서와 같은 관점에서서, 전쟁 연대의 문제 역시 고유 전승의 수용 맥락을 부분적으로 인정하고자 한다.

3) 사건

고구려본기가 문장의 채택과 서술에서 『자치통감』에 절대적 의존의 경향을 보인다는 이해와, 고구려본기의 중국 관련 기사 가운데 『자치통감』과 상충하는 정보가 적지 않다는 사실을 반드시 모순된 형국으로 간주할 필요는 없다. 우선 열전에 기록된 명림답부의 대승, 밀우와 유유의 순국, 온달의 전공 등 인물 중심의 고유 전승은, 고구려 당대의 사실 수준을 넘어 다양한 경로의 변형과 생성 과정을 거쳐 『삼국사기』에 정착한 것들이기 때문이다. 또한 본기 기사 가운데에도 중국 문헌과 무관한 중국 관련 기사는 드물지 않다. 예컨대 유리명왕 11년 扶芬奴의 鮮卑 공략, 동왕 33년(14)의 한나라 고구려현 공탈, 대무신왕 11년(28) 한나라 요동태수의 침공 방어 등은 상세하고도 생생한 고구려 당대 정보와 인식에 입각해 있다. 명림답부의 대승이 坐原에서 이루어졌듯이, 고국천왕 6년(184) 왕이 직접 좌원에서 요동태수의 군사를 섬멸한 기록 역시 고구려 측 전승에서 유래했을 것이다.

특히 3세기 중엽의 중천왕 대로부터 미천왕 20년(319) 이전까지의 대중국 군사 갈등은, 『자치통감』은 물론 여타 중국 사서에서 대응 기사를 적출할 수 없는, 고구려의 고유 전승 정보로 작성되었다. 이 때문에 일찍부터 국내 자료와 중국 측 자료의 이용을 기준으로 하여, 미천왕 대를 전후한 기록의 '단층'이 유념된 바 있었다.[57] 국내 자료의 이용 비중이 높을수록 중국 사서들의 기록과 충돌할 가능성 또한 높다.

저명한 幽州刺史 毌丘儉의 침공 기사에서 이 문제를 숙고하고자 한다. 이 사건을 고구려본기 찬자는 동천왕 20년(246)의 편년에 기록하였다. 그러나 『삼국지』의 열전과 그를 계승한 『양서』 등에는 모두 正始 5년(244)에 발단된 일로 기록하였다.[58] 반면 『자치통감』은 『삼국사기』와 같은 연대를 취하였다.[59] 관구검의 침입 기간의 실제 여부와 관계없이 『삼국사기』와 『자치통감』의 편년이 일치하고 있음에 주의한다. 즉 고구려본기에 기록된 이 전쟁의 전개 과정은 대체로 『삼국지』와 『양서』 등의 서술 방식에 충실하면서도, 편년만은 『자치통감』에 부합하는 것이다.

『삼국지』 관구검전과 『양서』는 정시 5년과 6년에 걸쳐 관구검군의 군사 활동을 기록했으며, 이는 「관구검기공비」 잔편의 정보와 같았다. 그럼에도 불구하고 월등 자세하고도 생생한 전쟁 기록을 전하는 고구려본기에는 『양서』 등의 정시 5년과 6년에 분재된 내용을 정시 7년에 해당하는 동천왕 20년의 8월과 10월의 사건으로 구성하였다. 이러한 정황으로 미루어, 이 사건에 대한 고구려 측의 고유 전승이 그와 같은 편년의 기준이

57) 三品彰影, 1953, 「三國史記高句麗本紀の原典批判」 『大谷大學研究年報』 6. 武田幸男, 1979, 「高句麗廣開土王紀の對外關係記事」 『三上次男博士頌壽記念 東洋史・考古學論集』, 朋友書店.

58) 『삼국지』 28 毌丘儉傳 및 같은 책 30 위서 동이전 고구려 ; 『梁書』 54 고구려전 ; 『北史』 94 고려전. 또 「毌丘儉紀功碑」 잔편에는 정시 5년에 침공을 시작해 이듬해 6월에 철군한 것으로 기록되어 있다.

59) 『자치통감』 75 魏紀 邵陵厲公 中 ; 『삼국지』 4 위서 齊王芳紀.

되었음을 짐작할 수 있다.

물론 정시 7년 한 해에 관련 사건의 시말을 모두 배치한 것은 『자치통감』의 경우도 마찬가지였다. 그러나 『자치통감』의 경우는 동천왕의 중국 침구를 반대했다는 得來 관련 내용에 한정하여 고구려본기와 상응하고 있을 뿐이다. 게다가 고구려본기 찬자는 『자치통감』의 이 정보의 정확성에 회의적이기도 하였다.

- 동천왕 20년(246) 가을 8월에 魏에서 幽州刺史 毌丘儉에게 1만 명을 거느려 보내 현도를 나와 침입하였다. …
- 겨울 10월에 관구검이 丸都城을 쳐 함락시키고 도륙하더니, 내처 장군 王頎를 보내 왕을 뒤쫓았다. … 왕은 나라를 회복하고 전공을 논의할 때 密友와 紐由를 제일로 삼았으며, 밀우에게는 巨谷과 靑木谷을 주고, 劉屋句에게는 鴨淥과 杜訥河原을 주어서 식읍으로 하였다. 죽은 유유에게는 九使者를 추증하고, 또 그 아들 多優를 大使者로 삼았다.
- 이번 전쟁에서 위의 장수가 肅愼의 남쪽 경계에 이르러 돌을 새겨 공적을 기념하고, 또 丸都山에 와서는 不耐城에 새기고 돌아갔다. 처음에 신하 得來가 왕이 중국을 침구하고 배반하는 것을 보고 여러 번 간했으나 왕이 따르지 않았다. 득래가 탄식해 말하기를 "이 땅에 쑥이 나는 것을 당장 보게 될 것이다"라고 하더니 마침내 먹지 않고 죽었다. 관구검이 여러 군사들에게 명령하여 그의 무덤을 허물지 말라 하고 나무를 베지 못하게 했으며, 그의 처자를 찾아다가 모두 놓아 보내 주게 하였다.[『括地志』에는 이르기를 "不耐城은 곧 國內城이다. 성은 돌을 쌓아 만들었다"라고 했으니, 이는 곧 환도산과 국내성이 서로 인접한 것이다. 『양서』에는 "司馬懿가 公孫淵을 토벌할 때 왕이 장수를 보내 西安平을 습격했으므로 관구검이 와서 침공하였다"라고 하였고, 『통감』에는 득래가 와서 왕에게 간한 것이 왕 位宮 때의 일이라고 했으나 잘못이다.] (이상 『삼국사기』 17 고구려본기 5)

『삼국사기』 고구려본기의 본문은 동부의 밀우나 하부의 유옥구, 그리고 역시 동부의 유유와 다우 부자 등 구체적 인물들의 행적을 포함하여 매우 풍부한 고구려 자체 전승을 채록한 사례로 꼽힐 만한 기사이다.[60] 그 가운데 마지막 단락은 고구려본기 찬자가 『양서』와 『자치통감』을 수용한 사실과 그 방식을 잘 드러내주고 있다. 우선 관구검의 '刻石紀功' 부분은 『양서』에서 유래한다. 관련 원문을 대조해 본다.

- 正始 6년(245), 至肅愼氏南界 刻石紀功 刊丸都之山 銘不耐之城 (『삼국지』 28 위서 王毌丘諸葛鄧鍾傳 毌丘儉)
- 正始 6년, 到肅愼南界 刻石紀功 又到丸都山 銘不耐城而還 (『양서』 54 열전 48 동이전 고구려)
- 正始 7년(246), 至肅愼氏南界 刻石紀功而還 (『자치통감』 75 魏紀 7 邵陵厲公 中)
- 동천왕 20년(246), 到肅愼南界 刻石紀功 又到丸都山 銘不耐城而歸 (『삼국사기』 17 고구려본기 5)

외양으로만 보면, 고구려본기는 완연 『양서』의 서술을 반복하였다. 그에 따르면 숙신의 남계와 환도산에 각각 각석 및 기공 행위를 한 것으로 읽힌다. 그러나 "숙신의 남계에 이르렀다" 함은 관구검에 의해 파견된 현도태수 王頎의 행적을 이른 것이므로, 이를 '각석기공'과 이어 해독하는 것은 온당치 않다. 관구검전의 문맥에서는 "刊丸都之山 銘不耐之城"이 곧 '각석기공'의 내용이 된다.

『양서』는 관구검전의 '刊'을 '到'로 오독하여 '숙신남계'와 '환도산'을 대응시키고, 또한 '刻'과 '銘'을 대응시킨 것이다. 그러나 '銘'은 '刊'과 대응하며, 이 '刊·銘'이 곧 '刻·紀'를 이른다고 보아야 옳다. 『자치통감』의 필법이 그러한 독법에 충실한 사례이다. 따라서 고구려본기 찬자는 『양서』와 『자치통감』의 서로 다른 독해 가운데 『양서』를 취한 것이라고 할 수 있다. 다만 『양서』에 보이지 않는 득래 관련 사화는 『자치통감』을 충실히 따랐다.

---

60) 李弘稙, 1971, 앞의 책 『韓國古代史의 硏究』, 255~256쪽.

이와 같은 수용을 거친 후 찬자는 분주를 통해 두 가지 사항을 논증하였다. 첫째는 환도산과 국내성의 위치 문제이며, 둘째는 관구검 침공의 맥락과 당시 고구려 왕의 실체 문제이다. 우선 환도산과 국내성이 서로 인접해 있다고 판정한 분주의 논거는 『괄지지』에 있다. 『괄지지』는 당 태종의 넷째 아들 濮恭王 泰가 주동하여 편찬한 지리서로서,[61] 특히 『翰苑』에서 백제와 신라조를 서술하는 데 매우 중요하게 채택되었다. 그러나 『한원』에서 고구려를 서술하는 데에는 오직 『高麗記』가 『괄지지』의 역할을 대신하였다. 『고려기』에 의하면 불내성은 한대의 不而縣이며, 『고려기』 작성 당시의 국내성이라 한다.[62]

그러나 불내성과 국내성을 동일시한 『괄지지』나 『고려기』의 인식, 나아가 그를 근거로 환도산과 국내성을 인접한 것이라 한 고구려본기 분주자의 판단은 아마 관구검전의 내용을 오독하거나 아니면 오독의 결과인 『양서』 등을 따른 데 기인했을 것이다. 그 때문에 환도산과 불내성을 인접한 것으로 받아들일 수 없다는 데 주목하는 연구자들은, 관구검전의 문의에 대해 환도산과 불내성 두 곳에 刻石紀功한 것으로 이해하기도 했던 것이다.[63]

다음으로, 『양서』와 『자치통감』의 서술에 대한 비판은 다시 두 가지 영역으로 구성된다. 하나는 『양서』의 경우로, 사마의가 공손연을 토벌할 때 고구려 왕이 서안평을 공격했기 때문에 관구검의 침공이 발단되었다고 했다는 것이다. 『양서』에 의하면, 景初 2년(238)에 사마의가 공손연을 토벌할 때 고구려 왕이 군사를 보내 협력하였다. 그 후 正始 3년(242)에 고구려 왕 位宮은 서안평을 공략하였고, 2년 뒤인 정시 5년(244)과 6년에

61) 『신당서』 80 열전 5 太宗諸子 및 같은 책 58 藝文 2.

62) 『翰苑』 蕃夷 高麗, "高麗記日 不耐城 今名國內城 在國東北六百七十里 奔(本의 誤 – 필자)漢不而縣也".

63) 李丙燾, 1977, 『國譯 三國史記』, 乙酉文化社, 265쪽 ; 1976, 『韓國古代史硏究』, 博英社, 202~203쪽 ; 金泰植, 1997, 「『三國史記』 地理志 高句麗條의 史料的 檢討」 『歷史學報』 154, 31~32쪽.

걸쳐 관구검의 고구려 침공이 전개되었다. 다른 사건 기사의 개입이 전혀 없이 서술된 『양서』 고구려전의 내용은 일견 사마의의 공손연 토벌부터 관구검의 고구려 침공까지가 일련의 맥락 가운데 조응하는 것처럼 비쳐질 수도 있다.

다른 하나의 비판 영역은 『자치통감』이 득래의 간언 시기를 왕 위궁 때라고 했다는 것이다. 이것은 외양으로는 고구려 왕의 실체 문제이나, 실제로는 관구검의 고구려 침공 시기와 관련한 비판이다. 이상의 두 영역은 그러나 분주자의 논리 가운데서 서로 긴밀하게 연계되어 있다.

고구려본기 작성자는 『양서』에 보이는 사마의의 공손연 토벌 이하의 기사 내용을 충실히 기재하였다. 다만 일련의 기사 가운데 관구검의 침공 사건만은 내용을 충실히 전재하면서도 연대를 정시 7년 한 해에 편성하였다. 따라서 사마의와 서안평과 관구검의 연속적 의미 맥락을 인정하지 않는 비판의 핵심은 관구검의 고구려 침공 연대에 있다고 해야 옳다. 즉 관구검의 침공은 정시 5년이 아니라 정시 7년이었다는 판단이 개재해 있는 것이다.

그 경우, 『자치통감』에 대한 비판이 오직 해당 시기 왕을 위궁이라고 한 데 한정해 있는 것은 『자치통감』의 편년이 정시 7년으로 된 데 따른 결과일 것으로 생각한다. 관구검 침공 당시 고구려 왕을 위궁이라 한 것은 『자치통감』 뿐만 아니라 『양서』를 비롯하여 『삼국지』 계통의 중국 사서들 가운데에는 모두 예외가 없기 때문이다. 요컨대 『삼국사기』 찬자는 『양서』와 『자치통감』의 내용을 충실히 전재하면서도[64] 『양서』의 연대관, 그리고 크게 다를 바 없는 문제이지만 『자치통감』의 고구려 왕 관련 정보를 수긍하지 못한 것이다.

---

64) 『梁書』 54 高句驪, "魏景初二年(238) 遣太傅司馬宣王率衆討公孫淵 位宮遣主簿大加將兵千人助軍 正始三年(242) 位宮寇西安平 五年(244) 幽州刺史毌丘儉將萬人出玄菟討位宮 … 六年(245) 儉復討之…" ; 『자치통감』 75 魏紀 邵陵厲公 中, "句驪之臣得來 數諫位宮 位宮不從 得來歎日 …".

여러 차례 강조한 바와 같이, 대중국 사건 연대의 경우 그처럼 단호한 판단의 논거는 고구려 관련 국내 고유 전승물의 존재와 그에 대한 찬자의 신뢰 정도로 설명할 수 있다. 『삼국사기』 열전의 밀우·유유전에도 이 사건은 동천왕 20년, 즉 정시 7년의 일로 기록되었다. 따라서 결국 고구려 본기 본문은 사건 연대를 포함하여 고유 자료의 전승이 상당한 비중을 점했던 것이다.

그러나 『양서』와 『자치통감』의 정보를 잘못이라고 판단한 고구려 왕 '위궁' 관련 논증은, 오직 '위궁'을 산상왕의 이름으로 간주한 찬자 자신의 오류일 뿐이다. 그는 산상왕의 이름 '연우'에 대하여 "위궁이라고도 한다"라는 분주를 가한 후 『위서』를 인용하였다.

> 산상왕은 이름이 延優이고[位宮이라고도 한다.] 고국천왕의 아우이다. 『위서』에 이르기를 "주몽의 후손 宮은 나면서부터 눈을 뜨고 볼 수 있었는데 이가 태조가 되었다(是爲太祖). 지금 왕은 태조의 증손인데(今王是太祖曾孫) 역시 태어나자마자 사람을 알아보는 것이 증조 궁과 같았다. 고구려에서는 서로 비슷하다는 것을 '位'라고 했으므로 그의 이름을 位宮이라고 했다"라고 하였다. (『삼국사기』 16 고구려본기 4, 산상왕 즉위기)

인용한 문장 구조에서 주의할 것은, 『위서』 이하의 내용은 전적으로 왕의 이름 '位宮'에 대한 것이나, 그 위치가 직접 관련된 대상 정보로부터 얼마간 격리되어 있다는 점이다. 즉 『삼국사기』 분주는 거의 모두 분주 대상 본문 정보에 바로 이어 자리하는 게 일반적이거니와, 분주적 내용이 분명하되 본문으로 서술된 이 경우는 그와 다르다는 점을 유념해 둔다. 또한 그 내용 역시 인용서 『위서』의 실체와 관련하여 다른 문제를 지니고 있기도 하다. 인용문을 제외하면, 고구려본기에서 『위서』를 노출하여 인용한 다른 용례들은 모두 魏收가 찬수한 『위서』(100) 고구려전에서 확인이 된다. 그러나 인용문에서 『위서』로 이끌어진 내용은 위수의 『위서』만으로 포괄되지 않는다.

우선 "是爲太祖" 대목은 문제가 된『위서』는 물론 여느 중국 측 사서의 표현도 아니다. 이는 오직 서술자의 논증이다. 또한 "今王是太祖曾孫" 부분에서 '太祖'의 명칭에 더해 '今王'이라 한 것은『위서』찬술 시점의 표현일 수 없다. 오히려 그것은『삼국지』위서 고구려전에서 宮의 증손 位宮을 '今王'이라 표현한 것에 조응하는 게 틀림없다. 그러나 문제가 된 '태조' 관련 적소들을 제외한다면 전체 문의의 흐름은 위수의『위서』에 근사하다. 따라서 인용된『위서』이하 내용은 위수의『위서』와『삼국지』의 고구려전 정보가 아울러지는 동시에 서술자의 고유한 판단마저 개입된 것으로 판단한다.

이처럼 찬자의 판단에 의해 '위궁'은 오직 산상왕으로 파악되었다. 그는『양서』와『자치통감』에 景初 혹은 正始 연간의 일을 기록함에 있어서 고구려 왕을 위궁이라 한 것을 납득하지 못하였다. 요컨대『자치통감』에 등장하는 위궁의 존재를 비판한 찬자의 오류는『삼국지』등을 염두에 두고 산상왕의 휘를 "一名位宮"이라 단정한 오류의 연장이었던 것이다.

고구려본기에 채택된 정보가 특정 중국 문헌 정보와 사건의 주요 내용에서 상충하는 사례도 있다. 태조대왕 대의 현도군 관계 기사를 본다.

> 태조대왕 59년(111)에 한에 사신을 보내 방물을 바치고 현도군에 붙여줄 것을 요구하였다.[『통감』에는 "이 해 3월에 고구려 왕 궁이 穢貊과 함께 현도를 침구하였다"라고 했으니, 혹은 붙여줄 것을 요구하고, 혹은 침구했던 것인지도 모르겠다. 그렇지 않다면 한 쪽이 잘못인 듯하다.] (『삼국사기』15 고구려본기 3)

분주자는 동일한 해에 일어난 상이한 성격의 사건에 의문을 제기하였다. 본문의 경우 태조대왕은 111년에 현도군에 우호적 교섭을 하였다. 그러나『자치통감』에는 태조대왕이 현도군을 침구했다고 하였다. 정반대의 두 문헌 정보에 대해 고구려본기 분주자가 추정한 상황은 두 가지이다. 하나는 본문 내용과 분주에 인용한『자치통감』이 전하는 내용 사이의 상반된 관계가 실제 전개되었을 가능성이다. 다른 하나는 두 전승 가운데 하나가 잘못일 가능성이었다.

이미 말한 바와 같이 신라본기의 유사한 사례를 염두에 둔다면, 그리고 만약 본문 구성 자료가 『고기』나 '本史'와 같은 국내 고유 전승이었다면, 분주자는 거의 틀림없이 『자치통감』의 잘못으로 단정했을 것이다. 그러나 여기서는 두 가지 가능성을 열어 놓은 채 적극적 판정을 보류하여 미완의 고증에 머물고 말았다. 이는 아마 고구려본기의 본문 구성 자료가 고유 전승이 아니라고 판단한 때문이었을지도 모른다.

① 59년(111). 遣使如漢 貢獻方物 求屬玄菟 (『삼국사기』 15 고구려본기 3, 태조대왕)
② 66년(118) 夏6월. 王與穢貊襲漢玄菟 (위와 같음)
③ 永初 5년(111) 3월. 夫餘夷犯塞 殺傷吏人 (『후한서』 5 孝安帝紀)
④ 元初 5년(118) 夏6월. 高句驪與穢貊寇玄菟 (위와 같음)
⑤ 永初 5년(111). 夫餘王 … 寇鈔樂浪 殺傷吏民 (『후한서』 85 夫餘國)
⑥ 永初 5년(111). 宮遣使貢獻 求屬玄菟 (『후한서』 85 句麗)
⑦ 元初 5년(118). 復與濊貊寇玄菟 (위와 같음)
⑧ 永初 5년(111) 3월. 夫餘王寇樂浪 高句驪王宮與濊貊寇玄菟 (『자치통감』 49 漢紀 孝安 上)
⑨ 元初 5년(118) 夏6월. 高句驪與濊貊寇玄菟 (『자치통감』 50 漢紀 孝安 中)

『삼국사기』 태조대왕 59년의 본문 정보(①)는 오직 『후한서』 고구려전의 내용(⑥)과 일치한다. 반면 『자치통감』을 들어 논의한 분주의 지적은 ⑧에 근거하고 있다. 그런데 ⑧에는 '3월'의 시점과 부여 왕의 낙랑 침구 내용이 있으므로, 아마 『후한서』의 본기 기사(③)와 부여전 기사(⑤)를 함께 고려한 듯하다. 다만 『자치통감』(⑧)에 보이는 고구려의 현도 침구 정보는 『후한서』의 본기와 동이전 어디에서도 확인할 수 없다. 한편 고구려본기의 태조대왕 66년 기사(②)는 『후한서』 본기 기사(④) 및

『자치통감』의 같은 해 기사(⑨)와 상응한다. 따라서 만약 고구려본기의 서술이 선행한 『후한서』에 기초한 것이라면, 본기와 동이전의 정보를 함께 고려했을 것이다.

『자치통감』 역시 선행한 『후한서』의 정보가 주요 토대로 기여했다고 보아야 한다. 특히 '3월'과 '하6월' 등의 월차로 미루어 『자치통감』은 오히려 『후한서』의 본기 정보에 주안점을 둔 듯하다. 그렇다면 『자치통감』의 ⑧이 ⑥을 취록하지 않은 것은, 『후한서』 동이전의 ⑤와 ⑦이 본기에서 확인되는 반면 ⑥의 경우는 본기의 대응 기사가 없기 때문이었을 가능성이 있다. 그러나 ⑧의 고구려 관련 기사는 여전히 그 출처가 분명치 않다. 다시 말해 ⑧의 고구려 관련 기사는 ④ 혹은 ⑦의 오인이거나 중복 기사일 수도 있다.

결국 어느 경우라 하더라도, 『후한서』에 의거한 고구려본기 본문 정보의 수용 주체와 이에 대한 분주의 서술 주체는 동일 시점에 있었던 것 같지 않다. 아마 『후한서』에 근거한 본문 정보는 『삼국사기』 편찬을 위해 동원된 기왕의 고유 자료 형태로 존재했을 것이다. 반면에 새롭게 편년체 『자치통감』의 활용도에 착안한 『삼국사기』 편찬 단계의 분주자는 『후한서』에 입각한 기왕의 해당 기사와 『자치통감』의 상충을 지적하게 되었다고 생각한다. 다만 그가 재래의 국내 전승물의 전거를 『후한서』로 확신했는지의 여부는 분명치 않다.

물론 분주자가 본문의 전거를 『후한서』로 보았다면, 그의 논지는 『후한서』와 『자치통감』의 상충 문제에 주목한 것이었겠다. 그러나 내용 차이를 보이는 복수의 중국 문헌들 가운데서는 거의 『자치통감』에 편향되었던 고구려본기의 서술 태도를 감안한다면, 분주자의 경우 기성의 태조대왕 59년 기사의 출전을 재래의 고유 전승물 범주에서 파악했을 가능성도 없지 않은 것이다.

요컨대 고구려본기 찬자는, 명백한 고유 전승을 확보한 경우에는 『자치통감』을 포함하여 여타 중국 문헌 정보와의 괴리에 당해 단연히 고유 전승에 신뢰를 주었다. 그러나 중국 문헌 정보들 사이의 상충에 대해서는 의연히 『자치통감』의 견해를 중시했다고 보고자 한다. 문제가 되고 있는 태조대왕 59년 기사는 『후한서』와 일치를 보이고 있으나, 분주자 스스로가 『후한서』의 해당 기사를 『삼국사기』에 편록한 주체가 아니었기 때문에, 본문 정보와 『자치통감』의 상충을 판정할 수 있는 명백한 고구려 고유 전승이 확보되지 않은 조건에서 판단을 주저했던 것이라고 생각한다.

앞에서 지적해 둔 바와 같이 미천왕 20년 이후의 4～5세기에 있었던 대중국 전쟁 기사는 거의 대부분 『자치통감』에 의거한 것이었다. 그러나 종종 고구려본기의 실제 기사에는 『자치통감』과 다른 정보가 개입되어 있으며, 이렇게 된 데에는 고구려 측 전승의 존재가 그 까닭이었을 것이다.

> 고국양왕 2년(385) 여름 6월에 왕이 군사 4만 명을 내서 요동을 습격하였다. 이에 앞서 연 왕 慕容垂가 帶方王 慕容佐를 시켜 龍城을 진무케 했는데, 모용좌는 우리 군사가 요동을 습격한다는 말을 듣고 司馬 郝景을 보내 군사를 거느리고 와 구원케 했으나, 우리 군사가 그를 쳐부수었다. 드디어 요동과 현도를 함락시키고 남녀 1만여 명을 사로잡아 돌아왔다. 겨울 11월에 연의 慕容農이 군사를 이끌고 침입해 와서 다시 요동과 현도의 두 군을 수복하였다. 처음에 幽州와 冀州의 유랑민들 다수가 우리에게 의탁해 왔는데, 모용농이 范陽의 龐淵을 요동태수로 삼아 그들을 불러들여 무마하게 하였다. (『삼국사기』 18 고구려본기 6)

인용문은 『자치통감』의 문장을 근간으로 하였으되, 약간의 출입이 발생한 경우이다.[65] 이때는 후연 왕 모용수가 칭제하기 1년 전으로서 고구려와의 긴장이 자못 예리해 가던 즈음이었다. 385년의 공방에 대해 『양서』나 그를 이은 『북사』 등은 "고구려가 요동군과 현도군을 공격하니, 후연의 모용수가 아우 모용농을 보내 고구려를 쳐서 2군을 되찾았다"라

65) 『자치통감』 106 晉紀 28 烈宗孝武皇帝 中之上, 太元 10년(385) 閏月·6월·11월.

고 간략하게 언급하는 데 그쳤다.[66] 고구려가 한동안 두 군을 점유한 맥락을 읽기 어려운 서술인 것이다. 『진서』는 고구려의 2군 점령과 뒤이은 모용농의 수복을 분별하여 기술하고는 있지만, 역시 고구려본기의 상세함에는 크게 미치지 못한다.[67]

반면에 『자치통감』은 고구려본기와 같이 '6월'과 '11월'의 월차를 밝힌 데다가, 6월의 사건 말미에 "自此燕不能勝高句麗"라고 하여 고구려 승리의 의미를 부각시키고 있다. 따라서 고구려본기 서술의 근거는 『자치통감』임이 분명하다고 하겠다. 그러나 『자치통감』에서도 고구려 군사의 규모 '4만'이나 요동군과 현도군 공략에서 노획한 포로 '남녀 1만 명' 등은 언급되지 않았다. 그렇다면 여기에도 고구려 측의 고유 전승물이 첨입되었다고 해야 옳다.

물론 고구려의 고유 전승에 비중을 두고자 한 편찬 방침에도 불구하고, 그 개별 사료의 신빙성 문제가 모두 해소되는 것은 아니다. 예컨대 온달전에는 後周와의 전투가 기록되어 있으나 그에 상응하는 내용이 고구려본기에서는 전혀 확인되지 않는다는 점을 주의한다. 『삼국사기』에 입전된 고구려의 인물들 가운데 오직 온달 관련 내용만이 본기에 반영되지 않았다. 한편 온달전은 시대 배경으로 '平岡王' 때를 설정하였다. 그런데 고구려본기에는 平原王에 대해 "혹은 平崗上好王이라고도 한다"라고 분주하였다. 이것은 그의 부왕인 陽原王에 대해 "혹은 陽崗上好王이라고도 한다"라고 한 분주와 동궤에 있는 것으로서, 이른바 이 '분주 계열' 계통 사료는 '본문 계열'의 그것과 구분되는 것으로 이해되고 있다.[68]

따라서 온달전에 분주 계열 왕호가 채택되어 있다는 것은, 고구려본기

66) 『梁書』 54 高句驪傳, 孝武帝 太元 10년 ; 『北史』 94 高麗傳, 孝武帝 太元 10년.

67) 『晉書』 123 載記 23 慕容垂, "… 高句驪寇遼東 垂平北慕容佐遣司馬郝景率衆救之 爲高句驪所敗 遼東玄菟遂沒 … 慕容農攻克令支 斬徐巖兄弟 進伐高句驪 復遼東玄菟二郡 還屯龍城".

68) 高寬敏, 1996, 「高句麗本紀の國內原典」 『『三國史記』の原典的研究』, 雄山閣 ; 1993, 「『三國史記』高句麗本紀の國內原典」 『朝鮮學報』 146.

의 본문 작성을 위한 기본 원전과 온달전의 전거가 달랐던 것을 의미한다고 보아도 좋다.

> 그즈음 후주의 武帝가 군사를 내 요동에 쳐들어오자, 왕이 군대를 거느리고 拜山의 들에서 막아 싸웠다. 온달이 선봉이 되어 날래게 싸워 수십여 명의 목을 베니, 여러 부대가 승세를 타고 맹렬히 싸워 크게 이겼다. 공로를 논할 때 온달을 제일로 치지 않는 이가 없었다. 이에 왕이 가상히 여겨 찬탄하면서 "이야말로 내 사위로다!" 하고 예를 갖추어 맞이했으며, 작위를 내려 大兄으로 삼았다. (『삼국사기』 열전 5, 온달)

인용한 대목은 평강왕 즉 평원왕 대의 고구려와 후주의 요동 전투 전말이다. 그러나 이 요동 전투의 실제 및 이 전투에서 거둔 온달의 군공은 고구려본기의 문맥에 비추어 그 진위를 짐작하기 어렵다. '후주'는 실제 556년부터 581년까지 존속했던 북조 왕조의 하나로 北周를 이른다. 다만 고구려 평원왕 때(559~590)라면 북주의 영주 武帝의 치세(560~578)로, 東魏를 찬탈한 北齊와의 사투에서 승리해 바야흐로 화북 땅에 군림할 시기였다. 그러므로 평강왕 역시 재위 19년에 북주에 조공을 한 바 있었던 것이다.

그러나 '拜山'의 전장과 전황 등 구체적 전말은 후주와 고구려의 전쟁을 가공의 서사로 치부하기 어렵게 한다. 게다가 온달전에 보이는 고구려의 후주 및 신라와의 갈등을 겨냥하여 "온달의 행적은 당시 고구려 정권이 취한 대외정책의 동향을 상징적으로 보여주는 것"이라고 지적되었던 것처럼,[69] 얼마간 역사적 실제를 반영한다고 보고자 한다. 다만 『삼국사기』 찬자들은 온달 관련 사건들의 편년이 명료하지 않은 데다가 여하한 중국 문헌에서도 대응 기사를 발견하지 못한 상황에서, 결국 고구려본기에 편입해 넣는 일을 포기했을 것이다.

---

69) 임기환, 1994, 「고구려와 수·당의 전쟁」 『한국사 4 - 고대사회에서 중세사회로』, 한길사, 155쪽.

3. 인식의 비교

고구려와 중국의 전쟁에 대한 문헌 기록들의 비교를 통해 몇 가지 이해를 획득하였다. 우선 편찬 시기에서 크게 뒤늦은 『삼국사기』의 경우 『후한서』와 『자치통감』을 비롯한 여러 중국 사서들로부터 관련 기사를 적출하고 활용한 것은 불가피한 작업이었다. 그러나 고구려 측의 전승 자료가 확보되어 있는 경우에는 중국 문헌 정보와의 상충에도 불구하고 고유 전승을 존중하였다. 특히 동일한 전쟁을 대상으로 한 한·중 사서에 표출된 인명, 연대, 사건 정보의 차이점들을 비교 검토한 결과, 국내 전승의 정보가 상당한 근거를 지니면서 본문 서술에 반영되었음이 드러났다. 나아가 고유 전승이 확보되지 않은 경우 중국 사서들의 기사 채택은 유일한 대안이었으나, 그들 사이의 상충에서는 다시 취사 작업이 이루어졌다. 즉 중국 사서들 가운데에서는 『자치통감』이 월등 중시되었다. 다만 『자치통감』의 존중이란 관련 고유 전승 정보가 부재했을 때에 한정했다고 판단한다.

그러나 여러 중국 사서들 가운데 『자치통감』의 수월한 위상은 종종 고구려본기에 한정한 것으로 나타난다. 한 예로 보장왕 대에 신라의 요청에 부응하여 고구려를 침공해 온 程名振 군대와 교전한 기사를 들어본다.

> 보장왕 14년(655) 봄 정월, 앞서 우리가 백제 및 말갈과 함께 신라의 북쪽 변경을 침공해 33개의 성을 빼앗자, 신라 왕 김춘추가 당에 사신을 보내 구원을 청하였다. 2월에 당 고종이 營州都督 程名振과 左衛中郎將 蘇定方을 보내 군사를 거느리고 와서 공격하게 하였다. 여름 5월에 정명진 등이 요수를 건너왔다. 우리 쪽에서는 그들의 병력이 적은 것을 보고 성문을 열고 나와 貴端水를 건너가 맞받아 싸웠다. 정명진 등이 맹렬하게 공격해 우리 군사를 크게 물리치고 천여 명을 죽이고 잡았으며, 외곽 성과 촌락들에 불을 지르고 돌아갔다. (『삼국사기』 22 고구려본기 10)

인용문은 대체로 『자치통감』 기사를 주객만을 바꾸어 전재한 것이다.

『신·구당서』 어디에도 『자치통감』에 상응하는 정도의 정보는 기재되지 않았다. 특히 고구려와 백제 등의 침공에 의해 상실된 신라 성의 규모 '33성'은 전거 자료를 분별하는 데 하나의 지표가 된다. 즉 『구당서』의 백제전과 신라전은 모두 '30여 성'이라 하였고, 『신당서』의 백제전과 신라전은 '30성'이라 하였다. 또한 『신당서』 고려전에는 '36성'이라고 하였다.[70]

한편 신라본기에는 '33성'의 경우는 고구려본기와 일치하지만, 신라 측의 청군에 부응하여 정명진 등이 파견된 시점은 '3월'로 기록되었다.[71] 게다가 백제본기에는 '30여 성'이라 하여 『구당서』와 일치하는 동시에 사건 발생 시점을 '8월'이라고 하였다.[72] 신라본기의 '3월'은 앞에서 언급한 바와 같이 '2월'의 오각일 여지가 없지 않으나, 적어도 백제본기의 '8월'은 『자치통감』 혹은 여타 중국 사서들의 자료 계통에서 대응시킬 바가 없다.

유사한 정황은 본기와 열전 사이에서도 발견된다.

> 보장왕 26년(667) 가을 9월에 李勣이 新城을 함락시키고 契苾何力으로 하여금 지키게 하였다. 이적이 처음에 요수를 건너와 여러 장수들에게 이르기를 "신성은 고구려 서변의 요충이기 때문에 이곳을 먼저 차지하지 않으면 나머지 성들을 쉽게 빼앗을 수 없다" 하고는 드디어 신성을 공격하자, 신성 사람 師夫仇 등이 성주를 결박해서 성문을 열고 나와 항복했던 것이다. 이적이 군사를 이끌고 진격하자 16개의 성이 모두 항복하였다. 龐同善과 高侃은 아직 신성에 남아 있었는데 泉男建이 군사를 보내 그들의 진영을 쳤으나, 좌무위장군 薛仁貴가 이를 격파하였다. 고간은 金山까지 진출했다가 우리 군사와 싸워 패하였다. 우리 군사가 승세를 타고 도망가는 적들을 쫓자 설인귀가 병력을 이끌고 측면에서 공격해 와 우리 군사 5만여 명을 죽이고 南蘇와 木氐와 蒼巖의 세 성을 함락시켰으며, 泉男生의 병력과 합하였다. (『삼국사기』 22 고구려본기 10)

70) 『자치통감』 199 唐紀 15 고종 上之上, 永徽 6년 ; 『구당서』 199 동이전 백제·신라, 永徽 6년 ; 『신당서』 220 동이전 고려·백제·신라, 永徽 6년.

71) 『삼국사기』 5 신라본기 5, 태종무열왕 2년.

72) 『삼국사기』 28 백제본기 6, 의자왕 15년.

역시 인용문은 전적으로 『자치통감』 기사를 충실히 따른 것이다.[73] 그 가운데서도 남생이 당에 투신한 이듬해, 즉 예거한 보장왕 26년(乾封 2) 9월에, 설인귀가 고구려군 5만 명을 살육하고 "南蘇와 木氐와 蒼巖의 세 성을 함락시켰으며, 泉男生의 병력과 합하였다"라고 한 부분을 주목한다. 그런데 이 내용이 『신당서』 고려전에는 건봉 3년에 기록되었고, 설인귀가 회합한 군대 역시 이적의 것으로 되어 있다.[74]

또한 『신당서』의 천남생전이나[75] 이를 답습한 『삼국사기』의 열전에는 남생이 "哥勿·南蘇·倉巖 등의 성을 들어 (당에) 항복하였다"라고 기록하였다. 동일한 사건이 분명한 반면, 목저성과 가물성의 차이는 물론 세 성의 귀추를 남생의 투항에서 비롯된 것으로 볼 것인가 설인귀의 공략에서 초래된 것으로 이해할 것인가의 차이가 발생한다. 결국 『자치통감』의 우월한 자료적 지위란 오직 고구려본기에서, 그것도 제한적으로 발견될 뿐이다.

이처럼 『삼국사기』의 전쟁 기록 작성에서 중국 문헌의 활용이 불가피했던 한편, 특정 사서에 편향되지 않았을 뿐 아니라 고구려 관련 고유 전승 자료에 대한 존중의 태도가 견지되었던 정황의 확인은, 전쟁 인식의 비교를 위한 의미 있는 토대가 된다. 이와 관련하여 658년 고구려와 당의 전쟁에 대한 『삼국사기』의 문면은 특히 주목할 필요가 있다.

- 보장왕 17년(658) 여름 6월에 당의 營州都督兼東夷都護 정명진과 右領軍中郎將 설인귀가 군사를 거느리고 쳐들어왔다가 이기지 못하였다. (『삼국사기』 22 고구려본기 10)
- 顯慶 3년(658) 다시 정명진을 보내 설인귀를 거느리고 (고구려를) 쳤으나 이기지 못하였다. (『신당서』 220 동이전 고려)

73) 『자치통감』 201 唐紀 17 高宗 中之上 乾封 2년 9월.

74) 『신당서』 220 열전 145 동이전 高麗, 乾封 3년 2월.

75) 『신당서』 110 열전 35 諸夷藩將 泉男生.

◦ 영주도독겸동이도호 정명진과 우령군중랑장 설인귀가 군사를 거느리고 고구려의 赤烽鎭을 공격하여 함락시켰으며, 400여 명의 목을 베고 100여 명을 사로잡았다. 고구려는 대장 豆方婁를 보내 무리 3만 명을 이끌고 막았는데, 정명진이 거란족으로 맞받아쳐서 크게 깨뜨리고 2500여 명의 목을 베었다. (『자치통감』 200 唐紀, 현경 3년 6월)

고구려본기는 『자치통감』의 전반부와 『신당서』 기사의 마지막을 조합하였다. 『신당서』에 의하면 정명진 등의 당군은 고구려 공격에 실패한 반면, 『자치통감』의 문면은 고구려군 3천여 명을 살육한 당 측의 대승이었다. 두 자료의 차이는 곧 승리와 패배가 갈리는 문제이다. 월차로 미루어 『자치통감』의 해당 기사를 참조한 것이 분명한 고구려본기 찬자는, 그러나 전쟁의 결과에 대해서는 『신당서』를 따랐다. 여기에 어떤 판정의 논거가 있었는지는 알 수 없다. 다만 중국 사서들 사이에 승패가 엇갈린 전쟁 기사에서 중국의 실패 쪽을 선택 수용한 『삼국사기』 찬자들의 의식을 주목한다. 일반적으로 중국 사서들 가운데에서 『자치통감』에 좌단했던 사료 취사의 경향에 비추어 실로 의외의 적소인 것이다.

게다가 『자치통감』 기사에는 고구려의 군사 거점이었을 '赤烽鎭'과 고구려의 장수 '豆方婁'가 보이는 등, 그 구체성에서 『신당서』를 크게 능가하였다. 특히 '적봉진'은 『삼국사기』 지리지 '有名未詳地分' 목록에도 기재되어 있다. 그러나 정작 고구려본기에는 '적봉진'이 언급된 바 없다. 결국 '적봉진'은 『삼국사기』 편찬에 동원된 자료 가운데 있었던 반면, 관련 정보가 채택되지는 않았던 것이다. 따라서 적봉진 관련 정보를 배제한 찬자의 행위에는 필시 『신당서』에 보이는 반대의 전쟁 결과가 개입되었을 것이다. 이러한 취사의 사례는 고구려와 중국 세력과의 전쟁에 대한 인식을 논의하는 영역에서 주의해야 할 대목임이 분명하다.

이를 염두에 두고, 『삼국사기』 찬자의 고구려 전쟁 관련 사평을 중심으로 한·중의 사서간 전쟁 인식의 단층을 점검해 본다.

편찬자는 논평하여 말한다. 처음에 태종이 요동을 원정할 때 말리는 이가 하나가 아니었다. 또 안시성에서 철군한 후 스스로 성공하지 못한 점을 깊이 후회해 탄식하기를 "만약 魏徵이 있었더라면 내가 이 원정을 하지 못하게 했을 것이다"라고 하였다. 다시 고구려를 치고자 할 때 司空 房玄齡이 병중에서 표문을 올려 간하기를 "노자는 '만족할 줄을 알면 욕되지 않고 그칠 줄을 알면 위태롭지 않다'고 하였습니다. 폐하께서는 그 위명과 공덕이 이미 족하다 하겠고, 강역을 개척해 넓히는 것도 이제 역시 그칠 만하옵니다. 게다가 폐하께서 매번 중죄인 한 사람을 처결하실 때에도 반드시 세 번 다시 살피고 다섯 번을 거듭 아뢰도록 하며 보잘것없는 음식을 올리게 하고 풍류를 그치게 함은, 사람의 목숨을 소중하게 여기시는 바이거늘, 이제 무고한 사졸들을 몰아다가 칼날 아래 내맡겨 비참하게 죽게 하는 것만은 어찌하여 불쌍하게 여기지 않으십니까? 지난날 가령 고구려가 신하의 법도를 어겼다면 처단함이 옳고, 우리 백성을 침노해 괴롭힌다면 패멸시킴이 옳으며, 뒷날 중국의 두통거리가 될 것 같으면 없애 버려도 좋을 것입니다. 그런데 지금은 이와 같은 세 가지 조건이 없는데도 공연히 중국을 번거롭게 하는 것이니, 안으로 전대의 치욕을 씻고 밖으로 신라의 원수를 갚는다 하나, 이 어찌 얻는 것은 작고 잃는 것은 큰 것이 아니겠습니까? 원컨대 폐하께서는 고구려가 스스로 새로워지도록 내버려 두시어 파도를 헤쳐 나갈 배를 불사르고 응모한 무리를 흩어 버리신다면, 자연히 중화에는 경사요 오랑캐는 의지해 올 것이며, 원방은 삼가 공경하고 근방은 편안할 것입니다"라고 하였다. 梁國公이 장차 죽으려 할 때의 말이 이같이 간곡했는데도, 황제는 듣지 않고 동방을 폐허로 만들어야만 속이 시원할 것으로 생각하더니 죽게 되어서야 그만두었다. '사론'에 이르기를 "큰 것을 즐기고 공명을 좋아해 멀리까지 군사를 내몰았다"라고 한 것은 이것을 이른 말이 아니겠는가? 柳公權의 '小說'에 이르기를 "駐蹕山 전쟁에서 고구려와 말갈의 연합군이 40리에 뻗치자 태종이 바라보고 두려워하는 기색이 있었다"라고 했으며, 또 "6軍이 고구려에 제압되어 거의 움츠려 떨치지 못할 때 척후가 英公의 휘하 黑旗가 포위되었다고 아뢰니 황제가 크게 두려워했다"라고 하였다. 비록 끝내는 스스로 탈출해 나왔으나 두려워함이 저와 같았거늘 『신·구당서』와 司馬光의 『자치통감』에는 이를 말하지 않았으니, 이는 어찌 자기 나라를 위해 꺼려 회피한 경우가 아니겠는가? (『삼국사기』 22 고구려본기 10, 보장왕 8년)

인용한 논찬은 649년 4월, 당 태종이 죽음에 임하여 "유조를 내려 요동의 전쟁을 그만두게 하였다"라고 한 본문의 서술에 붙인 것이다. 논찬자는 우선 위징과 방현령 등이 고구려에 대한 군사 행동에 반대한 사실을 예거하였다. 당 태종은 이를 물리치고 무모한 전쟁을 불사하다가 죽음에 당하여서야 후회한 것이다. 이어 논찬자는 중국 사서들의 왜곡된 필법을 환기시켰다. 이를 위해, 『삼국사기』 찬자 스스로 가장 크게 의존했으며 당 태종과의 전쟁 기록을 가장 풍부하게 담고 있는 『자치통감』과 『신·구당서』를 직접 거론하였다. 즉 논찬자의 강조점은 당 태종의 고구려 침공이 패배 혹은 실패한 것이라는 데 있다. 그러므로 중국 측의 주요 관련 기록물들은 이를 은폐하거나 왜곡한 것이다. 즉 이것은 한·중의 전쟁 기록에 담긴 인식 사이의 첨예한 충돌을 의미한다.

물론 고구려본기에 보이는 당 태종과의 전쟁 기록은 대부분 논찬자가 비판한 『자치통감』과 『신·구당서』에 의존하였다. 한 예로 당 태종이 위징을 추억하면서 후회했다는 대목은 『신당서』에서 연유한 것이며, 『삼국사기』 고구려본기는 『자치통감』의 문장을 통해 이를 인용하였다.[76] 논찬에 인용된 방현령의 상표문 일부 역시 『신당서』와 『자치통감』의 활용 방식을 답습한 것이다.[77] 그에 이어 인용한 '사론'은 『신당서』에 근거한 것이었다.[78]

태종을 일러 '큰 것을 즐기고 공명을 좋아했다[好大喜功]'는 사론의 평은 완곡하나마 그의 현시욕과 공명심을 비판하는 대목이다.[79] 그러므로

---

76) 『신당서』 97 열전 22, 魏徵 ; 『자치통감』 197 唐紀 13 태종 中之下, 정관 19년 10월 ; 『삼국사기』 22 고구려본기 10, 보장왕 4년.

77) 『신당서』 96 열전 21, 房玄齡 ; 『자치통감』 199 唐紀 15 태종 下之下, 정관 22년 7월.

78) 『신당서』 2 太宗本紀 정관 23년 말미의 사론, "甚矣 至治之君不世出也 … 至其牽於多愛 復立浮圖 好大喜功 勤兵於遠 此中材庸主之所常爲".

79) 이러한 논평과 관련하여, 당 태종이 사형을 앞 둔 죄수 290인, 혹은 390인을 방면하면서 기일에 맞춰 돌아올 것을 명하자 한 사람도 빠짐없이 형기에 맞춰 돌아와 사면을 입었다는 사건을 환기한다. 『신당서』 56 志 46 刑法 ; 『唐語林』 1 政

당 태종이 안시성 전투 후 그 실패를 인정하면서 후회했다거나 방현령 등이 간곡히 요동 침공을 만류하였다는 것, 그리고 죽음에 당한 당 태종 스스로 고구려 침공을 중단케 했다는 것은 중국 측 기록에서도 '사실'이었다. 다만 그 문맥적 의미가 다를 뿐이다.

논찬자가 중국 사서에서 인용한 내용은 주로 당 태종의 패배와 후회, 죽어서야 그치게 된 끝없는 과시욕과 무절제, 공명에 매인 군사 행동, 고구려와의 전쟁에서 드러내 보인 위축 등 모두 부정적인 대목들이다. 그러므로 고구려에 대한 무모한 침략 행위에 집중하여 당 태종을 비판하고자 한 찬자의 의도는 명백하다. 이것은 아마 『삼국사기』 편찬자의 자기 역사를 향한 애정에 다름 아닌 것이다.

특히 그는 유공권의 '소설'을 들어 『신·구당서』와 『자치통감』에서 당 태종의 패색과 위구함을 제대로 기록하지 않은 사실을 지적하였다. 유공권은 당 憲宗 대에 입사하여 咸通 6년(865)에 죽은 이로서,[80] 당 태종으로부터 200여 년 뒤의 인물이다. 그의 '소설'에는 안시성 전투 때 당 태종의 위축과 이적의 곤경이 언급되었던 것이다. 이적은 당 태종의 침공 전쟁에 遼東道行軍大總管으로 종전했고, 언급된 주필산 전투에서 공적을 세운 인물로 평가되었다.[81]

당 태종과 영국공 이적의 패색을 언급한 '소설'의 실체를 추적하기는 어렵다. 그의 '소설'로서 확인 가능한 자료로는 『說郛』에 그 일부가 실려 있는 『小說舊聞記』가 있을 뿐이다.[82] 그러나 문제가 된 당 태종과 고구려의 전쟁에 관련한 내용은 그 가운데서 확인되지 않는다.[83]

事 上 ; 『자치통감』 194 唐紀 10 정관 7년 9월. 뒷날 歐陽修(1007~1072)는 '縱囚論'에서 이 사건을 두고 태종과 사형수들이 서로의 마음을 헤아려 도적질한 것에 불과하다고 혹평하였다.

80) 『신당서』 163 및 『구당서』 165 열전 115.

81) 『신당서』 93 열전 18, 李勣.

82) 『說郛三種』(明 陶宗儀 等編, 上海古籍出版社), 787~789쪽 및 2060~2061쪽 참조.

그런데 논찬자가 지목한 두 가지 장면 가운데, 주필산 전투에서 당 태종이 두려워했다는 대목은 고구려본기에 기재되었다. 즉 고구려본기에 의하면, 高延壽와 高惠眞이 말갈 병력을 포함하여 15만의 규모로 안시성을 돕기 위해 왔을 때, "우리 군사가 말갈 군사와 합세해 진을 치자 길이가 40리에 달하니, 황제가 바라보고 두려워하는 기색이 있었다[帝望之有懼色]"라고 하였다. 해당 대목의 전후는 전적으로 『자치통감』의 서술을 차용한 것이지만, 오직 "帝望之有懼色"의 구절만은 『자치통감』과 『신·구당서』 어디에도 기재되지 않았다. 그렇다면 이 구절은 논찬자가 지적한 유공권의 '소설'과 같은 자료에서 취택되었을 가능성이 크며, 혹은 유사한 맥락의 고구려 측 전승물에서 비롯했을 수도 있다고 생각한다.

특히 송 휘종 崇寧·大觀 연간(1102~1110)에 王讜이 찬성한 『唐語林』에는 문제의 구절이 기록되었다. 해당 대목을 비교해 본다.

- 高麗靺鞨合兵爲陳 長四十里 江夏王道宗曰 … (『자치통감』 198 唐紀 14, 정관 19년 6월)
- 高麗與靺鞨合軍四十里 太宗有懼色 江夏王進曰 … (『당어림』 5 補遺)
- 我軍與靺鞨合兵爲陣 長四十里 帝望之有懼色 江夏王道宗曰 … (『삼국사기』 21 고구려본기 9, 보장왕 4년)

『자치통감』은 1084년에 봉정되었다. 『당어림』은 그보다 뒤늦게 찬성되었으나 정사에 반영되지 않은 당대의 역사·정치·문학 관련 사적들을 집성한 것이므로 사료적 가치가 적지 않다고 해야 할 것이다. 왕당은 필시 유공권 등의 저술을 포섭한 것으로 본다.[84] 반면에 『자치통감』이 『당

83) 다만 明代의 『唐書志傳通俗演義』(일명 『秦王演義』, 『隋唐演義』)에도 당 태종의 안시성 공격 실패가 다루어진 것을 보아 당·송 대 이래 당 태종의 비중으로 인하여 그의 대외전쟁의 패배는 자주 언급된 주제였던 것으로 보인다. 『中國古典小說總目提要』 1, 울산대학교출판부, 1993, 170~171쪽 참조.

84) 이와 관련하여 문제의 대목이 당 현종 대 劉餗의 『隋唐嘉話』에서 처음 유래했다

어림』에 보이는 '太宗有懼色'의 구절을 의도적으로 탈루시킨 것임은 『삼국사기』 찬자의 지적 그대로였다. 또한 주필산 전역에서 태종의 6군이 고구려 군사에 제압당했다는 것은 「薛仁貴征東事略」과 같은 전승에서도 언급된 바였다.[85)]

이와 관련하여 고연수 등에게 신중한 지구전을 지시한 對盧 '高正義'의 이름도 중국 사서들에는 보이지 않는 점을 주목한다. 말하자면 고구려본기 찬자가 『자치통감』에 대부분 의존하면서도 그와는 다른 인식과 정보를 아울렀던 것이며, 그 가운데에는 중국 사서들의 필법을 배반하는 전승들이 있었던 것이다. 요컨대 이 문제를 곧바로 중국 문헌의 '사실 왜곡' 영역으로 단정할 논거는 없으나, 적어도 『삼국사기』 찬자는 중국 측 기록들의 인식에 동의하지 않았던 것이다.

따라서 『삼국사기』 찬자가 당 태종의 패색과 좌절을 은폐한 『자치통감』 등을 비판한 것은 일단 '사실 직서'의 편사 윤리에 충실한 태도라고 할 수 있다. 그러나 그는 이 사례를 "자기 나라를 위해 꺼려 회피한 경우[爲國諱之]"라고 했으므로, 중국 문헌 일반의 편향에 대한 경계 의식을 드러낸 것이기도 하였다.

중국 문헌의 '의도적 편향'은 정작 당 태종에게 고구려 침공을 반대한 방현령의 헌의 가운데에서도 확인된다. 그는 당 태종의 645년 고구려 침공 전쟁을 평가하여 명백한 대승으로 묘사하고 있다.

> 고구려는 역대로 誅伐을 피해 달아나 討擊하지 못했던 것인데, 폐하께서 그들이 반역과 난동을 부려 주군을 죽이고 백성을 학대함을 꾸짖어 친히 6군을 아울러 요동과 碣石에서 문죄하시자 한 달도 안 되어 곧 요동을 뒤엎으니, 그 전후로 사로잡은 포로가 수십만을 헤아려 여러 州에 나누어 배치하

는 논증을 주목한다. 金貞培, 2007, 「三國史記 寶臧王조 史論에 보이는 '柳公權小說' 問題」 『韓國史學報』 26.

85) 『永樂大典』(中華書局 影印本, 1986) 5244, '唐太宗征遼'.

매 어디를 가나 그들로 그득 차게 되었던 바, 지난 수나라 시대의 묵은 치욕을 씻고 전몰 병사들의 백골을 덮어 주시어 그 공과 덕을 비교하자면 전대 제왕의 만 배나 되오니, 이야 성명하신 폐하께서 몸소 아시는 바이라 저 같은 이가 어찌 감히 갖추어 말하겠나이까. (『구당서』 66 열전 16, 방현령)

물론 방현령은 태종의 2차 정벌을 만류하기 위해 1차 정벌의 성과를 과장하여 고구려 원정의 목표가 이미 달성되었다는 논지를 폈다고 해야 한다. 그러나 중국 사서들의 외국에 대한 기록의 본질은 당대 중국사에 대한 서술과 이해를 위한 맥락에 충실한 것들이었음을 직시할 필요가 있다. 요컨대 그러한 기록들은 '중국 역사의 일부분'이었던 것이다.[86] 따라서 안시성 전투를 끝으로 패퇴한 전쟁에 대해 방현령과 같이 인식하는 것은, 이 전쟁을 자국사의 관점에서 음미하는 『삼국사기』의 그것과 정면으로 충돌할 수밖에 없다. 즉 『삼국사기』 찬자의 평가에서 645년 당 태종의 고구려 침공이란 명백히 실패한 것이었다.

편찬자는 논평하여 말한다. 당 태종은 덕이 고매하고 명철하여 세상에 드문 임금으로, 환란을 평정하는 데는 은 湯王과 주 武王에 비기고, 정사를 이루는 데는 주 成王이나 康王에 가까우며, 군사를 다루는 데 이르러서는 기묘한 책략이 무궁해 향하는 곳마다 대적할 이가 없었는데, 동방 정벌의 일만은 안시성에서 패했으니, 그 성주야말로 비상한 호걸이라 하겠다. 그러나 역사 기록에 그 성명이 없어 揚子가 이른바 "齊와 魯의 大臣들은 역사에 그 이름이 전하지 않는다"라고 한 것과 다름없으니, 매우 애석한 일이다. (『삼국사기』 21 고구려본기 9, 보장왕 4년)

논찬은 우선 당 태종의 영명함에 대해 언급한다. 예거된 바와 같은 당 태종에 대한 평가는 중국의 역대 사서나 문집에서 흔히 발견되는 것이다.

---

86) 高柄翊, 1970, 「中國正史의 外國列傳 – 朝鮮傳을 중심으로」 『東亞交涉史의 研究』, 서울대출판부, 7~9쪽.

예컨대 『신당서』의 사론에는 태종을 일러 매우 이상적 정치를 베푼 세상에 드문 임금으로 찬탄하면서, "수의 환란을 평정한 것은 탕왕과 무왕의 공적에 버금가고, 훌륭한 정사를 이룬 점에서는 성왕과 강왕에 가까우니, 예로부터 공과 덕이 모두 융성하기로 한 나라 이래 이와 같은 경우가 없었다"라고 하였다.[87] 그러나 그와 같은 당 태종의 위세를 꺾은 것은 고구려 안시성 성주의 영웅적 지휘와 투쟁이었다. 그러므로 논의의 주조는 안시성주가 '비상한 호걸'이라는 데 있으며, 당 태종의 빼어남이야 그를 위한 효과적 예증에 불과한 것이다.

한편 안시성 성주를 이름이 전하지 않은 '제와 노의 대신'에 비유한 것은 단순히 호걸의 이름이 전하지 않은 데 대한 안타까움 이상의 의미를 함유한다. 양자의 발언은, 성인은 도를 중히 여기고 봉록을 가벼이 여기며 범상한 이들은 그와 반대라는 취지에서, '大臣'이란 道가 행해지지 않는 까닭으로 인군의 부름에 응하지 않아 역사에 이름이 남지 않은 경우를 이르는 것이었다.[88]

그러므로 안시성 성주가 '제·노의 대신'에 비의할 만하다면, 그의 시대는 도가 실행되지 않는 때였던 셈이다. 실제로 그는 연개소문의 집정에 대한 반대를 분명히 표방했고, 그럼에도 불구하고 연개소문 정권은 실력으로 그를 굴복시키지 못한 채 안시성 성주로서의 지위를 인정한 바 있었다.[89] 여기에 안시성 성주의 독특한 위상이 있으며, 『삼국사기』 논찬자는 그러한 맥락을 유의하고 있었던 것이다. 즉 그에게 안시성 성주를 '제·노의 대신'으로 인식케 한 것은 곧 연개소문이었다.

87) 『신당서』 2 太宗本紀, 정관 23년 말미의 사론.

88) 『法言』 8 五百篇, "聖人重其道而輕其祿 衆人重其祿而輕其道 聖人曰於道行與 衆人曰於祿殖與 昔者齊魯有大臣史失其名[以道事君不可則止爲大臣也 史失其名者不書其名也]".

89) 『자치통감』 198 唐紀 14 태종 정관 19년 9월, "上之克白巖也 謂李世勣曰 吾聞安市城險而兵精 其城主材勇 莫離支之亂 城守不服 莫離支擊之不能下 因而與之".

◦ 편찬자는 논평하여 말한다. 송의 神宗이 王介甫와 정사를 의논하면서 말하기를 "태종이 고구려를 치다가 어찌하여 이기지 못했는가?"라고 하자, 개보가 대답하여 "개소문이 비상한 사람이었기 때문입니다"라고 했으니, 소문은 역시 재주 있는 인물[才士]이었다. 그러나 곧은 도리로 나라를 받들지 못하고 잔인함과 포학함을 멋대로 하다가 큰 역적이 되기에 이르렀다. 『춘추』에 "군주가 시해를 당했는데도 역적을 토벌하지 않는다면 그 나라에 사람다운 사람이 없다 할 것이다"라고 했거늘, 소문은 일신을 보전해 집에서 죽으니 요행으로 모면한 것이라 할 것이다. 또한 남생과 헌성은 비록 당에서 이름을 날렸으나, 본국의 처지에서 말한다면 반역자가 되지 않을 수 없을 것이다. (『삼국사기』 49 열전 9, 개소문)

◦ 편찬자는 논평하여 말한다. 양제의 요동 전쟁은 군사를 출동시킨 규모의 성대함에 있어서 전례가 없었거니와, 고구려가 한 편방의 작은 나라로서 능히 이를 막아내 스스로를 보존했을 뿐 아니라 적군을 거의 다 섬멸한 것은 문덕 한 사람의 공이었다. 『좌전』에 이르기를 "저와 같은 군자가 없으면 어찌 나라 노릇을 할 수 있으랴!"라고 했으니, 옳은 말이다. (『삼국사기』 44 열전 4, 을지문덕)

당 태종의 막료들이 패전의 이유를 전략의 차질을 중심으로 논의했던 것과는 달리, 충분히 시대를 격한 왕안석은 연개소문의 역량 때문이었다고 단언한다. 『삼국사기』 찬자는 우선 왕안석의 분석에 찬의를 표하였다. 그러나 그에게 연개소문은 榮留王을 시해한 대역을 저지른 자이며, 안시성 성주를 '제·노의 대신'이게 만든 무도한 이였다. 따라서 연개소문이 천수를 누린 것은 고구려에 '사람다운 사람'이 없다고 이를 지경이라 하였다. 그가 인용한 『공양전』에는 뒤이어 "임금이 시해를 당했는데 신하가 그 역적을 토벌하지 않으면 신하가 아니요, 복수하지 않으면 자식이 아니다"라고 하였다.[90] 군신윤리에서 '역적'이 대중국 전쟁에서는 '才士'가 되고 있다. 왕조 간 전쟁에 대한 인식 주체의 양면적 속성을 발견한다.

90) 『公羊傳』 隱公 11년 11월, "春秋 君弑 賊不討 不書葬 以爲無臣子也 子沈子曰 君弑 臣不討賊 非臣也 不復讐 非子也".

'사람다운 사람'이란 을지문덕을 일러 말한 '나라 노릇을 하게 하는 한 사람'이기도 하다. 『좌전』의 사례도 나라 간의 전쟁에 연루된 것이었다. 즉 秦에서 西乞術을 魯에 보내 예방하고 장차 晉을 칠 계획을 말하게 했는데, 노의 襄仲이 서걸술이 가져온 옥을 받지 않고 사양하자 서걸술이 조리 있게 설득했으며, 이에 양중이 "저와 같은 군자가 없으면 어떻게 나라를 보존할 수 있을 것인가!"라고 찬탄했다 한다.[91)]

따라서 논찬자는 전례 없는 대규모의 수 양제 침입을 막아낸 을지문덕 또한 秦伯의 사자 서걸술과 같이 한 나라를 나라이게 하는 인재로 평가했던 것이다. 비록 을지문덕전의 서술은 『자치통감』을 주요 재료로 하면서 고구려 중심 그리고 을지문덕 중심으로 세심하게 개서하는 한편 『수서』의 우중문전과 우문술전을 적절하게 활용 배치한 데 불과했지만,[92)] 그에 대한 찬자의 인식은 역시 대중국 전쟁의 승리자라는 위상에 유의하고 있었던 것이다.

요컨대 연개소문에 대한 논찬자의 양면적 인식은 대중국 전쟁이라는 조건에서 가능한 것이었다. 고구려사 내부의 논리에서만 본다면 연개소문은 오직 난신적자의 오명을 벗어날 수 없다. 그러므로 연개소문의 아들과 손자인 男生이나 獻誠 또한 당에 투항하여 당사에 입전될 정도로 당에서 비중을 가지고 있었으나,[93)] 고구려 측의 처지에서 본다면 반역자에 불과하다고 하였다. 즉 그가 연개소문에 대한 왕안석의 평가를 수긍한 것은 당 태종의 침략에 맞서 멸망기 고구려를 지켜낸 측면을 주목한 것이었다.

같은 이유에서 안시성 성주에 대한 평가 역시 두 가지 영역을 아우르

---

91) 『左傳』 9 文公 12년, "秦伯使西乞術來聘 且言將伐晉 (魯)襄仲曰 不有君子 其能國乎 國無陋矣 厚賄之".

92) 『자치통감』 181 隋紀 煬帝, 大業 8년 ; 『隋書』 60 열전 25, 于仲文 및 같은 책 61 열전 26, 宇文述.

93) 『신당서』 110 열전 35, 泉男生 및 獻誠. 泉男生墓誌는 儀鳳 4년(679) 王德眞이, 泉獻誠墓誌는 大定 2년(701) 梁惟忠이 찬술함.

고 있다. 그는 당 태종의 침공을 패퇴시켰으나, 당 태종의 고구려 침공 명분은 정작 그가 반대한 연개소문을 징치한다는 외양을 표방하고 있었던 때문이다. 즉 주필산 전투 즈음에 패색과 위구를 숨기지 못했던 당 태종은 고연수 등에게 군색한 전쟁 명분을 토로한 바 있다.

> 나는 너희 나라의 강포한 신하가 자기 임금을 시해했기 때문에 그를 문죄하러 온 것이요, 서로 전쟁까지 하게 된 것은 나의 본래 마음이 아니었거늘, 너희 경내에 들어오자 말먹이와 양식을 주지 않으므로 너희의 성 몇 개를 빼앗은 것이니, 너희 나라가 신하의 예를 닦기만 한다면 잃었던 것들은 반드시 되찾게 될 것이다. (『자치통감』 198 唐紀 14 태종, 정관 19년 6월 丁巳)

이러한 발언은 당의 본의가 아니다. 주지하듯이 당의 고구려 공격 전쟁의 당위는 수의 그것을 답습한 것으로서, 그 이전 고구려가 갈등했던 중원 왕조와는 본질을 달리하는 것이었다. 한나라 이후 고구려에 접경했던 중국 측 세력들과 고구려의 공방은 경제적 맥락이 중심을 이루었으며, 명백히 이질적 세력 주체 간의 토지와 노동력의 획득을 위한 국지전에 머물렀다. 예컨대 전연의 모용황이 고구려 환도성을 유린하고 대승을 거두었을 때, 左長史 韓壽의 발언을 환기한다.

> 모용황이 장차 돌아가려 할 때 한수가 말하기를 "고구려의 땅은 군사로 지킬 수는 없습니다. 이제 그 임금이 도망가고 백성은 흩어져 산골짜기에 숨어 있으나, 우리 대군이 한번 떠나고 나면 반드시 다시 모여들어 전화의 뒤끝을 수습할 것이니, 오히려 이것이야말로 근심거리가 될 것입니다. 청컨대 고구려 왕의 아버지 시신을 싣고 그 생모를 잡아갔다가, 그들이 어찌할 도리 없이 제 발로 찾아와 귀복하기를 기다린 다음에야 그들을 돌려보내서 은혜와 신의로 무마하는 것이 상책입니다"라고 하였다. 모용황이 그 말을 따라 미천왕의 무덤을 파헤쳐서 그 시신을 싣고, 창고에 있는 누대의 보물을 거두었으며, 남녀 5만여 명을 사로잡고 궁실을 불사른 데다 환도성을 허물어뜨리고 돌아갔다. (『자치통감』 97 晉紀 顯宗成帝, 咸康 8년 겨울 10월)

이렇듯 전쟁의 궁극적 목표가 고구려의 항구적 점유는 아니었다. 북중국을 장악한 북위의 경우에도 고구려를 해동의 9夷를 통어하는 주체로 인정하면서, 온건한 균형의 유지를 원하고 있었다. 한 예로 북위 世宗은 부여와 涉羅의 토산품이 결여되었음을 들어 고구려를 힐난할 때, "작은 술그릇들이 빈 것은 큰 오지그릇의 수치[瓶罄罍恥]"라고 하였다. 이는 『시경』에서 이른바 "작은 병의 텅 빔이여 큰 병의 수치로다"[94]라는 말에서 연유한 것이다. 작은 병과 큰 병이란 서로 의지하여 목숨을 부지하는 자식과 부모의 관계를 비유한 것이었으니, 동방 제국 가운데 차지하는 고구려의 위상에 대한 중국 왕조의 인식을 짐작할 수 있는 사례이다. 북위의 이와 같은 인식은 일찍이 동이 제국을 제어하기 위해 설치된 '東夷校尉'가 장수왕 23년(385) 이후 고구려 왕의 책봉 작호에 담기면서 예견된 것이기도 하였다.[95]

그와 같은 인식은 수 왕조가 등장한 이후에도 한동안 큰 변화 없이 유지되었다. 즉 陳을 멸망시키고 일통을 이룬 이듬해(590) 수 문제는 고구려 평원왕에게 조서를 보내 "遼水의 넓이가 長江에 비해 어떠하며, 고구려 인구의 많고 적음이 陳에 비해 어떠하다고 여기는가?" 겁박하면서도, "만일 마음을 씻어 내고 행실을 고쳐 국가의 헌장을 좇아 준수한다면 이는 곧 나의 좋은 신하인 것"이라 하여, 기왕의 국가 관계와 본질적으로 다르지 않은 명분의 충족을 겨냥하여 현상의 파탄을 원치 않았다. 게다가 598년 영양왕이 요서 先攻을 감행하고, 이에 대한 문제의 보복 침공마저 격멸한 터에, 고구려에 협격을 제안한 백제에 대해 정작 수 문제는 "고구려가 죄를 자복하여 내가 이미 용서했으니 칠 수 없다" 하여 확전을 회피하였다.[96] 이와 같은 분위기에서 고구려에 대한 군사 행동을 반대하는

94) 『詩經』 小雅 蓼莪章, "缾之罄矣 維罍之恥".

95) 金鍾完, 2004, 「高句麗의 朝貢과 册封의 性格 – 正體性과 關聯하여」 『高句麗研究』 18, 629쪽.

96) 『자치통감』 178 隋紀 2 高祖 上之下 開皇 18년 9월.

劉炫의 '撫夷論'이 등장하기도 했다.[97]

이처럼 재래의 중국 왕조들이 고구려에 대해 견지해 온 관계 인식 및 전쟁 명분의 기조는, 607년 양제가 거란·말갈 등 새외 종족을 겨냥한 시위 차원에서 북변을 순행하여 동돌궐의 啓民可汗을 방문했을 때, 뜻밖에 고구려의 사절을 조우한 사건을 기점으로 변전되었다.

> 영양왕 18년(607), 애초 수 양제가 啓民의 장막에 갔을 때 우리 사신이 계민이 있는 곳에 있었다. 계민이 감히 우리 사신을 숨기지 못해 함께 양제를 뵈었다. 黃門侍郎 裴矩가 양제에게 말하기를 "고구려는 본래 箕子를 봉했던 땅으로 漢과 晉이 모두 군·현으로 만들었는데, 지금에 와서는 신하 노릇을 하지 않고 별개의 다른 지역이 되어 버렸으니, 선제께서 정복하려 하신 지가 오래 되었습니다. 다만 楊諒이 못나서 군사를 내었다가 공적을 이루지 못했지만, 폐하의 시절을 만나 어찌 그대로 놓아두어 예의가 두터웠던 지역을 끝내 오랑캐 소굴이 되게 할 수 있겠습니까? 이제 계민이 나라를 들어 교화에 복종하는 것을 저들의 사신이 와서 직접 보았으니, 저들이 두려워하는 기회에 저들로 하여금 입조하도록 위협하는 것이 좋겠습니다"라고 하였다. 양제가 그의 말을 따라 牛弘으로 하여금 고구려 사신에게 명령을 전해 이르게 하기를 "나는 계민이 성심으로 국가를 받들기 때문에 친히 그의 장막까지 온 것이며, 명년에는 응당 涿郡으로 갈 것이다. 너는 돌아가는 날로 너희 왕에게 말해 마땅히 서둘러 와서 조알하고, 스스로 의심하거나 두려워하지 말라 하라. 보살펴 길러 주는 예법은 마땅히 계민에게 하는 것과 같게 하리라. 다만 만일 입조하지 않는다면 장차 계민을 거느리고 직접 너희 나라에 가서 돌아볼 것이다"라고 하였다. (『삼국사기』 20 고구려본기 8)[98]

이 극적인 조우는 수와 고구려 모두에게 당혹스러운 경험이었겠으나, 특히 배구의 의견은 전대와 크게 달라진 고구려 인식을 표방하고 있다.

---

97) 『隋書』 75 劉炫傳, "朝野皆以遼東爲意 炫以爲遼東不可伐 作撫夷論以諷焉".

98) 『자치통감』 181 隋紀 煬帝 上之下, 大業 6년 12월 ; 『隋書』 67, 裴矩傳 및 같은 책 3 煬帝紀 上, 大業 3년 8월 乙酉.

그는 기자를 연원으로, 그리고 한과 진대의 군현을 매개로 고구려 영토에 대한 역사적 귀속 의지를 드러냈다. 배구의 본래 인식은 孤竹國 → 箕子 → 漢三郡 → 고구려의 역사 계통론에 입각해 있다.[99] 따라서 '고구려는 회복해야 할 중국의 내지'라는 도발적 인식을 낳게 되었고,[100] 이에 고무된 양제는 영양왕의 친조를 요구하기에 이른 것이다. 전통적인 중국 왕조들과는 전혀 차원을 달리하는 공세의 의미를 고구려 측에서 얼마나 면밀히 각성했는지는 알 수 없으나, 추후 전개되는 상황으로 미루어 영양왕 측에서는 기왕의 대응 방식을 크게 벗어나지 않았다고 생각한다.[101]

양제는 612년 벽두에 마침내 '東征詔'를 선포하고 "저 먼 북방까지 풍속을 살펴 백성들을 위로하고 죄인들을 문책하여 두 번 걸음을 하지 않으리라!" 결의를 다지면서 출병을 단행하였다. 그러나 전투 병력 100만이 요동성에 긴박된 채 요하 이동의 영토적 성과를 거두지 못했으며, 613년에도 역시 "바다를 둘러엎고 산을 옮겨 놓는 일조차도 해낼 수 있을 것"이라고 성언하면서 재침했으나 요동성 공략에 실패하고 패주하였다. 수의 집요한 영유욕은 끝내 자멸의 결과를 낳았다.

수를 대신한 당은 초기에 고구려와 유화적 교섭을 추진하면서 "서로 화목하고 길이 교빙의 우호를 돈독히 하며 각각 자기 강토를 보존하고 있으니 이 어찌 성대한 아름다움이 아니랴!"[102]라고 자찬하였다. 이것은

99) 『隋書』 67 열전 32 裴矩, "(大業 3년) 矩因奏狀曰 高麗之地 本孤竹國也 周代以之封于箕子 漢世分爲三郡" ; 『구당서』 63 열전 13 裴矩, "(大業 3년) 矩因奏曰 高麗之地 本孤竹國也 周代以之封箕子 漢時分爲三郡" ; 『신당서』 100 열전 25 裴矩, "(大業 3년) 矩因奏言 高麗本孤竹國 周以封箕子 漢分三郡".

100) 황약슬, 1994, 「수나라의 高句麗에 대한 認識을 시론함」 『高句麗文化國際學術會論文集』, 81～89쪽.

101) 한편 여호규는 598년 고구려의 수에 대한 선제공격이나 603년 이후 남방 군사작전의 전개를 주목하면서 고구려 대외 정책의 변화를 읽어낸 바 있다. 여호규, 2002, 「6세기말～7세기초 동아시아 국제질서와 고구려 대외정책의 변화 – 대수관계(對隋關係)를 중심으로」 『역사와 현실』 46.

102) 『구당서』 199 上 열전 149 上 동이 高麗, 武德 5년(622).

수 대의 경험에서 비롯된 신중함인 동시에 이전의 전통적 고구려 인식에 근접한 측면이 있다. 당 고조는 급기야 '명분과 실제' 사이의 괴리를 지적하면서, 고구려에 구태여 '稱臣'을 강요할 필요가 있겠는가 회의하기에 이르게 되었다.[103]

그러나 배구는 다시 당의 고구려 인식을 경색시키는 데 기여하였다. 그는 "요동의 땅은 周 대의 기자국이요 漢 대의 현도군"임을 단언하면서, 당 고조의 유화적 태도를 저지하였다. 이러한 강경론을 토대로 당 태종은 "고구려는 본래 4郡의 땅이었을 뿐"이라고 규정하였다.[104] 신라를 비호하기 위해 파견된 당의 相里玄奬은 당 태종의 인식을 대변하여 연개소문을 향해 "요동의 여러 성들은 본래 모두 중국의 군·현들"이라고 항의하였다.[105]

그러한 추이의 한 가운데에서 연개소문의 정변이 일어났다. 이 사건은 당 태종의 고구려를 향한 군사 행동에 또 다른 명분을 제공하였다. 즉 태종은 644년 고구려 침공의 결의를 다지면서 장안의 원로들에게 "요동은 옛날 중국의 땅이었을 뿐만 아니라 막리지가 자기 임금을 죽였으니 내가 이제 직접 가서 그곳을 경략하려 하는 터"라고 선무하였다. 아울러 "오늘날은 수나라 때의 일과 비교할 바가 아니다"라고 자신감을 보였다.

사실 대표적 강경론자인 배구를 포함하여 많은 신료들은 수 왕조에 복무했던 경험을 가진 이들이라, 고구려를 향한 태종의 무력주의는 신료 일반 사이에 광범한 우려를 만연시키고 있었다. 이에 대한 태종의 반대 논리는 우선 대내적 조건의 변화이다. 그는 "오늘날 고구려 정벌에서는 모두 가고자 하는 이들만을 취하되 열을 모으면 백을 얻고 백을 징모하면 천 명이 응하며 종군하지 못하는 이들은 모두 분개하고 한탄하며 답답해 하거늘, 어찌 수나라가 원망하는 백성들을 내몬 것에 비할 것인가?"[106]

---

103) 위의 책, 동이 高麗, 武德 7년(624).

104) 『자치통감』 196 唐紀 12 태종 中之中, 정관 15년(641).

105) 『자치통감』 196 唐紀 13 태종 中之下, 정관 18년(644).

반문하였다. 사실 그의 논법에서는 수 왕조 멸망의 가장 큰 원인이란 군주 일 개인에 있을 뿐이었다.[107)]

그러나 태종을 고무시킨 가장 주요한 요인은 고구려 측의 상황 변화에 있었다. 신료들의 집요한 제지에 대한 그의 대답을 본다.

- 나도 알겠다. 근본을 떠나 말단으로 치닫고, 높은 데를 버리고 낮은 데를 취하며, 가까운 것을 놓아두고 먼 곳에 가는 이 세 가지가 모두 바람직하지 않은 것인데, 고구려를 치는 것이 바로 그러하다. 그러나 개소문이 자기 임금을 시해하고 또 대신들을 죽여 제멋대로 하는지라 온 나라 백성들이 목을 늘이고 구원을 기다리고 있는데, 의논하는 이들은 도리어 이 점을 알지 못하는 것일 뿐이다. (『신당서』 220 동이전 고려, 정관 18년)
- 옛날 수 양제는 아래 사람에게 잔인하고 포학했으며, 고구려 왕은 자기 백성에게 어질었으며 그들을 사랑하였다. 이처럼 반란을 생각하고 있는 군사들을 가지고서 평안하고 화목한 이들을 쳤기 때문에 성공할 수 없었던 것이다. 지금 우리가 반드시 승리하게 될 이치 다섯 가지를 대략 말해 보자면, 첫째 큰 것으로 작은 것을 치는 것이요, 둘째 순리로 반역을 치는 것이요, 셋째 정연한 다스림으로 어지러운 틈을 타는 것이요, 넷째 편안한 군사로 피로한 군사를 대적하는 것이요, 다섯째 기뻐하는 군사로 원망하는 군사에 맞서는 것이니, 어찌 이기지 못할 것을 근심하겠는가? 백성들에게 포고하노니 의심하거나 두려워하지 말라! (『자치통감』 197 唐紀 13, 정관 18년 11월)
- 요동은 본래 중국의 땅이다. 수는 네 번이나 군사를 출동시켰으나 이곳을 찾아오지 못하였다. 내가 지금 동방을 정벌하는 것은, 중국을 위해서는 전몰한 자제들의 원수를 갚고자 하는 것이고, 고구려에 대해서는 시해를 당한 임금의 치욕을 씻어 주려는 것일 뿐이다. 게다가 사방의 구석까지 크게 평정되었는데 오직 이 고구려만이 평정되지 않았기 때문에, 내가 더 늙기 전에 사대부들의 남은 힘을 가지고 이 땅을 되찾으려는 것이다. (『자치통감』 197 唐紀 13, 정관 19년 3월)

---

106) 위와 같음.

107) 姜性文, 1996, 앞의 글 「麗隋·麗唐戰爭 原因考」, 188~189쪽.

고구려 정벌은 본말과 고하와 원근의 순리를 일탈한 행위라는 점을 태종은 인정한다. 그러나 그 모든 부정적 본질을 일소하는 조건이 곧 연개소문의 정변이라는 판단이다. 연개소문의 시역과 집권이야말로 당의 가장 근원적인 침공 명분이 된다.108) 이를 염두에 두고 태종이 분석한 고구려의 현상이란 국력의 열패, 정통성의 하자, 정정의 혼란, 전력의 손실, 사기의 저하로 정리되었다. 그리고 여기에 이미 말한 바와 같이 '요동은 본래 중국의 땅'이라는 역사적 명분이 가세하였다.

물론 이 역사적 명분이란 실제의 전쟁 의도와 목표를 분식하는 데 불과하다. 그러나 태종의 칙명으로 중찬된 『진서』에 고구려전 자체는 물론 본기에서도 고구려와 교섭한 기사가 없는 것은, 고구려를 중국의 실지로 선언한 태종의 지향이 반영된 구체적 사례이기도 한 것이다.109) 요컨대 멸망을 앞둔 즈음 고구려에 대한 중국의 전쟁 인식이란 현실적 명분과 역사적 명분의 총합 형태를 띠는 것이었다. 그러므로 『삼국사기』의 연개소문에 대한 양면적 평의는 당의 전쟁 명분을 구성하는 현실의 주요 조건 인식에 대한 소극적인 부정이라 할 수 있다.

역사적 명분에 대한 논의는 고구려사가 종결되는 지점에서 보다 적극적 형태로 개진되었다.

> 편찬자는 논평하여 말한다. 현도와 낙랑은 본래 조선의 땅으로서 기자를 봉했던 곳이니, 기자는 그 백성들에게 예의와 농사와 누에치고 베 짜는 법을 가르치고 금법 여덟 조목을 만들었다. 이리하여 그 백성들이 서로 도둑질하지 않고 문을 닫아 걸지 않으며, 부인들은 곧고 신실해 음탕하지 않고, 음식을 먹는 데는 제정된 그릇을 사용했으니, 이야말로 어진 현자의 교화인 것

---

108) 金善昱, 1985, 「高句麗의 隋唐關係研究 - 靺鞨을 中心으로」 『百濟研究』 16, 15쪽 ; 金基興, 1992, 「고구려 淵蓋蘇文政權의 한계성」 『西巖趙恒來教授華甲紀念韓國史學論叢』, 亞細亞文化社.

109) 윤용구, 2005, 「隋唐의 對外政策과 高句麗 遠征 - 裴矩의 '郡縣回復論'을 중심으로」 『北方史論叢』 5, 61~65쪽.

이다. 게다가 그들의 천성이 유순해 다른 세 방면의 오랑캐와는 달랐던 까닭에, 공자가 중국에서 도가 시행되지 않음을 슬퍼하여 바다를 건너와 살고자 했던 것도 그럴만한 이유가 있었던 것이로다! … 그러나 고구려사의 시말을 보면 위아래가 화합하고 백성들이 화목할 때는 비록 큰 나라라 해도 이를 빼앗지 못했지만, 국정을 의롭게 처리하지 못하고 백성을 어질게 다스리지 못해 사람들의 원성을 불러일으키게 되어서는 허물어져 내려 걷잡을 수가 없었다. 그러므로 맹자는 "天時와 地利가 人和만 못하다"라고 했고, 左氏는 "나라는 복으로써 흥하고 화로써 망하는바, 나라가 흥하려면 백성 대하기를 상처를 위하듯이 하나니 이것이 복이요, 나라가 망하는 데 있어서는 백성을 흙 검불과 같이 여기나니 이것이 화인 것이다"라고 하였으니 의미 있는 말일진저! (『삼국사기』 22 고구려본기 10, 보장왕 27년)

현도와 낙랑 등 한의 군현들은 '본래 조선의 땅'이라 하였다. 요동은 본래 중국의 땅이라거나 고구려는 본래 현도 등 4군의 땅이라 한 수·당의 논리에 정면으로 대립한다. 조선 → 기자 → 한 군현 → 고구려의 계통 인식이니, 기자나 한의 군현에 앞서 조선을 시발로 설정한 점을 주목한다. 물론 이른바 '기자동래'의 연원을[110] 수긍했으나, 그것은 도가 실종된 중국의 대안으로서 또 다른 문명사회를 전제하는 것이었다.[111]

이것은 마치 이승휴가 중국 역대 왕조에 대응하는 우리 왕조들의 역사 공간을 일러 "중국 왕조들과 홀연히 지역을 나눈 요동의 또 다른 천지"로서[112] '조선'을 인식하는 맥락과 방불하다. 요컨대 고려의 지식인 일반에게 '조선'은 '중국'에 대한 '우리 역사 공간 총체'의 의미를 지니는 것이었고, 고구려는 그러한 조선의 태내에서 발흥한 왕조였던 것이다. 그러므로

---

110) 『史記』 38 宋微子世家.

111) 『論語』 公冶長篇 및 子罕篇. 기자의 교화와 그로 인한 문명화 및 공자의 발언 등 일련의 서술 구조는 『후한서』 85 동이열전 序와 濊조에 가장 근접한 것이다.

112) 李承休, 『帝王韻紀』 下 東國君王開國年代, "遼東別有一乾坤 斗與中朝區以分 洪濤萬頃圍三面 於北有陸連如線 中方千里是朝鮮 … 於中何者是大國 先以扶餘沸流稱 次有尸羅與高禮 南北沃沮穢貊膺 此諸君長問誰後 世系亦自檀君承".

수·당의 고구려 침공은 중국의 외방 '별유천지'에 대한 침략일 뿐이다.

중국의 역사적 전쟁 명분 논리를 간명하게 일축하는 한편, 고구려 멸망의 근본 원인을 오직 고구려 내부의 문제로 정돈한 것은 오히려 건강하다 할 것이다. 문제는 애민과 위민의 통치 여하에 있다 하였다. 당 태종이 열거한바, 고구려가 패배할 수밖에 없는 다섯 가지 조건이란, 위민의 통치가 결여된 이상 그 모두가 동의이어에 불과한 것이다. 맹자의 '인화'와 좌씨의 '애민'이야말로 통치와 흥망의 요체라고 할 때,[113] 대외적 멸망 요인 즉 당 태종이 성언한 '개소문에 대한 문죄'의 전쟁마저 이미 내부의 문제에서 배태된 셈이다.

이러한 인식에 주의하다 보면, 찬자의 멸망기 고구려에 대한 비판에 앞서 자국사에 대한 애정 어린 성찰을 발견하기 어렵지 않다. 이미 말한 바와 같이 논찬자가 당 태종에 대한 『신당서』의 극찬을 인용한 것은 결국 그를 패퇴시킨 안시성주의 비상함을 부각시키기 위한 역설이었다. 마찬가지로 당 태종에게 현실적 침공 명분을 제공하고 또한 당 태종을 패퇴시킨 안시성 성주와 대립했던 연개소문조차 고구려를 보위해 낸 재사였음을 허용한 것 역시 고구려를 자기 왕조의 토대로 인식한 때문이었음을 놓칠 수 없는 것이다.

4. 전승과 기억

역대 중국의 정권들과 고구려의 전쟁에 대한 후대 중국의 다양한 '소설'류에 담긴 내용들 가운데에는, 『삼국사기』 찬자가 비판한 『자치통감』이나 『신·구당서』 따위 정사류와는 사뭇 다른 문면이 적지 않았다. 반대

113) 『孟子』 公孫丑章 下, "孟子曰 天時不如地利 地利不如人和" ; 『左傳』 哀公 元年, "吳之入楚也 … 逢滑當公而進曰 臣聞 國之興也以福 其亡也以禍 今吳未有福 楚未有禍 楚未可棄 吳未可從 … 臣聞 國之興也 視民如傷 是其福也 其亡也 以民爲土芥 是其禍也".

로 『삼국사기』를 매개로 한 고구려 당대의 사실들은 이후 새로운 전승과 기억으로 대체되거나 변형되기도 하였다. 또한 송 대 이후 특히 당 태종에 대한 비판적 演義류가 빈출하는 것과 마찬가지로, 『삼국사기』의 관점은 12세기 중엽의 고려적 현실을 벗어나면서 쉽사리 설득력을 상실할 수밖에 없었다.

예컨대 연개소문에 대한 미온적 비판과 모호한 수긍론은 조선에 와서 정면으로 논박되었다.

> (臣等按) … 어찌하여 왕안석은 신종의 물음에 답하여 태종이 고구려를 이기지 못한 것은 蘇文이 비상한 사람이었기 때문이라 하였는가. 이러한 亂賊의 괴수를 비상한 자라 한다면 천하고금의 난신적자 가운데 누군들 비상하지 않겠는가. … 김부식은 우리 동방의 名士로서 소문의 대역부도한 죄를 소상히 알면서도 왕안석의 그릇된 설명에 뇌동하여 (소문을) 才士라 한 것은 어찌된 일인가? 그 역시 남의 신하된 자로서 『춘추』를 알지 못한 죄를 면치 못할 것이다. (『동국통감』 8 당 乾封 원년, 고구려 보장왕 25년)

고려의 지식인들은 고구려를 자기 왕조의 전대사 가운데 주요한 하나로 삼아 스스로 이룩한 '一統'의 토대로 여겼으나, 조선의 경우 고구려와 직접 연결될 만한 역사 논리가 없었던 데서 이와 같은 차이점이 발단한다. 따라서 『동국통감』 찬자에게 연개소문은 오직 대역무도한 난신적자에 지나지 않는다. 다만 연개소문에 대한 평가의 문제와는 별개로, 고구려 영토의 역사적 계통 인식에서는 "고구려는 본래 단군조선의 땅"이라 하여, 수·당의 고토 회복이라는 전쟁 명분을 논박한 『삼국사기』의 인식을 강화하였다.[114]

1488년 제주를 출발한 후 표류하여 중국에 상륙한 崔溥가 명나라 紹興府의 관원들을 상대로 조선의 전대 연혁을 간추려 말하는 대목에서도 자

114) 『삼국사절요』 10 고구려 보장왕 27년, '權近曰'.

국사의 시원을 단군조선으로 삼는 한편, 고구려 등 삼국은 '옛 조선의 땅'이 나뉜 것으로 말하였다. 아울러 그는 역대의 인물들을 예거하되, 고구려의 경우 유일하게 을지문덕을 꼽았다.[115] 안시성 성주에 대한 포양 역시 달라지지 않았다. 연개소문에 굴하지 않은 절의가 가상타 하였고, 당 태종을 격퇴시켜 요동을 지켜냈다고 하였다.[116]

한편 『삼국유사』에는 수·당과 고구려의 전쟁 및 멸망에 대해 또 다른 독특한 인식이 소개되어 있다.

> 또 『당서』를 살펴보면, "이에 앞서 수 양제가 요동을 칠 때, 裨將 羊皿이란 이가 있었는데 전세가 불리하여 바야흐로 죽게 되자 맹세해 말하기를 '반드시 총신이 되어 저 나라를 멸망시키겠다'라고 하였다. 그 후 蓋氏가 조정을 멋대로 하게 되어 '蓋'를 성씨를 삼았으니 곧 羊皿이 이에 부합한다"라고 하였다.
> 또 『高麗古記』를 보면 이러하다. "수 양제가 大業 8년 壬申(612)에 30만 군사를 거느리고 바다를 건너 쳐들어왔다. 10년 甲戌(614) 10월에 고려 왕[이 때는 제36대 영양왕 즉위 25년이었다.]이 표문을 올려 항복을 청하였다. 그 때 한 사람이 몰래 작은 강궁을 품속에 지니고서 표문을 지닌 사신을 따라 양제가 탄 배 안에 이르러, 양제가 표문을 들고 읽을 때 활을 쏘아 양제의 가슴을 맞혔다. 양제는 군사를 돌이키려 하면서 좌우에 이르기를 '내가 천하의 주인으로서 작은 나라를 직접 치다가 이기지 못했으니 만대의 웃음거리가 되었구나!'라고 하였다. 이때 右相 羊皿이 아뢰기를 '신이 죽어 고려의 대신이 되어서 반드시 나라를 멸망시켜 제왕의 원수를 갚겠습니다'라고 하였다. 양제가 죽은 후 (양명은) 고려에 태어났는데, 15세에 총명하고 神武하니 그 때 武陽王이 그가 현명하다는 소문을 듣고[『국사』에는 영류왕의 이름을 建武 혹은 建成이라고 했는데 여기서는 무양이라고 하니 자세히 알 수 없다.] 불러들여 신하로 삼았다. 그는 스스로 성을 '蓋'라 하고 이름은 '金'이라 했으며, 벼슬이 '蘇文'에까지 이르렀으니 곧 侍中의 관직이다.[『당서』에는 '개소문이 스스로 莫離支라 일컬었는데 당의 中書令과 같다'라고 하였다.

115) 『漂海錄』 1, 2월 初4일.

116) 『동국통감』 6 고구려 보장왕 4년, '臣等按'.

또 『神誌秘詞』 서문을 보면 '蘇文 大英弘 序并注'라고 했으니 '소문'이 곧 직명임은 문헌의 증명이 있지만, 그런데 '傳'에 이르기는 '文人 蘇英弘 序'라고 했으니 어느 것이 옳은지 자세히 알 수 없다.] 개금이 왕에게 아뢰기를 '솥에는 발 세 개가 있고 나라에는 三敎가 있는 법인데, 신이 보기에 우리나라에는 오직 유교와 불교만 있고 도교는 없으니, 그러므로 나라가 위태롭습니다'라고 하였다. 왕은 그 말을 옳게 여겨 당나라에 도교를 청하니 태종이 叔達 등 도사 여덟 명을 보내주었다.[『국사』에는 武德 8년 을유(625)에 사신을 당나라에 보내 불교와 도교를 구했더니 당나라의 황제가 이를 허락했다고 한다. 이에 의하면, 양명이 갑술년(614)에 죽어 이곳에 태어났다면 나이 겨우 10여 세였거늘 총재가 되고 왕에게 말해 사신을 보내 청하게 했다 하니, 그 연월이 반드시 어느 한 편의 경우는 잘못일 것이다. 지금 두 기록을 다 실어둔다.] 왕은 기뻐하여 절을 道館으로 만들고, 도사를 높여 儒士의 위에 앉게 하였다. 도사들은 국내의 유명한 산천을 돌아다니며 진압시켰다. 옛 평양성은 지세가 新月城이므로 도사들은 주문으로 南河의 용에게 성을 더 쌓게 하여 滿月城으로 만들고, 이로 인해 성 이름을 龍堰城이라 하고 비결을 지어 龍堰堵 또는 千年寶藏堵라고 하였다. 혹은 靈石을 파서 깨뜨리기도 하였다.[속설에는 都帝嵓이라 하고 역시 朝天石이라고도 하는데 대개 옛날에 聖帝가 이 돌을 타고 上帝에게 조회했기 때문이다.] 개금이 또 왕에게 아뢰어 동북에서 서남으로 長城을 쌓게 했는데, 이때 남자들은 부역에 나가고 여자들이 농사를 지었다. 공역이 16년 만에 끝났다. 보장왕 때 당 태종이 직접 6군을 거느리고 와서 쳤으나 또 이기지 못하고 돌아갔다. 고종 總章 원년 戊辰(668)에 右相 劉仁軌·대장군 李勣과 신라의 金仁問 등이 공파하여 나라를 멸망시키고 왕을 사로잡아 당으로 돌아가니, 보장왕의 서자가 4천여 가를 이끌어 신라에 투항하였다."[『국사』와 조금 다르므로 아울러 적어둔다.] (『삼국유사』 흥법, 寶藏奉老普德移庵)

『당서』와 『고려고기』의 전승을 인용한 글이다. 보장봉로보덕이암조는 서부에서 먼저 '高麗本記'를 들어 서술한 다음, 위의 두 자료를 소개하였다. 그리고 마지막에 "『국사』와 조금 다르므로 아울러 적어둔다"라고 하였다. 그러므로 두 자료와 '조금 다른' 『국사』란 필시 그에 앞서 인용한 '고려본기'를 이른다고 보아야 옳다.

'고려본기'의 주요 내용은 영류왕 7년 즉 武德 7년 갑신(624)에 당 고조가 도사와 天尊像을 보내 온 사실, 1년 뒤(625) 다시 당에 불교와 도교를 배우고자 청해 고조가 허락한 사실, 보장왕이 즉위한 뒤 연개소문의 주도로 당에 도교를 구한 사실, 普德和尙이 도교 진작에 항의하여 永徽 원년(650)에 完山州로 이거한 사실 등이며, 그리고 얼마 후 나라가 망했다고 종결하였다. 즉 '고려본기' 내용은 이른바 '고구려 멸망론'이라 할 수 있되, 그 주요 논리는 도교망국론인 셈이다.

한편 '고려본기'의 주요 사실들은 모두 『삼국사기』 고구려본기 내용과 일치한다. 따라서 '고려본기'는 『삼국사기』 '고구려본기'를 이른다. 그렇다면 고구려본기 정보를 도교망국론의 재료로 삼은 것은 서술자의 의도적 편향 결과가 아닐 수 없다. 찬자의 의도는 『고려고기』를 인용한 데에서 더욱 명료해진다. 『고려고기』 역시 고구려 멸망론이요, 도교망국론에 충실한 내용이다. 『고려고기』는 正道로서의 불교의 홍포를 겨냥한 『삼국유사』 찬자의 사유에서 주목할 만한 논리의 자료였던 것이다.

『삼국사기』와 『삼국유사』에 인용된 『고기』류 일반이 그러하듯이, 『고려고기』에는 적지 않은 당착과 오류가 들어 있어 일단 그 사실 관계를 신뢰하기 어렵다. 우선 612년 수 양제의 군사 규모를 30만이라고 한 데다가, 바다를 건너 침공했다거나, 614년에 고구려 사람이 양제를 배 안에서 저격했다는 따위는 검증된 역사적 실제와 다르다. 게다가 정작 『고려고기』에 설정된 개금의 나이와 관련하여 의문을 제기한 찬자의 논리 또한 착종을 범하고 있다.

즉 찬자는 羊皿이 갑술년(614)에 죽었으므로 그가 환생한 개금은 무덕 8년(625) 당시에 10여 세에 불과한데 어떻게 도교의 수용을 주도했겠느냐 회의하였다. 그러나 『고려고기』에는 개금의 주청에 응한 주체를 당 태종이라 하였다. 따라서 『고려고기』가 언급한 개금의 주청과 그에 응하여 당 태종이 숙달 등 도사 8인을 보낸 사건은 『삼국사기』 고구려본기 보장왕 2년(643) 기사에 부합하는 사건인 것이다.[117] 다시 말해 찬자가 의문의 근거로 제시한 무덕 8년의 사건은 당 고조와 영류왕 사이의 교섭이었으니, 찬자 자신의 자료 대교에 오류가 있었던 것이다.

아마 『고려고기』의 해당 내용은 다양한 전승 과정과 관련 일화의 개입을 거치면서 변형과 생성을 거듭한 결과일 것으로 판단한다. 즉 고구려 관련 옛 기록, 혹은 고구려의 옛 기록을 의미하는 『고려고기』에는 고구려에 대한 후대인들의 기억과 전승의 맥락이 함축되어 있다고 본다.118) 무엇보다 주목하고자 하는 것은 『고려고기』가 비록 고구려 멸망을 도교 망국론에 서서 진술하는 외양을 띠고 있으나, 궁극적으로 그것은 개금 즉 연개소문에서 비롯한 사태로 귀결하고 있다는 점이다. 또한 고구려를 멸망시킨 외적 요인으로서 수와 당이, 개금 즉 양명을 매개로 하여 본질적으로 동일한 위상에 있다는 파악 방식을 유의하게 된다.

비록 『당서』에 전하는 내용이라 했으나 현전하는 어느 『당서』에서도 양명의 실체를 확인할 수 없다. 아마 '盖'의 破字로 '羊皿'을 창안해 낸 것에 불과할 것이다. 요컨대 이것은 민중적 상상력이 낳은 것이되, 중국 역대 제왕 가운데에서도 현저히 호전적이고 현시적이었던 당 태종을 패퇴시킨 연개소문의 영웅성과, 부단히 중국에 맞서 자존을 구가해 왔던 고구려의 위용에 대한 기억이 그 토대를 이루고 있다. 민중적 기억이 전승의 주요 화소로 기능하는 부분은 다양하게 적출될 수 있다.

첫째, 양명이 원한을 품고 적국에서 환생하여 원분을 풀게 된다는 설정은, 고구려의 楸南이 신라의 김유신으로 환생하여 고구려를 멸망시킨다는 전승과 맥락을 같이 한다. 추남은 고구려의 占巫였는데 억울한 죽임을 당하게 되자 죽은 후에 대장이 되어 반드시 고구려를 멸망시킬 것이라고

117) 『삼국사기』 21 고구려본기 9 보장왕 2년, "三月 蘇文告王曰 三敎譬如鼎足 闕一不可 今儒釋竝興 而道敎未盛 非所謂備天下之道術者也 伏請遣使於唐 求道敎以訓國人 大王深然之 奉表陳請 太宗遣道士叔達等八人 兼賜老子道德經 王喜 取僧寺館之".

118) 李弘稙, 1962, 「高句麗秘記考 − 附 三國末期의 讖緯的 記事의 考察」 『歷史學報』 17·18 ; 1971, 앞의 책 『韓國古代史의 硏究』, 271～274쪽.

맹세했으며, 그 맹세대로 신라의 김유신으로 환생했다는 것이다.[119] 일통의 주역인 김유신의 공적에서 소급된 설화이다. 그러나 여기에는 강대한 고구려의 패망이라는 충격적 사건에 대해 겉으로 드러난 현상의 인과관계로는 납득하지 못하는 민중적 욕구가 자리하고 있다. 후대 민중들이 고구려의 멸망을 납득하기 위해서는 양명과 추남 등의 비상한 원분과 그로 인한 신비한 환생이라는 비현실적 설명이 필요했던 것이다.

둘째, 항복을 빌미로 양제에 근접하여 저격하였다는 설정 또한, 동천왕대 관구검의 침공으로 위기에 처했을 때 동부의 紐由가 항복을 가장하여 위장에게 접근했다가 칼로 찌르고 함께 죽은 사건과 방불한 것이다. 게다가 그로 인해 동천왕은 위의 군사를 격퇴시킬 수 있었다고 했으니, 양제가 패배를 자인하고 철군한 바와도 상응한다. 고구려본기와 열전에 모두 246년의 일로 기록된 이 사건은 명백히 고구려 자체의 전승을 토대로 한 것이며, 고구려 당대인은 물론 후대인에게서도 고구려에 대한 우호적 기억의 맥락 가운데 줄곧 회자되었을 법하다. 따라서 유유의 희생은 중국세력의 침입 앞에 물리력의 열패를 극적으로 변전시킨 순국 투쟁담으로서 고구려 멸망 과정을 설명하는 데 다시 동원되었을 것이다.

셋째, 중국의 도사들이 평양성을 신월성의 형세에서 만월성으로 개축했고, 이어 고구려가 멸망하였다는 논리 전개 역시, 아마 풍수지리 사유가 팽만해 있던 고려에서 생성된 보편적 귀납 논리였다. 즉 의자왕 대에 출현한 거북의 등에 적힌 참서에서도 "백제는 둥근 달이요, 신라는 초승달과 같다"라고 했거니와, 점무가 이를 "둥근 달이란 꽉 찬 것이니 차면 이지러지는 법이며, 초승달이란 차지 않은 것이니 차지 않으면 점점 차게 되는 것"이라고 해설했다가 왕의 노여움을 사 죽임을 당하였다.[120] 이 범상한 자연 법칙을 거스른 백제 왕조는 그러므로 멸망을 피하지 못하였

---

119) 『삼국유사』 기이, 김유신.
120) 『삼국유사』 기이, 太宗春秋公.

다. 같은 이유에서 평양성이 만월성의 형세로 개축된 것은 고구려의 멸망을 재촉한 장치였다는 인식인 셈이다.[121]

요컨대 『고려고기』에 담긴 내용은 수와 당이라는 동질적 외압으로 멸망한 고구려에 대해, 후대인들이 어떻게 기억하고 전승해 왔는가를 보여주는 대표적 사례라고 하겠다. 물론 전승의 연원은 고구려 혹은 국내 고유의 자료와 인식에서 비롯하였다. 신라에 투항한 '보장왕의 서자' 대목이 고구려 측 고유 전승 계통에 있다는 것을 앞에서 논증한 바 있거니와, 16년이 소요된 장성의 축조와 개소문을 연계시킨 서술 역시 오직 국내의 자료 범주 안에 있는 정보이다. 이처럼 국내 전승을 주요 토대로 하고 다시 후대인들의 사유와 논리가 덧붙여지면서, 고구려와 중국의 전쟁은 시공간의 사실성보다는 고구려에 대해 각별한 친연 관계를 공유한 인식 주체의 논리적 구체성에 맞춰 기억되었던 것이다.

121) 이내옥은 '千年寶藏堵'라는 '讖'을 國祚의 연장을 꾀하고 국민들 사이에 팽배한 위기의식을 해소시키려는 연개소문의 의도에서 비롯한 것으로 파악하였다. 李乃沃, 1983, 「淵蓋蘇文의 執權과 道敎」 『歷史學報』 99·100. 그러나 적어도 『고려고기』의 문맥이나 그것을 인용한 『삼국유사』 찬자의 의도는 그에 부합하지 않는 것이다.

9장

7세기 이후 중국 사서의 한국 古代史像

- 통일기 신라를 중심으로 -

〈목 차〉

1. 논의의 전제

한국 고대사 연구에서 차지하는 중국 측 사서 정보의 비중은 간단치 않다. 이는 『삼국사기』 등 국내 자료가 전하는 정보의 착종이나 불충분에 기인한다. 혹은 『삼국사기』 편찬에 동원된 원전으로서도 중국 사서들은 중시되어 왔다. 그러나 7세기 전쟁 과정이나 그 이후 통일기 신라사의 경우에는 질과 양에서 국내 자료의 위상이 현저히 높아졌다. 전대와는 달리 이제 중국의 사서들은 상대적으로 훨씬 풍부한 『삼국사기』 정보의 보완적 위상에 놓이게 된다.

물론 신라와 함께 당대사를 반분하고 있는 발해사 연구의 경우, 발해인 스스로의 문헌 기록이 현전하지 않는 조건에서 중국 측 사서의 비중은 더욱 막중하다. 그러므로 『신·구당서』를 필두로 한 중국 문헌의 발해 관련 기사들은 부분적인 상충에도 불구하고 발해사 연구에 관한 한 1차 자료로 취급될 수밖에 없다. 다시 말해 중국 측 사서에 나타난 발해 관련 정보를 판단할 수 있는 효과적인 준거를 여타 자료에서 찾을 수 없다는 점을 환기한다.

한편 이 글에서 검토 대상이 되는 사서의 범위와 검토 대상이 될 내용의 중심에 대한 합의가 용이하지 않다. 우선 동북아시아의 주요 정치체들 간에 격렬한 무력 충돌이 전개된 7세기와 같이 상호 긴밀한 이해관계가 얽힌 경우가 아닌 담에야 거의 범상한 조공 기사로 일관하는, 다시 말해 크게 보아 정치적 교섭 기사들은 세밀한 검토에서 제외해도 좋다고 본다. 그러므로 7세기의 인식을 제외하고는 일반 사회상을 지시한 기사들에 주목해야 옳겠다. 그리고 그 개별 기사들의 내용보다는 그러한 기사들의 채록 과정에 무게가 주어져야 할 것이다. 더구나 실제 7세기 이후에 편찬된 중국의 사서들은 그 이전 시기와는 달리 우리 고대 사회의 모습을 복원하는 데 큰 비중을 가질 만한 내용이 그다지 없기도 한 것이다.

따라서 이 글에서는 첫째, 7세기 이후, 그러니까 당과 오대와 송 초에 이루어진 주요 사서의 편찬 사정을 살피겠다. 물론 각 사서의 편찬 환경 차이 자체가 우리 삼국이나 남북국 관련 서술에 크게 영향을 미친 요인은 아니다. 그러나 중국의 사서가 지시하는 한국 고대사상을 논의할 때, 그 구체적 내용보다는 오히려 그러한 정보의 원전이나 획득 과정이 먼저 추구되어야 할 것이다. 이 점을 유념하면서 『양서』 이후 『신당서』에 이르는 대략 400여 년 동안의 사서 편찬 추이를 간추려 보고자 한다.

둘째, 7세기 전쟁을 매개로 하여 당의 삼국, 특히 신라에 대한 인식의 변화를 지적하겠다. 7세기는 삼국 시대의 종말이면서, 또한 남북국 시대가 열리는 때이다. 또 7세기는 중국에서 수나라가 멸망하고 당나라가 등장하는 때이기도 하다. 그러한 한편 7세기 이후라고 할 때 우리 역사에서는 통일기 신라와 발해, 그리고 중국에서는 당이 그 중심을 차지한다. 그러므로 사서로 보면 수·당 대를 다룬 사서가 중심이 되고, 시기로 보면 통일기 신라에 초점이 맞추어져야 할 것이다. 이를 위한 예비 검토로 7세기 초, 즉 삼국 시대 말 부분을 우선 살펴볼 필요가 있다.

셋째, 당에서 편찬한 사서의 신라전 내용을 검토할 것이다. 비록 각 사서의 대상 시기는 당 이전이 되지만, 신라의 현실적 비중이 컸던 당 초의 신라관을 추적할 수 있을 것이다. 이를 위해 태종 대의 짧은 시기 동안에 편찬된 『양서』·『수서』·『북사』·『남사』를 주요 대상으로 한다. 이들 사서는 남북조 시대의 인식을 총괄하는 것이면서, 동시에 그 가운데는 편찬 당시 당의 신라관이 개입되어 있을 수도 있다.

넷째, 『수서』 동이전 내용을, 그 원전에 대한 논의를 포함하여 우호적으로 검토하고자 한다. 물론 이 단명한 왕조가 가지고 있던 그들만의 고유한 신라관을 제시하는 것은 용이하지 않다. 그러나 그동안 연구자들은 『수서』에 보이는 신라의 건국 기사에 적지 않은 곤혹감을 버리지 못하였다. 크게 보면 백제의 건국 기사도 비슷한 경우이지만, 백제에 비해 보아도 유독 신라 관련 『수서』 사료는 특히 정밀한 검토가 없었다. 그러나 신라와 빈번한 교류가 있었던 당 초에 편찬된 『수서』의 신라 관계 정보는 세심하게 음미될 필요가 있다.

다섯째, 오대와 송 초에 편찬된 사서들을 통해 당에서 이루어진 신라와의 관계와 신라에 대한 인식을 살피겠다. 이를 위한 주 검토 대상은 『구당서』와 『신당서』가 된다. 이들 사서는 서술 대상국인 신라와 서술 대상 시기의 왕조인 당이 이미 소멸된 환경에서 편찬되었다. 그러므로 당 초기에 편찬된 사서의 신라전 검토가 편찬 시기에 주안점을 둔 작업이라면, 여기서는 서술 대상 시기를 기준점으로 삼은 셈이다.

여섯째, 『신당서』 신라전에 채용된 원전에 대한 생각을 더하고자 한다. 이 문제는 『구당서』의 극복을 겨냥한 『신당서』 편찬 동기와 관련하여 신라전에 어떤 의미 있는 변화가 발생했으며, 그 자료적 연원은 어디에 있는 것인지를 염두에 둔 것이다. 또한 그 원전이란 통일기 신라와 긴밀한 관계를 유지하고 있던 당의 흔치 않은 당대 자료라는 점에서 주의 깊은 평가가 요구된다고 하겠다.

2. 7세기 이후 중국 사서의 추이

1) 당·오대·송의 사서 편찬

중국 정사 가운데 신라전이 등장하는 것은 당 왕조가 성립된 후 편찬된 사서에서 비롯한다. 남조 梁(502～557)의 역사를 기록한 『양서』가 그것으로, 諸夷傳 가운데 고구려·백제와 함께 신라에 관한 항목이 설정되었다.[1] 『양서』는 본래 姚察이 陳의 詞部郎中에 있을 때 저술을 시작하였는데, 진이 망하자 중단되었다가 수 문제 때 이르러 다시 계속하였지만, 요찰은 이를 완성하지 못하고 죽었다. 그 후 姚思廉이 부친의 사업을 계승하여 628년에 편찬을 마쳤으며, 다음해 당 태종의 명을 받아 다시 7년 동안 내용을 보완하였다.

이 최초의 신라전에는 『삼국지』 이래의 진한에 관한 기록의 연장선에 있는 정보들도 물론 많지만, 양나라 당대의 교섭에서 비롯된 정보가 적지 않다. 「職貢圖」와 같은 자료의 실재에서 확인할 수 있는 것처럼, 양조는 백제·신라와 상당한 수준의 문화적 교섭을 하였다.[2] 그런 만큼 『양서』 편찬이 양 대에 편찬된 『國史』에 직접 의거한 것으로 판단되므로, 『양서』 제이전의 가치는 일찍부터 주목받아 왔던 것이다. 또한 『양서』는 비록 남조 양의 단대사 형식을 갖춘 정사이지만, 그 편찬 시기가 당 정관 연간에 끝났기 때문에, 신라전에는 당나라 초기까지의 신라 관계 정보가 개입되어 있었을 가능성도 지적된 바 있다.[3]

『주서』와 『진서』는 시기적으로 『양서』 다음에 해당되지만, 여기에 신

---

1) 『梁書』 54 열전 48 諸夷 동이, 신라.

2) 李弘稙, 1971, 「梁 職貢圖 論考」 『韓國古代史의 研究』, 新丘文化社, 399～400쪽. 특히 「職貢圖」는 『양서』 諸夷傳과 대략 같은 지역을 포함한 기술이었다고 보고 있다. 그러므로 양과 신라의 실질적 교섭, 그래서 가능했을 「직공도」와 같은 자료, 그리고 양 대 및 陳 대에 확보된 신라에 대한 정보의 질과 양이, 『양서』 단계에서 최초로 신라전을 설정한 이유가 될 것이다.

3) 末松保和, 1954, 「梁書新羅傳考」 『新羅史の諸問題』, 東洋文庫, 376쪽.

라전은 없다. 『주서』는 북주(557~581)의 역사를 기록한 것으로 정관 3년(629)부터 정관 10년(635)에 걸쳐 令狐德棻 등이 찬술하였는데, 북조 왕조사인 점을 고려하여 異域傳을 세웠다. 이역전의 고구려와 백제전에는 이전 사서에 보이지 않던 자료들이 적지 않고, 특히 지리·관제·생활상 관련 기사의 비중이 매우 높아졌다. 비록 신라전은 없으나, 『양서』나 『수서』의 신라 관계 기사를 이해하는 데 비교 자료로 활용될 수 있다.

『진서』는 정관 18년(644)에 房玄齡과 褚遂良 등이 황제의 칙명으로 저술에 착수해 2년 만에 완성하였다. 일반적으로 당의 역사 편찬에서는 종전의 사찬서가 관 중심의 분찬사로 바뀌는 점이 큰 특징으로 지적될 수 있는데, 『진서』는 21인이 참여한 관찬서로서 그 효시라고 하겠다. 張華傳에서는 마한의 잔여 소국인 新彌國 등 20여 국이 진에 사신을 보낸 기사가 주목된다. 그러나 정작 四夷傳의 내용은 『삼국지』와 『후한서』의 축약에 지나지 않으며, 진대의 교섭 기사가 일부 첨가되었을 뿐이다.[4]

『수서』는 魏徵과 長孫無忌 등이 태종의 칙명으로 629년부터 636년에 걸쳐 편찬한 정사이다. 그러나 정사의 체재에서 志가 갖추어지지 못했으므로, 641년부터 李延壽와 令狐德棻 등이 칙명을 받아 양·진·제·주·수 등 오대의 지를 편찬하였다. 마침내 656년에는 10志 30권이 완성되어 장손무기의 이름으로 찬진되었으며, 이를 『수서』에 합본시킴으로써 현재의 『수서』 85권이 마침내 완성을 보았다. 동이전 가운데는 삼국의 출자·시조·위치에 관한 원류 기사와 중국 관계 기사 및 제도·생활풍속·제사 등 다양한 문화 관계 기사가 있다.[5] 여기에는 『위서』나 『주서』와 같은 북조계 사서들의 내용과 같은 것도 있지만 독자적인 당대 기록도 담겨 있어 주목할 만하다. 특히 신라의 건국 및 왕실 출자에 관한 서술은 어느 사서에서도 찾아볼 수 없는 독자적인 내용으로서, 그 사료로서의 진위나 사실 여부와는 별개로 원전에 대한 추구가 절실한 부분이라고 본다.

---

4) 『晉書』 97 열전 67 四夷 동이, 辰韓.

5) 『隋書』 81 열전 46, 동이.

『북사』는 북위·북제·북주·수의 233년 역사를 대상으로 하여 『위서』·『북제서』·『주서』·『수서』를 산삭하고 보완하여 편찬한 것이다. 『남사』는 송·제·양·진의 170년 역사로서 『양서』에 의한 증보가 많다. 모두 정관 17년(643)에 이연수가 찬성한 것이다. 본래 『남·북사』는 이연수의 부친 李大師에 의해 시작되었다. 이대사는 남북조의 역사에서 여러 나라들이 서로 자국사만을 상세히 기록하고 타국사는 간략하게 한다거나, 자국을 찬양하고 타국을 헐뜯어 남쪽에서는 북을 '索虜'라 하고 북에서는 남을 '島夷'라고 부르는 것 등은 옳지 못하다고 여겨 이를 시정하고자 하였다.

이와 관련하여, 송 대의 일반적인 正統論에 이의를 제기한 歐陽修는 『신당서』에서 『남·북사』의 방침을 극찬한 바 있다. 다만 『남사』와 『북사』의 신라 관련 기록은 그 양과 질에서 현저한 불균형을 이루고 있다.[6] 주로 『북사』가 『수서』를 계승하고 있는 반면, 『남사』는 『양서』를 간략히 하고 있는 느낌이다.

이상에서 언급한 당 대에 이루어진 정사[7] 외에 주목할 자료로는 우선 『括地志』를 들어야 한다. 『괄지지』는 태종의 넷째 아들 魏王 泰가 주동하여 著作郎 蕭德言 등과 함께 편찬한 지리서로 총 550편의 규모였으며, 정관 15년(641)에 秘府에 올렸으나, 현재 전하지 않는다.[8] 다만 그 일문들 가운데는 춘추시대 이래 군·국·주·현의 연혁, 산천, 關津, 故城, 궁전, 祠廟, 寺觀 등을 비롯하여 外域에 관한 사항들이 보인다. 이 『괄지지』는 『삼국사기』에도 언급되었거니와, 특히 『翰苑』의 백제와 신라 관련 서술에 막중한 비중으로 인용되어 있다.

6) 『北史』 94 열전 82, 신라 ; 『南史』 79 열전 69 夷貊 下, 신라.

7) 당에서 편찬한 정사 8종 가운데 姚思廉 부자가 『양서』와 같은 때 찬성한 『陳書』, 그리고 李德林·李百藥 부자가 정관 10년(636)에 찬성한 『北齊書』에는 우리 삼국에 관한 별도의 정리가 이루어지지 않았다.

8) 『신당서』 80 열전 5, 太宗諸子 및 같은 책 58 藝文 2 ; 『구당서』 經籍志. 한편 淸의 孫星衍 등이 여러 책에 인용된 逸文을 집록한 8권 체재의 『괄지지』를 만들었으며, 『岱南閣叢書』 등에 수록되었다.

삼국 관련 정보를 담고 있는 또 다른 지리서로는 정치가이자 지리학자였던 賈耽(730～805)의 저술들이 있다. 그는 801년에 『海內華夷圖』와 『皇華四達記』 10권, 그리고 『古今郡國縣道四夷述』 40권 등을 제작하였다.[9] 중국 본토는 물론 그 밖의 지역을 포함해 당시의 세계지도 및 세계지지였으나, 역시 지금은 전하지 않는다. 『삼국사기』 찬자는 지리지에서 『四夷述』이나 『古今郡國志』의 이름으로 인용하였으며, 삼한·예·삼국·발해 등의 지리 및 교통로에 관한 정보가 단편적으로 보인다.

양나라 慧皎의 『高僧傳』을 계승한 道宣(596～667)의 『續高僧傳』은 후대 『宋高僧傳』의 저본이 되기도 한 것으로, 慈藏傳을 위시하여 당대 기록으로서의 가치를 주목할 만하다. 당 고종 10년(658)에 許敬宗 등이 칙명을 받아 찬성한 『文館詞林』에도 7세기 초 백제와 신라에 보낸 조서가 있어 참고할 수 있다. 또 이미 말한 것처럼 『한원』은 그 인용서들로 인해 당 대의 삼국에 대한 인식에 있어서 빼놓을 수 없는 위상에 있다. 『한원』은 660년 張楚金이 편찬하였고, 雍公叡가 주를 붙였다.[10] 뒤에 자세히 언급하겠지만 大曆 연간(766～779)에 책봉사로 신라에 온 歸崇敬의 종사관 顧愔이 남긴 『新羅國記』도 여기서 지적해 두고자 한다.

한편 大曆 원년(766)에 편찬을 개시하여 貞元 17년(801)에 완성한 杜佑의 『通典』은 唐虞로부터 당의 肅宗·代宗 때까지의 典章·제도·연혁을 기재한 사서이다. 송 대 鄭樵의 『通志』 및 馬端臨의 『文獻通考』와 함께 세칭 '三通'이라고 하거니와, 신라에 관한 새로운 정보가 확인된다.[11] 『入唐求法巡禮行記』는 비록 일본의 승려인 圓仁의 일기지만, 9세기 30～40년대 신라나 발해에 대한 중국 측 인식을 살피는 데 참고할 자료이다.

---

9) 『구당서』 138 열전 88 ; 『신당서』 藝文 2.

10) 원래는 30권이었으나, 지금은 藩夷部 1권만이 일본 太宰府神社에 전하고 있다. 현전하지 않는 『魏略』, 『高麗記』, 『括地志』 등이 인용되고 있다. 장초금은 高宗 때 벼슬하고 武后 때 南陽侯가 되었으나 뒤에 좌천되어 죽었다.

11) 『통전』 185 邊防 1 동이 上, 신라.

이른바 '小說'류로 불리는 자료들 역시 당에서 이루어진 역사 정보 가운데 지적해 두어야 할 하나라고 여긴다. 즉 『삼국사기』에서 중국 측 사서의 필법을 비판한 대목에 보이는 柳公權(778~865)[12]의 '小說'을 환기할 필요가 있다.[13] 그의 '소설'로서 확인 가능한 현존 자료로는 『說郛』에 그 일부가 실려 있는 『小說舊聞記』 외에는 없다.[14] 다만 『삼국사기』에서 문제가 된 당 태종과 고구려의 전쟁에 관련한 내용은 그 가운데서 확인되지 않는다. 그러나 『唐書志傳通俗演義』에서도 당 태종의 고구려 공격이 주제로 다루어졌듯이,[15] 당·송 대 이래 당 태종의 대외전쟁을 포함한 삼국 관련 내용이 언급된 '소설'류의 검토는 유의한 작업이라고 여긴다.

오대에 편찬된 사서 가운데 삼국 관련 연구에 압도적 비중을 점하고 있는 것은 『구당서』이다. 『구당서』는 後晉 天福 6년(941)에 수찬을 개시하여 開運 2년(945)에 완성되었는데, 趙瑩·張昭遠·賈緯·趙熙·鄭受益·李爲光 등의 역할이 컸다. 편찬 당시 劉昫가 監修國史였으므로 일반적으로는 유후의 찬이라고 한다. 본래 서명은 『당서』였으나, 歐陽修와 宋祁 등이 찬수한 『당서』와 구별하기 위해 '舊'자를 더하였다. 高祖부터 代宗까지의 기전체 『國史』와 武宗 대까지의 실록이 『구당서』의 원 사료로 채용되었다.[16] 그러나 840년대 무종 會昌 연간 이후는 賈緯가 새로 마련한

12) 『신당서』 163 및 『구당서』 165에 그의 전기가 있다.

13) 『삼국사기』 22 고구려본기 10, 보장왕 8년.

14) 『說郛三種』(明 陶宗儀 等編), 上海古籍出版社, 787~789쪽 및 2060~2061쪽 참조.

15) 『唐書志傳通俗演義』는 명 대의 자료로 일명 『秦王演義』·『隋唐演義』라고도 한다. 1993, 『中國古典小說總目提要』 1, 울산대학교출판부, 170~171쪽.

16) 『五代會要』 18 前代史, "(晉 天福 6년; 941) 唐史一百十三卷 止於代宗 以下十餘朝未有正史 … 起居郎賈緯奏曰 伏以唐高祖至代宗 已有紀傳 德宗至文宗亦存實錄 武宗至濟陰廢帝凡六代 惟有武宗實錄一卷 餘皆闕略". '濟陰廢帝'는 後梁을 건국한 주전충이 당 哀帝를 '濟陰王'으로 삼은 데 연유한다. 현존하는 유일한 실록인 韓愈의 『順宗實錄』과 『구당서』 순종본기의 서두 부분을 비교할 때, 거의 대부분 양자가 일치하는 것으로 보아 『구당서』가 당 대의 실록에 의존한 것은 의심할 여지가 없는 것 같다. 또한 실록의 한유 문장 일부는 『구당서』에서 순종본기

『唐年補錄』 65권을 활용했으므로, 제대로 다듬지 못한 서술이 되었다 한다. 따라서 송의 식자들은 오대에 편찬된 『당서』가 충실하지 못하다고 보았던 것이다. 신라와 발해의 독립 전기가 있고, 간혹 본기에도 열전에 빠진 기사가 들어 있다.[17)]

많은 부분 『구당서』와 내용을 공유하는 『唐會要』는 먼저 당 蘇冕曾이 高祖부터 德宗까지 9조의 역사를 편집하여 『會要』 40권을 만들고, 大中 7년(853)에 崔鉉과 楊紹復 등이 조칙을 받들어 덕종 이래의 일을 편집해 『續會要』 40권을 지은 데다가, 북송의 王溥가 이 두 원본에 더해 다시 宣宗부터 당 말까지의 사적을 채집하여 建隆 2년(961)에 봉진한 것이다. 삼국에 관한 별전이 있는데, 신라의 경우 7세기 이후 당 대의 정보가 크게 증대하였다.[18)] 『통전』의 미비점을 보완했다고 할 만하다.

『舊五代史』의 원명은 『梁唐晉漢周書』로, 총칭하여 『오대사』라고 하는데, 뒷날 구양수가 찬한 『五代史記』와 구별하기 위해 '舊'자를 더하였다. 북송 薛居正의 監修로, 盧多遜·李昉 등 다수인에 의해 開寶 6년(973) 4월에 찬수를 개시하여 불과 1년여 만에 완성하였다. 현행본은 청 乾隆 40년(1775)에 『永樂大典』 가운데서 발췌하고 다시 『책부원귀』 등으로 보충한 것이다. 외국열전에 신라에 관한 극히 짧은 기록이 있으나, 도움이 되는 고유 정보는 없다.

『책부원귀』는 王欽若·楊億 등이 眞宗의 명으로 景德 2년(1005)에 착수하여 1013년에 완성한 칙찬서이다. 역사상의 사실을 모아 집대성하여 類書의 체재를 갖춘 것으로 外臣部에 삼국 관련 기사가 분재되어 있으며, 여타 정사와 비교할 때 약간의 출입이 있다. 크게 보아 신라 관련 풍속 기사는 『수서』를 많이 원용하였지만, 정치적 교섭 기사는 『구당서』와 계

에 대한 贊文으로 응용되기까지 하였다. 金玹珍, 1990, 「舊唐書와 新唐書의 比較研究」, 성신여자대학교 대학원 석사학위논문.

17) 『구당서』 199 上 열전 149, 신라 및 199 下 열전 149 北狄, 渤海靺鞨.

18) 『唐會要』 95 신라.

통을 같이 한다. 이는 당의 『국사』와 실록을 자료로 공유한 데 연유하는 것이다. 본래 송 초에는 『太平御覽』·『太平廣記』·『文苑英華』 등 방대한 類書가 이루어졌으며, 『책부원귀』도 제왕의 참고서로서 그 연장선상에 있다고 하겠다.

구양수(1007～1072)가 편찬한 세칭 『新五代史』의 원명은 『五代史記』로서, 仁宗 景祐 3년(1036)에 편수를 개시하여 皇祐 5년(1053)에 기본이 완성되었다. 薛居正의 『오대사』에 대한 불만에서 개작이 이루어진 것처럼, 『구오대사』와는 달리 실록 자료 외에 다양한 소설류를 채용한 점에서는 『신당서』와 취지를 같이 한다. 발해와 신라에 관한 전기를 두었으나, 『구오대사』를 크게 넘어서지 못하며, 後唐과 신라의 교섭 기사가 더 보일 뿐이다.[19]

구양수가 宋祁(998～1061)와 함께 편찬한 『신당서』 역시 오대에 찬성된 『구당서』에 대한 불만에서 비롯되었다.[20] 慶歷 5년(1045)에 편찬이 시작되어 16년 뒤인 嘉祐 5년(1060) 7월에 완성되었다. 구양수는 본기·지·표의 편찬 책임을 맡았고, 송기는 열전을 맡았다. 그러나 송기가 담당한 열전 부분은 『신오대사』보다 앞서 완성되었다. 그 가운데 발해전은 발해의 지방제도, 중앙정치기구, 경제 관련 정보 등이 실려 있어 1차 사료로 이용되고 있는 한편, 대조영 집단의 출자와 관련하여 『구당서』와 인식을 달리하고 있는 점이 주목된다. 삼국을 포함한 동이전은 일견 『구당서』의 것을 줄인 형태이기 때문에 상대적으로 양이 적고, 내용이 비슷하면서도 사료에 충실하지 못한 면이 있다. 그러나 신라 관계 서술에서는 전혀 새로운 정보의 채용도 보이므로 추가된 원전에 대한 추구가 필요하다.[21]

19) 『신오대사』 74 四夷附錄 3, 신라.

20) 송조의 인식은 『신당서』를 올리는 曾公亮의 「進唐書表」에 『구당서』의 결함과 『신당서』 편찬의 당위성을 일러 "紀次無法 詳略失中 文采不明 事實零落 … 衰世之士 氣力卑弱 言淺意陋 不足以起其文 而使明君賢臣 儁功偉烈 與夫昏虐賊亂 禍根罪首 皆不得暴其惡 以動人耳目 誠不可以垂勸戒 …"라고 한 데 잘 드러나 있다. 이 표문은 김부식이 『삼국사기』를 진상하면서 작성한 표문의 모델이 되었다.

통일기 신라사회에 대한 중국 사서들의 인식이라는 측면에서 본다면 실제 『구당서』와 『신당서』가 주요 검토 대상이 되는 동시에, 양 사서의 차이점 또한 면밀히 음미되어야 할 것이다. 논자들은 대부분 이 두 사서가 편찬된 100여 년의 간극을 크게 주목하여 중국 사학사상 고대와 근대의 구분 시기로 파악한다. 사실 『구당서』를 수찬하던 後晉 당시는 정치적으로 혼란한 시기였으므로 사료와 실록 등의 산실이 심하였고, 이를 수집하여 질서 있게 정리할 만한 문화적인 분위기나 시간적인 여유가 없었다.

그러나 새로 편찬된 『신당서』도 논란을 종식시키지 못하였다. 『신당서』 편찬 직후부터 다시 이에 대한 비판이 일어났고, 양 『당서』의 우열론이 발생하였다.[22] 논의의 가장 첨예한 부분은 사료 선택에 있었다. 『구당서』가 주로 실록 등 관문서를 취한 데 반해, 『신당서』는 小說·逸事 등 야사라 할 만한 자료를 포괄하였다. 아울러 『구당서』가 사륙변려문 전성기의 사료를 그대로 채용한 반면, 『신당서』는 이를 모두 古文으로 고쳐 썼다. 당 중엽 柳宗元과 韓愈를 중심으로 일어난 고문주의는 『신당서』를 수찬한 구양수와 송기에 의해 보편화되었던 것이다.[23]

그러나 이러한 양 『당서』의 편찬에서 확인할 수 있는 차이에도 불구하고, 신라에 관한 기록의 경우 심각한 차별성을 노정하지는 않았다. 물론 『신당서』는 『구당서』에 수록된 많은 조칙을 한 건도 수록하지 않았고, 이것은 신라전의 경우에도 적용되어 특히 정치적 교섭 기사는 탈락과 지나친 윤문의 결과 난해한 대목들이 생겼다. 그러나 전체적으로 보아 『신당서』 신라전은 오히려 『구당서』를 답습하거나 존중하는 경향을 보이고

21) 『신당서』 219 열전 144 北狄, 渤海 및 같은 책 220 열전 145 동이, 신라.

22) 吳縝은 『新唐書糾謬』를 저술하여 『신당서』의 오류를 지적하였고, 司馬光 역시 『자치통감』에서 『신당서』 측에 우호적이지 않았다. 曾公亮은 「進唐書表」에서 "其事則增於前 其文則省於舊"라고 하였으나, 이에 대해 "첨가해야 할 것을 첨가하지 못하고 생략해야 할 것을 생략하지 못하였다"는 비판이 뒤따랐다.

23) 이상의 논의는 內藤虎次郎, 1969, 『支那史學史』, 筑摩書局 및 卓用國, 1986, 『中國史學史大要』, 探求堂 참조.

있다. 그러므로 『신당서』 신라전에서 강조할 사항은 통일기 신라의 일반 사회상을 언급한 부분을 포함하여 몇 가지 새로운 정보와 그 원전의 문제, 그리고 『삼국사기』에도 원용된 장보고 관련 기록에 있다.

사마광의 『자치통감』은 제왕학을 목적으로 周 威烈王부터 後周 世宗대까지를 다룬 편년체 통사로서, 元豊 7년(1084)에 완성되었다. 사마광은 『신당서』나 『신오대사』를 염두에 두지 않았을 뿐 아니라, 사실에 대한 포폄에 있어 구양수와는 다른 입장을 견지하였다. 그러한 까닭에 비록 소설이나 야사 등의 채용은 『신당서』의 방침을 수용했으나, 대체적인 사실의 경우는 『구당서』 및 『책부원귀』와 일치하는 경향을 지니고 있다.

사마광을 도와 『자치통감』을 찬수할 때 唐史를 분장했던 范祖禹가 元祐 원년(1086)에 찬성한 『唐鑑』은 『자치통감』의 영향을 받은 성과인바, 일부 삼국 관련 사실이 보인다. 덧붙여 神宗 熙寧 3년(1070) 宋敏求에 의해 이루어진 『唐大詔令集』에서도 몇 가지 삼국 관련 조서와 책문을 참고할 수 있다.[24)]

2) 삼국에 대한 인식의 변화

삼국을 공간으로 한 7세기의 전쟁은 동아시아의 고대적 질서가 봉착한 시대 모순의 극렬한 표출이라고 하겠다. 주지하듯이 당은 수의 동방 정책을 답습하여 고구려를 배제한 중국 중심적 세계 질서의 구축을 지향하였다. 당과 신라의 결속은 이를 염두에 두고 이해할 수 있다. 따라서 7세기 당 측의 삼국 인식은 신라와의 관계 설정 및 전쟁의 발발을 전후하여 서로 다른 면모를 가지게 된다.

여기서는 우선 648년 김춘추가 주도한 대당 외교의 성립과, 이를 토대로 백제에 대한 공동 군사 행동, 그리고 고구려를 극복한 이후 나·당 사이에 무력 갈등이 전개되는 상황 등을 기준으로 삼아, 크게 세 시기로 구

---

24) 『唐大詔令集』 129 蕃夷 册文 및 같은 책 130 蕃夷 討伐.

분해 그 추이를 살피고자 한다. 검토는 초기의 실록 자료에 의거한 『구당서』와 『신당서』를 중심으로 한다.

(1) 제1기(601~647)

우선 『구당서』와 『신당서』 신라전에 나타난 이 시기 당 측의 신라관은 고구려와 백제에 비해 그다지 현저하게 우호적인 분위기는 아니었다. 양 사서 신라전에 보이는 편년 기사의 서두에는 신라의 고구려·백제와의 관계에 대해 다음과 같은 내용이 있다. 앞에 정리한 두 사서의 전반적 특징을 구체적으로 확인할 수 있는 사례이기도 하다.

- 高祖는 海東의 세 나라가 예로부터 원한이 맺혀 번갈아 서로 공격한다는 말을 들었거니와, 그들이 다 같이 번국이 되어 화목하게 지내는 데 힘써야 하리라고 여겨 신라 사신에게 원한을 맺게 된 연유를 물었다. 사신이 대답하기를 "지난날 백제가 고구려를 칠 때 신라에 구원을 청했는데, 신라 측에서 군사를 출동시켜 백제를 크게 쳐부수었습니다. 이로 인해 원수가 되어 늘 서로 공격해 쳤으며 신라가 백제 왕을 잡아 죽였던바, 원한은 여기에서 비롯한 것입니다"라고 하였다. (『구당서』 신라전)
- 애초에 백제가 고구려를 칠 때 (신라에) 와서 구원을 청했는데, 군사를 몰아가서 백제를 쳤다. 이로부터 서로 공격하기를 그치지 않았으며, 뒤에 백제 왕을 잡아 죽이자 더욱 원한이 깊게 맺혔다. (『신당서』 신라전)

이러한 판단은 물론 피상적이다. 그리고 중화주의 관념의 발로이다.[25] 그러나 적어도 7세기 전반 신라의 '대외 조건'의 본질을 크게 벗어나지 않은 지적이기도 하다. 양 『당서』는 위에 인용한 사례와 동일한 유형 및 비례 관계를 보이면서 범상한 책봉 기사와 조공 기사를 반복하였다. 다만 정관 17년(643)에는 신라 측의 고구려·백제 連和 주장을 접하고 고구려에 자제를 지시하는 대목이 있는바, 이 역시 크게 보아 당 측의 동방 정책의

25) 金善昱, 1986, 「隋書와 唐書의 百濟史料에 關한 檢討 - 封建要因을 中心으로」 『百濟研究』 17.

일환으로 볼 일이며, 신라에 대한 독특한 인식을 지시하는 것은 아니다.

이와 관련한 예로서 당 태종이 안시성에서 패퇴한 후 다시 고구려 정벌을 기도할 때, 방현령이 제기한 논의를 참조할 수 있겠다. 방현령은 태종의 계획이 명분 없음을 들어 반대하면서 "안으로 전대의 치욕을 씻고 밖으로 신라의 원수를 갚는다 하나, 이 어찌 얻는 것은 작고 잃는 것은 큰 것이 아니겠습니까?"라고 지적하였다.[26] 본래 당의 고구려 정책은 "큰 것을 즐기고 공명을 좋아하는"[27] 태종 개인의 허세에서 비롯된 측면이 없는 것은 아니나, 방현령의 지적 역시 당시 당의 동방 삼국에 대한 객관적 위상을 반영하고 있음도 부정할 수 없을 것이다. 아울러 『삼국사기』에는 이와 관련된 신라의 외교 문서가 상세히 제시된 반면, 양 『당서』에는 지극히 간단한 정보로 축약되어 있는 것을 본다.[28] 이러한 경향은 다음 2기에서도 마찬가지이다.

(2) 제2기(648~660)

이 시기 양 『당서』는 648년 김춘추의 입당 외교, 진덕왕의 '太平頌', 진덕왕의 사망과 김춘추의 습위, 백제·고구려·말갈의 신라 침입 및 신라의 청병과 백제의 공멸 등을 기록하였다. 『신당서』 측의 간략화 정도는 1기와 동일하다.

한편 645년에 고구려와의 전쟁에서 좌절한 당은 신라의 전략적 비중을 절감한 바 있다.[29] 물론 중국 사서들의 주류는 이 전쟁의 결과를 객관적

---

26) 『신당서』 96 열전 21, 房玄齡.

27) 『신당서』 2 태종본기, 정관 23년 말미에 붙인 史論의 일부.

28) 이 시기 신라 고유 자료의 풍부함에 대해서는 J. C. 재미슨, 1969, 「羅唐同盟의 瓦解 – 韓中記事 取捨의 比較」 『歷史學報』 44.

29) 안시성을 제외한 고구려의 요동 전선이 궤멸된 이 전쟁의 평가는 보기에 따라서 다를 수 있겠다. 그러나 당 태종은 임종을 당하여 대 고구려 전쟁을 경계하였다. 특히 위징과 방현령은 전쟁 이전부터 태종을 극력 만류한 바 있었다. 『신당서』 97 열전 22, 魏徵 및 같은 책 96 열전 21, 房玄齡. 또한 태종의 고구려 공격이 '심각한 실패'로 끝났다는 것은 范祖禹의 『唐鑑』 3 태종 下 정관 19년 참조.

으로 서술하는 것을 회피하였다. 그러나 신라 사신 김춘추에게 유례없는 특례를 허용하고, 그의 요청을 전폭 수용할 뿐만 아니라, 그 해 완성한 『晉書』[30] 및 「溫湯碑」와 「晉詞碑」[31]를 준 조처는 당의 그러한 분위기를 반영하고 있다.[32]

신라는 그로부터 2년 뒤 진덕왕의 '태평송'으로 이와 같은 당의 태도에 상응하였다. 바야흐로 당의 신라에 대한 인식이 고구려나 백제에 대한 그것과는 달리 매우 우호적이면서도 구체화되어 가던 시기라고 하겠다. 그리고 그 귀결은 백제에 대한 공동 군사 행동의 실천으로 나타났다.

『삼국사기』를 볼 때 이 시기 신라 고유 자료의 비중은 더욱 증대하였다. 1기와 마찬가지로 신라 측에서 보낸 외교 문서의 경우는 물론 『삼국사기』에만 채록되었으며, 특히 백제 공격 전말의 상세함은 양 『당서』에 비할 바가 아니다.

(3) 제3기(661～681)

백제가 멸망된 후, 외양으로만 본다면 신라와 당은 백제 부흥운동 세력과 고구려를 공동의 적으로 삼아 군사적 이해관계를 같이 하였다. 그러나 양국의 군사적 협조 체제는 이미 상당히 그 절실함을 잃고 있었다. 특히

---

30) 이 『晉書』는 태종이 宣帝와 武帝의 본기 및 陸機와 王羲之傳의 사론을 직접 쓴 까닭에 '御撰'이라고 한다.

31) '溫湯'에 대해서는 『신당서』 본기 1 고조 武德 6년 2월조에 "경술에 황제가 溫湯에 행차하여 임자에 驪山에서 사냥하고, 갑인에 溫湯에서 돌아왔다"라고 했으며, 『자치통감』 190 唐紀 6 동조에 의하면 驪山은 雍州 新豊에 있는데 온천이 있다고 하였다. 태종 역시 종종 온탕에 행차하였고, 김춘추가 입조한 바로 이 해 정월에도 온탕에 다녀온 기록이 있다. 또 '晉祠'는 산서성 太原縣에 있는 사당으로 주대의 후국 진나라의 시조인 唐叔虞를 모신 곳이다. 당 고조가 병사를 일으키면서 이곳에 제사하였고, 정관 연간에 태종이 銘을 지은 바 있다. 태종의 이 「온탕비」와 「진사비」는 「溫泉銘」·「晉祠銘」이라고도 한다.

32) 645년 고구려 원정 직전에 선덕왕에게 보낸 태종의 조서에서도 그와 같은 변화의 조짐이 엿보인다. 朱甫暾, 1992, 「『文館詞林』에 보이는 韓國古代史 관련 外交文書」 『慶北史學』 15.

신라의 이른바 '일통삼한' 의식의 대두야말로 향후 양국 간 상호 인식에 변화를 강요하는 요인이 되었던 것이다.

그럼에도 불구하고 『구당서』에는 문무왕의 재위 기간에 해당하는 이 시기의 정치적 교섭 관계 기사로서, 663년 당에서 일방적으로 신라를 '계림주도독부'로 격하한 조처만이 전할 뿐이다. 오히려 비슷한 시기에 이루어진 『당회요』에 양국의 갈등이 비교적 자세히 언급되어 있다. 즉 『당회요』에는 674년에 당이 문무왕의 관작을 삭탈하고 김인문을 신라 왕으로 임명하는 조처를 취한 사실과, 675년에 이 문제가 외교적으로는 해결되었으나 결국 신라의 영역적 성과와 이를 반영한 9주의 편제가 이루어진 사실이 서술되었다. 그리고 이들 기사는 『신당서』에서 반복되었다.

반면에 이 시기에 대한 『삼국사기』의 기록은 중국 측 기록에 비해 양적으로 현저히 증대해 있으며, 신라의 입장을 정당화할 수 있는 방향에서 서술이 이루어지고 있다. 여하튼 양 『당서』를 통해 볼 때, 당 측의 신라 인식은 적어도 7세기의 정치·군사적 측면에 한정해 말한다면 세 시기로 나뉘어 변화를 보이고 있으며, 그것은 『삼국사기』 등을 통해 복원할 수 있는 신라사의 전개 과정에 상응한다고 말할 수 있겠다.

3. 7세기의 한국 고대사상

1) 당 대 사서의 신라전 검토

여기서는 당 초에 편찬된 사서에 나타난 신라의 모습을 정리하고자 한다. 물론 7세기 신라의 사회상을 추구할 때, 반드시 7세기에 편찬된 중국 사서에 가장 적실한 정보가 담겨 있다고 단정할 수는 없을지 모른다. 다만 7세기 이후, 그러므로 당나라의 단대사인 『신·구당서』에 대한 본격적인 검토에 앞서 신라에 대한 기왕의 중국 측 인식을 점검하고, 그 추이와 계통을 짐작하기 위해 당 초에 편찬된 몇 종의 사서를 음미할 필요가 있다. 이를 위해 편찬된 순서에 따라 『양서』, 『수서』, 『북사』, 『남사』,

『통전』을 대상으로 정치적 교섭 관계를 제외한 내용을 분류하고, 그 분량과 상호 연계성을 염두에 두어 계량화해 보았다.

〈표 1〉 당 대에 편찬된 사서의 신라전 분석[33]

내용 구분		사서	양서	수서	북사	남사	통전
원류기사	기원	위치와 시원지	*39	#19	#16	*37	*23
		건국 기사	*86	#65	*#146		*#73
		소계	125(38.1)	84(20.4)	162(30.1)	37(18.5)	96(21.1)
	前史		*45(13.7)	#71(17.3)	*#87(16.1)	*37(18.5)	*#☆155(34.0)
	합계		170(51.8)	155(37.7)	249(46.2)	74(37.0)	251(55.0)
제도기사	정치제도	관제	*21	#74	#73	*24	#67
		지방제도	*38	#4	#4	*38	*#☆55
		소계	59(18.0)	78(19.0)	77(14.3)	62(31.0)	122(26.8)
	일반제도	군사		#17	#17		#15
		풍속/형정/의복		#13	#13		#13
		회의 제도		#13	#11		
		복식	*17	#4	#5	*17	☆27
		소계	17(5.2)	47(11.4)	46(8.5)	17(8.5)	55(12.1)
	합계		76(23.2)	125(30.4)	123(22.8)	79(39.5)	177(38.8)
기타	언어		*35		*35		
	통역		*9			*9	
	문자/무기		*7	#9	#9	*7	#8
	합계		51(15.5)	9(2.2)	44(8.2)	16(8.0)	8(1.8)
일반사회상	생활풍속	여인의 치장		#13	#13		
		예절	*13			*13	
		세시풍속		#36	#35		
		혼례		#27	#28		
		상·제례		#19	#20		
		소계	13(4.0)	95(23.1)	96(17.8)	13(6.5)	0
	지리	토산물	*18	#21	#21	*18	*#20
		지세		#6	#6		
		소계	18(5.5)	27(6.6)	27(5.0)	18(9.0)	20(4.4)
	합계		31(9.5)	122(29.7)	123(22.8)	31(15.5)	20(4.4)
총계			328	411	539	200	456

33) 표 가운데 표식 *, #, ☆는 서로 구분되는 계통을 의미하므로, 같은 표식은 동일 계통을 지시한다. 각 칸의 숫자는 해당 내용의 총 글자 수를 가리키고, 괄호 안에는 전체 정보량 가운데 해당되는 비율을 산입하였다.

주지하듯이 『양서』, 『수서』, 『북사』, 『남사』 등은 모두 620년대에서 640년대에 걸쳐 편찬되었다. 신라사에서 보면 대체로 진평왕과 선덕왕의 치세에 해당하며, 당 측에서는 태종 재위 기간(626~649)에 집중되어 있다. 따라서 여기에 반영된 신라 사회의 모습은 수 왕조까지에 확보된 자료에 주로 의존한 것으로 판단할 수 있다. 그렇다면 대부분 7세기 초엽 이전 신라의 사회상이라고 해도 좋을 것이다. 『통전』만은 다른 사서에 비해 100여 년 늦은 시기에 편찬되었지만, 유서의 특성상 여기에서 검토하는 것이 유효하다고 판단하여 함께 검토한다.

우선 〈표 1〉을 통해, 비교적 단기간 동안에 편찬된 사서들임에도 불구하고 전혀 상반된 내용이 확인되고 있다는 점을 환기하고자 한다. 즉 남조계 사서인 『양서』와 『남사』가 동일 계통에 서 있고, 북조계 사서인 『수서』와 『북사』가 기본 계통을 같이 한다. 『남사』는 건국 기사를 제외하면 거의 『양사』를 축약하는 형태가 되고 있다. 『북사』는 외양으로 드러난 분량으로 본다면 동이전에 대한 당대까지의 정보를 총괄하고 있는 것으로 판단된다. 『통전』은 『수서』를 주로 하고 여기에 『양서』 계통을 보충해 넣으면서도, 이들 사서 외의 정보도 상당 분량 확보하고 있다. 이 5개 사서의 경우 고구려나 백제에 관한 서술에서도 동일한 방식을 적용하고 있다.

특히 주목하고자 하는 것은, 『양서』와 『수서』가 서로 매우 이질적인 내용을 담고 있다는 점이다. 한 예를 들어 표에서 건국 기사로 분류한 내용을 본다.

◦ 신라는 그 선조가 본래 辰韓의 종족이었다. 진한은 秦韓이라고도 하는데 (양나라와는) 1만 리 떨어져 있다. 전하는 말로는 진나라 때 유망인들이 고역을 피해 와 마한에 이르자 마한 역시 자신의 동쪽 땅을 베어 그들을 살게 했으며 (그들이) 진나라 사람들이므로 秦韓이라고 이름했다 한다. … 또 진한 왕은 늘 마한 사람으로 삼아 대대로 이었으며 진한 스스로 왕을 세울 수 없었으니, 그들이 흘러들어 온 사람들임이 분명한 까닭에

항상 마한의 통제를 받았던 것이다. (『양서』)

- 魏나라 장수 毌丘儉이 고구려를 쳐서 깨뜨리자 沃沮로 달아났다가 그 뒤에 옛 나라로 복귀했는데 (그곳에) 남아 있던 사람들이 마침내 신라가 되었다. 그러므로 그 사람들은 중국·고구려·백제의 부류가 섞여 있으며, 沃沮·不耐·韓·獩의 땅을 아울러 차지하고 있다. 그 나라 왕은 본래 백제 사람인데 바다로부터 신라로 도망해 들어가 마침내 그 나라의 왕이 되었다. (『수서』)
- 신라는 그 선조가 본래 辰韓의 종족이었다. 진한은 秦韓이라고도 하는데 서로 전하는 말로는 진나라 때 유망인들이 고역을 피해 와 마한에 이르자 마한 역시 자신의 동쪽 땅을 베어 그들을 살게 했으며 (그들이) 진나라 사람들이므로 秦韓이라고 이름했다 한다. … 또 진한 왕은 늘 마한 사람으로 삼아 대대로 이었으며 진한 스스로 왕을 세울 수 없었으니, 그들이 흘러들어 온 사람들임이 분명한 까닭에 항상 마한의 통제를 받았던 것이다. … 혹은 이렇게 말하기도 한다[或稱]. 위나라 장수 관구검이 고구려를 쳐서 깨뜨리자 옥저로 달아났다가 그 뒤에 옛 나라로 복귀했는데 (그곳에) 남아 있던 사람들이 마침내 신라가 되었다. 그 사람들은 중국·고구려·백제의 부류가 섞여 있으며, 옥저·불내·한·濊의 땅을 아울러 차지하고 있다. 그 나라 왕은 본래 백제 사람인데 바다로부터 신라로 도망해 들어가 마침내 그 나라의 왕이 되었다. (『북사』)

인용문을 보면 『양서』의 경우 『삼국지』 이래 진한에 대한 기술의 전통을 이어받고 있다. 그러나 『수서』에는 이전의 어느 사서에도 보이지 않던 내용이 등장하고 있다. 한편 『북사』는 대체로 『수서』와 일치하는 신라전 전체의 분위기와는 달리, 건국 관련 기사에서는 선행한 두 사서의 내용을 아우르는 형태를 제시하였다. 결국 『수서』는 3세기 고구려 잔류민이 신라를 이루었다는 것이며, 전례 없는 '신라 왕실의 백제 출자설'을 담은 최초의 사서가 되었다.

그런데 『북사』가 『수서』와 일치하는 정보를 소개하면서 '或稱'이라고 한 표현을 중시한다. 거의 모든 항목에서 『수서』를 전재한 듯한 인상을 주는 『북사』가 유독 이 부분에 대해서만은 『양서』의 전통적 견해를 먼저 쓴 다음, 『수서』의 새로운 정보를 '或稱'의 형태로 부연하였다. 이것은 혹시 찬자 이연수의 눈에도 『수서』의 설명이 매우 일탈된 내용으로 비쳐졌던 때문일지 모른다. 『남사』와 『통전』은 『수서』의 이 정보를 고려조차 하지 않았다. 이처럼 『북사』 단계에서 이미 '제2설'로 취급된 『수서』의 신라 건국 관련 정보는 이후 사서에서는 더욱 비중이 격감되었다.

- 신라국은 본래 弁韓의 후예이다. (『구당서』)
- 그들의 선조는 고구려에서 나왔으니, 위나라 장수 관구검이 고구려를 깨뜨리자 그 무리가 옥저로 달아나 보전하다가 뒤에 옛 나라로 돌아왔는데 (그곳에) 남아있던 사람들이 신라를 일컬었다. (『당회요』)
- 신라는 본래 진한의 종족이다. 그 나라 왕은 본래 백제 사람인데 바다로부터 도망하여 신라로 들어와 마침내 그 나라에서 왕이 되었다.[일설에는 본래 변한의 후예라고도 한다.] (『책부원귀』)
- 신라는 변한의 후예이다. (『신당서』)

『당회요』의 서술, 그리고 『책부원귀』의 착종된 서술과 달리, 양 『당서』는 『수서』의 견해를 완벽하게 외면하고 있다. 그러나 『수서』 신라전의 절대적 분량이 『북사』에 반복되었다면, 역으로 『수서』의 신라 건국 기사 또한 근거 없는 정보로 도외시할 수만은 없다. 따라서 『수서』가 어떤 형태의 새로운 자료, 즉 당시로서 어떤 최근 자료를 수용했을 가능성에 대해 탐색해 볼 필요가 있다.

2) 『수서』 동이전과 『東蕃風俗記』

앞의 〈표 1〉에서 확인한 것처럼 『수서』 단계에 와서 현저하게 특이한 정보는 신라의 건국 관련 기사였다. 그것은 관구검의 고구려 침공에서 야기된 파장이 신라의 흥기에 직접 관련을 가지는 형태로 나타났고, 신라 왕실이 백제에서 나왔다는 견해였다.

한편 『수서』는 『양서』에 언급되지 않은 신라의 사회상을 풍부하게 전하고 있기도 하다. 표의 분류에 따른다면 주로 군사, 풍속, 형정, 의복, 회의제도, 여인의 치장, 세시풍속, 혼례, 상·제례 등이 새로 출현한 내용이다. 그러나 넓게 보면 같은 분류 항목이라 해도 『수서』 신라전의 내용은 『양서』와 공유하는 점이 거의 완벽하게 없으므로 모두가 새로 출현한 정보인 셈이다. 이러한 현상을 미루어, 『수서』 신라전은 수 대에 만들어진 모종의 자료에 크게 의존했을 것이라고 추정하게 된다.

이 논의를 위해 우선 『수서』와 거의 동시에 편찬된 『주서』의 내용을 함께 보기로 한다.

〈표 2〉 『주서』와 『수서』의 동이전 비교 분석[34]

사서 / 내용분류	고구려				백제				신라
	주서		수서		주서		수서		수서
	총 글자 수	신출 자 수	총 글자 수	신출 자 수	총 글자 수	신출 자 수	총 글자 수	신출 자 수	총 글자 수
원류 기사	92 (17.3)	0	246 (36.2)	0	57 (8.6)	9 (15.8)	189 (36.5)	166 (87.8)	155 (37.7)
제도 기사	262 (49.2)	167 (63.7)	192 (28.2)	128 (66.7)	386 (58.3)	372 (96.4)	139 (26.8)	131 (94.2)	125 (30.4)
기타	24 (4.5)	19 (79.2)	26 (3.8)	26 (100)	50 (7.6)	40 (80.0)	66 (12.7)	62 (93.9)	9 (2.2)
일상 사회상	155 (29.1)	135 (87.1)	216 (31.8)	167 (77.3)	169 (25.5)	163 (96.4)	124 (23.9)	117 (94.4)	122 (29.7)
총계	533	321 (60.2)	680	321 (47.2)	662	584 (88.2)	518	476 (91.9)	411

34) 표에서 이른바 '신출'은 『주서』와 『수서』를 병렬적으로 놓고 두 사서 이전 사서에 보이지 않는 정보를 이르므로, 두 사서에 일부 중복된 내용이 포함될 수 있다. 각 칸의 숫자는 해당 내용의 글자 수를 가리킨다. 총 글자 수의 괄호 안에는 전체 정보량 가운데 해당되는 상대 비율을, 그리고 신출 자 수의 괄호 안에는 항목별 정보량에 대한 신출 비율을 산입하였다.

〈표 2〉는 『주서』와 『수서』 동이전의 내용을 대략적으로 분류하고, 새로 등장한 정보의 비율을 도표화한 것이다. 신라의 경우 『수서』 단계에 처음 등장하는 까닭에 내용 가운데 신출 정보의 비율을 따로 제시하는 것이 무의미하므로 생략하였다. 우선 『주서』는 제도 기사에 높은 비중을 두어 전체 분량 가운데 거의 반을 차지하는가 하면, 특히 백제의 경우 대부분이 처음 소개되는 정보라는 점이 주의를 끈다.[35] 반면에 『수서』의 경우는 건국 기사를 주로 한 원류 기사가 『주서』에 비해 파격적으로 비대하며, 특히 고구려전에서는 생활풍속 기사의 증가가 두드러졌다. 전체 분량에서도 『수서』 고구려전의 서술이 늘어난 것은 필시 고구려와의 잦은 전쟁에서 비롯된 귀결일 것이다.

이를 염두에 두고 좀 더 세심하게 고구려전의 구성 비율을 검토하면, 우선 원류 기사의 비율이 크다고는 하나 실제 그 내용은 『위서』를 기반으로 축약한 것이다. 즉 『주서』든 『수서』든 고구려의 원류 기사에 관해서는 새로운 정보가 전무하였다. 따라서 『수서』 동이전을 구성하는 찬자는 삼국 간 원류 기사의 양적 비율을 고려했던 것이라고 짐작한다. 그렇다면 『수서』 고구려전에서 강조할 사항은 생활풍속 기사를 위주로 한 일상사회상 관련 기사의 비중일 것이며, 백제와 신라전의 경우 건국 과정을 포함한 원류 기사에 강조점이 있다고 하겠다. 이러한 판단을 다음의 사례에서 확인해 둔다.

- 부모와 남편 상의 服制는 중국과 같으나 형제의 경우는 석 달로 한정한다. (『주서』 고구려)
- 사람이 죽으면 집 안에 빈소를 두었다가 3년이 지난 뒤에 길일을 가려 장사를 지낸다. 부모와 남편 상에는 모두 3년 동안 服을 입고 형제의 경우는 석 달 동안 입었다. 初終에는 소리 내어 슬프게 울지만 장사할 때는

35) 『주서』 백제전의 가치에 대한 판단은 俞元載, 1990, 『中國 正史 百濟傳 硏究』, 충남대 박사학위논문에서 충실히 검증되었다.

북 치고 춤추며 풍악을 울리면서 보낸다. 매장이 끝나면 죽은 이가 생전에 지녔던 물건들과 車馬를 모두 거두어 무덤 옆에 두는데, 장례에 모였던 사람들이 다투어 가져갔다. (『수서』 고구려)

◦ 仇台라는 이가 처음으로 帶方에 나라를 세웠다. (『주서』 백제)
◦ 그 나라 왕의 侍婢 하나가 갑자기 임신하게 되자 왕이 그녀를 죽이려 하였다. 시비가 말하기를 "웬 달걀같이 생긴 물건이 내려 와 제게 감응한 까닭에 임신하였습니다"라고 하므로 왕이 놓아 주었다. 뒤에 마침내 사내아이 하나를 낳았는데 뒷간에 버렸으나 오래도록 죽지 않으니 신이하게 여기고 기르도록 명하고 이름을 東明이라 하였다. (그가) 장성하자 高麗王이 꺼렸다. 동명이 두려워 달아나 淹水에 이르렀는데 부여인들이 모두 그를 받들었다. 동명의 후예 가운데 仇台라는 이가 무척 어질고 신실하였는데 처음으로 帶方의 옛 땅에 그의 나라를 세웠다. 한의 요동태수 公孫度가 딸을 그의 아내로 삼게 했으며, 차츰 창성하여 동이의 강국이 되었다. 처음에 百家가 바다를 건너 왔던 까닭에 (나라 이름을) 백제라고 하였다. 십여 대를 지나는 동안 대대로 중국에 신속하였는데, 지난 역사에 자세히 실려 있다. (『수서』 백제)

고구려의 경우 상·제례를 비교했으며, 백제의 경우 건국 기사를 예로 인용하였다. 이처럼 고구려나 백제에 대한 서술에서도 신라와 마찬가지로 수 대에 입수하게 된 새로운 정보량의 급증을 확인할 수 있는 것이다. 특히 백제의 경우는 『주서』와 『수서』 공히 신출 정보의 비율이 매우 높다는 점을 지적할 수 있다. 그러므로 『수서』의 이 '백제 시조 仇台說' 또한 7세기에 비롯된 인식으로 받아들일 수 있겠다.[36]

이러한 분석을 토대로 수 대에 작성된 일종의 '風俗記'를 상정하는 것은 자연스러운 귀결이다. 예컨대 『수서』에 소개된 『諸蕃風俗記』, 혹은 『諸蕃國記』 등을 생각해 볼 수 있겠다.[37] 이러한 책들은 아마 수 대에

---

36) 張榮芳, 1990, 「唐代 史書의 百濟에 對한 記錄과 認識」 『百濟硏究』 21, 59쪽.
37) 『수서』 33 志 28 經籍 2에는 '『諸蕃風俗記』 2권'과 '『諸蕃國記』 17권'이 보인다.

이루어진 삼국과의 직접 교섭에서 확보한 풍속 관계 정보를 바탕으로 편찬된 것이라고 짐작한다. 이와 관련하여 다시 『한원』에 인용된 『隋東藩風俗記』를 주목해 본다.

◦ 其先附庸於百濟 後因百濟征高麗 高麗人不堪戎役 相率歸之 遂致强盛 因襲百濟附庸於(諸의 誤 : 인용자)迦羅國 其官有十七等 其一日伊罰干 貴如相國 次伊尺干 次迎干 次破彌干 次大阿尺干 次阿尺干 次乙吉干 次沙咄干 次及伏干 次大奈摩干 次奈摩 次大舍 次小舍 次吉土 次大烏 次小烏 次造位 (『수서』 신라)

◦ **括地志**日 新羅王姓金氏 其先所出未之詳也 **隋東藩風俗記**云 金姓相承三十餘代 其光(先의 誤 : 인용자)附庸於百濟 征高麗 高麗人不堪役 相率歸之 遂致强盛 其官有七十(十七의 誤 : 인용자)等 一日伊代(伐의 誤 : 인용자)于 二百伊尺于 三日迊于 四日波珍于 五日大阿于 六日何于 七日乙吉于 八日沙咄于 九日級代(伐의 誤 : 인용자) 于(十 : 인용자 補)日大奈麻 十一日奈(麻 : 인용자 補) 十二日大舍 十三日小舍 十四(日 : 인용자 補)吉士 十五日大烏 十六日小烏 十七日造位之 (『한원』 신라)

인용한 『수서』의 내용은 『한원』에서 인용한 수의 『동번풍속기』와 매우 높은 일치도를 보인다. 한편 『한원』에는 『동번풍속기』에 앞서 『괄지지』를 인용하였는데, 신라 왕의 출자를 알기 어렵다고 하였다. 이것은

그런데 이들 목록은 『신·구당서』에는 보이지 않는다. 『수서』 經籍志는 수의 비부에 있던 서적을 기재한 것으로 알려져 있다. 즉 수가 망하고 당이 건국되면서 武德 5년 수의 서적을 長安으로 운반하던 중 운송선이 침몰하여 많은 서적을 잃어버리고, 물에 젖은 잔결 서적이 있어 이를 모두 기재한 것이다. 『수서』 32 경적지 서문. 그리고 『구당서』 경적지 역시 開元 연간 중 정부의 장서 목록으로서 현존하는 서적을 기재했다고 평가된다. 『구당서』 46 경적지 서문. 반면에 『신당서』 藝文志는 그런 배경이 분명치 못하여 매우 혼잡하며 대체로 舊志에 의거하고 天寶 연간 이후의 것을 첨가해 기록하고는 있으나, 書名은 있어도 실제의 서적이 없는 것이 10 중 5·6이라고 하였다. 『신당서』 57 예문지 서문. 여하튼 이러한 경적지 혹은 예문지의 예를 미루어 『東蕃風俗記』를 포함한 수 대의 풍속기가 당초까지 참고되었던 것은 틀림없지만, 그것이 당에서 이루어진 것으로 볼 근거는 분명치 않으며, 여러 정황으로 미루어 수 대에 작성된 것으로 판단한다.

『수서』에 기록된 상세한 출자, 즉 관구검 군사에 쫓겨 간 고구려의 잔류민들이 신라를 세웠다거나, 백제 사람이 와서 신라 왕이 되었다는 따위의 내용을 도외시한 것이다. 그러나 그러한 『수서』의 내용은 일단 사실 여부를 떠나, 위에 인용한 대목과 내용상 잘 호응하는 것만은 틀림없다.

따라서 『한원』의 『동번풍속기』 내용을 적극적으로 유추한다면, 인용된 내용에 앞서 『수서』와 유사한 출자 기록이 있었을 것으로 보는 것이 자연스럽다. 그렇다면 『괄지지』의 찬자는 『동번풍속기』 가운데서 신라의 건국 및 왕실의 출자를 수긍할 수 없다고 판단한 것이다. 즉 『수서』와 『괄지지』는 모두 수의 『동번풍속기』를 자료로 공유했을 가능성이 높다고 본다.

한편 『한원』 고구려조를 보면 『高麗記』가 빈번하게 인용되었다. 그 가운데 '不耐城'에 관한 기록을 유의하고자 한다.

- 『고려기』에는 "不耐城은 지금 國內城이라고 하는데 나라 동북쪽 670리에 있으며 본래 한나라의 不而縣이다"라고 하였다. (『한원』)
- 『괄지지』에는 "不耐城은 곧 國內城"이라고 하였다. (『삼국사기』 17 고구려본기 5, 동천왕 20년 분주)

『고려기』와 『괄지지』는 불내성과 국내성에 대해 같은 인식을 하고 있다. 그런데 『한원』의 고구려에 관한 정리에서는 『괄지지』가 완전히 배제되었다. 신라와 백제조를 서술하면서 압도적 비중으로 채택된 『괄지지』가 고구려조에서는 전혀 고려되지 않은 것은 범상히 넘길 일이 아니다. 이 점을 염두에 두면서 『주서』와 『수서』, 그리고 『한원』에 인용된 『괄지지』를 다시 비교하고자 한다. 편의상 세 문헌의 공유대가 가장 넓은 백제를 대상으로 삼는다.

〈표 3〉『주서』, 『수서』, 『괄지지』의 백제전 비교 분석[38]

사서 / 내용분류	주서			수서			괄지지		
	총 글자 수	신출 자 수	고유정보 글자 수	총 글자 수	신출 자 수	고유정보 글자 수	총 글자 수	신출 자 수	고유정보 글자 수
원류 기사	57 (8.6)	9	0	189 (36.5)	166	149 (89.8)	0	0	0
제도 기사	386 (58.3)	372	89 (23.9)	139 (26.8)	131	10 (7.6)	469	469	139 (29.6)
기타	50 (7.6)	40	8 (20.0)	66 (12.7)	62	11 (17.7)	67	67	13 (19.4)
일반사회상	169 (25.5)	163	64 (39.3)	124 (23.9)	117	20 (17.1)	266	266	165 (62.0)
총계	662	584	161 (27.6)	518	476	190 (39.9)	802	802	317 (39.5)

〈표 3〉에 분류한 것처럼 정치적 교섭 기사를 제외한 전체 내용을 크게 네 영역으로 나누어 보았다. 『주서』의 경우 원류 기사 영역에는 출자·건국·위치가 포함되고, 제도 기사 영역에는 왕호·관제·복식·세제·형벌이 포함된다. 기타 영역에는 제도적 성격을 포함한 사회상으로 무기·학문·역법·점술 등을 넣었고, 예절·여인의 치장·오락·혼례·상례·지리와 풍토 및 산물·종교·제사 등은 일반사회상으로 분류하였다. 『수서』에서는 원류 기사 영역에 주민 구성이 추가되고, 기타에 大姓 8족 관련 내용이 새로 들어갔다.

또 이 표는 『주서』와 『수서』가 같은 시기에 편찬되었다는 점, 그리고 『괄지지』 역시 두 사서에 연이은 편찬이면서도 두 사서를 지시하여 인용하거나 직접 의존한 서술이 없다는 점을 고려하여, 시기적 선후 관계를

38) 총 글자 수의 ( )안 수치는 전체 정보량에 대한 점유 비율이며, 고유정보 글자 수는 세 문헌 가운데 해당 문헌에만 보이는 정보의 글자 수를 의미한다. 이 고유정보 글자 수의 ( )안 수치는 신출 글자 수 가운데 차지하는 비율을 표시한 것이다.

유의하지 않았다. 그러므로 각 사서에 새로 등장하는 정보량도 세 사서를 병렬적 위상에 놓고 그 이전 사서와 비교해 판단한 것이다. 『괄지지』는 신라와 마찬가지로 『수서』 계통의 건국 기사에 관심을 두지 않았다. 몇 가지 항목을 예로 들어 세 문헌의 구성 경향을 본다.

◦ 用宋元嘉曆 以建寅月爲歲首 (『주서』)
◦ 行宋元嘉曆 以建寅月爲歲首 (『수서』)
◦ 用宋元嘉曆 其紀年無別号 但數六甲爲次第 (『괄지지』)

◦ 若朝拜祭祀 其冠兩廂加翅 戎事則不 拜謁之禮 以兩手據地爲敬 (『주서』)
◦ 以兩手據地爲敬 (『수서』)
◦ 以兩手據地爲敬 (『괄지지』)

이처럼 같은 시기에 유사한 자료 환경에서 편찬된 세 문헌은, 내용 범주가 일치할 경우 대부분 서로 보완 관계에 있는 것을 알 수 있다. 적어도 동일한 내용 범주에서 서로 배타적 정보를 가지지 않는다. 이러한 현상은 세 문헌이 『동번풍속기』와 같은 당대의 견문기를 자료의 하나로 공유하면서도 각각 주안점을 달리한 결과라고 생각한다. 요컨대, 『수서』에 보이는 백제와 신라의 건국 기사를 중심으로 한 원류 기사와 고구려를 포함한 삼국의 일상사회상 및 제도 기사는, 『주서』나 『괄지지』와 동렬에서 그 사료적 신빙도가 고려되어야 할 것이다.

한편 『한원』 고구려조에는 『괄지지』 인용이 전무한 반면 『고려기』가 유사한 기능으로 활용되었다. 이미 『고려기』와 관련하여 『구당서』 經籍志에 소개된 『奉使高麗記』를 환기한 견해가 있다.[39] 나아가 이 『봉사고려기』는 당 태종에 의해 고구려 내정 정찰을 목적으로 파견된 陳大德의 조사보고서로 추정된 바 있다.[40] 아울러 裴矩가 찬한 『高麗風俗』을 주목

39) 竹內理三, 1977, 『翰苑』, 太宰府天滿宮文化研究所, 148쪽.
40) 吉田光男, 1977, 「『翰苑』註所引『高麗記』について － 特に筆者と作成年次」

할 수도 있다.[41] 배구는 煬帝의 고구려 침공 전쟁에 종군한 경험을 토대로 고구려의 풍속기를 저술했던 것으로 추정한다.[42] 즉 배구의 저술과 같은 형태의 새로운 자료 역시 『동번풍속기』와 같은 위상에서 평가할 수 있겠다. 다시 말해 『한원』 편찬 당시 별도의 고구려 관련 '풍속기', 즉 『고려기』와 같은 자료의 존재를 헤아릴 수 있는 것이다.[43]

요컨대 『한원』의 고구려 관계 서술에서는 『고려기』가 『괄지지』의 역할을 대신하고 있고, 『동번풍속기』는 또 『괄지지』에서 인용되고 있었으므로, 고구려에 관한 한 『괄지지』나 『동번풍속기』보다 『고려기』가 더 중시되었던 것이다. 다시 말해 수와 당 초기 고구려의 비중을 미루어, 고구려의 풍속 기록은 여타의 이른바 '東蕃'들과 동렬에서 언급되기보다는 별도의 자료로 존재했을 가능성이 높다. 더구나 만약 『고려기』를 641년 무렵에 제출된 진대덕의 보고서라고 한다면,[44] 시기적으로 보아 『괄지지』에는 이 『고려기』가 반영될 수 없다. 그것은 『한원』 편찬 단계에서 비로소 인용되었던 것이다.

『朝鮮學報』 85.

41) 『구당서』 46 經籍 상, "高麗風俗 一卷". 『신당서』 58 藝文 2에도 같은 목록이 보인다.

42) 배구(557~627)는 수 대에 서역 무역에 지도적 역할을 수행한 경험을 토대로 『隋西域圖記』를 저술하기도 했다. 『삼국사기』 20 고구려본기 8 영양왕 18년에는 배구가 黃門侍郎으로 양제를 수행하여 돌궐의 啓民을 방문했을 때, 箕子에서부터 비롯하는 고구려의 유래를 양제에게 설명한 대목이 인용되어 있다. 이런 정황으로 보아 배구는 고구려에 대한 식견을 인정받았다고 생각한다. 『수서』 67, 『구당서』 63, 『신당서』 100.

43) 『고려기』에는 '靺鞨'이 언급되어 있는바, 이는 『고려기』의 편찬 연대가 적어도 6세기 후반, 혹은 7세기 초 이후일 가능성을 제시한다. 즉 '말갈'이 처음 언급된 『北齊書』는 북제 당시 李德林이 작업을 시작하여 그의 아들 李百藥이 이어서 당 정관 10년(637)에 완성하였다.

44) 『고려기』와 『봉사고려기』를 동일서로 단정하는 데 대한 이견에 대해서는 武田幸男, 1994, 「『高麗記』と高句麗情勢」 『于江權兌遠敎授定年紀念論叢 民族文化의 諸問題』, 世宗文化社 참조.

따라서 『수서』 신라전의 사료적 가치는 면밀하게 재검토될 필요가 있다. 실제 진평왕 대 신라의 빈번한 사절 파견도 염두에 둘 사항이다. 게다가 『수서』가 언급한 신라의 賀正儀禮는 진덕왕 대 김춘추의 대당 외교에서 유래된 것으로 알려져 있듯이, 당 초의 변화상도 『수서』에는 반영되어 있는 것이다. 특히 626년 당 고조는 朱子奢를 보내 삼국을 순회하면서 삼국 간 문제에 당 측의 입장을 전하게 한 바 있다.[45] 삼국을 동시 방문한 이 경험이 그 직후 편찬된 『수서』에 어떤 형태로 직접 반영되었을지 여부는 단정하기 어렵지만, 『수서』 신라전의 돌출 정보를 문득 간과할 수 없는 정황의 하나로 받아들일 수는 있겠다.

요컨대 수·당 대에 작성된 다양한 '풍속기' 형태의 자료들이야말로 『수서』 편찬 과정에 기존의 인식과는 다른 새로운 정보를 제공한 발단이었으며, 삼국의 일상사회상 기사를 풍부하게 만든 원천이었다고 판단한다.

4. 통일기의 신라사회상

1) 신라에 대한 당의 인식

7세기 삼국에 대한 중국 측 사서의 분위기를 검토하면서 대략 문무왕 대까지, 그러니까 당 태종 재위 시기의 추이를 짐작한 바 있다. 여기서는 신라와 당의 군사적 갈등이 일단 소강상태로 접어든 이후 양국의 안정된 기저 위에서 이루어진 당 측의 신라 인식을 점검하고자 한다. 그 경우 주된 검토 대상이 되는 사서는 마땅히 『구당서』와 『신당서』, 그리고 『당회요』 등 당 왕조의 역사를 다룬 단대 역사서가 되겠다. 아울러 7세기의 검

45) 『삼국사기』 4 신라본기 4 진평왕 48년, 같은 책 20 고구려본기 8 영류왕 9년, 그리고 같은 책 27 백제본기 5 무왕 27년에 주자사의 외교 행적이 확인된다. 또 『구당서』 189 열전 139 儒學 上과 『신당서』 198 열전 123 유학 上의 주자사전에도 삼국을 순회한 그의 활동이 기록되었다.

토에서와 마찬가지로 『삼국사기』를 포함하여 당과 신라의 정치적 교섭 기사에 대한 대략적 특징을 정리해 본다.

먼저 『구당서』와 『삼국사기』의 정보들 가운데서, 신라 왕의 사망을 접한 당 측이 애도를 표하고 새로 즉위하는 신라 왕을 책봉한 사례들을 간추려 당의 신라 인식을 헤아릴 수 있을 것으로 여긴다. 『구당서』의 관련 기록은 會昌 원년(841)을 하한으로 한다. 이때는 신라 문성왕 재위 3년에 해당한다. 그러나 『삼국사기』에는 경문왕과 헌강왕 대에도 관련 기록을 확인할 수 있다. 물론 『삼국사기』 측 기록이 훨씬 상세한 것은 7세기의 정황과 다를 바 없다.

우선, 지극히 의례적인 것이긴 하나, 이 기간에 이루어진 당의 책봉 의례에서 신라와 발해에 대한 차별성을 지적할 수 있겠다. 즉 신라 왕을 책봉함에 있어 종1품에 해당하는 '開府儀同三司'나 정2품에 해당하는 '特進'·'上柱國', 종2품의 '大都督' 등이 이른 시기부터 등장하고 있고, 692년에는 전왕에게 수여했던 정3품의 '左衛大將軍'을 높여 효소왕에게 정2품의 '輔國大將軍'호를 부여하였다. 반면 발해의 경우는 초기에 정3품의 '左驍衛大將軍'·'左金吾大將軍'이 보이고, 뒷 시기에도 역시 정3품과 종3품에 해당하는 '金紫光祿大夫'나 '銀青光祿大夫'로 일관하고 있어 신라와는 일정한 차이가 확인된다.

그런가 하면 신라 왕이 죽었을 때 종종 당에서 자체적으로 '擧哀'하거나 '輟朝'·'廢朝'했던 것에 비해, 발해 왕의 부음에 대해서는 유사한 조처가 보이지 않는 것도 함께 고려할 대목일 것이다.[46] 아마 여기에는, 발해

46) 남북국과 당의 관계 추이를 염두에 둘 때 이러한 작위의 비교가 얼마나 적실한가는 의문의 여지가 없지 않다. 예컨대 당의 책봉사가 띤 품계를 보면, 신라에 파견된 사신의 경우 730년대부터 860년대에 이르는 동안 左贊善大夫(정5품상), 鴻臚少卿(종4품상), 倉部郎中·戶部郎中·司封郎中·兵部郎中(종5품상), 御史中丞(정5품상), 職方員外郎(정6품상), 太子左·右諭德(정4품하), 兗州都督府司馬(종4품하) 등이 주종을 이루고 있다. 가장 많이 나타나는 어사중승은 會昌 2년 이후 정4품상으로 되었다. 『구당서』 44 志 職官 3. 『삼국사기』 애장왕 6년(805)에는 당

와 당의 군사적 충돌이 빚어지고 신라가 당의 요구에 성의 있는 호응을 했던 성덕왕 연간의 경험도 일정한 영향을 미쳤을 것이다.

물론 이와 같은 차별성이 곧 신라와 발해의 실제 위상을 옳게 반영한 것은 아니다. 한 예로 897년 발해의 하정사 大封裔는 당 昭宗에 대하여 발해의 국위를 신라보다 우대해 줄 것을 요청한 바 있다. 그러나 당에서는 "國名의 선후는 본래 강약에 따라 일컫는 것이 아니니, 조정 제도의 등급과 위의를 지금 어찌 성쇠로써 고치랴. 마땅히 옛 관례에 따를 것이니, 이를 선시하노라"라고 하여, 발해의 요청을 완곡하게 거절하였다. 사실 나라의 강약과 왕조의 성쇠를 기준으로 볼 때, 발해의 요구는 당의 처지에서도 일면 타당한 것이었다.

반면에 최치원은 당의 이 우호적 조처에 감사하면서, "신의 나라는 秦官의 極品을 받았고 저 발해는 周禮의 夏卿을 빌었을 뿐"이라고 하였다.[47] 秦官의 極品이란 太尉를 이르는 듯하고, 周禮의 夏卿이란 『주례』

德宗이 죽자, 順宗이 兵部郎中兼御史大夫 元季方을 보내 왔다고 했는데, 『신·구당서』에 의할 경우 원계방의 관력에서 어사대부(정3품)를 찾을 수 없고 전후의 사신들이 대체로 어사중승의 관직을 띠고 있는 것으로 미루어 어사중승을 오기한 것이 아닌가 한다. 『신당서』 201 열전 126 文藝 上. 발해의 경우는 郎將(정5품상), 內侍(종4품상), 內常侍(정5품하) 등이 보인다. 적어도 관위나 품계로는 어떤 구분을 감지하기 어렵다. 입당사가 당으로부터 받은 관위를 비교해 볼 때도 사정은 다르지 않다. 비슷한 기간 신라의 사신들은 주로 朝散大夫(종5품하), 員外奉御(정5품하～종5품상), 員外郎(정6품상～종6품상), 中郎將(종4품상), 郎將(정5품상), 果毅(종5품하～종6품하), 大僕卿·衛尉卿·試秘書監(종3품), 大僕少卿·衛尉少卿·鴻臚少卿·光祿少卿·左淸道率府員外長史(종4품상), 檢校禮部尙書(정3품)를 받았고, 발해의 사신들은 衛尉卿·右衛將軍·右武衛將軍(종3품), 左驍衛中郎將(4품하)을 받았다. 더구나 사신들의 본국에서의 지위에 따라 당의 대응도 달라졌던 것이므로, 관위를 단순한 지표로 삼아 논의하기에는 난점이 있는 것이다. 그러나 남북국의 왕을 책봉함에 있어 나타나는 관작의 층위는 사신들의 관위와는 달리 어느 정도 당의 대응 태도를 반영한다고 볼 수 있다. 이것은 또한 발해 文王 후기의 현저한 進封 사례에서도 방증된다. 宋基豪, 1995, 『渤海政治史研究』, 一潮閣, 21쪽.

47) 「謝不許北國居上表」 『崔文昌侯全集』(1972, 성균관대학교 대동문화연구원), 47～50쪽.

의 6卿 가운데 夏官 司馬를 말한 것이다.[48] 특히 夏卿은 당에서 兵部尙書를 이르는 것이었으므로, 신라 측에서는 당의 책봉 관호에 나타난 상대적 우월함에 유의하고 있었다고 생각한다.

정치적 교섭 과정에서 헤아릴 수 있는 당의 신라 인식은 몇 가지 외교적 문건에도 반영되어 있는 것 같다. 예컨대 738년 당 현종은 신라 성덕왕의 부음을 접하고 조문 겸 신왕을 책봉하는 사절을 보내면서 정사 邢璹에게 주의를 환기시킨 바 있다. 즉 현종은 "신라는 군자의 나라로 불려 자못 글을 할 줄 알아서 중국과 비길 만하다. 그대는 독실한 유학자이므로 신절을 가지고 가게 하는 것이니, 마땅히 경전의 뜻을 펴 보여 그들에게 대국의 유교가 융성함을 알게 하라"라고 하였다. 이와 아울러 현종은 직접 '詩序'를 짓고 태자 이하 백관들이 모두 시를 짓게 하여 신라에 보냈으며, 신라인들이 바둑을 잘 둔다 하여 특별히 楊季膺을 副使로 배려하였고, 老子의 『道德經』을 전해 왔다.

현종의 조처는 중대 신라의 건강한 활력에서 비롯한 것이며, 동시에 중국 문물의 우월함을 과시하려는 의도와 무관하지 않은 것이지만, 크게 보아 당의 신라에 대한 인식을 잘 보여주는 사례라고 하겠다. 이때의 『도덕경』은 현종의 親注書로서 천하에 이를 분급하는 과정에서 신라에 보내진 것이며, 현종은 다시 5년 뒤인 경덕왕 2년에 『御注孝經』을 신라에 보내 온 바 있다.[49] 그러므로 이는 태종이 '御撰' 『晉書』와 「溫湯碑」·「晉祠碑」 등을 전하던 맥락과 다르지 않다. 그러나 빈번한 인적 교류를 통해 당대 중국의 학문적 성과를 거의 동시에 수용할 뿐 아니라, 중국에 버금하는 수준으로 평가된 '군자의 나라'[50] 신라의 문화적 위상은 충분히 주목에

48) 『漢書』 19 上, 百官公卿表 上.

49) 『당회요』 36 修撰, 開元 10년 ; 『신당서』 57 志 47 藝文 1·3.

50) 혜공왕과 그의 모후에 대한 代宗의 책문에서처럼, 일반적으로 당의 책문이나 조서에는 신라를 '군자의 나라'로 지칭한 사례가 흔하다. 『唐大詔令集』 129 蕃夷 册文 「册新羅王金乾運文」 및 「册新羅王太妃文」 참조.

값하는 것이다.

한편 신라가 '唐禮', 즉 중국적 문화 기준을 수용해 가면서,[51] 당에서는 신라 사회의 실상을 정확히 이해하는 데 실패하는 경우도 있었다고 본다.

- 國人多金·朴兩姓 異姓不爲婚 (『구당서』)
- 國人多金·朴兩姓也 他姓不爲婚姻 (『당회요』)
- 王姓金 貴人姓朴 民無氏有名 (『신당서』)

『구당서』와 『당회요』는 주요 지배 계급의 성씨와 그들 집단의 폐쇄적 통혼권을 언급하는 데 그쳤다. 『신당서』는 왕실과 유력 귀족의 성씨를 구분해 소개한 데 이어 성씨가 일반인에게까지 향유되지는 않고 있다는 점을 언급하였다. 『신당서』의 적실한 정보가 가지는 의미에 대해서는 후술하겠거니와, 앞선 두 사서의 "異(他)姓不爲婚"은 신라 왕실의 족내혼, 혹은 동성혼의 실상을 반영하지 못하고 있다. 이와 관련해 앞에 살펴본 邢璹의 책봉사 일행이 왕비에 대한 책봉을 함께 한 이래 벌어진 몇 가지 사례에 유의할 필요가 있다.

- 永貞 원년(805)에 조서를 내려 兵部郎中 元季方에게 (신라 왕 重興에 대한) 책명을 주어 보냈다.
- 그 3년 뒤(808)에 사자 金力奇가 와서 사례하고 말하기를 "몇 해 전에 돌아가신 임금 俊邕을 왕으로 삼고 왕의 어머니 申씨를 太妃로 삼고 왕의 아내 叔씨를 비로 삼아 주셨으나, 준옹이 불행을 당해 그 책문이 지금 중서성 안에 있으니, 신이 (책문을) 받아서 돌아갈 수 있기를 청하옵니다"라고 하였다. …
- 元和 7년(812)에 (重興)이 죽고 彦昇이 즉위하여 (사신을 보내) 상을 알리자, 職方員外郎 崔廷을 보내서 조문하고, 또 새 왕을 책봉하고 (왕의) 아내 貞씨를 비로 삼아 주었다. (이상 『신당서』 220 열전 145 동이 신라)

---

51) 신라는 686년 則天武后 당시 중국의 『唐禮』와 『吉凶要禮』 등을 적극 수용한 바 있다.

『삼국사기』에 따르면 德宗을 이어 즉위한 順宗은 원계방을 신라에 보내 애장왕과 왕모 '숙씨'를 책봉하였다. 그러나 애장왕의 모, 즉 昭聖王 俊邕의 비 桂花夫人은 金叔明의 딸이었으므로, '숙씨'일 수 없다. 그런데 3년 뒤 김역기의 발언에서도 소성왕 비를 '숙씨'라고 하였다. 게다가 소성왕의 모, 즉 원성왕 비 繼烏夫人 역시 金神述의 딸이었음에도 불구하고 '신씨'라고 하였다. 헌덕왕, 즉 彦昇을 책봉할 때도 왕비 貴勝夫人을 '정씨'로 간주했는데, 귀승부인은 각간 禮英의 딸이었다. 예영은 元聖王의 아들이므로 귀승부인이 '정씨'일 수는 없다.

'숙씨'와 '신씨'의 성씨는 각각 그들의 아버지인 김숙명과 김신술의 첫째 이름자에서 연유한 것이다. 그렇다면 '정씨'로 간주된 귀승부인 역시 성씨가 아닌 이름자와 관련이 있을 것이다.[52] 일찍이 『삼국사기』 찬자도 지적한 바 있거니와, 아마 이 문제는 신라 측에서 외교의 필요상 동성 간 족내혼의 양상이 당 측에 알려지는 것을 꺼린 데서 비롯한 것으로 본다. 그러므로 이 기사들은 신라인들의 '당례'에 대한 이해와, 그로 말미암아 왜곡된 신라 사회상의 일면을 지시하는 예증이라고 생각한다.

더 나아가 이 문제와 관련하여 중국 측 사서들의 계통과 선후 관계의 일면을 추정할 수 있겠다. 우선 『구당서』 신라전에는 '申氏'·'叔氏'로, 『신당서』는 '申'·'淑'으로, 『구당서』 본기와 『책부원귀』에는 '叔氏'를 '和氏'로 기록하였다.[53] 그리고 『당회요』는 『구당서』 신라전을 따랐다. 이것은 양 『당서』의 신라전이 애장왕의 이름을 '重興'이라 한 데 반해, 『구당서』 본기와 『책부원귀』가 '重熙'라고 한 것과 유사한 구분 양상이며,

52) 이와 관련하여 귀승부인이 忠恭 角干의 딸이라고 한 王曆의 견해를 주목한다. 『삼국유사』 왕력에는 헌덕왕의 비를 貴勝娘이라 하고, 그녀는 忠恭 각간의 딸이라고 하였다. 그런데 헌덕왕 14년에 太子妃가 되는 충공 각간의 딸 이름은 貞嬌였다. 그러므로 귀승부인의 또 다른 이름의 앞 글자가 '貞'이었을 추론도 다소 허용된다고 생각한다.

53) 『舊唐書』 14 順宗本紀 貞元 21년(805) 2월 ; 『册府元龜』 965 封册 3 順宗 貞元 21년.

결국 『책부원귀』는 『구당서』 본기 기사에 충실했던 것이다.

또 헌덕왕의 비를 '정씨'로 간주한 책봉은, 양 『당서』 신라전에 모두 元和 7년(812)의 일이라고 기록하였다. 반면에 『구당서』 憲宗本紀에는 동년의 기사에 '眞氏'로 되어 있다. 추측컨대 '진씨'를 취한 『책부원귀』의 경우는 이 『구당서』 본기 기사에 입각했던 것이다.[54] 역시 『책부원귀』와 『구당서』와의 계통성을 발견한다. 물론 이 경우 '眞'은 '貞'의 오기일 것이다.

한편 이미 앞에서 『구당서』와 『당회요』, 그리고 『신당서』의 관련 기사를 대비하면서, 『신당서』의 세밀함을 확인한 바 있다. 신라의 화백회의를 지시한 대목을 들어 이 점을 보강한다.

- 其有大事 則聚羣官詳議而定之 (『수서』)
- 其有大事 則聚官詳議定之 (『북사』)
- 其有大事 則聚羣官詳議而定之 (『책부원귀』)
- 事必與衆議 號和白 一人異則罷 (『신당서』)

역시 『신당서』의 구체성이 두드러지는 사례이다. 앞에서 『구당서』와 『신당서』의 편찬 배경을 살펴보았던 것처럼, 신라사회에 대한 인식에 있어서도 『신당서』 단계의 질적 발전을 설명하기 위해서는 그 전거 자료에 대한 고려가 필요하다. 이제 양 『당서』 신라전 가운데 정치적 교섭 기사를 제외한 내용에 한정하여 대략적인 비교를 시도하면 〈표 4〉와 같다.

표를 통해 볼 때 『구당서』는 『신당서』에 비해 전반적으로 전대 사서의 정보에 대한 의존율이 크다고 할 수 있다. 대체로 620년대에서 840년대에 걸친 정치적 교섭 기사 대부분이 양 사서에 공유되어 있는 것을 감안하면, 『신당서』의 '상세함'은 주로 제도 및 일상사회상을 다룬 내용이

54) 『册府元龜』 965 封册 3 元和 7년 7월. 『唐會要』 95 新羅조에는 '正'씨라 하였다.

〈표 4〉『신·구당서』 신라전의 내용 분류와 비교 분석

내용 분류 \ 사서		구당서				신당서			
		총 글자 수	상대 비율	신출 자 수	신출 비율	총 글자 수	상대 비율	신출 자 수	신출 비율
원류 기사		44	25.7	7	15.9	36	9.2		
제도 기사	정치제도	33	19.3	20	60.6	123	31.4	84	68.3
	일반제도	19	11.1			17	4.3		
	합계	52	30.4	20	38.5	140	35.7	84	60.0
일상 사회 상	생활풍속	71	41.5	23	32.4	137	34.9	92	67.2
	지리					75	19.1	75	100
	종교제사	4	2.3	4	100	4	1.0		
	합계	75	43.9	27	36.0	216	55.1	167	77.3
총계		171		54	31.6	392		251	64.0

증가한 데 연유한다고 볼 수 있다. 특히 전체적으로 보아 일상사회상 관련 기사의 경우는 분량과 새로 등장하는 정보의 비율이 모두 현저히 높은 점을 주목하고자 한다. 발해에 대한 양 사서의 정보 역시 이른바 건국 주체 세력의 '출자' 부분을 제외하면 대체로 유사한 흐름에 있는 한편, 『신당서』의 독자적 자료는 신라와 마찬가지로 제도 및 일상사회상에 대한 기사가 대부분을 차지하고 있다. 이러한 현상을 매개로, 해당 시기 신라 사회를 직접 경험한 중국인이 남긴 자료의 존재를 읽어 내기에 충분하다.

한편 양 사서의 제도나 일상사회상 기사의 비중은 이전 사서에 비해 보아도 증대되었다. 그런데 이것은 주로 이른바 원류 기사의 축소에서 기인한 것이다. 즉 중국인들의 관심 영역이 이제 신라의 종족 및 국가 기원과 같은 원류에 대한 것보다는 현실의 제도나 일반적 사회상으로 바뀌었음을 말해주는 것이다. 게다가 두 사서의 저술 시기에 신라는 이미 멸망한 왕조였다는 점도 영향을 주었을 것으로 본다.

나아가 『신당서』는 빈약한 원류 기사조차 『구당서』를 답습하였다. 앞에서 지적한 바와 같이 『구당서』는 신라를 돌연 '변한의 후예'라고 표현

하였다. 『신당서』는 『수서』 신라전의 건국 기사에 못지않은 이 돌발적 정보에 대해 여하한 고증도 없이 『구당서』의 견해를 반복 기록하였다. 즉 송 대에는 이미 신라의 원류 문제는 주요 관심사가 아니었던 것이다.[55] 혹은 『신당서』 단계에서 새로 반영되었을 자료 자체부터 신라의 족원이나 건국에 관한 부분에는 주의를 기울이지 않았다고 할 수도 있겠다.[56]

2) 『신당서』 신라전과 『新羅國記』

우선 『신당서』에 처음 등장하는 신라의 사회상에 관한 기사 가운데 골품제 및 관직에 관한 다음의 정보를 주목한다.

- 그 나라의 관제는 (왕의) 친속으로 우두머리를 삼는데, 그 족명은 제1골과 제2골로 분명하게 구별된다. 형제의 딸이나 고종·이종 자매를 모두 아내로 맞이한다. 왕족은 제1골이고 아내 역시 그 족이며 아들이 태어나면 모두 제1골이 되는데, 제2골의 여성을 아내로 맞이하지 않으니 비록 맞이한다 해도 늘 媵妾으로 삼았다.
- 관직으로는 宰相, 侍中, 司農卿, 太府令 등 무릇 17등급이 있는데, 제2골이 이를 맡아 하였다.

이를 보면 신라의 '1골'과 '2골'의 존재와 그 폐쇄성 및 그로 말미암은

55) 이후 신라가 현실적으로 존재하지 않는 시기의 사서에서는 별다른 고증 없이 이러한 오류가 반복되었다. 예컨대 송 嘉定·寶慶 연간(1208~27) 趙汝适의 『諸蕃志』 上 志國 新羅國조에도 양 『당서』의 견해를 답습하여 "新羅國 弁韓遺種也"라고 하였다.

56) 한국고대사학회 제11회 학술심포지움에서 金壽泰 교수는, 양 『당서』에 보이는 신라의 변한 출자설은 최치원의 견해, 즉 변한과 백제의 상관성에 대한 견해를 고려할 때, 『수서』 신라전에 언급된 신라 왕실의 백제와의 관련 부분을 다른 형태로 서술한 것일 가능성을 언급하였다. 신라 왕실의 실제 출자 문제와는 별도로 중국 사서들의 계통을 따지고자 할 때 유의할 시각이다.

근친혼을 소개하고, 이어 관직과 관등을 일부 혼동하여 언급하였다. 여기 지적된 신라의 관직명을 통해 이 정보가 유효한 시기를 제한할 수 있다. 먼저, 경덕왕 6년(747)에 '中侍'를 '侍中'으로 고친 바 있다. 또 경덕왕 18년(759)에는 관부와 관직명을 중국식 관제로 고치는 대대적 조처가 있었다. '사농경'과 '태부령'도 그 결과일 것이다. 직관지에 의하면 경덕왕 때 調府를 大(太)府로 개명했다 하므로 태부령은 조부의 장을 이른다. 사농경은 신라 관직명 가운데 확인할 수 없지만, 아마 倉部나 調府에 속한 卿 가운데서 추측해 볼 수는 있겠다.

그런데 이와 같은 관부와 관직명의 한화정책은 惠恭王 12년(776)에 철회되어 대부분 옛 명칭들이 회복되었다. 그렇다면 『신당서』에 처음 등장하는 이 정보는 경덕왕 6년 이후, 그리고 아마 혜공왕의 관제 복구 조처 이전 상황을 반영하는 것이라고 볼 수 있겠다. 바꾸어 말하면 신라 관제에 관한 중국 측의 정보는 이 시기에 얻어졌다고 할 수 있다. 특히 신라의 최고 신분층을 '제1골'과 '제2골'로 구분해 설명한 정보는, 『삼국사기』에 인용된 『신라국기』를 연상케 한다.

『신라국기』는 大曆 연간(766~779)에 책봉사로 신라에 온 歸崇敬의 종사관이었던 顧愔의 견문록이다. 귀숭경은 혜공왕 4년(768)에 혜공왕과 그의 모후를 책봉하는 임무를 띠고 신라에 왔다.[57] 『삼국사기』에는 모두 세 군데에서 이 『신라국기』가 인용되었다.

- (진흥왕 37년) 당나라 令狐澄의 『신라국기』에는 말하기를, "귀인 자제 가운데 잘 생긴 이를 가려 뽑아 분을 발라 단장하고 꾸며서 '화랑'이라 이름하였으며, 나라 사람들이 모두 받들고 섬긴다"라고 하였다.
- (진덕왕 8년) 신라 사람들은 시조 혁거세로부터 진덕까지 28명의 왕을 성

57) 『삼국사기』 9 신라본기 9 惠恭王 4年(768), "唐代宗遣倉部郎中歸崇敬兼御史中丞持節賷册書册王爲開府儀同三司新羅王兼册王母金氏爲大妃". 『신당서』 藝文志에는 그의 '『新羅國記』 1권'이 소개되어 있다.

골이라 하고, 무열부터 마지막 왕까지를 진골이라고 하였다. 당나라 영호징의 『新羅記』에는 말하기를 "그 나라의 왕족은 제1골이라 하며, 나머지 귀족들은 제2골이라고 한다"라고 하였다.

◦ (경덕왕 14년) 望德寺의 탑이 흔들렸다.[당나라 영호징의 『신라국기』에는 "그 나라에서 당을 위해 이 절을 세웠기 때문에 이렇게 이름한 것이다. 두 탑이 서로 마주하여 높이는 13층이었는데, 갑자기 흔들리면서 붙었다 떨어졌다 하여 며칠 동안이나 마치 쓰러지려는 듯하였다. 그 해에 安祿山의 난리가 일어났으니, 아마 그 감응인 듯 싶다"라고 하였다.]

인용문에서 알 수 있듯이 『삼국사기』 찬자는 『신라국기』, 혹은 『신라기』를 '당나라 영호징'의 저술로 이해하였다. 이는 大中 연간(847~859)에 영호징이 자신의 저술 『貞陵遺事』[58]에 『신라국기』를 인용하였던바, 『삼국사기』 편자는 이를 영호징 자신의 저술로 誤引한 것이다.[59]

여하튼 위에 인용한 세 가지 정보, 즉 '화랑'과 '骨'과 '망덕사 창건 유래'는 혜공왕 당시 중국인의 눈에 비친 신라사회, 혹은 신라인들의 인식의 일면이다. 이 가운데서 특히 망덕사 탑의 변고와 관련한 의미 부여는 더 음미해 볼 여지가 있다.

『삼국유사』에 의하면 신라에서는 당의 침공에 당하여, 明朗法師의 제안에 따라 四天王寺를 가설하고 文豆婁秘法을 베풀어 물리쳤다. 그러나 당에 대해서는 당의 은덕을 갚고자 이 절을 짓고 황제의 만수를 비는 법회를 열었다고 설명하고, 사천왕사 남쪽에 따로 절을 지어 당의 사신을 호도했으며, 이러한 연유로 그 절을 망덕사라고 이름했다 한다.[60] 명랑법사는 慈藏의 누이동생의 셋째 아들로, 당에 들어가 수학하고 635년에 귀국하였다.[61] 이렇게 보면 7세기 신라의 힘겨운 대당 투쟁 과정에서 파생

58) 『신당서』 58 志 48 藝文 2.

59) 岡田英弘, 1951, 「新羅國記と大中遺事とについて」 『朝鮮學報』 2.

60) 『삼국유사』 기이, 文武王法敏.

61) 『삼국유사』 神呪, 明朗神印.

된 자존적 연기담이, 100여 년 뒤 어느덧 당에 대한 보은의 맥락이 두드러지는 방향으로 전변했던 것을 알 수 있다. 짐작하듯이 755년에 일어난 망덕사 탑의 이 변이 사건은, 768년에 신라에 온 당의 사행단이 흥미 있게 들었음 직하다.

요컨대 『신라국기』가 전하는 신라의 '골' 관련 정보와 '망덕사 창건' 관련 정보는 『신당서』에 처음 등장하는 신라 사회상의 출전을 『신라국기』로 판단할 수 있게 한다. 그러므로 재상가의 경제·군사적 풍요나 사채의 가혹함, 남녀의 의복과 치장, 식생활의 모습 등 『신당서』에 등장하는 새로운 정보의 출처 역시, 8세기 후반 신라사회상을 담고 있는 『신라국기』로 이해할 수 있겠다.

이와 함께 『신당서』에 처음 등장하는 통일기 신라의 정치 관련 기사로 다음의 내용을 다시 주목하고자 한다.

- 황제가 蜀에 계실 때 사신을 보내 강을 건너 成都에 이르러 賀正 의례에 참여하였다.
- 이즈음 그 나라의 재상들이 권력을 다투어 서로 공격하느라 나라가 크게 어지러웠는데 3년 만에야 안정되었다. (이상 『신당서』 신라전)

우선 현종이 촉 지방에 있을 때 신라의 사행이 성도에까지 찾아갔던 일은, 『삼국사기』에 의할 경우 경덕왕 15년(756)에 해당한다. 촉은 四川省의 별명이고, 성도는 사천성의 首府였다. 현종은 안록산의 난으로 洛陽이 함락되자 756년 6월에 측근들과 함께 이곳으로 피난했으며, 숙종에게 양위한 뒤 이듬해 말 장안으로 돌아왔다. 그러므로 신라 사신의 성격이 '賀正'에 있었다면 신라 사신은 757년 정월에 맞춰 도착했을 것이다. 이때 신라가 성도에 사신을 파견하였다는 것은 『신당서』와 『삼국사기』 외에는 확인할 수 없다.[62] 당시 신라 사신에게 준 현종의 어제시는 金富儀

62) 현종이 촉에 있을 때 입조한 사절로는 天寶 15년(756) 7월 黑衣大食과, 같은 해

가 입송한 고려 인종 2년(1124)까지 전존해 왔으므로, 경덕왕 15년의 견당사 파견은 신라사회에서 저명한 예화로 취급되었을 것이다.

그러나 김부의가 가져간 현종의 친제시에 대한 송 조정의 반응을 보면, 당시 중국에서는 이 사건을 기억하지 못하고 있었던 것 같다. 그런데 안록산의 반란에 대한 감응으로 해석된 망덕사 탑의 변이와, 안록산의 반란에 연유하여 성도로 파천한 당에 사신을 파견한 두 사건은 불과 1년의 시차를 두고 일어났다. 이렇듯 『신당서』에 새롭게 채록된 유일한 정치기사 가운데 하나가, 바로 『신라국기』를 소전으로 했을 가능성이 매우 높다는 점은 충분히 주목에 값한다고 생각한다.

두 번째 인용문은 혜공왕이 즉위한 후 책봉사 귀숭경 등을 신라에 파견한 내용에 이어 서술되었다. 이미 말한 것처럼 귀숭경 등이 신라에 온 것은 혜공왕 4년(768)이거니와, 그해 그들의 방문을 전후하여 신라에서는 각종 천변지이와 변고가 잇따랐으며, 大恭과 그의 아우 大廉의 반란이 일어나 33일 동안이나 왕궁이 포위되는 사태가 일어났다. 혜공왕 6년(770)에 발발한 金融의 반란 때까지 이러한 재해와 혼란상은 지속되었다. 이는 3년 만에야 나라의 대란이 평정되었다는 『신당서』의 평가와 상응하는 것이다. 중국 측 기록에 흔치 않은 신라 내정의 일단이 『신당서』에 처음 등재되는 한편, 그것이 『신라국기』의 저자가 신라를 방문한 시기의 사건이라는 점을 염두에 둔다면, 이 역시 『신라국기』의 전승으로 보는데 무리가 없다.[63]

이상에서처럼 『신당서』가 고음의 『신라국기』를 주요 자료로 채택했다고 한다면, 이것은 8세기 당시의 직접 견문에 토대를 둔 것이므로 매우 높은 사료적 가치를 가진다고 하겠다. 특히 『신당서』에 일상사회상에 관한 기사의 비중이 현저히 높아진 것을 앞에서 확인한 바 있거니와, 이 또

인 숙종 至德 초 大食國에서 파견한 것 외에는 기록에 보이지 않는 듯하다. 『冊府元龜』 971 外臣部 朝貢 4.

63) 權悳永, 1997, 『古代韓中外交史』, 一潮閣, 67쪽.

한 새로운 당대 자료의 채택에서 비롯된 경향이었던 것이다. 따라서 『신당서』에서 발견할 수 있는 통일기 신라사회의 모습은, 마치 『수서』가 제시하는 7세기 신라사회의 모습에 비견할 만한 당대적 맥락을 지닌다고 평가한다.

한편 『신당서』 신라전의 내용 가운데 특기할 사항은 무엇보다도 장보고와 정년의 활동에 관한 것이다. 『삼국사기』 신라본기에 의하면, 장보고는 흥덕왕 3년에 清海鎭에 자리한 뒤, 희강왕과 민애왕의 즉위에 즈음하여 왕위쟁탈전에서 밀린 祐徵과 金陽 등을 받아들였으며, 마침내 839년에는 우징을 신무왕으로 즉위시키는 데 기여하였다. 그러나 그는 신무왕을 이은 文聖王의 납비 문제로 중앙의 귀족 집단과 갈등하여 846년에 자객에게 피살되었다. 5년 뒤에는 그의 본거지였던 청해진마저 훼파되는 동시에 휘하 집단 역시 내륙으로 사민되어 고유한 집단적 잠재력을 거세당하였다.

반면에 열전에 실린 장보고전은, 당 말의 시인이자 『통전』의 저자 杜佑의 손자인 杜牧(803~853)의 글을 토대로 했기 때문에, 신라본기와는 분위기가 다르다. 열전 찬자 역시 이를 의식하여 말미에 "이것은 新羅傳記와는 자못 다른데 두목이 지은 전기인 까닭에 둘 다 보존해 둔다"라고 설명하였다. 두목이 쓴 '전기'란 그의 「張保皐鄭年傳」을 가리킨다.[64] 그런데 이 두목의 '전기'는 『신당서』 신라전의 마지막 내용을 이루고 있다. 잠시 이 부분을 비교하기 위해 필요한 부분만을 간략히 제시해 본다.

64) 두목의 「장보고정년전」은 그의 문집인 『樊川集』에 있으며, 뒤에 『文苑英華』에 실렸다. 여기서는 臺灣大通書局印行 『欽定全唐文』 756에 실린 것을 참고하였다. 『문원영화』는 양나라 말부터 당까지의 문집을 분류 편찬한 것으로, 『太平御覽』·『太平廣記』·『册府元龜』와 함께 송 대 4대 관찬서 가운데 하나이다. 송 태종 太平興國 7년(982)에 칙명으로 찬수를 시작하여 태종 雍熙 4년(987)에 완성하였다. 고려에는 그로부터 약 100년 뒤인 宣宗 7년(1090)에 들여온 바 있다. 『고려사』 10 宣宗世家.

㉠ 신라인 張保皐와 鄭年은 그 나라로부터 徐州로 와서 軍中小將이 되었는데 … (신라) 왕이 드디어 장보고를 불러 재상으로 삼고 정년으로 하여금 장보고를 대신토록 하였다.

㉡ 天寶 연간 말 安祿山의 반란 때 朔方節度使 安思順이 … 진실로 어질고 의로운 마음이 있다 할지라도 총명한 자질을 갖추지 않고서야 비록 召公 같은 이조차도 오히려 그러할진대, 하물며 그 이하 사람들에 있어서랴! 語曰 國有一人 其國不亡 夫亡國非無人也 丁其亡時 賢人不用 苟能用之 一人足矣 (두목)

㉠ 장보고와 정년은 모두 싸움을 잘했는데 … (신라) 왕이 장보고를 불러 재상으로 삼고 정년으로 하여금 대신 청해(진)을 지키게 하였다. 會昌(841～846) 연간 뒤로는 조공(의 사절)이 다시 이르지 않았다.

㉡ 贊曰 : 두목은 말하였다. 안사순이 삭방절도(사)가 되었을 때 … 진실로 어질고 의로운 마음이 있다 할지라도 총명한 자질을 갖추지 않고서야 비록 소공 같은 이조차도 오히려 그러할진대, 하물며 그 이하 사람들에 있어서랴! 嗟乎 不以怨毒相甚 而先國家之憂 晉有祁奚 唐有汾陽·保皐 孰謂夷無人哉 (송기)

㉠ 장보고와 정년은 모두 신라인들인데 다만 그들의 고향과 집안 내력은 알 수 없다. 둘 다 싸움을 잘했으며 … (신라) 왕이 장보고를 불러 재상으로 삼고 정년으로 하여금 대신 청해(진)을 지키게 하였다.

㉡ 論曰 : 두목은 말하였다. 천보 연간 안록산의 반란 때 삭방절도사 안사순이 … 진실로 어질고 의로운 마음이 있다 할지라도 총명한 자질을 갖추지 않고서야 비록 소공 같은 이조차도 오히려 그러할진대, 하물며 그 이하 사람들에 있어서랴! 語曰 國有一人 其國不亡 夫亡國非無人也 丁其亡時 賢人不用 苟能用之 一人足矣 宋祁曰 嗟乎 不以怨毒相甚 而先國家之憂 晉有祁奚 唐有汾陽·保皐 孰謂夷無人哉 (김부식)

위의 세 인용문을 비교하면 각각의 ㉠과 ㉡이 서로 호응하는 것을 알 수 있다. 이렇게 보면 『삼국사기』의 장보고정년전은 그 말미에 편자가 분주한 것처럼 전적으로 두목이 쓴 전기의 일부를 전재한 것에 불과하다.

그러한 한편 전기에 이은 '論曰' 이하도 김부식 자신의 작문이 아니라 두목과 송기의 사평을 일부 전재한 것이다. 즉 두목의 「장보고정년전」의 전반부는 『삼국사기』의 장보고정년전의 전기 자체가 되었고, 그 후반부는 『삼국사기』의 사론이 되었다. 애초에 두목의 글에서도 전반부는 두 신라인의 전기였으며, 후반부는 두 사람의 극적인 우정과 갈등에 대한 평가였다. 이러한 구성은 위 인용문에서 보이듯이 『삼국사기』에 앞서 이미 『신당서』의 송기에 의해 수용된 바 있다. 나아가 김부식은 두목과 송기의 서술을 모두 참작하면서 필요한 약간의 변개와 첨삭을 가하였다.

결국 두목의 글이 본래의 소재가 되었던 것이다. 그러나 두목의 장보고에 대한 극찬을 보면, 『신당서』 신라전의 마지막 기사, 즉 會昌 연간(841~846) 이후 사절이 끊겼다 한 대목을 간과할 수 없다. 다시 말해 두목의 전기는 물론, 그것을 전재하면서 그에 못지않은 포찬을 더한 송기의 글은, 모두 장보고가 839년의 거사에 성공한 때까지 다루고 있는 것이다. 그러나 『삼국사기』에 따를 때 장보고는 결국 납비 문제로 반왕적 위상에 있다가 자객에게 피살되는 말로를 맞았다. 비록 『신라국기』에 버금가는 당대 자료가 『신당서』에 채록되었지만, 두목의 논평을 답습한 송기의 찬문 내용은 회창 연간 이후 신라 국내 정보가 부재한 데서 가능했다는 것을 환기한다. 따라서 『신당서』의 신라 관계 기사의 하한은 당의 신라 인식을 살필 때 의미 있는 계선이 된다고 할 수 있다.

요컨대 『구당서』에 대한 비판에서 출발한 『신당서』 편찬자들의 경우에도 신라에 관한 서술에서는 『구당서』의 자료 환경을 크게 넘어서지 못하였다. 다만 『신라국기』와 「장보고정년전」의 채택이 달라진 주요 사항일 뿐이다. 그런데 만약 회창 연간 이후 신라의 내정이 당에 알려졌고, 그에 따른 장보고의 행로가 파악되었다면, 장보고에 대한 평가가 그처럼 파격적으로 이루어지지는 못했을지 모른다. 특히 각 인용문 ㉡의 말미에 밑줄로 강조한 대목들을 유의해 본다.

두목은 장보고를 겨냥하여 "나라에 한 사람만 있어도 그 나라는 망하지 않는다"라는 옛말을 든 데 이어, "대저 나라가 망하는 것은 사람이 없어서가 아니라 정녕 그 나라가 망할 즈음에 어진 이를 쓰지 않기 때문이니, 만일 그런 이를 쓸 수만 있다면 한 사람만으로도 넉넉한 것이다"라고 하였다. 송기 역시 "아! 원한을 가지고서 서로 해치지 아니하고 먼저 나라를 근심했던 이로는 晉에 祁奚가 있었고, 당에 곽분양과 장보고가 있었으니, 그 누가 동이에 사람이 없다 하겠는가?"라고 찬탄하였다.[65] 그러므로 두목과 송기의 이러한 판단은 결국 장보고의 말로가 고려되지 않은 것이 틀림없다. 두목과 장보고는 동시대를 살았던 이들로서 모두 회창 연간에 죽었다. 아마 두목은 장보고의 최후를 알지 못했을 것이다.

또 송기와 함께 『신당서』를 쓴 구양수는 역사 사실이나 인물에 대한 가치 평가에서 누구보다도 『춘추』의 필법에 충실하고자 하였다.[66] 비록 열전 부분은 송기가 작성했지만, 구양수의 그러한 태도가 고려되거나 반영되었으리라고 본다. 따라서 『신당서』의 장보고에 대한 높은 포찬은 장보고 사후 신라의 정황에 대한 배려가 배제된 결과일 것이다. 이처럼 직접 『춘추』식 포폄을 표방한 『신당서』 찬자가 장보고를 극단적으로 높게

---

65) 祁奚는 춘추 시대 晉의 대부로서 悼公이 즉위하자 中軍尉가 되었다. 그 후 기해가 은퇴할 때 도공이 후임을 묻자 자기와 원수지간이었던 解狐를 추천했으며, 바야흐로 해호가 죽자 자기 아들 祁午를 적임자라고 천거하였다. 당시에 그의 이러한 행위는 '外人'을 추천함에는 좋은 사람이라면 원수라도 배제하지 않으며, 집안사람을 추천함에는 육친이라도 좋은 사람이면 꺼리지 않는 공평무사한 판단으로 칭송되었다. 『左傳』 襄公 3년·21년.

66) 그는 『춘추』를 모방하여 글자 하나하나에 의미를 두고 서술하였다. 예컨대 전쟁에 관해 서술할 때 '攻'은 쌍방이 서로 공격하는 것, '伐'은 大로서 小를 치는 것, '征'은 천자가 친히 나가 치는 것, '討'는 죄 있는 자를 치는 것 등의 식으로 『춘추』의 필법에 충실하였다. 더구나 그는 '春秋3傳'도 믿지 않고 『춘추』의 본문을 모방하였다. 이 문제와 관련해서 언급할 것은 『자치통감』의 태도이다. 사마광의 『자치통감』은 『춘추』의 경문보다는 오히려 『좌전』의 체재를 모방하였다. 공자와 같은 성인이 아니고서는 글자마다의 쓰임에 포폄을 담아내기 어렵다는 논리에서, 사실을 직필해 자연히 포폄이 되도록 노력한 것이다. 구양수와는 사뭇 다른 태도이다. 그 때문에 사마광은 구양수가 편찬한 『신당서』나 『신오대사』를 중시하지 않았다고 평가된다.

기린 것은 회창 연간 이후의 정보가 결여되었기 때문이었다고 판단한다.

이 글은 당과 오대 및 송에서 편찬한 사서들의 신라전을 주요 분석 대상으로 삼았다. 구체적으로는 남북조 시대를 서술 대상으로 삼은 사서부터, 수나라와 당나라의 역사를 다룬 사서들이 된다. 따라서 여기에 담긴 한국 고대사 관련 내용은 대체로 통일전쟁기 삼국의 모습과 통일기 신라, 그리고 일부 발해에 대한 정보들이 된다.

지금까지의 논의에서 특히 강조할 사항은 두 가지이다. 첫째, 『수서』를 비롯하여 당나라 초기에 편찬된 사서들 가운데는 우리 삼국에 대해 이전과는 퍽 다른 양상의 정보들이 있는데, 아마 이것은 수나라와 당나라 초기에 작성된 '풍속기'와 같은 자료에 근거한 때문이라고 판단하였다. 특히 『한원』에 인용된 『동번풍속기』를 그 유력한 대상으로 주목하였다. 그러므로 『수서』 신라전의 다소 생경한 내용들을 주의 깊게 검토할 필요가 있다.

둘째, 송나라에서 편찬한 『신당서』 신라전에도 8세기 중엽에 이루어진 중국인의 신라 견문기가 새로운 자료로 이용되었음을 알게 되었다. 그것은 『삼국사기』에 인용된 『신라국기』를 가리킨다. 또한 『신당서』는 840년대까지의 신라 관계 정보를 하한으로 하고 있는 한편, 실제 840년대까지의 정보는 당대 자료로서의 객관성을 갖추고 있다고 판단한다. 따라서 7세기 이후 신라사에 대한 중국 사서의 사료적 가치 논의에 있어서는, 상대적이나마 『수서』와 『신당서』의 내용에 걸맞은 비중이 주어져야 한다는 점을 제안할 수 있겠다.

그러나 7세기 이후 중국 사서에 나타난 신라의 일상적 사회상에 한정해 볼 때, 통일기 신라사를 위한 연구 자료로서 중국 사서가 가지는 비중은 그다지 인상적인 것이 될 수 없다. 특히 양 『당서』 신라전에 일상사회상에 대한 기사의 비중이 현저히 높아졌지만, 대체로 『수서』 단계에서 주목한 신라의 원류나 건국 기사가 배제되면서 드러난 외양일 뿐, 실제 양 『당서』의 일상사회상 기사 대부분은 『수서』의 그것과 크게 다르지 않았다. 『신당서』의 몇 가지 새로운 기록들은 『신라국기』를 전거로 하고 있으며, 이를 제외하면 의미 있는 신 자료도 별로 없다.

끝으로 『신당서』가 겨냥한 『구당서』의 극복 논리는, 『삼국사기』와 이른바 『구삼국사』에 대한 사학사적 관계를 살필 때 원용될 수 있다는 점을 지적해 두려 한다. 즉 논의를 구체화할 수 있을 만큼 충분한 일문이 확인되지 않는 『구삼국사』의 실체는, 『구당서』의 제반 특징과 그에 대한 『신당서』의 비판, 그리고 실제 드러난 양 『당서』의 주요 차별성을 통해 어느 정도 헤아릴 수 있다고 여긴다. 『삼국사기』 편찬에 표방된 당위론이 『신당서』 편찬을 모델로 개진되었다는 게 이미 분명한 이상, 『구삼국사』의 위상을 『구당서』에 비견해 가늠해 보는 것은 타당한 시각이라고 판단한다.

10장

백제사에 대한 후대의 인식

〈목 차〉

1. 백제 인식의 자료와 전제

1) 백제사 관련 자료

백제는 신라, 고구려와 함께 우리 고대 삼국 가운데 한 왕조였다. 따라서 백제는 시간적으로 이른바 '삼국시대'를 구성하는 주요 축인 셈이다. 물론 우리 고대사가 이 세 왕조만으로 시종한 것은 아니다. 다만 연구자들은 고대를 구성하는 가장 현저한 분자들을 아울러 하나의 역사적 시대 개념으로 '삼국시대'라는 용어의 사용과 인식에 광범한 동의를 해 왔을 뿐이다. 다시 말해 엄밀한 의미의 '삼국시대'란 저명한 가야의 정치체가 종식된 6세기 중엽 이후부터 백제와 고구려가 패멸하여 삼국 가운데 신라 왕조만이 승리의 관성력으로 새로운 질서를 모색하게 된 7세기 중엽까지의 백여 년에 불과한 것이다.

또한 백제는 삼한의 태내에서 발흥하였다. 백제는 특히 마한의 역사 공간에서 창국의 발단을 비롯하여 마한의 역사 공간을 잠식하면서 발전하였다. 그러므로 백제사는 마한의 역사와 시·공간에서 중첩된 부분을 지닌다. 백제사의 자료적 토대로 마한의 현상 기록이 고려되어야 할 이유가 여기에 있다. 그러나 마한의 정치체에 대한 완결된 국내 전승은 없다. 마한은 중국의 여러 사서에 중국적 관심에 부응하는 형태의 단편 정보가 전해질 뿐이며, 국내 사서들에는 백제를 비롯한 삼국의 역사 전개에 종속된 변수로만 취급되었다.

한편 패망했던 백제는 다시 왕조의 위상으로 부활한 바 있다. 신라 말 견훤의 백제 복국 선언은 이른바 '후삼국시대'를 여는 단초였다. '후삼국'은 '전삼국'의 대응 개념이다. 『삼국유사』의 '남부여전백제'조는 이어지는 '후백제견훤'조를 염두에 두고 있다. 이에 앞서 등장한 '변한백제'조는 삼한의 시·공간과 백제의 그것이 전변해 왔음을 적시한 것으로서, 후대의 전백제－후백제 관계와 유사한 전대의 대비 쌍인 셈이다. 그러므로 대개 궁예의 '후고구려' 복국을 포함하여 이른바 '후삼국시대'의 역사 개념을 인정하는 것이다.

백제 시대에 자기 왕조사를 정리한 몇 가지 단서와 흔적들이 알려져 있다. 후백제 역시 당대 기록의 편린을 남겼다. 백제사의 자료적 토대는, 그러므로 우선 백제인들이 작성한 기록물들에서 비롯해야 옳다. 그러한 토대는 몇 종의 금석문과 木簡類, 그리고 통일기 신라인들의 손을 경유하여 고려 시대 지식인들이 재정리한 문헌들에 정착되었다. 무엇보다도 고려는 '삼국'을 공히 자기 왕조의 전대사로 설정하였다. 즉 고려 왕조는 '일통삼한'을 자부하였다. 그리고 중국의 전통적인 편사 관례에 따라 삼국의 역사를 찬성하였다. 이규보가 언급한 『舊三國史』 혹은 김부식이 거론한 『古記』가 그것이요, 『삼국사기』는 그 사서로서의 결함을 극복하기 위한 노력의 산물로서 『구삼국사』에 대한 '新三國史'의 위상을 가진다.

『삼국사기』는 그러므로 현전하는 전승 가운데 백제사에 대한 가장 의미 있는 자료 토대로 평가되어 마땅하다. 『삼국사기』는 견훤과 궁예의 복국 및 그 왕조 전개 과정을 아울렀다. 비록 그들은 열전에 입록되었으나, 그것은 『삼국지』에 촉과 오의 역사가 열전의 형태로 수용된 것과 다를 바 없는 것이다.[1] '후백제견훤'조를 아우른 『삼국유사』가 '삼국의 유사'를 자처한 논리도 마찬가지이다. '남북국사'를 별도로 편찬하지 않은 고려 지식인들의 과오를 지적한 柳得恭의 건강한 인식 또한, 『삼국사기』가 삼국의 역사를 완정했다는 사실 자체를 부정한 것은 아니었다. 따라서 전·후백제사의 자료 원천을 『삼국사기』에서 찾고, 여기에 『삼국유사』의 비판적 보완을 받아들일 경우, 그 이후의 각종 전승 자료들은 이들 고려의 저작물들의 내용 범위를 크게 벗어나지 않는다고 평가해도 좋다.

한편 백제의 전사로서 마한, 즉 삼한 관련 기본 자료로는 중국의 『삼국지』와 『후한서』를 필두로 하여, 『진서』 이후 남조계 사서들을 환기해야 한다. 그러나 중국 사서들이란 당대의 세계사적 위상을 겨냥하여 외형적으로는 주변 이종족에 대한 기록을 구비하였으나, 정작 그 정보의 본질은 지극히 중국 중심적 편향이 깊이 개입된 것일 뿐 아니라, 이른바 '詳內略外'의 한계가 분명한 것들이다. 그와 같은 한계란 백제사에 대해서도 다르지 않을 것이다. 중국의 사서 가운데 백제가 독립된 기술 단위로 등장하는 것이 5세기 말에 편찬된 『송서』 등 남조계 사서부터인 데다가, 그 역시 중화주의적 편견과 중국 왕조의 이해관계에 충실한 단편 정보들에 불과하기 때문이다.

그에 반해 우리 측 사서는 편찬 시기에 있어 삼한 존립 당시와 너무 격절된 데다가, 마한 등 삼한의 문제를 정면으로 논의하지 않았다는 한계가 있다. 백제사에 대해서도 유사한 지적을 해야 한다. 물론 백제는 4세기 후반 근초고왕 대에 이미 박사 高興에 의해 일종의 왕조사 체계화가 시도되었을 것으로 짐작한다. 그것은 고구려의 『留記』나 신라의 『國史』와 유사한 편찬 환경과 국가 의식의 귀결이었을 것이다. 그러나 삼국이 거둔 당대사 편찬의 실체적 성격은 오늘날 확인할 바가 없으며, 여러 가

1) 高柄翊, 1970, 「中國正史의 外國列傳 - 朝鮮傳을 中心으로」『東亞交涉史의 硏究』, 서울大學校出版部, 13쪽.

지 추론을 거듭하여 이른바 『고기』로 불리는 인용 자료를 통해 『삼국사기』에 용해되었을 흔적을 헤아려 볼 뿐이다.

게다가 『삼국사기』는 신라, 고구려, 백제의 삼국을 서술 대상으로 설정한 사서인 까닭에 삼한에 대한 별도의 편장을 배려하지 않았다. 그것은 우선 『삼국사기』를 편찬한 12세기 중엽 고려 지식인들의 경우, 오직 삼국만을 자기 왕조의 역사적 토대로서의 전대사로 간주한 때문이었다. 여기에 더하여, 삼한과 삼국을 각각 대응시켜 이해하는 신라 지식인들의 삼한-삼국 연계론이 끼친 영향의 결과이기도 하였다.

아울러, 『삼국사기』 내부의 문제점들 또한 지적될 필요가 있다. 백제본기를 예로 든다면, 초기 왕들의 지나치게 긴 수명의 문제, 肖古王과 仇首王과 蓋婁王의 실재에 대한 의혹, 독자 정보의 빈약함, 지명의 착종, 靺鞨의 시대 일탈적 활동 기사 등, 합의되지 않은 모순과 당착이 적지 않다. 그러나 그처럼 빈번한 착종과 당착은 오히려 『삼국사기』 정보가 기왕의 전승에 충실한 것이라는 예증으로 간주될 수도 있다. 나아가 정작 놓쳐서는 안 될 것은, 『삼국사기』를 전적으로 배제한 채로 백제사를 비롯한 삼국의 역사를 입체화할 수 있는 다른 통로 역시 없다는 현실일 것이다.

『삼국유사』는 『삼국사기』를 삼국에 관한 '本史'로 전제한 위에 '遺事'를 자처하였지만, 『삼국사기』가 외면한 '神異'의 전승을 주목한 저술이었으므로, 『삼국사기』의 경직된 유교적 합리주의의 한계를 효과적으로 보완하는 위상에 있다고 평가된다. 그러나 『삼국유사』에 담긴 백제 관련 항목은 변한백제, 남부여전백제, 무왕, 후백제견훤, 난타벽제, 법왕금살 등에 불과하다. 게다가 그 가운데 『삼국사기』를 벗어난 정보의 양은 지극히 미미한 데 그치고 있다. 이러한 한계는 삼국의 왕조별 정보가 불과 몇 백자에 지나지 않는 『제왕운기』의 경우에서도 다를 바 없다.

조선 초에 편찬된 『고려사』와 『고려사절요』 등에는 간혹 고려 당시의 백제 인식의 단서들이 반영되어 있기도 하다. 그러나 이들 사서들에서도 『삼국사기』의 경우와 마찬가지로 마한과 백제의 불명료한 혼선이 극복되지 않았고, 백제와 후백제의 역사적 준별이 종종 방기되고 있기조차 하였다. 무엇보다도 고려의 지식인들은 백제를 멸망시킨 신라적 사유를 옳게 비판하거나 극복하지 못하였다. 조선의 성리학자들 역시 신라에서 고려로 이어지는 승리자의 역사 인식을 대체로 답습하고 있었다.

말하자면 백제사를 정면으로 다룬 『삼국사기』의 인식은 그 이전 백제사에 대한 총합물인 동시에, 뜻하지 않게도 향후 전개되는 백제사 인식들의 원천이 되고 말았다. 다시 말해 『삼국사략』, 『삼국사절요』, 『동국통감』 등 조선 초의 관찬 사서들에 반영된 백제사는 거의 『삼국사기』의 대강과 『삼국유사』의 희소한 정보 범위를 벗어나지 못하였다. 이러한 본질은 실학자들의 역사적 사유를 결산한 安鼎福의 『동사강목』에까지 의연히 이어졌다.

물론 조선 왕조 당대의 백제사 인식과 관련해서는, 실록류의 정보를 필두로 하여 몇몇 문인들의 작품들에서 그 일단을 엿볼 수 있을 것으로 기대하게 된다. 그러나 실록에 나타난 백제나 백제 지역, 특히 현실의 전라도 지역 인식에서는 의연히 백제와 후백제가 준별되지 않을 뿐만 아니라, 고려 시대의 백제사에 대한 편견이 답습되거나 강화되는 경향마저 보인다. 또한 일부 문인들의 작품들은 망국민의 비애와 백제 시대 유적을 매개로 한 회고적 감상의 토로에 그치기 일쑤였다.

근자에 거두어진 백제사 관련 국내 자료 집성의 성과는 그러한 자료 경향에 부합한다.[2)] 여기서는 그와 같은 성과물을 토대로 후대의 백제사 인식을 점검하고자 한다. 또한 자료 토대를 일별할 경우, 백제사에 대한 전근대의 인식은 크게 세 단계로 나누어 살피는 것이 적절하다고 생각한다. 그 하나는 『삼국사기』로 대변되는 고려 전기의 백제 인식이요, 다음으로는 이민족에게 민족 현실이 크게 유린되어 상고사에 대한 각별한 반

2) 충청남도역사문화원 백제사연구소, 2005, 『百濟史資料原文集(Ⅰ) – 韓國篇』, 충청남도역사문화원.

추가 힘을 발휘하던 고려 후기 『삼국유사』 등의 백제 인식이다. 그리고 더 이상 백제가 역사 단위로서 단일한 사유 대상이 될 수 없게 된 조선 시대의 인식을 마지막 단계의 점검 단위로 삼을 만하다.

2) 백제 인식의 전제

시대별 백제 인식을 살피기 전에, 몇 가지 쟁점 사안을 환기해 둘 필요가 있다. 다 아는 바와 같이 백제는 삼국 가운데 한 나라였다. 또한 백제는 韓百謙(1552～1615)이 『동국지리지』(1614)에서 명쾌하게 논변한 바와 같이 마한의 태내에서 발흥한 나라였다. 그러나 마한과 백제 사이의 이 독특한 역사적 연계 인식은 실로 오랫동안의 혼선을 거듭한 뒤에야 이르게 된 귀결이었다. 보기에 따라서는 마한과 백제의 역사적 연계 논의가 변천해 온 궤적이야말로 백제사에 대한 인식의 노정이라고 해도 과언이 아닐 정도였던 것이다.

특히 마한의 공간은 箕子의 후손이 南來해 온 곳으로서, 정통론적 역사 체계의 중심에 있는 실체였다. 사실 중국 사서에 보이는 기자 전승이란 유교의 현자를 이상적인 王者로 설정한 위에, 이 가공의 통치자를 매개로 동이의 세계를 유교의 성지로 보는 관점에 충실한 것이었다.[3] 그러나 중국 중심적 세계관을 탈피하지 못하던 중세적 사유에서, 바로 그 기자의 맥락이 마한에로 연결된다는 역사 기록은 마한에 대해 관념적 분식을 더하게 하는 한편, 삼국 이후 지식인들에게 특정 왕조와 마한의 연계를 설정하는 문제에 필요 이상으로 민감하게 반응하도록 만들었다.

마한을 위시한 삼한과 삼국을 연계하여 이해하는 발상은 아마 7세기 무렵에 무르익었다고 생각한다. 남북조의 분열을 극복하고 등장한 수·당 왕조는 전례 없이 위협적인 동방 정책을 추진하였다. 수·당은 종래 고구려 중심의 동방 질서를 더 이상 용납하려 들지 않았다. 이 전혀 새로운

3) 井上秀雄, 1981, 「『三國志』の東夷王者觀」 『(東北大學)文學部硏究年報』 31.

외압 앞에 삼국은 느슨한 형태의 공동체 의식을 배태하게 되었으며, 수·당 역시 삼국을 하나의 집합 단위체로 언급하는 사례가 잦아졌다.

예컨대 중국 측 문헌과 금석문, 그리고 백제와 고구려 유민들의 관련 기록과 신라의 당대 기록들에는 한결같이 삼국을 '三韓'으로 합칭하였다. 혹은 삼국 가운데 한 나라나 특정 인물을 일컬을 경우에조차 '삼한'을 언급하였다. 요컨대 중국이 분열을 극복하고 하나의 세계로 통일된 것을 배경으로, 삼국 역시 중국과는 이질적 집합체로서 그들 사이에 일종의 유대가 형성되기 시작했던 것이다.

따라서 7세기 전쟁은 아연 '三韓一家'를 겨냥한 전쟁으로서의 의의를 획득하였고, 승리한 신라는 '一統三韓'을 이룬 영광을 자부하였다. 그에 따라 필연적으로 삼국은 삼한의 발전태가 되어 가고 있었다. 이 '일통삼한'의 논리는 후삼국을 아우른 고려에서도 효과적으로 선양되었다. 그리고 그때 삼한은 삼국의 대명사로 쓰였다.

삼한과 삼국의 연계 인식에 대한 구체적 논의는 최치원의 발언에서 비롯되었다. 최치원은 마한과 고구려, 변한과 백제, 그리고 진한과 신라를 각각 독특한 역사적 연계를 지녀 온 실체로 언급하였다.[4] 물론 여기에는 통일기 신라인들의 발해에 대한 현재적 인식 방법 혹은 필요가 결정적으로 기여하였다. 즉 고구려의 부활을 자처하는 발해에 대해 현실의 물리적 열패감을 극복할 길 없던, 저락한 하대 신라의 지식인 일반은, 필연적으로 고구려를 삼한의 역사 공간 내에 묶어 둘 필요가 있었던 것이다.

그러나 마한에 대해서는 최치원 자신에서부터 착종된 파악이 발견되기도 한다. 즉 그는 『삼국지』 마한조에 보이는 '蘇塗'를 겨냥하여[5] 백제에 '蘇塗之儀'가 있었다고 하였다.[6] 그렇다면 최치원은 백제와 마한의 역사

4) 『삼국사기』 46 열전 6, 최치원 인용 「上太師侍中狀」.

5) 『三國志』 魏書 東夷傳 韓.

6) 「智證大師寂照之塔碑銘」, "옛날 우리나라가 셋으로 나뉘어 솥발과 같이 서로 대치했을 때 백제에 蘇塗의 의식이 있었는데, 이는 甘泉宮에서 金人에게 제사 지내

적 연계를 고려하고 있었던 것이다. 또한 전주에 입성한 견훤의 발언 가운데 보이듯이, 마한-백제로 이어지는 계통 인식이 당대 지식인들 사이에서 전혀 돌발적인 것만은 아니었음을 짐작할 수 있는 것이다. 요컨대 마한의 역사적 계승 관계를 둘러싼 이질적 인식들이 공존하고 있었다고 해도 무방할 것이다.[7)]

이 문제에 대해 조선 초 권근의 비판은 주의할 만하였다. 그는 『신당서』를 근거로 최치원의 견해를 비판하였다. 그는 "『신당서』에 '변한은 낙랑의 땅에 있다' 하였고, 또 '평양은 옛 낙랑군'이라 하였으니, 진한이 신라가 되고 변한이 고구려가 된 것 역시 의심의 여지가 없다"라고 판단하였다. 이로써 일단 마한은 백제가, 그리고 진한은 신라가 되었다는 데는 대강의 합의가 이루어진 셈이다. 조선 초기의 지리지들에서도 이러한 합의가 확인된다.[8)] 다만 정작 권근이 주목한 『신당서』 등의 문의는 신라의 족원을 변한에 연결시키고, 그런데 변한은 낙랑의 땅에 있다 한 것이었다.[9)] 권근은 이 가운데 신라가 진한의 후신임을 부동의 사실로 전제하고, 따라서 낙랑에 위치한 변한은 고구려일 수밖에 없다는 결론에 이른 것이다.[10)]

그럼에도 불구하고 안정복은 다시 최치원의 삼한관을 합리적으로 이해하려는 편향을 드러내고 있다. 즉 최치원은 그 당시 사람인데 어찌 마한이 고구려가 아니라는 것을 몰라서 마한이 고구려가 되었다고 했겠는가 자문한 다음, 그것은 고구려가 흥기한 곳을 들어 말한 것이 아니라 뒷날 고구려가 마한의 동북 지역을 병합한 것을 이른 것이라 한다. 마찬가지로

는 것과 같았다."

7) 趙法鍾, 1999, 「후백제 甄萱의 역사계승의식 - 高句麗 및 百濟의 馬韓계승 인식을 중심으로」 『史學硏究』 58·59.

8) 『世宗實錄地理志』 全羅道 益山郡 ; 『新增東國輿地勝覽』 33 益山郡 建置沿革.

9) 『구당서』 199 상 열전 149 신라, "新羅國 本弁韓之苗裔也 其國在漢時樂浪之地" ; 『신당서』 220 열전 145 동이 신라, "新羅 弁韓苗裔也 居漢樂浪地".

10) 『三國史節要』 外紀 三韓, "權近曰"

변한이 백제가 되었다 한 것도, 마한이 백제의 땅이 아니라는 뜻이 아니라 변한의 반면이 역시 백제에 통합되었기 때문에 그리 말한 것이라고 변호하였다.[11]

이러한 난맥의 근저에는 한 가지 굳건한 명제가 작동하고 있다고 본다. 즉 삼국의 한 나라로서 백제는, 거의 모든 후대의 인식 주체들에게, 오직 일통의 대상이었을 뿐이라는 것이다. 아울러 일통의 완결성을 위해 줄곧 삼국과 삼한 사이에 일대일 대응 관계 설정이 강요되었던 점을 유의한다. 이로 인해 마한과 백제의 온전한 연계 문제는 오래도록 정돈되지 못한 채 왜곡되어 왔던 것이다. 또한 그러한 연장에서 마한을 고구려 諸部 가운데 '一族'으로 파악하거나,[12] 10세기 전반 발해 유민들의 定安國을 일러 "본래 마한의 종족이다"라고 한 『송사』의 이해를 답습하기도 했던 것이다.[13]

요컨대 백제사 인식을 규정하는 두 가지 기본 사유를 발견한다. 그 하나는 삼한정통론, 특히 마한정통론의 강고한 시각이다. 다른 하나는 의자왕의 백제와 견훤의 백제가 공히 오직 '일통'의 대상이었다는 사실이다. 전백제의 역사는 일통의 주역 신라에 의해 조정되었고, 후백제의 역사는 역시 일통의 주역 고려에 의해 정돈되었다. 조선 역시 '統三'의 주역을 자부한 터에, 백제에 대한 인식은 결국 일통의 주역을 자부하는 인식 주체들에 의해 주도되고 만 셈이다. 그들 사이의 차별성은 극히 미미하다. 아마 있을지 모르는 유의미한 균열은 민중 일반의 정서 속에 침잠되었을 수 있다. 그러나 그들은 기록 주체가 아니다. 백제사에 대한 후대의 인식이란 이처럼 생래적인 결함을 떨치지 못한 채 반복되었던 것이다.

---

11) 『東史綱目』 附卷 下 地理考 「三韓考」.

12) 丁若鏞, 『與猶堂全書』(1987, 景仁文化社) 6-1 地理集 疆域考 1 「馬韓考」, "箕氏之留在西土者 自稱馬韓 此魏略所謂留在國者 冒姓韓氏也 … 句麗諸部之中 本有馬韓一族 自成一黨 其終爲定安也".

13) 『宋史』 491 열전 250 외국 7 定安國 ; 韓致奫, 『海東繹史』 16 世紀 16 諸小國 定安國.

2. 고려 전기의 백제 인식

1) 인식의 토대

고려는 이른바 '후삼국'의 角立을 극복하고 등장한 통일 왕조였다. 주지하듯이 '후삼국'이란 '전삼국'을 전제한 인식이다. 즉 7세기 전쟁에서 명암이 갈린 신라와 고구려와 백제는 9세기 말에 다시 신라와 후고구려와 후백제로 정립하여 갈등의 주체로 재현되었다. 주의할 것은, 견훤이 복국을 선언한 왕조는 마땅히 '백제'였고, 뒤이은 궁예와 왕건의 왕조 역시 '고(구)려'였으므로, 삼국 시대는 10세기 초까지 의연히 지속된 셈이라는 사실이다.

다시 말해 고려가 하나로 아우른 삼국은 이른바 '후삼국'이었으나, 동시에 그들은 '전삼국'의 연장 혹은 복국이었다. 삼국을 통합한 주체로서의 고려 입장에서는 7세기 신라의 일통은 잠정적이거나 과도기적 성과에 지나지 않을 수 있다. 특히 고려 지식인들이 자기 왕조의 전대사를 '삼국사'의 형태로 정리한 것은 곧 그들 자신이 삼국을 아우른 주체, 다시 말해 '일통삼한'의 완결자라고 자부한 증거일 것이다. 『삼국사기』가 그 결과일 것이며, 그에 앞서 삼국 관련 역사 인식을 정돈한 저작으로 헤아려지는 『구삼국사』 역시 유사한 인식과 논리에 입각한 편찬물이었던 것이다.

따라서 유득공이 「渤海考序」에서 지적한 바와 같이 전대사 편찬과 관련하여 고려 지식인들이 감당해야 할 책임의 소재는 오직 발해사를 포섭하지 않은 데 있을 뿐이다. 그의 비판에는 고구려와 발해의 역사적 승습 관계 혹은 친연 관계가 전제되어 있다. 반면에 그는 견훤과 궁예로 말미암은 '후삼국'에 대해서는 따로 배려하지 않았다. 필시 그는 '후삼국'의 사적은 '전삼국'의 연장이요 그러므로 '삼국사'에 포괄된다고 보았던 것 같다.[14] 이는 李承休가 후백제와 후고구려를 각각 백제와 고구려의 연장으

14) 이강래, 2004, 「후백제의 당대 인식 – 토대와 지향의 맥락에서」 『韓國古代史硏

로 체계화한 것과 다를 바 없다.[15]

역시 『삼국사기』가 후백제와 후고구려의 추이를 별도 본기 체재로 다루지 않은 점이야 고려 왕조의 현재적 편향의 증좌일 뿐, 그들을 편사의 대상에서 배제한 것은 아니었다. 다만 안정복의 설명처럼 신라 문무왕의 일통은 '并國之禮'에 따른 정통 계승인 반면, 고려 태조의 그것은 '平賊之禮'에 해당하는 셈이다.[16] 전대 왕조사의 변천과 계통적 체계화에 깊은 관심을 배려한 『삼국유사』가 궁예 혹은 후고구려에 대한 별도의 항목을 설정하지 않은 것도 마찬가지 이유에서였다고 생각한다. 고려 시대의 이러한 실례들이야말로 유득공의 '삼국시대'관의 토대였던 것이다.

이처럼 고려 왕조는 삼국을 통일한 주체로서의 긍지를 지닌 채 백제사를 인식하였다. 일통의 자부심이 고양되었을 고려 전기 지식인들에게 전대의 삼국은 각각 왕조의 균질적인 토대였다. 물론 강토와 인민을 자진 봉납해 온 신라와, 끝까지 무력적 쟁패를 거듭한 견훤의 백제가 등가적 인식 대상일 수는 없겠다. 그러나 온조 이래의 '전백제'에 대해서야 현재적 원혐이 개입될 까닭 역시 없다.

더구나 고려는 신라의 태내에서 성립된 왕조로서 유구한 신라의 전통과 권위를 손상 없이 승습하고자 하는 열망을 빈번히 노출하였고, 실제 신라의 문물제도를 기반으로 창국의 조건을 구유하였으므로, 신라에 대한 인식에 우호적이지 않은 편견이 개입할 여지도 크지 않았다. 고구려의 복국을 천명한 맥락에서, 고려의 고구려에 대한 인식 역시 당대 지배 계급의 자신감에 부응하는 형태였을 것임은 물론이다.

전대사 인식 가운데 긴장된 국면은 차라리 삼한 부분에 있을 듯하다.

究』 35, 17～19쪽.

15) 『帝王韻紀』 下 東國君王開國年代.

16) 『東史綱目』 凡例, "正統謂檀箕馬韓新羅文武王[九年以後]高麗太祖[十九年以後 新羅之於高句麗 用并國之禮 故繼正統於混一之明年 高麗之於甄萱 用平賊之禮 故繼統於統合之年]".

고려는 '일통삼한'의 주체를 자처하였다. 이는 고려뿐 아니라 이른바 후삼국의 주체들이 공유하고 있던 공통의 지향이었다. 그러므로 신라의 일통에 대한 의의는 은연 제한적일 수밖에 없다. 삼한이 삼국을 이르는 대명사의 위상을 가지게 된 것은 그 연원이 오래이지만,[17] 신라의 일통 당시의 삼한 인식이 고려의 일통 논리에서도 반복되는 이유가 여기에 있다고 생각한다. 즉 삼한과 삼국의 대응 관계에 대한 신라인들의 논리는 물론, 그와 같은 세 실체들을 아우르는 일통의 인과관계에 있어서조차, 고려 전기 지식인들은 신라인들의 관점에 동의했던 것이다.

그러나 고려 역시 신라와 마찬가지로 고구려의 부활을 자임한 발해를 온전히 포섭하는 데 실패하였다. 사실 신라 지식인들이 고구려와 발해의 독특한 역사적 친연성을 부정하지 못한 것처럼, 고려 역시 두 왕조의 관계를 명백하게 인지하고 있었다. 예컨대 尹彦頤는 고려의 역사적 토대를 형성하고 있는 전대 왕조사 가운데 독자적인 연호를 사용한 사례를 거론하는 가운데 발해의 경우를 적시하고 있다.[18] 그럼에도 불구하고 '일통삼한'이라는 고양된 시대 명분과 왕조의 창업 의의는 발해를 일통의 범주 밖에 방기한 신라인들의 태도를 답습하도록 강요하였다. 따라서 여전히 삼한은 삼국과 대응 관계에 있다는 인식을 포기하지 않았으며, 그에 따라 마한과 고구려의 계승 관계를 부정하지 않았던 것이다.

고려 전기 사회의 백제 인식을 살피는 데 있어서 이와 같은 전대사 인식의 줄기는 주요 토대로 작용한다. 즉 삼한을 아울렀다는 자신감과 여유는 삼국에 대한 균질적 인식에 근접케 하는 조건이 되었다. 동시에 그것은 삼국과 삼한의 연속성에 대한 고려 시대의 인식에서 신라인들의 일통삼한관과 유사한 내부 논리가 작동할 수 있었던 배경이 되기도 했던 것이다. 이러한 맥락을 백제 인식을 위한 시대적 조건이라고 한다면, 백제에

---

17) 盧泰敦, 1982, 「三韓에 대한 認識의 變遷」 『韓國史研究』 38.

18) 『고려사』 96 열전 尹瓘 附 尹彦頤 ; 『東文選』 35 表箋 「廣州謝上表」.

대한 인식을 매개하는 일련의 정보 매체들은 자료적 조건이라고 할 수 있겠다.

고려 전기의 백제 인식을 매개하는 자료로서 『삼국사기』의 비중은 달리 비할 바가 없을 것이다. 『삼국사기』에는 백제본기를 비롯하여 잡지와 열전 등에 백제 관련 정보가 정돈되어 있다. 그에 따르면 백제는 鴻嘉 3년, 즉 기원전 18년에 창국하여 660년에 종국을 고하였다. 그러나 백제의 건국 주체에 대해서는 시조 온조설을 본문으로 채택해 서술하면서도, 시조 비류설과 중국 사서에 전하는 시조 구태설을 함께 소개하였다. 시조의 출자에 관한 복수의 전승물 자체가 백제 관련 자료의 다양성을 암시하는 증거일 것이다. 또한 백제의 건국 연대에 대해, 비록 고려 후기의 『삼국유사』 기록이긴 하나, '홍가 4년 갑진' 즉 기원전 17년이라는 인식도 유포되어 있었다.[19]

이와 같은 현상은 온조 등의 이탈을 야기한 고구려의 정황 기록에서도 확인된다. 『삼국사기』 고구려본기에 의하면 주몽은 재위 19년째인 기원전 19년 4월에 유리의 방문을 받았고, 같은 해 9월 40세의 나이로 승하하였다. 『帝王韻紀』에도 "주몽은 재위 19년 9월에 승천하였다"라고 표현되어 있다. 그러나 李奎報의 「東明王篇」에는 "유리는 전한 홍가 4년 4월에 고구려로 달아나 검편 한 쪽을 (증거로) 왕이 되었다"라고 하였다. 이렇듯 주몽의 사거 연대관이 홍가 2년과 4년의 형태로 나뉘는 것은, 그의 아들로 설정된 온조의 창국 연대를 각각 홍가 3년과 4년으로 달리 전하는 기록물과 어떤 계통 관계에 있는지도 모른다.

여하튼 고려 전기의 백제 인식을 전하는 현존 자료들은 압도적으로 『삼국사기』 백제본기의 시조 온조설 계통을 따르고 있다. 더구나 이러한 인식은 『海東古記』로 지칭된 자료에서 유래했으므로, 재래의 주요 전승 자료의 인식일 것으로 판단해도 좋다. 또한 백제본기를 비롯하여 제사지

19) 『삼국유사』 기이, 卞韓百濟.

와 직관지에는 백제 관련 정보를 담고 있는 자료로 『古記』, 『本國古記』, 『三韓古記』 따위가 인용되고 있다. 그러므로 『구삼국사』를 위시한 여러 형태의 『고기』류에서 『삼국사기』의 백제 관련 사료가 취합되었을 것이다.[20] 다만 『구삼국사』에 어떤 형태로 얼마만한 백제 관련 정보가 있었는지에 대해 확인할 근거가 마땅치 않고, 각종 『고기』류의 본래 실상이나 그것이 『삼국사기』에 반영된 정도를 가늠하는 일 역시 난망하다는 데 추정의 한계가 있다.

특히 『삼한고기』는 백제의 왕대력을 확정하는 데 기준을 제공한 자료였던 것 같다. 『삼국사기』 찬자는 『冊府元龜』와 『南齊書』에 보이는 '백제 왕 牟都'[21]의 실체에 대해 『삼한고기』에 의해 검증되지 않는다는 이유로 신뢰하지 않았을 뿐 아니라, 나아가 그와 같은 판단에 의거하여 『남제서』의 백제 관련 외교 기사 자체를 백제본기에 채택하지 않았다.[22] 따라서 『삼한고기』는 백제 왕들에 관한 충분한 정보를 지니고 있었고, 또 『남제서』 기록을 불신한 근거가 될 만한 내용과 권위를 인정받고 있었음을 미루어 짐작할 수 있는 것이다.[23]

한편 『삼한고기』에 의해 실재 여부가 검증된 '牟都'나 '牟大' 등의 왕명은 고려 전기에 확보되어 있던 백제 관련 전승물의 기록 형태에 한 단서를 제공하는 것일 수도 있겠다. 牟大는 주지하듯이 동성왕의 휘였다. 백제본기는 물론 신라본기나 제사지 등에서도 동성왕을 '모대왕'이라고 한 바 있다. 이것은 무령왕을 그의 묘지명에 '斯麻王'이라 하고, 역시 陵山里寺址의 舍利龕 명문에 위덕왕을 '昌王'이라 한 것처럼, 왕휘를 이용한 왕명의 사례들을 상기시킨다.

20) 李康來, 1996, 「三國史記와 古記」 『三國史記 典據論』, 民族社.
21) 『冊府元龜』 963 外臣部 封冊 1 ; 『南齊書』 58 열전 39.
22) 坂元義種, 1978, 「『三國史記』百濟本紀の史料批判 － 中國王朝との交涉記事を中心に」 『百濟史の硏究』, 塙書房, 22쪽.
23) 이강래, 2004, 「『삼국사기』 백제본기의 분주 검토」 『史學硏究』 74, 86～88쪽.

이것은 『고기』 계통 자료에서 고구려 태조대왕을 '國祖王'이라 하고 영류왕을 '建武王'이라 한 것과 방불한 것이다. 신라 신문왕을 '政明王'이라 한 『고기』의 필치도 고려할 일이다. 그밖에도 삼국 왕의 즉위년이나 졸년과 관련된 정보들 가운데는 여러 이종 자료의 존재가 쉽게 감지되기도 한다. 따라서 고려 전기에 유통되고 있던 백제 관련 인식 재료는 단일한 형태가 아니었음에 틀림없다.

이와 관련하여, 『삼국사기』 전편에 걸쳐 하나의 범례적 역할을 감당하고 있는 사론들의 지적도 주의할 사항이다. 예를 들어 『삼국사기』 찬자들은 삼국에 공히 踰月稱元法 즉 즉위년칭원법의 적용을 원칙으로 삼았음을 밝혀 놓았다. 그렇다면 역설적이게도, 기존 왕대력 관련 자료에는 踰年稱元法에 따른 전승물도 없지 않았음을 짐작하기에 어렵지 않은 것이다. 따라서 즉위년칭원법이 일괄 강요되는 가운데 구체적 사실이 왜곡되는 현상도 발생했을 여지가 크다.

저명한 예로서, 무령왕의 경우 501년 12월에 사거한 동성왕을 이어 즉위했으므로 그의 즉위년 정월이란 마땅히 502년에 해당한다.[24] 그러나 『삼국사기』의 연표와 그에 준해 편년된 백제본기는 모두 무령왕 즉위년을 501년, 즉 동성왕 사거년으로 삼았다. 결국 이 때문에 무령왕 원년에서 3년에 걸친 고구려 관련 기사가 고구려본기와 어긋나고 말았다. 실로 "사실이 원칙 적용의 희생이 된 것"이다.[25] 요컨대 『삼국사기』의 일괄적인 유월칭원법의 적용은 일부 원전의 '사실'을 변용했을 가능성이 크다.

유사한 문제로서 『삼국사기』 찬자들은 또한 신라의 고유 왕칭인 '거서간', '차차웅', '이사금', '마립간' 등의 표기를 따른다는 점을 밝히면서, 최치원의 『제왕연대력』이 그와 같은 고유 왕칭을 일괄 '王'으로 기재했다고 환기하였다. 이 대목 역시 기존의 삼국 왕대력 관련 전승물들 가운데에는

---

24) 鏡山猛, 1937, 「日本書紀に現れたる百濟王曆に就いて」 『史淵』 15, 94~99쪽.
25) 小田省吾, 1920, 「三國史記の稱元法竝に高麗以前稱元法の硏究(上)」 『東洋學報』 10-1, 73쪽.

『제왕연대력』과 같이 고유의 왕칭 대신 '王'의 표기로만 시종한 형태가 적지 않았을 것임을 암시한다.

물론 고유의 왕칭을 그대로 수용하는 방식과 보편적 표기로서의 '왕'으로 일괄하는 방식의 논리를 선명하게 비교 평가하는 일은 간단치 않다. 더구나 중국 측 기록에 따르면, "백제 왕의 성은 부여씨인데 '於羅瑕'라고 부르며, 백성들은 '鞬吉支'라고 부르니, 이것은 다 같이 중국말로 왕을 이른다. 왕의 아내는 '於陸'이라고 하는데 중국말로 왕비를 이른다"[26]라고 하였다. 그렇다면 백제의 경우에도 신라와 다를 바 없이 고유한 왕칭을 담은 형태의 자료가 있었을 가능성이 수긍되는 한편, 이 점에 국한시켜 말하자면 역시 일부 원전의 '사실'이 『삼국사기』에는 수용되지 않았던 셈이다.

2) 인식의 실제

백제에 대한 '사실'의 측면은 기왕의 국내외 자료들을 환경으로 삼아 『삼국사기』 가운데 시조 온조왕 이후 편년 체계의 본기 및 잡지와 열전 내의 백제 관련 정보들로 정착하였다. 반면에 그에 대한 '인식'의 실제는 찬자의 사론을 중심으로 정리해 볼 수 있겠다.

우선 백제 관련 논찬은 백제본기 가운데 6개 항목으로 드러난다. 『삼국사기』의 사론은 모두 31개이나, 본기의 경우 신라와 고구려에 각각 10개와 6개의 사론이 배려된 것을 보면, 6개의 사론은 우선 빈도에 있어서 지나친 불균형은 아니다. 특히 신라본기에는 『삼국사기』를 관통하는 주요 범례적 논의가 다수 포함되어 있는 점을 고려할 필요가 있다. 또한 논찬의 특징상 관련 사건에 대한 유교적 포폄이 주요 기조를 형성하고 있다는 점 역시 삼국 사이에 그다지 큰 격절은 발견되지 않는다.

백제본기에 등장하는 첫 번째 사론은 개루왕 28년(155) 10월의 사건에

26) 『周書』 49 列傳 41 異域.

서 비롯하였다. 신라의 아찬 吉宣이 모반했다가 백제로 도망해 왔는데, 개루왕이 신라 왕의 길선 송환 요청을 거부하여 양국 사이에 전쟁이 발발하였다. 이를 두고 찬자는 말하였다.

> 춘추시대에 莒僕이 魯나라에 도망해 오니 季文子가 말하기를 "군주에게 예를 지키는 자를 보거든 효자가 부모 모시듯 섬기고, 군주에게 무례한 자를 보거든 매가 새를 쫓는 것처럼 죽이라 했습니다. 지금 제가 거복을 살펴보니 그의 행위는 모두 착한 일은 없고 흉덕한 것뿐입니다. 이 때문에 그를 내친 것입니다"라고 하였다. 지금 길선 역시 간악한 역적이거늘 백제 왕이 받아들여 숨겨 주니, 이것은 계문자가 이른바 "도적을 비호하는 행위를 藏이라 한다"라고 한 경우인 것이다. 이로 말미암아 이웃 나라와의 화친을 잃고 백성을 전쟁에 시달리게 하였으니, 그 밝지 못함이 심하다.

전국시대 莒나라 紀公이 태자 僕과 季他를 낳았는데, 계타를 사랑하여 복을 내쫓고 백성들에게 무례한 짓을 많이 하자, 태자 복이 나라 사람들에 의지하여 기공을 죽이고 재보를 가지고서 노나라 宣公에게 바쳤다. 이때 선공은 그를 받아들이고 봉읍을 내려 주고자 했는데, 계문자는 오히려 즉시 국경 밖으로 내쫓게 하였다. 이에 그 연유를 묻는 선공에게 계문자는 정연하게 논변하였다.

> 돌아가신 대부 臧文仲께서 저에게 군주를 섬기는 예를 가르쳐 주셨던바, 저는 그 가르침을 받들어 지켜서 감히 어기지 않았나이다. 그분께서 이르시기를 "자기 임금에게 예를 지키는 이를 보거든 효자가 부모를 봉양하는 것처럼 그를 섬기고, 자기 임금에게 무례한 이를 보거든 매가 참새를 쫓는 것처럼 내치라"고 하였습니다. 또 선군 周公께서는 … 『誓命』을 지어 이르시기를 "법도를 훼손하는 것을 賊이라 하고, 적을 엄호하는 것을 藏이라 하고, 재물을 훔치는 것을 盜라 하고, 나라의 기물을 훔치는 것을 姦이라 하며, 도적을 비호하는 죄명을 차지하고 그 도적이 훔친 나라의 기물을 탐하는 것을 大凶德이라 하니, 이러한 경우에는 반드시 처형하여 용서하지 않는다"라고 하였습니다. … 제가 이제 저 거복의 행위를 두루 살펴보니 법도에 맞는 것

이 없습니다. 孝·敬·忠·信은 吉德이옵고 盜·賊·藏·姦은 흉덕이온데, 저 거복의 경우는 … 착한 일은 하나도 없고 도리어 모두 흉덕한 것뿐이옵니다. 이러한 까닭에 그를 쫓아버린 것입니다. (『左傳』 文公 18년)

계문자의 말을 인용한 찬자의 관점은 군신 간 확고한 의리의 명분에 충실하다. 즉 사론은 길선의 불충·무도함과 그러한 자를 받아들인 개루왕의 非禮를 비판하는 데 무게가 실렸다. 논찬자에게 군신 관계는 계문자의 말처럼 부자 윤리와 본질적으로 다르지 않은 것이었다.

얼핏 이러한 논조가 신라에 대한 우호적 태도에서 비롯한 것으로 비쳐질지도 모른다. 그러나 고구려 장수왕의 공격을 받아 한성이 함락되고 왕마저 피살되었던 개로왕 21년(475)의 사건에 대한 논찬은, 그러한 우려를 불식하기에 충분하다.

楚나라 昭王이 도망 왔을 때 鄖公 辛의 아우 懷가 소왕을 죽이고자 하여 "平王이 우리 아버지를 죽였으니 내가 그의 아들을 죽이는 것은 또한 옳지 않은가?"라고 하였더니, 신이 말하기를 "군주가 신하를 죽임에 누가 감히 그를 원수로 삼겠는가? 군주의 명령은 곧 하늘의 명이니 만약 천명으로 죽였다 할진대, 장차 누구를 원수로 삼겠는가?"라고 하였다. 걸루 등은 자신들의 죄로 나라에서 용서받지 못하였는데 도리어 적병을 끌어들여 예전의 임금을 포박하여 해치니 그 의롭지 못함이 심하다. 혹 이르기를 "그렇다면 伍子胥가 郢에 들어가서 평왕의 시체에 채찍질한 것은 어떠한가?"라고 할지도 모르겠다. 그것은 揚子의 『法言』에 평하여 오자서의 행위는 덕으로 말미암은 것이 아니라고 하였다. 이른바 덕이란 仁과 義일 뿐이니 오자서의 사나움은 운공의 어짊만 못한 것이다. 이로써 논하건대 걸루 등이 옳지 못한 것은 명백하다.

개로왕은 고구려 장수왕의 한성 공함 당시, 고구려 장수 再曾桀婁와 古爾萬年에게 붙들려 모욕을 당하면서 살해되었다. 그런데 이 고구려의 장군들은 본래 백제인으로서 죄를 입고 고구려에 이탈해 간 자들이었다. 논찬자는 개로왕과 재증걸루·고이만년과의 관계를 여전히 군주와 신하의 그것으로 파악하고 있다. 사실 平王의 아들 昭王[27]과 鄖公 형제의 관계는 개로왕의 죽음에 직접 비교되지 않는 것이다.[28] 그러나 군주가 신하를 죽이는 것은 천명을 따르는 것이므로 복수의 대상이 되지 않는다는 논리는, 재증걸루와 고이만년의 개로왕에 대한 보복적 살해의 부당함을 강조하기 위한 예증이 될 수 있다. 즉 임금의 행위는 여하한 것이든 신하가 복수할 수 있는 성질의 것은 아니라는 것이다.

찬자는 伍子胥의 행위를 논하여 다시 평왕에 대한 복수의 부당함을 지적하였다. 애초에 초 소왕의 도망은 吳의 공격에서 야기되었다. 이보다 앞서 소왕의 부 평왕은 오자서의 부 伍奢와 형 伍尙을 죽인 바 있다. 그 뒤 소왕 대에 오왕 闔廬의 군대가 초의 수도 郢에 들어갔을 때, 오자서는 평왕의 아들 소왕에게 복수하려 하였다. 그러나 소왕의 탈출로 뜻을 이루지 못하자 평왕의 무덤을 파헤쳐 그 시신에 채찍질을 하여 복수하였다.[29] 이에 대해 찬자는 오자서의 잔혹함에 대한 揚雄의 비판을 인용하였다.[30] 즉 개로왕의 죽음을 신하에 의한 주군의 시해로만 일관하여, 철저한 왕권 위주의 인식을 포기하지 않고 있는 것이다.

부연하자면, 길선의 송환 문제와 같이 백제와 신라가 개입된 사건을 음미함에 있어서 신라에 대한 논찬자의 우호적 편향이 작용한 것은 아니었다고 본다. 그것은 신라와 백제에 대한 편향에서가 아니라, 오직 인군과 신하의 질서는 움직일 수 없다는 논리에 집착한 것이다. 이와 같은 군신 관계의 이해란, 현실 정치에서는 현 왕조 질서의 굳건한 온존에 대한 희

---

27) 정덕본 『삼국사기』 원문에는 '明王'이라고 하였으나, 이것은 고려 광종의 이름이 '昭'였던 까닭에 그를 피하기 위한 것이니, 昭王을 이른다. 鄭求福, 1994, 「高麗朝의 避諱法에 관한 연구」 『李基白先生古稀紀念 韓國史學論叢 上 - 古代篇·高麗時代篇』, 一潮閣, 660쪽.

28) 『左傳』 昭公 14년 및 定公 4년.

29) 『史記』 66 열전, 伍子胥.

30) 『法言』 重黎篇.

망의 반영일 뿐이다. 따라서 왕권에 대한 도전은 극렬한 비판을 받게 마련이다.

삼근왕 2년(478)의 반란 사건에 대한 찬자의 인식도 그와 같은 의식의 연장에 있다. 즉 그해 봄에 좌평 解仇와 은솔 燕信이 무리를 끌어 모아 大豆城에 웅거해 반란을 일으켰다. 삼근왕은 두 차례에 걸쳐 반란군을 진압케 하여 결국 해구를 죽였고, 연신은 고구려로 달아났으므로 그의 처자들을 잡아 웅진의 저자에서 목베었다. 이에 대한 논찬자의 평가를 본다.

> 『춘추』의 논법에, 임금이 시해되었는데 그 역적을 토벌하지 않으면 깊이 나무라 臣子다운 신자가 없다고 하였다. 해구가 문주왕을 시해했는데 문주의 아들 삼근이 왕위를 이어 그를 처단하지 못했을 뿐만 아니라 또다시 그에게 국정을 맡겼고, 그가 한 성에 의거하여 반란을 일으키는 지경에 이른 다음에야 두 차례나 대병을 일으켜 물리쳤으니, 이것은 이른바 "서리를 밟고서도 경계하지 않으면 어느덧 굳은 얼음에 맞닥뜨리게 되며, 반짝이는 불씨가 꺼지지 않으면 타오르는 불꽃에 이른다"라고 하는 격이라, 그 말미암는 바가 점차로 이루어지는 것이다. 그러나 당 憲宗이 시해되었을 때도 3대 이후에야 겨우 그 역적을 죽일 수 있었으니, 하물며 바다 귀퉁이의 황벽한 곳에 있는 삼근 같은 어린아이야 또한 어찌 족히 말할 나위가 있으랴!

논의 내용은 크게 두 부분으로 구분된다. 하나는 『춘추』를 인용하여 역적 해구에 대한 징벌이 때늦은 것을 비판한 부분이고, 또 하나는 당나라 헌종을 시해한 역적의 처리와 비교하여 다소 위안하는 부분이다. 『춘추』의 지적은 『공양전』에서 확인된다.[31] 또한 당 헌종의 시해 사건은 『구당서』 헌종본기와 『신당서』 王守澄傳에 內官 陳弘志의 일로 확인되며,[32] 나아가 그 반역에 대한 징벌은 왕대수로 3대 만에 이루어진 사실도

31) 『公羊傳』 隱公 11년.

32) 『구당서』 15 憲宗本紀 하, 元和 15년(820) 1월 庚子 ; 『신당서』 208 열전 133 宦者 하, 王守澄.

『구당서』를 통하여 고증이 가능하다.[33] 삼근왕의 경우는 부왕을 시해한 역적을 토죄하였으므로 2대 만의 일이 된다. 삼근왕에 대한 논찬자의 태도는 전반적으로 은근한 옹호의 분위기를 보이고 있다.

이처럼 백제의 사실 관련 인식의 편린들을 통해 볼 때, 『삼국사기』 찬자의 백제에 대한 편견은 얼른 발견되지 않는다. 삼한 즉 삼국을 하나로 아우른 주체로서의 여유와 고려 전기의 체제 안정, 그리고 자기 문화에 대한 자신감에서 비롯된 귀결이라고 본다.

물론 고려 건국 직후, 견훤의 후백제에 대한 대결 의식은 미처 가라앉지 않았을 것이다. 태조의 훈요십조에서 드러난 후백제 지역에 대한 차별 의식은 그 일면이었다. 더구나 후백제의 지향과 논리 자체는 곧 백제에 대한 역사적 성찰을 전제로 하는 것이었으므로, 무력으로 후백제를 통어한 건국 초기의 정세상 후백제에 대한 원혐이 백제에 대한 폄하로 이어질 가능성은 다대했다고 보아야 옳다. 이와 관련하여 백제 부흥 운동의 최후 거점으로서 백제 유민들의 투쟁 의지가 격렬했던 任存城의 명칭이 후삼국기에도 여전히 통일기 신라의 지명 任城郡에 대신하여 쓰인 데서 해당 지역민들의 의지를 읽어 내는 시각은 시사하는 바가 크다.[34]

따라서 고려 건국 직후 한동안은 백제 인식과 관련 정책 가운데 편견이 개입할 여지가 있었다고 보아야 할 것이다. 예컨대 木川 尙氏의 경우 고려 태조가 삼한을 통합할 때 그들이 '(후)백제 유민'으로서 여러 차례 소요를 빚었으므로 짐승의 성 즉 '象氏'라 하여 모욕하였다 한 사례를 들 수 있겠다.[35] 비록 후대의 기록이긴 하나, 견훤의 용장 尙達의 존재로 미루어 있음직한 일이다. 그러나 그들은 현종·문종 연간에 본래의 尙氏를 회복한 것으로 보이거니와,[36] 통합 왕조의 발전적 역동성 속에서 일통 과

33) 『구당서』 184 열전 134 宦官, 王守澄.

34) 김갑동, 1999, 「百濟 이후의 禮山과 任存城」 『百濟文化』 28, 248쪽.

35) 李濟臣, 『淸江先生集』 4 行狀, 「大匡輔國崇祿大夫議政府領議政兼領經筵弘文館藝文館春秋館觀象監事世子師尙公行狀」.

정의 원혐은 이미 소진된 셈이다.

오히려 백제사에 대한 인식에서 발견되는 미세한 편향은 고려 중기 인식 주체의 현재적 처지와 자기중심적 관점에서 발로되었다. 즉 과도한 공역을 강행한 동성왕을 비판한 사론은 신하의 군주에 대한 일방적인 충성을 강조하는 여타의 예들에 비추어 특이한 위상을 가진다.

> 좋은 약은 입에 쓰나 병에는 이로우며, 충신의 말은 귀에 거슬리나 행동에는 이로운 것이다. 이 때문에 옛날 밝은 임금들은 자기를 비우고 정사를 물었으며, 온화한 낯빛으로 간하는 말을 받아들이면서 오히려 사람들이 말하지 않을 것을 두려워하여 '敢諫의 북'을 걸어두고 '誹謗의 나무'를 세워 마지않았던 것이다. 지금 모대왕은 간하는 글을 올려도 자신을 살피지 아니하고 게다가 문을 닫고 거부하였으니, 莊子의 이른바 "허물을 알고도 고치지 않으며 간하는 말을 듣고도 더욱 심한 것을 강퍅하다고 한다"라는 말은 아마도 모대왕을 이르는 말일진저!

동성왕은 재위 22년(500)에 고대한 臨流閣을 세우고 연못을 축조하며 진기한 새를 길러 비판의 대상이 되었다. 그러나 동성왕은 항의하는 신하들의 글에 대답하지 않았을 뿐 아니라, 오히려 다시 간쟁하는 이가 있을까 염려해 궁궐 문을 닫아 걸었다. 사론의 논평은 준열하였다. 충신의 간언은 귀에 거슬리는 것이라는 대목은 湯·武와 桀·紂를 대비시켜 논한 『孔子家語』나 『說苑』의 예에서처럼 자못 강경한 맥락에 서 있다.[37] '감간의 북'과 '비방의 나무'는 『大戴禮』에서 연유한다.[38] 특히 『莊子』에는 위의 인용에 이어 "자기와 같은 사람은 용납하고 자기와 같지 않은 경우는 비록 착해도 착하지 않다 하는 것을 교만하다[矜]고 한다"라는 말이

36) 姜憲圭, 1981, 「三國史記와 三國遺事에 나타난 효자 '向德·向得'에 대하여」 『百濟文化』 18·19, 134~136쪽.

37) 『孔子家語』 六本篇 ; 『說苑』 正諫篇.

38) 『大戴禮』 保傅 48.

이어진다.[39]

이처럼 충신의 간언에 귀 기울이지 않은 동성왕은 교만하고도 강팍하다 하였다. 이는 아마 사론 작성자로 생각되는 김부식의 인종에 대한 항의의 맥락에 공명하는 듯하다. 김부식은 묘청 등의 서경 세력을 진무한 공으로 한때 정부 수반에 올랐다. 그러나 그가 힘겹게 맞서야 했던 도참적·신비적 사유는 광범한 저변을 장악하면서 당대를 풍미하던 하나의 거대한 조류였다. 특히 서경의 당여로 지목되어 좌천되었던 尹彦頤의 복권을 맞아 김부식은 鄭襲明 등과 함께 시폐 10조를 올리고 3일 동안 합문 밖에 엎드려 있었으나, 인종은 이를 받아들이지 않았다. 이어 인종은 崔惟淸 등의 時事를 논한 상소에도 답하지 않았다. 인종의 태도는 문하시중 김부식의 정치적 난관을 의미한다. 따라서 불과 4년여 만에 정부 수반의 자리에서 물러나야 했던 그로서는 동성왕의 태도에서 각별한 비판의 이유를 발견했을 법하다.[40]

인식 주체의 현재적 조건이 백제사를 수용하는 데 보다 깊이 개입된 사례는 무령왕이 좌평 苩加를 처단한 사건에 붙인 사론일 것이다. 백가는 동성왕 시해의 배후 인물이었다. 동성왕은 11월에 백가가 보낸 자객에 저격당해 12월에 서거하였다. 이듬해 정월에, 무령왕은 반란을 일으킨 백가를 처단하였다. 따라서 동성왕을 이은 무령왕이 즉위 직후 백가를 토평한 것은 사건의 전개상 큰 시차 없는 응징이라 할 수 있다. 그러나 찬자는 단호히 '때늦은 일'이라는 비판을 가하였다.

> 『춘추』에 이르기를 "신하된 이는 군주를 넘보려는 마음을 가지지 못하는 것이니, 그러한 경우에는 반드시 죽여야 한다"라고 하였다. 백가와 같이 극악한 악인은 하늘과 땅이 용서치 못할 자인데 그 즉시 처형하지 못하고, 이때 와서 제 스스로 죄를 모면하기 어려울 것을 알고 모반한 다음에야 처단하였으니 이는 때늦은 것이다.

39) 『莊子』 雜篇 漁父 31.

40) 이강래, 2001, 「『삼국사기』의 성격」 『정신문화연구』 24-1.

찬자가 인용한 『춘추』의 대목은 본래 "君親無將 將而必誅"였다.[41] 그런데 논찬자는 이를 "人臣無將 將而必誅"로 변개하였다. 원전의 '군친'이 인용 과정에서 '인신'으로 개필된 것이다. 『춘추』의 문의는 陳의 公子 招에 대한 필법을 논하는 데 있다. 즉 그는 陳侯의 아우인데 원년조에서 그를 진후의 아우라 하지 않고 그냥 이름을 쓴 이유는, 그가 소공 8년 봄에 진후의 世子 偃師를 죽였기 때문에 폄하한 것이라는 설명이다.

다시 말해 소공 원년조에서 이미 초를 폄하한 것은 "장차 이로부터 임금을 죽이게 될 것임을 말한 것"이라 하였다. 이어서 "세자라는 것은 임금의 보좌인데 이제 이를 살해한 것은 그가 이로부터 뒤에 임금을 죽이려는 마음을 가진 것이 분명한 것"이라 한다. 이러한 맥락에서 보면 '군친'은 진후의 아우 초를 비유한 것이고, '將'은 '세자를 죽였으니 이로부터 틀림없이 군주를 시해하고자 하는 마음이 있게 되었을 논리 과정'을 의미한다.

따라서 『삼국사기』 찬자가 '군친'을 '인신'으로 개필한 것은 우선 백가의 경우가 '인신'의 군주에 대한 사례이기도 하지만, 이보다는 김부식이 정계에 입사할 무렵 고려의 숙종이 조카 헌종의 폐위를 이어 왕위에 오른 이였다는 사실에서 연유했을 것이다. 게다가 숙종 대의 이 경험은 예종 대에 왕숙들이 처단되고, 다시 인종의 즉위를 전후하여 예종의 다른 아우들이 화를 입는[42] 배경이 되기도 하였다. 나아가 정작 『삼국사기』가 편찬되던 인종조 후반에도 왕위 계승 후보를 둘러싼 긴장 국면이 있었으므로, '군친'의 발호를 직접 언급하는 것을 회피하려는 김부식의 의도가 은연중 작용했을 것이다.

요컨대 김부식은 진후의 아우 초의 사건을 계기로 군친에 대한 경계를 환기시킨 『춘추』를 인용하면서 고려 당대의 왕위 계승, 특히 『삼국사기』

---

41) 『公羊傳』 昭公 원년.

42) 『고려사』 90 열전 3 宗室 1 ; 『高麗圖經』 8 人物, 李資謙.

편찬 당시에 성숙되어 가던 군친의 발호 가능성을 염두에 두지 않았을 리 없다. 그러나 그와 같은 현재적 상황이 『춘추』의 신랄한 지적에 적확한 것일수록, 더욱 군친에 대한 경계를 직서하기 어려웠을 것이다. 생각건대 이것은 김부식이 처한 고려적 현재성에서 필연적으로 말미암은 변개였다.

그러나 백제의 멸망에 붙인 논평은 오직 유교적 세계 인식에 충실할 뿐이다. 백제를 포함하여 "삼국의 선조는 옛 성인의 후예"라고 하였고, 각각의 나라를 향유한 장구함을 찬탄하였다. 다만 백제의 말기 행태에 대해, "어진 이와 친하고 이웃 나라와 잘 지내는 것이 나라의 보배"[43]라는 말과는 달랐다고 하여 그 멸망의 주요 원인을 진단하였다. 그러나 이 『좌전』의 논리는 신라와 고구려의 멸망론에서도 유사하게 적용되었다.

즉 멸망기 신라에 대해서 "토지와 인민과 정사가 제후의 보배"[44]라고 단언하였다. 고구려에 대해서도 "나라가 망하는 데 있어서는 백성을 흙 검불과 같이 여긴다"[45]라고 하여, 국내의 반목과 무모한 대외 전쟁을 질타하였다. 이와 같이 건조한 유교 윤리의 반복은 각 국이 처한 고유의 역사 조건을 외면하고 있다는 비판을 받기에 충분하다. 하지만 다른 시각으로 보면, 오히려 삼국에 대한 찬자의 등가적·균질적 인식을 예증하는 단서이기도 하다.

결국 고려 전기의 백제 인식을 매개하는 대표적 사서인 『삼국사기』에는 백제사의 사실적 측면에서 기왕의 전승 자료들을 특정한 편향 없이 고구려 및 신라와 균등하게 포섭하였다고 할 만하다. 또한 그러한 사실들은 다시 찬자에 의해 당대 정치 및 문화적 규범을 예증·강화하는 맥락에서 현재적 관점의 투사가 두드러지는 의미 부여의 재료로 활용되었다고 할 수 있다.

---

43) 『左傳』 隱公 6년 5월 庚申.
44) 『孟子』 盡心 下.
45) 『左傳』 哀公 원년.

3. 고려 후기의 백제 인식

1) 인식의 토대

고려 사회의 전개는 『삼국사기』의 등장을 전후로 시기를 구분해 볼 수 있다. 『삼국사기』는 인종 23년(1145)에 제출되었고, 인종은 그로부터 두 달 만에 승하하였다. 또한 의종 24년(1170)에는 무신정권이 수립되었다. 그러므로 『삼국사기』는 고려 전기 사회의 역량이 낳은 산물인 동시에, 고려 후기 사회를 규정하는 지적 사조가 성숙해 가는 시기의 산물이기도 하였다. 특히 12세기 전반 고려 지식인들은 정치·사회적 제반 모순들이 팽만한 나머지 여러 왜곡된 형태로 표출되는 가운데, 현실에 대한 각성과 그에 따른 대안의 모색으로 부심하고 있었다. 다양한 현실 인식과 대안의 형태들은 크게 보아 제도적 개혁을 지향하는 부류와 고려 왕조를 규정해 온 기존의 가치 및 질서의 건강성을 회복하고자 하는 부류로 나뉜다. 『삼국사기』의 위상은 그 가운데 후자의 관점에 충실한 것이었다.

그러므로 『삼국사기』에는 곧이어 닥쳐올 대파국의 실체에 대한 예단까지 구비되지는 않았다. 그러나 여러 불안한 전조들을 목도하고 그러한 현상을 배태한 현실의 모순을 경험하면서, 본연의 왕조 질서를 굳건히 회복하고자 하는 의지만은 뚜렷하였다. 이 점에서 『삼국사기』는 지적 산물인 동시에 정치적 대안이었던 셈이다. 고려는 여전히 일통삼한의 광영을 자부하는 주체였고, 지난 시기 삼한 혹은 삼국의 분립적 사유는 충분히 해소되었다고 보아도 좋았다. 즉 최치원의 삼한－삼국관이 비판 없이 답습된 것은 적어도 최치원의 권위나 신라 중심적 편향에서가 아니다. 이미 일통을 이룬 왕조에서 주요한 역사적 인식의 맥락에 새삼 삼한－삼국의 선후와 우열이 두드러질 연유가 없었을 뿐이다.

그러나 고려 전기 사회의 난숙함의 정점은 곧 후기의 조락의 발단에 닿아 있었다. 사실 전기 사회의 가치 체계를 유지·강화하고자 하는 지향은 근본적인 변혁을 추구하는 움직임에 대한 반동에서 비롯한 성격이 짙다. 서경 천도 운동 자체가 이미 개경 중심의 기존 권위 체계에 대한 심각한 회의를 의미한다. 게다가 水德을 표방한 고려는 명분적으로 고구려 계승 의식을 내세우면서 출발하였고, 실제 초기 집권 세력의 구성에서도 고구려의 고토를 중심으로 한 지역적 편재를 노출하고 있었다. 그러므로 이전 후삼국 혹은 그들이 계승 관계를 설정하고 있던 삼국의 전통과 연관되는 갈등의 요인은 의연히 잠복되어 있었다고 보아야 옳다.

태조 왕건의 훈요십조에서 풍수지리설에 입각한 서남부 지역에 대한 편견의 실체가 현실 정치에 얼마나 유효하게 관철되었는지에 대해서는 논란의 여지가 없지 않으나,[46] 이 또한 객관적 백제 인식을 저해하는 요인이 될 수 있다. 거란의 침입을 당해 일시 개경을 떠난 현종 일행이 백제 유민의 반 고려적 정서를 우려하여 전주 경유를 피한 일이나,[47] 유독 백제 고지에 백제 양식 석탑의 조영 전통이 확인되는 것[48] 등은 그 실례로 고려할 만한 현상이었다. 다만 새 왕조의 활력과 일통의 명분이 그러한 갈등의 소지를 성공적으로 제어하고 있었을 뿐이다.

그러므로 묘청의 서경 운동이 야기한 고려 지배 체제의 균열과 지배 세력의 분열은 잠복된 분립적 갈등 요인이 표출될 수 있는 단서로 작용한 셈이다. 게다가 무신정권의 수립이 고려 전기 체제에 대한 전반적 부정을 의미한다면, 이후 전개된 삼국 부흥 운동은 현실에 대한 퇴영적 반응이었다. 명종 20년(1190) 이래 경상도 지역의 농민 반란군이 신라 부흥의 기치를 내걸었고, 고종 4년(1217)에는 다시 서경에서 고구려 부흥을 표방한 거사가 발생하였다. 이어 고종 24년(1237) 담양 일대의 李延年 형제 역시 백제 부흥을 내걸고 농민 세력을 규합한 바 있었다.[49] 신라 부흥 운동은

46) 김갑동, 2002,「왕건의 '훈요 10조' 재해석 – 위작설과 호남지역 차별」『역사비평』 60.

47)『고려사절요』 3 顯宗 2년 정월 壬午.

48) 金正基, 1987,「百濟系石塔의 特徵」『馬韓·百濟文化』 10.

49) 변동명, 1997,「高麗 武人政權期의 百濟復興運動과 李延年」『南道文化研究』 6.

무신 권력자 李義旼의 의도가 개입된 것이고, 고구려 부흥 운동이나 이연년의 '李家黨' 역시 신라 부흥 운동에서 자극 받은 현상으로 보이지만, 이 일련의 사태는 고려 후기 사회의 전대사 인식이 상당한 불균형을 보일 것을 예감케 하는 대목이다.

물론 전기 사회의 제반 모순에 대한 각성 주체들 누구도 무신정권을 대안의 하나로 고려한 바 없었듯이, 또 다른 삼국 분립이 현실의 난맥을 극복할 수 있는 해결책일 수는 없다. 그러나 고려 후기의 삼국 부흥을 내건 움직임에서는 신라 말 지방 분권 세력들의 토대와 논리가 재연되고 있었으므로,[50] 외양으로만 본다면 또 한 번의 후삼국 분열을 우려할 만하였다.

다만 신라 하대와 고려 후기의 상황은 두 가지 측면에서 구별된다. 하나는 고려 후기의 삼국 부흥 운동이 곧 진압되고 말았다는 것이며, 다른 하나는 고려 사회는 이미 몽고의 물리력 앞에 전례 없는 위기를 경험하게 되었다는 점이다. 따라서 이제 고려 후기의 역사 인식의 주요 조건은 왕조의 정통성을 더욱 굳건히 하여 분열적 사유를 일소하고자 하는 방향으로 귀일하였다. 삼한·삼국의 일통 의식 거양은 물론, 더욱 고양된 차원의 역사적 일체성을 강화할 수 있는 체계적 논리가 모색되었다.

예컨대 이규보의 「동명왕편」은 비록 신라 부흥 운동이 전개되던 때에 작성된 것이긴 하나, 현실의 "고려가 본래 성인의 나라임을 온 천하로 하여금 알게 하려는 뜻"에서 발로된 서사시였다. 고구려의 건국 시조로서의 동명왕에 우선하여, 고려 왕조야말로 그와 같은 성인의 후예임을 주장하는 데 본의가 있었던 것이다.

이승휴의 『제왕운기』나 일연의 『삼국유사』 역시 동명왕과 유사한 민족 영웅의 추숭 대상으로 단군을 민족의 시원으로 설정한 일원적 민족사

50) 李齊賢, 『櫟翁稗說』 前集 2에 묘사된 '李家黨'의 속성을 참조할 것. 아울러 『고려사』 99 열전 12, 崔惟淸 및 같은 책 103 열전 16, 金慶孫 등에도 이들을 '山林'이나 '草賊'으로 표현하였다.

체계를 추구하였다. 고구려의 시조 주몽을 '단군의 아들'로 설정한 『삼국유사』의 의식은 부여, 비류, 신라, 고구려, 백제, 옥저, 예맥의 군장이 모두 단군의 후예라 한 『제왕운기』의 인식에 공명하고 있다. 내부의 삼국 관련 분립 의식은 더 이상 용납될 수 없었고, 민족사의 현실을 유린하는 외부의 강압에 대한 역사적 일체성은 더욱 강화되어 갔던 것이다.[51]

요컨대 고려 후기의 전대사 인식은 전기에 비해 한결 일통의 의의를 강조하는 경향을 보인다. 백제사에 대한 일부의 편향은 아마 그 여파일 것이다. 즉 『삼국사기』가 최치원과 견훤의 상충하는 마한관에 구체적인 관심을 방기한 채 오직 진한－신라의 역사 계승 관계만을 주의한 데 비해, 『삼국유사』는 마한－백제의 연관 논리에 아연 강경한 비판을 시도하였다. 다시 말해 두 사서 모두 삼한의 실체에 대한 긴밀한 고찰보다는 일통의 대상인 삼국과 삼한의 대응 논리에 착안한 것이겠으나, 전기 사회의 일통 주체로서의 여유와 후기 사회의 분립 경향에 대한 경계 의식은 유의미한 차이로 평가되어야 한다.

물론 고려 전기의 마한 인식이 통일기 신라 이래 서로 다른 형태로 병존해 온 것처럼, 후기의 그것 역시 역사적 구체성을 결여한 채 착종된 형태로 부유하고 있었다. 忠肅王 때 금마군에서 도굴된 무덤을 '마한 武康王'의 능으로 관념하고 있었던 것은 그 한 증거이겠다.[52]

이러한 경향은 고려 후기의 백제사 인식을 매개하는 자료의 층위에서도 검증이 가능하다. 이미 말한 바와 같이, 『고려사』에 의할 경우 오늘날의 익산에 소재한 쌍릉은 고려 당대에 後朝鮮王 箕準의 후예인 무강왕과 그의 비의 무덤으로 간주되었으나, 한편으로는 이 무덤을 '末通大王陵'이라고 한다 하면서, 백제 武王의 어릴 때 이름 '薯童'을 그와 관련하여 환기시키고 있는 것이다.[53]

---

51) 閔賢九, 1989, 「高麗中期 三國復興運動의 역사적 의미」 『韓國史市民講座』 5, 一潮閣.

52) 『고려사』 124 열전 37 嬖幸 2, 鄭方吉.

또한 이와 같은 전승의 착종은 『삼국유사』에서도 반복되었다. 즉 『삼국유사』 찬자는 무왕조의 항목 표제 '무왕'에 대해 "古本에는 武康이라 했으나 잘못이다. 백제에는 무강이 없다"라고 분주하였다. 그렇다면 '무왕'의 표제로 구성된 현행 『삼국유사』 이전 자료 즉 '고본'에는 '무왕'이 아니라 '무강왕'으로 기록되었을 것이다. 그러한 형태의 '고본'이 실재했을 것임은 왕력에도 백제 무왕에 대해 "혹은 무강이라고도 한다"라고 한 데서 수긍할 수 있다. 그러므로 고려 당시 무강왕의 실체에 대해서는 마한 왕과 백제 왕, 두 가지 이질적 인식이 병존하고 있었던 것이다.

더욱 주의할 문제는, 백제사 인식에 개입되는 편향은 결국 고려와 마찬가지로 삼한을 일통한 신라의 역할과 위상에 대한 긍정에서 말미암는다는 사실일 것이다. 연개소문의 도교 진작에 저항하여 국외 이탈한 것으로 알려진 고구려 승려 普德의 행적에 대한 기록을 통해 이 문제를 생각해 본다.

우선 1199년에서 1200년 사이를 전주에서 지냈던 이규보는 「南行月日記」에서 연개소문의 도교 진흥에 반발하여 백제 지역으로 이주한 보덕의 '景福寺 飛來方丈'에 관한 내용을 회고하는 가운데, "최치원이 전을 지어 자세히 기록하였으므로 자세한 서술을 생략한다" 하였다.[54]

그런데 회고의 변에 등장하는 보덕의 본래 주처 '盤龍山', 옮겨 간 '全州 高達山', 사건 발생 시기 '乾封 2년(보장왕 26, 667) 정묘 3월 3일' 등을 주요 기준으로 삼아 볼 때, 보덕 관련 전승의 양태는 단순치 않았다. 즉 '반룡산'과 '전주 고달산'은 『삼국사기』 고구려본기에 '盤龍寺'와 '完山孤大山'으로, 그리고 이를 인용한 『삼국유사』 보장봉로보덕이암조에 인

53) 『고려사』 57 志 11 지리 2, "金馬郡本馬韓國[後朝鮮王箕準避衛滿之亂 浮海而南至韓地 開國號馬韓] 百濟始祖溫祚王并之 自後號金馬渚 新羅景德王改今名 … 有彌勒山石城[諺傳 箕準始築故謂之箕準城] 又有後朝鮮武康王及妃陵[俗號末通大王陵 一云百濟武王小名薯童]".

54) 『東國李相國集』 23 「南行月日記」, "崔致遠作傳備詳 故於此略之".

용된 '고려본기'에도 역시 '반룡사'와 '완산주 고대산'으로 확인되는 반면, 사건 발생 시기에 대해서는 두 책이 모두 보장왕 9년(650)으로 기록하였다. '고려본기'가 『삼국사기』 고구려본기를 가리키는 것일 터이므로, 양자의 서술이 일치하는 것은 당연한 일이기도 하다.

그러나 『삼국유사』에는 '고려본기'에 의거한 서술 말미에 분주하여 "또 '本傳'에는 이르기를 건봉 2년(667) 정묘 3월 3일이라 하였다"라고 하였다. 그러므로 '본전'으로 불린 보덕의 전기가 『삼국유사』 찬술 당시까지 전존하였던 사실을 알 수 있다. 그런데 '본전'에서 적출된 정보는 「남행월일기」의 연·월·일·연호·간지와 일치한다. 따라서 '본전'을 최치원의 「보덕전」으로 간주할 수 있는 강력한 근거가 확보된다. 또한 고유명사의 표기를 비교해 보아도 이규보는 보덕의 이암에 관한 사적을 주로 최치원이 지은 보덕의 전기에 의존했다고 판단한다.[55]

한편 김부식도 보덕에 관한 전기를 찬술한 바 있다.[56] 따라서 김부식의 「보덕전」을 구성하는 주요 내용은 『삼국사기』의 보덕 관련 정보에 반영되었을 가능성이 크다.[57] 그렇다면 문제의 본질은 최치원의 「보덕전」과 김부식의 「보덕전」에 있다. 이미 말한 바와 같이 이규보는 최치원의 「보덕전」을 수용하였다. 최치원과 김부식의 「보덕전」 자체가 남아 있지 않은 상황에서 그 구체적 차이를 일일이 구명하기는 어렵다. 그러나 앞서 지적한 지명과 사건 연대의 차이는 하나의 중요한 의도를 암시한다. 무엇보다도 김부식에게 보덕의 이암이 650년의 일로 간주된 데 반해, 최치원이 이를 667년으로 설정한 것은 사소한 차이가 아니다. 이것은 보덕이 교화의 홍포지로 선택한 곳이 백제이냐 신라이냐를 가름하는 본질이기

55) 「南行月日記」의 본문과 보덕의 전승을 다룬 그의 다른 글 「是月八日游景福寺明日訪飛來方丈始謁普德聖人眞容板上有宗聆首座李內翰仁老所題詩堂頭老宿乞詩依韻書于末云」(古律詩 10)의 해당 분주는 그 서술이 완연 동일하다.

56) 『삼국유사』 흥법 寶藏奉老普德移庵, "文烈公[金富軾 – 필자]著[普德 – 필자]傳行世".

57) 『삼국사기』 고구려본기 10 寶臧王 9년(650)에 普德의 移庵이 기록되어 있다.

때문이다.

김부식의 사유에 익숙했을 이규보가 오히려 최치원의 「보덕전」을 근간으로 삼아 서술하고 있는 것은, 고려 후기의 전대사 인식에 드리운 편향성의 증거이다. 고려 중기 지식인 김부식에게 삼국의 일통은 이미 완결된 부동의 사실이었다면, 신라 부흥 운동의 격랑을 목도한 이규보에게 삼국의 재분열은 현실의 생생한 가능태였다. 시종 일통의 신라적 가치를 지키고자 한 최치원이 하대 후삼국의 분립 현실 속에서 보덕의 '선택'을 일통을 완수한 신라로 설정한 것은, 이 점에서 이규보의 의식을 선도한 것이다. 이로 말미암아 『대각국사문집』의 '백제 고대산'과[58] 『삼국사기』의 '완산 고대산'은, 이규보의 『동국이상국집』에 와서 '신라 완산 고달산'이 되고 말았다.

2) 인식의 실제

『삼국유사』는 『삼국사기』를 삼국의 '本史'로 간주한 위의 '遺事'이긴 하나, 고려 후기적 사유를 토대로 한 백제사의 편린들을 포함하고 있다. 특히 기이편은 단군의 조선을 필두로 하여 고려 왕조의 일통에 이르는 민족사의 체계화를 의도한 일반사 영역에 대응하는 것이므로, 여기에 반영된 백제 인식에 주의할 필요가 있다. 일단 백제사의 전반에 관한 『삼국유사』의 사실적 인식이야 『삼국사기』의 틀을 벗어나 있지 않다. 더구나 백제와 직접 관련된 기이편의 항목은 변한백제조, 남부여전백제조, 무왕조, 후백제견훤조로 제한되었다. 예거한 네 항목조차도 『삼국사기』의 서술 내용과 다른 정보는 극히 일부에 불과하였다.

변한백제조에서는 기왕의 변한-백제 연관 인식을 다시 지지하면서, 마한-고구려의 계승 인식과의 정합성에 주의하였다. 아울러 고구려를 변한으로 연결하는 일부 견해를 비판하였다. 이것은 『고려사』 지리지에

58) 『大覺國師文集』 17 「孤大山景福寺飛來方丈禮普德聖師影」.

서 확인한 것처럼, 당시의 일반이 금마군을 마한국의 공간으로 파악하고 있던 데 대한 당연한 반론이었다. 아울러 마한과 변한의 명칭과 관련하여 馬邑山과 卞山을 환기하였다.

얼른 보아도 무리한 이 논증들의 배면에는, 우선 찬자의 최치원에 대한 존숭과 신뢰가 자리하고 있다. 그러나 여기에는 무엇보다도 후백제의 견훤이 주의한 마한과 백제의 역사적 계승성에 대한 비판의 의도가 크게 작용하고 있었다. 무신정권 시기 삼국 부흥 운동의 파장을 경험하고, 또한 고려 이전 역사의 일원적 체계화에 유의했던 찬자로서는, 고조선의 정통을 잇는 마한이 일통을 훼절하는 논리에서 주목되는 현상을 우려했음 직하다. 비슷한 시기의 『제왕운기』에도 백제는 변한 땅에 개국한 왕조로 파악되었다.

남부여전백제조 표제에는 "북부여는 이미 위에 나왔다"라고 하여 앞선 항목 북부여조를 환기시키고 있다. 이 지적은 '남부여'에 대한 '북부여'를 염두에 둔 안내이자, '전백제'라는 題名 자체는 뒤에 이어지는 후백제견훤조를 의식한 것이기도 하였다. 다시 말해 '전백제'는 오직 '후백제'를 염두에 둔 분식일 뿐, 실제로는 '남부여' 자체가 곧 '백제'인 것이다. 그 때문에 찬자는 변한백제조의 표제 가운데 '백제'에 대해서 "남부여라고도 하니 즉 사비성이다"라고 분주하여 남부여전백제조를 안내하였다.

한편 남부여전백제조의 주요 서술은 『삼국사기』를 토대로 하고 있다. 그러나 백제의 최초 도읍지였던 위례성을 고려의 직산으로 판단한 점을 유의하지 않을 수 없다. 이러한 판단은 왕력에서도 명기된 것인데, 『삼국사기』에서 위례성을 '삼국유명미상지분'으로 분류한 것과는 다르다. 『고려사』 지리지도 위례성을 직산으로 서술하였으므로,[59] 아마 고려 당대의 인식을 반영한 것이라고 생각한다.

또 한 가지 특이한 인식으로는, 말미에 소개한 일련의 단편 정보들을

59) 『고려사』 56 지 10 지리 1 稷山縣.

들 수 있다. 이들은 政事巖, 龍嵓, 三山, 堗石, 大王浦 등 사비성 주변의 자연물과 관련된 사항들이되, 주로 비경험적이며 초현실적인 내용들이다. 예컨대 재상 후보들의 이름을 써서 정사암 위에 두면 저절로 낙점이 되었다거나, 소정방이 용암에서 용을 낚았다는 식이다. 삼산에는 신인들이 살면서 날아다녔고, 돌석은 저절로 데워졌다. 특히 용암이 소정방과 관련한 전승에서 비롯한 이름이었다는 점을 고려하면, 이들 전승의 출전과 관련하여 자연스럽게 백제 멸망기의 墮死岩 설화를 상기하게 된다.

- 『백제고기』에는 "부여성 북쪽 모퉁이에 큰 바위가 있는데 그 아래로 강물이 흐른다. 전해 오는 말로는 의자왕과 여러 후궁들이 죽음을 면치 못할 줄을 알고 서로들 이르기를 '남의 손에 죽느니 차라리 자결하리라' 하여 줄줄이 여기 와서 강에 몸을 던져 죽었으므로 사람들이 墮死岩이라고 한다는 것이다"라고 하였다. 그러나 이것은 속설의 와전이다. 단지 궁인들만 떨어져 죽었던 것이요, 의자왕이 당나라에서 죽었던 것은 당나라 역사에 명백한 기록이 있다. (『삼국유사』 기이, 태종춘추공)
- 또 (말하기를) "사비하가에 바위 하나가 있는데 소정방이 일찍이 그 위에 앉아 물고기와 용을 낚아 냈기 때문에 바위 위에 용이 꿇어앉은 흔적이 있는지라 그로 인해 용암이라고 하였다" 한다. (같은 책, 남부여전백제)

이렇게 보면 타사암과 용암은 완연히 유사한 맥락에 있다. 사실 백제의 멸망 관련 추이는 신라 왕인 태종춘추공조에 배려되었는데, 이 또한 백제사의 인식이 신라사에 종속된 형태로 이루어지고 있음을 예증하는 것이기도 하다. 여하튼 고려 후기에는 백제의 저명한 유지로서 天政臺, 釣龍臺, 落花巖 관련 설화가 널리 유통되고 있었다.[60] 1349년 여름에 작성된 李穀의 글에도 이와 관련된 견문과 전승이 보인다.

60) 『고려사』 56 지 10 지리 1 扶餘郡.

… 다음날 부여성 낙화암 아래에 이르렀다. 옛날 당나라가 蘇장군을 보내 前百濟를 쳤는데 부여는 바로 그때의 도읍이었다. 이때 포위되어 사태가 매우 급박해지자 임금과 신하들이 궁녀들을 버려두고 도주하였다. (궁녀들은) 의리상 당의 군사들에게 더럽혀지지 않고자 떼를 지어 이 바위에 와서 강물에 몸을 던져 죽었으므로 이러한 이름[낙화암]이 생겼다. … 조금 서쪽으로 가니 물가에 바위가 올연히 튀어나와 있는데 그 아래는 물이 깊고 맑아 깊이를 헤아릴 수 없었다. 당의 군대가 이곳에 와서 강을 사이에 두고 진을 쳤는데, 강을 건너려 하면 운무가 어두컴컴하게 끼어 방향을 헤아리지 못하매 사람을 시켜 엿보게 했더니, "아래에 용혈이 있어 (용이) 본국을 호위하고 있기 때문"이라는 것이었다. 당나라 사람들이 술자의 계책을 받아들여 미끼를 써서 낚으니 용이 처음에는 저항하여 올라오지 않았으나 힘을 다해 낚아 올리자 그 돌이 그 때문에 쪼개지고 말았다. 지금 보면 깊이와 폭이 1척쯤 되고 길이는 겨우 1장으로 물가로부터 돌의 정수리 부분까지 (균열이) 나 있어 마치 깎아 만든 것 같은데, 이를 일러 조룡대라고 한다. 조룡대에서 서쪽으로 5리쯤 가면 강의 남쪽 언덕에 虎岩이라는 僧舍가 있다. 암석이 벽처럼 솟아 있고 절은 그 바위를 등지고 있으며, 바위에 호랑이의 자취가 완연히 남아 있어 마치 바위를 부여잡고 오르는 것 같다. 바위 서쪽에 천척의 깎아지른 斷崖가 있고 그 머리 부분을 天政臺라고 하는데, 대개 백제 때 여기를 통해 하늘과 교통할 수 있었다. 매번 사람을 써야 할 때는 그 이름들을 천정대 위에 써 두고 임금과 신하들이 조복과 홀을 갖추고서 북쪽 강안 모래밭에 줄지어 엎드려 기다렸다가 하늘이 그 이름에 낙점한 연후에야 가져와 (낙점된) 이를 등용하였다. 이 지역 사람들이 서로 전하는 바가 이와 같다. (『稼亭先生文集』 5 記 「舟行記」)

타사암 즉 낙화암 전승을 전하고 있는 『백제고기』의 실체를 단언하기 어려우나, 같은 시기 이곡의 견문을 고려할 때 이 같은 인식은 주로 민간 전승의 형태로 유포되어 있었던 것 같다. 『삼국유사』 찬자의 합당한 논증처럼 이들 사화는 공인된 역사 기록에 의해 그 사실성이 비판되어야 옳다. 그렇다면 고려 전기 사회에서도 유사한 전승이 회자되었을 가능성을 부정할 수 없다. 즉 신이의 세계를 정면으로 천명한 『삼국유사』 찬자의 의식이 그와 같은 비경험적이며 탈역사적인 전승을 기록으로 포섭하게 된 요인이었을 뿐일지도 모른다.

그러나 이민족의 장수에 의해 낚여 올라온 용은 백제의 멸망에 대한 예조이며, 멸망한 백제에 대한 연민에서 비롯한 민중적 상상력의 소산인 것이다. 그와 같은 저변의 정서는 현실 왕조의 집권력이 이완되고 이민족의 유린이 깊어질수록 해당 지역민의 저항 의식의 동력으로 작용했을 여지가 크다.

무왕조는 백제 왕이 독립 항목으로 다루어진 유일한 예였다. 『고기』를 인용한 무왕조의 내용은 무왕이 池龍과 과부의 아들로 태어났으며, 어릴 때 이름은 서동이었는데 신라 선화공주와 혼인한 다음 왕이 되었고, 부부가 함께 미륵 삼존의 출현을 경험한 것을 계기로 미륵사를 창건했다는 것이다.

찬자는 『삼국사기』의 내용을 근거로 두 가지 사실에 대해 의문을 제기하였다. 하나는 무왕이 세웠다 한 절의 이름이 미륵사가 아니라 왕흥사가 아닌가 하는 의문이었고, 다른 하나는 무왕의 출생과 관련하여 과부의 아들이 아니라 법왕의 아들이 아닌가 하는 점이었다. 이 문제는 흥법편의 법왕금살조에서 다시 거론되었다. 법왕금살조는 법왕의 즉위와 禁殺의 조처 및 왕흥사 창건의 착수, 그리고 그가 죽은 후 아들 무왕이 공사를 계승하여 창사를 완성하였는데 그 절의 이름 또한 미륵사였다는 것 등을 내용으로 하고 있다. 이어 찬자는 다시 무왕조에서 제기한 의문을 염두에 두고 논증하였다.

> (이상은) 『고기』에 실린 바와는 약간 다르다. (그에 의하면) 무왕은 곧 가난한 어머니가 池龍과 관계하여 낳은 이로, 어릴 때 이름은 薯蕷였는데, 왕위에 오른 후 시호를 무왕이라 하였으며, 애초부터 (무왕이) 왕비와 함께 (미륵사)를 창건하였던 것이다.

찬자의 지적대로 법왕금살조의 내용은 『고기』의 정보와 다르다. 주요한 차이는 첫째 무왕의 출생에 얽힌 池龍說話, 둘째 무왕의 어릴 때 이름, 셋째 미륵사 창건 주체에 대한 것이다. 이를 염두에 두고 법왕금살조 본문의 무왕 관련 주요 내용을 간추리자면, 무왕은 법왕의 아들로서 이름은 宣이었으며, 왕흥사 곧 미륵사 창건의 발단은 법왕에서 비롯되어 무왕 대에 완성되었다는 것이다. 따라서 법왕금살조의 본문 내용은 본질적으로 『삼국사기』와 맥락을 같이 한다.[61] 반면에 법왕금살조의 본문 내용과 합치할 수 없는 『고기』의 정보는 한결같이 무왕조의 내용과 부합한다. 그러므로 무왕조의 서술은 법왕금살조에서 의문 제기의 전거 자료인 『고기』에 입각한 자료, 혹은 『고기』 그 자체였다.[62]

그러나 가난한 과부는 물론 그와 교통한 지룡의 상징성은 조룡대에서 낚인 용 못지않게 저열하다. 찬자는 애초에 '武康王'의 전승을 접하고서 백제에는 무강왕이라는 왕이 없다는 판단 아래 무강왕을 무왕으로 개필하였다. 『觀世音應驗記』에 보이는 '百濟 武廣王'의 존재나 무왕조의 해당 내용으로 볼 때, 관련 주체가 백제의 무왕일 것이라는 데에는 상당한 공감이 확보되었으나,[63] 정작 인용자의 판단 자체는 명백한 선입견에 불과한 것이었다. 성급한 그 판단은 필시 무강왕을 '후조선 기준'에 연계시켜 이해했던 고려 당대의 인식이 개입된 때문일 것이다. 즉 익산의 금마군을 마한국의 소재지로 파악하고 무강왕을 그 왕으로 이해하는 당대의 일반적 인식은, 마한을 고구려로 연결시키고 그를 위해 고구려는 동명왕 때 이미 마한을 아울렀다고 주장해야 했던 『삼국유사』 찬자 자신의 삼한-삼국관과 배치되는 것이었다.

---

61) 『삼국사기』 27 백제본기 5 法王 2년 정월, "創王興寺 度僧三十人" 및 같은 책 武王 35년 2월, "王興寺成".

62) 이강래, 2005, 「『삼국유사』 기이편의 자료 수용 방식」 『삼국유사 기이편의 연구』, 한국학중앙연구원.

63) 盧重國, 1988, 『百濟政治史硏究』, 一潮閣, 192～194쪽.

여하튼 백제 무왕의 출생담은 왕자다운 정대함과는 거리가 멀다. 백제사의 마지막 항목이 되는 후백제견훤조에도 『삼국사기』 내용에 포섭되지 않는 부분이 『고기』를 인용하여 서술되었는데, 역시 지룡[蚯蚓]과의 교통이 주요한 설화 모티브였다는 점을 다시 환기하지 않을 수 없다.[64] 즉 『고기』는 이른바 '蚯蚓交婚'이라는 견훤의 신이한 출생담에 그 본의가 있다. 따라서 인용자는 견훤의 부, 견훤의 출생지, 견훤의 칭왕 연대, 세 아들의 반역과 그로 인한 투항 연대, 견훤의 계위자 등 후백제의 주요 시말에 대한 『고기』 정보와 『삼국사기』 정보의 심각한 괴리에는 주의를 배려하지 않았다. 이처럼 후백제견훤조를 『고기』 자료의 수용에 본의를 둔 것이라고 한다면, 후백제 혹은 그것이 계승과 복국을 표방한 백제에 대한 찬자의 고유한 인식 역시 여기에 어떤 형태로든 개입되어 있었겠다고 생각한다.

주지하듯이 『삼국유사』 기이편은 단군의 조선에서 시작하여, 그 계통의 흐름에 유의하면서 왕조의 출몰과 변천을 서술했거니와, 김부대왕조까지 전체 대상 시기가 다 아울러지는 구조였다. 그러나 실제로는 김부대왕조 다음에 남부여전백제조, 무왕조, 후백제견훤조가 이어지고, 다시 『가락국기』를 소개하면서 비로소 기이편이 종결되었다. 이것은 서술의 시간적 순서로 보아도 자연스럽지 못하다. 특히 백제 관련 세 항목에는 『삼국사기』를 벗어난 내용들이 『고기』를 인용하여 포괄되었다. 말하자면 남부여전백제조, 무왕조, 후백제견훤조는 나란히 백제 및 그 계승국임을 천명한 후백제의 시말을 보여주고 있되, 그 서술의 주요 근거가 된 『삼국사기』 정보와 함께 『고기』의 내용을 병렬 제시했던 것이다. 『고기』의 실체를 명료히 하기 어려운 한편, 새삼 『삼국사기』에서 배제되었던 그와 같은 인식이 거론되고 강조되는 맥락은, 그 의미가 적지 않을 것 같다.

---

64) 史在東, 1974, 「「武康王傳說」의 硏究」 『百濟硏究』 5 ; 조동일, 1987, 「삼국유사 설화와 구전설화의 관련 양상」 『三國遺事의 綜合的 檢討』, 韓國精神文化硏究院, 432~433쪽.

특히 무왕이 지룡의 아들이며, 견훤은 지렁이의 아들로 설정되어 있다는 데 주의하고자 한다. 즉 서동은 견훤과 마찬가지로 비정상적으로 태어난 미천한 영웅이었다.[65] 따라서 이들 전승은 모두 정상적인 혼인 관계에서 일탈한바, 적어도 신성한 이적이라고는 할 수 없다. 용암 전승 또한 소정방의 이 행위가 백제의 멸망을 예비하는 조건으로 이해된 것처럼,[66] 부정적 예조일 뿐이었다.

요컨대 김부대왕조를 끝으로 마무리되어 마땅한 기이편의 내적 구조 밖에 위치한 전·후백제사의 세 조목은 『고기』의 정보에 찬자의 강조점이 있되, 그것은 백제에 대해 우호적이지 못하였다. 이것은 신라 중심적 사유가 현저했던 찬자의 백제에 대한 편견을 노출한 것일 수도 있다. 백제에 대한 편견은 기본적으로 후백제를 백제의 연장 속에서 파악한 고려시대의 일반적 인식을 토대로 한다. 그렇긴 하나 무신정권 시기 삼국 부흥 운동에서 받은 충격과 이민족의 폭압에서 배태된바, 민족적 일체감의 고양이라는 당대 요구로부터 증폭된 현상이기도 하였다.

지식인들의 백제 인식에서 발견하는 편향과는 무관하게, 이른바 '백제 지역'의 기층 정서는 과거 고구려나 신라 지역에 비해 현저하게 애상적이었다. 예컨대 『고려사』에 소개된 삼국의 俗樂 가운데 백제의 것으로 분류된 가요들은 禪雲山, 無等山, 方等山, 智異山, 井邑 등 5개이다.[67] 『樂學軌範』에 실린 井邑詞를 제외하면 모두 가사가 전하지 않는다. 그런데 이들은 주로 오늘날의 고창, 광주, 장성, 구례를 공간으로 하는 옛 백제 지역의 산 이름들이다. 또한 적어도 무등산과 방등산은 통일기 신라 혹은 그 말기를 대상 시기로 삼고 있으므로, 백제 속악에는 전·후백제가 다 포함된 셈이다.

---

65) 조동일, 1986, 「삼국시대 설화의 문학적 해석」 『傳統과 思想(Ⅰ)』, 韓國精神文化研究院, 208~210쪽.

66) 『新增東國輿地勝覽』 18 扶餘縣 古跡 釣龍臺.

67) 『고려사』 71 志 25 樂 2 三國俗樂 百濟.

그 가운데 선운산과 정읍은 군역과 행상으로 오랫동안 유리된 남편을 기다리는 여인의 애조를 담은 음악들이다. 방등산 역시 홀로 노략된 여인의 남편에 대한 怨歌로 읽힌다. 게다가 지리산의 경우는 저명한 도미부인의 비극을 원형으로 한 가요이다. 오직 무등산만은 산성을 쌓고 백성들이 그로 인해 안락하여 노래한 것이라 하나, 정작 축성에 동원되었을 지역민들의 고역을 고려한다면, 이 또한 무구한 태평가일 수는 없다.

이렇듯 고려 시대의 백제 속악들은 삼국의 속악들 가운데서 특이할 정도로 민중적 상흔이 절절하였다. 국가 권력이나 왕권의 부당한 횡포, 혹은 반대로 합당한 관권의 보호를 받지 못한 채 방치된 곤경, 생업의 질고 따위가 일관된 서정적 주조를 형성하고 있다는 점을 주목한다.

이러한 경향성은 오늘날 견훤 설화의 지역적 전승 양상이 전라도 지역과 경상도 일원 사이에 분명한 차별성을 보이는 것과 비교할 만한 대목이다. 즉 전라도 지역에서는 견훤의 신이한 탄생 자체에 비중점이 있는 반면, 경상도 지역에서는 견훤의 죽음에 초점을 맞춰 그 비극적 혹은 비천한 결말에 비중이 두어진다.[68] 이미 역사적 좌절과 패배가 논정된 이상 더 이상의 신성성은 기대할 수 없게 되었다. 여기에서 견훤에 대한 긍정적 회한과 부정적 혐의의 분기가 선명한 것이다.

요컨대 비록 견훤의 후백제에 대한 대결 의식에서 비롯한 고려 왕조의 편견이 삼국 시대의 백제에까지 소급되었던 것은 피할 수 없었다 하나, 고려 초기의 삼국 인식이 승리한 측의 여유를 잃지 않았던 데 반해, 후기의 저락한 현실과 지역 분립적 지향의 경험은 백제 인식의 불균형을 심화시켰다. 다만 과거 백제 지역의 민중은 백제의 멸망, 후백제의 패배, 백제 부흥 운동의 실패 등 거듭된 지역 기반 정치 운동의 좌절로 말미암아 역사적 구체성보다는 관념적 회고의 정서에 기울어져 갔을 뿐이다.

---

68) 朴炫國, 1991, 「〈甄萱說話〉考」 『中央民俗學』 3 ; 서해숙, 2001, 「甄萱說話의 傳承樣相과 歷史意識」 『후백제 견훤정권과 전주』, 주류성, 431~434쪽.

그러나 『삼국유사』 찬자가 낙화암 전승을 기록하면서 '당나라 역사'를 근거로 의자왕의 투신을 부정하였듯이, 세속의 전승이란 대부분 역사적 사실에 부합하지 못하였다. 이승휴 역시 현지의 견문을 토대로 "수많은 궁녀들 푸른 물에 떨어지고 낙화암만 대왕포에 우뚝 솟아 있도다"라고 한 데 이어, "대왕포는 왕이 놀았기 때문에 얻은 이름이고 낙화암은 궁녀들이 떨어져 죽었기에 얻은 이름이다"라고 설명하였다.[69] 백제 왕조의 종국을 추념하는 옛 백제 지역 주민들의 애상적 정서가 그 같은 비장한 전승을 확산시켰을 것이다.

그러한 가운데 백제와 후백제의 구별은 그다지 의미를 지니지 못하게 되었다. 비교적 역사의 체계화에 유념한 『삼국유사』나 『제왕운기』 등이 전백제와 후백제의 구별을 명기하였지만, 대체로 고려의 지식인들에게 삼국 시대의 백제와 후삼국 가운데 하나였던 백제는 모두 일통의 대상으로서 동질적이었다. 고려 전기의 崔承老나 후기의 이규보 모두 견훤의 후백제를 백제로 기록하였다.[70] 李齊賢과 李穡 또한 견훤을 '백제 왕'이라 하여 전백제와 후백제를 구별하지 않았다.[71] 앞에 인용한 이곡의 경우에서도 낙화암 전승을 소개하면서 '전백제'라는 명칭을 사용하였으나, 동시에 견훤의 후백제를 그냥 '백제'로 쓰기도 하였다.[72]

또한 백제사의 종국에 대해 구체적 사실 관계가 종종 착종을 보이는 것처럼, 후백제에 대한 인식도 정합적이지 못한 채 기록들 사이의 혼선이 방치되었다.[73] 한 예로 후백제의 종말 부분 전승들을 예거해 본다. 우선

---

69) 『帝王韻紀』 下 百濟紀.

70) 『고려사절요』 2 成宗文懿大王 원년 ; 『東國李相國全集』 23 「南行月日記」 및 같은 책 38 道場齋醮疏祭文 「太一醮禮文」 등.

71) 李齊賢, 『益齋亂藁』 9 上 世家 ; 李穡, 『牧隱詩藁』 3 「次韻題完山記室華同年詩卷三首…」.

72) 『稼亭先生文集』 6 記 「寧州懷古亭記」.

73) 신호철, 1985, 「後百濟 甄萱 硏究(Ⅰ) — 甄萱 關係 文獻의 豫備的 檢討」 『百濟論叢』 1.

『삼국사기』는 견훤전에서 淸泰 2년(935) 3월 견훤의 유폐와 6월 고려로의 투항, 그리고 이듬해(936) 일리천 전투에서의 신검군의 패멸을 기록하였다. 아울러 "신검이 참람되이 왕위를 빼앗은 것은 다른 사람의 협박에서이지 그의 본심에서가 아니리라 여기고, 게다가 귀순해 죄를 청한다 하여 특별히 그의 죽을죄를 용서하였다"라고 하였다. 그러나 서술자는 "세 형제가 모두 죽임을 당했다고도 한다"라는 분주를 통해 이미 단일하지 않은 전승의 현황을 지시하였다.[74] 연표가 신검의 즉위와 견훤의 투항을 청태 3년, 즉 열전보다 1년 뒤의 일로 기록한 것도 유의할 일이다. 다만 『고려사』는 대체로 사건 연대나 신검 등의 종적에 대해 『삼국사기』 열전의 기록과 방불하다.[75]

요컨대 백제와 후백제의 차별적 위상은 전혀 주의되지 않았다. 백제 멸망이나 후백제의 종말에 대한 사실 관계 또한 자료별 단층이 그저 방치되고 있었다. 이와 함께 주로 민중들 사이에 공유되고 있었던 비경험적 설화가 백제사의 이해에 깊이 개입하는 경향이 심화되었다. 이는 결국 고려 후기 사회의 백제 인식이 합당한 검증의 배려를 받지 못한 탓일 것이다. 크게 보면, 이 또한 고려 초에 팽만한 일통의 주역으로서의 자부심이 일통의 대상이자 결과적으로 일통의 완결에 기여한 백제에 대해 여유와 객관을 유지한 인식을 가능케 한 반면, 왕조의 굳건한 질서가 크게 뒤틀리게 된 고려 후기의 현실이 당대 인식 주체에게 백제에 대한 편견을 강요한 데 따른 인상적 차이였다.

74) 『삼국사기』 50 열전, 견훤.
75) 『고려사』 세가 1 태조 18·19년.

4. 조선 전기의 백제 인식

1) 인식의 토대

조선의 건국은 고려적 가치의 극복을 의미한다. 따라서 삼한, 즉 삼국 통합 주체로서의 고려와는 삼국에 대한 인식의 조건이 이미 다르다. 그 결과 조선 전기 지식인들의 삼국 인식은 물론 후삼국에 대한 수용 자세에서도 객관적 거리의 유지가 어렵지 않았다. 조선 왕조의 전대사로서 삼국은 고려와 질적으로 차별될 이유가 없었으며, 조선 건국 주체들은 오히려 고려의 삼국 인식에 대해서 비판적일 수조차 있었다. 고려 시대 지식인들과 사서들을 규정했던 고려 왕조에 대한 평가의 제약 요소들이 더 이상 힘을 발휘하지 못했기 때문이다.

나아가 고려의 일통 자체마저 그 의의가 현저히 제한되고 말았다. 이를 위해 신라 경순왕에 대한 『동국통감』의 논의를 본다.

> 김부식은 金傅를 (吳越의) 錢氏에 비교하여 공덕이 월등히 크다고 하였는데 무엇을 보고 그러한 것인가? 오월은 송에 대하여 藩屛으로서 述職하니 그 군신의 직분이 정해져 있었다. (그러나) 신라는 고려에 대해 이와 같지 않은즉, 泰封은 신라의 반적이요 고려 태조는 태봉의 신하였던 것이다. 비록 태봉이 이미 무너지고 고려의 국운이 날로 창성했다 하나 신라가 고려에 대해 일찍이 무릎 꿇고 稱藩한 적이 없었거늘 하루아침에 종묘와 사직을 버리고 토지를 바치며 北面하여 조회하는 것이 옳겠는가. … 뒷날 비록 부귀하고 외손이 번성하였으나 어찌 나라가 망하고 자신을 잃는 큰 수치를 씻을 수 있겠는가. 경순과 같은 이는 이미 큰 절의를 잃었으므로 그 나머지는 취할 바가 없는데, 김부식이 錢氏에 견주어 (그 우월함을) 비교하니 도대체 무엇을 보고 그러한 것인가? (『동국통감』 12 고려 태조 18년)

태조 왕건은 고려 왕조의 창업주다. 경순왕은 견훤이 고려에 투신한 지 얼마 후인 935년 겨울에 나라를 들어 고려에 자진 항복하였다. 따라서 고려의 일통에 기꺼이 명분을 제공한 경순왕에 대한 고려 지식인들의 포찬은 당연한 귀결이었다. 예컨대 김부식은 송나라 蘇軾의 「表忠觀碑」를 활용하여 경순왕 김부의 귀부를 포양하였다.

소식에 의하면 송 태조가 천명을 받아 천하를 평정할 때 蜀이나 河東의 劉氏 등이 힘이 다하고 형세가 곤궁해진 다음에야 항복하거나 백 번 싸워 죽기로 王師에 저항하다가 해골이 쌓여 성을 이루고 피가 흘러 못을 이루었던 것과는 달리, 유독 오월만이 명령을 기다리지 아니하고 창고를 봉하고 군현을 기록하여 조정에 관리를 청해 왔으며, 그 나라를 떠나는 것을 잠시 머물던 여관을 떠나는 것처럼 하였으니, 조정에 대한 그의 공로가 매우 크다고 하였다.76)

김부식은 소식의 논리를 답습하여, 경순왕의 고려 조정에 대한 공로와 생민에 대한 은덕이 매우 크다 하고, 나라를 들어 송에 항부해 온 오월의 전씨보다 더한 충신이라고 하였다. 그러므로 고려 현종이 신라의 외손으로서 즉위하여 왕통을 이어 온 것은 당연한 음덕의 응보라고 하였다.

그러나 신라, 그리고 고려 왕조 속의 신라를 표상하는 경순왕의 귀부는 고려의 창업과 현재의 고려 왕조에 기여하는 일부로서만 그 의의가 성립하는 것이다. 위에 인용하였듯이, 경순왕 김부에 대한 『동국통감』 편찬자들의 평가가 이를 역설하는 증거이다. 그들에게 고려의 태조란 신라의 반적인 태봉의 신하일 뿐이다. 따라서 그러한 태조에 귀부한 경순왕은 절의를 잃어 취할 바가 없는 자라 하였다. 또한 그들에게 태조는 견훤이나 궁예와 별반 다를 바가 없었다. 신라의 일통 의의보다 오히려 고려의 건국 의의를 낮게 평가하는 정서를 발견한다.77)

이러한 관점은, 김부식이 견훤과 궁예를 혹독하게 폄하하여 "태조를 위하여 백성을 몰아다준 자[歐民者]"라고 한 것과는 사뭇 다르다. '歐民

---

76) 『東坡全集』 86 「表忠觀碑」.
77) 韓永愚, 1981, 『朝鮮前期史學史硏究』, 서울대학교출판부, 180쪽.

者'란 殷 湯王을 위한 桀이요, 周 武王을 위한 紂를 말한다.[78) 『삼국사기』의 논리대로라면, 궁예와 견훤은 "일생을 허비하여 구신라의 전통적인 세력에 타격을 가하여 왕건이 대두할 수 있는 기반을 준비해 주고 있었던 것"일 뿐이다.[79) 이 극단적 평가는 『삼국유사』에도 가감 없이 수용되었다. 이것은 그러므로 고려 지식인 일반의 공유된 특징이요 한계였다. 그러나 조선 전기 식자층의 눈에는, 경순왕은 물론 궁예 혹은 태조와 견훤 등은 모두 후삼국을 구성하는 등질의 존재에 불과했던 것이다.

조선 전기 지식인들의 태조 비판에는 거리낌이 없다. 일찍이 고려 태조는 신라 사신 金律에게 황룡사구층탑 등 신라의 삼보에 관심을 표한 바 있다. 이에 대해 시종 현실 정치의 인의를 강조한 김부식은 "태조께서 신라 사람들의 말을 듣고 물어보신 것일 뿐이지, 그것을 숭상할 만한 것이라고 여기신 것은 아니었다"라고 변명하였다. 그러나 태조는 실제 황룡사구층탑이 가지는 신라사의 성쇠 혹은 '일통삼한'과의 인과관계에 경도되어 있었다. 태조가 개경과 서경에 각각 구층탑과 칠층탑을 세워 일통삼한의 여망을 상징하고자 시도했던 실례는 그 좋은 방증이 된다.[80)

따라서 태조는 보배로 여기지 않아야 할 것에 급급하여 신라를 모방하였고, 그로 말미암아 후대의 지나친 佛事들도 모두 태조가 조장한 것이라는, 조선 전기 성리학자들의 통렬한 지적을[81) 피하지 못하였다. 그들은 또한, 고려 태조는 신라가 천명과 인심에 순응하여 일통을 이룬 것을 각성하지 못하고 구층탑을 세운 때문으로 여겨 이를 본받아 일통을 이루려 했으니, 식견이 고루한 자라 하였다.[82)

명백히 조선 건국의 역사적 당위성을 강화하기 위한 관점들이지만, 그

---

78) 『孟子』 離婁章 上, "爲湯武毆民者 桀與紂也".
79) 金哲埈, 1975, 『韓國古代社會硏究』, 知識産業社, 261쪽.
80) 『고려사』 92 열전 5, 崔凝.
81) 『동국통감』 12 景明王 5년.
82) 『동국통감』 12 敬順王 6년.

로 인해 고려가 거둔 일통의 의의라거나 삼한의 일체성을 위한 배려는 그다지 주의되지 않았다. 즉 권근의 『동국사략』은 단군 이래 삼국에 이르는 고대사의 체계를 세우면서 『삼국유사』와 『제왕운기』의 전례를 수용하면서도, 정작 삼한의 원류를 각이하게 서술하여, 삼한 이래의 주체들을 모두 단군의 후예로 선언한 『제왕운기』의 인식과는 다른 면모를 보였다. 특히 『삼국사절요』와 『동국통감』 모두 진한의 원류를 중국 秦나라 유민들로 설정한 데다가, 『동국통감』의 논찬자는 신라의 순후한 풍속을 예증하기 위해 朱子가 진나라의 풍속을 상찬한 사례를 들어 비교하기도 했던 것이다.[83]

또한 조선 전기의 사서들에서는 부여, 가야, 발해 등의 독립적 위상이 상실되어 민족사의 체계가 『삼국유사』보다 현저히 단순·일원화되고 말았다. 게다가 삼국의 역사를 한데 편년할 때 신라를 정통으로 삼은 『동국사략』이나, 이를 비판하고 무통의 정신에 입각하여 삼국의 연기를 균등하게 병기한 『삼국사절요』와 『동국통감』이나, 모두 오직 건국의 선후에 따라 삼국에 순서를 부여하였을 뿐 삼국과 그 전후의 역사적 계기성에 대해서는 큰 진전을 거두지 못하였다. 이렇게 보면 조선 전기의 삼국사 인식은 고려 후기보다는 고려 전기의 경향에 근접한 셈이다. 아마 건국 이후의 자신감과 그에 따른 전대사 인식의 토대 따위가 유사한 데서 비롯한 결과일 것이다.

그러나 삼국 동일체 의식은 일정하게 존중되었다. 삼국의 역사와 문화는 특히 중국에 대한 자국의 고유성과 긍지의 토대로 주목되었다. 梁誠之의 경우 조선 역시 '統三之業'의 결실로 간주하였고, 致祭 대상으로 천거한 전대의 將相들은 한결같이 일통과 이민족 격퇴에 기여한 인물들로 구성되었다.[84] 문화와 역사의 공동체로서의 민족에 대한 자각이 삼국사를

83) 『동국통감』 7 신라 太宗王 2년.

84) 『訥齋集』 1 備邊十策 및 같은 책 2 奏議 便宜二十四事.

바라보는 데 선명하게 투사되었던 것이다.[85]

권근 등과 함께 『동국사략』 편찬에 참여했던 李詹은 백제의 30왕의 향국 연대를 중국 은나라의 30왕의 향국 연대와 비교하였던 바, 비교의 맥락이 피상적이긴 하나 중국에 대한 동방의 주체 의식을 발견한다.[86] 마치 서거정이 요 임금과 병립했던 단군이나 뒤이은 기자를 중국 왕조가 신하로 여기지 않았다고[87] 한 것과 유사한 의식이라고 할 수 있겠다. 서거정은 또한 백제의 멸망에서 당의 침입을 주의하되, 삼국의 형세를 '脣亡齒寒'으로 규정한 바 있다.[88] 역시 중국이나 일본에 대한 삼국 간 유대의 당위를 읽을 수 있다.

한편 고려 시대와 마찬가지로, 조선의 지식인들에게 삼국 시대의 백제와 견훤의 백제를 구분하는 것은 큰 의미가 없었다. 전삼국과 후삼국은 동질적이며 연속적인 실체였다. 이러한 인식의 토대는 『삼국사기』에서 단서가 마련되었고, 『삼국유사』와 『제왕운기』에서도 전백제－후백제 혹은 전조선－후조선 따위로 파악한 사례가 있다. 그러나 조선의 그것은 고려를 포함하여 일층 단정적 계통 인식을 드러냈으며, 그것은 조선 창국의 역사적 당위에 귀결되는 형태로 나타났다. 鄭道傳의 이해를 예로 들어본다.

> 해동의 나라들은 그 국호가 단일하지 않았다. 조선이라 한 것이 셋으로 단군, 기자, 위만인데 박씨, 석씨, 김씨가 서로 이어 신라라고 일컬은 것과 같다. 온조는 앞서 백제라 하였고 견훤은 뒤에 백제라 하였으며, 주몽이 고려라 하고 궁예가 후고려라 한 데다가 왕씨가 궁예를 대신하여 고려의 국호를 답습했다. (그러나) 모두 한 쪽 귀퉁이를 훔쳐 차지하여 중국의 책명을 받지 않은 채 스스로 명호를 세우고 서로 침탈하였으니, 비록 일컫는 바가 있었다 하나 어찌 취할 만한 것이랴! (『朝鮮經國典』 上 國號)

---

85) 韓永愚, 1975, 「訥齋 梁誠之의 社會·政治思想」 『歷史教育』 17.

86) 『雙梅堂先生篋藏文集』 22 雜著 百濟世系圖後.

87) 『四佳集』 4 序 「送日本國京極殿江南藏主詩序」.

88) 『新增東國輿地勝覽』 16 稷山縣 樓亭 濟源樓 「徐居正詩序」.

전대 왕조 고려가 궁예의 연장에 불과한 터에, 백제와 후백제의 준별에 주의할 여지는 없다. 게다가 전후의 백제가 모두 일통의 대상으로서, 결과론적인 포폄의 과정에서는 세밀하게 차별될 필요가 없기도 하였다. 다만 고려와 삼국이 모두 조선의 전대사를 구성하는 등질적 토대가 되면서, 상대적으로 선행했던 통일 왕조로서 고조선의 역사를 긍정하는 새로운 일면을 보였다.[89)]

아울러 고려의 현실에 긴박된 백제사 인식에서 발생한 몇 가지 착종에 눈을 돌릴 수 있었다. 예컨대 고구려의 보덕이 옮겨 간 나라를 고려 전기에 백제로 인식되던 것이 이규보 즈음에 최치원의 일통 명분에 따라 신라로 변질되었으나, 조선 시대 사서들에서는 다시 백제로 환원되었다. 물론 이것은 단순히 『삼국사기』의 정사로서의 위상을 존중한 결과에 불과할 수도 있다. 다시 말해 상충하는 전승의 시비를 제대로 검증한 끝에 도달한 결론이라고 하기는 어렵다. 이에 대한 이해를 위해, 지명을 둘러싼 혼선의 사례를 들어 본다.

『삼국사기』 지리지에 의하면 全州는 본래 백제의 完山인데 신라 진흥왕이 재위 16년에 州를 설치했다고 하였다. 그러나 지리지의 다른 부분에서는 같은 해에 신라 진흥왕이 火王郡 즉 지금의 창녕에 下州를 설치했다고 하여, 서로 모순된 기록으로 간주되어 왔다. 즉 전주와 화왕군에는 모두 比斯伐이라는 옛 명칭이 적용되고 있으므로, 둘 가운데 하나는 착오일 가능성이 높았던 것이다. 그런데 조선 초에 편찬된 『고려사』 지리지에는 관련 사실이 전주목과 창녕군조에 반복 서술되면서 전주목의 경우 치주 주체를 백제 위덕왕으로 개서하였다.[90)]

이 불안한 당착은 다시 분화하여 『동국여지승람』에서는 『삼국사기』 지리지처럼 전주부와 창녕군조에 각각 진흥왕의 치주 사실을 기록한 반

89) 윤경진, 2003, 「후삼국의 통일과 역사계승 의식의 변화」 『우리역사를 의심한다』, 서해문집, 88~89쪽.

90) 『고려사』 57 지리 2 昌寧郡·全州牧.

면,[91] 『세종실록지리지』에서는 전주부조에서 『고려사』의 방식을 좇아 위덕왕을 치주 주체로 서술하였다.[92] 이러한 당대의 혼선 가운데서, 삼국의 역사를 편년체로 아울러야 했던 『삼국사절요』는, 신라 진흥왕의 치주로 하되 하주가 아니라 완산주라 하여, 또 다른 형태의 불안한 절충으로 귀착되고 말았다.[93]

이처럼 사실 관계의 착종에 대한 수정이 옳게 정돈되지 못하고, 오히려 종종 새로운 혼선을 낳기도 하였다. 길선의 망명과 그로 인해 야기된 백제와 신라의 전쟁 연대는 『삼국사기』의 해당 본기에서 10년의 차이를 보이고 있었는데, 조선 시대 사서들에서 이 사건을 백제본기 편년에 따라 확정한 것은 기전체를 편년체로 재편하면서 발생한 불가피한 조정안이었으나, 역시 적실한 대안은 아니었다.

도미 부부의 사화를 개로왕이 아니라 개루왕 대의 일로 단정한 것도 유사한 사례이다. 세종 16년(1434)에 편찬된 『三綱行實圖』에 도미부인이 열녀의 귀감으로 특기되는 분위기에서, 정작 도미 부부가 처한 백제의 역사적 맥락이야 깊이 고려될 까닭이 없었던 것이다. 백제 시조 온조를 주몽과의 관계에 주목하여 '고씨'라고 한 것은[94] 아마 당시의 일반적 인식에 근거한 것이겠으나,[95] 역시 편의적 기술이 아닐 수 없다. 요컨대 조선 전기 사서들은 전대의 백제사 가운데 사실적 측면의 인식에서는 의미 있는 진전을 보이지 못하였다.

반면, 조선의 편사 정신은 성리학을 근간으로 삼아 그 응용 학문으로서 역사를 정리하고 현실 정치의 교훈을 얻고자 하는 목적의식에 충실하였으므로, 전대사 인식에서도 사실의 천착보다는 다분히 명분적 경향이 두

---

91) 『新增東國輿地勝覽』 27 昌寧縣 및 33 全州府.
92) 『世宗實錄地理志』 慶尙道 昌寧縣 및 全羅道 全州府.
93) 『三國史節要』 6 新羅 眞興王 16년.
94) 『동국통감』 1 백제 시조 溫祚王 원년.
95) 『定宗實錄』 정종 원년 7월 戊寅.

드러지게 되었다. 새로운 통치 질서의 수립을 위한 관찬 사업은 먼저 고려 시대의 역사를 정리하는 것이었다. 그러나 태조 때에 비롯한 이 사업은 왕권과 신료들 사이에 새로운 권력 구조 수립을 둘러싼 길항 관계로 말미암아 여러 곡절을 겪는 가운데 문종 대에 가서야 『고려사』와 『고려사절요』로 결실을 보게 되었다. 조선 전기의 전대사 정리는 물론 조선 왕조 건국의 당위성을 강조하는 것을 우선적 방향으로 설정한 것이지만, 왕조 교체기의 다기한 세력들 사이에는 역사를 보는 관점과 현실 왕조의 이념 정립에서 합의가 쉽지 않았던 것이다.[96]

뒤이어 착수한 삼국 시대 역사에 대한 정리는 태종 대 권근의 『동국사략』(일명 『삼국사략』)으로 나타났다. 『동국사략』 역시 통치 이념의 정립이라는 현실적 목적에 충실한 나머지 철저하게 현재적 가치관으로 역사를 이해하고 서술하여, 일부 절제되지 않은 개서와 개작이 지적되기도 한다.[97] 성리학적 명분론이 깊이 투영된 『동국사략』에 비해, 세조의 의도에서 비롯하여 성종 대에 완성을 본 『삼국사절요』와 『동국통감』은 고대사를 긍정적이고도 적극적으로 인식하려는 지향에서 일보 진전된 산물이었다. 그러나 이들도 역시 기본적으로 유교적 명분에 충실한 사서였다.

다만 『동국사략』 단계의 명분주의는 『동국통감』 단계에서 일부 직서주의에 의해 완화되기도 했다. 예컨대 권근은 『삼국사기』의 유월칭원법을 비판하면서 "『춘추』에서 같은 해에 두 임금이 있을 수 없다 한 뜻을 잃지 않고자" 유년칭원법의 대의를 천명하였으나, 『동국통감』 논찬자는 직서주의에 입각하여 '舊史'를 따른다 하였다.[98] 또한 두 책 사이에 부분적으로 사실의 출입이 없지는 않으나, 모두 『삼국사기』의 내용을 근간으로 삼고 있다는 점은 크게 다를 바 없었다. 따라서 역사적 사실보다는

96) 한영우, 1994, 「조선시대의 역사편찬과 역사인식」 『한국의 역사가와 역사학 상』, 창작과비평사.

97) 鄭求福, 1975, 「東國史略에 대한 史學史的 考察」 『歷史學報』 68.

98) 『동국통감』 1 신라 시조 61년·南解王 원년.

편사의 규범과 사실에 대한 논찬에서 일부 새로운 인식의 출현을 주목하게 된다.

2) 인식의 실제

조선의 지식인들 사이에서 고려적 가치에 대한 직설적인 비판이 빈번했던 데 반해, 삼국사의 인식에 있어서는 일견 관점의 객관성이 증대되었다. 그러나 역사 인식의 주조가 사실보다는 명분에 경도되어 있었던 것은 전대의 경향과 다르지 않았다. 물론 구체적 사실에 대한 관심의 증대가 전혀 없지는 않았다. 예컨대 이미 시대성을 일탈한 말갈 관련 기사를 사료 비판 없이 나열한 고려 시대의 사서들과는 달리, 『동국통감』 찬자들은 그 실체에 대해 문제를 제기하였다. 사실 『삼국사기』에 보이는 이른 시기 말갈 관련 기사는 통일기 신라 지식인들의 발해에 대한 편향이 빚은 결과이거니와, 발해를 온전히 아우르지 못한 채 일통삼한의 관념마저 신라의 전례를 모방한 고려 지식인들은 그에 대한 정면의 비판을 방기했던 것이다.[99)]

물론 『동국통감』의 문제 제기는 백제 초기 역사에 개입된 말갈에 대해, 옥저와 예맥 사이에 또 다른 한 종족이 있었던 것인지 혹은 뱃길로 바다를 건너 침입해 왔던 것인지 등, 의문의 나열에 그쳤다.[100)] 그러므로 본맥을 장악한 논증에 성공한 것은 아니었다. 다만 백제사에 대한 심층 이해의 단서로는 우호적으로 평가할 만하다. 그러나 이 희소한 관심만으로는 명분 위주의 백제사 인식에 의미 있는 변화가 일었다고 보기는 어렵다. 한 예로 온조왕 27년(9)에 백제에게 멸망당했다고 하는 마한의 전말에 대한 논의를 본다.

---

99) 李康來, 1999, 「『三國史記』의 靺鞨 認識 – 통일기 신라인들의 인식을 매개로」 『白山學報』 52.

100) 『동국통감』 1 백제 시조 2년.

『동국통감』 찬자들은 기자의 왕통이 마한으로 이어졌다는 고려 이래의 인식을 수용하되, 천여 년의 유서 깊은 왕조에 대한 문헌 정보가 부재한 점을 애석해 하는 한편, 김부식과 권근 등 선대 사가들이 마한의 멸망에 합당한 논의를 하지 않았다고 비판하였다. 그러나 이 자체로는 백제사의 대세상 건국 이후 한 세대도 지나지 않아 마한을 아울렀다는 납득하기 힘든 전승에 합당한 문제 제기가 될 수 없다. 더구나 『삼국사기』 찬자가 고구려 태조대왕 70년(122)에 고구려와 함께 漢과의 전투에 참여한 마한의 존재를 지목하여, "마한은 백제 온조왕 27년에 멸망했는데 지금 고구려 왕과 함께 군사 행동을 하고 있으니 혹시 멸망했다가 다시 일어난 것인가?" 의아해 하였고, 권근 역시 동일한 의문을 반복한 바 있다.

그런데 『동국통감』에는 같은 논의가 신라 유례왕 14년(297) 伊西古國의 금성 공격 사건에 대한 사론에 반영되었다.

> 마한은 이미 신나라 王莽 始建國 원년(9)에 백제에 멸망되었는데, 다시 한나라 延光 원년(122)에 고구려·예맥과 더불어 요동을 침략하였다 하였고, 이서고국은 이미 한나라 建武 18년(42)에 신라에 멸망되었는데, 다시 진나라 元康 7년(297)에 신라 금성을 공격했다 하니, 혹시 모두 멸망했다가 다시 일어난 것인가? (『동국통감』 3 신라 儒禮王 14년)

이서고국의 멸망 사실은 『삼국유사』에서 유래한 것이다.[101] 「삼국사절요서」에 밝힌 바와 같이 『삼국사절요』 편찬 단계에서 이미 『삼국유사』와 『수이전』 등의 내용이 수용된 결과이다. 일단 이서고국의 문제는 찬자의 말처럼 마한의 사례와 유사하다. 따라서 이에 착목한 자체는 삼국사 관련 기록에 대한 종합적 파악 방식이라 할 수 있다.

다만 마한에 관한 한 사실 비판에 기여할 만한 안목이 없다. 오직 『고려사』에서 금마군을 마한국의 소재지로 파악하고 현지의 쌍릉을 마한 무

101) 『삼국유사』 기이, 第三弩禮王.

강왕과 관련하여 이해한 연장에서, 비로소 최치원의 마한 인식에 대한 비판이 가능했을 뿐이다. 실로 마한 무강왕의 인식은 조선 전기에도 다를 바 없었던 것이다.[102)]

그러나 또한 마한의 착종 문제를 이서고국의 사례와 연계하여 지적한 종합적 사유는 삼국을 전대사의 균질적 일부로 파악한 증좌임이 분명하듯이, 인식 주체와 인식 대상 간의 시간적 거리 및 창국 초기 특유의 활력은 조선 전기의 백제 인식에서 제한적이나마 역사적 고려가 강화될 수 있는 토대로 작용했다고 볼 수 있다. 특히 마한을 별도 항목으로 독립하여 강조한 것은 기자조선과 신라를 매개하는 중간 단계로서의 마한 중심적 정통론 체계의 단서를 암시한다.

다른 한편, 크게 보아 같은 명분론이라 하더라도 그 명분의 구체적 맥락은 서로 다를 수 있을 것이다. 예컨대 개로왕의 피살 사건에서 발로된 『삼국사기』의 명분론은, 임금의 행위는 여하한 것이든 신하가 복수할 수 있는 성질의 것은 아니라는 데 강조점이 있었다. 그곳에 개로왕의 실정과 독선이 고려될 여지는 없다. 개로왕을 핍살한 재증걸루와 고이만년의 행위 이전에, 그들의 고구려 망명과 그들의 이탈을 초래한 개로왕의 실정을 연계해 사유하려는 시도는 전무하다. 그러나 백제인 도미 부부의 경우가 그러하듯이, 재증걸루 등도 오직 개로왕의 독선에 희생되어 고구려로 이탈해간 이들이었다.

만약 사건 당사자들의 행위를 유기적으로 연계하지 못할 경우, 백제의 한성 함락과 개로왕 패사의 원인은 『삼국사기』 문면대로 고구려의 첩자 道琳의 암약에서 빚어진 무리한 공역과, 그로 말미암은 재정의 허갈 및 인민의 곤궁으로 설명되는 데 그치고 만다. 비록 그와 같은 분석 자체에 중대한 하자가 없을지라도, 이 사건을 오직 '신하의 군주 시해'라는 맥락으로 귀결시키는 안목은 『삼국사기』 편찬 당시 고려 왕권을 둘러싼 잠재

102) 『삼국사절요』 外紀 箕子朝鮮 ; 蘇世讓, 『陽谷先生集』 14 記 「益山東軒重新記」.

적 우려가 강요한 측면이 짙다. 따라서 그러한 우려에 긴박될 필요가 없었을 뿐 아니라 건국 주체로서의 자부심으로 전대사 편찬 업무에 종사한 조선 전기 편찬자들이 발견한 이 사건의 본질은, 자연스럽게 폭넓은 역사성에 기반하게 된다.

즉, 『동국통감』에서는 개로왕 피살 사건에 붙인 김부식의 사론을 전재한 후 다음과 같이 논하였다.

> 옛적에 蘇秦이 齊王에 유세하여 궁실을 높이고 園囿를 크게 한 것은 齊나라를 피폐케 하고 燕나라를 위하고자 함이었다. 張儀는 秦나라를 위하여 魏나라의 승상이 되어서 위나라를 유도해 진나라를 섬기게 하였다. … 개로왕은 한갓 구구한 작은 재주를 좋아하여 심지가 미혹되었으며 마침내 적국에 유인되고 늙은 중의 노리개가 되었으니, 마치 技人 손아귀의 꼭두각시와 같이 오직 부리는 대로 하였다. 궁실을 높이고 臺榭를 수식하라 하면 그대로 하였고, 石槨을 만들고 河堰을 쌓으라 하면 그대로 좇아, 창고는 다하고 민력은 초췌하였다. 국사는 버려지고 적병은 밀려드니 후회한들 이미 늦었다. 자신은 적의 칼날에 죽고 후세에 웃음거리가 되었으니 이것이 누구의 허물이겠는가! (『동국통감』 4 백제 개로왕 21년)

『동국통감』의 논자는 개로왕 자신의 허물을 우선 고려하고 있다. 蘇秦·張儀 등 縱橫家를 고구려의 승려 첩자 도림에 비기면서, 그에게 놀아난 개로왕은 스스로의 죽음을 자초한 셈이라 하였다. 사뭇 『삼국사기』의 논찬과는 비중점이 다르다. 김부식의 관점이 지나치게 군신 간의 유교적 충효 질서에 집착한 반면, 『동국통감』은 일면 대상 사건의 역사성을 보다 폭넓게 파악하고 있다.

김부식의 논리에 충실하자면, 재증걸루와 고이만년 등이 고구려로 이탈해 간 행위 자체가 이미 신하의 도리를 훼상한 것이다. 마찬가지로 그러한 자들을 받아들인 행위도 패륜을 조장하는 일이 된다. 반면에 '신하의 무조건적 직분'에 앞서 '인군의 인군다운 책임'을 거론한 『동국통감』

의 명분은 월등한 설득력을 확보하였다.

여하튼 말갈과 마한 관련 사론 외에 『삼국사기』의 백제사 관련 사론과 무관하게 추가된 것들은 모두 지극히 성리학적 명분에 충실한 논의들이었다. 우선 『삼국사절요』에는 권근이 작성한 온조왕의 국모 사당 건립 비판, 고이왕의 사냥 비판, 침류왕의 불교 수용 비판, 아신왕의 왜국에 대한 세자 파견 비판, 법왕의 불교 존숭 비판, 성충의 죽음과 계백 및 백제 멸망에 대한 소회 등이 『삼국사기』에서 작성된 사론에 추가되었다. 온조왕이 아버지 동명왕의 사당을 이미 세운 터에 어머니를 그에 배향하지 않고 따로 국모의 사당을 세운 것은 『춘추』의 예에 어긋난다 하였다. 고이왕의 사냥 행위 또한 『주역』과 『예기』에서 이른바 생명을 아끼는 어진 마음을 잃은 것이라 하였다.

침류왕과 법왕의 숭불 행위가 조선 지식인의 눈에 비판의 대상이 되는 것은 불가피한 일이었지만, 해당 왕들이 장수와 복록 어느 것에도 신불의 효험을 얻지 못했다는 논증은[103] 그다지 적실하지 못한 것이었다. 사실 조선 전기 식자들의 불교 비판이란, 불교 자체의 논리적 오류보다는 주로 불교신앙 차원에서 빚어지는 문제점을 지적하는 경향을 보여 일방적인 측면이 적지 않았다.[104]

국가 간 전쟁에 대한 권근의 평가 역시 가족 윤리적 예제가 논거로 되었던 데는 다를 바 없다. 고국양왕과 광개토왕 대에 있었던 백제와의 전쟁에 대한 평가를 예로 들어본다. 사건의 배경은 392년, 즉 광개토왕 원년인 동시에 백제 아신왕 원년에 있었던 양국 관계에 있다. 고구려의 고국양왕이 5월에 사거한 후 광개토왕은 7월과 10월에 대규모의 병력으로 백제를 공격하였다. 이어 11월에는 백제 진사왕이 사거하고 아신왕이 뒤를 이었다. 또한 이보다 앞서 385년 11월에 백제 침류왕이 사거한 이듬

103) 『삼국사절요』 4 백제 枕流王 2년 및 같은 책 7 백제 法王 2년.

104) 秦星圭, 2005, 「朝鮮初期 儒學者의 佛教認識 – 朝鮮王朝實錄을 중심으로」 『白山學報』 73.

해에 고구려 고국양왕은 백제를 침공한 적이 있었으며, 그로부터 3년 뒤인 389년과 390년에 진사왕의 고구려 침습과 都坤城 공함 사건이 연이어 있었다. 따라서 광개토왕의 즉위 직후 백제 공략은 진사왕의 침습에 대한 보복적 성격으로 비쳐질 여지가 있다.

이 일련의 사태에 대한 권근의 의견은, 국상 중에 군사 행동을 거리낌 없이 자행한 고구려의 두 왕을 비난하는 데로 모아졌다. 먼저 광개토왕이 즉위 직후 부왕의 상중임에도 군사 행동을 벌인 것은 자식으로서 애통해하는 마음이 없는 것이라 한다. 또한 고국양왕의 백제 침공 역시 침류왕의 상중에 있었던 일이므로 매우 그릇된 행위라 한다. 반면에 백제 진사왕은 부왕의 상중에 두 차례 고구려의 침습을 받았지만, 은인하여 3년의 복상을 마친 후 그에 대한 보복을 했으니 바른 처사라 하였다. 그 때문에 진사왕은 두 차례 승리를 거둔 것이고, 그럼에도 고국양왕은 보복하지 못하고 말았으니 그릇된 처사에 대한 응보라는 것이다. 결국 광개토왕의 백제 공격은 부왕의 상중에 있었으므로 이미 그릇된 행위임은 물론이요, 부왕의 그릇됨을 반성하기는커녕 의리와 시비를 고려치 않은 보복 전쟁에 불과하다고 폄하하였다.[105]

이와 같은 관점은 5세기 초 고구려와 백제의 국가적 역관계와 유리되어 있다. 게다가 권근의 논지를 연장할 경우, 진사왕의 뒤를 이은 아신왕 역시 부왕 사후 1년이 안 되어 광개토왕에게 공함당한 관미성 수복 전쟁을 일으켰으므로, 광개토왕에게 가한 폄훼의 논리에서 자유로울 수 없을 것이다. 물론 이러한 불균형이 백제에 대한 우호적 편향 결과는 결코 아니다. 다만 조선 초의 성리학적 세계 인식에 기여하는 재료로서만 삼국의 사실들은 원용되고 있었던 것이다.

아신왕 6년(397)에 태자 전지를 왜국에 질자로 파견한 사실을 격하게 비난한 것도, 왕위를 계승할 세자의 막중함을 명분으로 삼았으나, 아마

105) 『삼국사절요』 4 고구려 故國壤王 9년 廣開土王 원년.

고려 말 이래 경험한 왜구들의 침습에 대한 적개심이 기저에 있었다고 보아야겠다. 특히 이 사건을 규탄함에 있어서 중화와 이적, 대국과 소국의 논리를 거듭 강조한 것은 그 때문이었을 것이다.

사실 권근은 고려의 귀족 가문 출신으로서 조선 왕조 개창을 정당화하는 데 적극적으로 복무하여 失節의 비난을 받았던 인물이다. 따라서 현실에서 유리된 그의 경직된 명분론은 그와 같은 자신의 정치 역정과 무관하지 않다고 생각한다. 그는 조선 초의 정치적 격변기에 매번 친왕적 행로를 보였으며, 또한 그것을 다시 성리학적 강상윤리로 수식하였다.[106] 요컨대 그의 역사 인식들 가운데 번번이 역사적 구체성보다 관념적 명분이 앞선 것은 은연중 자신의 행적에 대한 변호 논리가 개입한 때문이었을 것이다.

계백에 대한 권근의 평가는 그 좋은 예증이 된다. 그에 의하면 출정에 앞서 처자를 죽인 계백은 무도하고 광패한 이로서 이미 패배를 자초했다 하였다. 같은 논리로 아들 관창으로 하여금 두 차례나 단기로 적진에 들어가 죽도록 한 신라의 품일도 잔인하여 후세의 권계로 삼을 수 없다 한다.[107] 충절과 보국의 표상들이 문득 개인의 심성 차원으로 전락하여 비난을 받고 말았다. 고구려와 백제의 전쟁과 외교가 가족 윤리에 의해 재단되었던 것과 방불하다.

이에 대해 『동국통감』에서는 권근의 계백에 대한 논단에 동의할 수 없다고 반론하였다. 백제 말기의 형세상 이미 패망을 피할 수 없었던 터에, 계백에 대해서는 마땅히 그의 지조와 절의를 논할 뿐 성패와 利鈍을 따질 바가 아니라 하였다. 이어 "백제가 망할 즈음 한 명의 충신이나 의사도 나라를 위해 목숨을 바치는 이가 없었는데 유독 계백이 절의를 지켜 두 마음을 갖지 않았으니 이야말로 '나라가 망하면 함께 죽는다'라는 말

106) 남동신, 1994, 「동국사략·삼국사절요」 『한국의 역사가와 역사학 상』, 창작과비평사, 140~141쪽.

107) 『삼국사절요』 9 백제 의자왕 20년.

의 전형"이라고 하였다.

이 논찬을 작성한 崔溥는 1488년에 표류하여 중국에 상륙한 뒤 현지 관원에게 조선의 역대 사정을 간추려 말하는 가운데서도 고구려와 백제의 인물로 오직 을지문덕과 계백을 꼽았다.[108] 따라서 권근의 계백에 대한 폄훼는 당시 식자층의 보편적 평가이기보다는, 자못 자신의 행로에 대한 변명의 맥락이 컸던 것으로 생각한다.

사서에 보이는 역사 인식과는 달리, 조선 왕조의 현실 통치와 정책에서는 전반적으로 백제 지역민에 대한 고려 시대의 편견이 재연되는 분위기였다. 예종 대에 있었던 광주와 영암 일대의 소요에 대한 논의 가운데, "전라도는 본래 백제의 옛 땅으로 인심이 각박하고 완악하기가 다른 도의 배나 되니 만약 엄하게 다스리지 않는다면 통제하기 어렵다"는 헌의가 보인다.[109] 성종 대에도 전라도의 완악한 기풍이 백제 이래의 사치와 교만한 풍속에 연유한 때문이라고 하는 한편, 순후 질박하여 다스리기가 쉬운 경상도는 신라의 근검 부강한 풍속이 이어 온 때문이라고 하였다.[110] 역시 성종 대의 李承召는 백제를 일러 "삼국 가운데 가장 강하고 사나워 전투를 좋아했으며, 백성들은 교만하고 험악하여 쉬이 소란을 피운다"라고 하되, 그 이유를 전라도 지역 산천의 풍광과 기운에 얽매인 탓으로 설명한 바 있다.[111]

따라서 『삼국사절요』를 찬진한 서거정조차 "백제는 사기와 권모를 숭상하여 전쟁을 좋아하고 앙화를 즐겁게 여긴다"고 단언했던 것은,[112] 그와 같은 당대 분위기가 반영된 탓일 것이다. 이는 물론 일통을 이룬 신라와 패망한 백제의 결과론적 대비이겠으나, 여기에는 또한 견훤의 후백제

108) 『漂海錄』 1, 2월 初4일.

109) 『睿宗實錄』 예종 원년 5월 乙酉.

110) 『成宗實錄』 성종 3년 8월 丁亥.

111) 『三灘先生集』 11 序 「送禮曹參判金公出按全羅道詩序」.

112) 『삼국사절요』 「三國史節要序」.

에 대한 고려 왕조의 폄하도 가세했다고 보아야겠다. 즉 성종과 측근 신료들의 대화에서는 전라도의 각박하고 완악한 기질을 견훤 이래의 풍습으로 지적하고 있었던 것이다.[113]

이와 같은 편견은 종내 인문지리적 사유에도 영향을 끼치게 되었다고 생각한다. 예컨대 李重煥은 전라도를 평하여, "풍속이 聲色과 사치를 앞세우고 사람들은 약빠르고 교활하여 문학을 중히 여기지 않는다"라고 하였다.[114] 또한 정약용과 같은 경우 백제의 멸망 원인을 진단하는 가운데, 특히 한성에 비해 군사적 방비에 불리한 부여의 지정학적 조건을 강조하고 있는 것은 일견 객관적 분석의 사례로 비쳐지긴 하지만,[115] 역시 지리결정론적인 요소를 떨치지 못한 것이라고 평가해야겠다.

한편 고려 시대와 마찬가지로 일반의 백제에 대한 일상적 회고는 주로 멸망 과정의 비극과 관련하여 유포되고 있었다. 일찍이 이승휴와 이곡이 낙화암, 대왕포, 조룡대 등의 현지 전승을 접하고 소회를 남긴 바 있었듯이, 백제 시대의 유적과 전승은 조선에 와서도 즐겨 작시의 재료가 되었다. 『동국여지승람』 편찬에 참여한 李宜茂가 남긴 시는 백제사에 대한 조선 시대 지식인의 관점과 구 백제 지역 민중들의 정서가 어우러진 하나의 사례라 할 만하다.

> 조룡대 아래 강물은 절로 흐르고 / 조룡대 위에 바람 소리 스적이는데 / 용이 죽은 일 지난 세월에 끝나지 않았던가 / 지금까지 강물은 슬피 흐느끼는구나 / 옛날 백제 전성 시기를 돌아보매 / 눈앞에 만물이 살아 있는 듯 빛나는데 / 후사 왕은 단지 승평의 세월 긴 것만 믿으니 / 어찌 화와 복이 정해진 기일 없음을 알리요 / 안으로 탐락을 다하고 밖으로 군사를 궁핍케 하니 / 깊은 밤 귀곡성은 어느 성성이의 모진 흉악인가 / 成忠이 죽어 가니 다시 누가 간하리요 / 화란은 쏜살같아 문득 형체 없이 다가오니 / 당나라 도독

113) 『成宗實錄』 성종 6년 5월 乙丑.
114) 李重煥, 『擇里志』 八道總論 全羅道.
115) 丁若鏞, 『與猶堂全書』(1987, 景仁文化社) 1-11 「百濟論」.

蘇 장군 / 10만 군사 거느리고 강가에 임하여 / 백마를 강에 던져 용 또한 죽으니 / 긴 강 온통 비린내와 요사한 조짐에 휩싸이고 / 창과 방패 눈에 가득 삼대 같이 빽빽한데 / 천길 솟은 바위 그 이름 낙화로다 / 가련타 푸른 옷 입고 술잔을 돌리는 이 / 집안과 나라가 망하고서 어찌 할 바 모르누나 (『蓮軒雜稿』 2 雜詩類 「釣龍臺」)

주의할 사항은 백제의 멸망을 재촉한 왕들에 대한 비판과 짝하여, 성충과 같은 충신의 죽음에 대한 안타까움이 더해 갔다는 것이다. 백제 멸망에 관련하여 고려된 이러한 대비는 이미 『삼국사절요』에 실린 권근의 논찬이나 『동국통감』의 사론에서도 발견되는 바였다. 고려 중기의 점증하는 위기에 당하여 강고한 왕권과 절대적 군신 질서에 집착했던 바와는 사뭇 다르다. 왕성한 창국의 역동성은 물론 건국 주체로서의 자부심에 충일했던 조선의 신료들은 일방적인 충군의 논리에 매몰되지 않았던 것이다.

즉 이미 말한 바와 같이 『삼국사기』 찬자가 재증걸루 등의 불충에 주목하는 동안, 『동국통감』 찬자는 개로왕의 책임을 예리하게 논파하였다. 또한 『삼국사기』 찬자가 당 태종의 고구려 공격 실패 원인으로 연개소문의 비상한 역량에 착안하는 반면, 『동국통감』 찬자는 멸망기 고구려의 위기에 대해 "비록 연개소문의 죄악이라고는 하나 또한 보장이 임금답지 못한 소치"라고 단언하고 만다. 대표적 사서에 표출된 이와 같은 관점은 지식인 일반에 널리 공유되어, 시간이 지날수록 백제사는 통치자의 실정을 경계하고 충신의 절의를 기리는 양단의 음미가 주조를 이루게 되었다.[116] 그와 같은 추세의 반복은 백제 왕 자체를 명민치 못한 통치자의 전형처럼 회자하도록 조장한 느낌마저 든다.

특히 몰역사적 애상과 탈맥락적 감계의 만연은 기층민의 전승에도 영향을 끼쳤을 것이다. 예컨대 신라의 소년 黃昌이 신라 왕의 분원을 갚기 위해 백제로 잠입하여 劍舞를 빌미로 백제 왕을 찔러 죽였다는 전승을

116) 黃仁德, 1994, 「'백제패망' 전설들로 본 백제사, 백제사의식」 『百濟硏究』 24.

환기한다. 李匡師는 이때를 백제 쇠망기 무렵으로 보았으나,[117] 역사적 실제를 확인할 길 없다. 그런가 하면 "진시황을 저격하려다 실패한 '滄海力士'가 곧 황창"이라고 짐작한 견해도 있다.[118]

유의할 점은, 그 실제나 진실 여부가 본질은 아니라는 것이다. 이는 필시 패망한 왕조의 무력한 통치자에 대한 야유의 정조가 낳은 설화일 것이다. 따라서 황창 전승은 뜻밖에 효종, 현종 대 조정의 군신 간에도 종종 거론되었다.[119] 그들 논의의 문맥은 진중치 못한 왕자의 허물을 경계하는 데 있었다. 그러한 한편 세속에서는 황창이 8세의 어린아이라거나 혹은 官昌의 와전일 것이라거나 하여 분명한 실체가 모호한 채로 유전되면서, 황창의 형용을 그린 가면이 만들어져 처용무와 함께 향유되기도 하였다.[120]

이처럼 황창의 전승은 백제 왕의 피살을 소재로 하나, 조선의 여러 향유 계층에서 그것은 이미 백제의 역사와는 유리되어 있었다. 백제사를 재료로 한 사유는 이렇듯 시대와 인식 주체에 따라 주된 대상과 인식의 맥락이 다르게 정돈되어 갔던 것이다.

---

117) 『圓嶠集』 1 東國樂府, 黃昌舞.

118) 黃仁德, 1987, 「'黃倡舞' 研究 — '黃倡'의 由來문제를 中心으로」 『韓國民俗學』 20, 284쪽.

119) 『顯宗實錄』 8 현종 5년(1664) 甲辰 6월 11일 壬寅.

120) 『存齋集』 14 詩 東都樂府六首, 黃昌郎 ; 『信齋集』 1 東國樂府, 黃昌舞 ; 『增補文獻備考』 106 樂考 17 俗部樂 1 新羅樂, 黃昌郎舞.

참고문헌

가. 사료

『稼亭先生文集』(李穀) 『高麗史節要』 『高麗史』 『公羊傳』 『孔子家語』 『南史』 『論語』 『訥齋集』(梁誠之) 『唐鑑』 『唐大詔令集』 『唐宋八大家文鈔』 『唐語林』 『唐會要』 『大覺國師文集』 『大戴禮』 『大東地志』(金正浩) 『東國李相國全集』(李奎報) 『東國地理誌』(韓百謙) 『東國通鑑』 『東文選』 『東史綱目』(安鼎福) 『同春堂先生別集』(宋浚吉) 『東坡全集』 『孟子』 『牧隱詩藁』(李穡) 『樊川文集』(杜牧) 『法言』(揚雄) 『北史』 『四佳集』(徐居正) 『史記』 『三國史記』 『三國遺事』 『三國史節要』 『三國志』 『三灘先生集』(李承召) 『尚書』 『宣和奉使高麗圖經』(徐兢) 『說文解字』 『說郛三種』 『說苑』 『成宗實錄』 『世宗實錄』 『續日本紀』 『孫子』 『宋史』 『隋書』 『詩經』 『新唐書』 『新五代史』 『信齋集』(李度中) 『新增東國輿地勝覽』 『雙梅堂先生篋藏文集』(李詹) 『梁書』 『與猶堂全書』(丁若鏞) 『櫟翁稗說』(李齊賢) 『蓮軒雜稿』(李宜茂) 『熱河日記』(朴趾源) 『永樂大典』 『睿宗實錄』 『五代會要』 『遼史』 『圓嶠集』(李匡師) 『魏書』 『益齋亂藁』(李齊賢) 『日本書紀』 『資治通鑑』 『莊子』 『定宗實錄』 『諸蕃志』(趙汝适) 『帝王韻紀』(李承休) 『存齋集』(魏伯珪) 『左傳』 『周書』 『周易』 『增補文獻備考』 『晉書』 『册府元龜』 『淸江先生集』(李濟臣) 『崔文昌侯全集』(崔致遠) 『太平御覽』 『擇里志』(李重煥) 『通鑑考異』 『通典』 『漂海錄』(崔溥) 『筆苑雜記』(徐居正) 『漢書』 『翰苑』 『海東繹史』(韓致奫) 『顯宗實錄』 『後漢書』 『欽定全唐文』

나. 단행본

강경구, 1991, 『古代의 三朝鮮과 樂浪』, 기린원

江蘇省社會科學院 編, 吳淳邦 外 譯, 1993, 『中國古典小說總目提要』 1, 蔚山大學校出版部

姜仁求 외, 2002, 『譯註 三國遺事1』, 以會文化社

高柄翊, 1970, 『東亞交涉史의 研究』, 서울대출판부

고운기, 2001, 『일연과 삼국유사의 시대』, 月印
국립광주박물관, 1996, 『백제금동향로와 사리감』
국사편찬위원회 편, 2005, 『혼인과 연애의 풍속도』, 두산동아
權悳永, 1997, 『古代韓中外交史』, 一潮閣
김기흥, 1993, 『새롭게 쓴 한국고대사』, 역사비평사
김대웅 옮김, 1985, 『가족의 기원』(Friedrich Engels, 1892, *Der Ursprung der Familie, des Privateigentums und des Staats*), 아침
金英穆 譯, 1979, 『未開人의 性生活』(Bronislow Malinowski), 徽慶出版公社
金瑛河, 2002, 『韓國古代社會의 軍事와 政治』, 高麗大學校 民族文化研究院
金完燮, 1975, 『韓國婚姻考』, 高大出版部
金貞培, 1973, 『韓國民族文化의 起源』, 高麗大學校出版部
______, 1986, 『韓國古代의 國家起原과 形成』, 高麗大學校出版部
김창룡, 2002, 『고구려 문학을 찾아서』, 도서출판 박이정
金哲埈, 1975, 『韓國古代國家發達史』, 한국일보사
______, 1975, 『韓國古代社會研究』, 知識産業社
盧重國, 1988, 『百濟政治史研究』, 一潮閣
노태돈, 1999, 『고구려사 연구』, 사계절
______, 2009, 『삼국통일전쟁사』, 서울대학교출판부
大東文化研究院, 1972, 『崔文昌侯全集』, 成均館大學校出版部
박종열 譯, 1982, 『문화의 수수께끼』(Marvin Harris, *Cows, Pigs, Wars and Witches: The Riddle of Culture*), 한길사
白南雲, 1933, 『朝鮮社會經濟史』, 改造社
사회과학원 력사연구소, 1991, 『조선전사 3 – 중세편 고구려사』, 과학백과사전 종합출판사
孫晋泰, 1947, 『韓國民族文化의 研究』, 乙酉文化社
宋基豪, 1995, 『渤海政治史研究』, 一潮閣
신종원, 2016, 『신라불교의 개척자들』, 글마당
申采浩, 1974, 『朝鮮史研究草』(乙酉文庫 151), 乙酉文化社
______, 1987, 『(改訂版)丹齋申采浩全集』 上, 螢雪出版社
申瀅植, 1981, 『三國史記 研究』, 一潮閣
歷史學會 編, 1985, 『韓國古代의 國家와 社會』, 一潮閣
俞元載, 1990, 『中國 正史 百濟傳 研究』, 충남대 박사학위논문

李康來, 1996,『三國史記 典據論』, 民族社
______, 2007,『삼국사기 형성론』, 신서원
______, 2011,『삼국사기 인식론』, 一志社
李光奎, 1977,『韓國家族의 史的研究』, 一志社
李基東, 1984,『新羅骨品制社會와 花郎徒』, 一潮閣
李基白, 1996,『韓國古代政治社會史研究』, 一潮閣
______, 2002,『韓國傳統文化論』, 一潮閣
李文雄 譯, 1977,『文化의 概念 － 文化決定論과 文化進化論의 立場』(Leslie A. White, 1973, *The Concept of Culture*, Minneapolis: Burgess Publishing Company), 一志社
________, 1981,『人類學概論』(Ernest L. Schusky & T. Patrick Culbert, 1978, *Introducing Culture*, 3rd Edition, Prentice-Hall, Inc.), 一志社
李丙燾, 1976,『韓國古代史研究』, 博英社
______, 1977,『國譯 三國史記』, 乙酉文化社
이삼성, 2009,『동아시아의 전쟁과 평화 1 － 전통시대 동아시아 2천년과 한반도』, 한길사
李在云, 1999,『崔致遠 研究』, 백산자료원
李清源, 1936,『朝鮮社會史讀本』, 白揚社
李賢惠, 1984,『三韓社會形成過程研究』, 一潮閣
李弘稙, 1971,『韓國古代史의 研究』, 新丘文化社
李熙德, 1999,『韓國古代 自然觀과 王道政治』, 혜안
일연학연구원 편, 2007,『일연과 삼국유사』, 신서원
林相先 편역, 1990,『渤海史의 理解』, 신서원
林永珍 외, 1999,『伏岩里古墳群』, 全南大學校博物館·羅州市
全海宗, 1982,『東夷傳의 文獻的 研究 － 魏略·三國志·後漢書 東夷關係 記事의 檢討』, 一潮閣
전호태, 2000,『고구려 고분벽화 연구』, 사계절
정동민, 2017,『高句麗와 隋 전쟁 연구』, 한국외국어대학교 박사학위논문
趙東元, 1981,『韓國金石文大系』 2, 圓光大學校出版局
震檀學會 編, 1959,『韓國史 － 古代篇』, 乙酉文化社
千寬宇, 1989,『古朝鮮史·三韓史研究』, 一潮閣
최광식, 1994,『고대한국의 국가와 제사』, 한길사

최달중·정동호 공역, 1978, 『古代社會』(Lewis H. Morgan, 1877, *Ancient Society*), 玄岩社
崔英成, 1987, 『註解 四山碑銘』, 亞細亞文化社
_____, 1999, 『譯註 崔致遠全集 2』, 아세아문화사
崔在錫 譯, 1978, 『社會人類學』(John Beattie, 1968, *Other Cultures : Aims Methods and Achievements in Social Anthropology*), 一志社
_______, 1987, 『韓國古代社會史硏究』, 一志社
충청남도역사문화원 백제사연구소, 2005, 『百濟史資料原文集(Ⅰ) - 韓國篇』, 충청남도역사문화원
卓用國, 1986, 『中國史學史大要』, 探求堂
한국고대사연구회, 1990, 『한국 고대국가의 형성』, 民音社
韓國古代社會硏究所 編, 1992, 『譯註 韓國古代金石文 1』, 駕洛國史蹟開發硏究院
__________________, 1992, 『譯註 韓國古代金石文 3』, 駕洛國史蹟開發硏究院
한국문화인류학회 편, 1998, 『낯선 곳에서 나를 만나다』, 일조각
한국여성연구소 여성사연구실, 1999, 『우리 여성의 역사』, 청년사
한국역사연구회 편, 1996, 『譯註 羅末麗初金石文(上)』, 혜안
韓相福·李文雄·金光億, 1982, 『文化人類學』, 서울大學校出版部
韓永愚, 1981, 『朝鮮前期史學史硏究』, 서울대학교출판부
허태용, 2009, 『조선후기 중화론과 역사인식』, 아카넷

高寬敏, 1996, 『『三國史記』の原典的研究』, 雄山閣
今西龍, 1934, 『百濟史研究』, 京城 : 近澤書店
內藤虎次郎, 1969, 『支那史學史』, 筑摩書局
末松保和, 1954, 『新羅史の諸問題』, 東洋文庫
三品彰英, 1943, 『新羅花郎の研究』, 三省堂
日野開三郎, 1991, 『日野開三郎 東洋史論集』 15, 三一書房
竹內理三, 1977, 『翰苑』, 太宰府天滿宮文化研究所
坂元義種, 1978, 『百濟史の研究』, 塙書房
丸龜金作, 1982, 『日本上古史の研究 - 年代を探る』, 紀伊國屋書店新潟店

Adam Kuper, 1982, *Wives for cattle: Bridewealth and marriage in Southern Africa*, Routledge & Kegan Paul Ltd., London

Christraud M. Geary, 1986, *On Legal Change in Cameroon: Woman, marriage, and bridewealth*, African Studies Center, Boston University, MA.

Edward J. Shultz and Hugh H. W. Kang with Daniel C. Kane and Kenneth J. H. Gardiner, 2011, *The Koguryŏ Annals of the Samguk Sagi*, The Academy of Korean Studies Press, Korea.

Edward Westermarck, 1921, *The History of Human Marriage* Vol. Ⅱ, Fifth Edition Rewritten, Macmillan and Co., Limited, London

Elman R. Service, 1985, *A Century of Controversy: Ethnological Issues from 1860 to 1960*, New York: Academic Press.

Holly Wardlow, 2006, *Wayward Woman: Sexuality and Agency in a New Guinea Society*, University of California Press

Jonathan W. Best, 2006, *A History of the Early Korean Kingdom of Paekche*, Cambridge: Harvard University Asia Center

Napoleon A. Chagnon, 1977, *Yanomamö, the fierce people*, Holt, Rinehart and Winston

Philip Mayer, 1950, *Gusii Bridewealth Law and Custom*, Oxford University Press, London

Thomas Hakansson, 1987, *Bridewealth, Woman and Land: Social Change among the Gusii of Kenya*, Uppsala University, Sweden

다. 논문

葛繼勇, 2015, 「신출토 入唐 고구려인 〈高乙德墓誌〉와 고구려 말기의 내정 및 외교」 『韓國古代史硏究』 79

姜鳳龍, 1997, 「百濟의 馬韓 倂呑에 대한 新考察」 『韓國上古史學報』 26

姜性文, 1996, 「麗隋·麗唐戰爭 原因考」 『國史館論叢』 69, 국사편찬위원회

江守五夫, 1981, 「日本의 婚姻成立儀禮의 史的變遷과 民俗」 『日本學』 1

강인숙, 1974, 「기원전후시기 진국의 북변」 『력사과학론문집』 4

姜鍾薰, 1991, 「新羅 上古紀年의 再檢討」 『韓國史論』 26

______, 2004, 「7세기 통일전쟁기의 순국 인물 분석 – 『三國史記』 列傳7에 실린 新羅 인물들을 중심으로」 『『삼국사기』 「열전」을 통해 본 신라의 인물』 신라문화제학술논문집 제25집

姜憲圭, 1981,「三國史記와 三國遺事에 나타난 효자 '向德·向得'에 대하여」『百濟文化』 18·19
高柄翊, 1976,「三國史記에 있어서의 歷史敍述」『韓國의 歷史認識』 上, 創作과 批評社
高貞子, 1986,「三國時代의 婚姻制度에 관한 史的 考察」『基礎科學硏究論文集』 3, 東亞大學校 基礎科學硏究所
권오중, 2004,「중국사에서의 낙랑군」『韓國古代史硏究』 34
權重達, 1979,「資治通鑑의 東傳에 대하여」『(中央大)文理大學報』 38
奇修延, 1998,「『後漢書』「東夷列傳」〈高句麗傳〉에 대한 분석 연구」『史學志』 31
김갑동, 1999,「百濟 이후의 禮山과 任存城」『百濟文化』 28
______, 2002,「왕건의 '훈요 10조' 재해석 – 위작설과 호남지역 차별」『역사비평』 60
金光洙, 1973,「新羅上古世系의 再構成 試圖」『東洋學』 3
金基興, 1990,「高句麗의 國家形成」『한국 고대국가의 형성』, 民音社
______, 1992,「고구려 淵蓋蘇文政權의 한계성」『西巖趙恒來敎授華甲紀念韓國史學論叢』, 亞細亞文化社
金杜珍, 1990,「馬韓社會의 構造와 性格」『馬韓·百濟文化』 12
金善昱, 1985,「高句麗의 隋唐關係硏究 – 靺鞨을 中心으로」『百濟硏究』 16
______, 1986,「隋書와 唐書의 百濟史料에 關한 檢討 – 封建要因을 中心으로」『百濟硏究』 17
김선주, 2001,「호동설화를 통해 본 고구려의 혼인」『민속학연구』 8
______, 2002,「高句麗 婿屋制의 婚姻形態」『高句麗硏究』 13
______, 2005,「『삼국유사』 기이편을 통해 본 한국 고대 혼인」『삼국유사 기이편의 연구』, 한국학중앙연구원
김수진, 2010,「7세기 高句麗의 道敎 受容 배경」『韓國古代史硏究』 59
김수태, 1998,「3세기 중·후반 백제의 발전과 馬韓」『馬韓史 硏究』, 忠南大學校出版部
______, 2005,「2세기말 3세기대 고구려의 왕실혼인 – 취수혼에 대한 재검토를 중심으로」『韓國古代史硏究』 38
김영범, 1999,「알박스(Maurice Halbwachs)의 기억사회학 연구」『(대구대)사회과학연구』 6-3

김영심, 2002, 「혼인습속과 가족구성원리를 통해 본 한국 고대사회의 女性」 『강좌 한국고대사』 10, 駕洛國史蹟開發研究院
______, 2014, 「遺民墓誌로 본 고구려, 백제의 官制」 『韓國古代史研究』 75
金瑛河, 1997, 「高句麗의 發展과 戰爭」 『大東文化研究』 32
金龍善, 1980, 「高句麗 琉璃王考」 『歷史學報』 87
金元龍, 1965, 「韓國栽稻起源에 대한 一考察」 『震檀學報』 25·26·27합
______, 1967, 「三國時代의 開始에 關한 一考察 － 三國史記와 樂浪郡에 대한 再檢討」 『東亞文化』 7
金毅圭, 1979, 「新羅 母系制 社會說에 대한 檢討 － 新羅親族研究(其一)」 『韓國史研究』 23
金正基, 1987, 「百濟系石塔의 特徵」 『馬韓·百濟文化』 10
金貞培, 1968, 「「辰國」과 「韓」에 關한 考察」 『史叢』 12·13합
______, 1968, 「三韓位置에 대한 從來說과 文化性格의 檢討」 『史學研究』 20
______, 1969, 「中·日에 比해 본 韓國의 殉葬」 『白山學報』 6
______, 1970, 「韓國에 있어서의 南方文化論」 『白山學報』 9
______, 1973, 「魏志東夷傳에 나타난 古代人의 生活習俗 － 葬禮·婚禮를 중심으로」 『大東文化研究』 13
______, 1976, 「準王 및 辰國과 「三韓正統論」의 諸問題」 『韓國史研究』 13
______, 1979, 「君長社會의 發展過程 試論」 『百濟文化』 12
______, 1983, 「辰國의 政治發展段階」 『領土問題研究』 1
______, 1985, 「目支國小攷」 『千寬宇先生還曆紀念韓國史學論叢』, 正音文化社
______, 2007, 「三國史記 寶臧王조 史論에 보이는 '柳公權 小說' 問題」 『韓國史學報』 26
金廷鶴, 1975, 「魏志 韓傳 小考」 『(釜山大學校) 文理大學 論文集』 14
______, 1981, 「金海 禮安里 85號墳出土 扁頭骨에 대하여 － 魏志 韓傳의 扁頭記事와 관련하여」 『韓沽劤博士停年記念 史學論叢』, 知識産業社
金鍾完, 2004, 「高句麗의 朝貢과 册封의 性格 － 正體性과 關聯하여」 『高句麗研究』 18
김주성, 2003, 「보덕전의 검토와 보덕의 고달산 이주」 『韓國史研究』 121
金重烈, 1996, 「羅·唐 文人의 交流詩 研究」 『東洋古典研究』 6
김창석, 2007, 「고구려·수 전쟁의 배경과 전개 – 경제적 요인을 중심으로」 『東北亞歷史論叢』 15

金哲埈, 1971, 「東明王篇에 보이는 神母의 性格」『柳洪烈博士華甲記念論叢』, 探求堂
______, 1973, 「高麗中期의 文化意識과 史學의 性格」『韓國史硏究』 9
______, 1973, 「百濟社會와 그 文化」『武寧王陵發掘調査報告書』, 忠淸南道·公州大學校 百濟文化硏究所
______, 1973, 「魏志東夷傳에 나타난 韓國古代社會의 性格」『大東文化硏究』 13
______, 1981, 「「能步戰」과 「便鞍馬」」『韓沽劤博士停年紀念史學論叢』, 知識産業社
金泰植, 1990, 「加耶의 社會發展段階」『한국 고대국가의 형성』, 民音社
______, 1997, 「『三國史記』 地理志 高句麗條의 史料的 檢討」『歷史學報』 154
金玹珍, 1990, 「舊唐書와 新唐書의 比較 硏究」, 성신여자대학교 대학원 석사학위논문
南東信, 1994, 「동국사략·삼국사절요」『한국의 역사가와 역사학 상』, 창작과비평사
南仁國, 1990, 「高麗 仁宗代 政治支配勢力의 性分과 動向」『歷史敎育論集』 15
盧鏞弼, 1989, 「普德의 思想과 活動」『韓國上古史學報』 2
盧重國, 1990, 「目支國에 대한 一考察」『百濟論叢』 2
______, 1990, 「總論 ; 韓國 古代의 國家形成의 諸問題와 관련하여」『한국 고대국가의 형성』, 民音社.
______, 1991, 「武寧王代의 政治·經濟와 社會·文化」『百濟武寧王陵』, 忠淸南道·公州大學校 百濟文化硏究所
盧泰敦, 1976, 「〈騎馬民族日本列島征服說〉에 대하여」『韓國學報』 5
______, 1982, 「三韓에 대한 認識의 變遷」『韓國史硏究』 38
______, 1983, 「高句麗 초기의 娶嫂婚에 관한 一考察」『金哲埈博士華甲紀念史學論叢』, 知識産業社
______, 1989, 「扶餘國의 境域과 그 變遷」『國史館論叢』 4
______, 1994, 「高句麗의 初期王系에 대한 一考察」『李基白先生古稀紀念 韓國史學論叢』 上, 一潮閣
______, 2002, 「연개소문(淵蓋蘇文) – 무모한 대외강경론자, 포악한 권력자」『한국사시민강좌』 31
리상호, 1966, 「진국사연구에서 제기되는 몇 가지 문제」『력사과학』 6
閔賢九, 1989, 「高麗中期 三國復興運動의 역사적 의미」『韓國史市民講座』 5, 一潮閣

박경철, 2007, 「麗唐戰爭의 再認識」『동북아역사논총』 15
박대재, 2002, 「『三國志』 韓傳의 辰王에 대한 재인식」『韓國古代史研究』 26
朴星來, 1986, 「百濟의 災異記錄」『百濟研究』 17
朴性鳳, 1990, 「馬韓認識의 歷代變化」『馬韓·百濟文化』 12
박순발, 1998, 「前期 馬韓의 時·空間的 位置에 대하여」『馬韓史 研究』, 忠南大學校出版部
박용옥, 2003, 「고구려의 혼인 풍속과 평강공주의 자매(自媒)혼인과 그 역사적 성격」『梨大史苑』 36
朴在淵, 1984, 「〈薛仁貴征遼事略〉 小考」『中國學研究』 창간호
박정혜, 1996, 「高句麗 婚俗에 관한 小考」『(성신여대) 人文科學研究』 16
朴燦圭, 1991, 「百濟의 漢江流域 定着과 發展」『學術論叢』 15
朴漢濟, 1993, 「七世紀 隋唐 兩朝의 韓半島進出 經緯에 대한 一考 - 隋唐初皇帝의 正統性 確保 問題와 關聯하여」『東洋史學研究』 43
朴炫國, 1991, 「〈甄萱說話〉考」『中央民俗學』 3
裵慶淑, 1981, 「韓國婚俗의 變遷에 관한 研究 - 三國時代와 高麗時代의 婚姻習俗을 중심으로」『法史學研究』 6
변동명, 1997, 「高麗 武人政權期의 百濟復興運動과 李延年」『南道文化研究』 6
邊太燮, 1989, 「三國의 鼎立과 新羅統一의 민족사적 의의」『韓國史市民講座』 5, 一潮閣
史在東, 1974, 「「武康王傳說」의 研究」『百濟研究』 5
徐永大, 1985, 「『三國史記』와 原始宗教」『歷史學報』 105
______, 1991, 「韓國宗教史 資料로서의 『三國志』 東夷傳」『한국학연구』 3
서해숙, 2001, 「甄萱說話의 傳承樣相과 歷史意識」『후백제 견훤정권과 전주』, 주류성
宣石悅, 1995, 「斯盧國의 小國征服과 그 紀年」『新羅文化』 12
宋基豪, 1988, 「발해에 대한 신라의 양면적 인식과 그 배경」『한국사론』 19
宋華燮, 1995, 「三韓社會의 宗教儀禮」『韓國古代史研究』 10
辛東鎭, 1984, 「高句麗 初期의 婚姻體系 分析」, 建國大學校 석사학위논문
申鉉雄, 1993, 「『三國志』 韓傳에 대한 一考察(上) - 記錄의 實際에 관한 管見」『慶州史學』 12
______, 2003, 「『三國志』 韓傳 記錄의 實際」『韓國古代史研究』 32
신호철, 1985, 「後百濟 甄萱 研究(Ⅰ) - 甄萱 關係 文獻의 豫備的 檢討」『百濟

論叢』 1
安東柱, 1998, 「百濟 詞不傳 歌謠 研究」『南畊朴峻圭博士停年紀念論叢 國語國文學研究』
梁起錫, 1991, 「百濟 熊津時代와 武寧王」『百濟武寧王陵』, 忠淸南道·公州大學校百濟文化研究所
梁炳龍, 1997, 「羅唐戰爭 進行過程에 보이는 高句麗遺民의 對唐戰爭」『史叢』 46
梁在淵, 1973, 「魏志東夷傳에 나타난 祭天儀式과 歌舞」『大東文化研究』 13
엄광용, 2006, 「고구려 산상왕(山上王)의 '취수혼 사건'」『史學志』 38
呂運弼, 1999, 「李穡의 歷史素材 漢詩 研究」『고려시대 역사시 연구』, 한국정신문화연구원
余昊奎, 2000, 「高句麗 千里長城의 經路와 築城背景」『國史館論叢』 91
______, 2002, 「6세기말~7세기초 동아시아 국제질서와 고구려 대외정책의 변화 - 대수관계(對隋關係)를 중심으로」『역사와 현실』 46
延敏洙, 2002, 「古代 韓日 外交史」『韓國古代史研究』 27
윤경진, 2003, 「후삼국의 통일과 역사계승 의식의 변화」『우리역사를 의심한다』, 서해문집
尹乃鉉, 1991, 「目支國과 月支國」『龍巖車文燮博士華甲紀念論叢』, 신서원
尹善泰, 2001, 「馬韓의 辰王과 臣濆沽國 - 領西濊 지역의 歷史的 推移와 관련하여」『百濟研究』 34
尹龍九, 1998, 「3세기 이전 中國史書에 나타난 韓國古代史像」『韓國古代史研究』 14
______, 1998, 「『三國志』 韓傳 對外關係記事에 대한 一檢討」『馬韓史 研究』, 忠南大學校出版部
______, 2003, 「중국출토의 韓國古代 遺民資料 몇 가지」『韓國古代史研究』 32
______, 2005, 「隋唐의 對外政策과 高句麗 遠征 - 裴矩의 '郡縣回復論'을 중심으로」『北方史論叢』 5
이강래, 2001, 「『삼국유사』 '後百濟甄萱'조의 재검토」『후백제 견훤정권과 전주』, 주류성
______, 2005, 「『삼국유사』 기이편의 자료 수용 방식」『삼국유사 기이편의 연구』, 한국학연구원
______, 2007, 「왜 '삼국시대'인가?」『내일을 여는 역사』 27
______, 2014, 「고구려 멸망론의 설화적 파생」『한국 고대사 연구의 자료와

해석』, 사계절
李光奎, 1967, 「蒙古族의 婚姻考」『歷史教育』 10
______, 1976, 「同性同本不婚의 史的 考察」『韓國文化人類學』 8
李基白, 1959, 「高句麗王妃族考」『震檀學報』 20
______, 1970, 「扶餘의 妒忌罪」『史學志』 4
______, 1996, 「한국 고대의 '동성불혼(同姓不婚)'」『比較文化』 1
李乃沃, 1983, 「淵蓋蘇文의 執權과 道教」『歷史學報』 99·100
李道學, 1992, 「高句麗 初期 王系의 復元을 위한 檢討」『韓國學論集』 20
______, 1998, 「새로운 摸索을 위한 點檢, 目支國 研究의 現段階」『馬韓史 研究』, 忠南大學校出版部
李文基, 1990, 「新羅 上古期 統治組織과 國家形成 問題」『한국 고대국가의 형성』, 民音社
______, 2008, 「高句麗 滅亡期 政治運營의 變化와 滅亡의 內因」『韓國古代史研究』 50
李丙燾, 1934～7, 「三韓問題의 新考察」『震檀學報』 1～8
이성규, 2003, 「고대 중국인이 본 한민족의 원류」『한국사 시민강좌』 32
李成市, 1990, 「高句麗와 日隋 外交 - 이른바 國書 문제에 관한 一試論」『民族史의 展開와 그 文化(上) - 碧史李佑成教授定年退職紀念論叢』, 창작과비평사
李成制, 2000, 「嬰陽王 9年 高句麗의 遼西 攻擊」『震檀學報』 90
李鍾旭, 1976, 「百濟의 國家形成」『大丘史學』 11
______, 1986, 「百濟 初期史 研究史料의 性格」『百濟研究』 17
______, 1996, 「『三國志』韓傳 정치관계 기록의 사료적 가치와 그 한계」『吉玄益教授停年紀念 史學論叢』, 刊行委員會
李淸圭, 2002, 「韓國의 原始·古代 南方文化論에 대하여」『강좌 한국고대사』 9, 가락국사적개발연구원
李漢龜, 2009, 「객관주의 역사학을 위한 변론 - 김현식 교수의 논평에 답한다.」『歷史學報』 201
李賢惠, 1983, 「崔致遠의 歷史認識」『明知史論』 창간호
______, 1997, 「3세기 馬韓과 伯濟國」『百濟의 中央과 地方』, 忠南大學校 百濟研究所
李昊榮, 1996, 「新羅中心思想의 成立 背景」『重山鄭德基博士華甲紀念韓國史學

論叢 – 韓國史의 理解』, 景仁文化社
李弘稙, 1956,「淵蓋蘇文에 대한 若干의 存疑」『李丙燾博士華甲紀念論叢』
______, 1959,「三國史記 高句麗人傳의 檢討」『史叢』 4
______, 1962,「高句麗秘記考 – 附 三國末期의 讖緯的 記事의 考察」『歷史學報』 17·18
임기환, 1993,「온달·서동 설화와 6세기 사회」『역사비평』 22
______, 1994,「고구려와 수·당의 전쟁」『한국사 4 – 고대사회에서 중세사회로』, 한길사
______, 2003,「報德國考」『강좌 한국고대사』 10, 가락국사적개발연구원
張承斗, 1938,「朝鮮原始諸種族の婚姻」『朝鮮』 281·282
張榮芳, 1990,「唐代 史書의 百濟에 對한 記錄과 認識」『百濟研究』 21
J. C. 재미슨, 1969,「羅唐同盟의 瓦解 – 韓中記事 取捨의 比較」『歷史學報』 44
전경옥, 1996,「淵蓋蘇文 執權期의 莫離支體制 研究」『白山學報』 46
전영률, 1985,「『삼국사기』 자료 이용에서 제기되는 몇 가지 문제」『력사과학』 2
전장석, 1960,「우리 나라 혼인 풍습과 모계제의 유습에 대하여」『문화유산』 1
______, 1961,「동성불혼(同姓不婚)에 관한 연구」『문화유산』 1
______, 1962,「14～17세기《처가살이 혼》풍습에 대하여」『문화유산』 1
______, 1962,「혼인 풍습을 통하여 본 신라의 가족에 대하여」『문화유산』 4
全海宗, 1979,「三國志·後漢書 東夷傳 記事 對照」『歷史學報』 83
鄭求福, 1975,「東國史略에 대한 史學史的 考察」『歷史學報』 68
______, 1994,「高麗朝의 避諱法에 관한 연구」『李基白先生古稀紀念 韓國史學論叢 上 – 古代篇·高麗時代篇』, 一潮閣
정동민, 2016,「612년 고구려 원정 隋軍의 군단 편성과 兵種 구성」『韓國古代史研究』 82
정상박, 1988,「都彌夫婦 說話 傳承考」『(동아대)국어국문학』 8
정선여, 2005,「7세기대 高句麗 佛敎政策의 변화와 普德」『百濟研究』 42
정연식, 2012,「작제건 설화의 새로운 해석」『韓國史研究』 158
정용숙, 1994,「『三國史記』에 나타난 女性像 – 高句麗 好童記事를 중심으로」『釜大史學』 18
鄭雲龍, 1999,「『三國史記』를 통해 본 三國時代의 天文觀」『史學研究』 58·59
정원주, 2014,「男生의 失脚 배경과 그의 行步」『韓國古代史研究』 75
趙景蘭, 2008,「善德王이 이야기하는 선덕왕의 즉위」『新羅史學報』 14

조동일, 1986, 「삼국시대 설화의 문학적 해석」『傳統과 思想(Ⅰ)』, 韓國精神文化研究院
______, 1987, 「삼국유사 설화와 구전설화의 관련 양상」『三國遺事의 綜合的檢討』, 韓國精神文化研究院
趙法鍾, 1989, 「百濟 別稱 鷹準考」『韓國史研究』 66
______, 1999, 「후백제 甄萱의 역사계승의식 – 高句麗 및 百濟의 馬韓계승 인식을 중심으로」『史學研究』 58·59
趙二玉, 1992, 「統一新羅時代의 靺鞨 研究 – 北方經營과 관련하여」『梨大史苑』 26
______, 1994, 「8世紀 前半 新羅와 渤海의 對外關係와 그 要因」『新羅의 對外關係史 研究 – 新羅文化祭學術發表會論文集』 15
趙仁成, 1982, 「崔致遠의 歷史敍述」『歷史學報』 94·95
______, 1994, 「崔致遠 撰述 碑銘의 註釋에 대한 一考」『가라문화』 11
趙載勳, 1996, 「山有花歌의 傳統性」『百濟文化』 25
曹佐鎬, 1973, 「魏志東夷傳의 史料的 價値」『大東文化研究』 13
朱甫暾, 1990, 「韓國 古代國家 形成에 대한 연구사적 검토」『한국 고대국가의 형성』, 民音社
______, 1992, 「『文館詞林』에 보이는 韓國古代史 관련 外交文書」『慶北史學』 15
陳光崇, 1985, 「通典의 歷史思想」『中國의 歷史認識』 上, 創作과批評社
秦星圭, 2005, 「朝鮮初期 儒學者의 佛教認識 – 朝鮮王朝實錄을 중심으로」『白山學報』 73
千寬宇, 1976, 「三國志 韓傳의 再檢討 – 三韓攷2」『震檀學報』 41
______, 1976, 「三韓의 國家形成(下)」『韓國學報』 3
______, 1979, 「馬韓諸國의 位置試論」『東洋學』 9
崔敬淑, 1997, 「崔致遠의 渤海 認識」『古文研究』 10
崔夢龍, 1990, 「馬韓·目支國 研究의 諸問題」『百濟論叢』 2
崔相天, 1985, 「『三國遺事』에 나타난 國家繼承意識의 검토」『韓國傳統文化研究』創刊號
崔英成, 1998, 「崔致遠 思想形成의 歷程에 대한 考察」『東洋古典研究』 10
崔在錫, 1969, 「韓國古代家族에 있어서의 母系 父系의 問題」『韓國社會學』 4
______, 1991, 「韓國古代의 家族制度研究」『國史館論叢』 24
최진열, 2009, 「唐人들이 인정한 高句麗人의 正體性 – 唐代 墓誌銘에 보이는

高句麗의 別稱(朝鮮·三韓·扶餘) 分析을 중심으로」『東北亞歷史論叢』 24
河炫綱, 1968, 「高麗前期의 王室結婚에 對하여」『梨大史苑』 7
韓永愚, 1975, 「訥齋 梁誠之의 社會·政治思想」『歷史敎育』 17
______, 1994, 「조선시대의 역사편찬과 역사인식」『한국의 역사가와 역사학 상』, 창작과비평사
韓鈴和, 1999, 「高句麗 地母神信仰과 母處制」『史學研究』 58·59
황약슬, 1994, 「수나라의 高句麗에 대한 認識을 시론함」『高句麗文化國際學術會論文集』, 海外韓民族研究所
黃仁德, 1987, 「'黃倡舞' 研究 - '黃倡'의 由來문제를 中心으로」『韓國民俗學』 20
______, 1994, 「'백제패망' 전설들로 본 백제사, 백제사의식」『百濟研究』 24

江上波夫, 1965, 「日本における民族の形成と國家の起源」『東洋文化研究所紀要』 32
岡田英弘, 1951, 「新羅國記と大中遺事とについて」『朝鮮學報』 2
鏡山猛, 1937, 「日本書紀に現れたる百濟王曆に就いて」『史淵』 15
高寬敏, 1993, 「『三國史記』高句麗本紀の國內原典」『朝鮮學報』 146
______, 1993, 「『三國史記』百濟本紀の國內原典」『大阪經濟法科大學アジア研究所年報』 5
吉田光男, 1977, 「『翰苑』註所引『高麗記』について - 特に筆者と作成年次」『朝鮮學報』 85
木村誠, 1988, 「朝鮮古代における國家と民族の形成」『朝鮮史研究會論文集』 25
武田幸男, 1979, 「高句麗廣開土王紀の對外關係記事」『三上次男博士頌壽記念 東洋史·考古學論集』, 朋友書店
________, 1994, 「『高麗記』と高句麗情勢」『于江權兌遠教授定年紀念論叢 民族文化의 諸問題』, 世宗文化社
三品彰英, 1951, 「高句麗王都考 - 三國史記高句麗本紀の批判を中心として」『朝鮮學報』 1
________, 1953, 「三國史記高句麗本紀の原典批判」『大谷大學研究年報』 6
小田省吾, 1920, 「三國史記の稱元法竝に高麗以前稱元法の研究(上)」『東洋學報』 10-1
深津行德, 1992, 「『三國史記』編纂作業の一齣 - 武寧王紀·文咨明王紀を手が

かりとして」『古代國家の歷史と傳承』(黛弘道 編), 吉川弘文館
野村伸一, 2004, 「東シナ海周邊の女神信仰と女性生活史の視点 － 基層文化の基軸を求めて」『東アジアの女神信仰と女性生活』, 慶應義塾大學出版會
田中俊明, 1977, 「『三國史記』撰進と『舊三國史』」『朝鮮學報』 83
________, 1982, 「『三國史記』中國史書引用記事の再檢討 － 特にその成立の研究の基礎作業として」『朝鮮學報』 104
井上秀雄, 1968, 「三國史記の原典をもとめて」『朝鮮學報』 48
________, 1981, 「『三國志』の東夷王者觀」『(東北大學)文學部研究年報』 31
坂元義種, 1978, 「『三國史記』分注の檢討 － 『三國遺事』と中國史書を中心として」『古代東アジア史論集』 上, 吉川弘文館
丸龜金作, 1974, 「倭の女王卑彌乎の問題」『新潟史學』 7

Bobbi S. Low, 2000, "Sex, Wealth, and Fertility: Old Rules, New Environments" in *Adaptation and Human Behavior: An Anthropological Perspective*, ed. Lee Cronk, Napoleon Chagnon, William Irons: Aldine De Gruyter
E. E. Evans-Prichard, 1934, "Social character of bridewealth with special reference to the Azande" in *Man* 34
Grace Harris, 1962, "Taita Bridewealth Affinal Relationships" in *Cambridge Papers in Social Anthropology*, ed. Meyer Fortes, Cambridge University Press (Reprinted 1972)
James H. Grayson, 1976, "Some Structural Patterns of the Royal Families of Ancient Korea" in *Korea Journal* Vol. 16 No. 6
Jonathan W. Best, 1996, 「Concerning the Date of the Paekche Bureaucratic Rank System」『百濟研究』 26
Konstantin V. Asmolov, 1992, "The System of Military Activity of Koguryo" in *Korea Journal*, Vol. 32 No. 2
Leslie A. White, 1957, "How Morgan came to write System of Consanguinity and Affinity" in *Papers of the Michigan Academy of Science, Arts, and Letters* 42
Morris Freilich & Lewis A. Coser, 1972, "Structured imbalances of gratification: the case of the Caribbean mating system" in *The British Journal of Sociology*, Vol.23 No.1

Napoleon A. Chagnon, 2000, "Manipulating Kinship Rules: A Form of Male Yanomamö Reproductive Competition" in *Adaptation and Human Behavior: An Anthropological Perspective* ed. Lee Cronk, Napoleon Chagnon, William Irons: Aldine De Gruyter

R. H. Barnes, 1980, "Marriage, Exchange and the Meaning of Corporations in Eastern Indonesia" in *The meaning of marriage payments*, ed. J. L. Comaroff, London: Academic Press

S. J. Tambiah, 1973, "Dowery and Bridewealth, and the Property Rights of Women in South Asia" in *Bridewealth and dowery*, ed. J. Goody & S. J. Tambiah, Cambridge University Press, London

찾아보기

ㅁ

ㅂ

ㅅ

ㅇ

ㅈ

ㅊ

ㅌ

ㅍ

ㅎ

기타